中国工会
常用法律法规与政策文件汇编

张安顺　戴世强◎编著

人民日报出版社

图书在版编目（CIP）数据

中国工会常用法律法规与政策文件汇编 / 张安顺，戴世强编著. —北京：人民日报出版社，2024. 10.
ISBN 978-7-5115-8471-7

Ⅰ.①D922.569；D412.6-012

中国国家版本馆 CIP 数据核字第 2024JG1169 号

书　　名：中国工会常用法律法规与政策文件汇编
ZHONGGUO GONGHUI CHANGYONG FALÜFAGUI YU ZHENGCE WENJIAN HUIBIAN
作　　者：张安顺　戴世强

出 版 人：刘华新
责任编辑：刘天一
封面设计：陈国风

出版发行：人民日报出版社
地　　址：北京金台西路 2 号
邮政编码：100733
发行热线：（010）65369527　65369846　65369509　65369510
邮购热线：（010）65369530　65363527
编辑热线：（010）65363105
网　　址：www.peopledailypress.com
经　　销　新华书店
印　　刷　北京彩虹伟业印刷有限公司

开　　本：170mm×240mm　1/16
字　　数：550 千字
印　　张：37.25
版次印次：2025 年 3 月第 1 版　2025 年 3 月第 1 次印刷

书　　号：ISBN 978-7-5115-8471-7
定　　价：196.00 元

前　言

Preface

工会作为党联系职工群众的桥梁和纽带，是职工合法权益的代表。实现好、维护好、发展好广大职工的合法权益和民主权利，是工会干部的天职。这就要求各级工会干部熟悉并掌握工会工作方面的政策法规。尤其随着《中华人民共和国劳动合同法》《中华人民共和国劳动争议调解仲裁法》等劳动法制建设的日益规范和完善，更加要求各级工会干部在总揽工会法律工作全局中统筹规划，紧紧抓住事关职工切身利益的重点和突出问题，依法、科学维权，积极开展法律援助。这对于构建规范有序、和谐稳定的劳动关系，把矛盾化解在萌芽状态，团结和凝聚广大职工群众投身经济建设，实现中华民族伟大复兴的中国梦具有举足轻重的意义。

目前一些基层工会工作者，虽然对维护职工权益也做了一些工作，但由于对工会法律法规知识了解得不够全面，不能做到熟练运用法律武器。为了提高各级工会干部的依法维权能力，使工会工作成为促进企业发展、维护社会稳定的助推器，我们特组织长期致力于工会法律法规教学与研究工作的专家共同编写了此书，以供大家在工作中学习参考。

在编写本书过程中，我们特别注重从读者的角度进行选编，哪些是工会工作需要的、哪些是工会工作者想了解的，以及怎么编写才便于读者查阅。相对于其他同类图书而言，本书具有以下几方面的特点。

一、内容全面，时新性强。本书基本上涵盖了工会组织工作、工会民主管理工作、工会劳动保护工作、工会宣传教育工作、工会女职工工作等工会工作各个方面现行有效的法律法规。

二、分类编排，便于查找。本书对众多的政策法律法规做了类别细分，读者可以根据目录迅速查找到自己所需要的相关规定，从而大大提高工作效率。

三、结合工作，注重实用。本书以指引工作为目标，所录入的政策法规，都是工会日常工作中经常需要用到的政策法规，便于读者将基本的法律知识运用到工会实践中去，运用法律原理、法律手段来分析和解决实际遇到的法律难题，化解工作矛盾。

由于编者水平有限，书中难免有不足和疏漏之处，衷心恳请广大读者在阅读使用过程中不吝提出批评指正意见，以便再版时进一步修订。

目　录

Contents

第一部分　综合类法律法规

第二部分　工会组织工作

第三部分　工会宣传教育工作

第四部分 工会权益保障工作

第五部分 工会劳动与经济工作

第七部分 工会法律工作

第八部分 工会女职工工作

第九部分 工会财务与经审工作

第十部分 工会资产监督管理工作

第一部分　综合类法律法规

1. 中华人民共和国宪法

（1982年12月4日第五届全国人民代表大会第五次会议通过 1982年12月4日全国人民代表大会公告公布施行 根据1988年4月12日第七届全国人民代表大会第一次会议通过的《中华人民共和国宪法修正案》、1993年3月29日第八届全国人民代表大会第一次会议通过的《中华人民共和国宪法修正案》、1999年3月15日第九届全国人民代表大会第二次会议通过的《中华人民共和国宪法修正案》、2004年3月14日第十届全国人民代表大会第二次会议通过的《中华人民共和国宪法修正案》和2018年3月11日第十三届全国人民代表大会第一次会议通过的《中华人民共和国宪法修正案》修正）

目 录

序 言

中国是世界上历史最悠久的国家之一。中国各族人民共同创造了光辉灿烂的文化，具有光荣的革命传统。

一八四〇年以后，封建的中国逐渐变成半殖民地、半封建的国家。中国人民为国家独立、民族解放和民主自由进行了前仆后继的英勇奋斗。

二十世纪，中国发生了翻天覆地的伟大历史变革。

一九一一年孙中山先生领导的辛亥革命，废除了封建帝制，创立了中华民国。但是，中国人民反对帝国主义和封建主义的历史任务还没有完成。

一九四九年，以毛泽东主席为领袖的中国共产党领导中国各族人民，在经历了长期的艰难曲折的武装斗争和其他形式的斗争以后，终于推翻了帝国主义、封建主义和官僚资本主义的统治，取得了新民主主义革命的伟大胜利，建立了中华人民共和国。从此，中国人民掌握了国家的权力，成为国家的主人。

中华人民共和国成立以后，我国社会逐步实现了由新民主主义到社会主义的过渡。生产资料私有制的社会主义改造已经完成，人剥削人的制度已经消灭，社会主义制度已经确立。工人阶级领导的、以工农联盟为基础的人民民主专政，实质上即无产阶级专政，得到巩固和发展。中国人民和中国人民解放军战胜了帝国主义、霸权主义的侵略、破坏和武装挑衅，维护了国家的独立和安全，增强了国防。经济建设取得了重大的成就，独立的、比较完整的社会主义工业体系已经基本形成，农业生产显著提高。教育、科学、文化等事业有了很大的发展，社会主义思想教育取得了明显的成效。广大人民的生活有了较大的改善。

中国新民主主义革命的胜利和社会主义事业的成就，是中国共产党领导中国各族人民，在马克思列宁主义、毛泽东思想的指引下，坚持真理，修正错误，战胜许多艰难险阻而取得的。我国将长期处于社会主义初级阶段。国家的根本任务是，沿着中国特色社会主义道路，集中力量进行社会主义现代化建设。中国各族人民将继续在中国共产党领导下，在马克思列宁主义、毛泽东思想、邓小平理论、"三个代表"重要思想、科学发展观、习近平新时代中国特色社会主义思想指引下，坚持人民民主专政，坚持社会主义道路，坚持改革开放，不断完善社会主义的各项制度，发展社会主义市场经济，发展社会主义民主，健全社会主义法治，贯彻新发展理念，自力更生，艰苦奋斗，逐步实现工业、农业、国防和科学技术的现代化，推动物质文明、政治文明、精神文明、社会文明、生态文明协调发展，把我国建设成为富强民主文明和谐美丽的社会主义现代化强国，实现中华民族伟大复兴。

在我国，剥削阶级作为阶级已经消灭，但是阶级斗争还将在一定范围内长期存在。中国人民对敌视和破坏我国社会主义制度的国内外的敌对势力和敌对分子，必须进行斗争。

台湾是中华人民共和国的神圣领土的一部分。完成统一祖国的大业是包括台湾同胞在内的全中国人民的神圣职责。

社会主义的建设事业必须依靠工人、农民和知识分子，团结一切可以团结的力量。在长期的革命、建设、改革过程中，已经结成由中国共产党领导的，有各民主党派和各人民团体参加的，包括全体社会主义劳动者、社会主义事业的建设者、拥护社会主义的爱国者、拥护祖国统一和致力于中华民族伟大复兴的爱国者的广泛的爱国统一战线，这个统一战线将继续巩固和发展。中国人民政治协商会议是有广泛代表性的统一战线组织，过去发挥了重要的历史作用，今后在国家政治生活、社会生活和对外友好活动中，在进行社会主义现代化建设、维护国家的统一和团结的斗争中，将进一步发挥它的重要作用。中国共产党领导的多党合作和政治协商制度将长期存在和发展。

中华人民共和国是全国各族人民共同缔造的统一的多民族国家。平等团结互助和谐的社会主义民族关系已经确立，并将继续加强。在维护民族团结的斗争中，要反对大民族主义，主要是大汉族主义，也要反对地方民族主义。国家尽一切努力，促进全国各民族的共同繁荣。

中国革命、建设、改革的成就是同世界人民的支持分不开的。中国的前途是同世界的前途紧密地联系在一起的。中国坚持独立自主的对外政策，坚持互相尊重主权和领土完整、互不侵犯、互不干涉内政、平等互利、和平共处的五项原则，坚持和平发展道路，坚持互利共赢开放战略，发展同各国的外交关系和经济、文化交流，推动构建人类命运共同体;坚持反对帝国主义、霸权主义、殖民主义,加强同世界各国人民的团结,支持被压迫民族和发展中国家争取和维护民族独立、发展民族经济的正义斗争,为维护世界和平和促进人类进步事业而努力。

本宪法以法律的形式确认了中国各族人民奋斗的成果,规定了国家的根本制度和根本任务,是国家的根本法,具有最高的法律效力。全国各族人民、一切国家机关和武装力量、各政党和各社会团体、各企业事业组织,都必须以宪法为根本的活动准则,并且负有维护宪法尊严、保证宪法实施的职责。

第一章　总　纲

第一条　中华人民共和国是工人阶级领导的、以工农联盟为基础的人民民主专政的社会主义国家。

社会主义制度是中华人民共和国的根本制度。中国共产党领导是中国特色社会主义最本质的特征。禁止任何组织或者个人破坏社会主义制度。

第二条　中华人民共和国的一切权力属于人民。

人民行使国家权力的机关是全国人民代表大会和地方各级人民代表大会。

人民依照法律规定,通过各种途径和形式,管理国家事务,管理经济和文化事业,管理社会事务。

第三条　中华人民共和国的国家机构实行民主集中制的原则。

全国人民代表大会和地方各级人民代表大会都由民主选举产生,对人民负责,受人民监督。

国家行政机关、监察机关、审判机关、检察机关都由人民代表大会产生,对它负责,受它监督。

中央和地方的国家机构职权的划分,遵循在中央的统一领导下,充分发挥地方的主动性、积极性的原则。

第四条　中华人民共和国各民族一律平等。国家保障各少数民族的合法的权利和利益,维护和发展各民族的平等团结互助和谐关系。禁止对任何民族的歧视和压迫,禁止破坏民族团结和制造民族分裂的行为。

国家根据各少数民族的特点和需要,帮助各少数民族地区加速经济和文化的发展。

各少数民族聚居的地方实行区域自治,设立自治机关,行使自治权。各民族自治地方都是中华人民共和国不可分离的部分。

各民族都有使用和发展自己的语言文字的自由,都有保持或者改革自己的风俗习惯的自由。

第五条　中华人民共和国实行依法治国,建设社会主义法治国家。

国家维护社会主义法制的统一和尊严。

一切法律、行政法规和地方性法规都不得同宪法相抵触。

一切国家机关和武装力量、各政党和各社会团体、各企业事业组织都必须遵守宪法和法律。一切违反宪法和法律的行为,必须予以追究。

任何组织或者个人都不得有超越宪法和法律的特权。

第六条　中华人民共和国的社会主义经济制度的基础是生产资料的社会主义公有

制,即全民所有制和劳动群众集体所有制。社会主义公有制消灭人剥削人的制度,实行各尽所能、按劳分配的原则。

国家在社会主义初级阶段,坚持公有制为主体、多种所有制经济共同发展的基本经济制度,坚持按劳分配为主体、多种分配方式并存的分配制度。

第七条　国有经济,即社会主义全民所有制经济,是国民经济中的主导力量。国家保障国有经济的巩固和发展。

第八条　农村集体经济组织实行家庭承包经营为基础、统分结合的双层经营体制。农村中的生产、供销、信用、消费等各种形式的合作经济,是社会主义劳动群众集体所有制经济。参加农村集体经济组织的劳动者,有权在法律规定的范围内经营自留地、自留山、家庭副业和饲养自留畜。

城镇中的手工业、工业、建筑业、运输业、商业、服务业等行业的各种形式的合作经济,都是社会主义劳动群众集体所有制经济。

国家保护城乡集体经济组织的合法的权利和利益,鼓励、指导和帮助集体经济的发展。

第九条　矿藏、水流、森林、山岭、草原、荒地、滩涂等自然资源,都属于国家所有,即全民所有;由法律规定属于集体所有的森林和山岭、草原、荒地、滩涂除外。

国家保障自然资源的合理利用,保护珍贵的动物和植物。禁止任何组织或者个人用任何手段侵占或者破坏自然资源。

第十条　城市的土地属于国家所有。

农村和城市郊区的土地,除由法律规定属于国家所有的以外,属于集体所有;宅基地和自留地、自留山,也属于集体所有。

国家为了公共利益的需要,可以依照法律规定对土地实行征收或者征用并给予补偿。

任何组织或者个人不得侵占、买卖或者以其他形式非法转让土地。土地的使用权可以依照法律的规定转让。

一切使用土地的组织和个人必须合理地利用土地。

第十一条　在法律规定范围内的个体经济、私营经济等非公有制经济,是社会主义市场经济的重要组成部分。

国家保护个体经济、私营经济等非公有制经济的合法的权利和利益。国家鼓励、支持和引导非公有制经济的发展,并对非公有制经济依法实行监督和管理。

第十二条　社会主义的公共财产神圣不可侵犯。

国家保护社会主义的公共财产。禁止任何组织或者个人用任何手段侵占或者破坏国家的和集体的财产。

第十三条　公民的合法的私有财产不受侵犯。

国家依照法律规定保护公民的私有财产权和继承权。

国家为了公共利益的需要,可以依照法律规定对公民的私有财产实行征收或者征用并给予补偿。

第十四条　国家通过提高劳动者的积极性和技术水平,推广先进的科学技术,完善经济管理体制和企业经营管理制度,实行各种形式的社会主义责任制,改进劳动组织,以不断提高劳动生产率和经济效益,发展社会生产力。

国家厉行节约,反对浪费。

国家合理安排积累和消费,兼顾国家、集体和个人的利益,在发展生产的基础上,逐步改善人民的物质生活和文化生活。

国家建立健全同经济发展水平相适应的社会保障制度。

第十五条 国家实行社会主义市场经济。

国家加强经济立法,完善宏观调控。

国家依法禁止任何组织或者个人扰乱社会经济秩序。

第十六条 国有企业在法律规定的范围内有权自主经营。

国有企业依照法律规定,通过职工代表大会和其他形式,实行民主管理。

第十七条 集体经济组织在遵守有关法律的前提下,有独立进行经济活动的自主权。

集体经济组织实行民主管理,依照法律规定选举和罢免管理人员,决定经营管理的重大问题。

第十八条 中华人民共和国允许外国的企业和其他经济组织或者个人依照中华人民共和国法律的规定在中国投资,同中国的企业或者其他经济组织进行各种形式的经济合作。

在中国境内的外国企业和其他外国经济组织以及中外合资经营的企业,都必须遵守中华人民共和国的法律。它们的合法的权利和利益受中华人民共和国法律的保护。

第十九条 国家发展社会主义的教育事业,提高全国人民的科学文化水平。

国家举办各种学校,普及初等义务教育,发展中等教育、职业教育和高等教育,并且发展学前教育。

国家发展各种教育设施,扫除文盲,对工人、农民、国家工作人员和其他劳动者进行政治、文化、科学、技术、业务的教育,鼓励自学成才。

国家鼓励集体经济组织、国家企业事业组织和其他社会力量依照法律规定举办各种教育事业。

国家推广全国通用的普通话。

第二十条 国家发展自然科学和社会科学事业,普及科学和技术知识,奖励科学研究成果和技术发明创造。

第二十一条 国家发展医疗卫生事业,发展现代医药和我国传统医药,鼓励和支持农村集体经济组织、国家企业事业组织和街道组织举办各种医疗卫生设施,开展群众性的卫生活动,保护人民健康。

国家发展体育事业,开展群众性的体育活动,增强人民体质。

第二十二条 国家发展为人民服务、为社会主义服务的文学艺术事业、新闻广播电视事业、出版发行事业、图书馆博物馆文化馆和其他文化事业,开展群众性的文化活动。

国家保护名胜古迹、珍贵文物和其他重要历史文化遗产。

第二十三条 国家培养为社会主义服务的各种专业人才,扩大知识分子的队伍,创造条件,充分发挥他们在社会主义现代化建设中的作用。

第二十四条 国家通过普及理想教育、道德教育、文化教育、纪律和法制教育,通过在城乡不同范围的群众中制定和执行各种守则、公约,加强社会主义精神文明的建设。

国家倡导社会主义核心价值观,提倡爱祖国、爱人民、爱劳动、爱科学、爱社会主义的公德，在人民中进行爱国主义、集体主义和国际主义、共产主义的教育，进行辩证唯物主义和历史唯物主义的教育，反对资本主义的、封建主义的和其他的腐朽思想。

第二十五条 国家推行计划生育，使人口的增长同经济和社会发展计划相适应。

第二十六条 国家保护和改善生活环境和生态环境，防治污染和其他公害。

国家组织和鼓励植树造林，保护林木。

第二十七条 一切国家机关实行精简的原则，实行工作责任制，实行工作人员的培训和考核制度，不断提高工作质量和工作效率，反对官僚主义。

一切国家机关和国家工作人员必须依靠人民的支持，经常保持同人民的密切联系，倾听人民的意见和建议，接受人民的监督，努力为人民服务。

国家工作人员就职时应当依照法律规定公开进行宪法宣誓。

第二十八条 国家维护社会秩序，镇压叛国和其他危害国家安全的犯罪活动，制裁危害社会治安、破坏社会主义经济和其他犯罪的活动，惩办和改造犯罪分子。

第二十九条 中华人民共和国的武装力量属于人民。它的任务是巩固国防，抵抗侵略，保卫祖国，保卫人民的和平劳动，参加国家建设事业，努力为人民服务。

国家加强武装力量的革命化、现代化、正规化的建设，增强国防力量。

第三十条 中华人民共和国的行政区域划分如下：

（一）全国分为省、自治区、直辖市；

（二）省、自治区分为自治州、县、自治县、市；

（三）县、自治县分为乡、民族乡、镇。

直辖市和较大的市分为区、县。自治州分为县、自治县、市。

自治区、自治州、自治县都是民族自治地方。

第三十一条 国家在必要时得设立特别行政区。在特别行政区内实行的制度按照具体情况由全国人民代表大会以法律规定。

第三十二条 中华人民共和国保护在中国境内的外国人的合法权利和利益，在中国境内的外国人必须遵守中华人民共和国的法律。

中华人民共和国对于因为政治原因要求避难的外国人，可以给予受庇护的权利。

第二章 公民的基本权利和义务

第三十三条 凡具有中华人民共和国国籍的人都是中华人民共和国公民。

中华人民共和国公民在法律面前一律平等。

国家尊重和保障人权。

任何公民享有宪法和法律规定的权利，同时必须履行宪法和法律规定的义务。

第三十四条 中华人民共和国年满十八周岁的公民，不分民族、种族、性别、职业、家庭出身、宗教信仰、教育程度、财产状况、居住期限，都有选举权和被选举权；但是依照法律被剥夺政治权利的人除外。

第三十五条 中华人民共和国公民有言论、出版、集会、结社、游行、示威的自由。

第三十六条 中华人民共和国公民有宗教信仰自由。

任何国家机关、社会团体和个人不得强制公民信仰宗教或者不信仰宗教，不得歧视信仰宗教的公民和不信仰宗教的公民。

国家保护正常的宗教活动。任何人不得利用宗教进行破坏社会秩序、损害公民身体健康、妨碍国家教育制度的活动。

宗教团体和宗教事务不受外国势力的支配。

第三十七条 中华人民共和国公民的人身自由不受侵犯。

任何公民,非经人民检察院批准或者决定或者人民法院决定,并由公安机关执行,不受逮捕。

禁止非法拘禁和以其他方法非法剥夺或者限制公民的人身自由,禁止非法搜查公民的身体。

第三十八条 中华人民共和国公民的人格尊严不受侵犯。禁止用任何方法对公民进行侮辱、诽谤和诬告陷害。

第三十九条 中华人民共和国公民的住宅不受侵犯。禁止非法搜查或者非法侵入公民的住宅。

第四十条 中华人民共和国公民的通信自由和通信秘密受法律的保护。除因国家安全或者追查刑事犯罪的需要,由公安机关或者检察机关依照法律规定的程序对通信进行检查外,任何组织或者个人不得以任何理由侵犯公民的通信自由和通信秘密。

第四十一条 中华人民共和国公民对于任何国家机关和国家工作人员,有提出批评和建议的权利;对于任何国家机关和国家工作人员的违法失职行为,有向有关国家机关提出申诉、控告或者检举的权利,但是不得捏造或者歪曲事实进行诬告陷害。

对于公民的申诉、控告或者检举,有关国家机关必须查清事实,负责处理。任何人不得压制和打击报复。

由于国家机关和国家工作人员侵犯公民权利而受到损失的人,有依照法律规定取得赔偿的权利。

第四十二条 中华人民共和国公民有劳动的权利和义务。

国家通过各种途径,创造劳动就业条件,加强劳动保护,改善劳动条件,并在发展生产的基础上,提高劳动报酬和福利待遇。

劳动是一切有劳动能力的公民的光荣职责。国有企业和城乡集体经济组织的劳动者都应当以国家主人翁的态度对待自己的劳动。国家提倡社会主义劳动竞赛,奖励劳动模范和先进工作者。国家提倡公民从事义务劳动。

国家对就业前的公民进行必要的劳动就业训练。

第四十三条 中华人民共和国劳动者有休息的权利。

国家发展劳动者休息和休养的设施,规定职工的工作时间和休假制度。

第四十四条 国家依照法律规定实行企业事业组织的职工和国家机关工作人员的退休制度。退休人员的生活受到国家和社会的保障。

第四十五条 中华人民共和国公民在年老、疾病或者丧失劳动能力的情况下,有从国家和社会获得物质帮助的权利。国家发展为公民享受这些权利所需要的社会保险、社会救济和医疗卫生事业。

国家和社会保障残废军人的生活,抚恤烈士家属,优待军人家属。

国家和社会帮助安排盲、聋、哑和其他有残疾的公民的劳动、生活和教育。

第四十六条 中华人民共和国公民有受教育的权利和义务。

国家培养青年、少年、儿童在品德、智力、体质等方面全面发展。

第四十七条　中华人民共和国公民有进行科学研究、文学艺术创作和其他文化活动的自由。国家对于从事教育、科学、技术、文学、艺术和其他文化事业的公民的有益于人民的创造性工作，给以鼓励和帮助。

第四十八条　中华人民共和国妇女在政治的、经济的、文化的、社会的和家庭的生活等各方面享有同男子平等的权利。

国家保护妇女的权利和利益，实行男女同工同酬，培养和选拔妇女干部。

第四十九条　婚姻、家庭、母亲和儿童受国家的保护。

夫妻双方有实行计划生育的义务。

父母有抚养教育未成年子女的义务，成年子女有赡养扶助父母的义务。

禁止破坏婚姻自由，禁止虐待老人、妇女和儿童。

第五十条　中华人民共和国保护华侨的正当的权利和利益，保护归侨和侨眷的合法的权利和利益。

第五十一条　中华人民共和国公民在行使自由和权利的时候，不得损害国家的、社会的、集体的利益和其他公民的合法的自由和权利。

第五十二条　中华人民共和国公民有维护国家统一和全国各民族团结的义务。

第五十三条　中华人民共和国公民必须遵守宪法和法律，保守国家秘密，爱护公共财产，遵守劳动纪律，遵守公共秩序，尊重社会公德。

第五十四条　中华人民共和国公民有维护祖国的安全、荣誉和利益的义务，不得有危害祖国的安全、荣誉和利益的行为。

第五十五条　保卫祖国、抵抗侵略是中华人民共和国每一个公民的神圣职责。

依照法律服兵役和参加民兵组织是中华人民共和国公民的光荣义务。

第五十六条　中华人民共和国公民有依照法律纳税的义务。

第三章　国家机构

第一节　全国人民代表大会

第五十七条　中华人民共和国全国人民代表大会是最高国家权力机关。它的常设机关是全国人民代表大会常务委员会。

第五十八条　全国人民代表大会和全国人民代表大会常务委员会行使国家立法权。

第五十九条　全国人民代表大会由省、自治区、直辖市、特别行政区和军队选出的代表组成。各少数民族都应当有适当名额的代表。

全国人民代表大会代表的选举由全国人民代表大会常务委员会主持。

全国人民代表大会代表名额和代表产生办法由法律规定。

第六十条　全国人民代表大会每届任期五年。

全国人民代表大会任期届满的两个月以前，全国人民代表大会常务委员会必须完成下届全国人民代表大会代表的选举。如果遇到不能进行选举的非常情况，由全国人民代表大会常务委员会以全体组成人员的三分之二以上的多数通过，可以推迟选举，延长本届全国人民代表大会的任期。在非常情况结束后一年内，必须完成下届全国人民代表大会代表的选举。

第六十一条　全国人民代表大会会议每年举行一次，由全国人民代表大会常务委员会召集。如果全国人民代表大会常务委员会认为必要,或者有五分之一以上的全国人民代表大会代表提议,可以临时召集全国人民代表大会会议。

全国人民代表大会举行会议的时候,选举主席团主持会议。

第六十二条 全国人民代表大会行使下列职权:

(一)修改宪法;

(二)监督宪法的实施;

(三)制定和修改刑事、民事、国家机构的和其他的基本法律;

(四)选举中华人民共和国主席、副主席;

(五)根据中华人民共和国主席的提名,决定国务院总理的人选;根据国务院总理的提名,决定国务院副总理、国务委员、各部部长、各委员会主任、审计长、秘书长的人选;

(六)选举中央军事委员会主席;根据中央军事委员会主席的提名,决定中央军事委员会其他组成人员的人选;

(七)选举国家监察委员会主任;

(八)选举最高人民法院院长;

(九)选举最高人民检察院检察长;

(十)审查和批准国民经济和社会发展计划和计划执行情况的报告;

(十一)审查和批准国家的预算和预算执行情况的报告;

(十二)改变或者撤销全国人民代表大会常务委员会不适当的决定;

(十三)批准省、自治区和直辖市的建置;

(十四)决定特别行政区的设立及其制度;

(十五)决定战争和和平的问题;

(十六)应当由最高国家权力机关行使的其他职权。

第六十三条 全国人民代表大会有权罢免下列人员:

(一)中华人民共和国主席、副主席;

(二)国务院总理、副总理、国务委员、各部部长、各委员会主任、审计长、秘书长;

(三)中央军事委员会主席和中央军事委员会其他组成人员;

(四)国家监察委员会主任;

(五)最高人民法院院长;

(六)最高人民检察院检察长。

第六十四条 宪法的修改,由全国人民代表大会常务委员会或者五分之一以上的全国人民代表大会代表提议,并由全国人民代表大会以全体代表的三分之二以上的多数通过。

法律和其他议案由全国人民代表大会以全体代表的过半数通过。

第六十五条 全国人民代表大会常务委员会由下列人员组成:

委员长,

副委员长若干人,

秘书长,

委员若干人。

全国人民代表大会常务委员会组成人员中,应当有适当名额的少数民族代表。

全国人民代表大会选举并有权罢免全国人民代表大会常务委员会的组成人员。

全国人民代表大会常务委员会的组成人员不得担任国家行政机关、监察机关、审判机关和检察机关的职务。

第六十六条　全国人民代表大会常务委员会每届任期同全国人民代表大会每届任期相同，它行使职权到下届全国人民代表大会选出新的常务委员会为止。

委员长、副委员长连续任职不得超过两届。

第六十七条　全国人民代表大会常务委员会行使下列职权：

（一）解释宪法，监督宪法的实施；

（二）制定和修改除应当由全国人民代表大会制定的法律以外的其他法律；

（三）在全国人民代表大会闭会期间，对全国人民代表大会制定的法律进行部分补充和修改，但是不得同该法律的基本原则相抵触；

（四）解释法律；

（五）在全国人民代表大会闭会期间，审查和批准国民经济和社会发展计划、国家预算在执行过程中所必须作的部分调整方案；

（六）监督国务院、中央军事委员会、国家监察委员会、最高人民法院和最高人民检察院的工作；

（七）撤销国务院制定的同宪法、法律相抵触的行政法规、决定和命令；

（八）撤销省、自治区、直辖市国家权力机关制定的同宪法、法律和行政法规相抵触的地方性法规和决议；

（九）在全国人民代表大会闭会期间，根据国务院总理的提名，决定部长、委员会主任、审计长、秘书长的人选；

（十）在全国人民代表大会闭会期间，根据中央军事委员会主席的提名，决定中央军事委员会其他组成人员的人选；

（十一）根据国家监察委员会主任的提请，任免国家监察委员会副主任、委员；

（十二）根据最高人民法院院长的提请，任免最高人民法院副院长、审判员、审判委员会委员和军事法院院长；

（十三）根据最高人民检察院检察长的提请，任免最高人民检察院副检察长、检察员、检察委员会委员和军事检察院检察长，并且批准省、自治区、直辖市的人民检察院检察长的任免；

（十四）决定驻外全权代表的任免；

（十五）决定同外国缔结的条约和重要协定的批准和废除；

（十六）规定军人和外交人员的衔级制度和其他专门衔级制度；

（十七）规定和决定授予国家的勋章和荣誉称号；

（十八）决定特赦；

（十九）在全国人民代表大会闭会期间，如果遇到国家遭受武装侵犯或者必须履行国际间共同防止侵略的条约的情况，决定战争状态的宣布；

（二十）决定全国总动员或者局部动员；

（二十一）决定全国或者个别省、自治区、直辖市进入紧急状态；

（二十二）全国人民代表大会授予的其他职权。

第六十八条　全国人民代表大会常务委员会委员长主持全国人民代表大会常务委员会的工作，召集全国人民代表大会常务委员会会议。副委员长、秘书长协助委员长工作。

委员长、副委员长、秘书长组成委员长会议,处理全国人民代表大会常务委员会的重要日常工作。

第六十九条 全国人民代表大会常务委员会对全国人民代表大会负责并报告工作。

第七十条 全国人民代表大会设立民族委员会、宪法和法律委员会、财政经济委员会、教育科学文化卫生委员会、外事委员会、华侨委员会和其他需要设立的专门委员会。在全国人民代表大会闭会期间,各专门委员会受全国人民代表大会常务委员会的领导。

各专门委员会在全国人民代表大会和全国人民代表大会常务委员会领导下,研究、审议和拟订有关议案。

第七十一条 全国人民代表大会和全国人民代表大会常务委员会认为必要的时候,可以组织关于特定问题的调查委员会,并且根据调查委员会的报告,作出相应的决议。

调查委员会进行调查的时候,一切有关的国家机关、社会团体和公民都有义务向它提供必要的材料。

第七十二条 全国人民代表大会代表和全国人民代表大会常务委员会组成人员,有权依照法律规定的程序分别提出属于全国人民代表大会和全国人民代表大会常务委员会职权范围内的议案。

第七十三条 全国人民代表大会代表在全国人民代表大会开会期间,全国人民代表大会常务委员会组成人员在常务委员会开会期间,有权依照法律规定的程序提出对国务院或者国务院各部、各委员会的质询案。受质询的机关必须负责答复。

第七十四条 全国人民代表大会代表,非经全国人民代表大会会议主席团许可,在全国人民代表大会闭会期间非经全国人民代表大会常务委员会许可,不受逮捕或者刑事审判。

第七十五条 全国人民代表大会代表在全国人民代表大会各种会议上的发言和表决,不受法律追究。

第七十六条 全国人民代表大会代表必须模范地遵守宪法和法律,保守国家秘密,并且在自己参加的生产、工作和社会活动中,协助宪法和法律的实施。

全国人民代表大会代表应当同原选举单位和人民保持密切的联系,听取和反映人民的意见和要求,努力为人民服务。

第七十七条 全国人民代表大会代表受原选举单位的监督。原选举单位有权依照法律规定的程序罢免本单位选出的代表。

第七十八条 全国人民代表大会和全国人民代表大会常务委员会的组织和工作程序由法律规定。

第二节 中华人民共和国主席

第七十九条 中华人民共和国主席、副主席由全国人民代表大会选举。

有选举权和被选举权的年满四十五周岁的中华人民共和国公民可以被选为中华人民共和国主席、副主席。

中华人民共和国主席、副主席每届任期同全国人民代表大会每届任期相同。

第八十条 中华人民共和国主席根据全国人民代表大会的决定和全国人民代表大会常务委员会的决定,公布法律,任免国务院总理、副总理、国务委员、各部部长、各委员会主任、审计长、秘书长,授予国家的勋章和荣誉称号,发布特赦令,宣布进入紧急状态,宣布战争状态，发布动员令。

第八十一条 中华人民共和国主席代表中华人民共和国，进行国事活动，接受外国使节；根据全国人民代表大会常务委员会的决定，派遣和召回驻外全权代表，批准和废除同外国缔结的条约和重要协定。

第八十二条 中华人民共和国副主席协助主席工作。

中华人民共和国副主席受主席的委托，可以代行主席的部分职权。

第八十三条 中华人民共和国主席、副主席行使职权到下届全国人民代表大会选出的主席、副主席就职为止。

第八十四条 中华人民共和国主席缺位的时候，由副主席继任主席的职位。

中华人民共和国副主席缺位的时候，由全国人民代表大会补选。

中华人民共和国主席、副主席都缺位的时候，由全国人民代表大会补选；在补选以前，由全国人民代表大会常务委员会委员长暂时代理主席职位。

第三节 国务院

第八十五条 中华人民共和国国务院，即中央人民政府，是最高国家权力机关的执行机关，是最高国家行政机关。

第八十六条 国务院由下列人员组成：

总理，

副总理若干人，

国务委员若干人，

各部部长，

各委员会主任，

审计长，

秘书长。

国务院实行总理负责制。各部、各委员会实行部长、主任负责制。

国务院的组织由法律规定。

第八十七条 国务院每届任期同全国人民代表大会每届任期相同。

总理、副总理、国务委员连续任职不得超过两届。

第八十八条 总理领导国务院的工作。副总理、国务委员协助总理工作。

总理、副总理、国务委员、秘书长组成国务院常务会议。

总理召集和主持国务院常务会议和国务院全体会议。

第八十九条 国务院行使下列职权：

（一）根据宪法和法律，规定行政措施，制定行政法规，发布决定和命令；

（二）向全国人民代表大会或者全国人民代表大会常务委员会提出议案；

（三）规定各部和各委员会的任务和职责，统一领导各部和各委员会的工作，并且领导不属于各部和各委员会的全国性的行政工作；

（四）统一领导全国地方各级国家行政机关的工作，规定中央和省、自治区、直辖市的国家行政机关的职权的具体划分；

（五）编制和执行国民经济和社会发展计划和国家预算；

（六）领导和管理经济工作和城乡建设、生态文明建设；

（七）领导和管理教育、科学、文化、卫生、体育和计划生育工作；

（八）领导和管理民政、公安、司法行政等工作；

（九）管理对外事务，同外国缔结条约和协定；

（十）领导和管理国防建设事业；

（十一）领导和管理民族事务，保障少数民族的平等权利和民族自治地方的自治权利；

（十二）保护华侨的正当的权利和利益，保护归侨和侨眷的合法的权利和利益；

（十三）改变或者撤销各部、各委员会发布的不适当的命令、指示和规章；

（十四）改变或者撤销地方各级国家行政机关的不适当的决定和命令；

（十五）批准省、自治区、直辖市的区域划分，批准自治州、县、自治县、市的建置和区域划分；

（十六）依照法律规定决定省、自治区、直辖市的范围内部分地区进入紧急状态；

（十七）审定行政机构的编制，依照法律规定任免、培训、考核和奖惩行政人员；

（十八）全国人民代表大会和全国人民代表大会常务委员会授予的其他职权。

第九十条 国务院各部部长、各委员会主任负责本部门的工作；召集和主持部务会议或者委员会会议、委务会议，讨论决定本部门工作的重大问题。

各部、各委员会根据法律和国务院的行政法规、决定、命令，在本部门的权限内，发布命令、指示和规章。

第九十一条 国务院设立审计机关，对国务院各部门和地方各级政府的财政收支，对国家的财政金融机构和企业事业组织的财务收支，进行审计监督。

审计机关在国务院总理领导下，依照法律规定独立行使审计监督权，不受其他行政机关、社会团体和个人的干涉。

第九十二条 国务院对全国人民代表大会负责并报告工作；在全国人民代表大会闭会期间，对全国人民代表大会常务委员会负责并报告工作。

第四节 中央军事委员会

第九十三条 中华人民共和国中央军事委员会领导全国武装力量。

中央军事委员会由下列人员组成：

主席，

副主席若干人，

委员若干人。

中央军事委员会实行主席负责制。

中央军事委员会每届任期同全国人民代表大会每届任期相同。

第九十四条 中央军事委员会主席对全国人民代表大会和全国人民代表大会常务委员会负责。

第五节 地方各级人民代表大会和地方各级人民政府

第九十五条 省、直辖市、县、市、市辖区、乡、民族乡、镇设立人民代表大会和人民政府。

地方各级人民代表大会和地方各级人民政府的组织由法律规定。

自治区、自治州、自治县设立自治机关。自治机关的组织和工作根据宪法第三章第五节、第六节规定的基本原则由法律规定。

第九十六条 地方各级人民代表大会是地方国家权力机关。

县级以上的地方各级人民代表大会设立常务委员会。

第九十七条　省、直辖市、设区的市的人民代表大会代表由下一级的人民代表大会选举；县、不设区的市、市辖区、乡、民族乡、镇的人民代表大会代表由选民直接选举。

地方各级人民代表大会代表名额和代表产生办法由法律规定。

第九十八条　地方各级人民代表大会每届任期五年。

第九十九条　地方各级人民代表大会在本行政区域内，保证宪法、法律、行政法规的遵守和执行；依照法律规定的权限，通过和发布决议，审查和决定地方的经济建设、文化建设和公共事业建设的计划。

县级以上的地方各级人民代表大会审查和批准本行政区域内的国民经济和社会发展计划、预算以及它们的执行情况的报告；有权改变或者撤销本级人民代表大会常务委员会不适当的决定。

民族乡的人民代表大会可以依照法律规定的权限采取适合民族特点的具体措施。

第一百条　省、直辖市的人民代表大会和它们的常务委员会，在不同宪法、法律、行政法规相抵触的前提下，可以制定地方性法规，报全国人民代表大会常务委员会备案。

设区的市的人民代表大会和它们的常务委员会，在不同宪法、法律、行政法规和本省、自治区的地方性法规相抵触的前提下，可以依照法律规定制定地方性法规，报本省、自治区人民代表大会常务委员会批准后施行。

第一百零一条　地方各级人民代表大会分别选举并且有权罢免本级人民政府的省长和副省长、市长和副市长、县长和副县长、区长和副区长、乡长和副乡长、镇长和副镇长。

县级以上的地方各级人民代表大会选举并且有权罢免本级监察委员会主任、本级人民法院院长和本级人民检察院检察长。选出或者罢免人民检察院检察长，须报上级人民检察院检察长提请该级人民代表大会常务委员会批准。

第一百零二条　省、直辖市、设区的市的人民代表大会代表受原选举单位的监督；县、不设区的市、市辖区、乡、民族乡、镇的人民代表大会代表受选民的监督。

地方各级人民代表大会代表的选举单位和选民有权依照法律规定的程序罢免由他们选出的代表。

第一百零三条　县级以上的地方各级人民代表大会常务委员会由主任、副主任若干人和委员若干人组成，对本级人民代表大会负责并报告工作。

县级以上的地方各级人民代表大会选举并有权罢免本级人民代表大会常务委员会的组成人员。

县级以上的地方各级人民代表大会常务委员会的组成人员不得担任国家行政机关、监察机关、审判机关和检察机关的职务。

第一百零四条　县级以上的地方各级人民代表大会常务委员会讨论、决定本行政区域内各方面工作的重大事项；监督本级人民政府、监察委员会、人民法院和人民检察院的工作；撤销本级人民政府的不适当的决定和命令；撤销下一级人民代表大会的不适当的决议；依照法律规定的权限决定国家机关工作人员的任免；在本级人民代表大会闭会期间，罢免和补选上一级人民代表大会的个别代表。

第一百零五条　地方各级人民政府是地方各级国家权力机关的执行机关，是地方各级国家行政机关。

地方各级人民政府实行省长、市长、县长、区长、乡长、镇长负责制。

第一百零六条 地方各级人民政府每届任期同本级人民代表大会每届任期相同。

第一百零七条 县级以上地方各级人民政府依照法律规定的权限，管理本行政区域内的经济、教育、科学、文化、卫生、体育事业、城乡建设事业和财政、民政、公安、民族事务、司法行政、计划生育等行政工作，发布决定和命令，任免、培训、考核和奖惩行政工作人员。

乡、民族乡、镇的人民政府执行本级人民代表大会的决议和上级国家行政机关的决定和命令，管理本行政区域内的行政工作。

省、直辖市的人民政府决定乡、民族乡、镇的建置和区域划分。

第一百零八条 县级以上的地方各级人民政府领导所属各工作部门和下级人民政府的工作，有权改变或者撤销所属各工作部门和下级人民政府的不适当的决定。

第一百零九条 县级以上的地方各级人民政府设立审计机关。地方各级审计机关依照法律规定独立行使审计监督权，对本级人民政府和上一级审计机关负责。

第一百一十条 地方各级人民政府对本级人民代表大会负责并报告工作。县级以上的地方各级人民政府在本级人民代表大会闭会期间，对本级人民代表大会常务委员会负责并报告工作。

地方各级人民政府对上一级国家行政机关负责并报告工作。全国地方各级人民政府都是国务院统一领导下的国家行政机关，都服从国务院。

第一百一十一条 城市和农村按居民居住地区设立的居民委员会或者村民委员会是基层群众性自治组织。居民委员会、村民委员会的主任、副主任和委员由居民选举。居民委员会、村民委员会同基层政权的相互关系由法律规定。

居民委员会、村民委员会设人民调解、治安保卫、公共卫生等委员会，办理本居住地区的公共事务和公益事业，调解民间纠纷，协助维护社会治安，并且向人民政府反映群众的意见、要求和提出建议。

第六节 民族自治地方的自治机关

第一百一十二条 民族自治地方的自治机关是自治区、自治州、自治县的人民代表大会和人民政府。

第一百一十三条 自治区、自治州、自治县的人民代表大会中，除实行区域自治的民族的代表外，其他居住在本行政区域内的民族也应当有适当名额的代表。

自治区、自治州、自治县的人民代表大会常务委员会中应当有实行区域自治的民族的公民担任主任或者副主任。

第一百一十四条 自治区主席、自治州州长、自治县县长由实行区域自治的民族的公民担任。

第一百一十五条 自治区、自治州、自治县的自治机关行使宪法第三章第五节规定的地方国家机关的职权，同时依照宪法、民族区域自治法和其他法律规定的权限行使自治权，根据本地方实际情况贯彻执行国家的法律、政策。

第一百一十六条 民族自治地方的人民代表大会有权依照当地民族的政治、经济和文化的特点，制定自治条例和单行条例。自治区的自治条例和单行条例，报全国人民代表大会常务委员会批准后生效。自治州、自治县的自治条例和单行条例，报省或者自治区的人民代表大会常务委员会批准后生效，并报全国人民代表大会常务委员会备案。

第一百一十七条 民族自治地方的自治机关有管理地方财政的自治权。凡是依照国家财政体制属于民族自治地方的财政收入，都应当由民族自治地方的自治机关自主地安排使用。

第一百一十八条 民族自治地方的自治机关在国家计划的指导下，自主地安排和管理地方性的经济建设事业。

国家在民族自治地方开发资源、建设企业的时候，应当照顾民族自治地方的利益。

第一百一十九条 民族自治地方的自治机关自主地管理本地方的教育、科学、文化、卫生、体育事业，保护和整理民族的文化遗产，发展和繁荣民族文化。

第一百二十条 民族自治地方的自治机关依照国家的军事制度和当地的实际需要，经国务院批准，可以组织本地方维护社会治安的公安部队。

第一百二十一条 民族自治地方的自治机关在执行职务的时候，依照本民族自治地方自治条例的规定，使用当地通用的一种或者几种语言文字。

第一百二十二条 国家从财政、物资、技术等方面帮助各少数民族加速发展经济建设和文化建设事业。

国家帮助民族自治地方从当地民族中大量培养各级干部、各种专业人才和技术工人。

第七节 监察委员会

第一百二十三条 中华人民共和国各级监察委员会是国家的监察机关。

第一百二十四条 中华人民共和国设立国家监察委员会和地方各级监察委员会。

监察委员会由下列人员组成：

主任，

副主任若干人，

委员若干人。

监察委员会主任每届任期同本级人民代表大会每届任期相同。国家监察委员会主任连续任职不得超过两届。

监察委员会的组织和职权由法律规定。

第一百二十五条 中华人民共和国国家监察委员会是最高监察机关。

国家监察委员会领导地方各级监察委员会的工作，上级监察委员会领导下级监察委员会的工作。

第一百二十六条 国家监察委员会对全国人民代表大会和全国人民代表大会常务委员会负责。地方各级监察委员会对产生它的国家权力机关和上一级监察委员会负责。

第一百二十七条 监察委员会依照法律规定独立行使监察权，不受行政机关、社会团体和个人的干涉。

监察机关办理职务违法和职务犯罪案件，应当与审判机关、检察机关、执法部门互相配合，互相制约。

第八节 人民法院和人民检察院

第一百二十八条 中华人民共和国人民法院是国家的审判机关。

第一百二十九条 中华人民共和国设立最高人民法院、地方各级人民法院和军事法院等专门人民法院。

最高人民法院院长每届任期同全国人民代表大会每届任期相同，连续任职不得超过两届。

人民法院的组织由法律规定。

第一百三十条 人民法院审理案件，除法律规定的特别情况外，一律公开进行。被告人有权获得辩护。

第一百三十一条 人民法院依照法律规定独立行使审判权，不受行政机关、社会团体和个人的干涉。

第一百三十二条 最高人民法院是最高审判机关。

最高人民法院监督地方各级人民法院和专门人民法院的审判工作，上级人民法院监督下级人民法院的审判工作。

第一百三十三条 最高人民法院对全国人民代表大会和全国人民代表大会常务委员会负责。地方各级人民法院对产生它的国家权力机关负责。

第一百三十四条 中华人民共和国人民检察院是国家的法律监督机关。

第一百三十五条 中华人民共和国设立最高人民检察院、地方各级人民检察院和军事检察院等专门人民检察院。

最高人民检察院检察长每届任期同全国人民代表大会每届任期相同，连续任职不得超过两届。

人民检察院的组织由法律规定。

第一百三十六条 人民检察院依照法律规定独立行使检察权，不受行政机关、社会团体和个人的干涉。

第一百三十七条 最高人民检察院是最高检察机关。

最高人民检察院领导地方各级人民检察院和专门人民检察院的工作，上级人民检察院领导下级人民检察院的工作。

第一百三十八条 最高人民检察院对全国人民代表大会和全国人民代表大会常务委员会负责。地方各级人民检察院对产生它的国家权力机关和上级人民检察院负责。

第一百三十九条 各民族公民都有用本民族语言文字进行诉讼的权利。人民法院和人民检察院对于不通晓当地通用的语言文字的诉讼参与人，应当为他们翻译。

在少数民族聚居或者多民族共同居住的地区，应当用当地通用的语言进行审理；起诉书、判决书、布告和其他文书应当根据实际需要使用当地通用的一种或者几种文字。

第一百四十条 人民法院、人民检察院和公安机关办理刑事案件，应当分工负责，互相配合，互相制约，以保证准确有效地执行法律。

第四章 国旗、国歌、国徽、首都

第一百四十一条 中华人民共和国国旗是五星红旗。

中华人民共和国国歌是《义勇军进行曲》。

第一百四十二条 中华人民共和国国徽，中间是五星照耀下的天安门，周围是谷穗和齿轮。

第一百四十三条 中华人民共和国首都是北京。

2. 中华人民共和国反家庭暴力法

（2015 年 12 月 27 日第十二届全国人民代表大会常务委员会第十八次会议通过）

目　录

第一章　总　则

第一条　为了预防和制止家庭暴力，保护家庭成员的合法权益，维护平等、和睦、文明的家庭关系，促进家庭和谐、社会稳定，制定本法。

第二条　本法所称家庭暴力，是指家庭成员之间以殴打、捆绑、残害、限制人身自由以及经常性谩骂、恐吓等方式实施的身体、精神等侵害行为。

第三条　家庭成员之间应当互相帮助，互相关爱，和睦相处，履行家庭义务。

反家庭暴力是国家、社会和每个家庭的共同责任。

国家禁止任何形式的家庭暴力。

第四条　县级以上人民政府负责妇女儿童工作的机构，负责组织、协调、指导、督促有关部门做好反家庭暴力工作。

县级以上人民政府有关部门、司法机关、人民团体、社会组织、居民委员会、村民委员会、企业事业单位，应当依照本法和有关法律规定，做好反家庭暴力工作。

各级人民政府应当对反家庭暴力工作给予必要的经费保障。

第五条　反家庭暴力工作遵循预防为主，教育、矫治与惩处相结合原则。

反家庭暴力工作应当尊重受害人真实意愿，保护当事人隐私。

未成年人、老年人、残疾人、孕期和哺乳期的妇女、重病患者遭受家庭暴力的，应当给予特殊保护。

第二章　家庭暴力的预防

第六条　国家开展家庭美德宣传教育，普及反家庭暴力知识，增强公民反家庭暴力意识。

工会、共产主义青年团、妇女联合会、残疾人联合会应当在各自工作范围内，组织开展家庭美德和反家庭暴力宣传教育。

广播、电视、报刊、网络等应当开展家庭美德和反家庭暴力宣传。

学校、幼儿园应当开展家庭美德和反家庭暴力教育。

第七条 县级以上人民政府有关部门、司法机关、妇女联合会应当将预防和制止家庭暴力纳入业务培训和统计工作。

医疗机构应当做好家庭暴力受害人的诊疗记录。

第八条 乡镇人民政府、街道办事处应当组织开展家庭暴力预防工作,居民委员会、村民委员会、社会工作服务机构应当予以配合协助。

第九条 各级人民政府应当支持社会工作服务机构等社会组织开展心理健康咨询、家庭关系指导、家庭暴力预防知识教育等服务。

第十条 人民调解组织应当依法调解家庭纠纷,预防和减少家庭暴力的发生。

第十一条 用人单位发现本单位人员有家庭暴力情况的,应当给予批评教育,并做好家庭矛盾的调解、化解工作。

第十二条 未成年人的监护人应当以文明的方式进行家庭教育,依法履行监护和教育职责,不得实施家庭暴力。

第三章 家庭暴力的处置

第十三条 家庭暴力受害人及其法定代理人、近亲属可以向加害人或者受害人所在单位、居民委员会、村民委员会、妇女联合会等单位投诉、反映或者求助。有关单位接到家庭暴力投诉、反映或者求助后,应当给予帮助、处理。

家庭暴力受害人及其法定代理人、近亲属也可以向公安机关报案或者依法向人民法院起诉。

单位、个人发现正在发生的家庭暴力行为,有权及时劝阻。

第十四条 学校、幼儿园、医疗机构、居民委员会、村民委员会、社会工作服务机构、救助管理机构、福利机构及其工作人员在工作中发现无民事行为能力人、限制民事行为能力人遭受或者疑似遭受家庭暴力的,应当及时向公安机关报案。公安机关应当对报案人的信息予以保密。

第十五条 公安机关接到家庭暴力报案后应当及时出警,制止家庭暴力,按照有关规定调查取证,协助受害人就医、鉴定伤情。

无民事行为能力人、限制民事行为能力人因家庭暴力身体受到严重伤害、面临人身安全威胁或者处于无人照料等危险状态的,公安机关应当通知并协助民政部门将其安置到临时庇护场所、救助管理机构或者福利机构。

第十六条 家庭暴力情节较轻,依法不给予治安管理处罚的,由公安机关对加害人给予批评教育或者出具告诫书。

告诫书应当包括加害人的身份信息、家庭暴力的事实陈述、禁止加害人实施家庭暴力等内容。

第十七条 公安机关应当将告诫书送交加害人、受害人,并通知居民委员会、村民委员会。

居民委员会、村民委员会、公安派出所应当对收到告诫书的加害人、受害人进行查访,监督加害人不再实施家庭暴力。

第十八条 县级或者设区的市级人民政府可以单独或者依托救助管理机构设立临时庇护场所,为家庭暴力受害人提供临时生活帮助。

第十九条　法律援助机构应当依法为家庭暴力受害人提供法律援助。

人民法院应当依法对家庭暴力受害人缓收、减收或者免收诉讼费用。

第二十条　人民法院审理涉及家庭暴力的案件，可以根据公安机关出警记录、告诫书、伤情鉴定意见等证据，认定家庭暴力事实。

第二十一条　监护人实施家庭暴力严重侵害被监护人合法权益的，人民法院可以根据被监护人的近亲属、居民委员会、村民委员会、县级人民政府民政部门等有关人员或者单位的申请，依法撤销其监护人资格，另行指定监护人。

被撤销监护人资格的加害人，应当继续负担相应的赡养、扶养、抚养费用。

第二十二条　工会、共产主义青年团、妇女联合会、残疾人联合会、居民委员会、村民委员会等应当对实施家庭暴力的加害人进行法治教育，必要时可以对加害人、受害人进行心理辅导。

第四章　人身安全保护令

第二十三条　当事人因遭受家庭暴力或者面临家庭暴力的现实危险，向人民法院申请人身安全保护令的，人民法院应当受理。

当事人是无民事行为能力人、限制民事行为能力人，或者因受到强制、威吓等原因无法申请人身安全保护令的，其近亲属、公安机关、妇女联合会、居民委员会、村民委员会、救助管理机构可以代为申请。

第二十四条　申请人身安全保护令应当以书面方式提出；书面申请确有困难的，可以口头申请，由人民法院记入笔录。

第二十五条　人身安全保护令案件由申请人或者被申请人居住地、家庭暴力发生地的基层人民法院管辖。

第二十六条　人身安全保护令由人民法院以裁定形式作出。

第二十七条　作出人身安全保护令，应当具备下列条件：

（一）有明确的被申请人；

（二）有具体的请求；

（三）有遭受家庭暴力或者面临家庭暴力现实危险的情形。

第二十八条　人民法院受理申请后，应当在七十二小时内作出人身安全保护令或者驳回申请；情况紧急的，应当在二十四小时内作出。

第二十九条　人身安全保护令可以包括下列措施：

（一）禁止被申请人实施家庭暴力；

（二）禁止被申请人骚扰、跟踪、接触申请人及其相关近亲属；

（三）责令被申请人迁出申请人住所；

（四）保护申请人人身安全的其他措施。

第三十条　人身安全保护令的有效期不超过六个月，自作出之日起生效。人身安全保护令失效前，人民法院可以根据申请人的申请撤销、变更或者延长。

第三十一条　申请人对驳回申请不服或者被申请人对人身安全保护令不服的，可以自裁定生效之日起五日内向作出裁定的人民法院申请复议一次。人民法院依法作出人身安全保护令的，复议期间不停止人身安全保护令的执行。

第三十二条 人民法院作出人身安全保护令后，应当送达申请人、被申请人、公安机关以及居民委员会、村民委员会等有关组织。人身安全保护令由人民法院执行，公安机关以及居民委员会、村民委员会等应当协助执行。

第五章 法律责任

第三十三条 加害人实施家庭暴力，构成违反治安管理行为的，依法给予治安管理处罚；构成犯罪的，依法追究刑事责任。

第三十四条 被申请人违反人身安全保护令，构成犯罪的，依法追究刑事责任；尚不构成犯罪的，人民法院应当给予训诫，可以根据情节轻重处以一千元以下罚款、十五日以下拘留。

第三十五条 学校、幼儿园、医疗机构、居民委员会、村民委员会、社会工作服务机构、救助管理机构、福利机构及其工作人员未依照本法第十四条规定向公安机关报案，造成严重后果的，由上级主管部门或者本单位对直接负责的主管人员和其他直接责任人员依法给予处分。

第三十六条 负有反家庭暴力职责的国家工作人员玩忽职守、滥用职权、徇私舞弊的，依法给予处分；构成犯罪的，依法追究刑事责任。

第六章 附　则

第三十七条 家庭成员以外共同生活的人之间实施的暴力行为，参照本法规定执行。

第三十八条 本法自2016年3月1日起施行。

3. 中华人民共和国全民所有制工业企业法

（1988年4月13日第七届全国人民代表大会第一次会议通过　1988年4月13日中华人民共和国主席令第三号公布　根据2009年8月27日中华人民共和国主席令第十八号第十一届全国人民代表大会常务委员会第十次会议《关于修改部分法律的决定》修正）

目　录

第一章　总　则

第一条　为保障全民所有制经济的巩固和发展,明确全民所有制工业企业的权利和义务,保障其合法权益,增强其活力,促进社会主义现代化建设,根据《中华人民共和国宪法》,制定本法。

第二条　全民所有制工业企业(以下简称企业)是依法自主经营、自负盈亏、独立核算的社会主义商品生产和经营单位。

企业的财产属于全民所有,国家依照所有权和经营权分离的原则授予企业经营管理。企业对国家授予其经营管理的财产享有占有、使用和依法处分的权利。

企业依法取得法人资格,以国家授予其经营管理的财产承担民事责任。

第三条　企业的根本任务是:根据国家计划和市场需求,发展商品生产,创造财富,增加积累,满足社会日益增长的物质和文化生活需要。

第四条　企业必须坚持在建设社会主义物质文明的同时,建设社会主义精神文明,建设有理想、有道德、有文化、有纪律的职工队伍。

第五条　企业必须遵守法律、法规,坚持社会主义方向。

第六条　企业必须有效地利用国家授予其经营管理的财产,实现资产增殖;依法缴纳税金、费用、利润。

第七条　企业实行厂长(经理)负责制。

厂长依法行使职权,受法律保护。

第八条　中国共产党在企业中的基层组织,对党和国家的方针、政策在本企业的贯彻执行实行保证监督。

第九条　国家保障职工的主人翁地位,职工的合法权益受法律保护。

第十条　企业通过职工代表大会和其他形式,实行民主管理。

第十一条　企业工会代表和维护职工利益,依法独立自主地开展工作。企业工会组织职工参加民主管理和民主监督。

企业应当充分发挥青年职工、女职工和科学技术人员的作用。

第十二条　企业必须加强和改善经营管理,实行经济责任制,推进科学技术进步,厉行节约,反对浪费,提高经济效益,促进企业的改造和发展。

第十三条　企业贯彻按劳分配原则。在法律规定的范围内,企业可以采取其他分配方式。

第十四条　国家授予企业经营管理的财产受法律保护,不受侵犯。

第十五条　企业的合法权益受法律保护,不受侵犯。

第二章　企业的设立、变更和终止

第十六条　设立企业,必须依照法律和国务院规定,报请政府或者政府主管部门审核批准。经工商行政管理部门核准登记、发给营业执照,企业取得法人资格。

企业应当在核准登记的经营范围内从事生产经营活动。

第十七条　设立企业必须具备以下条件:

(一)产品为社会所需要。

（二）有能源、原材料、交通运输的必要条件。

（三）有自己的名称和生产经营场所。

（四）有符合国家规定的资金。

（五）有自己的组织机构。

（六）有明确的经营范围。

（七）法律、法规规定的其他条件。

第十八条 企业合并或者分立，依照法律、行政法规的规定，由政府或者政府主管部门批准。

第十九条 企业由于下列原因之一终止：

（一）违反法律、法规被责令撤销。

（二）政府主管部门依照法律、法规的规定决定解散。

（三）依法被宣告破产。

（四）其他原因。

第二十条 企业合并、分立或者终止时，必须保护其财产，依法清理债权、债务。

第二十一条 企业的合并、分立、终止，以及经营范围等登记事项的变更，须经工商行政管理部门核准登记。

第三章 企业的权利和义务

第二十二条 在国家计划指导下，企业有权自行安排生产社会需要的产品或者为社会提供服务。

第二十三条 企业有权自行销售本企业的产品。国务院另有规定的除外。

承担指令性计划的企业，有权自行销售计划外超产的产品和计划内分成的产品。

第二十四条 企业有权自行选择供货单位，购进生产需要的物资。

第二十五条 除国务院规定由物价部门和有关主管部门控制价格的以外，企业有权自行确定产品价格、劳务价格。

第二十六条 企业有权依照国务院规定与外商谈判并签订合同。

企业有权依照国务院规定提取和使用分成的外汇收入。

第二十七条 企业有权依照国务院规定支配使用留用资金。

第二十八条 企业有权依照国务院规定出租或者有偿转让国家授予其经营管理的固定资产，所得的收益必须用于设备更新和技术改造。

第二十九条 企业有权确定适合本企业情况的工资形式和奖金分配办法。

第三十条 企业有权依照法律和国务院规定录用、辞退职工。

第三十一条 企业有权决定机构设置及其人员编制。

第三十二条 企业有权拒绝任何机关和单位向企业摊派人力、物力、财力。除法律、法规另有规定外，任何机关和单位以任何方式要求企业提供人力、物力、财力的，都属于摊派。

第三十三条 企业有权依照法律和国务院规定与其他企业、事业单位联营，向其他企业、事业单位投资，持有其他企业的股份。

企业有权依照国务院规定发行债券。

第三十四条　企业必须履行依法订立的合同。

第三十五条　企业必须保障固定资产的正常维修,改进和更新设备。

第三十六条　企业必须遵守国家关于财务、劳动工资和物价管理等方面的规定,接受财政、审计、劳动工资和物价等机关的监督。

第三十七条　企业必须保证产品质量和服务质量,对用户和消费者负责。

第三十八条　企业必须提高劳动效率,节约能源和原材料,努力降低成本。

第三十九条　企业必须加强保卫工作,维护生产秩序,保护国家财产。

第四十条　企业必须贯彻安全生产制度,改善劳动条件,做好劳动保护和环境保护工作,做到安全生产和文明生产。

第四十一条　企业应当加强思想政治教育、法制教育、国防教育、科学文化教育和技术业务培训,提高职工队伍的素质。

第四十二条　企业应当支持和奖励职工进行科学研究、发明创造,开展技术革新、合理化建议和社会主义劳动竞赛活动。

第四章　厂　长

第四十三条　厂长的产生,除国务院另有规定外,由政府主管部门根据企业的情况决定采取下列一种方式:

(一)政府主管部门委任或者招聘。

(二)企业职工代表大会选举。

政府主管部门委任或者招聘的厂长人选,须征求职工代表的意见;企业职工代表大会选举的厂长,须报政府主管部门批准。

政府主管部门委任或者招聘的厂长,由政府主管部门免职或者解聘,并须征求职工代表的意见;企业职工代表大会选举的厂长,由职工代表大会罢免,并须报政府主管部门批准。

第四十四条　厂长是企业的法定代表人。

企业建立以厂长为首的生产经营管理系统。厂长在企业中处于中心地位,对企业的物质文明建设和精神文明建设负有全面责任。

厂长领导企业的生产经营管理工作,行使下列职权:

(一)依照法律和国务院规定,决定或者报请审查批准企业的各项计划。

(二)决定企业行政机构的设置。

(三)提请政府主管部门任免或者聘任、解聘副厂级行政领导干部。法律和国务院另有规定的除外。

(四)任免或者聘任、解聘企业中层行政领导干部。法律另有规定的除外。

(五)提出工资调整方案、奖金分配方案和重要的规章制度,提请职工代表大会审查同意。提出福利基金使用方案和其他有关职工生活福利的重大事项的建议,提请职工代表大会审议决定。

(六)依法奖惩职工;提请政府主管部门奖惩副厂级行政领导干部。

第四十五条　厂长必须依靠职工群众履行本法规定的企业的各项义务,支持职工代表大会、工会和其他群众组织的工作,执行职工代表大会依法作出的决定。

第四十六条 企业设立管理委员会或者通过其他形式，协助厂长决定企业的重大问题。管理委员会由企业各方面的负责人和职工代表组成。厂长任管理委员会主任。

前款所称重大问题：

（一）经营方针、长远规划和年度计划、基本建设方案和重大技术改造方案，职工培训计划，工资调整方案，留用资金分配和使用方案，承包和租赁经营责任制方案。

（二）工资列入企业成本开支的企业人员编制和行政机构的设置和调整。

（三）制订、修改和废除重要规章制度的方案。

上述重大问题的讨论方案，均由厂长提出。

第四十七条 厂长在领导企业完成计划、提高产品质量和服务质量、提高经济效益和加强精神文明建设等方面成绩显著的，由政府主管部门给予奖励。

第五章 职工和职工代表大会

第四十八条 职工有参加企业民主管理的权利，有对企业的生产和工作提出意见和建议的权利；有依法享受劳动保护、劳动保险、休息、休假的权利；有向国家机关反映真实情况，对企业领导干部提出批评和控告的权利。女职工有依照国家规定享受特殊劳动保护和劳动保险的权利。

第四十九条 职工应当以国家主人翁的态度从事劳动，遵守劳动纪律和规章制度，完成生产和工作任务。

第五十条 职工代表大会是企业实行民主管理的基本形式，是职工行使民主管理权力的机构。

职工代表大会的工作机构是企业的工会委员会。企业工会委员会负责职工代表大会的日常工作。

第五十一条 职工代表大会行使下列职权：

（一）听取和审议厂长关于企业的经营方针、长远规划、年度计划、基本建设方案、重大技术改造方案、职工培训计划、留用资金分配和使用方案、承包和租赁经营责任制方案的报告，提出意见和建议。

（二）审查同意或者否决企业的工资调整方案、奖金分配方案、劳动保护措施、奖惩办法以及其他重要的规章制度。

（三）审议决定职工福利基金使用方案、职工住宅分配方案和其他有关职工生活福利的重大事项。

（四）评议、监督企业各级行政领导干部，提出奖惩和任免的建议。

（五）根据政府主管部门的决定选举厂长，报政府主管部门批准。

第五十二条 车间通过职工大会、职工代表组或者其他形式实行民主管理；工人直接参加班组的民主管理。

第五十三条 职工代表大会应当支持厂长依法行使职权，教育职工履行本法规定的义务。

第六章 企业和政府的关系

第五十四条 政府有关部门按照国家调节市场、市场引导企业的目标，为企业提供服务，并根据各自的职责，依照法律、法规的规定，对企业实行管理和监督。

（一）制订、调整产业政策，指导企业制定发展规划。

（二）为企业的经营决策提供咨询、信息。

（三）协调企业与其他单位之间的关系。

（四）维护企业正常的生产秩序，保护企业经营管理的国家财产不受侵犯。

（五）逐步完善与企业有关的公共设施。

第五十五条　企业所在地的县级以上地方政府应当提供企业所需的由地方计划管理的物资，协调企业与当地其他单位之间的关系，努力办好与企业有关的公共福利事业。

第五十六条　任何机关和单位不得侵犯企业依法享有的经营管理自主权；不得向企业摊派人力、物力、财力；不得要求企业设置机构或者规定机构的编制人数。

第七章　法律责任

第五十七条　违反本法第十六条规定，未经政府或者政府主管部门审核批准和工商行政管理部门核准登记，以企业名义进行生产经营活动的，责令停业，没收违法所得。

企业向登记机关弄虚作假、隐瞒真实情况的，给予警告或者处以罚款；情节严重的，吊销营业执照。

本条规定的行政处罚，由县级以上工商行政管理部门决定。当事人对罚款、责令停业、没收违法所得、吊销营业执照的处罚决定不服的，可以在接到处罚通知之日起十五日内向法院起诉；逾期不起诉又不履行的，由作出处罚决定的机关申请法院强制执行。

第五十八条　企业因生产、销售质量不合格的产品，给用户和消费者造成财产、人身损害的，应当承担赔偿责任；构成犯罪的，对直接责任人员依法追究刑事责任。

产品质量不符合经济合同约定的条件的，应当承担违约责任。

第五十九条　政府和政府有关部门的决定违反本法第五十八条规定的，企业有权向作出决定的机关申请撤销；不予撤销的，企业有权向作出决定的机关的上一级机关或者政府监察部门申诉。接受申诉的机关应于接到申诉之日起三十日内作出裁决并通知企业。

第六十条　企业领导干部滥用职权，侵犯职工合法权益，情节严重的，由政府主管部门给予行政处分；滥用职权、假公济私，对职工实行报复陷害的，依照刑法有关规定追究刑事责任。

第六十一条　企业和政府有关部门的领导干部，因工作过失给企业和国家造成较大损失的，由政府主管部门或者有关上级机关给予行政处分。

企业和政府有关部门的领导干部玩忽职守，致使企业财产、国家和人民利益遭受重大损失的，依照刑法有关规定追究刑事责任。

第六十二条　扰乱企业的秩序，致使生产、营业、工作不能正常进行，尚未造成严重损失的，由企业所在地公安机关依照《中华人民共和国治安管理处罚条例》第十九条的规定处罚；情节严重，致使生产、营业、工作无法进行，造成严重损失的，依照《中华人民共和国刑法》第一百五十八条的规定追究刑事责任。

第八章　附　则

第六十三条　本法的原则适用于全民所有制交通运输、邮电、地质勘探、建筑安装、商业、外贸、物资、农林、水利企业。

第六十四条 扰乱企业的秩序,致使生产、营业、工作不能正常进行,尚未造成严重损失的,由企业所在地公安机关依照《中华人民共和国治安管理处罚法》的规定处罚。

第六十五条 国务院根据本法制定实施条例。

第六十六条 自治区人民代表大会常务委员会可以根据本法和《中华人民共和国民族区域自治法》的原则,结合当地的特点,制定实施办法,报全国人民代表大会常务委员会备案。

第六十七条 本法自1988年8月1日起施行。

4. 中华人民共和国人口与计划生育法

(2001年12月29日第九届全国人民代表大会常务委员会第二十五次会议通过　根据2015年12月27日第十二届全国人民代表大会常务委员会第十八次会议《关于修改〈中华人民共和国人口与计划生育法〉的决定》第一次修正　根据2021年8月20日第十三届全国人民代表大会常务委员会第三十次会议《关于修改〈中华人民共和国人口与计划生育法〉的决定》第二次修正)

目　录

第一章　总　则

第一条 为了实现人口与经济、社会、资源、环境的协调发展,推行计划生育,维护公民的合法权益,促进家庭幸福、民族繁荣与社会进步,根据宪法,制定本法。

第二条 我国是人口众多的国家,实行计划生育是国家的基本国策。

国家采取综合措施,调控人口数量,提高人口素质,推动实现适度生育水平,优化人口结构,促进人口长期均衡发展。

国家依靠宣传教育、科学技术进步、综合服务、建立健全奖励和社会保障制度,开展人口与计划生育工作。

第三条 开展人口与计划生育工作,应当与增加妇女受教育和就业机会、增进妇女健康、提高妇女地位相结合。

第四条 各级人民政府及其工作人员在推行计划生育工作中应当严格依法行政,文明执法,不得侵犯公民的合法权益。

卫生健康主管部门及其工作人员依法执行公务受法律保护。

第五条　国务院领导全国的人口与计划生育工作。

地方各级人民政府领导本行政区域内的人口与计划生育工作。

第六条　国务院卫生健康主管部门负责全国计划生育工作和与计划生育有关的人口工作。

县级以上地方各级人民政府卫生健康主管部门负责本行政区域内的计划生育工作和与计划生育有关的人口工作。

县级以上各级人民政府其他有关部门在各自的职责范围内，负责有关的人口与计划生育工作。

第七条　工会、共产主义青年团、妇女联合会及计划生育协会等社会团体、企业事业组织和公民应当协助人民政府开展人口与计划生育工作。

第八条　国家对在人口与计划生育工作中作出显著成绩的组织和个人，给予奖励。

第二章　人口发展规划的制定与实施

第九条　国务院编制人口发展规划，并将其纳入国民经济和社会发展计划。

县级以上地方各级人民政府根据全国人口发展规划以及上一级人民政府人口发展规划，结合当地实际情况编制本行政区域的人口发展规划，并将其纳入国民经济和社会发展计划。

第十条　县级以上各级人民政府根据人口发展规划，制定人口与计划生育实施方案并组织实施。

县级以上各级人民政府卫生健康主管部门负责实施人口与计划生育实施方案的日常工作。

乡、民族乡、镇的人民政府和城市街道办事处负责本管辖区域内的人口与计划生育工作，贯彻落实人口与计划生育实施方案。

第十一条　人口与计划生育实施方案应当规定调控人口数量，提高人口素质，推动实现适度生育水平，优化人口结构，加强母婴保健和婴幼儿照护服务，促进家庭发展的措施。

第十二条　村民委员会、居民委员会应当依法做好计划生育工作。

机关、部队、社会团体、企业事业组织应当做好本单位的计划生育工作。

第十三条　卫生健康、教育、科技、文化、民政、新闻出版、广播电视等部门应当组织开展人口与计划生育宣传教育。

大众传媒负有开展人口与计划生育的社会公益性宣传的义务。

学校应当在学生中，以符合受教育者特征的适当方式，有计划地开展生理卫生教育、青春期教育或者性健康教育。

第十四条　流动人口的计划生育工作由其户籍所在地和现居住地的人民政府共同负责管理，以现居住地为主。

第十五条　国家根据国民经济和社会发展状况逐步提高人口与计划生育经费投入的总体水平。各级人民政府应当保障人口与计划生育工作必要的经费。

各级人民政府应当对欠发达地区、少数民族地区开展人口与计划生育工作给予重点扶持。

国家鼓励社会团体、企业事业组织和个人为人口与计划生育工作提供捐助。

任何单位和个人不得截留、克扣、挪用人口与计划生育工作费用。

第十六条 国家鼓励开展人口与计划生育领域的科学研究和对外交流与合作。

第三章 生育调节

第十七条 公民有生育的权利,也有依法实行计划生育的义务,夫妻双方在实行计划生育中负有共同的责任。

第十八条 国家提倡适龄婚育、优生优育。一对夫妻可以生育三个子女。

符合法律、法规规定条件的,可以要求安排再生育子女。具体办法由省、自治区、直辖市人民代表大会或者其常务委员会规定。

少数民族也要实行计划生育,具体办法由省、自治区、直辖市人民代表大会或者其常务委员会规定。

夫妻双方户籍所在地的省、自治区、直辖市之间关于再生育子女的规定不一致的,按照有利于当事人的原则适用。

第十九条 国家创造条件,保障公民知情选择安全、有效、适宜的避孕节育措施。实施避孕节育手术,应当保证受术者的安全。

第二十条 育龄夫妻自主选择计划生育避孕节育措施,预防和减少非意愿妊娠。

第二十一条 实行计划生育的育龄夫妻免费享受国家规定的基本项目的计划生育技术服务。

前款规定所需经费,按照国家有关规定列入财政预算或者由社会保险予以保障。

第二十二条 禁止歧视、虐待生育女婴的妇女和不育的妇女。

禁止歧视、虐待、遗弃女婴。

第四章 奖励与社会保障

第二十三条 国家对实行计划生育的夫妻,按照规定给予奖励。

第二十四条 国家建立、健全基本养老保险、基本医疗保险、生育保险和社会福利等社会保障制度,促进计划生育。

国家鼓励保险公司举办有利于计划生育的保险项目。

第二十五条 符合法律、法规规定生育子女的夫妻,可以获得延长生育假的奖励或者其他福利待遇。

国家支持有条件的地方设立父母育儿假。

第二十六条 妇女怀孕、生育和哺乳期间,按照国家有关规定享受特殊劳动保护并可以获得帮助和补偿。国家保障妇女就业合法权益,为因生育影响就业的妇女提供就业服务。

公民实行计划生育手术,享受国家规定的休假。

第二十七条 国家采取财政、税收、保险、教育、住房、就业等支持措施,减轻家庭生育、养育、教育负担。

第二十八条 县级以上各级人民政府综合采取规划、土地、住房、财政、金融、人才等措施，推动建立普惠托育服务体系，提高婴幼儿家庭获得服务的可及性和公平性。

国家鼓励和引导社会力量兴办托育机构，支持幼儿园和机关、企业事业单位、社区提供托育服务。

托育机构的设置和服务应当符合托育服务相关标准和规范。托育机构应当向县级人民政府卫生健康主管部门备案。

第二十九条　县级以上地方各级人民政府应当在城乡社区建设改造中，建设与常住人口规模相适应的婴幼儿活动场所及配套服务设施。

公共场所和女职工比较多的用人单位应当配置母婴设施，为婴幼儿照护、哺乳提供便利条件。

第三十条　县级以上各级人民政府应当加强对家庭婴幼儿照护的支持和指导，增强家庭的科学育儿能力。

医疗卫生机构应当按照规定为婴幼儿家庭开展预防接种、疾病防控等服务，提供膳食营养、生长发育等健康指导。

第三十一条　在国家提倡一对夫妻生育一个子女期间，自愿终身只生育一个子女的夫妻，国家发给《独生子女父母光荣证》。

获得《独生子女父母光荣证》的夫妻，按照国家和省、自治区、直辖市有关规定享受独生子女父母奖励。

法律、法规或者规章规定给予获得《独生子女父母光荣证》的夫妻奖励的措施中由其所在单位落实的，有关单位应当执行。

在国家提倡一对夫妻生育一个子女期间，按照规定应当享受计划生育家庭老年人奖励扶助的，继续享受相关奖励扶助，并在老年人福利、养老服务等方面给予必要的优先和照顾。

第三十二条　获得《独生子女父母光荣证》的夫妻，独生子女发生意外伤残、死亡的，按照规定获得扶助。县级以上各级人民政府建立、健全对上述人群的生活、养老、医疗、精神慰藉等全方位帮扶保障制度。

第三十三条　地方各级人民政府对农村实行计划生育的家庭发展经济，给予资金、技术、培训等方面的支持、优惠；对实行计划生育的贫困家庭，在扶贫贷款、以工代赈、扶贫项目和社会救济等方面给予优先照顾。

第三十四条　本章规定的奖励和社会保障措施，省、自治区、直辖市和设区的市、自治州的人民代表大会及其常务委员会或者人民政府可以依据本法和有关法律、行政法规的规定，结合当地实际情况，制定具体实施办法。

第五章　计划生育服务

第三十五条　国家建立婚前保健、孕产期保健制度，防止或者减少出生缺陷，提高出生婴儿健康水平。

第三十六条　各级人民政府应当采取措施，保障公民享有计划生育服务，提高公民的生殖健康水平。

第三十七条　医疗卫生机构应当针对育龄人群开展优生优育知识宣传教育，对育龄妇女开展围孕期、孕产期保健服务，承担计划生育、优生优育、生殖保健的咨询、指导和技术服务,规范开展不孕不育症诊疗。

第三十八条 计划生育技术服务人员应当指导实行计划生育的公民选择安全、有效、适宜的避孕措施。

国家鼓励计划生育新技术、新药具的研究、应用和推广。

第三十九条 严禁利用超声技术和其他技术手段进行非医学需要的胎儿性别鉴定;严禁非医学需要的选择性别的人工终止妊娠。

第六章 法律责任

第四十条 违反本法规定,有下列行为之一的,由卫生健康主管部门责令改正,给予警告,没收违法所得;违法所得一万元以上的,处违法所得二倍以上六倍以下的罚款;没有违法所得或者违法所得不足一万元的,处一万元以上三万元以下的罚款;情节严重的,由原发证机关吊销执业证书;构成犯罪的,依法追究刑事责任:

(一)非法为他人施行计划生育手术的;

(二)利用超声技术和其他技术手段为他人进行非医学需要的胎儿性别鉴定或者选择性别的人工终止妊娠的。

第四十一条 托育机构违反托育服务相关标准和规范的,由卫生健康主管部门责令改正,给予警告;拒不改正的,处五千元以上五万元以下的罚款;情节严重的,责令停止托育服务,并处五万元以上十万元以下的罚款。

托育机构有虐待婴幼儿行为的,其直接负责的主管人员和其他直接责任人员终身不得从事婴幼儿照护服务;构成犯罪的,依法追究刑事责任。

第四十二条 计划生育技术服务人员违章操作或者延误抢救、诊治,造成严重后果的,依照有关法律、行政法规的规定承担相应的法律责任。

第四十三条 国家机关工作人员在计划生育工作中,有下列行为之一,构成犯罪的,依法追究刑事责任;尚不构成犯罪的,依法给予处分;有违法所得的,没收违法所得:

(一)侵犯公民人身权、财产权和其他合法权益的;

(二)滥用职权、玩忽职守、徇私舞弊的;

(三)索取、收受贿赂的;

(四)截留、克扣、挪用、贪污计划生育经费的;

(五)虚报、瞒报、伪造、篡改或者拒报人口与计划生育统计数据的。

第四十四条 违反本法规定,不履行协助计划生育管理义务的,由有关地方人民政府责令改正,并给予通报批评;对直接负责的主管人员和其他直接责任人员依法给予处分。

第四十五条 拒绝、阻碍卫生健康主管部门及其工作人员依法执行公务的,由卫生健康主管部门给予批评教育并予以制止;构成违反治安管理行为的,依法给予治安管理处罚;构成犯罪的,依法追究刑事责任。

第四十六条 公民、法人或者其他组织认为行政机关在实施计划生育管理过程中侵犯其合法权益,可以依法申请行政复议或者提起行政诉讼。

第七章 附 则

第四十七条 中国人民解放军和中国人民武装警察部队执行本法的具体办法,由中央军事委员会依据本法制定。

第四十八条　本法自 2002 年 9 月 1 日起施行。

5. 中华人民共和国工会法

《(1992 年 4 月 3 日第七届全国人民代表大会第五次会议通过　根据 2001 年 10 月 27 日第九届全国人民代表大会常务委员会第二十四次会议《关于修改〈中华人民共和国工会法〉的决定》第一次修正　根据 2009 年 8 月 27 日第十一届全国人民代表大会常务委员会第十次会议《关于修改部分法律的决定》第二次修正　根据 2021 年 12 月 24 日第十三届全国人民代表大会常务委员会第三十二次会议关于修改〈中华人民共和国工会法〉的决定》第三次修正)

目　录

第一章　总　则

第一条　为保障工会在国家政治、经济和社会生活中的地位，确定工会的权利与义务，发挥工会在社会主义现代化建设事业中的作用，根据宪法，制定本法。

第二条　工会是中国共产党领导的职工自愿结合的工人阶级群众组织，是中国共产党联系职工群众的桥梁和纽带。

中华全国总工会及其各工会组织代表职工的利益，依法维护职工的合法权益。

第三条　在中国境内的企业、事业单位、机关、社会组织(以下统称用人单位)中以工资收入为主要生活来源的劳动者，不分民族、种族、性别、职业、宗教信仰、教育程度，都有依法参加和组织工会的权利。任何组织和个人不得阻挠和限制。

工会适应企业组织形式、职工队伍结构、劳动关系、就业形态等方面的发展变化，依法维护劳动者参加和组织工会的权利。

第四条　工会必须遵守和维护宪法，以宪法为根本的活动准则，以经济建设为中心，坚持社会主义道路，坚持人民民主专政，坚持中国共产党的领导，坚持马克思列宁主义、毛泽东思想、邓小平理论、“三个代表”重要思想、科学发展观、习近平新时代中国特色社会主义思想，坚持改革开放，保持和增强政治性、先进性、群众性，依照工会章程独立自主地开展工作。

工会会员全国代表大会制定或者修改《中国工会章程》，章程不得与宪法和法律相抵触。

国家保护工会的合法权益不受侵犯。

第五条 工会组织和教育职工依照宪法和法律的规定行使民主权利，发挥国家主人翁的作用，通过各种途径和形式，参与管理国家事务、管理经济和文化事业、管理社会事务；协助人民政府开展工作，维护工人阶级领导的、以工农联盟为基础的人民民主专政的社会主义国家政权。

第六条 维护职工合法权益、竭诚服务职工群众是工会的基本职责。工会在维护全国人民总体利益的同时，代表和维护职工的合法权益。

工会通过平等协商和集体合同制度等，推动健全劳动关系协调机制，维护职工劳动权益，构建和谐劳动关系。

工会依照法律规定通过职工代表大会或者其他形式，组织职工参与本单位的民主选举、民主协商、民主决策、民主管理和民主监督。

工会建立联系广泛、服务职工的工会工作体系，密切联系职工，听取和反映职工的意见和要求，关心职工的生活，帮助职工解决困难，全心全意为职工服务。

第七条 工会动员和组织职工积极参加经济建设，努力完成生产任务和工作任务。教育职工不断提高思想道德、技术业务和科学文化素质，建设有理想、有道德、有文化、有纪律的职工队伍。

第八条 工会推动产业工人队伍建设改革，提高产业工人队伍整体素质，发挥产业工人骨干作用，维护产业工人合法权益，保障产业工人主人翁地位，造就一支有理想守信念、懂技术会创新、敢担当讲奉献的宏大产业工人队伍。

第九条 中华全国总工会根据独立、平等、互相尊重、互不干涉内部事务的原则，加强同各国工会组织的友好合作关系。

第二章　工会组织

第十条 工会各级组织按照民主集中制原则建立。

各级工会委员会由会员大会或者会员代表大会民主选举产生。企业主要负责人的近亲属不得作为本企业基层工会委员会成员的人选。

各级工会委员会向同级会员大会或者会员代表大会负责并报告工作，接受其监督。

工会会员大会或者会员代表大会有权撤换或者罢免其所选举的代表或者工会委员会组成人员。

上级工会组织领导下级工会组织。

第十一条 用人单位有会员二十五人以上的，应当建立基层工会委员会；不足二十五人的，可以单独建立基层工会委员会，也可以由两个以上单位的会员联合建立基层工会委员会，也可以选举组织员一人，组织会员开展活动。女职工人数较多的，可以建立工会女职工委员会，在同级工会领导下开展工作；女职工人数较少的，可以在工会委员会中设女职工委员。

企业职工较多的乡镇、城市街道，可以建立基层工会的联合会。

县级以上地方建立地方各级总工会。

同一行业或者性质相近的几个行业，可以根据需要建立全国的或者地方的产业工会。

全国建立统一的中华全国总工会。

第十二条　基层工会、地方各级总工会、全国或者地方产业工会组织的建立，必须报上一级工会批准。

上级工会可以派员帮助和指导企业职工组建工会，任何单位和个人不得阻挠。

第十三条　任何组织和个人不得随意撤销、合并工会组织。

基层工会所在的用人单位终止或者被撤销，该工会组织相应撤销，并报告上一级工会。

依前款规定被撤销的工会，其会员的会籍可以继续保留，具体管理办法由中华全国总工会制定。

第十四条　职工二百人以上的企业、事业单位、社会组织的工会，可以设专职工会主席。工会专职工作人员的人数由工会与企业、事业单位、社会组织协商确定。

第十五条　中华全国总工会、地方总工会、产业工会具有社会团体法人资格。

基层工会组织具备民法典规定的法人条件的，依法取得社会团体法人资格。

第十六条　基层工会委员会每届任期三年或者五年。各级地方总工会委员会和产业工会委员会每届任期五年。

第十七条　基层工会委员会定期召开会员大会或者会员代表大会，讨论决定工会工作的重大问题。经基层工会委员会或者三分之一以上的工会会员提议，可以临时召开会员大会或者会员代表大会。

第十八条　工会主席、副主席任期未满时，不得随意调动其工作。因工作需要调动时，应当征得本级工会委员会和上一级工会的同意。

罢免工会主席、副主席必须召开会员大会或者会员代表大会讨论，非经会员大会全体会员或者会员代表大会全体代表过半数通过，不得罢免。

第十九条　基层工会专职主席、副主席或者委员自任职之日起，其劳动合同期限自动延长，延长期限相当于其任职期间；非专职主席、副主席或者委员自任职之日起，其尚未履行的劳动合同期限短于任期的，劳动合同期限自动延长至任期期满。但是，任职期间个人严重过失或者达到法定退休年龄的除外。

第三章　工会的权利和义务

第二十条　企业、事业单位、社会组织违反职工代表大会制度和其他民主管理制度，工会有权要求纠正，保障职工依法行使民主管理的权利。

法律、法规规定应当提交职工大会或者职工代表大会审议、通过、决定的事项，企业、事业单位、社会组织应当依法办理。

第二十一条　工会帮助、指导职工与企业、实行企业化管理的事业单位、社会组织签订劳动合同。

工会代表职工与企业、实行企业化管理的事业单位、社会组织进行平等协商，依法签订集体合同。集体合同草案应当提交职工代表大会或者全体职工讨论通过。

工会签订集体合同，上级工会应当给予支持和帮助。

企业、事业单位、社会组织违反集体合同，侵犯职工劳动权益的，工会可以依法要求企业、事业单位、社会组织予以改正并承担责任；因履行集体合同发生争议，经协商解决不成的，工会可以向劳动争议仲裁机构提请仲裁，仲裁机构不予受理或者对仲裁裁决不服的，可以向人民法院提起诉讼。

第二十二条 企业、事业单位、社会组织处分职工，工会认为不适当的，有权提出意见。

用人单位单方面解除职工劳动合同时，应当事先将理由通知工会，工会认为用人单位违反法律、法规和有关合同，要求重新研究处理时，用人单位应当研究工会的意见，并将处理结果书面通知工会。

职工认为用人单位侵犯其劳动权益而申请劳动争议仲裁或者向人民法院提起诉讼的，工会应当给予支持和帮助。

第二十三条 企业、事业单位、社会组织违反劳动法律法规规定，有下列侵犯职工劳动权益情形，工会应当代表职工与企业、事业单位、社会组织交涉，要求企业、事业单位、社会组织采取措施予以改正；企业、事业单位、社会组织应当予以研究处理，并向工会作出答复；企业、事业单位、社会组织拒不改正的，工会可以提请当地人民政府依法作出处理：

（一）克扣、拖欠职工工资的；

（二）不提供劳动安全卫生条件的；

（三）随意延长劳动时间的；

（四）侵犯女职工和未成年工特殊权益的；

（五）其他严重侵犯职工劳动权益的。

第二十四条 工会依照国家规定对新建、扩建企业和技术改造工程中的劳动条件和安全卫生设施与主体工程同时设计、同时施工、同时投产使用进行监督。对工会提出的意见，企业或者主管部门应当认真处理，并将处理结果书面通知工会。

第二十五条 工会发现企业违章指挥、强令工人冒险作业，或者生产过程中发现明显重大事故隐患和职业危害，有权提出解决的建议，企业应当及时研究答复；发现危及职工生命安全的情况时，工会有权向企业建议组织职工撤离危险现场，企业必须及时作出处理决定。

第二十六条 工会有权对企业、事业单位、社会组织侵犯职工合法权益的问题进行调查，有关单位应当予以协助。

第二十七条 职工因工伤亡事故和其他严重危害职工健康问题的调查处理，必须有工会参加。工会应当向有关部门提出处理意见，并有权要求追究直接负责的主管人员和有关责任人员的责任。对工会提出的意见，应当及时研究，给予答复。

第二十八条 企业、事业单位、社会组织发生停工、怠工事件，工会应当代表职工同企业、事业单位、社会组织或者有关方面协商，反映职工的意见和要求并提出解决意见。对于职工的合理要求，企业、事业单位、社会组织应当予以解决。工会协助企业、事业单位、社会组织做好工作，尽快恢复生产、工作秩序。

第二十九条 工会参加企业的劳动争议调解工作。

地方劳动争议仲裁组织应当有同级工会代表参加。

第三十条 县级以上各级总工会依法为所属工会和职工提供法律援助等法律服务。

第三十一条　工会协助用人单位办好职工集体福利事业,做好工资、劳动安全卫生和社会保险工作。

第三十二条　工会会同用人单位加强对职工的思想政治引领,教育职工以国家主人翁态度对待劳动,爱护国家和单位的财产;组织职工开展群众性的合理化建议、技术革新、劳动和技能竞赛活动,进行业余文化技术学习和职工培训,参加职业教育和文化体育活动,推进职业安全健康教育和劳动保护工作。

第三十三条　根据政府委托,工会与有关部门共同做好劳动模范和先进生产(工作)者的评选、表彰、培养和管理工作。

第三十四条　国家机关在组织起草或者修改直接涉及职工切身利益的法律、法规、规章时,应当听取工会意见。

县级以上各级人民政府制定国民经济和社会发展计划,对涉及职工利益的重大问题,应当听取同级工会的意见。

县级以上各级人民政府及其有关部门研究制定劳动就业、工资、劳动安全卫生、社会保险等涉及职工切身利益的政策、措施时,应当吸收同级工会参加研究,听取工会意见。

第三十五条　县级以上地方各级人民政府可以召开会议或者采取适当方式,向同级工会通报政府的重要的工作部署和与工会工作有关的行政措施,研究解决工会反映的职工群众的意见和要求。

各级人民政府劳动行政部门应当会同同级工会和企业方面代表,建立劳动关系三方协商机制,共同研究解决劳动关系方面的重大问题。

第四章　基层工会组织

第三十六条　国有企业职工代表大会是企业实行民主管理的基本形式,是职工行使民主管理权力的机构,依照法律规定行使职权。

国有企业的工会委员会是职工代表大会的工作机构,负责职工代表大会的日常工作,检查、督促职工代表大会决议的执行。

第三十七条　集体企业的工会委员会,应当支持和组织职工参加民主管理和民主监督,维护职工选举和罢免管理人员、决定经营管理的重大问题的权力。

第三十八条　本法第三十六条、第三十七条规定以外的其他企业、事业单位的工会委员会,依照法律规定组织职工采取与企业、事业单位相适应的形式,参与企业、事业单位民主管理。

第三十九条　企业、事业单位、社会组织研究经营管理和发展的重大问题应当听取工会的意见;召开会议讨论有关工资、福利、劳动安全卫生、工作时间、休息休假、女职工保护和社会保险等涉及职工切身利益的问题,必须有工会代表参加。

企业、事业单位、社会组织应当支持工会依法开展工作,工会应当支持企业、事业单位、社会组织依法行使经营管理权。

第四十条　公司的董事会、监事会中职工代表的产生,依照公司法有关规定执行。

第四十一条　基层工会委员会召开会议或者组织职工活动,应当在生产或者工作时间以外进行,需要占用生产或者工作时间的,应当事先征得企业、事业单位、社会组织的同意。

基层工会的非专职委员占用生产或者工作时间参加会议或者从事工会工作,每月不超过三个工作日,其工资照发,其他待遇不受影响。

第四十二条 用人单位工会委员会的专职工作人员的工资、奖励、补贴,由所在单位支付。社会保险和其他福利待遇等,享受本单位职工同等待遇。

第五章 工会的经费和财产

第四十三条 工会经费的来源:

(一)工会会员缴纳的会费;

(二)建立工会组织的用人单位按每月全部职工工资总额的百分之二向工会拨缴的经费;

(三)工会所属的企业、事业单位上缴的收入;

(四)人民政府的补助;

(五)其他收入。

前款第二项规定的企业、事业单位、社会组织拨缴的经费在税前列支。

工会经费主要用于为职工服务和工会活动。经费使用的具体办法由中华全国总工会制定。

第四十四条 企业、事业单位、社会组织无正当理由拖延或者拒不拨缴工会经费,基层工会或者上级工会可以向当地人民法院申请支付令;拒不执行支付令的,工会可以依法申请人民法院强制执行。

第四十五条 工会应当根据经费独立原则,建立预算、决算和经费审查监督制度。

各级工会建立经费审查委员会。

各级工会经费收支情况应当由同级工会经费审查委员会审查,并且定期向会员大会或者会员代表大会报告,接受监督。工会会员大会或者会员代表大会有权对经费使用情况提出意见。

工会经费的使用应当依法接受国家的监督。

第四十六条 各级人民政府和用人单位应当为工会办公和开展活动,提供必要的设施和活动场所等物质条件。

第四十七条 工会的财产、经费和国家拨给工会使用的不动产,任何组织和个人不得侵占、挪用和任意调拨。

第四十八条 工会所属的为职工服务的企业、事业单位,其隶属关系不得随意改变。

第四十九条 县级以上各级工会的离休、退休人员的待遇,与国家机关工作人员同等对待。

第六章 法律责任

第五十条 工会对违反本法规定侵犯其合法权益的,有权提请人民政府或者有关部门予以处理,或者向人民法院提起诉讼。

第五十一条 违反本法第三条、第十二条规定,阻挠职工依法参加和组织工会或者阻挠上级工会帮助、指导职工筹建工会的,由劳动行政部门责令其改正;拒不改正的,由劳动行政部门提请县级以上人民政府处理;以暴力、威胁等手段阻挠造成严重后果,构成犯罪的，依法追究刑事责任。

第五十二条　违反本法规定，对依法履行职责的工会工作人员无正当理由调动工作岗位，进行打击报复的，由劳动行政部门责令改正、恢复原工作；造成损失的，给予赔偿。

对依法履行职责的工会工作人员进行侮辱、诽谤或者进行人身伤害，构成犯罪的，依法追究刑事责任；尚未构成犯罪的，由公安机关依照治安管理处罚法的规定处罚。

第五十三条　违反本法规定，有下列情形之一的，由劳动行政部门责令恢复其工作，并补发被解除劳动合同期间应得的报酬，或者责令给予本人年收入二倍的赔偿：

（一）职工因参加工会活动而被解除劳动合同的；

（二）工会工作人员因履行本法规定的职责而被解除劳动合同的。

第五十四条　违反本法规定，有下列情形之一的，由县级以上人民政府责令改正，依法处理：

（一）妨碍工会组织职工通过职工代表大会和其他形式依法行使民主权利的；

（二）非法撤销、合并工会组织的；

（三）妨碍工会参加职工因工伤亡事故以及其他侵犯职工合法权益问题的调查处理的；

（四）无正当理由拒绝进行平等协商的。

第五十五条　违反本法第四十七条规定，侵占工会经费和财产拒不返还的，工会可以向人民法院提起诉讼，要求返还，并赔偿损失。

第五十六条　工会工作人员违反本法规定，损害职工或者工会权益的，由同级工会或者上级工会责令改正，或者予以处分；情节严重的，依照《中国工会章程》予以罢免；造成损失的，应当承担赔偿责任；构成犯罪的，依法追究刑事责任。

第七章　附　则

第五十七条　中华全国总工会会同有关国家机关制定机关工会实施本法的具体办法。

第五十八条　本法自公布之日起施行。1950 年 6 月 29 日中央人民政府颁布的《中华人民共和国工会法》同时废止。

6. 中华人民共和国劳动法

（1994 年 7 月 5 日第八届全国人民代表大会常务委员会第八次会议通过　根据 2009 年 8 月 27 日第十一届全国人民代表大会常务委员会第十次会议《关于修改部分法律的决定》第一次修正　根据 2018 年 12 月 29 日第十三届全国人民代表大会常务委员会第七次会议《关于修改〈中华人民共和国劳动法〉等七部法律的决定》第二次修正）

目　录

第一章　总　则

第一条　为了保护劳动者的合法权益，调整劳动关系，建立和维护适应社会主义市场经济的劳动制度，促进经济发展和社会进步，根据宪法，制定本法。

第二条　在中华人民共和国境内的企业、个体经济组织（以下统称用人单位）和与之形成劳动关系的劳动者，适用本法。

国家机关、事业组织、社会团体和与之建立劳动合同关系的劳动者，依照本法执行。

第三条　劳动者享有平等就业和选择职业的权利、取得劳动报酬的权利、休息休假的权利、获得劳动安全卫生保护的权利、接受职业技能培训的权利、享受社会保险和福利的权利、提请劳动争议处理的权利以及法律规定的其他劳动权利。

劳动者应当完成劳动任务，提高职业技能，执行劳动安全卫生规程，遵守劳动纪律和职业道德。

第四条　用人单位应当依法建立和完善规章制度，保障劳动者享有劳动权利和履行劳动义务。

第五条　国家采取各种措施，促进劳动就业，发展职业教育，制定劳动标准，调节社会收入，完善社会保险，协调劳动关系，逐步提高劳动者的生活水平。

第六条　国家提倡劳动者参加社会义务劳动，开展劳动竞赛和合理化建议活动，鼓励和保护劳动者进行科学研究、技术革新和发明创造，表彰和奖励劳动模范和先进工作者。

第七条　劳动者有权依法参加和组织工会。

工会代表和维护劳动者的合法权益，依法独立自主地开展活动。

第八条　劳动者依照法律规定，通过职工大会、职工代表大会或者其他形式，参与民主管理或者就保护劳动者合法权益与用人单位进行平等协商。

第九条　国务院劳动行政部门主管全国劳动工作。

县级以上地方人民政府劳动行政部门主管本行政区域内的劳动工作。

第二章　促进就业

第十条　国家通过促进经济和社会发展，创造就业条件，扩大就业机会。

国家鼓励企业、事业组织、社会团体在法律、行政法规规定的范围内兴办产业或者拓展经营，增加就业。

国家支持劳动者自愿组织起来就业和从事个体经营实现就业。

第十一条　地方各级人民政府应当采取措施，发展多种类型的职业介绍机构，提供就业服务。

第十二条　劳动者就业，不因民族、种族、性别、宗教信仰不同而受歧视。

第十三条　妇女享有与男子平等的就业权利。在录用职工时，除国家规定的不适合妇女的工种或者岗位外，不得以性别为由拒绝录用妇女或者提高对妇女的录用标准。

第十四条　残疾人、少数民族人员、退出现役的军人的就业，法律、法规有特别规定的，从其规定。

第十五条　禁止用人单位招用未满十六周岁的未成年人。

文艺、体育和特种工艺单位招用未满十六周岁的未成年人，必须遵守国家有关规定，并保障其接受义务教育的权利。

第三章　劳动合同和集体合同

第十六条　劳动合同是劳动者与用人单位确立劳动关系、明确双方权利和义务的协议。

建立劳动关系应当订立劳动合同。

第十七条　订立和变更劳动合同，应当遵循平等自愿、协商一致的原则，不得违反法律、行政法规的规定。

劳动合同依法订立即具有法律约束力，当事人必须履行劳动合同规定的义务。

第十八条　下列劳动合同无效：

（一）违反法律、行政法规的劳动合同；

（二）采取欺诈、威胁等手段订立的劳动合同。

无效的劳动合同，从订立的时候起，就没有法律约束力。确认劳动合同部分无效的，如果不影响其余部分的效力，其余部分仍然有效。

劳动合同的无效，由劳动争议仲裁委员会或者人民法院确认。

第十九条　劳动合同应当以书面形式订立，并具备以下条款：

（一）劳动合同期限；

（二）工作内容；

（三）劳动保护和劳动条件；

（四）劳动报酬；

（五）劳动纪律；

（六）劳动合同终止的条件；

（七）违反劳动合同的责任。

劳动合同除前款规定的必备条款外，当事人可以协商约定其他内容。

第二十条　劳动合同的期限分为有固定期限、无固定期限和以完成一定的工作为期限。

劳动者在同一用人单位连续工作满十年以上，当事人双方同意续延劳动合同的，如果劳动者提出订立无固定期限的劳动合同,应当订立无固定期限的劳动合同。

第二十一条 劳动合同可以约定试用期。试用期最长不得超过六个月。

第二十二条 劳动合同当事人可以在劳动合同中约定保守用人单位商业秘密的有关事项。

第二十三条 劳动合同期满或者当事人约定的劳动合同终止条件出现,劳动合同即行终止。

第二十四条 经劳动合同当事人协商一致,劳动合同可以解除。

第二十五条 劳动者有下列情形之一的,用人单位可以解除劳动合同:

(一)在试用期间被证明不符合录用条件的;

(二)严重违反劳动纪律或者用人单位规章制度的;

(三)严重失职,营私舞弊,对用人单位利益造成重大损害的;

(四)被依法追究刑事责任的。

第二十六条 有下列情形之一的,用人单位可以解除劳动合同,但是应当提前三十日以书面形式通知劳动者本人:

(一)劳动者患病或者非因工负伤,医疗期满后,不能从事原工作也不能从事由用人单位另行安排的工作的;

(二)劳动者不能胜任工作,经过培训或者调整工作岗位,仍不能胜任工作的;

(三)劳动合同订立时所依据的客观情况发生重大变化,致使原劳动合同无法履行,经当事人协商不能就变更劳动合同达成协议的。

第二十七条 用人单位濒临破产进行法定整顿期间或者生产经营状况发生严重困难,确需裁减人员的,应当提前三十日向工会或者全体职工说明情况,听取工会或者职工的意见,经向劳动行政部门报告后,可以裁减人员。

用人单位依据本条规定裁减人员,在六个月内录用人员的,应当优先录用被裁减的人员。

第二十八条 用人单位依据本法第二十四条、第二十六条、第二十七条的规定解除劳动合同的,应当依照国家有关规定给予经济补偿。

第二十九条 劳动者有下列情形之一的,用人单位不得依据本法第二十六条、第二十七条的规定解除劳动合同:

(一)患职业病或者因工负伤并被确认丧失或者部分丧失劳动能力的;

(二)患病或者负伤,在规定的医疗期内的;

(三)女职工在孕期、产期、哺乳期内的;

(四)法律、行政法规规定的其他情形。

第三十条 用人单位解除劳动合同,工会认为不适当的,有权提出意见。如果用人单位违反法律、法规或者劳动合同,工会有权要求重新处理;劳动者申请仲裁或者提起诉讼的,工会应当依法给予支持和帮助。

第三十一条 劳动者解除劳动合同,应当提前三十日以书面形式通知用人单位。

第三十二条 有下列情形之一的,劳动者可以随时通知用人单位解除劳动合同:

(一)在试用期内的;

(二)用人单位以暴力、威胁或者非法限制人身自由的手段强迫劳动的;

(三)用人单位未按照劳动合同约定支付劳动报酬或者提供劳动条件的。

第三十三条　企业职工一方与企业可以就劳动报酬、工作时间、休息休假、劳动安全卫生、保险福利等事项，签订集体合同。集体合同草案应当提交职工代表大会或者全体职工讨论通过。

集体合同由工会代表职工与企业签订；没有建立工会的企业，由职工推举的代表与企业签订。

第三十四条　集体合同签订后应当报送劳动行政部门；劳动行政部门自收到集体合同文本之日起十五日内未提出异议的，集体合同即行生效。

第三十五条　依法签订的集体合同对企业和企业全体职工具有约束力。职工个人与企业订立的劳动合同中劳动条件和劳动报酬等标准不得低于集体合同的规定。

第四章　工作时间和休息休假

第三十六条　国家实行劳动者每日工作时间不超过八小时、平均每周工作时间不超过四十四小时的工时制度。

第三十七条　对实行计件工作的劳动者，用人单位应当根据本法第三十六条规定的工时制度合理确定其劳动定额和计件报酬标准。

第三十八条　用人单位应当保证劳动者每周至少休息一日。

第三十九条　企业因生产特点不能实行本法第三十六条、第三十八条规定的，经劳动行政部门批准，可以实行其他工作和休息办法。

第四十条　用人单位在下列节日期间应当依法安排劳动者休假：

（一）元旦；

（二）春节；

（三）国际劳动节；

（四）国庆节；

（五）法律、法规规定的其他休假节日。

第四十一条　用人单位由于生产经营需要，经与工会和劳动者协商后可以延长工作时间，一般每日不得超过一小时；因特殊原因需要延长工作时间的，在保障劳动者身体健康的条件下延长工作时间每日不得超过三小时，但是每月不得超过三十六小时。

第四十二条　有下列情形之一的，延长工作时间不受本法第四十一条规定的限制：

（一）发生自然灾害、事故或者因其他原因，威胁劳动者生命健康和财产安全，需要紧急处理的；

（二）生产设备、交通运输线路、公共设施发生故障，影响生产和公众利益，必须及时抢修的；

（三）法律、行政法规规定的其他情形。

第四十三条　用人单位不得违反本法规定延长劳动者的工作时间。

第四十四条　有下列情形之一的，用人单位应当按照下列标准支付高于劳动者正常工作时间工资的工资报酬：

（一）安排劳动者延长工作时间的，支付不低于工资的百分之一百五十的工资报酬；

（二）休息日安排劳动者工作又不能安排补休的，支付不低于工资的百分之二百的工资报酬；

（三）法定休假日安排劳动者工作的，支付不低于工资的百分之三百的工资报酬。

第四十五条 国家实行带薪年休假制度。

劳动者连续工作一年以上的，享受带薪年休假。具体办法由国务院规定。

第五章 工 资

第四十六条 工资分配应当遵循按劳分配原则，实行同工同酬。

工资水平在经济发展的基础上逐步提高。国家对工资总量实行宏观调控。

第四十七条 用人单位根据本单位的生产经营特点和经济效益，依法自主确定本单位的工资分配方式和工资水平。

第四十八条 国家实行最低工资保障制度。最低工资的具体标准由省、自治区、直辖市人民政府规定，报国务院备案。

用人单位支付劳动者的工资不得低于当地最低工资标准。

第四十九条 确定和调整最低工资标准应当综合参考下列因素：

（一）劳动者本人及平均赡养人口的最低生活费用；

（二）社会平均工资水平；

（三）劳动生产率；

（四）就业状况；

（五）地区之间经济发展水平的差异。

第五十条 工资应当以货币形式按月支付给劳动者本人。不得克扣或者无故拖欠劳动者的工资。

第五十一条 劳动者在法定休假日和婚丧假期间以及依法参加社会活动期间，用人单位应当依法支付工资。

第六章 劳动安全卫生

第五十二条 用人单位必须建立、健全劳动安全卫生制度，严格执行国家劳动安全卫生规程和标准，对劳动者进行劳动安全卫生教育，防止劳动过程中的事故，减少职业危害。

第五十三条 劳动安全卫生设施必须符合国家规定的标准。

新建、改建、扩建工程的劳动安全卫生设施必须与主体工程同时设计、同时施工、同时投入生产和使用。

第五十四条 用人单位必须为劳动者提供符合国家规定的劳动安全卫生条件和必要的劳动防护用品，对从事有职业危害作业的劳动者应当定期进行健康检查。

第五十五条 从事特种作业的劳动者必须经过专门培训并取得特种作业资格。

第五十六条 劳动者在劳动过程中必须严格遵守安全操作规程。

劳动者对用人单位管理人员违章指挥、强令冒险作业，有权拒绝执行；对危害生命安全和身体健康的行为，有权提出批评、检举和控告。

第五十七条 国家建立伤亡事故和职业病统计报告和处理制度。县级以上各级人民政府劳动行政部门、有关部门和用人单位应当依法对劳动者在劳动过程中发生的伤亡事故和劳动者的职业病状况，进行统计、报告和处理。

第七章　女职工和未成年工特殊保护

第五十八条　国家对女职工和未成年工实行特殊劳动保护。

未成年工是指年满十六周岁未满十八周岁的劳动者。

第五十九条　禁止安排女职工从事矿山井下、国家规定的第四级体力劳动强度的劳动和其他禁忌从事的劳动。

第六十条　不得安排女职工在经期从事高处、低温、冷水作业和国家规定的第三级体力劳动强度的劳动。

第六十一条　不得安排女职工在怀孕期间从事国家规定的第三级体力劳动强度的劳动和孕期禁忌从事的劳动。对怀孕七个月以上的女职工，不得安排其延长工作时间和夜班劳动。

第六十二条　女职工生育享受不少于九十天的产假。

第六十三条　不得安排女职工在哺乳未满一周岁的婴儿期间从事国家规定的第三级体力劳动强度的劳动和哺乳期禁忌从事的其他劳动，不得安排其延长工作时间和夜班劳动。

第六十四条　不得安排未成年工从事矿山井下、有毒有害、国家规定的第四级体力劳动强度的劳动和其他禁忌从事的劳动。

第六十五条　用人单位应当对未成年工定期进行健康检查。

第八章　职业培训

第六十六条　国家通过各种途径，采取各种措施，发展职业培训事业，开发劳动者的职业技能，提高劳动者素质，增强劳动者的就业能力和工作能力。

第六十七条　各级人民政府应当把发展职业培训纳入社会经济发展的规划，鼓励和支持有条件的企业、事业组织、社会团体和个人进行各种形式的职业培训。

第六十八条　用人单位应当建立职业培训制度，按照国家规定提取和使用职业培训经费，根据本单位实际，有计划地对劳动者进行职业培训。

从事技术工种的劳动者，上岗前必须经过培训。

第六十九条　国家确定职业分类，对规定的职业制定职业技能标准，实行职业资格证书制度，由经备案的考核鉴定机构负责对劳动者实施职业技能考核鉴定。

第九章　社会保险和福利

第七十条　国家发展社会保险事业，建立社会保险制度，设立社会保险基金，使劳动者在年老、患病、工伤、失业、生育等情况下获得帮助和补偿。

第七十一条　社会保险水平应当与社会经济发展水平和社会承受能力相适应。

第七十二条　社会保险基金按照保险类型确定资金来源，逐步实行社会统筹。用人单位和劳动者必须依法参加社会保险，缴纳社会保险费。

第七十三条　劳动者在下列情形下，依法享受社会保险待遇：

（一）退休；

（二）患病、负伤；

（三）因工伤残或者患职业病；

（四）失业；

（五）生育。

劳动者死亡后，其遗属依法享受遗属津贴。

劳动者享受社会保险待遇的条件和标准由法律、法规规定。

劳动者享受的社会保险金必须按时足额支付。

第七十四条 社会保险基金经办机构依照法律规定收支、管理和运营社会保险基金，并负有使社会保险基金保值增值的责任。

社会保险基金监督机构依照法律规定，对社会保险基金的收支、管理和运营实施监督。

社会保险基金经办机构和社会保险基金监督机构的设立和职能由法律规定。

任何组织和个人不得挪用社会保险基金。

第七十五条 国家鼓励用人单位根据本单位实际情况为劳动者建立补充保险。

国家提倡劳动者个人进行储蓄性保险。

第七十六条 国家发展社会福利事业，兴建公共福利设施，为劳动者休息、休养和疗养提供条件。

用人单位应当创造条件，改善集体福利，提高劳动者的福利待遇。

第十章 劳动争议

第七十七条 用人单位与劳动者发生劳动争议，当事人可以依法申请调解、仲裁、提起诉讼，也可以协商解决。

调解原则适用于仲裁和诉讼程序。

第七十八条 解决劳动争议，应当根据合法、公正、及时处理的原则，依法维护劳动争议当事人的合法权益。

第七十九条 劳动争议发生后，当事人可以向本单位劳动争议调解委员会申请调解；调解不成，当事人一方要求仲裁的，可以向劳动争议仲裁委员会申请仲裁。当事人一方也可以直接向劳动争议仲裁委员会申请仲裁。对仲裁裁决不服的，可以向人民法院提起诉讼。

第八十条 在用人单位内，可以设立劳动争议调解委员会。劳动争议调解委员会由职工代表、用人单位代表和工会代表组成。劳动争议调解委员会主任由工会代表担任。

劳动争议经调解达成协议的，当事人应当履行。

第八十一条 劳动争议仲裁委员会由劳动行政部门代表、同级工会代表、用人单位方面的代表组成。劳动争议仲裁委员会主任由劳动行政部门代表担任。

第八十二条 提出仲裁要求的一方应当自劳动争议发生之日起六十日内向劳动争议仲裁委员会提出书面申请。仲裁裁决一般应在收到仲裁申请的六十日内作出。对仲裁裁决无异议的，当事人必须履行。

第八十三条 劳动争议当事人对仲裁裁决不服的，可以自收到仲裁裁决书之日起十五日内向人民法院提起诉讼。一方当事人在法定期限内不起诉又不履行仲裁裁决的，另一方当事人可以申请人民法院强制执行。

第八十四条 因签订集体合同发生争议，当事人协商解决不成的，当地人民政府劳动行政部门可以组织有关各方协调处理。

因履行集体合同发生争议，当事人协商解决不成的，可以向劳动争议仲裁委员会申请仲裁；对仲裁裁决不服的，可以自收到仲裁裁决书之日起十五日内向人民法院提起诉讼。

第十一章　监督检查

第八十五条 县级以上各级人民政府劳动行政部门依法对用人单位遵守劳动法律、法规的情况进行监督检查，对违反劳动法律、法规的行为有权制止，并责令改正。

第八十六条 县级以上各级人民政府劳动行政部门监督检查人员执行公务，有权进入用人单位了解执行劳动法律、法规的情况，查阅必要的资料，并对劳动场所进行检查。

县级以上各级人民政府劳动行政部门监督检查人员执行公务，必须出示证件，秉公执法并遵守有关规定。

第八十七条 县级以上各级人民政府有关部门在各自职责范围内，对用人单位遵守劳动法律、法规的情况进行监督。

第八十八条 各级工会依法维护劳动者的合法权益，对用人单位遵守劳动法律、法规的情况进行监督。

任何组织和个人对于违反劳动法律、法规的行为有权检举和控告。

第十二章　法律责任

第八十九条 用人单位制定的劳动规章制度违反法律、法规规定的，由劳动行政部门给予警告，责令改正；对劳动者造成损害的，应当承担赔偿责任。

第九十条 用人单位违反本法规定，延长劳动者工作时间的，由劳动行政部门给予警告，责令改正，并可以处以罚款。

第九十一条 用人单位有下列侵害劳动者合法权益情形之一的，由劳动行政部门责令支付劳动者的工资报酬、经济补偿，并可以责令支付赔偿金：

（一）克扣或者无故拖欠劳动者工资的；

（二）拒不支付劳动者延长工作时间工资报酬的；

（三）低于当地最低工资标准支付劳动者工资的；

（四）解除劳动合同后，未依照本法规定给予劳动者经济补偿的。

第九十二条 用人单位的劳动安全设施和劳动卫生条件不符合国家规定或者未向劳动者提供必要的劳动防护用品和劳动保护设施的，由劳动行政部门或者有关部门责令改正，可以处以罚款；情节严重的，提请县级以上人民政府决定责令停产整顿；对事故隐患不采取措施，致使发生重大事故，造成劳动者生命和财产损失的，对责任人员依照刑法有关规定追究刑事责任。

第九十三条 用人单位强令劳动者违章冒险作业，发生重大伤亡事故，造成严重后果的，对责任人员依法追究刑事责任。

第九十四条 用人单位非法招用未满十六周岁的未成年人的，由劳动行政部门责令改正，处以罚款；情节严重的，由市场监督管理部门吊销营业执照。

第九十五条 用人单位违反本法对女职工和未成年工的保护规定，侵害其合法权益的，由劳动行政部门责令改正，处以罚款；对女职工或者未成年工造成损害的，应当承担赔偿责任。

第九十六条 用人单位有下列行为之一，由公安机关对责任人员处以十五日以下拘留、罚款或者警告；构成犯罪的，对责任人员依法追究刑事责任：

（一）以暴力、威胁或者非法限制人身自由的手段强迫劳动的；

（二）侮辱、体罚、殴打、非法搜查和拘禁劳动者的。

第九十七条 由于用人单位的原因订立的无效合同，对劳动者造成损害的，应当承担赔偿责任。

第九十八条 用人单位违反本法规定的条件解除劳动合同或者故意拖延不订立劳动合同的，由劳动行政部门责令改正；对劳动者造成损害的，应当承担赔偿责任。

第九十九条 用人单位招用尚未解除劳动合同的劳动者，对原用人单位造成经济损失的，该用人单位应当依法承担连带赔偿责任。

第一百条 用人单位无故不缴纳社会保险费的，由劳动行政部门责令其限期缴纳；逾期不缴的，可以加收滞纳金。

第一百零一条 用人单位无理阻挠劳动行政部门、有关部门及其工作人员行使监督检查权，打击报复举报人员的，由劳动行政部门或者有关部门处以罚款；构成犯罪的，对责任人员依法追究刑事责任。

第一百零二条 劳动者违反本法规定的条件解除劳动合同或者违反劳动合同中约定的保密事项，对用人单位造成经济损失的，应当依法承担赔偿责任。

第一百零三条 劳动行政部门或者有关部门的工作人员滥用职权、玩忽职守、徇私舞弊，构成犯罪的，依法追究刑事责任；不构成犯罪的，给予行政处分。

第一百零四条 国家工作人员和社会保险基金经办机构的工作人员挪用社会保险基金，构成犯罪的，依法追究刑事责任。

第一百零五条 违反本法规定侵害劳动者合法权益，其他法律、行政法规已规定处罚的，依照该法律、行政法规的规定处罚。

第十三章　附　则

第一百零六条 省、自治区、直辖市人民政府根据本法和本地区的实际情况，规定劳动合同制度的实施步骤，报国务院备案。

第一百零七条 本法自 1995 年 1 月 1 日起施行。

7. 中华人民共和国劳动合同法

（2007 年 6 月 29 日第十届全国人民代表大会常务委员会第二十八次会议通过　根据 2012 年 12 月 28 日第十一届全国人民代表大会常务委员会第三十次会议《关于修改〈中华人民共和国劳动合同法〉的决定》修正）

目　录

第一章　总　则

第一条　为了完善劳动合同制度，明确劳动合同双方当事人的权利和义务，保护劳动者的合法权益，构建和发展和谐稳定的劳动关系，制定本法。

第二条　中华人民共和国境内的企业、个体经济组织、民办非企业单位等组织（以下称用人单位）与劳动者建立劳动关系，订立、履行、变更、解除或者终止劳动合同，适用本法。

国家机关、事业单位、社会团体和与其建立劳动关系的劳动者，订立、履行、变更、解除或者终止劳动合同，依照本法执行。

第三条　订立劳动合同，应当遵循合法、公平、平等自愿、协商一致、诚实信用的原则。

依法订立的劳动合同具有约束力，用人单位与劳动者应当履行劳动合同约定的义务。

第四条　用人单位应当依法建立和完善劳动规章制度，保障劳动者享有劳动权利、履行劳动义务。

用人单位在制定、修改或者决定有关劳动报酬、工作时间、休息休假、劳动安全卫生、保险福利、职工培训、劳动纪律以及劳动定额管理等直接涉及劳动者切身利益的规章制度或者重大事项时，应当经职工代表大会或者全体职工讨论，提出方案和意见，与工会或者职工代表平等协商确定。

在规章制度和重大事项决定实施过程中，工会或者职工认为不适当的，有权向用人单位提出，通过协商予以修改完善。

用人单位应当将直接涉及劳动者切身利益的规章制度和重大事项决定公示，或者告知劳动者。

第五条　县级以上人民政府劳动行政部门会同工会和企业方面代表，建立健全协调劳动关系三方机制，共同研究解决有关劳动关系的重大问题。

第六条　工会应当帮助、指导劳动者与用人单位依法订立和履行劳动合同，并与用人单位建立集体协商机制,维护劳动者的合法权益。

第二章 劳动合同的订立

第七条 用人单位自用工之日起即与劳动者建立劳动关系。用人单位应当建立职工名册备查。

第八条 用人单位招用劳动者时,应当如实告知劳动者工作内容、工作条件、工作地点、职业危害、安全生产状况、劳动报酬,以及劳动者要求了解的其他情况;用人单位有权了解劳动者与劳动合同直接相关的基本情况,劳动者应当如实说明。

第九条 用人单位招用劳动者,不得扣押劳动者的居民身份证和其他证件,不得要求劳动者提供担保或者以其他名义向劳动者收取财物。

第十条 建立劳动关系,应当订立书面劳动合同。

已建立劳动关系,未同时订立书面劳动合同的,应当自用工之日起一个月内订立书面劳动合同。

用人单位与劳动者在用工前订立劳动合同的,劳动关系自用工之日起建立。

第十一条 用人单位未在用工的同时订立书面劳动合同,与劳动者约定的劳动报酬不明确的,新招用的劳动者的劳动报酬按照集体合同规定的标准执行;没有集体合同或者集体合同未规定的,实行同工同酬。

第十二条 劳动合同分为固定期限劳动合同、无固定期限劳动合同和以完成一定工作任务为期限的劳动合同。

第十三条 固定期限劳动合同,是指用人单位与劳动者约定合同终止时间的劳动合同。

用人单位与劳动者协商一致,可以订立固定期限劳动合同。

第十四条 无固定期限劳动合同,是指用人单位与劳动者约定无确定终止时间的劳动合同。

用人单位与劳动者协商一致,可以订立无固定期限劳动合同。有下列情形之一,劳动者提出或者同意续订、订立劳动合同的,除劳动者提出订立固定期限劳动合同外,应当订立无固定期限劳动合同:

(一)劳动者在该用人单位连续工作满十年的;

(二)用人单位初次实行劳动合同制度或者国有企业改制重新订立劳动合同时,劳动者在该用人单位连续工作满十年且距法定退休年龄不足十年的;

(三)连续订立二次固定期限劳动合同,且劳动者没有本法第三十九条和第四十条第一项、第二项规定的情形,续订劳动合同的。

用人单位自用工之日起满一年不与劳动者订立书面劳动合同的,视为用人单位与劳动者已订立无固定期限劳动合同。

第十五条 以完成一定工作任务为期限的劳动合同,是指用人单位与劳动者约定以某项工作的完成为合同期限的劳动合同。

用人单位与劳动者协商一致,可以订立以完成一定工作任务为期限的劳动合同。

第十六条 劳动合同由用人单位与劳动者协商一致,并经用人单位与劳动者在劳动合同文本上签字或者盖章生效。

劳动合同文本由用人单位和劳动者各执一份。

第十七条 劳动合同应当具备以下条款：

（一）用人单位的名称、住所和法定代表人或者主要负责人；

（二）劳动者的姓名、住址和居民身份证或者其他有效身份证件号码；

（三）劳动合同期限；

（四）工作内容和工作地点；

（五）工作时间和休息休假；

（六）劳动报酬；

（七）社会保险；

（八）劳动保护、劳动条件和职业危害防护；

（九）法律、法规规定应当纳入劳动合同的其他事项。

劳动合同除前款规定的必备条款外，用人单位与劳动者可以约定试用期、培训、保守秘密、补充保险和福利待遇等其他事项。

第十八条 劳动合同对劳动报酬和劳动条件等标准约定不明确，引发争议的，用人单位与劳动者可以重新协商；协商不成的，适用集体合同规定；没有集体合同或者集体合同未规定劳动报酬的，实行同工同酬；没有集体合同或者集体合同未规定劳动条件等标准的，适用国家有关规定。

第十九条 劳动合同期限三个月以上不满一年的，试用期不得超过一个月；劳动合同期限一年以上不满三年的，试用期不得超过二个月；三年以上固定期限和无固定期限的劳动合同，试用期不得超过六个月。

同一用人单位与同一劳动者只能约定一次试用期。

以完成一定工作任务为期限的劳动合同或者劳动合同期限不满三个月的，不得约定试用期。

试用期包含在劳动合同期限内。劳动合同仅约定试用期的，试用期不成立，该期限为劳动合同期限。

第二十条 劳动者在试用期的工资不得低于本单位相同岗位最低档工资或者劳动合同约定工资的百分之八十，并不得低于用人单位所在地的最低工资标准。

第二十一条 在试用期中，除劳动者有本法第三十九条和第四十条第一项、第二项规定的情形外，用人单位不得解除劳动合同。用人单位在试用期解除劳动合同的，应当向劳动者说明理由。

第二十二条 用人单位为劳动者提供专项培训费用，对其进行专业技术培训的，可以与该劳动者订立协议，约定服务期。

劳动者违反服务期约定的，应当按照约定向用人单位支付违约金。违约金的数额不得超过用人单位提供的培训费用。用人单位要求劳动者支付的违约金不得超过服务期尚未履行部分所应分摊的培训费用。

用人单位与劳动者约定服务期的，不影响按照正常的工资调整机制提高劳动者在服务期期间的劳动报酬。

第二十三条 用人单位与劳动者可以在劳动合同中约定保守用人单位的商业秘密和与知识产权相关的保密事项。

对负有保密义务的劳动者，用人单位可以在劳动合同或者保密协议中与劳动者约定竞业限制条款，并约定在解除或者终止劳动合同后，在竞业限制期限内按月给予劳动者经济补偿。劳动者违反竞业限制约定的，应当按照约定向用人单位支付违约金。

第二十四条 竞业限制的人员限于用人单位的高级管理人员、高级技术人员和其他负有保密义务的人员。竞业限制的范围、地域、期限由用人单位与劳动者约定，竞业限制的约定不得违反法律、法规的规定。

在解除或者终止劳动合同后，前款规定的人员到与本单位生产或者经营同类产品、从事同类业务的有竞争关系的其他用人单位，或者自己开业生产或者经营同类产品、从事同类业务的竞业限制期限，不得超过二年。

第二十五条 除本法第二十二条和第二十三条规定的情形外，用人单位不得与劳动者约定由劳动者承担违约金。

第二十六条 下列劳动合同无效或者部分无效：

(一)以欺诈、胁迫的手段或者乘人之危，使对方在违背真实意思的情况下订立或者变更劳动合同的；

(二)用人单位免除自己的法定责任、排除劳动者权利的；

(三)违反法律、行政法规强制性规定的。

对劳动合同的无效或者部分无效有争议的，由劳动争议仲裁机构或者人民法院确认。

第二十七条 劳动合同部分无效，不影响其他部分效力的，其他部分仍然有效。

第二十八条 劳动合同被确认无效，劳动者已付出劳动的，用人单位应当向劳动者支付劳动报酬。劳动报酬的数额，参照本单位相同或者相近岗位劳动者的劳动报酬确定。

第三章 劳动合同的履行和变更

第二十九条 用人单位与劳动者应当按照劳动合同的约定，全面履行各自的义务。

第三十条 用人单位应当按照劳动合同约定和国家规定，向劳动者及时足额支付劳动报酬。

用人单位拖欠或者未足额支付劳动报酬的，劳动者可以依法向当地人民法院申请支付令，人民法院应当依法发出支付令。

第三十一条 用人单位应当严格执行劳动定额标准，不得强迫或者变相强迫劳动者加班。用人单位安排加班的，应当按照国家有关规定向劳动者支付加班费。

第三十二条 劳动者拒绝用人单位管理人员违章指挥、强令冒险作业的，不视为违反劳动合同。

劳动者对危害生命安全和身体健康的劳动条件，有权对用人单位提出批评、检举和控告。

第三十三条 用人单位变更名称、法定代表人、主要负责人或者投资人等事项，不影响劳动合同的履行。

第三十四条 用人单位发生合并或者分立等情况，原劳动合同继续有效，劳动合同由承继其权利和义务的用人单位继续履行。

第三十五条 用人单位与劳动者协商一致，可以变更劳动合同约定的内容。变更劳动合同，应当采用书面形式。

变更后的劳动合同文本由用人单位和劳动者各执一份。

第四章 劳动合同的解除和终止

第三十六条 用人单位与劳动者协商一致,可以解除劳动合同。

第三十七条 劳动者提前三十日以书面形式通知用人单位,可以解除劳动合同。劳动者在试用期内提前三日通知用人单位,可以解除劳动合同。

第三十八条 用人单位有下列情形之一的,劳动者可以解除劳动合同:

(一)未按照劳动合同约定提供劳动保护或者劳动条件的;

(二)未及时足额支付劳动报酬的;

(三)未依法为劳动者缴纳社会保险费的;

(四)用人单位的规章制度违反法律、法规的规定,损害劳动者权益的;

(五)因本法第二十六条第一款规定的情形致使劳动合同无效的;

(六)法律、行政法规规定劳动者可以解除劳动合同的其他情形。

用人单位以暴力、威胁或者非法限制人身自由的手段强迫劳动者劳动的,或者用人单位违章指挥、强令冒险作业危及劳动者人身安全的,劳动者可以立即解除劳动合同,不需事先告知用人单位。

第三十九条 劳动者有下列情形之一的,用人单位可以解除劳动合同:

(一)在试用期间被证明不符合录用条件的;

(二)严重违反用人单位的规章制度的;

(三)严重失职,营私舞弊,给用人单位造成重大损害的;

(四)劳动者同时与其他用人单位建立劳动关系,对完成本单位的工作任务造成严重影响,或者经用人单位提出,拒不改正的;

(五)因本法第二十六条第一款第一项规定的情形致使劳动合同无效的;

(六)被依法追究刑事责任的。

第四十条 有下列情形之一的,用人单位提前三十日以书面形式通知劳动者本人或者额外支付劳动者一个月工资后,可以解除劳动合同:

(一)劳动者患病或者非因工负伤,在规定的医疗期满后不能从事原工作,也不能从事由用人单位另行安排的工作的;

(二)劳动者不能胜任工作,经过培训或者调整工作岗位,仍不能胜任工作的;

(三)劳动合同订立时所依据的客观情况发生重大变化,致使劳动合同无法履行,经用人单位与劳动者协商,未能就变更劳动合同内容达成协议的。

第四十一条 有下列情形之一,需要裁减人员二十人以上或者裁减不足二十人但占企业职工总数百分之十以上的,用人单位提前三十日向工会或者全体职工说明情况,听取工会或者职工的意见后,裁减人员方案经向劳动行政部门报告,可以裁减人员:

(一)依照企业破产法规定进行重整的;

(二)生产经营发生严重困难的;

(三)企业转产、重大技术革新或者经营方式调整,经变更劳动合同后,仍需裁减人员的;

(四)其他因劳动合同订立时所依据的客观经济情况发生重大变化,致使劳动合同无法履行的。

裁减人员时,应当优先留用下列人员:

(一)与本单位订立较长期限的固定期限劳动合同的;

(二)与本单位订立无固定期限劳动合同的;

(三)家庭无其他就业人员,有需要扶养的老人或者未成年人的。

用人单位依照本条第一款规定裁减人员,在六个月内重新招用人员的,应当通知被裁减的人员,并在同等条件下优先招用被裁减的人员。

第四十二条 劳动者有下列情形之一的,用人单位不得依照本法第四十条、第四十一条的规定解除劳动合同:

(一)从事接触职业病危害作业的劳动者未进行离岗前职业健康检查,或者疑似职业病病人在诊断或者医学观察期间的;

(二)在本单位患职业病或者因工负伤并被确认丧失或者部分丧失劳动能力的;

(三)患病或者非因工负伤,在规定的医疗期内的;

(四)女职工在孕期、产期、哺乳期的;

(五)在本单位连续工作满十五年,且距法定退休年龄不足五年的;

(六)法律、行政法规规定的其他情形。

第四十三条 用人单位单方解除劳动合同,应当事先将理由通知工会。用人单位违反法律、行政法规规定或者劳动合同约定的,工会有权要求用人单位纠正。用人单位应当研究工会的意见,并将处理结果书面通知工会。

第四十四条 有下列情形之一的,劳动合同终止:

(一)劳动合同期满的;

(二)劳动者开始依法享受基本养老保险待遇的;

(三)劳动者死亡,或者被人民法院宣告死亡或者宣告失踪的;

(四)用人单位被依法宣告破产的;

(五)用人单位被吊销营业执照、责令关闭、撤销或者用人单位决定提前解散的;

(六)法律、行政法规规定的其他情形。

第四十五条 劳动合同期满,有本法第四十二条规定情形之一的,劳动合同应当续延至相应的情形消失时终止。但是,本法第四十二条第二项规定丧失或者部分丧失劳动能力劳动者的劳动合同的终止,按照国家有关工伤保险的规定执行。

第四十六条 有下列情形之一的,用人单位应当向劳动者支付经济补偿:

(一)劳动者依照本法第三十八条规定解除劳动合同的;

(二)用人单位依照本法第三十六条规定向劳动者提出解除劳动合同并与劳动者协商一致解除劳动合同的;

(三)用人单位依照本法第四十条规定解除劳动合同的;

(四)用人单位依照本法第四十一条第一款规定解除劳动合同的;

(五)除用人单位维持或者提高劳动合同约定条件续订劳动合同,劳动者不同意续订的情形外,依照本法第四十四条第一项规定终止固定期限劳动合同的;

(六)依照本法第四十四条第四项、第五项规定终止劳动合同的;

(七)法律、行政法规规定的其他情形。

第四十七条 经济补偿按劳动者在本单位工作的年限,每满一年支付一个月工资的标准向劳动者支付。六个月以上不满一年的,按一年计算;不满六个月的,向劳动者支付半个月工资的经济补偿。

劳动者月工资高于用人单位所在直辖市、设区的市级人民政府公布的本地区上年度职工月平均工资三倍的，向其支付经济补偿的标准按职工月平均工资三倍的数额支付，向其支付经济补偿的年限最高不超过十二年。

本条所称月工资是指劳动者在劳动合同解除或者终止前十二个月的平均工资。

第四十八条　用人单位违反本法规定解除或者终止劳动合同，劳动者要求继续履行劳动合同的，用人单位应当继续履行；劳动者不要求继续履行劳动合同或者劳动合同已经不能继续履行的，用人单位应当依照本法第八十七条规定支付赔偿金。

第四十九条　国家采取措施，建立健全劳动者社会保险关系跨地区转移接续制度。

第五十条　用人单位应当在解除或者终止劳动合同时出具解除或者终止劳动合同的证明，并在十五日内为劳动者办理档案和社会保险关系转移手续。

劳动者应当按照双方约定，办理工作交接。用人单位依照本法有关规定应当向劳动者支付经济补偿的，在办结工作交接时支付。

用人单位对已经解除或者终止的劳动合同的文本，至少保存二年备查。

第五章　特别规定

第一节　集体合同

第五十一条　企业职工一方与用人单位通过平等协商，可以就劳动报酬、工作时间、休息休假、劳动安全卫生、保险福利等事项订立集体合同。集体合同草案应当提交职工代表大会或者全体职工讨论通过。

集体合同由工会代表企业职工一方与用人单位订立；尚未建立工会的用人单位，由上级工会指导劳动者推举的代表与用人单位订立。

第五十二条　企业职工一方与用人单位可以订立劳动安全卫生、女职工权益保护、工资调整机制等专项集体合同。

第五十三条　在县级以下区域内，建筑业、采矿业、餐饮服务业等行业可以由工会与企业方面代表订立行业性集体合同，或者订立区域性集体合同。

第五十四条　集体合同订立后，应当报送劳动行政部门；劳动行政部门自收到集体合同文本之日起十五日内未提出异议的，集体合同即行生效。

依法订立的集体合同对用人单位和劳动者具有约束力。行业性、区域性集体合同对当地本行业、本区域的用人单位和劳动者具有约束力。

第五十五条　集体合同中劳动报酬和劳动条件等标准不得低于当地人民政府规定的最低标准；用人单位与劳动者订立的劳动合同中劳动报酬和劳动条件等标准不得低于集体合同规定的标准。

第五十六条　用人单位违反集体合同，侵犯职工劳动权益的，工会可以依法要求用人单位承担责任；因履行集体合同发生争议，经协商解决不成的，工会可以依法申请仲裁、提起诉讼。

第二节　劳务派遣

第五十七条　经营劳务派遣业务应当具备下列条件：

（一）注册资本不得少于人民币二百万元；

(二)有与开展业务相适应的固定的经营场所和设施;

(三)有符合法律、行政法规规定的劳务派遣管理制度;

(四)法律、行政法规规定的其他条件。

经营劳务派遣业务,应当向劳动行政部门依法申请行政许可;经许可的,依法办理相应的公司登记。未经许可,任何单位和个人不得经营劳务派遣业务。

第五十八条 劳务派遣单位是本法所称用人单位,应当履行用人单位对劳动者的义务。劳务派遣单位与被派遣劳动者订立的劳动合同,除应当载明本法第十七条规定的事项外,还应当载明被派遣劳动者的用工单位以及派遣期限、工作岗位等情况。

劳务派遣单位应当与被派遣劳动者订立二年以上的固定期限劳动合同,按月支付劳动报酬;被派遣劳动者在无工作期间,劳务派遣单位应当按照所在地人民政府规定的最低工资标准,向其按月支付报酬。

第五十九条 劳务派遣单位派遣劳动者应当与接受以劳务派遣形式用工的单位(以下称用工单位)订立劳务派遣协议。劳务派遣协议应当约定派遣岗位和人员数量、派遣期限、劳动报酬和社会保险费的数额与支付方式以及违反协议的责任。

用工单位应当根据工作岗位的实际需要与劳务派遣单位确定派遣期限,不得将连续用工期限分割订立数个短期劳务派遣协议。

第六十条 劳务派遣单位应当将劳务派遣协议的内容告知被派遣劳动者。

劳务派遣单位不得克扣用工单位按照劳务派遣协议支付给被派遣劳动者的劳动报酬。

劳务派遣单位和用工单位不得向被派遣劳动者收取费用。

第六十一条 劳务派遣单位跨地区派遣劳动者的,被派遣劳动者享有的劳动报酬和劳动条件,按照用工单位所在地的标准执行。

第六十二条 用工单位应当履行下列义务:

(一)执行国家劳动标准,提供相应的劳动条件和劳动保护;

(二)告知被派遣劳动者的工作要求和劳动报酬;

(三)支付加班费、绩效奖金,提供与工作岗位相关的福利待遇;

(四)对在岗被派遣劳动者进行工作岗位所必需的培训;

(五)连续用工的,实行正常的工资调整机制。

用工单位不得将被派遣劳动者再派遣到其他用人单位。

第六十三条 被派遣劳动者享有与用工单位的劳动者同工同酬的权利。用工单位应当按照同工同酬原则,对被派遣劳动者与本单位同类岗位的劳动者实行相同的劳动报酬分配办法。用工单位无同类岗位劳动者的,参照用工单位所在地相同或者相近岗位劳动者的劳动报酬确定。

劳务派遣单位与被派遣劳动者订立的劳动合同和与用工单位订立的劳务派遣协议,载明或者约定的向被派遣劳动者支付的劳动报酬应当符合前款规定。

第六十四条 被派遣劳动者有权在劳务派遣单位或者用工单位依法参加或者组织工会,维护自身的合法权益。

第六十五条 被派遣劳动者可以依照本法第三十六条、第三十八条的规定与劳务派遣单位解除劳动合同。

被派遣劳动者有本法第三十九条和第四十条第一项、第二项规定情形的,用工单位可以将劳动者退回劳务派遣单位,劳务派遣单位依照本法有关规定,可以与劳动者解除劳动合同。

第六十六条 劳动合同用工是我国的企业基本用工形式。劳务派遣用工是补充形式,只能在临时性、辅助性或者替代性的工作岗位上实施。

前款规定的临时性工作岗位是指存续时间不超过六个月的岗位;辅助性工作岗位是指为主营业务岗位提供服务的非主营业务岗位;替代性工作岗位是指用工单位的劳动者因脱产学习、休假等原因无法工作的一定期间内,可以由其他劳动者替代工作的岗位。

用工单位应当严格控制劳务派遣用工数量,不得超过其用工总量的一定比例,具体比例由国务院劳动行政部门规定。

第六十七条 用人单位不得设立劳务派遣单位向本单位或者所属单位派遣劳动者。

第三节 非全日制用工

第六十八条 非全日制用工,是指以小时计酬为主,劳动者在同一用人单位一般平均每日工作时间不超过四小时,每周工作时间累计不超过二十四小时的用工形式。

第六十九条 非全日制用工双方当事人可以订立口头协议。

从事非全日制用工的劳动者可以与一个或者一个以上用人单位订立劳动合同;但是,后订立的劳动合同不得影响先订立的劳动合同的履行。

第七十条 非全日制用工双方当事人不得约定试用期。

第七十一条 非全日制用工双方当事人任何一方都可以随时通知对方终止用工。终止用工,用人单位不向劳动者支付经济补偿。

第七十二条 非全日制用工小时计酬标准不得低于用人单位所在地人民政府规定的最低小时工资标准。

非全日制用工劳动报酬结算支付周期最长不得超过十五日。

第六章 监督检查

第七十三条 国务院劳动行政部门负责全国劳动合同制度实施的监督管理。

县级以上地方人民政府劳动行政部门负责本行政区域内劳动合同制度实施的监督管理。

县级以上各级人民政府劳动行政部门在劳动合同制度实施的监督管理工作中,应当听取工会、企业方面代表以及有关行业主管部门的意见。

第七十四条 县级以上地方人民政府劳动行政部门依法对下列实施劳动合同制度的情况进行监督检查:

(一)用人单位制定直接涉及劳动者切身利益的规章制度及其执行的情况;

(二)用人单位与劳动者订立和解除劳动合同的情况;

(三)劳务派遣单位和用工单位遵守劳务派遣有关规定的情况;

(四)用人单位遵守国家关于劳动者工作时间和休息休假规定的情况;

(五)用人单位支付劳动合同约定的劳动报酬和执行最低工资标准的情况;

(六)用人单位参加各项社会保险和缴纳社会保险费的情况;

(七)法律、法规规定的其他劳动监察事项。

第七十五条 县级以上地方人民政府劳动行政部门实施监督检查时,有权查阅与劳动合同、集体合同有关的材料,有权对劳动场所进行实地检查,用人单位和劳动者都应当如实提供有关情况和材料。

劳动行政部门的工作人员进行监督检查,应当出示证件,依法行使职权,文明执法。

第七十六条 县级以上人民政府建设、卫生、安全生产监督管理等有关主管部门在各自职责范围内,对用人单位执行劳动合同制度的情况进行监督管理。

第七十七条 劳动者合法权益受到侵害的,有权要求有关部门依法处理,或者依法申请仲裁、提起诉讼。

第七十八条 工会依法维护劳动者的合法权益,对用人单位履行劳动合同、集体合同的情况进行监督。用人单位违反劳动法律、法规和劳动合同、集体合同的,工会有权提出意见或者要求纠正;劳动者申请仲裁、提起诉讼的,工会依法给予支持和帮助。

第七十九条 任何组织或者个人对违反本法的行为都有权举报,县级以上人民政府劳动行政部门应当及时核实、处理,并对举报有功人员给予奖励。

第七章　法律责任

第八十条 用人单位直接涉及劳动者切身利益的规章制度违反法律、法规规定的,由劳动行政部门责令改正,给予警告;给劳动者造成损害的,应当承担赔偿责任。

第八十一条 用人单位提供的劳动合同文本未载明本法规定的劳动合同必备条款或者用人单位未将劳动合同文本交付劳动者的,由劳动行政部门责令改正;给劳动者造成损害的,应当承担赔偿责任。

第八十二条 用人单位自用工之日起超过一个月不满一年未与劳动者订立书面劳动合同的,应当向劳动者每月支付二倍的工资。

用人单位违反本法规定不与劳动者订立无固定期限劳动合同的,自应当订立无固定期限劳动合同之日起向劳动者每月支付二倍的工资。

第八十三条 用人单位违反本法规定与劳动者约定试用期的,由劳动行政部门责令改正;违法约定的试用期已经履行的,由用人单位以劳动者试用期满月工资为标准,按已经履行的超过法定试用期的期间向劳动者支付赔偿金。

第八十四条 用人单位违反本法规定,扣押劳动者居民身份证等证件的,由劳动行政部门责令限期退还劳动者本人,并依照有关法律规定给予处罚。

用人单位违反本法规定,以担保或者其他名义向劳动者收取财物的,由劳动行政部门责令限期退还劳动者本人,并以每人五百元以上二千元以下的标准处以罚款;给劳动者造成损害的,应当承担赔偿责任。

劳动者依法解除或者终止劳动合同,用人单位扣押劳动者档案或者其他物品的,依照前款规定处罚。

第八十五条 用人单位有下列情形之一的,由劳动行政部门责令限期支付劳动报酬、加班费或者经济补偿;劳动报酬低于当地最低工资标准的,应当支付其差额部分;逾期不支付的,责令用人单位按应付金额百分之五十以上百分之一百以下的标准向劳动者加付赔偿金:

(一)未按照劳动合同的约定或者国家规定及时足额支付劳动者劳动报酬的;

(二)低于当地最低工资标准支付劳动者工资的;

（三）安排加班不支付加班费的；

（四）解除或者终止劳动合同，未依照本法规定向劳动者支付经济补偿的。

第八十六条　劳动合同依照本法第二十六条规定被确认无效，给对方造成损害的，有过错的一方应当承担赔偿责任。

第八十七条　用人单位违反本法规定解除或者终止劳动合同的，应当依照本法第四十七条规定的经济补偿标准的二倍向劳动者支付赔偿金。

第八十八条　用人单位有下列情形之一的，依法给予行政处罚；构成犯罪的，依法追究刑事责任；给劳动者造成损害的，应当承担赔偿责任：

（一）以暴力、威胁或者非法限制人身自由的手段强迫劳动的；

（二）违章指挥或者强令冒险作业危及劳动者人身安全的；

（三）侮辱、体罚、殴打、非法搜查或者拘禁劳动者的；

（四）劳动条件恶劣、环境污染严重，给劳动者身心健康造成严重损害的。

第八十九条　用人单位违反本法规定未向劳动者出具解除或者终止劳动合同的书面证明，由劳动行政部门责令改正；给劳动者造成损害的，应当承担赔偿责任。

第九十条　劳动者违反本法规定解除劳动合同，或者违反劳动合同中约定的保密义务或者竞业限制，给用人单位造成损失的，应当承担赔偿责任。

第九十一条　用人单位招用与其他用人单位尚未解除或者终止劳动合同的劳动者，给其他用人单位造成损失的，应当承担连带赔偿责任。

第九十二条　违反本法规定，未经许可，擅自经营劳务派遣业务的，由劳动行政部门责令停止违法行为，没收违法所得，并处违法所得一倍以上五倍以下的罚款；没有违法所得的，可以处五万元以下的罚款。

劳务派遣单位、用工单位违反本法有关劳务派遣规定的，由劳动行政部门责令限期改正；逾期不改正的，以每人五千元以上一万元以下的标准处以罚款，对劳务派遣单位，吊销其劳务派遣业务经营许可证。用工单位给被派遣劳动者造成损害的，劳务派遣单位与用工单位承担连带赔偿责任。

第九十三条　对不具备合法经营资格的用人单位的违法犯罪行为，依法追究法律责任；劳动者已经付出劳动的，该单位或者其出资人应当依照本法有关规定向劳动者支付劳动报酬、经济补偿、赔偿金；给劳动者造成损害的，应当承担赔偿责任。

第九十四条　个人承包经营违反本法规定招用劳动者，给劳动者造成损害的，发包的组织与个人承包经营者承担连带赔偿责任。

第九十五条　劳动行政部门和其他有关主管部门及其工作人员玩忽职守、不履行法定职责，或者违法行使职权，给劳动者或者用人单位造成损害的，应当承担赔偿责任；对直接负责的主管人员和其他直接责任人员，依法给予行政处分；构成犯罪的，依法追究刑事责任。

第八章　附　则

第九十六条　事业单位与实行聘用制的工作人员订立、履行、变更、解除或者终止劳动合同，法律、行政法规或者国务院另有规定的，依照其规定；未作规定的，依照本法有关规定执行。

第九十七条 本法施行前已依法订立且在本法施行之日存续的劳动合同，继续履行；本法第十四条第二款第三项规定连续订立固定期限劳动合同的次数，自本法施行后续订固定期限劳动合同时开始计算。

本法施行前已建立劳动关系，尚未订立书面劳动合同的，应当自本法施行之日起一个月内订立。

本法施行之日存续的劳动合同在本法施行后解除或者终止，依照本法第四十六条规定应当支付经济补偿的，经济补偿年限自本法施行之日起计算；本法施行前按照当时有关规定，用人单位应当向劳动者支付经济补偿的，按照当时有关规定执行。

第九十八条 本法自2008年1月1日起施行。

8. 中华人民共和国就业促进法

（2007年8月30日第十届全国人民代表大会常务委员会第二十九次会议通过　根据2015年4月24日第十二届全国人民代表大会常务委员会第十四次会议《关于修改〈中华人民共和国电力法〉等六部法律的决定》修正）

目　录

第一章　总　则

第一条 为了促进就业，促进经济发展与扩大就业相协调，促进社会和谐稳定，制定本法。

第二条 国家把扩大就业放在经济社会发展的突出位置，实施积极的就业政策，坚持劳动者自主择业、市场调节就业、政府促进就业的方针，多渠道扩大就业。

第三条 劳动者依法享有平等就业和自主择业的权利。

劳动者就业，不因民族、种族、性别、宗教信仰等不同而受歧视。

第四条 县级以上人民政府把扩大就业作为经济和社会发展的重要目标，纳入国民经济和社会发展规划，并制定促进就业的中长期规划和年度工作计划。

第五条 县级以上人民政府通过发展经济和调整产业结构、规范人力资源市场、完善就业服务、加强职业教育和培训、提供就业援助等措施，创造就业条件，扩大就业。

第六条 国务院建立全国促进就业工作协调机制，研究就业工作中的重大问题，协调推动全国的促进就业工作。国务院劳动行政部门具体负责全国的促进就业工作。

省、自治区、直辖市人民政府根据促进就业工作的需要，建立促进就业工作协调机制，协调解决本行政区域就业工作中的重大问题。

县级以上人民政府有关部门按照各自的职责分工，共同做好促进就业工作。

第七条 国家倡导劳动者树立正确的择业观念，提高就业能力和创业能力；鼓励劳动者自主创业、自谋职业。

各级人民政府和有关部门应当简化程序，提高效率，为劳动者自主创业、自谋职业提供便利。

第八条 用人单位依法享有自主用人的权利。

用人单位应当依照本法以及其他法律、法规的规定，保障劳动者的合法权益。

第九条 工会、共产主义青年团、妇女联合会、残疾人联合会以及其他社会组织，协助人民政府开展促进就业工作，依法维护劳动者的劳动权利。

第十条 各级人民政府和有关部门对在促进就业工作中作出显著成绩的单位和个人，给予表彰和奖励。

第二章　政策支持

第十一条 县级以上人民政府应当把扩大就业作为重要职责，统筹协调产业政策与就业政策。

第十二条 国家鼓励各类企业在法律、法规规定的范围内，通过兴办产业或者拓展经营，增加就业岗位。

国家鼓励发展劳动密集型产业、服务业，扶持中小企业，多渠道、多方式增加就业岗位。

国家鼓励、支持、引导非公有制经济发展，扩大就业，增加就业岗位。

第十三条 国家发展国内外贸易和国际经济合作，拓宽就业渠道。

第十四条 县级以上人民政府在安排政府投资和确定重大建设项目时，应当发挥投资和重大建设项目带动就业的作用，增加就业岗位。

第十五条 国家实行有利于促进就业的财政政策，加大资金投入，改善就业环境，扩大就业。

县级以上人民政府应当根据就业状况和就业工作目标，在财政预算中安排就业专项资金用于促进就业工作。

就业专项资金用于职业介绍、职业培训、公益性岗位、职业技能鉴定、特定就业政策和社会保险等的补贴，小额贷款担保基金和微利项目的小额担保贷款贴息，以及扶持公共就业服务等。就业专项资金的使用管理办法由国务院财政部门和劳动行政部门规定。

第十六条 国家建立健全失业保险制度，依法确保失业人员的基本生活，并促进其实现就业。

第十七条 国家鼓励企业增加就业岗位，扶持失业人员和残疾人就业，对下列企业、人员依法给予税收优惠：

（一）吸纳符合国家规定条件的失业人员达到规定要求的企业；

（二）失业人员创办的中小企业；

（三）安置残疾人员达到规定比例或者集中使用残疾人的企业；

（四）从事个体经营的符合国家规定条件的失业人员；

（五）从事个体经营的残疾人；

（六）国务院规定给予税收优惠的其他企业、人员。

第十八条 对本法第十七条第四项、第五项规定的人员，有关部门应当在经营场地等方面给予照顾，免除行政事业性收费。

第十九条 国家实行有利于促进就业的金融政策，增加中小企业的融资渠道；鼓励金融机构改进金融服务，加大对中小企业的信贷支持，并对自主创业人员在一定期限内给予小额信贷等扶持。

第二十条 国家实行城乡统筹的就业政策，建立健全城乡劳动者平等就业的制度，引导农业富余劳动力有序转移就业。

县级以上地方人民政府推进小城镇建设和加快县域经济发展，引导农业富余劳动力就地就近转移就业；在制定小城镇规划时，将本地区农业富余劳动力转移就业作为重要内容。

县级以上地方人民政府引导农业富余劳动力有序向城市异地转移就业；劳动力输出地和输入地人民政府应当互相配合，改善农村劳动者进城就业的环境和条件。

第二十一条 国家支持区域经济发展，鼓励区域协作，统筹协调不同地区就业的均衡增长。

国家支持民族地区发展经济，扩大就业。

第二十二条 各级人民政府统筹做好城镇新增劳动力就业、农业富余劳动力转移就业和失业人员就业工作。

第二十三条 各级人民政府采取措施，逐步完善和实施与非全日制用工等灵活就业相适应的劳动和社会保险政策，为灵活就业人员提供帮助和服务。

第二十四条 地方各级人民政府和有关部门应当加强对失业人员从事个体经营的指导，提供政策咨询、就业培训和开业指导等服务。

第三章　公平就业

第二十五条 各级人民政府创造公平就业的环境，消除就业歧视，制定政策并采取措施对就业困难人员给予扶持和援助。

第二十六条 用人单位招用人员、职业中介机构从事职业中介活动，应当向劳动者提供平等的就业机会和公平的就业条件，不得实施就业歧视。

第二十七条 国家保障妇女享有与男子平等的劳动权利。

用人单位招用人员，除国家规定的不适合妇女的工种或者岗位外，不得以性别为由拒绝录用妇女或者提高对妇女的录用标准。

用人单位录用女职工，不得在劳动合同中规定限制女职工结婚、生育的内容。

第二十八条 各民族劳动者享有平等的劳动权利。

用人单位招用人员，应当依法对少数民族劳动者给予适当照顾。

第二十九条 国家保障残疾人的劳动权利。

各级人民政府应当对残疾人就业统筹规划，为残疾人创造就业条件。

用人单位招用人员，不得歧视残疾人。

第三十条　用人单位招用人员，不得以是传染病病原携带者为由拒绝录用。但是，经医学鉴定传染病病原携带者在治愈前或者排除传染嫌疑前，不得从事法律、行政法规和国务院卫生行政部门规定禁止从事的易使传染病扩散的工作。

第三十一条　农村劳动者进城就业享有与城镇劳动者平等的劳动权利，不得对农村劳动者进城就业设置歧视性限制。

第四章　就业服务和管理

第三十二条　县级以上人民政府培育和完善统一开放、竞争有序的人力资源市场，为劳动者就业提供服务。

第三十三条　县级以上人民政府鼓励社会各方面依法开展就业服务活动，加强对公共就业服务和职业中介服务的指导和监督，逐步完善覆盖城乡的就业服务体系。

第三十四条　县级以上人民政府加强人力资源市场信息网络及相关设施建设，建立健全人力资源市场信息服务体系，完善市场信息发布制度。

第三十五条　县级以上人民政府建立健全公共就业服务体系，设立公共就业服务机构，为劳动者免费提供下列服务：

（一）就业政策法规咨询；

（二）职业供求信息、市场工资指导价位信息和职业培训信息发布；

（三）职业指导和职业介绍；

（四）对就业困难人员实施就业援助；

（五）办理就业登记、失业登记等事务；

（六）其他公共就业服务。

公共就业服务机构应当不断提高服务的质量和效率，不得从事经营性活动。

公共就业服务经费纳入同级财政预算。

第三十六条　县级以上地方人民政府对职业中介机构提供公益性就业服务的，按照规定给予补贴。

国家鼓励社会各界为公益性就业服务提供捐赠、资助。

第三十七条　地方各级人民政府和有关部门不得举办或者与他人联合举办经营性的职业中介机构。

地方各级人民政府和有关部门、公共就业服务机构举办的招聘会，不得向劳动者收取费用。

第三十八条　县级以上人民政府和有关部门加强对职业中介机构的管理，鼓励其提高服务质量，发挥其在促进就业中的作用。

第三十九条　从事职业中介活动，应当遵循合法、诚实信用、公平、公开的原则。

用人单位通过职业中介机构招用人员，应当如实向职业中介机构提供岗位需求信息。

禁止任何组织或者个人利用职业中介活动侵害劳动者的合法权益。

第四十条　设立职业中介机构应当具备下列条件：

（一）有明确的章程和管理制度；

（二）有开展业务必备的固定场所、办公设施和一定数额的开办资金；

（三）有一定数量具备相应职业资格的专职工作人员；

（四）法律、法规规定的其他条件。

设立职业中介机构应当在工商行政管理部门办理登记后，向劳动行政部门申请行政许可。

未经依法许可和登记的机构，不得从事职业中介活动。

国家对外商投资职业中介机构和向劳动者提供境外就业服务的职业中介机构另有规定的，依照其规定。

第四十一条　职业中介机构不得有下列行为：

（一）提供虚假就业信息；

（二）为无合法证照的用人单位提供职业中介服务；

（三）伪造、涂改、转让职业中介许可证；

（四）扣押劳动者的居民身份证和其他证件，或者向劳动者收取押金；

（五）其他违反法律、法规规定的行为。

第四十二条　县级以上人民政府建立失业预警制度，对可能出现的较大规模的失业，实施预防、调节和控制。

第四十三条　国家建立劳动力调查统计制度和就业登记、失业登记制度，开展劳动力资源和就业、失业状况调查统计，并公布调查统计结果。

统计部门和劳动行政部门进行劳动力调查统计和就业、失业登记时，用人单位和个人应当如实提供调查统计和登记所需要的情况。

第五章　职业教育和培训

第四十四条　国家依法发展职业教育，鼓励开展职业培训，促进劳动者提高职业技能，增强就业能力和创业能力。

第四十五条　县级以上人民政府根据经济社会发展和市场需求，制定并实施职业能力开发计划。

第四十六条　县级以上人民政府加强统筹协调，鼓励和支持各类职业院校、职业技能培训机构和用人单位依法开展就业前培训、在职培训、再就业培训和创业培训；鼓励劳动者参加各种形式的培训。

第四十七条　县级以上地方人民政府和有关部门根据市场需求和产业发展方向，鼓励、指导企业加强职业教育和培训。

职业院校、职业技能培训机构与企业应当密切联系，实行产教结合，为经济建设服务，培养实用人才和熟练劳动者。

企业应当按照国家有关规定提取职工教育经费，对劳动者进行职业技能培训和继续教育培训。

第四十八条　国家采取措施建立健全劳动预备制度，县级以上地方人民政府对有就业要求的初高中毕业生实行一定期限的职业教育和培训，使其取得相应的职业资格或者掌握一定的职业技能。

第四十九条　地方各级人民政府鼓励和支持开展就业培训，帮助失业人员提高职业技能，增强其就业能力和创业能力。失业人员参加就业培训的，按照有关规定享受政府培训补贴。

第五十条　地方各级人民政府采取有效措施，组织和引导进城就业的农村劳动者参加技能培训，鼓励各类培训机构为进城就业的农村劳动者提供技能培训，增强其就业能力和创业能力。

第五十一条　国家对从事涉及公共安全、人身健康、生命财产安全等特殊工种的劳动者，实行职业资格证书制度，具体办法由国务院规定。

第六章　就业援助

第五十二条　各级人民政府建立健全就业援助制度，采取税费减免、贷款贴息、社会保险补贴、岗位补贴等办法，通过公益性岗位安置等途径，对就业困难人员实行优先扶持和重点帮助。

就业困难人员是指因身体状况、技能水平、家庭因素、失去土地等原因难以实现就业，以及连续失业一定时间仍未能实现就业的人员。就业困难人员的具体范围，由省、自治区、直辖市人民政府根据本行政区域的实际情况规定。

第五十三条　政府投资开发的公益性岗位，应当优先安排符合岗位要求的就业困难人员。被安排在公益性岗位工作的，按照国家规定给予岗位补贴。

第五十四条　地方各级人民政府加强基层就业援助服务工作，对就业困难人员实施重点帮助，提供有针对性的就业服务和公益性岗位援助。

地方各级人民政府鼓励和支持社会各方面为就业困难人员提供技能培训、岗位信息等服务。

第五十五条　各级人民政府采取特别扶助措施，促进残疾人就业。

用人单位应当按照国家规定安排残疾人就业，具体办法由国务院规定。

第五十六条　县级以上地方人民政府采取多种就业形式，拓宽公益性岗位范围，开发就业岗位，确保城市有就业需求的家庭至少有一人实现就业。

法定劳动年龄内的家庭人员均处于失业状况的城市居民家庭，可以向住所地街道、社区公共就业服务机构申请就业援助。街道、社区公共就业服务机构经确认属实的，应当为该家庭中至少一人提供适当的就业岗位。

第五十七条　国家鼓励资源开采型城市和独立工矿区发展与市场需求相适应的产业，引导劳动者转移就业。

对因资源枯竭或者经济结构调整等原因造成就业困难人员集中的地区，上级人民政府应当给予必要的扶持和帮助。

第七章　监督检查

第五十八条　各级人民政府和有关部门应当建立促进就业的目标责任制度。县级以上人民政府按照促进就业目标责任制的要求，对所属的有关部门和下一级人民政府进行考核和监督。

第五十九条 审计机关、财政部门应当依法对就业专项资金的管理和使用情况进行监督检查。

第六十条 劳动行政部门应当对本法实施情况进行监督检查,建立举报制度,受理对违反本法行为的举报,并及时予以核实、处理。

第八章 法律责任

第六十一条 违反本法规定,劳动行政等有关部门及其工作人员滥用职权、玩忽职守、徇私舞弊的,对直接负责的主管人员和其他直接责任人员依法给予处分。

第六十二条 违反本法规定,实施就业歧视的,劳动者可以向人民法院提起诉讼。

第六十三条 违反本法规定,地方各级人民政府和有关部门、公共就业服务机构举办经营性的职业中介机构,从事经营性职业中介活动,向劳动者收取费用的,由上级主管机关责令限期改正,将违法收取的费用退还劳动者,并对直接负责的主管人员和其他直接责任人员依法给予处分。

第六十四条 违反本法规定,未经许可和登记,擅自从事职业中介活动的,由劳动行政部门或者其他主管部门依法予以关闭;有违法所得的,没收违法所得,并处一万元以上五万元以下的罚款。

第六十五条 违反本法规定,职业中介机构提供虚假就业信息,为无合法证照的用人单位提供职业中介服务,伪造、涂改、转让职业中介许可证的,由劳动行政部门或者其他主管部门责令改正;有违法所得的,没收违法所得,并处一万元以上五万元以下的罚款;情节严重的,吊销职业中介许可证。

第六十六条 违反本法规定,职业中介机构扣押劳动者居民身份证等证件的,由劳动行政部门责令限期退还劳动者,并依照有关法律规定给予处罚。

违反本法规定,职业中介机构向劳动者收取押金的,由劳动行政部门责令限期退还劳动者,并以每人五百元以上二千元以下的标准处以罚款。

第六十七条 违反本法规定,企业未按照国家规定提取职工教育经费,或者挪用职工教育经费的,由劳动行政部门责令改正,并依法给予处罚。

第六十八条 违反本法规定,侵害劳动者合法权益,造成财产损失或者其他损害的,依法承担民事责任;构成犯罪的,依法追究刑事责任。

第九章 附 则

第六十九条 本法自 2008 年 1 月 1 日起施行。

9. 中华人民共和国社会保险法

(2010 年 10 月 28 日第十一届全国人民代表大会常务委员会第十七次会议通过 根据 2018 年 12 月 29 日第十三届全国人民代表大会常务委员会第七次会议《关于修改〈中华人民共和国社会保险法〉的决定》修正)

目 录

第一章 总 则

第一条 为了规范社会保险关系,维护公民参加社会保险和享受社会保险待遇的合法权益,使公民共享发展成果,促进社会和谐稳定,根据宪法,制定本法。

第二条 国家建立基本养老保险、基本医疗保险、工伤保险、失业保险、生育保险等社会保险制度,保障公民在年老、疾病、工伤、失业、生育等情况下依法从国家和社会获得物质帮助的权利。

第三条 社会保险制度坚持广覆盖、保基本、多层次、可持续的方针,社会保险水平应当与经济社会发展水平相适应。

第四条 中华人民共和国境内的用人单位和个人依法缴纳社会保险费,有权查询缴费记录、个人权益记录,要求社会保险经办机构提供社会保险咨询等相关服务。

个人依法享受社会保险待遇,有权监督本单位为其缴费情况。

第五条 县级以上人民政府将社会保险事业纳入国民经济和社会发展规划。

国家多渠道筹集社会保险资金。县级以上人民政府对社会保险事业给予必要的经费支持。

国家通过税收优惠政策支持社会保险事业。

第六条 国家对社会保险基金实行严格监管。

国务院和省、自治区、直辖市人民政府建立健全社会保险基金监督管理制度,保障社会保险基金安全、有效运行。

县级以上人民政府采取措施,鼓励和支持社会各方面参与社会保险基金的监督。

第七条 国务院社会保险行政部门负责全国的社会保险管理工作,国务院其他有关部门在各自的职责范围内负责有关的社会保险工作。

县级以上地方人民政府社会保险行政部门负责本行政区域的社会保险管理工作,县级以上地方人民政府其他有关部门在各自的职责范围内负责有关的社会保险工作。

第八条 社会保险经办机构提供社会保险服务,负责社会保险登记、个人权益记录、社会保险待遇支付等工作。

第九条 工会依法维护职工的合法权益,有权参与社会保险重大事项的研究,参加社会保险监督委员会,对与职工社会保险权益有关的事项进行监督。

第二章 基本养老保险

第十条 职工应当参加基本养老保险,由用人单位和职工共同缴纳基本养老保险费。

无雇工的个体工商户、未在用人单位参加基本养老保险的非全日制从业人员以及其他灵活就业人员可以参加基本养老保险,由个人缴纳基本养老保险费。

公务员和参照公务员法管理的工作人员养老保险的办法由国务院规定。

第十一条 基本养老保险实行社会统筹与个人账户相结合。

基本养老保险基金由用人单位和个人缴费以及政府补贴等组成。

第十二条 用人单位应当按照国家规定的本单位职工工资总额的比例缴纳基本养老保险费,记入基本养老保险统筹基金。

职工应当按照国家规定的本人工资的比例缴纳基本养老保险费,记入个人账户。

无雇工的个体工商户、未在用人单位参加基本养老保险的非全日制从业人员以及其他灵活就业人员参加基本养老保险的,应当按照国家规定缴纳基本养老保险费,分别记入基本养老保险统筹基金和个人账户。

第十三条 国有企业、事业单位职工参加基本养老保险前,视同缴费年限期间应当缴纳的基本养老保险费由政府承担。

基本养老保险基金出现支付不足时,政府给予补贴。

第十四条 个人账户不得提前支取,记账利率不得低于银行定期存款利率,免征利息税。个人死亡的,个人账户余额可以继承。

第十五条 基本养老金由统筹养老金和个人账户养老金组成。

基本养老金根据个人累计缴费年限、缴费工资、当地职工平均工资、个人账户金额、城镇人口平均预期寿命等因素确定。

第十六条 参加基本养老保险的个人,达到法定退休年龄时累计缴费满十五年的,按月领取基本养老金。

参加基本养老保险的个人,达到法定退休年龄时累计缴费不足十五年的,可以缴费至满十五年,按月领取基本养老金;也可以转入新型农村社会养老保险或者城镇居民社会养老保险,按照国务院规定享受相应的养老保险待遇。

第十七条 参加基本养老保险的个人,因病或者非因工死亡的,其遗属可以领取丧葬补助金和抚恤金;在未达到法定退休年龄时因病或者非因工致残完全丧失劳动能力的,可以领取病残津贴。所需资金从基本养老保险基金中支付。

第十八条 国家建立基本养老金正常调整机制。根据职工平均工资增长、物价上涨情况,适时提高基本养老保险待遇水平。

第十九条 个人跨统筹地区就业的,其基本养老保险关系随本人转移,缴费年限累计计算。个人达到法定退休年龄时,基本养老金分段计算、统一支付。具体办法由国务院规定。

第二十条　国家建立和完善新型农村社会养老保险制度。

新型农村社会养老保险实行个人缴费、集体补助和政府补贴相结合。

第二十一条　新型农村社会养老保险待遇由基础养老金和个人账户养老金组成。

参加新型农村社会养老保险的农村居民，符合国家规定条件的，按月领取新型农村社会养老保险待遇。

第二十二条　国家建立和完善城镇居民社会养老保险制度。

省、自治区、直辖市人民政府根据实际情况，可以将城镇居民社会养老保险和新型农村社会养老保险合并实施。

第三章　基本医疗保险

第二十三条　职工应当参加职工基本医疗保险，由用人单位和职工按照国家规定共同缴纳基本医疗保险费。

无雇工的个体工商户、未在用人单位参加职工基本医疗保险的非全日制从业人员以及其他灵活就业人员可以参加职工基本医疗保险，由个人按照国家规定缴纳基本医疗保险费。

第二十四条　国家建立和完善新型农村合作医疗制度。

新型农村合作医疗的管理办法，由国务院规定。

第二十五条　国家建立和完善城镇居民基本医疗保险制度。

城镇居民基本医疗保险实行个人缴费和政府补贴相结合。

享受最低生活保障的人、丧失劳动能力的残疾人、低收入家庭六十周岁以上的老年人和未成年人等所需个人缴费部分，由政府给予补贴。

第二十六条　职工基本医疗保险、新型农村合作医疗和城镇居民基本医疗保险的待遇标准按照国家规定执行。

第二十七条　参加职工基本医疗保险的个人，达到法定退休年龄时累计缴费达到国家规定年限的，退休后不再缴纳基本医疗保险费，按照国家规定享受基本医疗保险待遇；未达到国家规定年限的，可以缴费至国家规定年限。

第二十八条　符合基本医疗保险药品目录、诊疗项目、医疗服务设施标准以及急诊、抢救的医疗费用，按照国家规定从基本医疗保险基金中支付。

第二十九条　参保人员医疗费用中应当由基本医疗保险基金支付的部分，由社会保险经办机构与医疗机构、药品经营单位直接结算。

社会保险行政部门和卫生行政部门应当建立异地就医医疗费用结算制度，方便参保人员享受基本医疗保险待遇。

第三十条　下列医疗费用不纳入基本医疗保险基金支付范围：

（一）应当从工伤保险基金中支付的；

（二）应当由第三人负担的；

（三）应当由公共卫生负担的；

（四）在境外就医的。

医疗费用依法应当由第三人负担，第三人不支付或者无法确定第三人的，由基本医疗保险基金先行支付。基本医疗保险基金先行支付后，有权向第三人追偿。

第三十一条 社会保险经办机构根据管理服务的需要，可以与医疗机构、药品经营单位签订服务协议，规范医疗服务行为。

医疗机构应当为参保人员提供合理、必要的医疗服务。

第三十二条 个人跨统筹地区就业的，其基本医疗保险关系随本人转移，缴费年限累计计算。

第四章 工伤保险

第三十三条 职工应当参加工伤保险，由用人单位缴纳工伤保险费，职工不缴纳工伤保险费。

第三十四条 国家根据不同行业的工伤风险程度确定行业的差别费率，并根据使用工伤保险基金、工伤发生率等情况在每个行业内确定费率档次。行业差别费率和行业内费率档次由国务院社会保险行政部门制定，报国务院批准后公布施行。

社会保险经办机构根据用人单位使用工伤保险基金、工伤发生率和所属行业费率档次等情况，确定用人单位缴费费率。

第三十五条 用人单位应当按照本单位职工工资总额，根据社会保险经办机构确定的费率缴纳工伤保险费。

第三十六条 职工因工作原因受到事故伤害或者患职业病，且经工伤认定的，享受工伤保险待遇；其中，经劳动能力鉴定丧失劳动能力的，享受伤残待遇。

工伤认定和劳动能力鉴定应当简捷、方便。

第三十七条 职工因下列情形之一导致本人在工作中伤亡的，不认定为工伤：

(一)故意犯罪；

(二)醉酒或者吸毒；

(三)自残或者自杀；

(四)法律、行政法规规定的其他情形。

第三十八条 因工伤发生的下列费用，按照国家规定从工伤保险基金中支付：

(一)治疗工伤的医疗费用和康复费用；

(二)住院伙食补助费；

(三)到统筹地区以外就医的交通食宿费；

(四)安装配置伤残辅助器具所需费用；

(五)生活不能自理的，经劳动能力鉴定委员会确认的生活护理费；

(六)一次性伤残补助金和一至四级伤残职工按月领取的伤残津贴；

(七)终止或者解除劳动合同时，应当享受的一次性医疗补助金；

(八)因工死亡的，其遗属领取的丧葬补助金、供养亲属抚恤金和因工死亡补助金；

(九)劳动能力鉴定费。

第三十九条 因工伤发生的下列费用，按照国家规定由用人单位支付：

(一)治疗工伤期间的工资福利；

(二)五级、六级伤残职工按月领取的伤残津贴；

(三)终止或者解除劳动合同时，应当享受的一次性伤残就业补助金。

第四十条 工伤职工符合领取基本养老金条件的，停发伤残津贴，享受基本养老保险待遇。基本养老保险待遇低于伤残津贴的，从工伤保险基金中补足差额。

第四十一条　职工所在用人单位未依法缴纳工伤保险费，发生工伤事故的，由用人单位支付工伤保险待遇。用人单位不支付的，从工伤保险基金中先行支付。

从工伤保险基金中先行支付的工伤保险待遇应当由用人单位偿还。用人单位不偿还的，社会保险经办机构可以依照本法第六十三条的规定追偿。

第四十二条　由于第三人的原因造成工伤，第三人不支付工伤医疗费用或者无法确定第三人的，由工伤保险基金先行支付。工伤保险基金先行支付后，有权向第三人追偿。

第四十三条　工伤职工有下列情形之一的，停止享受工伤保险待遇：

（一）丧失享受待遇条件的；

（二）拒不接受劳动能力鉴定的；

（三）拒绝治疗的。

第五章　失业保险

第四十四条　职工应当参加失业保险，由用人单位和职工按照国家规定共同缴纳失业保险费。

第四十五条　失业人员符合下列条件的，从失业保险基金中领取失业保险金：

（一）失业前用人单位和本人已经缴纳失业保险费满一年的；

（二）非因本人意愿中断就业的；

（三）已经进行失业登记，并有求职要求的。

第四十六条　失业人员失业前用人单位和本人累计缴费满一年不足五年的，领取失业保险金的期限最长为十二个月；累计缴费满五年不足十年的，领取失业保险金的期限最长为十八个月；累计缴费十年以上的，领取失业保险金的期限最长为二十四个月。重新就业后，再次失业的，缴费时间重新计算，领取失业保险金的期限与前次失业应当领取而尚未领取的失业保险金的期限合并计算，最长不超过二十四个月。

第四十七条　失业保险金的标准，由省、自治区、直辖市人民政府确定，不得低于城市居民最低生活保障标准。

第四十八条　失业人员在领取失业保险金期间，参加职工基本医疗保险，享受基本医疗保险待遇。

失业人员应当缴纳的基本医疗保险费从失业保险基金中支付，个人不缴纳基本医疗保险费。

第四十九条　失业人员在领取失业保险金期间死亡的，参照当地对在职职工死亡的规定，向其遗属发给一次性丧葬补助金和抚恤金。所需资金从失业保险基金中支付。

个人死亡同时符合领取基本养老保险丧葬补助金、工伤保险丧葬补助金和失业保险丧葬补助金条件的，其遗属只能选择领取其中的一项。

第五十条　用人单位应当及时为失业人员出具终止或者解除劳动关系的证明，并将失业人员的名单自终止或者解除劳动关系之日起十五日内告知社会保险经办机构。

失业人员应当持本单位为其出具的终止或者解除劳动关系的证明，及时到指定的公共就业服务机构办理失业登记。

失业人员凭失业登记证明和个人身份证明，到社会保险经办机构办理领取失业保险金的手续。失业保险金领取期限自办理失业登记之日起计算。

第五十一条 失业人员在领取失业保险金期间有下列情形之一的，停止领取失业保险金，并同时停止享受其他失业保险待遇：

（一）重新就业的；

（二）应征服兵役的；

（三）移居境外的；

（四）享受基本养老保险待遇的；

（五）无正当理由，拒不接受当地人民政府指定部门或者机构介绍的适当工作或者提供的培训的。

第五十二条 职工跨统筹地区就业的，其失业保险关系随本人转移，缴费年限累计计算。

第六章 生育保险

第五十三条 职工应当参加生育保险，由用人单位按照国家规定缴纳生育保险费，职工不缴纳生育保险费。

第五十四条 用人单位已经缴纳生育保险费的，其职工享受生育保险待遇；职工未就业配偶按照国家规定享受生育医疗费用待遇。所需资金从生育保险基金中支付。

生育保险待遇包括生育医疗费用和生育津贴。

第五十五条 生育医疗费用包括下列各项：

（一）生育的医疗费用；

（二）计划生育的医疗费用；

（三）法律、法规规定的其他项目费用。

第五十六条 职工有下列情形之一的，可以按照国家规定享受生育津贴：

（一）女职工生育享受产假；

（二）享受计划生育手术休假；

（三）法律、法规规定的其他情形。

生育津贴按照职工所在用人单位上年度职工月平均工资计发。

第七章 社会保险费征缴

第五十七条 用人单位应当自成立之日起三十日内凭营业执照、登记证书或者单位印章，向当地社会保险经办机构申请办理社会保险登记。社会保险经办机构应当自收到申请之日起十五日内予以审核，发给社会保险登记证件。

用人单位的社会保险登记事项发生变更或者用人单位依法终止的，应当自变更或者终止之日起三十日内，到社会保险经办机构办理变更或者注销社会保险登记。

市场监督管理部门、民政部门和机构编制管理机关应当及时向社会保险经办机构通报用人单位的成立、终止情况，公安机关应当及时向社会保险经办机构通报个人的出生、死亡以及户口登记、迁移、注销等情况。

第五十八条 用人单位应当自用工之日起三十日内为其职工向社会保险经办机构申请办理社会保险登记。未办理社会保险登记的，由社会保险经办机构核定其应当缴纳的社会保险费。

自愿参加社会保险的无雇工的个体工商户、未在用人单位参加社会保险的非全日制从业人员以及其他灵活就业人员，应当向社会保险经办机构申请办理社会保险登记。

国家建立全国统一的个人社会保障号码。个人社会保障号码为公民身份号码。

第五十九条　县级以上人民政府加强社会保险费的征收工作。

社会保险费实行统一征收，实施步骤和具体办法由国务院规定。

第六十条　用人单位应当自行申报、按时足额缴纳社会保险费，非因不可抗力等法定事由不得缓缴、减免。职工应当缴纳的社会保险费由用人单位代扣代缴，用人单位应当按月将缴纳社会保险费的明细情况告知本人。

无雇工的个体工商户、未在用人单位参加社会保险的非全日制从业人员以及其他灵活就业人员，可以直接向社会保险费征收机构缴纳社会保险费。

第六十一条　社会保险费征收机构应当依法按时足额征收社会保险费，并将缴费情况定期告知用人单位和个人。

第六十二条　用人单位未按规定申报应当缴纳的社会保险费数额的，按照该单位上月缴费额的百分之一百一十确定应当缴纳数额；缴费单位补办申报手续后，由社会保险费征收机构按照规定结算。

第六十三条　用人单位未按时足额缴纳社会保险费的，由社会保险费征收机构责令其限期缴纳或者补足。

用人单位逾期仍未缴纳或者补足社会保险费的，社会保险费征收机构可以向银行和其他金融机构查询其存款账户；并可以申请县级以上有关行政部门作出划拨社会保险费的决定，书面通知其开户银行或者其他金融机构划拨社会保险费。用人单位账户余额少于应当缴纳的社会保险费的，社会保险费征收机构可以要求该用人单位提供担保，签订延期缴费协议。

用人单位未足额缴纳社会保险费且未提供担保的，社会保险费征收机构可以申请人民法院扣押、查封、拍卖其价值相当于应当缴纳社会保险费的财产，以拍卖所得抵缴社会保险费。

第八章　社会保险基金

第六十四条　社会保险基金包括基本养老保险基金、基本医疗保险基金、工伤保险基金、失业保险基金和生育保险基金。除基本医疗保险基金与生育保险基金合并建账及核算外，其他各项社会保险基金按照社会保险险种分别建账，分账核算。社会保险基金执行国家统一的会计制度。

社会保险基金专款专用，任何组织和个人不得侵占或者挪用。

基本养老保险基金逐步实行全国统筹，其他社会保险基金逐步实行省级统筹，具体时间、步骤由国务院规定。

第六十五条　社会保险基金通过预算实现收支平衡。

县级以上人民政府在社会保险基金出现支付不足时，给予补贴。

第六十六条　社会保险基金按照统筹层次设立预算。除基本医疗保险基金与生育保险基金预算合并编制外，其他社会保险基金预算按照社会保险项目分别编制。

第六十七条 社会保险基金预算、决算草案的编制、审核和批准，依照法律和国务院规定执行。

第六十八条 社会保险基金存入财政专户，具体管理办法由国务院规定。

第六十九条 社会保险基金在保证安全的前提下，按照国务院规定投资运营实现保值增值。

社会保险基金不得违规投资运营，不得用于平衡其他政府预算，不得用于兴建、改建办公场所和支付人员经费、运行费用、管理费用，或者违反法律、行政法规规定挪作其他用途。

第七十条 社会保险经办机构应当定期向社会公布参加社会保险情况以及社会保险基金的收入、支出、结余和收益情况。

第七十一条 国家设立全国社会保障基金，由中央财政预算拨款以及国务院批准的其他方式筹集的资金构成，用于社会保障支出的补充、调剂。全国社会保障基金由全国社会保障基金管理运营机构负责管理运营，在保证安全的前提下实现保值增值。

全国社会保障基金应当定期向社会公布收支、管理和投资运营的情况。国务院财政部门、社会保险行政部门、审计机关对全国社会保障基金的收支、管理和投资运营情况实施监督。

第九章 社会保险经办

第七十二条 统筹地区设立社会保险经办机构。社会保险经办机构根据工作需要，经所在地的社会保险行政部门和机构编制管理机关批准，可以在本统筹地区设立分支机构和服务网点。

社会保险经办机构的人员经费和经办社会保险发生的基本运行费用、管理费用，由同级财政按照国家规定予以保障。

第七十三条 社会保险经办机构应当建立健全业务、财务、安全和风险管理制度。

社会保险经办机构应当按时足额支付社会保险待遇。

第七十四条 社会保险经办机构通过业务经办、统计、调查获取社会保险工作所需的数据，有关单位和个人应当及时、如实提供。

社会保险经办机构应当及时为用人单位建立档案，完整、准确地记录参加社会保险的人员、缴费等社会保险数据，妥善保管登记、申报的原始凭证和支付结算的会计凭证。

社会保险经办机构应当及时、完整、准确地记录参加社会保险的个人缴费和用人单位为其缴费，以及享受社会保险待遇等个人权益记录，定期将个人权益记录单免费寄送本人。

用人单位和个人可以免费向社会保险经办机构查询、核对其缴费和享受社会保险待遇记录，要求社会保险经办机构提供社会保险咨询等相关服务。

第七十五条 全国社会保险信息系统按照国家统一规划，由县级以上人民政府按照分级负责的原则共同建设。

第十章 社会保险监督

第七十六条 各级人民代表大会常务委员会听取和审议本级人民政府对社会保险基金的收支、管理、投资运营以及监督检查情况的专项工作报告，组织对本法实施情况的执法检查等，依法行使监督职权。

第七十七条　县级以上人民政府社会保险行政部门应当加强对用人单位和个人遵守社会保险法律、法规情况的监督检查。

社会保险行政部门实施监督检查时，被检查的用人单位和个人应当如实提供与社会保险有关的资料，不得拒绝检查或者谎报、瞒报。

第七十八条　财政部门、审计机关按照各自职责，对社会保险基金的收支、管理和投资运营情况实施监督。

第七十九条　社会保险行政部门对社会保险基金的收支、管理和投资运营情况进行监督检查，发现存在问题的，应当提出整改建议，依法作出处理决定或者向有关行政部门提出处理建议。社会保险基金检查结果应当定期向社会公布。

社会保险行政部门对社会保险基金实施监督检查，有权采取下列措施：

（一）查阅、记录、复制与社会保险基金收支、管理和投资运营相关的资料，对可能被转移、隐匿或者灭失的资料予以封存；

（二）询问与调查事项有关的单位和个人，要求其对与调查事项有关的问题作出说明、提供有关证明材料；

（三）对隐匿、转移、侵占、挪用社会保险基金的行为予以制止并责令改正。

第八十条　统筹地区人民政府成立由用人单位代表、参保人员代表，以及工会代表、专家等组成的社会保险监督委员会，掌握、分析社会保险基金的收支、管理和投资运营情况，对社会保险工作提出咨询意见和建议，实施社会监督。

社会保险经办机构应当定期向社会保险监督委员会汇报社会保险基金的收支、管理和投资运营情况。社会保险监督委员会可以聘请会计师事务所对社会保险基金的收支、管理和投资运营情况进行年度审计和专项审计。审计结果应当向社会公开。

社会保险监督委员会发现社会保险基金收支、管理和投资运营中存在问题的，有权提出改正建议；对社会保险经办机构及其工作人员的违法行为，有权向有关部门提出依法处理建议。

第八十一条　社会保险行政部门和其他有关行政部门、社会保险经办机构、社会保险费征收机构及其工作人员，应当依法为用人单位和个人的信息保密，不得以任何形式泄露。

第八十二条　任何组织或者个人有权对违反社会保险法律、法规的行为进行举报、投诉。

社会保险行政部门、卫生行政部门、社会保险经办机构、社会保险费征收机构和财政部门、审计机关对属于本部门、本机构职责范围的举报、投诉，应当依法处理；对不属于本部门、本机构职责范围的，应当书面通知并移交有权处理的部门、机构处理。有权处理的部门、机构应当及时处理，不得推诿。

第八十三条　用人单位或者个人认为社会保险费征收机构的行为侵害自己合法权益的，可以依法申请行政复议或者提起行政诉讼。

用人单位或者个人对社会保险经办机构不依法办理社会保险登记、核定社会保险费、支付社会保险待遇、办理社会保险转移接续手续或者侵害其他社会保险权益的行为，可以依法申请行政复议或者提起行政诉讼。

个人与所在用人单位发生社会保险争议的，可以依法申请调解、仲裁，提起诉讼。用人单位侵害个人社会保险权益的，个人也可以要求社会保险行政部门或者社会保险费征收机构依法处理。

第十一章　法律责任

第八十四条　用人单位不办理社会保险登记的，由社会保险行政部门责令限期改正；逾期不改正的，对用人单位处应缴社会保险费数额一倍以上三倍以下的罚款，对其直接负责的主管人员和其他直接责任人员处五百元以上三千元以下的罚款。

第八十五条　用人单位拒不出具终止或者解除劳动关系证明的，依照《中华人民共和国劳动合同法》的规定处理。

第八十六条　用人单位未按时足额缴纳社会保险费的，由社会保险费征收机构责令限期缴纳或者补足，并自欠缴之日起，按日加收万分之五的滞纳金；逾期仍不缴纳的，由有关行政部门处欠缴数额一倍以上三倍以下的罚款。

第八十七条　社会保险经办机构以及医疗机构、药品经营单位等社会保险服务机构以欺诈、伪造证明材料或者其他手段骗取社会保险基金支出的，由社会保险行政部门责令退回骗取的社会保险金，处骗取金额二倍以上五倍以下的罚款；属于社会保险服务机构的，解除服务协议；直接负责的主管人员和其他直接责任人员有执业资格的，依法吊销其执业资格。

第八十八条　以欺诈、伪造证明材料或者其他手段骗取社会保险待遇的，由社会保险行政部门责令退回骗取的社会保险金，处骗取金额二倍以上五倍以下的罚款。

第八十九条　社会保险经办机构及其工作人员有下列行为之一的，由社会保险行政部门责令改正；给社会保险基金、用人单位或者个人造成损失的，依法承担赔偿责任；对直接负责的主管人员和其他直接责任人员依法给予处分：

（一）未履行社会保险法定职责的；

（二）未将社会保险基金存入财政专户的；

（三）克扣或者拒不按时支付社会保险待遇的；

（四）丢失或者篡改缴费记录、享受社会保险待遇记录等社会保险数据、个人权益记录的；

（五）有违反社会保险法律、法规的其他行为的。

第九十条　社会保险费征收机构擅自更改社会保险费缴费基数、费率，导致少收或者多收社会保险费的，由有关行政部门责令其追缴应当缴纳的社会保险费或者退还不应当缴纳的社会保险费；对直接负责的主管人员和其他直接责任人员依法给予处分。

第九十一条　违反本法规定，隐匿、转移、侵占、挪用社会保险基金或者违规投资运营的，由社会保险行政部门、财政部门、审计机关责令追回；有违法所得的，没收违法所得；对直接负责的主管人员和其他直接责任人员依法给予处分。

第九十二条　社会保险行政部门和其他有关行政部门、社会保险经办机构、社会保险费征收机构及其工作人员泄露用人单位和个人信息的，对直接负责的主管人员和其他直接责任人员依法给予处分；给用人单位或者个人造成损失的，应当承担赔偿责任。

第九十三条　国家工作人员在社会保险管理、监督工作中滥用职权、玩忽职守、徇私舞弊的，依法给予处分。

第九十四条　违反本法规定，构成犯罪的，依法追究刑事责任。

第十二章　附　则

第九十五条　进城务工的农村居民依照本法规定参加社会保险。

第九十六条　征收农村集体所有的土地，应当足额安排被征地农民的社会保险费，按照国务院规定将被征地农民纳入相应的社会保险制度。

第九十七条　外国人在中国境内就业的，参照本法规定参加社会保险。

第九十八条　本法自 2011 年 7 月 1 日起施行。

10. 中华人民共和国劳动争议调解仲裁法

（2007 年 12 月 29 日第十届全国人民代表大会常务委员会第三十一次会议通过）

目　录

第一章　总　则

第一条　为了公正及时解决劳动争议，保护当事人合法权益，促进劳动关系和谐稳定，制定本法。

第二条　中华人民共和国境内的用人单位与劳动者发生的下列劳动争议，适用本法：

（一）因确认劳动关系发生的争议；

（二）因订立、履行、变更、解除和终止劳动合同发生的争议；

（三）因除名、辞退和辞职、离职发生的争议；

（四）因工作时间、休息休假、社会保险、福利、培训以及劳动保护发生的争议；

（五）因劳动报酬、工伤医疗费、经济补偿或者赔偿金等发生的争议；

（六）法律、法规规定的其他劳动争议。

第三条　解决劳动争议，应当根据事实，遵循合法、公正、及时、着重调解的原则，依法保护当事人的合法权益。

第四条　发生劳动争议，劳动者可以与用人单位协商，也可以请工会或者第三方共同与用人单位协商，达成和解协议。

第五条　发生劳动争议，当事人不愿协商、协商不成或者达成和解协议后不履行的，可以向调解组织申请调解；不愿调解、调解不成或者达成调解协议后不履行的，可以向劳动争议仲裁委员会申请仲裁；对仲裁裁决不服的，除本法另有规定的外，可以向人民法院提起诉讼。

第六条 发生劳动争议，当事人对自己提出的主张，有责任提供证据。与争议事项有关的证据属于用人单位掌握管理的，用人单位应当提供；用人单位不提供的，应当承担不利后果。

第七条 发生劳动争议的劳动者一方在十人以上，并有共同请求的，可以推举代表参加调解、仲裁或者诉讼活动。

第八条 县级以上人民政府劳动行政部门会同工会和企业方面代表建立协调劳动关系三方机制，共同研究解决劳动争议的重大问题。

第九条 用人单位违反国家规定，拖欠或者未足额支付劳动报酬，或者拖欠工伤医疗费、经济补偿或者赔偿金的，劳动者可以向劳动行政部门投诉，劳动行政部门应当依法处理。

第二章 调 解

第十条 发生劳动争议，当事人可以到下列调解组织申请调解：

（一）企业劳动争议调解委员会；

（二）依法设立的基层人民调解组织；

（三）在乡镇、街道设立的具有劳动争议调解职能的组织。

企业劳动争议调解委员会由职工代表和企业代表组成。职工代表由工会成员担任或者由全体职工推举产生，企业代表由企业负责人指定。企业劳动争议调解委员会主任由工会成员或者双方推举的人员担任。

第十一条 劳动争议调解组织的调解员应当由公道正派、联系群众、热心调解工作，并具有一定法律知识、政策水平和文化水平的成年公民担任。

第十二条 当事人申请劳动争议调解可以书面申请，也可以口头申请。口头申请的，调解组织应当当场记录申请人基本情况、申请调解的争议事项、理由和时间。

第十三条 调解劳动争议，应当充分听取双方当事人对事实和理由的陈述，耐心疏导，帮助其达成协议。

第十四条 经调解达成协议的，应当制作调解协议书。

调解协议书由双方当事人签名或者盖章，经调解员签名并加盖调解组织印章后生效，对双方当事人具有约束力，当事人应当履行。

自劳动争议调解组织收到调解申请之日起十五日内未达成调解协议的，当事人可以依法申请仲裁。

第十五条 达成调解协议后，一方当事人在协议约定期限内不履行调解协议的，另一方当事人可以依法申请仲裁。

第十六条 因支付拖欠劳动报酬、工伤医疗费、经济补偿或者赔偿金事项达成调解协议，用人单位在协议约定期限内不履行的，劳动者可以持调解协议书依法向人民法院申请支付令。人民法院应当依法发出支付令。

第三章 仲 裁

第一节 一般规定

第十七条 劳动争议仲裁委员会按照统筹规划、合理布局和适应实际需要的原则设立。省、自治区人民政府可以决定在市、县设立；直辖市人民政府可以决定在区、县设立。直辖市、设区的市也可以设立一个或者若干个劳动争议仲裁委员会。劳动争议仲裁委员会不按行政区划层层设立。

第十八条　国务院劳动行政部门依照本法有关规定制定仲裁规则。省、自治区、直辖市人民政府劳动行政部门对本行政区域的劳动争议仲裁工作进行指导。

第十九条　劳动争议仲裁委员会由劳动行政部门代表、工会代表和企业方面代表组成。劳动争议仲裁委员会组成人员应当是单数。

劳动争议仲裁委员会依法履行下列职责：

(一)聘任、解聘专职或者兼职仲裁员；

(二)受理劳动争议案件；

(三)讨论重大或者疑难的劳动争议案件；

(四)对仲裁活动进行监督。

劳动争议仲裁委员会下设办事机构，负责办理劳动争议仲裁委员会的日常工作。

第二十条　劳动争议仲裁委员会应当设仲裁员名册。

仲裁员应当公道正派并符合下列条件之一：

(一)曾任审判员的；

(二)从事法律研究、教学工作并具有中级以上职称的；

(三)具有法律知识、从事人力资源管理或者工会等专业工作满五年的；

(四)律师执业满三年的。

第二十一条　劳动争议仲裁委员会负责管辖本区域内发生的劳动争议。

劳动争议由劳动合同履行地或者用人单位所在地的劳动争议仲裁委员会管辖。双方当事人分别向劳动合同履行地和用人单位所在地的劳动争议仲裁委员会申请仲裁的，由劳动合同履行地的劳动争议仲裁委员会管辖。

第二十二条　发生劳动争议的劳动者和用人单位为劳动争议仲裁案件的双方当事人。

劳务派遣单位或者用工单位与劳动者发生劳动争议的，劳务派遣单位和用工单位为共同当事人。

第二十三条　与劳动争议案件的处理结果有利害关系的第三人，可以申请参加仲裁活动或者由劳动争议仲裁委员会通知其参加仲裁活动。

第二十四条　当事人可以委托代理人参加仲裁活动。委托他人参加仲裁活动，应当向劳动争议仲裁委员会提交有委托人签名或者盖章的委托书，委托书应当载明委托事项和权限。

第二十五条　丧失或者部分丧失民事行为能力的劳动者，由其法定代理人代为参加仲裁活动；无法定代理人的，由劳动争议仲裁委员会为其指定代理人。劳动者死亡的，由其近亲属或者代理人参加仲裁活动。

第二十六条　劳动争议仲裁公开进行，但当事人协议不公开进行或者涉及国家秘密、商业秘密和个人隐私的除外。

第二节　申请和受理

第二十七条　劳动争议申请仲裁的时效期间为一年。仲裁时效期间从当事人知道或者应当知道其权利被侵害之日起计算。

前款规定的仲裁时效，因当事人一方向对方当事人主张权利，或者向有关部门请求权利救济,或者对方当事人同意履行义务而中断。从中断时起,仲裁时效期间重新计算。

因不可抗力或者有其他正当理由,当事人不能在本条第一款规定的仲裁时效期间申请仲裁的,仲裁时效中止。从中止时效的原因消除之日起,仲裁时效期间继续计算。

劳动关系存续期间因拖欠劳动报酬发生争议的,劳动者申请仲裁不受本条第一款规定的仲裁时效期间的限制;但是,劳动关系终止的,应当自劳动关系终止之日起一年内提出。

第二十八条 申请人申请仲裁应当提交书面仲裁申请,并按照被申请人人数提交副本。

仲裁申请书应当载明下列事项:

(一)劳动者的姓名、性别、年龄、职业、工作单位和住所,用人单位的名称、住所和法定代表人或者主要负责人的姓名、职务;

(二)仲裁请求和所根据的事实、理由;

(三)证据和证据来源、证人姓名和住所。

书写仲裁申请确有困难的,可以口头申请,由劳动争议仲裁委员会记入笔录,并告知对方当事人。

第二十九条 劳动争议仲裁委员会收到仲裁申请之日起五日内,认为符合受理条件的,应当受理,并通知申请人;认为不符合受理条件的,应当书面通知申请人不予受理,并说明理由。对劳动争议仲裁委员会不予受理或者逾期未作出决定的,申请人可以就该劳动争议事项向人民法院提起诉讼。

第三十条 劳动争议仲裁委员会受理仲裁申请后,应当在五日内将仲裁申请书副本送达被申请人。

被申请人收到仲裁申请书副本后,应当在十日内向劳动争议仲裁委员会提交答辩书。劳动争议仲裁委员会收到答辩书后,应当在五日内将答辩书副本送达申请人。被申请人未提交答辩书的,不影响仲裁程序的进行。

第三节 开庭和裁决

第三十一条 劳动争议仲裁委员会裁决劳动争议案件实行仲裁庭制。仲裁庭由三名仲裁员组成,设首席仲裁员。简单劳动争议案件可以由一名仲裁员独任仲裁。

第三十二条 劳动争议仲裁委员会应当在受理仲裁申请之日起五日内将仲裁庭的组成情况书面通知当事人。

第三十三条 仲裁员有下列情形之一,应当回避,当事人也有权以口头或者书面方式提出回避申请:

(一)是本案当事人或者当事人、代理人的近亲属的;

(二)与本案有利害关系的;

(三)与本案当事人、代理人有其他关系,可能影响公正裁决的;

(四)私自会见当事人、代理人,或者接受当事人、代理人的请客送礼的。

劳动争议仲裁委员会对回避申请应当及时作出决定,并以口头或者书面方式通知当事人。

第三十四条 仲裁员有本法第三十三条第四项规定情形,或者有索贿受贿、徇私舞弊、枉法裁决行为的，应当依法承担法律责任。劳动争议仲裁委员会应当将其解聘。

第三十五条 仲裁庭应当在开庭五日前，将开庭日期、地点书面通知双方当事人。当事人有正当理由的，可以在开庭三日前请求延期开庭。是否延期，由劳动争议仲裁委员会决定。

第三十六条 申请人收到书面通知，无正当理由拒不到庭或者未经仲裁庭同意中途退庭的，可以视为撤回仲裁申请。

被申请人收到书面通知，无正当理由拒不到庭或者未经仲裁庭同意中途退庭的，可以缺席裁决。

第三十七条 仲裁庭对专门性问题认为需要鉴定的，可以交由当事人约定的鉴定机构鉴定；当事人没有约定或者无法达成约定的，由仲裁庭指定的鉴定机构鉴定。

根据当事人的请求或者仲裁庭的要求，鉴定机构应当派鉴定人参加开庭。当事人经仲裁庭许可，可以向鉴定人提问。

第三十八条 当事人在仲裁过程中有权进行质证和辩论。质证和辩论终结时，首席仲裁员或者独任仲裁员应当征询当事人的最后意见。

第三十九条 当事人提供的证据经查证属实的，仲裁庭应当将其作为认定事实的根据。

劳动者无法提供由用人单位掌握管理的与仲裁请求有关的证据，仲裁庭可以要求用人单位在指定期限内提供。用人单位在指定期限内不提供的，应当承担不利后果。

第四十条 仲裁庭应当将开庭情况记入笔录。当事人和其他仲裁参加人认为对自己陈述的记录有遗漏或者差错的，有权申请补正。如果不予补正，应当记录该申请。

笔录由仲裁员、记录人员、当事人和其他仲裁参加人签名或者盖章。

第四十一条 当事人申请劳动争议仲裁后，可以自行和解。达成和解协议的，可以撤回仲裁申请。

第四十二条 仲裁庭在作出裁决前，应当先行调解。

调解达成协议的，仲裁庭应当制作调解书。

调解书应当写明仲裁请求和当事人协议的结果。调解书由仲裁员签名，加盖劳动争议仲裁委员会印章，送达双方当事人。调解书经双方当事人签收后，发生法律效力。

调解不成或者调解书送达前，一方当事人反悔的，仲裁庭应当及时作出裁决。

第四十三条 仲裁庭裁决劳动争议案件，应当自劳动争议仲裁委员会受理仲裁申请之日起四十五日内结束。案情复杂需要延期的，经劳动争议仲裁委员会主任批准，可以延期并书面通知当事人，但是延长期限不得超过十五日。逾期未作出仲裁裁决的，当事人可以就该劳动争议事项向人民法院提起诉讼。

仲裁庭裁决劳动争议案件时，其中一部分事实已经清楚，可以就该部分先行裁决。

第四十四条 仲裁庭对追索劳动报酬、工伤医疗费、经济补偿或者赔偿金的案件，根据当事人的申请，可以裁决先予执行，移送人民法院执行。

仲裁庭裁决先予执行的，应当符合下列条件：

（一）当事人之间权利义务关系明确；

（二）不先予执行将严重影响申请人的生活。

劳动者申请先予执行的，可以不提供担保。

第四十五条 裁决应当按照多数仲裁员的意见作出，少数仲裁员的不同意见应当记入笔录。仲裁庭不能形成多数意见时，裁决应当按照首席仲裁员的意见作出。

第四十六条 裁决书应当载明仲裁请求、争议事实、裁决理由、裁决结果和裁决日期。裁决书由仲裁员签名，加盖劳动争议仲裁委员会印章。对裁决持不同意见的仲裁员，可以签名，也可以不签名。

第四十七条 下列劳动争议，除本法另有规定的外，仲裁裁决为终局裁决，裁决书自作出之日起发生法律效力：

（一）追索劳动报酬、工伤医疗费、经济补偿或者赔偿金，不超过当地月最低工资标准十二个月金额的争议；

（二）因执行国家的劳动标准在工作时间、休息休假、社会保险等方面发生的争议。

第四十八条 劳动者对本法第四十七条规定的仲裁裁决不服的，可以自收到仲裁裁决书之日起十五日内向人民法院提起诉讼。

第四十九条 用人单位有证据证明本法第四十七条规定的仲裁裁决有下列情形之一，可以自收到仲裁裁决书之日起三十日内向劳动争议仲裁委员会所在地的中级人民法院申请撤销裁决：

（一）适用法律、法规确有错误的；

（二）劳动争议仲裁委员会无管辖权的；

（三）违反法定程序的；

（四）裁决所根据的证据是伪造的；

（五）对方当事人隐瞒了足以影响公正裁决的证据的；

（六）仲裁员在仲裁该案时有索贿受贿、徇私舞弊、枉法裁决行为的。

人民法院经组成合议庭审查核实裁决有前款规定情形之一的，应当裁定撤销。

仲裁裁决被人民法院裁定撤销的，当事人可以自收到裁定书之日起十五日内就该劳动争议事项向人民法院提起诉讼。

第五十条 当事人对本法第四十七条规定以外的其他劳动争议案件的仲裁裁决不服的，可以自收到仲裁裁决书之日起十五日内向人民法院提起诉讼；期满不起诉的，裁决书发生法律效力。

第五十一条 当事人对发生法律效力的调解书、裁决书，应当依照规定的期限履行。一方当事人逾期不履行的，另一方当事人可以依照民事诉讼法的有关规定向人民法院申请执行。受理申请的人民法院应当依法执行。

第四章　附　则

第五十二条 事业单位实行聘用制的工作人员与本单位发生劳动争议的，依照本法执行；法律、行政法规或者国务院另有规定的，依照其规定。

第五十三条 劳动争议仲裁不收费。劳动争议仲裁委员会的经费由财政予以保障。

第五十四条 本法自 2008 年 5 月 1 日起施行。

第二部分　工会组织工作

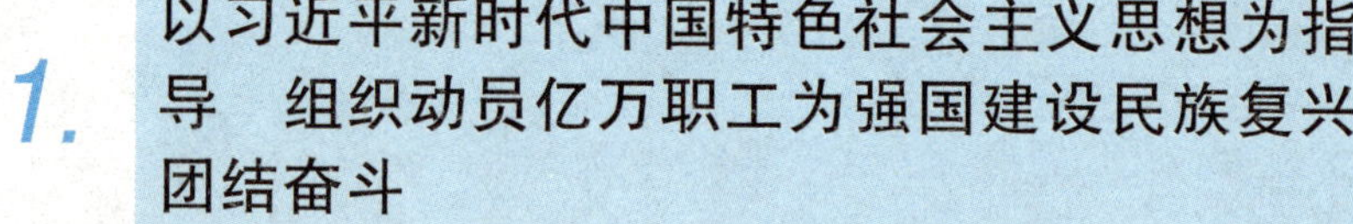

1. 以习近平新时代中国特色社会主义思想为指导 组织动员亿万职工为强国建设民族复兴团结奋斗

——在中国工会第十八次全国代表大会上的报告

(2023年10月9日)

王东明

各位代表,同志们:

现在,我代表中华全国总工会第十七届执行委员会向大会作报告,请予审议。

中国工会第十八次全国代表大会,是在我国迈上全面建设社会主义现代化国家新征程、向第二个百年奋斗目标进军的关键时刻召开的一次十分重要的大会。大会的主题是:坚持以习近平新时代中国特色社会主义思想为指导,全面贯彻党的二十大精神,深入贯彻习近平总书记关于工人阶级和工会工作的重要论述,全面落实全心全意依靠工人阶级根本方针,忠诚履职、勇于担当,组织动员亿万职工为全面建设社会主义现代化国家、全面推进中华民族伟大复兴团结奋斗。

一、新时代我国工运事业的发展和过去五年的工作

党的十八大以来,以习近平同志为核心的党中央始终关心关爱工人阶级,高度重视并有力领导推进党的工运事业和工会工作。习近平总书记每逢"五一"国际劳动节都以不同方式向职工群众致以节日祝贺,每到一地考察都深入基层看望劳动模范、慰问职工群众,亲临全总机关与劳模代表座谈,多次给劳模和一线职工等回信,向首届大国工匠创新交流大会致贺信,领导召开党的历史上第一次中央党的群团工作会议,亲自谋划指导产业工人队伍建设改革和工会改革,为党的工运事业和工会工作领航掌舵、把关定向。亿万职工群众牢记习近平总书记和党中央的殷殷嘱托,坚定不移听党话、跟党走,诚实劳动、勤勉工作,锐意创新、敢为人先,汇聚起奋进新时代的磅礴力量,在打赢脱贫攻坚战、全面建成小康社会、统筹推进疫情防控和经济社会发展、有效应对风险挑战中发挥了重要作用。在这一伟大历史进程中,我国职工队伍不断壮大,素质持续提高,精神面貌焕然一新,创新创造成绩斐然,展示出我国工人阶级团结奋斗的时代风采。

中国工会十七大以来,我们坚持以习近平新时代中国特色社会主义思想为指导,深入贯彻习近平总书记关于工人阶级和工会工作的重要论述,围绕中心、服务大局,积极进取、勇担责任,聚焦主责主业、坚持改革创新,保持和增强政治性、先进性、群众性,推动各项工作取得新进展新成效,奋力谱写了党的工运事业和工会工作新篇章。

——全面学习贯彻习近平新时代中国特色社会主义思想,坚定拥护"两个确立"、坚决做到"两个维护"。坚持把学习贯彻习近平新时代中国特色社会主义思想作为首要政治任务,完善理论学习制度,扎实开展"不忘初心、牢记使命"主题教育、党史学习教育、学习贯彻习近平新时代中国特色社会主义思想主题教育,坚持不懈用党的创新理论统一

思想、统一意志、统一行动。深入贯彻习近平总书记关于工人阶级和工会工作的重要论述，推动公开出版《习近平关于工人阶级和工会工作论述摘编》，定期召开学习贯彻重要论述理论研讨会，形成学习贯彻党的工运创新理论的制度性安排，深刻领悟“两个确立”的决定性意义，增强“四个意识”、坚定“四个自信”、做到“两个维护”。

——大力加强思想政治引领，团结引导职工群众听党话、跟党走。认真履行政治责任，推动习近平新时代中国特色社会主义思想进企业、进车间、进班组，走近职工身边、走进职工心里。推动理想信念教育进一步常态化制度化，开展党史、新中国史、改革开放史、社会主义发展史宣传教育，加强红色工运资源的挖掘保护和管理运用，命名一批全国职工爱国主义教育基地。广泛开展“中国梦·劳动美”主题宣传教育，每年发布全国“最美职工”，推动全社会大力弘扬劳模精神、劳动精神、工匠精神。打造“工”字系列职工文化特色品牌，新建职工书屋5万余家，强化工会网上舆论引导，团结职工群众唱响主旋律。

——团结动员广大职工积极建功新时代，充分发挥工人阶级主力军作用。围绕国家重大战略、重大工程、重大项目、重点产业，开展“当好主人翁、建功新时代”、“建功‘十四五’、奋进新征程”等主题劳动和技能竞赛，扎实推进企业开展劳动竞赛、“五小”等群众性创新创造活动，参与竞赛活动的企事业单位和职工数量年均分别达到58万余家、5806万人次。开展劳动模范和先进工作者选树工作，共表彰全国劳动模范和先进工作者2493名、全国五一劳动奖4952个、全国五一巾帼奖2200个。举办大国工匠创新交流大会、大国工匠论坛，选树宣传“大国工匠年度人物”，建设工匠学院360家、劳模工匠创新工作室8万多家。统筹开展工会系统援藏援疆工作。抓好工会定点扶贫和帮扶工作，在打赢脱贫攻坚战、全面推进乡村振兴中发挥积极作用。

——深化产业工人队伍建设改革，努力建设高素质劳动大军。坚决贯彻习近平总书记重要指示批示精神，认真履行牵头抓总职责，研究制定深化产业工人队伍建设改革的意见，建立健全推进改革工作机制，推动将产业工人队伍建设改革纳入专项督查。构建产业工人技能形成体系，搭建建功立业平台，完善职业发展制度。开展产业工人队伍建设改革试点、十大产业百家企业深化产业工人队伍建设改革专项行动，实施产业工人队伍建设改革提升年、深化年行动，发挥国有企业示范带动作用，推动非公企业落实改革举措，持续推动产业工人队伍建设改革走深走实。

——切实履行维权服务基本职责，促进提高职工生活品质。加大城市困难职工帮扶解困力度，工会系统建档立卡的549.9万户城市困难职工家庭如期实现解困脱困。构建常态化梯度帮扶长效机制，工会两节送温暖活动筹集资金218.7亿元，慰问职工4250.6万人次。加大对职工劳动就业、收入分配、社会保障、劳动安全卫生等权益的维护力度，指导企业依法开展工资集体协商，推动完善职工社会保障制度，加强女职工权益维护和关爱服务。突出抓好重点群体维权服务，推动健全落实新就业形态劳动者权益维护制度和政策，推动解决拖欠农民工工资问题，做好核工业等特殊困难群体帮扶工作。持续开展“尊法守法·携手筑梦”服务农民工公益法律服务行动，服务农民工2900多万人次。加强服务职工基础设施建设，提升职工服务中心(困难职工帮扶中心)综合服务职工功能，推进工人文化宫、工人疗休养院规范化建设，建成13.1万个工会户外劳动者服务站点，加强职工互助保障组织建设，开展职工公益活动。应对突如其来的新冠疫情，推出支持受疫情影响严重的行业和小微企业发展等20条举措，筹集资金77.5亿元，帮扶慰问职工 2289.5 万人次。

——积极构建和谐劳动关系,切实防范化解劳动领域风险隐患。贯彻总体国家安全观,坚持维权维稳相统一,建立健全落实“五个坚决”要求长效机制,一手抓防范化解,一手抓引领构建,坚决维护职工队伍和社会大局和谐稳定。发挥部委协同工作机制和工会联动工作机制作用,强化劳动关系风险监测、分析、预防和处置,切实把矛盾纠纷解决在基层、化解在萌芽状态。加强企事业单位民主管理制度建设,规范集团职代会制度,推进省级厂务公开协调领导机构建设。开展集体协商稳就业促发展构和谐三年行动,推动完善协调劳动关系三方机制。推动建立完善劳动争议多元化解协作联动机制,联合人社、法院、司法等部门构建“调裁诉援”有效衔接工作体系,推进劳动领域多元解纷“一站式”平台建设。

——扎实推进改革创新,有效激发工会组织的生机活力。积极参与工会法等法律法规修改工作,加强工会工作法治化建设。推行“重点建、行业建、兜底建”模式,开展新就业形态劳动者入会集中行动、百人以上企业建会专项行动和社会组织建会专项行动,实现全国互联网百强企业全部建会,新增新就业形态劳动者会员 1227 万余人。扎实开展“转作风、解难题、促发展、保稳定”专项行动,推进“县级工会加强年”专项工作,加强财务管理、资产监督管理、经费审查审计监督等,工会工作的整体效能不断提升。

——全面加强党的建设,努力建设模范机关。贯彻新时代党的建设总要求,每年召开全国工会党风廉政建设、推进全面从严治党工作会议,自觉接受各级纪委监委驻工会机关纪检监察组监督,不断把全面从严治党引向深入。严格执行中央八项规定及其实施细则精神,制定实施加强党的政治建设的具体措施,持之以恒正风肃纪反腐,风清气正的良好政治生态持续提升。坚持改进工作作风、密切同职工群众联系,常态化开展工会系统机关干部赴基层蹲点工作,全国共组成蹲点工作组 1.5 万个,派出蹲点干部 4.5 万余人。

五年来,我们认真做好工会港澳台工作,加强与各国工会组织、区域和国际工会组织的交流交往,圆满举办第十一届金砖国家工会论坛,成功连任国际劳工组织工人正理事,积极服务国家外交和总体战略。

所有这些成就的取得,根本在于有以习近平同志为核心的党中央的坚强领导,在于有习近平新时代中国特色社会主义思想的科学指引。这些成就是各级党委、政府和社会各界大力支持、鼎力相助的结果,是历届工会老领导和老同志勤奋工作、无私奉献的结果,是全国亿万职工群众和工会工作者辛勤耕耘、不懈奋斗的结果。在这里,我代表中华全国总工会第十七届执行委员会并以本次大会的名义,向以习近平同志为核心的党中央致以崇高的敬意!向中央和国家机关各部门,向各级党委、人大、政府、政协,向共青团、妇联等群团组织以及社会各界,向中国人民解放军指战员、武警部队官兵和公安干警,表示衷心的感谢!向全国职工群众、工会工作者和曾经战斗在工会工作战线上的老领导、老同志,致以崇高的敬意!

在充分肯定成绩的同时,我们也清醒地认识到,工会工作与党中央的要求、亿万职工群众的期盼相比,还存在不少差距和不足。主要表现在:职工思想政治引领的针对性实效性不够,影响力需要进一步增强;维权服务不能充分满足职工群众多样化需求,广度、深度、精准度有待提高;新就业形态领域工会组建率、新就业群体入会率不够高,在加强组织建设和作用发挥上需要持续用力;工会组织的改革创新有待深化,数字化转型需要加快步伐;一些工会干部主动担当作为、狠抓工作落实的劲头不足,专业素养、创新能力有待进一步提高,等等。对此,我们必须高度重视,以时不我待的责任感使命感攻坚克难、持续努力,切实加以解决。

二、坚持用习近平新时代中国特色社会主义思想统领工会工作

习近平新时代中国特色社会主义思想,是当代中国马克思主义、二十一世纪马克思主义,是中华文化和中国精神的时代精华,实现了马克思主义中国化时代化新的飞跃,是党和国家必须长期坚持的指导思想。党确立习近平总书记党中央的核心、全党的核心地位,确立习近平新时代中国特色社会主义思想的指导地位,是党在新时代取得的重大政治成果,反映了全党全军全国各族人民共同心愿。实践充分证明,"两个确立"是新时代党和国家事业取得历史性成就、发生历史性变革的决定性因素,是党和人民战胜一切艰难险阻、应对一切不确定性的最大确定性、最大底气、最大保证,必须倍加珍惜、坚定维护、长期坚持。

党的二十大郑重宣示"从现在起,中国共产党的中心任务就是团结带领全国各族人民全面建成社会主义现代化强国、实现第二个百年奋斗目标,以中国式现代化全面推进中华民族伟大复兴",吹响了奋进新征程的时代号角。中国工人阶级作为中国共产党最坚实最可靠的阶级基础,始终凝聚在党的旗帜下,牢牢把握我国工人运动时代主题,为完成党在不同历史时期的中心任务作出了重要贡献;中国工会作为党领导下的职工群众组织,始终忠诚党的事业,组织动员和服务亿万职工群众,充分发挥了桥梁纽带作用。党的中心任务就是中国工人运动和工会工作的主题和方向。新征程上,中国工人阶级和工会一定要在以习近平同志为核心的党中央坚强领导下,以党的旗帜为旗帜、以党的意志为意志、以党的使命为使命,坚定理想信念、坚守使命追求,自觉团结奋斗、积极改革创新,以更加豪迈的姿态、勇于担当的精神,为实现全面建成社会主义现代化强国、以中国式现代化全面推进中华民族伟大复兴的宏伟目标而奋勇前进。

党的十八大以来,习近平总书记从党和国家事业发展全局出发,就党的工运事业和工会工作发表一系列重要讲话、作出一系列重要指示,强调要坚持党对工运事业和工会工作的领导,永远保持自觉接受党的领导这一优良传统,坚定不移走中国特色社会主义工会发展道路;要坚持全心全意依靠工人阶级的根本方针,巩固工人阶级的领导阶级地位,充分发挥工人阶级的主力军作用;要牢牢把握为实现中华民族伟大复兴中国梦而奋斗的时代主题,紧紧围绕党和国家工作大局,组织带领广大职工群众为实现发展目标建功立业;要加强对职工群众的思想政治引领,引导职工群众听党话、跟党走,巩固党执政的阶级基础和群众基础;要深化产业工人队伍建设改革,努力建设高素质劳动大军;要大力弘扬劳模精神、劳动精神、工匠精神,依靠劳动创造扎实推进中国式现代化;要坚持以职工为中心的工作导向,切实实现好、维护好、发展好工人阶级和广大劳动群众合法权益;要围绕保持和增强政治性、先进性、群众性,深入推进工会改革创新,健全联系广泛、服务职工的工会工作体系。

习近平总书记关于工人阶级和工会工作的重要论述,系统阐明了新时代党的工运事业和工会工作的地位作用、工运主题、发展道路、目标任务、根本保证,深刻回答了新时代为什么要全心全意依靠工人阶级、怎样全心全意依靠工人阶级,建设什么样的工会、怎样建设工会等方向性、根本性、战略性重大问题,为新时代新征程党的工运事业和工会工作提供了根本遵循。这一重要论述,是习近平新时代中国特色社会主义思想的重要组成部

分，是对马克思主义劳动学说和工运学说的继承和发展，是对中华优秀传统文化的传承和发扬，是对党领导工运事业丰富实践和宝贵经验提炼升华的重大成果，把我们党对工人运动和工会工作的规律性认识提升到一个新高度，为新时代工运事业和工会工作创新发展指明了前进方向、提供了行动指南，具有重大政治意义、深远历史意义、深刻理论意义、鲜明实践意义。

新征程上，我们要全面深入学习贯彻习近平新时代中国特色社会主义思想，深入贯彻习近平总书记关于工人阶级和工会工作的重要论述，深刻把握党的创新理论的丰富内涵、精神实质和实践要求，深刻领会这一重要思想的世界观方法论和贯穿其中的立场观点方法，更好地把党的创新理论转化为认识世界、改造世界的强大力量，更好把握新时代新征程工运事业和工会工作的特点与规律，增强做好工会工作的责任感使命感，提高履职尽责的能力和水平。要坚持用党的创新理论武装头脑、指导实践、推动工作，以实际行动把亿万职工群众紧紧团结在党的周围，不断夯实党长期执政的阶级基础和群众基础，切实维护职工群众合法权益，努力解决好急难愁盼问题，不断增强广大职工群众的获得感、幸福感、安全感，千方百计调动亿万职工群众的积极性、主动性、创造性，唱响“咱们工人有力量”的时代强音。

三、今后五年的主要工作

今后五年工作的总体要求是：坚持以习近平新时代中国特色社会主义思想为指导，全面贯彻党的二十大精神，深入贯彻习近平总书记关于工人阶级和工会工作的重要论述，紧紧围绕党和国家工作大局，忠诚党的事业、竭诚服务职工，改革创新、奋发进取，保持和增强政治性、先进性、群众性，持续提高引领力、组织力、服务力，充分发挥党联系职工群众的桥梁纽带作用，团结引导亿万职工群众坚定不移听党话、跟党走，为全面建设社会主义现代化国家、全面推进中华民族伟大复兴发挥主力军作用。

（一）坚持党的全面领导，引导职工群众更加紧密团结在党的周围。

坚持不懈用习近平新时代中国特色社会主义思想凝心铸魂。巩固拓展学习贯彻习近平新时代中国特色社会主义思想主题教育成果，全面实施“研读原著、专题研讨、调查研究、转化运用”党的创新理论学习行动，系统掌握习近平新时代中国特色社会主义思想的科学内涵、精神实质和实践要求，做到学思用贯通、知信行统一，自觉用习近平新时代中国特色社会主义思想坚定理想、锤炼党性、指导实践、推动工作，不断提高政治判断力、政治领悟力、政治执行力，深刻领悟“两个确立”的决定性意义，增强“四个意识”、坚定“四个自信”、做到“两个维护”，始终在思想上政治上行动上同以习近平同志为核心的党中央保持高度一致。深入学习贯彻习近平总书记关于工人阶级和工会工作的重要论述，深化理论研究、学理阐释，掌握其核心要义和精神实质，健全完善学习贯彻、创新落实的制度性安排。

强化职工思想政治引领。广泛开展理想信念、社会主义核心价值观、“四史”、“中国梦·劳动美”、“大国工匠”、“最美职工”、“万名劳模工匠宣讲党的创新理论”等系列教育和活动，不断增强职工群众的政治认同、思想认同、理论认同、情感认同，筑牢亿万职工团结奋斗的共同思想基础。加强职工文化阵地建设，开展丰富多彩、喜闻乐见的职工文体活动，打造健康文明、昂扬向上、全员参与的职工文化，不断满足广大职工精神文化需求。切实加强工会宣传工作，按照统筹协调、守正创新、特色鲜明、深度融合的理念，形成党组统一领导、宣传部门牵头抓总、各有关部门及各级工会协同协作、主流媒体和新媒体各展所长的工会宣传工作格局，做强做优工会舆论宣传。

（二）聚焦高质量发展这个首要任务，组织职工群众建功立业、创新创造。

深化产业工人队伍建设改革。履行工会牵头抓总职责，围绕实施制造强国战略，突出新型工业化、新兴产业、数字经济和技术创新，聚焦产业工人思想引领、建功立业、素质提升、地位提高、队伍壮大等重点工作，推动落实终身职业技能培训制度，强化资源协同、政策联动，抓住主要问题实现重点突破，多措并举推动整体提升，努力培养造就更多大国工匠、高技能人才，充分激发产业工人的创造精神和奋进力量，为建设现代化产业体系作贡献。

广泛深入持久开展劳动和技能竞赛。围绕国家重大战略、重大工程、重大项目、重点产业，以技术创新为导向，深入开展"建功'十四五'、奋进新征程"主题劳动和技能竞赛，探索新产业新业态竞赛活动新形式，打造影响力大、引领力强的竞赛品牌。持续组织职工参加技术革新、技术协作、发明创造、合理化建议、网上练兵和"五小"等群众性创新创造活动，推动形成"建功新时代、比学赶帮超"的新风尚。

突出发挥劳模工匠示范引领作用。大力弘扬劳模精神、劳动精神、工匠精神，开展"劳模工匠进校园"、"劳模工匠助企行"等活动。构建线下线上结合的工匠学院建设体系，深化劳模和工匠人才创新工作室建设，强化职工创新成果展示交流和应用转化。建立完善关心关爱劳模工匠和技能人才的常态化机制，推动落实劳模工匠待遇，提升劳模工匠地位，让劳动光荣、技能宝贵、创造伟大在全社会蔚然成风。

引导企业充分发挥主体作用。推动企业建会强会、维护职工劳动经济权益、推进企业民主管理等，努力构建和谐劳动关系；通过劳动竞赛、技能培养、畅通职业发展通道、创建劳模和工匠人才创新工作室等，组织引导职工群众立足岗位、勤学苦练，深入钻研、敢为人先，持续点燃创新创造激情。

（三）用心用情做好维权服务工作，实现好、维护好、发展好职工群众根本利益。

着力维护职工群众劳动经济权益。把稳就业摆在更加突出的位置，深化工会就业创业服务，加强失业困难群体就业兜底帮扶。推动用人单位开展工资集体协商，完善职工工资决定、合理增长、支付保障机制，健全技术工人薪酬激励机制，促进企业内部分配进一步向一线职工、技术工人倾斜，助力实现共同富裕。加强新就业形态劳动者权益保障，完善协商协调机制，推动平台企业合法规范用工、科学调整算法、完善劳动定额标准，推进职业伤害保障试点工作。推动完善社会保险法规政策体系，促进多层次社会保障有序衔接，扩大覆盖面，提升保障水平。完善工会劳动保护监督机制，加强安全生产和职业健康工作，深化"安康杯"竞赛等群众性安全生产活动。

大力开展服务帮扶。加强工会服务工作的研究分析，在做好传统服务的基础上，适应时代要求和职工群众需求，全面运用数字化技术，推出更多更好更及时的服务职工群众项目。积极推进职工服务阵地建设，建好用好工人文化宫、职工书屋、工人疗休养院、服务中心等。以实施双 15 工程为牵引，加强和规范工会户外劳动者服务站点建设。巩固城市困难职工解困脱困成果，与提高职工生活品质有效衔接，推动改革发展成果更多惠及广大职工群众。推动农民工平等享受城镇基本公共服务，开展关爱农民工子女主题活动，推进职工健康服务。叫响做实工会送温暖、送清凉、金秋助学、职工医疗互助等工作品牌，加强职工公益基金组织建设。深入开展"暖边绿境"关爱职工专项行动。积极维护女职工合法权益，充分保障女职工特殊权益，促进男女平等和女职工全面发展。加强工会系统援藏援疆工作,做好工会定点帮扶助力乡村振兴工作。

加强企事业单位民主管理制度建设。把企事业单位民主管理作为发展全过程人民民主的重要形式,努力推动以职工代表大会为基本形式的企事业单位民主管理制度落地落实。推动国有企业加强民主管理,促进非公有制企业建立健全民主管理,保障职工群众主人翁地位,提高职工群众创造性和企业竞争力。

积极推动构建和谐劳动关系。充分发挥协调劳动关系三方机制作用,探索行业和谐劳动关系创建活动试点。推动政府与同级工会联席会议制度规范化常态化发展,健全工作机制,合理设置议题,增强实效性。抓好劳动关系发展态势监测,加强分析研判,及时采取相应对策措施。积极参与劳动争议多元化解,探索总结新时代劳动领域"枫桥经验",推动劳动争议调解组织建设,推进"工会+法院+检察院+人社+司法"协作联动机制,健全劳动领域矛盾纠纷预防调处化解体系。联合开展新就业形态劳动者权益保障专项行动,推进新时代和谐劳动关系创建活动,培育选树 1000 个基层协调劳动关系公共服务样板站点。

(四)着眼统筹发展和安全,坚决维护劳动领域政治安全。

加强工会意识形态工作。落实意识形态工作责任制,加强阵地建设和管理,严把政治方向关、舆论导向关、价值取向关,牢牢掌握工会意识形态工作领导权。加强网络信息员队伍建设,开展"网聚职工正能量　争做中国好网民"主题活动,巩固壮大奋进新征程、建功新时代的主流思想舆论。

强化维护劳动领域政治安全体系和能力建设。加强组织领导,建立健全统一指挥、各方协同、纵横连通、实时高效的工作体系。建强用好部委协同机制,做实下沉地方联动机制。坚持日常和定期沟通协调机制,强化应急、处置管理。

有效防范化解劳动领域重大风险隐患。常态化开展职工队伍风险隐患专项排查化解工作。推进全国工会系统 12351 维权服务热线建设,努力提升维护劳动者合法权益和维护劳动领域政治安全能力。加强工会信访问题源头治理、风险预警和应对处置。深化工会社会组织工作,强化政治引领、示范带动、联系服务,及时有效解决职工群众切身利益问题。

(五)突出抓好基层基础工作,打通服务职工群众"最后一公里"。

实施大抓基层三年行动。针对基层缺经费、缺办公场所、缺工作人员等难题,统筹规划、多措并举,系统推进、分步落实,争取经过三年努力,基层直接服务职工群众的能力大幅提升。加强指导帮扶,推动不同区域、不同行业工会工作协调发展、平衡发展。

大力推进基层工会建设。全面推进互联网企业、平台企业建会扩面提质,督促其分支机构、加盟企业等建立基层工会组织。推进国有企业工会规范化建设,发挥国有企业工会示范带动作用,持续推进非公有制企业建会强会工作,加强工业园(区)、乡镇(街道)、村(社区)工会、区域性行业性工会联合会建设。

加强对基层的指导和帮扶。采取普遍轮训和专门培训相结合、线上线下相结合等方式,有计划分步骤对基层工会工作者进行培训,提高社会化工会工作者待遇。深入推进工会组织和工会会员实名制,精准服务基层。常态化开展各级工会机关干部赴基层蹲点工作,将蹲点与推动工会重点工作、难题调研、试点探索等结合起来,持续为基层工会注入动力活力。

(六)贯彻全面依法治国部署要求,大力推进工会工作法治化。

推动完善劳动法律法规体系。推动加大工会法实施力度，参与产业工人队伍建设立法工作，推动新就业形态劳动者等涉及职工维权服务和工会领域的法律法规制定。强化劳动领域法律法规执行，推动健全涉职工和工会工作的法律监督制度，建立健全与人大执法检查、行政执法等协作配合机制。壮大工会劳动法律监督员、劳动保护监督检查员、劳动争议调解员、兼职仲裁员等工会法律人才队伍。

加强工会法治宣传和法律服务。落实全国工会法治宣传教育五年规划，丰富法治宣传教育形式内容，推动企业管理者和职工群众增强法治观念，推动形成尊法学法守法用法风气。加快推进工会法律服务体系建设，叫响做实"尊法守法·携手筑梦"服务农民工公益法律服务行动。加强与司法行政部门沟通协作，发挥法律援助工作者作用，进一步加大职工法律援助工作力度。

(七)深化工会改革和建设，有效发挥党联系职工群众的桥梁纽带作用。

持续深化工会机关改革。进一步加强系统谋划、顶层设计，优化资源配置，深入查找在思想观念、体制机制、能力素质、作风建设等方面的问题，完善创新工作体系、工作内容和工作方式，充分发挥机关部门和干部的能动性、创造性，努力把各级工会组织都建设成为名副其实的职工之家，使所有工会干部都成为职工群众信赖的娘家人、贴心人。

健全完善工会组织体系。构建全总、产业工会、地方工会、基层工会之间高质高效的矩阵网络系统。加强领导、压实责任，确保必要资源，加快建立健全基层组织体系。广泛运用现代先进理念、先进工具和先进方式，大幅提高组织效能、个人能力。

健全完善资金资产管理体系。创新工会财务管理和监督检查机制，深化工会经费收缴管理改革，实施全面预算绩效管理，加强工会财务信息一体化建设。加强工会资产管理和监督检查，推进工会资产标准化规范化建设，确保工会资产安全完整、保值增值和有效利用。严格工会经费审查审计监督，推进工会常态化经审监督体系建设，推进审查审计全覆盖。完善对机关干部和直属单位的综合考核，强化上级工会在财务、资产、经审领域对下一级工会的监督检查。

全面加快工会系统数字化建设。创建直达亿万职工群众、集成工会全部服务内容的服务终端，让亿万职工群众享受"一键入会"、"一网全通"，以及高效、实时、精准的"一终端全维服务"。完善线上线下服务资源，加快创建线上工会、云上课堂、线上援助、数字展馆等一系列线上、云上产品和服务，强化线上线下融合，倍增服务能力和效果。

(八)加强工会和职工对外交流交往合作，讲好中国工人阶级故事。

健全与港澳台工会和劳动界交流合作机制。持续办好港澳工会"五一"代表团、港澳工会青年研讨营等品牌交流活动，推动发展壮大爱国爱港爱澳力量。强化粤港澳三地工会协调合作，开展爱国主义教育、国情国策宣讲，增强港澳职工爱国思想。深化两岸工会和职工交流交往，办好海峡职工论坛、台湾工会青年研讨营等活动，在更宽领域、更深层次拓展对台交流，团结台湾职工坚定反"独"促统。

积极开展工会双边多边国际交流。加强同各国工会组织、区域和国际工会组织的交流合作，厚植构建人类命运共同体理念，增进同各国工人阶级的友谊。参与全球劳工治理和工会南南合作，增强发展中国家工会在国际劳工事务中的代表性和发言权。做深做实做细"一带一路"职工人文交流、产业工人技能国际交流、共建国家工会干部汉语研修奖学金等工会品牌项目，推动海外中资企业维护职工合法权益。

(九)落实新时代全面从严治党要求，推动工会系统党的建设高质量发展。

落实全面从严治党政治责任。深入学习贯彻习近平总书记关于党的建设的重要思想,以党的政治建设为统领全面加强党的各项建设,深化政治机关建设和模范机关创建,大力开展对党忠诚教育。加强对“一把手”和领导班子的监督。扎实做好党组内部巡视工作,巩固深化中央巡视整改成果。

强化党组织政治功能和组织功能。加强工会系统党的组织体系建设,持续推进“四强”党支部建设,严格落实党内政治生活制度,用好批评和自我批评武器。加强对党员干部全方位管理和经常性监督,引导党员增强党员意识、发挥先锋模范作用。完善党建工作考核评价机制,全面促进党建工作提质增效。

加强工会干部队伍建设。巩固干部队伍教育整顿成果,落实新时代好干部标准,树立正确选人用人导向,健全完善兼、挂职工作机制,发挥工会院校培训主渠道作用,完善网络培训体系,提升工会干部能力素质,教育引导工会干部树牢正确政绩观,鼓足干事创业的精气神,打造忠诚干净担当的高素质专业化工会干部队伍。切实改进工作作风,深入基层、深入一线,密切联系职工群众,加强调查研究,掌握职工群众所思所想所盼,用心用情为基层和职工群众办实事、解难题。

坚持以严的基调强化正风肃纪反腐。严格贯彻执行中央八项规定及其实施细则精神,坚持纠“四风”、树新风,教育引导党员干部牢记“三个务必”,弘扬伟大建党精神。把纪律建设摆在更加突出位置,强化经常性纪律教育,开展常态化警示教育,强化制度建设和廉政文化建设。紧盯关键少数、重点领域和薄弱环节,加强廉洁风险排查和防控,坚持有腐必反、有案必查,一体推进不敢腐、不能腐、不想腐。

各位代表、同志们,新时代新征程召唤工人阶级谱写壮丽而崭新的篇章,赋予工会组织光荣而艰巨的使命。让我们更加紧密地团结在以习近平同志为核心的党中央周围,全面贯彻习近平新时代中国特色社会主义思想,踔厉奋发、埋头苦干,组织动员亿万职工群众为以中国式现代化全面推进强国建设、民族复兴伟业而团结奋斗!

2. 中国工会章程

(中国工会第十八次全国代表大会部分修改,二〇二三年十月十二日通过)

总　则

中国工会是中国共产党领导的职工自愿结合的工人阶级群众组织,是党联系职工群众的桥梁和纽带,是国家政权的重要社会支柱,是会员和职工利益的代表。

中国工会以宪法为根本活动准则,按照《中华人民共和国工会法》和本章程独立自主地开展工作,依法行使权利和履行义务。

工人阶级是我国的领导阶级,是先进生产力和生产关系的代表,是中国共产党最坚实最可靠的阶级基础,是改革开放和社会主义现代化建设的主力军,是维护社会安定的强大而集中的社会力量。中国工会高举中国特色社会主义伟大旗帜,坚持马克思列宁主义、毛泽东思想、邓小平理论、“三个代表”重要思想、科学发展观,全面贯彻习近平新时代中国特色社会主义思想,贯彻执行党的以经济建设为中心,坚持四项基本原则,坚持改革开放的基本路线，保持和增强政治性、先进性、群众性，坚定不移地走中国特色社会主义工会发展道路，推动党的全心全意依靠工人阶级的根本指导方针的贯彻落实，全面履行工会的社会职能，在维护全国人民总体利益的同时，更好地表达和维护职工的具体利益，团结和动员全国职工自力更生、艰苦创业，坚持和发展中国特色社会主义，为全面建成社会主义现代化强国、实现第二个百年奋斗目标，以中国式现代化全面推进中华民族伟大复兴而奋斗。

中国工会坚持自觉接受中国共产党的领导，承担团结引导职工群众听党话、跟党走的政治责任，巩固和扩大党执政的阶级基础和群众基础。

中国工会的基本职责是维护职工合法权益、竭诚服务职工群众。

中国工会按照中国特色社会主义事业"五位一体"总体布局和"四个全面"战略布局，贯彻创新、协调、绿色、开放、共享的新发展理念，把握为实现中华民族伟大复兴的中国梦而奋斗的工人运动时代主题，弘扬劳模精神、劳动精神、工匠精神，动员和组织职工积极参加建设和改革，努力促进经济、政治、文化、社会和生态文明建设；发展全过程人民民主，代表和组织职工参与管理国家事务、管理经济和文化事业、管理社会事务，参与企业、事业单位、机关、社会组织的民主管理；教育职工践行社会主义核心价值观，不断提高思想道德素质、科学文化素质和技术技能素质，建设有理想、有道德、有文化、有纪律的职工队伍，不断发展工人阶级先进性。

中国工会以忠诚党的事业、竭诚服务职工为己任，坚持组织起来、切实维权的工作方针，坚持以职工为本、主动依法科学维权的维权观，促进完善社会主义劳动法律，维护职工的经济、政治、文化和社会权利，参与协调劳动关系和社会利益关系，推动构建和谐劳动关系，促进经济高质量发展和社会的长期稳定，维护工人阶级和工会组织的团结统一，为构建社会主义和谐社会作贡献。

中国工会维护工人阶级领导的、以工农联盟为基础的人民民主专政的社会主义国家政权，协助人民政府开展工作，依法发挥民主参与和社会监督作用。

中国工会推动产业工人队伍建设改革，强化产业工人思想政治引领，提高产业工人队伍整体素质，发挥产业工人骨干作用，维护产业工人合法权益，保障产业工人主人翁地位，造就一支有理想守信念、懂技术会创新、敢担当讲奉献的宏大产业工人队伍。

中国工会在企业、事业单位、社会组织中，按照促进企事业和社会组织发展、维护职工权益的原则，支持行政依法行使管理权力，组织职工参与本单位民主选举、民主协商、民主决策、民主管理和民主监督，与行政方面建立协商制度，保障职工的合法权益，调动职工的积极性，促进企业、事业单位、社会组织的发展。

中国工会实行产业和地方相结合的组织领导原则，坚持民主集中制。

中国工会坚持以改革创新精神加强自身建设，健全联系广泛、服务职工的工作体系，增强团结教育、维护权益、服务职工的功能，坚持群众化、民主化，保持同会员群众的密切联系，依靠会员群众开展工会工作。各级工会领导机关坚持把工作重点放到基层，着力扩大覆盖面、增强代表性，着力强化服务意识、提高维权能力，着力加强队伍建设、提升保障水平，坚持服务职工群众的工作生命线，全心全意为基层、为职工服务，构建智慧工会，增强基层工会的吸引力凝聚力战斗力，把工会组织建设得更加充满活力、更加坚强有力，成为深受职工群众信赖的学习型、服务型、创新型"职工之家"。

工会兴办的企业、事业单位，坚持公益性、服务性，坚持为改革开放和发展社会生产力服务,为职工群众服务,为推进工运事业服务。

中国工会努力巩固和发展工农联盟,坚持最广泛的爱国统一战线,加强包括香港特别行政区同胞、澳门特别行政区同胞、台湾同胞和海外侨胞在内的全国各族人民的大团结,促进祖国的统一、繁荣和富强。

中国工会在国际事务中坚持独立自主、互相尊重、求同存异、加强合作、增进友谊的方针,在独立、平等、互相尊重、互不干涉内部事务的原则基础上,广泛建立和发展同国际和各国工会组织的友好关系,积极参与"一带一路"建设,增进我国工人阶级同各国工人阶级的友谊,同全世界工人和工会一起,在推动构建人类命运共同体中发挥作用,为世界的和平、发展、合作、工人权益和社会进步而共同努力。

中国工会深入学习贯彻习近平总书记关于党的建设的重要思想,落实新时代党的建设总要求,贯彻全面从严治党战略方针,以党的政治建设为统领,加强党的建设,深刻领悟"两个确立"的决定性意义,增强"四个意识"、坚定"四个自信"、做到"两个维护",在思想上政治上行动上同以习近平同志为核心的党中央保持高度一致。

第一章　会　员

第一条　凡在中国境内的企业、事业单位、机关、社会组织中,以工资收入为主要生活来源或者与用人单位建立劳动关系的劳动者,不分民族、种族、性别、职业、宗教信仰、教育程度,承认工会章程,都可以加入工会为会员。

工会适应企业组织形式、职工队伍结构、劳动关系、就业形态等方面的发展变化,依法维护劳动者参加和组织工会的权利。

第二条　职工加入工会,由本人自愿申请,经基层工会委员会批准并发给会员证。

第三条　会员享有以下权利:

(一)选举权、被选举权和表决权。

(二)对工会工作进行监督,提出意见和建议,要求撤换或者罢免不称职的工会工作人员。

(三)对国家和社会生活问题及本单位工作提出批评与建议,要求工会组织向有关方面如实反映。

(四)在合法权益受到侵犯时,要求工会给予保护。

(五)工会提供的文化、教育、体育、旅游、疗休养、互助保障、生活救助、法律服务、就业服务等优惠待遇;工会给予的各种奖励。

(六)在工会会议和工会媒体上,参加关于工会工作和职工关心问题的讨论。

第四条　会员履行下列义务:

(一)认真学习贯彻习近平新时代中国特色社会主义思想,学习政治、经济、文化、法律、科技和工会基本知识等。

(二)积极参加民主管理,努力完成生产和工作任务,立足本职岗位建功立业。

(三)遵守宪法和法律,践行社会主义核心价值观,弘扬中华民族传统美德,恪守社会公德、职业道德、家庭美德、个人品德,遵守劳动纪律。

(四)正确处理国家、集体、个人三者利益关系,向危害国家、社会利益的行为作斗争。

(五)维护中国工人阶级和工会组织的团结统一,发扬阶级友爱,搞好互助互济。

(六)遵守工会章程,执行工会决议,参加工会活动,按月交纳会费。

第五条　会员组织关系随劳动(工作)关系变动,凭会员证明接转。

第六条　会员有退会自由。会员退会由本人向工会小组提出,由基层工会委员会宣布其退会并收回会员证。

会员没有正当理由连续六个月不交纳会费、不参加工会组织生活,经教育拒不改正,应当视为自动退会。

第七条　对不执行工会决议、违反工会章程的会员,给予批评教育。对严重违法犯罪并受到刑事处罚的会员,开除会籍。开除会员会籍,须经工会小组讨论,提出意见,由基层工会委员会决定,报上一级工会备案。

第八条　会员离休、退休和失业,可保留会籍。保留会籍期间免交会费。

工会组织要关心离休、退休和失业会员的生活,积极向有关方面反映他们的愿望和要求。

第二章　组织制度

第九条　中国工会实行民主集中制,主要内容是:

(一)个人服从组织,少数服从多数,下级组织服从上级组织。

(二)工会的各级领导机关,除它们派出的代表机关外,都由民主选举产生。

(三)工会的最高领导机关,是工会的全国代表大会和它所产生的中华全国总工会执行委员会。工会的地方各级领导机关,是工会的地方各级代表大会和它所产生的总工会委员会。

(四)工会各级委员会,向同级会员大会或者会员代表大会负责并报告工作,接受会员监督。会员大会和会员代表大会有权撤换或者罢免其所选举的代表和工会委员会组成人员。

(五)工会各级委员会,实行集体领导和分工负责相结合的制度。凡属重大问题由委员会民主讨论,作出决定,委员会成员根据集体的决定和分工,履行自己的职责。

(六)工会各级领导机关,加强对下级组织的领导和服务,经常向下级组织通报情况,听取下级组织和会员的意见,研究和解决他们提出的问题。下级组织应及时向上级组织请示报告工作。

第十条　工会各级代表大会的代表和委员会的产生,要充分体现选举人的意志。候选人名单,要反复酝酿,充分讨论。选举采用无记名投票方式,可以直接采用候选人数多于应选人数的差额选举办法进行正式选举,也可以先采用差额选举办法进行预选,产生候选人名单,然后进行正式选举。任何组织和个人,不得以任何方式强迫选举人选举或不选举某个人。

第十一条　中国工会实行产业和地方相结合的组织领导原则。同一企业、事业单位、机关、社会组织中的会员,组织在一个基层工会组织中;同一行业或者性质相近的几个行业,根据需要建立全国的或者地方的产业工会组织。除少数行政管理体制实行垂直管理的产业,其产业工会实行产业工会和地方工会双重领导,以产业工会领导为主外,其他产业工会均实行以地方工会领导为主,同时接受上级产业工会领导的体制。各产业工会的领导体制,由中华全国总工会确定。

省、自治区、直辖市，设区的市和自治州，县(旗)、自治县、不设区的市建立地方总工会。地方总工会是当地地方工会组织和产业工会地方组织的领导机关。全国建立统一的中华全国总工会。中华全国总工会是各级地方总工会和各产业工会全国组织的领导机关。

中华全国总工会执行委员会委员和产业工会全国委员会委员实行替补制，各级地方总工会委员会委员和地方产业工会委员会委员，也可以实行替补制。

第十二条 县和县以上各级地方总工会委员会，根据工作需要可以派出代表机关。

县和县以上各级工会委员会，在两次代表大会之间，认为有必要时，可以召集代表会议，讨论和决定需要及时解决的重大问题。代表会议代表的名额和产生办法，由召集代表会议的总工会决定。

全国产业工会、各级地方产业工会、乡镇工会、城市街道工会和区域性、行业性工会联合会的委员会，可以按照联合制、代表制原则，由下一级工会组织民主选举的主要负责人和适当比例的有关方面代表组成。

上级工会可以派员帮助和指导用人单位的职工组建工会。

第十三条 各级工会代表大会选举产生同级经费审查委员会。中华全国总工会经费审查委员会设常务委员会，省、自治区、直辖市总工会经费审查委员会和独立管理经费的全国产业工会经费审查委员会，应当设常务委员会。经费审查委员会负责审查同级工会组织及其直属企业、事业单位的经费收支和资产管理情况，监督财经法纪的贯彻执行和工会经费的使用，并接受上级工会经费审查委员会的指导和监督。工会经费审查委员会向同级会员大会或会员代表大会负责并报告工作；在大会闭会期间，向同级工会委员会负责并报告工作。

上级经费审查委员会应当对下一级工会及其直属企业、事业单位的经费收支和资产管理情况进行审查。

中华全国总工会经费审查委员会委员实行替补制，各级地方总工会经费审查委员会委员和独立管理经费的产业工会经费审查委员会委员，也可以实行替补制。

第十四条 各级工会建立女职工委员会，表达和维护女职工的合法权益。女职工委员会由同级工会委员会提名，在充分协商的基础上组成或者选举产生，女职工委员会与工会委员会同时建立，在同级工会委员会领导下开展工作。企业工会女职工委员会是县或者县以上妇联的团体会员，通过县以上地方工会接受妇联的业务指导。

第十五条 县和县以上各级工会组织应当建立法律服务机构，为保护职工和工会组织的合法权益提供服务。

各级工会组织应当组织和代表职工开展劳动法律监督。

第十六条 成立或者撤销工会组织，必须经会员大会或者会员代表大会通过，并报上一级工会批准。基层工会组织所在的企业终止，或者所在的事业单位、机关、社会组织被撤销，该工会组织相应撤销，并报上级工会备案。其他组织和个人不得随意撤销工会组织，也不得把工会组织的机构撤销、合并或者归属其他工作部门。

第三章 全国组织

第十七条 中国工会全国代表大会，每五年举行一次，由中华全国总工会执行委员会召集。在特殊情况下，由中华全国总工会执行委员会主席团提议，经执行委员会全体会议通过，可以提前或者延期举行。代表名额和代表选举办法由中华全国总工会决定。

第十八条 中国工会全国代表大会的职权是：

（一）审议和批准中华全国总工会执行委员会的工作报告。

（二）审议和批准中华全国总工会执行委员会的经费收支情况报告和经费审查委员会的工作报告。

（三）修改中国工会章程。

（四）选举中华全国总工会执行委员会和经费审查委员会。

第十九条 中华全国总工会执行委员会，在全国代表大会闭会期间，负责贯彻执行全国代表大会的决议，领导全国工会工作。

执行委员会全体会议选举主席一人、副主席若干人、主席团委员若干人，组成主席团。

执行委员会全体会议由主席团召集，每年至少举行一次。

第二十条 中华全国总工会执行委员会全体会议闭会期间，由主席团行使执行委员会的职权。主席团全体会议，由主席召集。

主席团闭会期间，由主席、副主席组成的主席会议行使主席团职权。主席会议由中华全国总工会主席召集并主持。

主席团下设书记处，由主席团在主席团成员中推选第一书记一人，书记若干人组成。书记处在主席团领导下，主持中华全国总工会的日常工作。

第二十一条 产业工会全国组织的设置，由中华全国总工会根据需要确定。

产业工会全国委员会的建立，经中华全国总工会批准，可以按照联合制、代表制原则组成，也可以由产业工会全国代表大会选举产生。全国委员会每届任期五年。任期届满，应当如期召开会议，进行换届选举。在特殊情况下，经中华全国总工会批准，可以提前或者延期举行。

产业工会全国代表大会和按照联合制、代表制原则组成的产业工会全国委员会全体会议的职权是：审议和批准产业工会全国委员会的工作报告；选举产业工会全国委员会或者产业工会全国委员会常务委员会。独立管理经费的产业工会，选举经费审查委员会，并向产业工会全国代表大会或者委员会全体会议报告工作。产业工会全国委员会常务委员会由主席一人、副主席若干人、常务委员若干人组成。

第四章 地方组织

第二十二条 省、自治区、直辖市，设区的市和自治州，县（旗）、自治县、不设区的市的工会代表大会，由同级总工会委员会召集，每五年举行一次。在特殊情况下，由同级总工会委员会提议，经上一级工会批准，可以提前或者延期举行。工会的地方各级代表大会的职权是：

（一）审议和批准同级总工会委员会的工作报告。

（二）审议和批准同级总工会委员会的经费收支情况报告和经费审查委员会的工作报告。

（三）选举同级总工会委员会和经费审查委员会。

各级地方总工会委员会,在代表大会闭会期间,执行上级工会的决定和同级工会代表大会的决议,领导本地区的工会工作,定期向上级总工会委员会报告工作。

根据工作需要,省、自治区总工会可在地区设派出代表机关。直辖市和设区的市总工会在区一级建立总工会。

县和城市的区可在乡镇和街道建立乡镇工会和街道工会组织,具备条件的,建立总工会。

第二十三条 各级地方总工会委员会选举主席一人、副主席若干人、常务委员若干人,组成常务委员会。工会委员会、常务委员会和主席、副主席以及经费审查委员会的选举结果,报上一级总工会批准。

各级地方总工会委员会全体会议,每年至少举行一次,由常务委员会召集。各级地方总工会常务委员会,在委员会全体会议闭会期间,行使委员会的职权。

第二十四条 各级地方产业工会组织的设置,由同级地方总工会根据本地区的实际情况确定。

第五章 基层组织

第二十五条 企业、事业单位、机关、社会组织等基层单位,应当依法建立工会组织。社区和行政村可以建立工会组织。从实际出发,建立区域性、行业性工会联合会,推进新经济组织、新社会组织工会组织建设。

有会员二十五人以上的,应当成立基层工会委员会;不足二十五人的,可以单独建立基层工会委员会,也可以由两个以上单位的会员联合建立基层工会委员会,也可以选举组织员或者工会主席一人,主持基层工会工作。基层工会委员会有女会员十人以上的建立女职工委员会,不足十人的设女职工委员。

职工二百人以上企业、事业单位、社会组织的工会设专职工会主席。工会专职工作人员的人数由工会与企业、事业单位、社会组织协商确定。

基层工会组织具备民法典规定的法人条件的,依法取得社会团体法人资格,工会主席为法定代表人。

第二十六条 基层工会会员大会或者会员代表大会,每年至少召开一次。经基层工会委员会或者三分之一以上的工会会员提议,可以临时召开会员大会或者会员代表大会。工会会员在一百人以下的基层工会应当召开会员大会。

工会会员大会或者会员代表大会的职权是:

(一)审议和批准基层工会委员会的工作报告。

(二)审议和批准基层工会委员会的经费收支情况报告和经费审查委员会的工作报告。

(三)选举基层工会委员会和经费审查委员会。

(四)撤换或者罢免其所选举的代表或者工会委员会组成人员。

(五)讨论决定工会工作的重大问题。

基层工会委员会和经费审查委员会每届任期三年或者五年,具体任期由会员大会或者会员代表大会决定。任期届满,应当如期召开会议,进行换届选举。在特殊情况下,经上一级工会批准,可以提前或者延期举行。

会员代表大会的代表实行常任制，任期与本单位工会委员会相同。

第二十七条 基层工会委员会的委员，应当在会员或者会员代表充分酝酿协商的基础上选举产生；主席、副主席，可以由会员大会或者会员代表大会直接选举产生，也可以由基层工会委员会选举产生。大型企业、事业单位的工会委员会，根据工作需要，经上级工会委员会批准，可以设立常务委员会。基层工会委员会、常务委员会和主席、副主席以及经费审查委员会的选举结果，报上一级工会批准。

第二十八条 基层工会委员会的基本任务是：

（一）执行会员大会或者会员代表大会的决议和上级工会的决定，主持基层工会的日常工作。

（二）代表和组织职工依照法律规定，通过职工代表大会、厂务公开和其他形式，参与本单位民主选举、民主协商、民主决策、民主管理和民主监督，保障职工知情权、参与权、表达权和监督权，在公司制企业落实职工董事、职工监事制度。企业、事业单位工会委员会是职工代表大会工作机构，负责职工代表大会的日常工作，检查、督促职工代表大会决议的执行。

（三）参与协调劳动关系和调解劳动争议，与企业、事业单位、社会组织行政方面建立协商制度，协商解决涉及职工切身利益问题。帮助和指导职工与企业、事业单位、社会组织行政方面签订和履行劳动合同，代表职工与企业、事业单位、社会组织行政方面签订集体合同或者其他专项协议，并监督执行。

（四）组织职工开展劳动和技能竞赛、合理化建议、技能培训、技术革新和技术协作等活动，培育工匠、高技能人才，总结推广先进经验。做好劳动模范和先进生产（工作）者的评选、表彰、培养和管理服务工作。

（五）加强对职工的政治引领和思想教育，开展法治宣传教育，重视人文关怀和心理疏导，鼓励支持职工学习文化科学技术和管理知识，开展健康的文化体育活动。推进企业文化职工文化建设，办好工会文化、教育、体育事业。

（六）监督有关法律、法规的贯彻执行。协助和督促行政方面做好工资、安全生产、职业病防治和社会保险等方面的工作，推动落实职工福利待遇。办好职工集体福利事业，改善职工生活，对困难职工开展帮扶。依法参与生产安全事故和职业病危害事故的调查处理。

（七）维护女职工的特殊权益，同歧视、虐待、摧残、迫害女职工的现象作斗争。

（八）搞好工会组织建设，健全民主制度和民主生活。建立和发展工会积极分子队伍。做好会员的发展、接收、教育和会籍管理工作。加强职工之家建设。

（九）收好、管好、用好工会经费，管理好工会资产和工会的企业、事业。

第二十九条 教育、科研、文化、卫生、体育等事业单位和机关工会，从脑力劳动者比较集中的特点出发开展工作，积极了解和关心职工的思想、工作和生活，推动党的知识分子政策的贯彻落实。组织职工搞好本单位的民主选举、民主协商、民主决策、民主管理和民主监督，为发挥职工的聪明才智创造良好的条件。

第三十条 基层工会委员会根据工作需要，可以在分厂、车间（科室）建立分厂、车间（科室）工会委员会。分厂、车间（科室）工会委员会由分厂、车间（科室）会员大会或者会员代表大会选举产生，任期和基层工会委员会相同。

基层工会委员会和分厂、车间（科室）工会委员会，可以根据需要设若干专门委员会或者专门小组。

按照生产(行政)班组建立工会小组,民主选举工会小组长,积极开展工会小组活动。

第六章 工会干部

第三十一条 各级工会组织按照革命化、年轻化、知识化、专业化的要求,落实新时代好干部标准,努力建设一支坚持党的基本路线,熟悉本职业务,热爱工会工作,受到职工信赖的干部队伍。

第三十二条 工会干部要努力做到:

(一)认真学习马克思列宁主义、毛泽东思想、邓小平理论、“三个代表”重要思想、科学发展观、习近平新时代中国特色社会主义思想,学习党的基本知识和党的历史,学习政治、经济、历史、文化、法律、科技和工会业务等知识,提高政治能力、思维能力、实践能力,增强推动高质量发展本领、服务群众本领、防范化解风险本领。

(二)执行党的基本路线和各项方针政策,遵守国家法律、法规,在改革开放和社会主义现代化建设中勇于开拓创新。

(三)信念坚定,忠于职守,勤奋工作,敢于担当,廉洁奉公,顾全大局,维护团结。

(四)坚持实事求是,认真调查研究,如实反映职工的意见、愿望和要求。

(五)坚持原则,不谋私利,热心为职工说话办事,依法维护职工的合法权益。

(六)作风民主,联系群众,增强群众意识和群众感情,自觉接受职工群众的批评和监督。

第三十三条 各级工会组织根据有关规定管理工会干部,重视发现培养和选拔优秀年轻干部、女干部、少数民族干部,成为培养干部的重要基地。

基层工会主席、副主席任期未满不得随意调动其工作。因工作需要调动时,应事先征得本级工会委员会和上一级工会同意。

县和县以上工会可以为基层工会选派、聘用社会化工会工作者等工作人员。

第三十四条 各级工会组织建立与健全干部培训制度。办好工会干部院校和各种培训班。

第三十五条 各级工会组织关心工会干部的思想、学习和生活,督促落实相应的待遇,支持他们的工作,坚决同打击报复工会干部的行为作斗争。

县和县以上工会设立工会干部权益保障金,保障工会干部依法履行职责。

第七章 工会经费和资产

第三十六条 工会经费的来源:

(一)会员交纳的会费。

(二)企业、事业单位、机关、社会组织按全部职工工资总额的百分之二向工会拨缴的经费或者建会筹备金。

(三)工会所属的企业、事业单位上缴的收入。

(四)人民政府和企业、事业单位、机关、社会组织的补助。

(五)其他收入。

第三十七条 工会经费主要用于为职工服务和开展工会活动。各级工会组织应坚持正确使用方向,加强预算管理,优化支出结构,开展监督检查。

第三十八条 县和县以上各级工会应当与税务、财政等有关部门合作,依照规定做好工会经费收缴和应当由财政负担的工会经费拨缴工作。

未成立工会的企业、事业单位、机关、社会组织,按工资总额的百分之二向上级工会拨缴工会建会筹备金。

具备社会团体法人资格的工会应当依法设立独立经费账户。

第三十九条 工会资产是社会团体资产,中华全国总工会对各级工会的资产拥有终极所有权。各级工会依法依规加强对工会资产的监督、管理,保护工会资产不受损害,促进工会资产保值增值。根据经费独立原则,建立预算、决算、资产监管和经费审查监督制度。实行"统一领导、分级管理"的财务体制、"统一所有、分级监管、单位使用"的资产监管体制和"统一领导、分级管理、分级负责、下审一级"的经费审查监督体制。工会经费、资产的管理和使用办法以及工会经费审查监督制度,由中华全国总工会制定。

第四十条 各级工会委员会按照规定编制和审批预算、决算,定期向会员大会或者会员代表大会和上一级工会委员会报告经费收支和资产管理情况,接受上级和同级工会经费审查委员会审查监督。

第四十一条 工会经费、资产和国家及企业、事业单位等拨给工会的不动产和拨付资金形成的资产受法律保护,任何单位和个人不得侵占、挪用和任意调拨;不经批准,不得改变工会所属企业、事业单位的隶属关系和产权关系。

工会组织合并,其经费资产归合并后的工会所有;工会组织撤销或者解散,其经费资产由上级工会处置。

第八章 会 徽

第四十二条 中国工会会徽,选用汉字"中"、"工"两字,经艺术造型呈圆形重叠组成,并在两字外加一圆线,象征中国工会和中国工人阶级的团结统一。会徽的制作标准,由中华全国总工会规定。

第四十三条 中国工会会徽,可在工会办公地点、活动场所、会议会场悬挂,可作为纪念品、办公用品上的工会标志,也可以作为徽章佩戴。

第九章 附 则

第四十四条 本章程解释权属于中华全国总工会。

3. 工会基层组织选举工作条例

第一章 总 则

第一条 为规范工会基层组织选举工作,加强基层工会建设,发挥基层工会作用,根据《中华人民共和国工会法》《中国工会章程》等有关规定,制定本条例。

第二条 本条例适用于企业、事业单位、机关和其他社会组织单独或联合建立的基层工会委员会。

第三条　基层工会委员会由会员大会或会员代表大会选举产生。工会委员会的主席、副主席，可以由会员大会或会员代表大会直接选举产生，也可以由工会委员会选举产生。

第四条　工会会员享有选举权、被选举权和表决权。保留会籍的人员除外。

第五条　选举工作应坚持党的领导，坚持民主集中制，遵循依法规范、公开公正的原则，尊重和保障会员的民主权利，体现选举人的意志。

第六条　选举工作在同级党组织和上一级工会领导下进行。未建立党组织的在上一级工会领导下进行。

第七条　基层工会委员会换届选举的筹备工作由上届工会委员会负责。

新建立的基层工会组织选举筹备工作由工会筹备组负责。筹备组成员由同级党组织代表和职工代表组成，根据工作需要，上级工会可以派人参加。

第二章　委员和常务委员名额

第八条　基层工会委员会委员名额，按会员人数确定：

不足 25 人，设委员 3 至 5 人，也可以设主席或组织员 1 人；

25 人至 200 人，设委员 3 至 7 人；

201 人至 1000 人，设委员 7 至 15 人；

1001 人至 5000 人，设委员 15 至 21 人；

5001 人至 10000 人，设委员 21 至 29 人；

10001 人至 50000 人，设委员 29 至 37 人；

50001 人以上，设委员 37 至 45 人。

第九条　大型企事业单位基层工会委员会，经上一级工会批准，可以设常务委员会，常务委员会由 9 至 11 人组成。

第三章　候选人的提出

第十条　基层工会委员会的委员、常务委员会委员和主席、副主席的选举均应设候选人。候选人应信念坚定、为民服务、勤政务实、敢于担当、清正廉洁，热爱工会工作，受到职工信赖。

基层工会委员会委员候选人中应有适当比例的劳模（先进工作者）、一线职工和女职工代表。

第十一条　单位行政主要负责人、法定代表人、合伙人以及他们的近亲属不得作为本单位工会委员会委员、常务委员会委员和主席、副主席候选人。

第十二条　基层工会委员会的委员候选人，应经会员充分酝酿讨论，一般以工会分会或工会小组为单位推荐。由上届工会委员会或工会筹备组根据多数工会分会或工会小组的意见，提出候选人建议名单，报经同级党组织和上一级工会审查同意后，提交会员大会或会员代表大会表决通过。

第十三条　基层工会委员会的常务委员会委员、主席、副主席候选人，可以由上届工会委员会或工会筹备组根据多数工会分会或工会小组的意见提出建议名单，报经同级党组织和上一级工会审查同意后提出；也可以由同级党组织与上一级工会协商提出建议名单，经工会分会或工会小组酝酿讨论后，由上届工会委员会或工会筹备组根据多数工会分会或工会小组的意见，报经同级党组织和上一级工会审查同意后提出。

根据工作需要，经上一级工会与基层工会和同级党组织协商同意，上一级工会可以向基层工会推荐本单位以外人员作为工会主席、副主席候选人。

第十四条　基层工会委员会的主席、副主席，在任职一年内应按规定参加岗位任职资格培训。凡无正当理由未按规定参加岗位任职资格培训的，一般不再提名为下届主席、副主席候选人。

第四章　选举的实施

第十五条　基层工会组织实施选举前应向同级党组织和上一级工会报告，制定选举工作方案和选举办法。

基层工会委员会委员候选人建议名单应进行公示，公示期不少于5个工作日。

第十六条　会员不足100人的基层工会组织，应召开会员大会进行选举；会员100人以上的基层工会组织，应召开会员大会或会员代表大会进行选举。

召开会员代表大会进行选举的，按照有关规定由会员民主选举产生会员代表。

第十七条　参加选举的人数为应到会人数的三分之二以上时，方可进行选举。

基层工会委员会委员和常务委员会委员应差额选举产生，可以直接采用候选人数多于应选人数的差额选举办法进行正式选举，也可以先采用差额选举办法进行预选产生候选人名单，然后进行正式选举。委员会委员和常务委员会委员的差额率分别不低于5%和10%。常务委员会委员应从新当选的工会委员会委员中产生。

第十八条　基层工会主席、副主席可以等额选举产生，也可以差额选举产生。主席、副主席应从新当选的工会委员会委员中产生，设立常务委员会的应从新当选的常务委员会委员中产生。

第十九条　基层工会主席、副主席由会员大会或会员代表大会直接选举产生的，一般在经营管理正常、劳动关系和谐、职工队伍稳定的中小企事业单位进行。

第二十条　召开会员大会进行选举时，由上届工会委员会或工会筹备组主持；不设委员会的基层工会组织进行选举时，由上届工会主席或组织员主持。

召开会员代表大会进行选举时，可以由大会主席团主持，也可以由上届工会委员会或工会筹备组主持。大会主席团成员由上届工会委员会或工会筹备组根据各代表团（组）的意见，提出建议名单，提交代表大会预备会议表决通过。

召开基层工会委员会第一次全体会议选举常务委员会委员、主席、副主席时，由上届工会委员会或工会筹备组或大会主席团推荐一名新当选的工会委员会委员主持。

第二十一条　选举前，上届工会委员会或工会筹备组或大会主席团应将候选人的名单、简历及有关情况向选举人介绍。

第二十二条　选举设监票人，负责对选举全过程进行监督。

召开会员大会或会员代表大会选举时，监票人由全体会员或会员代表、各代表团（组）从不是候选人的会员或会员代表中推选，经会员大会或会员代表大会表决通过。

召开工会委员会第一次全体会议选举时，监票人从不是常务委员会委员、主席、副主席候选人的委员中推选,经全体委员会议表决通过。

第二十三条 选举采用无记名投票方式。不能出席会议的选举人,不得委托他人代为投票。

选票上候选人的名单按姓氏笔画为序排列。

第二十四条 选举人可以投赞成票或不赞成票,也可以投弃权票。投不赞成票者可以另选他人。

第二十五条 会员或会员代表在选举期间,如不能离开生产、工作岗位,在监票人的监督下,可以在选举单位设立的流动票箱投票。

第二十六条 投票结束后,在监票人的监督下,当场清点选票,进行计票。

选举收回的选票,等于或少于发出选票的,选举有效;多于发出选票的,选举无效,应重新选举。

每张选票所选人数等于或少于规定应选人数的为有效票,多于规定应选人数的为无效票。

第二十七条 被选举人获得应到会人数的过半数赞成票时,始得当选。

获得过半数赞成票的被选举人人数超过应选名额时,得赞成票多的当选。如遇赞成票数相等不能确定当选人时,应就票数相等的被选举人再次投票,得赞成票多的当选。

当选人数少于应选名额时,对不足的名额可以另行选举。如果接近应选名额且符合第八条规定,也可以由大会征得多数会员或会员代表的同意减少名额,不再进行选举。

第二十八条 大会主持人应当场宣布选举结果及选举是否有效。

第二十九条 基层工会委员会、常务委员会和主席、副主席的选举结果,报上一级工会批准。上一级工会自接到报告 15 日内应予批复。违反规定程序选举的,上一级工会不得批准,应重新选举。

基层工会委员会的任期自选举之日起计算。

第五章 任期、调动、罢免和补选

第三十条 基层工会委员会每届任期三年或五年,具体任期由会员大会或会员代表大会决定。经选举产生的工会委员会委员、常务委员会委员和主席、副主席可连选连任。基层工会委员会任期届满,应按期换届选举。遇有特殊情况,经上一级工会批准,可以提前或延期换届,延期时间一般不超过半年。

上一级工会负责督促指导基层工会组织按期换届。

第三十一条 基层工会主席、副主席任期未满时,不得随意调动其工作。因工作需要调动时,应征得本级工会委员会和上一级工会的同意。

第三十二条 经会员大会或会员代表大会民主测评和上级工会与同级党组织考察,需撤换或罢免工会委员会委员、常务委员会委员和主席、副主席时,须依法召开会员大会或会员代表大会讨论,非经会员大会全体会员或会员代表大会全体代表无记名投票过半数通过,不得撤换或罢免。

第三十三条 基层工会主席因工作调动或其他原因空缺时,应及时按照相应民主程序进行补选。

补选主席,如候选人是委员的,可以由工会委员会选举产生,也可以由会员大会或会员代表大会选举产生;如候选人不是委员的,可以经会员大会或会员代表大会补选为委员后,由工会委员会选举产生,也可以由会员大会或会员代表大会选举产生。

补选主席的任期为本届工会委员会尚未履行的期限。

补选主席前征得同级党组织和上一级工会的同意,可暂由一名副主席或委员主持工作,期限一般不超过半年。

第六章　经费审查委员会

第三十四条　凡建立一级工会财务管理的基层工会组织,应在选举基层工会委员会的同时,选举产生经费审查委员会。

第三十五条　基层工会经费审查委员会委员名额一般 3 至 11 人。经费审查委员会设主任 1 人,可根据工作需要设副主任 1 人。

基层工会的主席、分管财务和资产的副主席、财务和资产管理部门的人员,不得担任同级工会经费审查委员会委员。

第三十六条　基层工会经费审查委员会由会员大会或会员代表大会选举产生。主任、副主任可以由经费审查委员会全体会议选举产生,也可以由会员大会或会员代表大会选举产生。

第三十七条　基层工会经费审查委员会的选举结果,与基层工会委员会选举结果同时报上一级工会批准。

基层工会经费审查委员会的任期与基层工会委员会相同。

第七章　女职工委员会

第三十八条　基层工会组织有女会员 10 人以上的建立女职工委员会,不足 10 人的设女职工委员。女职工委员会与基层工会委员会同时建立。

第三十九条　基层工会女职工委员会委员由同级工会委员会提名,在充分协商的基础上产生,也可召开女职工大会或女职工代表大会选举产生。

第四十条　基层工会女职工委员会主任由同级工会女主席或女副主席担任,也可经民主协商,按照相应条件配备女职工委员会主任。女职工委员会主任应提名为同级工会委员会或常务委员会委员候选人。基层工会女职工委员会主任、副主任名单,与工会委员会选举结果同时报上一级工会批准。

第八章　附　则

第四十一条　乡镇(街道)、开发区(工业园区)、村(社区)建立的工会委员会,县级以下建立的区域(行业)工会联合会如进行选举的,参照本条例执行。

第四十二条　本条例由中华全国总工会负责解释。

第四十三条　本条例自发布之日起施行,以往有关规定与本条例不一致的,以本条例为准。1992 年 5 月 18 日全国总工会办公厅印发的《工会基层组织选举工作暂行条例》同时废止。

4. 关于加强社会组织工会建设的意见(试行)

(总工发〔2021〕16号)

各省、自治区、直辖市总工会、民政厅(局),新疆生产建设兵团民政局,各全国产业工会,中央和国家机关工会联合会,全总各部门、各直属单位:

为深入学习贯彻党的十九大和十九届二中、三中、四中、五中全会及中央党的群团工作会议精神,切实落实中共中央办公厅、国务院办公厅印发的《关于改革社会组织管理制度促进社会组织健康有序发展的意见》,推动社会组织依法建立工会,促进工会和社会组织在构建基层社会治理新格局中发挥重要作用,现就加强社会组织工会建设提出如下意见。

一、加强社会组织工会建设的重要意义和总体要求

(一)重要意义。随着改革开放不断深入,以社会团体、基金会和社会服务机构为主体的社会组织快速发展,已成为社会主义现代化建设的重要力量、党的工作和群众工作的重要阵地。党的十九届五中全会提出,发挥群团组织和社会组织在社会治理中的作用,畅通和规范市场主体、新社会阶层、社会工作者和志愿者等参与社会治理的途径。中央党的群团工作会议强调,联系和引导相关社会组织,是群团组织发挥桥梁和纽带作用的一项重要任务。推动社会组织建立工会是坚持党建带群建,落实中央党的群团工作会议精神的内在要求。加强社会组织工会建设,对于维护社会组织职工合法权益,构建和谐劳动关系;对于团结带领社会组织职工听党话、跟党走,巩固和扩大党执政的阶级基础和群众基础;对于加强工会对劳动领域社会组织的政治引领、示范带动、联系服务,团结引导劳动领域社会组织人士,促进社会组织健康有序发展,推动社会组织在国家治理体系和治理能力现代化进程中更好发挥作用等,都具有重要意义。各级工会、民政部门要充分认识加强社会组织工会建设的重要性和紧迫性,将其作为一项重要的基础性工作,发挥各自职责优势,加强联动配合,推动党中央的要求落地落实。

(二)总体要求。坚持以习近平新时代中国特色社会主义思想为指导,深入学习贯彻习近平总书记关于工人阶级和工会工作的重要论述,积极探索符合社会组织实际的工会建设方式方法,着力破解社会组织中工会组织覆盖不够全面、作用发挥不够充分等问题,不断扩大工会对社会组织的有效覆盖,激发社会组织工会活力,加大工会联系引导社会组织工作力度,在促进社会组织有序参与社会治理、提供社会服务、承担社会责任等方面充分发挥工会的重要作用。

二、社会组织工会的主要职责

(一)密切联系职工,强化政治引领。组织引导职工学习贯彻习近平新时代中国特色社会主义思想,学习习近平总书记关于工人阶级和工会工作的重要论述,不断增强"四个意识"、坚定"四个自信"、做到"两个维护",宣传贯彻执行党的路线方针政策,坚定不移听党话、跟党走,始终同以习近平同志为核心的党中央保持高度一致。及时向同级党组织和上级工会请示报告工会重大事项。在已建工会、尚未建立党组织的社会组织,工会要积极配合上级党组织在工会会员中培养发展党员,并发挥好党员模范带头作用,为

在社会组织中建立党组织创造条件。

（二）团结凝聚职工，汇集发展力量。加强对职工的思想政治引领，引导职工积极践行社会主义核心价值观，激发职工主人翁意识和工作热情。大力弘扬劳模精神、劳动精神、工匠精神，围绕社会组织中心任务开展劳动和技能竞赛，加强技能培训，提升素质，推动建立健全专业人才培养、评价、使用、激励机制。支持社会组织有序参与社会治理、提供社会服务、承担社会责任。

（三）建立健全机制，维护职工权益。通过以职工代表大会为基本形式的民主管理制度或其他形式，组织职工有序参与社会组织的民主决策、民主管理和民主监督。涉及职工切身利益的重要事项，要及时向职工公开。指导帮助职工与社会组织依法订立和履行劳动合同，规范劳动用工管理。对社会组织贯彻执行有关劳动法律法规和政策实施监督。建立健全集体协商和集体合同制度，探索建立行业性、区域性协商机制，协商解决涉及职工切身利益的重大问题，维护职工合法权益，构建和谐劳动关系。

（四）创新方式方法，竭诚服务职工。坚持以职工需求为导向，利用现代信息技术，组织开展丰富多彩的文化活动，营造积极向上的文化氛围。通过购买服务、项目合作等方式，为职工提供专业化个性化服务。注重对职工的人文关怀和心理疏导，做好送温暖、金秋助学等困难职工帮扶工作，努力提升职工群众的获得感、幸福感、安全感。

三、扩大工会对社会组织的有效覆盖

（一）推动社会组织依法建立工会。以在省级以上人民政府民政部门登记的社会组织和在各地民政部门登记的民办医院、学校、幼儿园等为重点，开展摸底排查，力争用三年左右的时间，推动符合条件的社会组织建立工会工作取得明显突破。

（二）合理确定建会方式。坚持从社会组织特点出发，采取灵活多样的组织形式，扩大工会组织有效覆盖。

1.按用人单位建立工会组织。本单位有工会会员二十五人以上的社会组织，应单独建立基层工会委员会；不足二十五人的，可以单独建立基层工会委员会，也可以由两个以上单位的工会会员联合建立基层工会委员会，也可以选举组织员或工会主席一人主持基层工会工作。

2.按区域、行业建立工会组织。在社会组织相对集中的街区、园区、楼宇等区域，可以建立区域性工会联合会。行业特征明显、管理体系健全的行业，或依托相关管理部门成立社会组织综合（行业）党委的，可以组建行业性工会联合会。区域性、行业性工会联合会一般在县（市、区、旗）级以下范围内建立。符合条件的，可以在市级探索建立行业性工会联合会。

乡镇（街道）、村（社区）工会应加强本区域社会组织工会建设的领导，广泛吸收职工入会，推动社会组织依法建立工会，切实发挥区域“兜底”作用。

（三）广泛吸收职工入会。加强宣传动员和服务吸引，最大限度地把社会组织职工吸收到工会中来。尚未建立工会的社会组织，职工可以向工作或居住地的乡镇（街道）、开发区（工业园区）、村（社区）工会和区域性、行业性工会联合会等提出入会申请，工作或居住地工会应吸收其入会，做好会籍管理工作；条件具备后，上级工会应及时指导社会组织组建工会。社会组织兼职人员等，应加入所在单位工会；所在单位尚未建立工会的职工，可以向单位所在地或本人居住地工会提出入会申请，也可以申请加入所兼职社会组织的工会，待所在单位成立工会后及时接转会员组织关系。

四、规范社会组织工会建设

（一）理顺工会组织领导关系。社会组织工会受同级党组织和上一级工会双重领导，以同级党组织领导为主。未建立党组织的，由上一级工会领导。按照属地管理原则，社会组织住所地与登记地不一致的，原则上在住所地成立工会，受住所地工会领导。在京全国性社会组织工会，以同级党组织领导为主，同时受业务主管单位工会领导；没有业务主管单位但由党建工作机构统一领导和管理党建工作的，同时受党建工作机构工会领导。京外全国性社会组织和省级以下社会组织工会，以同级党组织领导为主，同时受住所地地方工会或相关产业工会领导。各地已建社会组织党建工作机构的，有条件的地方可依托社会组织党建工作机构成立社会组织工会联合会，指导本地区社会组织工会工作。

（二）依法选举工会主席、副主席。按照《工会基层组织选举工作条例》、《基层工会会员代表大会条例》等规定，规范选举工会委员会、经费审查委员会及女职工委员会。社会组织负责人、法定代表人及他们的近亲属不得作为工会主席、副主席和委员候选人。

区域性、行业性工会联合会主席、副主席、委员的人选及产生，应按照《中华全国总工会关于加强和规范区域性、行业性工会联合会建设的意见》的规定执行。

上级工会可以向社会组织工会和区域性、行业性工会联合会推荐工会主席、副主席候选人，为其配备社会化工会工作者。

（三）努力建设职工之家。社会组织工会要按照“六有”标准（即：有依法选举的工会主席、有独立健全的组织机构、有服务职工的活动载体、有健全完善的制度机制、有自主管理的工会经费、有工会会员满意的工作绩效），加强工会组织和工会工作规范化建设，努力做到建起来、转起来、活起来。加强工会会员会籍管理，推进社会组织工会和会员实名制管理工作。开展建设职工之家活动，落实会员评家、会务公开、会员代表常任制等制度，依靠会员群众将社会组织工会建成职工信赖的职工之家。依据《基层工会经费收支管理办法》的有关规定，规范社会组织工会财务预算管理，严格工会经费使用。

五、加强对社会组织工会建设的领导

（一）加强组织领导。各级工会和民政部门要高度重视社会组织工会建设，作为当前和今后一个时期的重要任务抓紧抓好。积极争取地方党委组织部门的支持，加强对社会组织工会建设的领导指导，推动社会组织工会在党组织领导下发挥作用，以党建带工建机制引领工作。健全完善社会组织工会建设工作机制，形成党委统一领导、工会具体负责、民政部门支持、有关部门各司其职、齐抓共管的工作格局。

（二）强化协调联动。各级工会要加强与民政部门、社会组织党建工作机构和业务主管单位的沟通与协调，定期研商工作，共享数据信息，合力推动社会组织依法建立工会、规范运行。各级民政部门要积极支持配合，及时提供数据信息，做好政策宣传引导，通过将工会建设情况纳入社会组织评估指标等适当形式，支持和推动社会组织工会建设。在推动建立社会组织工作协调机制时，应吸纳同级工会参与。

（三）落实保障措施。各级工会要督促社会组织及时足额拨缴工会经费、支持工会依法行使权利并开展工作。支持社会组织工会通过单独建、联合建、共享资源等方式，解决职工活动场地等问题。加大对社会组织工会建设的经费支持力度。有条件的地方，上级工会可以向社会组织兼职工会干部发放补贴，可以设立专项经费保障规模较小社会组织工会和区域性、行业性工会联合会正常运转。各级工会组织购买社会组织服务时，在同等条件下，优先购买已建工会组织或实现工会工作覆盖的社会组织的服务。

（四）注重精准施策。根据社会组织规模、工会工作基础等实际情况，坚持建管并举，不断增强工会工作的针对性和实效性。对应建未建工会的社会组织，要明确目标时限，采取有效措施推动尽快建立工会组织。对已经建立工会的社会组织，要加强工会规范化建设，促进工会作用发挥。要加强工会干部的教育培训，提高做好工作能力水平。要加大宣传力度，培育推广社会组织工会工作先进典型，营造社会组织工会工作良好氛围。

5. 全国模范职工之家、全国模范职工小家、全国优秀工会工作者评选表彰管理办法

（2020年8月10日）

第一章　总　则

第一条　为规范全国模范职工之家、全国模范职工小家、全国优秀工会工作者评选表彰工作，发挥先进典型的示范引领作用，根据《中华人民共和国工会法》《中国工会章程》及中华全国总工会关于加强职工之家建设的有关规定，结合工会工作实际，制定本办法。

第二条　全国模范职工之家、全国模范职工小家、全国优秀工会工作者，是中华全国总工会设立的分别授予先进基层工会，基层工会下属先进工会或工会小组，基层工会优秀专兼职干部、专职社会化工会工作者和各级工会领导机关处级以下优秀工会干部的荣誉称号。

对积极参加基层工会活动的会员，可命名为全国优秀工会积极分子；对关心支持工会工作的厅局级以下党政领导干部、基层工会所在单位党政负责人，可命名为全国优秀工会之友。

第三条　评选表彰工作的指导思想是：深入贯彻落实习近平新时代中国特色社会主义思想，贯彻落实习近平总书记关于工人阶级和工会工作的重要论述特别是加强基层工会建设"三个着力"重要指示精神，增强基层工会政治性、先进性、群众性，激发基层工会活力，发挥基层工会作用，切实把工会建设成为职工群众信赖的"职工之家"，把工会干部培养成为职工群众信赖的"娘家人"。

第四条　评选表彰工作的原则是：

（一）坚持面向基层一线。评选对象突出工会基层组织、基层干部和一线职工，畅通基层工会和广大会员的参与渠道，着力夯实工会基层基础；

（二）坚持公开公平公正。保障评选表彰工作规范有序，保护调动会员积极性，确保表彰对象得到广大会员普遍认可，突出评选表彰的权威性；

（三）坚持会员主体地位。实行上级工会考察和职工群众评议相结合，充分尊重广大会员的知情权、参与权、表达权、监督权，真正让会员当主角；

（四）坚持高标准严要求。严格评选条件，做到优中选优，确保表彰对象的先进性，充分体现和发挥先进典型的引领性示范性；

(五)坚持动态监督管理。实行动态评估、跟踪监管,形成完备的闭环管理机制,做到能进能出,破除"一评终身制",确保评选表彰的质量。

第二章 评选表彰范围和基本条件

第五条 全国模范职工之家从我国境内企业、事业单位、机关、社会团体和其他社会组织单独或联合建立的基层工会,乡镇(街道)、开发区(工业园区)、村(社区)工会,县级以下区域(行业)工会联合会中评选。

全国模范职工小家从基层工会下属的子公司(分公司)、分厂、车间(科室)、班组工会或工会小组中评选。

全国优秀工会工作者从基层工会专兼职干部、专职社会化工会工作者、各级工会领导机关处级以下干部中评选。

全国优秀工会积极分子从不脱离生产、工作岗位,热心从事工会工作的基层工会骨干会员和兼职工会干部中命名,一线职工数量不低于百分之六十,女性占适当比例。

全国优秀工会之友从给予工会工作关心支持的厅局级以下党政领导干部及企业、事业单位、社会团体(除工会外)和其他社会组织党政负责人中命名。

先进集体和个人,一般不重复评选表彰或命名。

第六条 全国模范职工之家一般从省级模范职工之家中产生,其基本条件是:

(一)认真贯彻习近平新时代中国特色社会主义思想,执行党的路线方针政策,遵守国家法律法规,践行社会主义核心价值观,加强职工思想政治引领,团结带领职工建功新时代;

(二)工会组织机构单独设立,工会委员会、经费审查委员会及女职工委员会等领导机构健全,工会劳动保护委员会、劳动法律监督委员会等工作机构完善,具备条件的工会依法取得社会团体法人资格,近三年职工(含农民工、劳务派遣工)入会率均在百分之九十以上;

(三)依法独立设立工会经费账户,及时足额拨缴工会经费,自主管理,规范使用;

(四)工会会员代表大会、民主选举、会务公开、会员评议职工之家等制度落实到位;

(五)有效落实以职工代表大会为基本形式的民主管理制度,依法实行厂务公开,开展集体协商签订集体合同,健全劳动争议调解组织,有效化解劳动纠纷,劳动关系和谐稳定;

(六)热忱服务职工群众,工会工作获得职工高度认可,近三年工会会员代表大会评议职工之家满意率均在百分之九十以上。

第七条 全国模范职工小家一般从省级模范职工小家中产生,其基本条件是:

(一)认真贯彻习近平新时代中国特色社会主义思想,执行党的路线方针政策,遵守国家法律法规,践行社会主义核心价值观,工会工作充满活力;

(二)子公司(分公司)、分厂、车间(科室)、班组工会或工会小组建设好,依法选举工会主席或小组长,具备条件的工会依法取得社会团体法人资格,近三年职工(含农民工、劳务派遣工)入会率均在百分之九十以上;

(三)子公司(分公司)、分厂、车间(科室)、班组民主管理好,依法实行厂务公开、会务公开,开展集体协商;

（四）子公司（分公司）、分厂、车间（科室）、班组完成生产、工作任务好，组织职工开展技术创新、劳动技能竞赛，团结带领职工建功立业；

（五）职工小家阵地建设好，活动场所和服务设施齐全，服务活动丰富，近三年工会会员代表大会评议职工之家满意率均在百分之九十以上。

第八条　全国优秀工会工作者一般从省级优秀工会工作者中产生，其基本条件是：

（一）认真学习贯彻习近平新时代中国特色社会主义思想，坚定走中国特色社会主义工会发展道路，以实际行动践行社会主义核心价值观；

（二）坚持原则，模范执行工会会员代表大会、民主选举、会务公开、会员评议职工之家等制度，积极推动落实以职工代表大会为基本形式的民主管理制度，推进厂务公开和集体协商，所在单位劳动关系和谐稳定；

（三）尽职尽责，热忱服务职工群众，切实维护职工合法权益，团结带领职工创新创效、建功立业，推动培育高素质职工队伍，受到职工广泛信赖；

（四）遵纪守法，廉洁自律，作风民主，密切联系职工群众，自觉接受批评监督，基层工会主席、副主席近三年的工会会员代表大会测评等次均为满意。

第九条　在优中选优的基础上，对工作成绩优异、贡献突出的全国模范职工之家、全国优秀工会工作者，分别授予全国模范职工之家红旗单位、全国优秀工会工作者标兵荣誉称号。

第十条　全国优秀工会积极分子的基本条件是：

（一）认真学习贯彻习近平新时代中国特色社会主义思想，坚定走中国特色社会主义工会发展道路，积极为党的工运事业做贡献；

（二）热爱集体，团结协作，爱岗敬业，甘于奉献，圆满完成生产、工作任务，发挥模范带头作用；

（三）积极参加工会活动，热忱服务职工群众，积极参与落实工会会员代表大会、民主选举、会务公开、会员评议职工之家等制度，推动落实以职工代表大会为基本形式的民主管理制度；

（四）遵纪守法，廉洁自律，密切联系职工群众，自觉接受批评监督。

第十一条　全国优秀工会之友的基本条件是：

（一）认真学习贯彻习近平新时代中国特色社会主义思想，拥护中国特色社会主义工会发展道路，尊重劳动，尊重职工主体地位，模范贯彻落实党的全心全意依靠工人阶级的根本方针；

（二）坚持以人民为中心的发展思想，重视提高职工队伍素质，积极解决职工群众困难，受到职工群众信赖；

（三）遵守《工会法》和劳动法律法规，重视支持所辖区域（行业）或本单位工会工作，把更多的资源手段赋予工会组织，积极落实协调劳动关系制度机制，支持工会依法自主管理、规范使用工会经费，为工会工作创造良好条件；

（四）廉洁自律，作风民主，密切联系职工群众，自觉接受批评监督。

第十二条　单位有下列情形之一的，该单位工会不得申报推荐为全国模范职工之家、全国模范职工小家：

（一）存在未全员签订劳动合同、拖欠职工工资、不按规定缴纳职工社会保险费等违反劳动法律法规行为的；

（二）近一年内发生过一般安全生产责任事故、三年内发生过重大安全生产责任事故，职业病危害严重，能源消耗超标、环境污染严重，存在重大安全隐患拒不整改的；

（三）劳动争议案件多发，近三年内因违反法律法规引发职工群体性事件的；

（四）近三年内未依法及时足额拨缴工会经费的；

（五）民主管理、集体协商、劳动争议调解等制度机制不落实的；

（六）有违法违纪行为受到处罚并在影响期之内，或正在被执法执纪部门调查处理的。

第十三条 基层工会有下列情形之一的，工会干部不得申报推荐为全国优秀工会工作者：

（一）工会组织和工作机构被随意撤销、合并或归属到党政部门的；

（二）工会不依法按期换届选举，具备条件而不依法进行工会法人资格登记的；

（三）不依法独立设立工会经费账户，或工会经费使用管理出现严重问题的；

（四）不推动落实职工代表大会、厂务公开制度，不进行集体协商签订集体合同的。

第三章 评选表彰周期和基本程序

第十四条 全国模范职工之家、全国模范职工小家、全国优秀工会工作者评选表彰每五年开展两次。一般在工会全国代表大会届中开展一次，在工会全国代表大会换届之年开展一次。在换届之年评选表彰中，可同时命名全国优秀工会积极分子、全国优秀工会之友。

评选表彰工作在中华全国总工会书记处领导下进行，中华全国总工会基层工作部负责具体实施。各省（区、市）总工会、各全国产业工会、中央和国家机关工会联合会负责推荐。新疆生产建设兵团总工会通过新疆维吾尔自治区总工会推荐。

第十五条 在评选表彰年度，中华全国总工会发布评选表彰通知，就评选表彰的项目、对象、条件、程序、名额分配、组织实施等作出具体要求，部署评选表彰工作。

第十六条 基层工会按推荐评选条件申报全国模范职工之家、全国模范职工小家、全国优秀工会工作者，推荐全国优秀工会积极分子、全国优秀工会之友。申报推荐集体和个人的，应通过基层工会会员大会或会员代表大会征求会员群众意见。本单位有党组织和纪检组织的，应征求党组织和纪检组织意见。推荐名单和事迹应在本单位进行不少于五个工作日的公示。

被推荐人选是党员领导干部或公职人员的，基层工会应按照干部管理权限，征求纪检监察机关和组织人事部门意见。

地市级以下地方工会、各产业工会在充分听取各方面意见的基础上，对申报推荐集体和个人进行审查通过后，逐级上报。

第十七条 各省（区、市）总工会、各全国产业工会、中央和国家机关工会联合会按照推荐评选条件进行审核把关。推荐集体和个人名单应经领导班子集体研究确定，并在省（区、市）工会报刊或网络媒体上进行不少于五个工作日的公示。公示后符合条件的，向中华全国总工会推荐。

第十八条 各省（区、市）总工会推荐的集体和个人中，来自非公有制单位的一般不少于推荐总数的二分之一。

第十九条　中华全国总工会基层工作部对各省(区、市)总工会、各全国产业工会、中央和国家机关工会联合会推荐材料进行审核。

对伪造材料或未按照推荐评选条件和规定程序推荐的集体和个人,经查实后撤销其评选资格,取消相应名额,不得递补或重报。

对符合条件的集体和个人,作为向中华全国总工会书记处提出拟表彰和命名的建议名单。

第二十条　拟表彰和命名的建议名单,经中华全国总工会书记处审议通过后,在《工人日报》或中工网上进行不少于五个工作日的公示,接受公众监督。

根据公示结果,最终确定表彰和命名名单。

第二十一条　对受表彰和命名的先进集体、先进个人,由中华全国总工会印发表彰决定,颁发证书、奖牌。

第四章　监督管理服务

第二十二条　各级工会对受表彰和命名的先进集体、先进个人实行动态监督管理服务。做好以下日常工作:

(一)完善评选管理机制,建立监督管理制度,制定和协调落实有关激励政策,指导督促提高工会工作水平;

(二)加强基础工作,建立健全管理档案,跟踪先进集体和个人所在单位的工会建设、劳动关系等情况,重大情况及时报告;

(三)宣传先进集体和个人的先进事迹,总结推广他们的典型经验,充分发挥其示范导向作用;

(四)根据推荐评选条件和实际工作要求,上级工会应加强对获得荣誉的集体和个人的复查,复查不合格的,按程序撤销荣誉称号、取消命名;

(五)关心全国优秀工会工作者、全国模范职工之家和职工小家工会主席、全国优秀工会积极分子、全国优秀工会之友的思想、工作和生活,帮助他们解决生产生活等困难,依法维护他们的合法权益;

(六)接受群众举报,调查核实有关情况,提出处理意见。

第二十三条　有下列情形之一的,可撤销全国模范职工之家、全国模范职工小家荣誉称号,收回证书和奖牌:

(一)弄虚作假,骗取荣誉的;

(二)工会组织和工作机构被随意撤销、合并或归属到党政部门的;

(三)工会不依法按期换届选举,不依法进行工会法人资格变更登记的;

(四)工会经费不依法足额拨缴或使用管理出现严重问题的;

(五)不推动落实职工代表大会、厂务公开制度,不进行集体协商签订集体合同的;

(六)所在单位发生重大安全生产责任事故或严重职业危害,工会未依法履行职责的;

(七)所在单位发生群体性事件,造成恶劣影响的;

(八)所在单位拖欠职工工资,不按规定缴纳职工养老、医疗、工伤、失业、生育等社会保险费,工会未依法履行职责的;

(九)工会会员代表大会评议职工之家不满意率连续两年超过百分之五十的;

（十）其他需要撤销的情形。

第二十四条 有下列情形之一的，可撤销全国优秀工会工作者荣誉称号，取消全国优秀工会积极分子、全国优秀工会之友命名，收回证书和奖牌：

（一）弄虚作假，骗取荣誉的；

（二）工作严重过失，经批评教育仍不改正的；

（三）存在道德败坏、腐化堕落等不良行为，造成恶劣社会影响的；

（四）受到党内严重警告以上处分，或受到记大过以上政务处分的；

（五）被依法追究刑事责任的；

（六）其他需要撤销、取消的情形。

第二十五条 基层工会主席、副主席除适用第二十四条规定情形外，另有下列情形之一的，可撤销全国优秀工会工作者荣誉称号，收回证书和奖牌：

（一）不履行职责或履行职责不到位，工会会员代表大会测评等次连续两年为不满意，或被依法罢免的；

（二）工会不依法按期换届选举，不依法进行工会法人资格变更登记的；

（三）工会经费不依法足额拨缴或使用管理出现严重问题的；

（四）不推动落实职工代表大会、厂务公开制度，不进行集体协商签订集体合同的；

（五）工会会员代表大会评议职工之家不满意率连续两年超过百分之五十的。

第二十六条 撤销全国模范职工之家、全国模范职工小家、全国优秀工会工作者荣誉称号，取消全国优秀工会积极分子、全国优秀工会之友命名，一般由原推荐单位逐级申请，经所在省（区、市）总工会、全国产业工会、中央和国家机关工会联合会同意后，向中华全国总工会基层工作部提出书面报告。

对核查属实的，向中华全国总工会书记处提出书面请示，经审核批准后，撤销荣誉称号、取消命名，收回证书和奖牌。

对查实具有本办法第二十三条、第二十四条、第二十五条规定情形的集体和个人，中华全国总工会书记处也可直接决定撤销荣誉称号、取消命名，收回证书和奖牌，并书面通报推荐单位。

第二十七条 受表彰的基层工会所在单位破产、终止或撤销的，上一级工会应及时收回证书和奖牌，并逐级上报。

第二十八条 县级以上地方工会、各产业工会可对受表彰的先进集体进行工作经费补助，不对受表彰和命名的先进个人进行物质奖励或设置待遇。

基层工会可对其下属工会中受表彰的先进集体进行一定的工作经费补助。经会员代表大会审议通过后，基层工会也可对受表彰和命名的先进个人进行一定的物质奖励。

工作经费补助、物质奖励应符合工会经费支出有关规定。

第五章 附 则

第二十九条 各省（区、市）总工会、各全国产业工会可参照本办法制定本地区、本产业评选表彰实施办法，但不得与本办法相抵触。

第三十条 本办法由中华全国总工会负责解释。

第三十一条 本办法自发布之日起施行。

第三部分　工会宣传教育工作

1. 新时代公民道德建设实施纲要

（2019 年 10 月）

中华文明源远流长，孕育了中华民族的宝贵精神品格，培育了中国人民的崇高价值追求。中国共产党领导人民在革命、建设和改革历史进程中，坚持马克思主义对人类美好社会的理想，继承发扬中华传统美德，创造形成了引领中国社会发展进步的社会主义道德体系。坚持和发展中国特色社会主义，需要物质文明和精神文明全面发展、人民物质生活和精神生活水平全面提升。中国特色社会主义进入新时代，加强公民道德建设、提高全社会道德水平，是全面建成小康社会、全面建设社会主义现代化强国的战略任务，是适应社会主要矛盾变化、满足人民对美好生活向往的迫切需要，是促进社会全面进步、人的全面发展的必然要求。

2001 年，党中央颁布《公民道德建设实施纲要》，对在社会主义市场经济条件下加强公民道德建设提供了重要指导，有力促进了社会主义精神文明建设。党的十八大以来，以习近平同志为核心的党中央高度重视公民道德建设，立根塑魂、正本清源，作出一系列重要部署，推动思想道德建设取得显著成效。中国特色社会主义和中国梦深入人心，践行社会主义核心价值观、传承中华优秀传统文化的自觉性不断提升，爱国主义、集体主义、社会主义思想广为弘扬，崇尚英雄、尊重模范、学习先进成为风尚，民族自信心、自豪感大大增强，人民思想觉悟、道德水准、文明素养不断提高，道德领域呈现积极健康向上的良好态势。

同时也要看到，在国际国内形势深刻变化、我国经济社会深刻变革的大背景下，由于市场经济规则、政策法规、社会治理还不够健全，受不良思想文化侵蚀和网络有害信息影响，道德领域依然存在不少问题。一些地方、一些领域不同程度存在道德失范现象，拜金主义、享乐主义、极端个人主义仍然比较突出；一些社会成员道德观念模糊甚至缺失，是非、善恶、美丑不分，见利忘义、唯利是图，损人利己、损公肥私；造假欺诈、不讲信用的现象久治不绝，突破公序良俗底线、妨害人民幸福生活、伤害国家尊严和民族感情的事件时有发生。这些问题必须引起全党全社会高度重视，采取有力措施切实加以解决。

加强公民道德建设是一项长期而紧迫、艰巨而复杂的任务，要适应新时代新要求，坚持目标导向和问题导向相统一，进一步加大工作力度，把握规律、积极创新，持之以恒、久久为功，推动全民道德素质和社会文明程度达到一个新高度。

一、总体要求

要以习近平新时代中国特色社会主义思想为指导，紧紧围绕进行伟大斗争、建设伟大工程、推进伟大事业、实现伟大梦想，着眼构筑中国精神、中国价值、中国力量，促进全体人民在理想信念、价值理念、道德观念上紧密团结在一起，在全民族牢固树立中国特色社会主义共同理想，在全社会大力弘扬社会主义核心价值观，积极倡导富强民主文明和谐、自由平等公正法治、爱国敬业诚信友善，全面推进社会公德、职业道德、家庭美德、个人品德建设，持续强化教育引导、实践养成、制度保障，不断提升公民道德素质，促进人的全面发展，培养和造就担当民族复兴大任的时代新人。

——坚持马克思主义道德观、社会主义道德观，倡导共产主义道德，以为人民服务为核心，以集体主义为原则，以爱祖国、爱人民、爱劳动、爱科学、爱社会主义为基本要求，始终保持公民道德建设的社会主义方向。

——坚持以社会主义核心价值观为引领，将国家、社会、个人层面的价值要求贯穿到道德建设各方面，以主流价值建构道德规范、强化道德认同、指引道德实践，引导人们明大德、守公德、严私德。

——坚持在继承传统中创新发展，自觉传承中华传统美德，继承我们党领导人民在长期实践中形成的优良传统和革命道德，适应新时代改革开放和社会主义市场经济发展要求，积极推动创造性转化、创新性发展，不断增强道德建设的时代性实效性。

——坚持提升道德认知与推动道德实践相结合，尊重人民群众的主体地位，激发人们形成善良的道德意愿、道德情感，培育正确的道德判断和道德责任，提高道德实践能力尤其是自觉实践能力，引导人们向往和追求讲道德、尊道德、守道德的生活。

——坚持发挥社会主义法治的促进和保障作用，以法治承载道德理念、鲜明道德导向、弘扬美德义行，把社会主义道德要求体现到立法、执法、司法、守法之中，以法治的力量引导人们向上向善。

——坚持积极倡导与有效治理并举，遵循道德建设规律，把先进性要求与广泛性要求结合起来，坚持重在建设、立破并举，发挥榜样示范引领作用，加大突出问题整治力度，树立新风正气、祛除歪风邪气。

要把社会公德、职业道德、家庭美德、个人品德建设作为着力点。推动践行以文明礼貌、助人为乐、爱护公物、保护环境、遵纪守法为主要内容的社会公德，鼓励人们在社会上做一个好公民；推动践行以爱岗敬业、诚实守信、办事公道、热情服务、奉献社会为主要内容的职业道德，鼓励人们在工作中做一个好建设者；推动践行以尊老爱幼、男女平等、夫妻和睦、勤俭持家、邻里互助为主要内容的家庭美德，鼓励人们在家庭里做一个好成员；推动践行以爱国奉献、明礼遵规、勤劳善良、宽厚正直、自强自律为主要内容的个人品德，鼓励人们在日常生活中养成好品行。

二、重点任务

1.筑牢理想信念之基。人民有信仰，国家有力量，民族有希望。信仰信念指引人生方向，引领道德追求。要坚持不懈用习近平新时代中国特色社会主义思想武装全党、教育人民，引导人们把握丰富内涵、精神实质、实践要求，打牢信仰信念的思想理论根基。在全社会广泛开展理想信念教育，深化社会主义和共产主义宣传教育，深化中国特色社会主义和中国梦宣传教育，引导人们不断增强道路自信、理论自信、制度自信、文化自信，把共产主义远大理想与中国特色社会主义共同理想统一起来，把实现个人理想融入实现国家富强、民族振兴、人民幸福的伟大梦想之中。

2.培育和践行社会主义核心价值观。社会主义核心价值观是当代中国精神的集中体现，是凝聚中国力量的思想道德基础。要持续深化社会主义核心价值观宣传教育，增进认知认同、树立鲜明导向、强化示范带动，引导人们把社会主义核心价值观作为明德修身、立德树人的根本遵循。坚持贯穿结合融入、落细落小落实，把社会主义核心价值观要求融入日常生活，使之成为人们日用而不觉的道德规范和行为准则。坚持德法兼治，以道德滋养法治精神，以法治体现道德理念，全面贯彻实施宪法，推动社会主义核心价值观融入法治建设，将社会主义核心价值观要求全面体现到中国特色社会主义法律体系中，体现到法律法规立改废释、公共政策制定修订、社会治理改进完善中，为弘扬主流价值提供良好社会环境和制度保障。

3.传承中华传统美德。中华传统美德是中华文化精髓，是道德建设的不竭源泉。要以礼敬自豪的态度对待中华优秀传统文化，充分发掘文化经典、历史遗存、文物古迹承载的丰厚道德资源，弘扬古圣先贤、民族英雄、志士仁人的嘉言懿行，让中华文化基因更好植根于人们的思想意识和道德观念。深入阐发中华优秀传统文化蕴含的讲仁爱、重民本、守诚信、崇正义、尚和合、求大同等思想理念，深入挖掘自强不息、敬业乐群、扶正扬善、扶危济困、见义勇为、孝老爱亲等传统美德，并结合新的时代条件和实践要求继承创新，充分彰显其时代价值和永恒魅力，使之与现代文化、现实生活相融相通，成为全体人民精神生活、道德实践的鲜明标识。

4.弘扬民族精神和时代精神。以爱国主义为核心的民族精神和以改革创新为核心的时代精神，是中华民族生生不息、发展壮大的坚实精神支撑和强大道德力量。要深化改革开放史、新中国历史、中国共产党历史、中华民族近代史、中华文明史教育，弘扬中国人民伟大创造精神、伟大奋斗精神、伟大团结精神、伟大梦想精神，倡导一切有利于团结统一、爱好和平、勤劳勇敢、自强不息的思想和观念，构筑中华民族共有精神家园。要继承和发扬党领导人民创造的优良传统，传承红色基因，赓续精神谱系。要紧紧围绕全面深化改革开放、深入推进社会主义现代化建设，大力倡导解放思想、实事求是、与时俱进、求真务实的理念，倡导“幸福源自奋斗”、“成功在于奉献”、“平凡孕育伟大”的理念，弘扬改革开放精神、劳动精神、劳模精神、工匠精神、优秀企业家精神、科学家精神，使全体人民保持昂扬向上、奋发有为的精神状态。

三、深化道德教育引导

1.把立德树人贯穿学校教育全过程。学校是公民道德建设的重要阵地。要全面贯彻党的教育方针，坚持社会主义办学方向，坚持育人为本、德育为先，把思想品德作为学生核心素养、纳入学业质量标准，构建德智体美劳全面培养的教育体系。加强思想品德教育，遵循不同年龄阶段的道德认知规律，结合基础教育、职业教育、高等教育的不同特点，把社会主义核心价值观和道德规范有效传授给学生。注重融入贯穿，把公民道德建设的内容和要求体现到各学科教育中，体现到学科体系、教学体系、教材体系、管理体系建设中，使传授知识过程成为道德教化过程。开展社会实践活动，强化劳动精神、劳动观念教育，引导学生热爱劳动、尊重劳动，懂得劳动最光荣、劳动最崇高、劳动最伟大、劳动最美丽的道理，更好认识社会、了解国情，增强社会责任感。加强师德师风建设，引导教师以德立身、以德立学、以德施教、以德育德，做有理想信念、有道德情操、有扎实学识、有仁爱之心的好老师。建设优良校风，用校训励志，丰富校园文化生活，营造有利于学生修德立身的良好氛围。

2.用良好家教家风涵育道德品行。家庭是社会的基本细胞，是道德养成的起点。要弘扬中华民族传统家庭美德，倡导现代家庭文明观念，推动形成爱国爱家、相亲相爱、向上向善、共建共享的社会主义家庭文明新风尚，让美德在家庭中生根、在亲情中升华。通过多种方式，引导广大家庭重言传、重身教，教知识、育品德，以身作则、耳濡目染，用正确道德观念塑造孩子美好心灵；自觉传承中华孝道，感念父母养育之恩、感念长辈关爱之情，养成孝敬父母、尊敬长辈的良好品质；倡导忠诚、责任、亲情、学习、公益的理念，让家庭成员相互影响、共同提高，在为家庭谋幸福、为他人送温暖、为社会作贡献过程中提高精神境界、培育文明风尚。

3.以先进模范引领道德风尚。伟大时代呼唤伟大精神，崇高事业需要榜样引领。要精心选树时代楷模、道德模范等先进典型，综合运用宣讲报告、事迹报道、专题节目、文艺作品、公益广告等形式，广泛宣传他们的先进事迹和突出贡献，树立鲜明时代价值取向，彰显社会道德高度。持续推出各行各业先进人物，广泛推荐宣传最美人物、身边好人，让不同行业、不同群体都能学有榜样、行有示范，形成见贤思齐、争当先进的生动局面。尊崇褒扬、关心关爱先进人物和英雄模范，建立健全关爱关怀机制，维护先进人物和英雄模范的荣誉和形象，形成德者有得、好人好报的价值导向。

4.以正确舆论营造良好道德环境。舆论具有成风化人、敦风化俗的重要作用。要坚持以正确的舆论引导人，把正确价值导向和道德要求体现到经济、社会、文化等各领域的新闻报道中，体现到娱乐、体育、广告等各类节目栏目中。加强对道德领域热点问题的引导，以事说理、以案明德，着力增强人们的法治意识、公共意识、规则意识、责任意识。发挥舆论监督作用，对违反社会道德、背离公序良俗的言行和现象，及时进行批评、驳斥，激浊扬清、弘扬正气。传媒和相关业务从业人员要加强道德修养、强化道德自律，自觉履行社会责任。

5.以优秀文艺作品陶冶道德情操。文以载道，文以传情，文以植德。要把培育和弘扬社会主义核心价值观作为根本任务，坚持以人民为中心的创作导向，推出更多讴歌党、讴歌祖国，讴歌人民、讴歌英雄，讴歌劳动、讴歌奉献的精品力作，润物无声传播真善美，弘扬崇高的道德理想和道德追求。坚持把社会效益放在首位，倡导讲品位、讲格调、讲责任，抵制低俗、庸俗、媚俗，用健康向上的文艺作品温润心灵、启迪心智、引领风尚。要把社会主义道德作为文艺评论、评介、评奖的重要标准，更好地引导文艺创作生产传播坚守正道、弘扬正气。文艺工作者要把崇德尚艺作为一生的功课，把为人、做事、从艺统一起来，加强思想积累、知识储备、艺术训练，提高学养、涵养、修养，努力追求真才学、好德行、高品位，做到德艺双馨。

6.发挥各类阵地道德教育作用。各类阵地是面向广大群众开展道德教育的基本依托。要加强新时代文明实践中心建设，大力推进媒体融合发展，抓好县级融媒体中心建设，推动基层广泛开展中国特色社会主义文化、社会主义思想道德学习教育实践，引导人们提高思想觉悟、道德水准、文明素养。加强爱国主义教育基地和革命纪念设施建设保护利用，充实展陈内容，丰富思想内涵，提升教育功能。民族团结、科普、国防等教育基地，图书馆、文化馆、博物馆、纪念馆、科技馆、青少年活动中心等公共文化设施，都要结合各自功能特点有针对性地开展道德教育。用好宣传栏、显示屏、广告牌等户外媒介，营造明德守礼的浓厚氛围。

7.抓好重点群体的教育引导。公民道德建设既要面向全体社会成员开展，也要聚焦重点、抓住关键。党员干部的道德操守直接影响着全社会道德风尚，要落实全面从严治党要求，加强理想信念教育，补足精神之钙；要加强政德修养，坚持法律红线不可逾越、道德底线不可触碰，在严肃规范的党内政治生活中锤炼党性、改进作风、砥砺品质，践行忠诚老实、公道正派、艰苦奋斗、清正廉洁等品格，正心修身、慎独慎微，严以律己、廉洁齐家，在道德建设中为全社会作出表率。青少年是国家的希望、民族的未来，要坚持从娃娃抓起，引导青少年把正确的道德认知、自觉的道德养成、积极的道德实践紧密结合起来，善于从中华民族传统美德中汲取道德滋养，从英雄人物和时代楷模身上感受道德风范，从自身内省中提升道德修为，不断修身立德，打牢道德根基。全社会都要关心帮助支持青少年成长发展，完善家庭、学校、政府、社会相结合的思想道德教育体系，引导青少年树立远大志向，热爱党、热爱祖国、热爱人民，形成好思想、好品行、好习惯，扣好人生第一粒扣子。社会公众人物知名度高、影响力大，要加强思想政治引领，引导他们承担社会责任，加强道德修养，注重道德自律，自觉接受社会和舆论监督，树立良好社会形象。

四、推动道德实践养成

1.广泛开展弘扬时代新风行动。良好社会风尚是社会文明程度的重要标志，涵育着公民美德善行，推动着社会和谐有序运转。要紧密结合社会发展实际，广泛开展文明出行、文明交通、文明旅游、文明就餐、文明观赛等活动，引导人们自觉遵守社会交往、公共场所中的文明规范。着眼完善社会治理、规范社会秩序，推动街道社区、交通设施、医疗场所、景区景点、文体场馆等的精细管理、规范运营，优化公共空间、提升服务水平，为人们增强公共意识、规则意识创造良好环境。

2.深化群众性创建活动。各类群众性创建活动是人民群众自我教育、自我提高的生动实践。群众性精神文明创建活动要突出道德要求，充实道德内容，将社会公德、职业道德、家庭美德、个人品德建设贯穿创建全过程。文明城市、文明村镇创建要坚持为民利民惠民，突出文明和谐、宜居宜业，不断提升基层社会治理水平和群众文明素质。文明单位创建要立足行业特色、职业特点，突出涵养职业操守、培育职业精神、树立行业新风，引导从业者精益求精、追求卓越，为社会提供优质产品和服务。文明家庭创建要聚焦涵育家庭美德，弘扬优良家风。文明校园创建要聚焦立德树人，培养德智体美劳全面发展的社会主义建设者和接班人。各级党政机关、各行业各系统开展的创建活动，要把公民道德建设摆在更加重要的位置，以扎实有效的创建工作推动全民道德素质提升。

3.持续推进诚信建设。诚信是社会和谐的基石和重要特征。要继承发扬中华民族重信守诺的传统美德，弘扬与社会主义市场经济相适应的诚信理念、诚信文化、契约精神，推动各行业各领域制定诚信公约，加快个人诚信、政务诚信、商务诚信、社会诚信和司法公信建设，构建覆盖全社会的征信体系，健全守信联合激励和失信联合惩戒机制，开展诚信缺失突出问题专项治理，提高全社会诚信水平。重视学术、科研诚信建设，严肃查处违背学术科研诚信要求的行为。深入开展"诚信建设万里行"、"诚信兴商宣传月"等活动，评选发布"诚信之星"，宣传推介诚信先进集体，激励人们更好地讲诚实、守信用。

4.深入推进学雷锋志愿服务。学雷锋和志愿服务是践行社会主义道德的重要途径。要弘扬雷锋精神和奉献、友爱、互助、进步的志愿精神，围绕重大活动、扶贫救灾、敬老救孤、恤病助残、法律援助、文化支教、环境保护、健康指导等，广泛开展学雷锋和志愿服务活动，引导人们把学雷锋和志愿服务作为生活方式、生活习惯。推动志愿服务组织发展，完善激励褒奖制度，推进学雷锋志愿服务制度化常态化，使"我为人人、人人为我"蔚然成风。

5.广泛开展移风易俗行动。摒弃陈规陋习、倡导文明新风是道德建设的重要任务。要围绕实施乡村振兴战略，培育文明乡风、淳朴民风，倡导科学文明生活方式，挖掘创新乡土文化，不断焕发乡村文明新气象。充分发挥村规民约、道德评议会、红白理事会等作用，破除铺张浪费、薄养厚葬、人情攀比等不良习俗。要提倡科学精神，普及科学知识，抵制迷信和腐朽落后文化，防范极端宗教思想和非法宗教势力渗透。

6.充分发挥礼仪礼节的教化作用。礼仪礼节是道德素养的体现，也是道德实践的载体。要制定国家礼仪规程，完善党和国家功勋荣誉表彰制度，规范开展升国旗、奏唱国歌、入党入团入队等仪式，强化仪式感、参与感、现代感，增强人们对党和国家、对组织集体的认同感和归属感。充分利用重要传统节日、重大节庆和纪念日，组织开展群众性主题实践活动，丰富道德体验、增进道德情感。研究制定继承中华优秀传统、适应现代文明要求的社会礼仪、服装服饰、文明用语规范，引导人们重礼节、讲礼貌。

7.积极践行绿色生产生活方式。绿色发展、生态道德是现代文明的重要标志，是美好生活的基础、人民群众的期盼。要推动全社会共建美丽中国，围绕世界地球日、世界环境日、世界森林日、世界水日、世界海洋日和全国节能宣传周等，广泛开展多种形式的主题宣传实践活动，坚持人与自然和谐共生，引导人们树立尊重自然、顺应自然、保护自然的理念，树立绿水青山就是金山银山的理念，增强节约意识、环保意识和生态意识。开展创建节约型机关、绿色家庭、绿色学校、绿色社区、绿色出行和垃圾分类等行动，倡导简约适度、绿色低碳的生活方式，拒绝奢华和浪费，引导人们做生态环境的保护者、建设者。

8.在对外交流交往中展示文明素养。公民道德风貌关系国家形象。实施中国公民旅游文明素质行动计划，推动出入境管理机构、海关、驻外机构、旅行社、网络旅游平台等，加强文明宣传教育，引导中国公民在境外旅游、求学、经商、探亲中，尊重当地法律法规和文化习俗，展现中华美德，维护国家荣誉和利益。培育健康理性的国民心态，引导人们在各种国际场合、涉外活动和交流交往中，树立自尊自信、开放包容、积极向上的良好形象。

五、抓好网络空间道德建设

1.加强网络内容建设。网络信息内容广泛影响着人们的思想观念和道德行为。要深入实施网络内容建设工程，弘扬主旋律，激发正能量，让科学理论、正确舆论、优秀文化充盈网络空间。发展积极向上的网络文化，引导互联网企业和网民创作生产传播格调健康的网络文学、网络音乐、网络表演、网络电影、网络剧、网络音视频、网络动漫、网络游戏等。加强网上热点话题和突发事件的正确引导、有效引导，明辨是非、分清善恶，让正确道德取向成为网络空间的主流。

2.培养文明自律网络行为。网上行为主体的文明自律是网络空间道德建设的基础。要建立和完善网络行为规范，明确网络是非观念，培育符合互联网发展规律、体现社会主义精神文明建设要求的网络伦理、网络道德。倡导文明办网，推动互联网企业自觉履行主体责任、主动承担社会责任，依法依规经营，加强网络从业人员教育培训，坚决打击网上有害信息传播行为，依法规范管理传播渠道。倡导文明上网，广泛开展争做中国好网民活动，推进网民网络素养教育，引导广大网民尊德守法、文明互动、理性表达，远离不良网站，防止网络沉迷，自觉维护良好网络秩序。

3.丰富网上道德实践。互联网为道德实践提供了新的空间、新的载体。要积极培育和引导互联网公益力量，壮大网络公益队伍，形成线上线下踊跃参与公益事业的生动局面。加强网络公益宣传，引导人们随时、随地、随手做公益，推动形成关爱他人、奉献社会的良好风尚。拓展“互联网+公益”、“互联网+慈善”模式，广泛开展形式多样的网络公益、网络慈善活动，激发全社会热心公益、参与慈善的热情。加强网络公益规范化运行和管理，完善相关法规制度，促进网络公益健康有序发展。

4.营造良好网络道德环境。加强互联网管理，正能量是总要求，管得住是硬道理，用得好是真本事。要严格依法管网治网，加强互联网领域立法执法，强化网络综合治理，加强网络社交平台、各类公众账号等管理，重视个人信息安全，建立完善新技术新应用道德评估制度，维护网络道德秩序。开展网络治理专项行动，加大对网上突出问题的整治力度，清理网络欺诈、造谣、诽谤、谩骂、歧视、色情、低俗等内容，反对网络暴力行为，依法惩治网络违法犯罪，促进网络空间日益清朗。

六、发挥制度保障作用

1.强化法律法规保障。法律是成文的道德，道德是内心的法律。要发挥法治对道德建设的保障和促进作用，把道德导向贯穿法治建设全过程，立法、执法、司法、守法各环节都要体现社会主义道德要求。及时把实践中广泛认同、较为成熟、操作性强的道德要求转化为法律规范，推动社会诚信、见义勇为、志愿服务、勤劳节俭、孝老爱亲、保护生态等方面的立法工作。坚持严格执法，加大关系群众切身利益重点领域的执法力度，以法治的力量维护道德、凝聚人心。坚持公正司法，发挥司法裁判定分止争、惩恶扬善功能，定期发布道德领域典型指导性司法案例，让人们从中感受到公平正义。推进全民守法普法，加强社会主义法治文化建设，营造全社会讲法治、重道德的良好环境，引导人们增强法治意识、坚守道德底线。

2.彰显公共政策价值导向。公共政策与人们生产生活和现实利益密切相关，直接影响着人们的价值取向和道德判断。各项公共政策制度从设计制定到实施执行，都要充分体现道德要求，符合人们道德期待，实现政策目标和道德导向有机统一。科学制定经济社会政策和改革举措，在涉及就业、就学、住房、医疗、收入分配、社会保障等重大民生问题上，妥善处理各方面利益关系，充分体现维护社会公平正义的要求。加强对公共政策的道德风险和道德效果评估，及时纠正与社会主义道德相背离的突出问题，促进公共政策与道德建设良性互动。

3.发挥社会规范的引导约束作用。各类社会规范有效调节着人们在共同生产生活中的关系和行为。要按照社会主义核心价值观的基本要求，健全各行各业规章制度，修订完善市民公约、乡规民约、学生守则等行为准则，突出体现自身特点的道德规范，更好发挥规范、调节、评价人们言行举止的作用。要发挥各类群众性组织的自我教育、自我管理、自我服务功能，推动落实各项社会规范，共建共享与新时代相匹配的社会文明。

4.深化道德领域突出问题治理。道德建设既要靠教育倡导，也要靠有效治理。要综合施策、标本兼治，运用经济、法律、技术、行政和社会管理、舆论监督等各种手段，有力惩治失德败德、突破道德底线的行为。要组织开展道德领域突出问题专项治理，不断净化社会文化环境。针对污蔑诋毁英雄、伤害民族感情的恶劣言行，特别是对于损害国家尊严、出卖国家利益的媚外分子，要依法依规严肃惩戒，发挥警示教育作用。针对食品药品安全、产品质量安全、生态环境、社会服务、公共秩序等领域群众反映强烈的突出问题，要逐一进行整治，让败德违法者受到惩治、付出代价。建立惩戒失德行为常态化机制，形成扶正祛邪、惩恶扬善的社会风气。

七、加强组织领导

加强新时代公民道德建设，是推进中国特色社会主义事业的一项基础性、战略性工程。要坚持和加强党的领导，增强“四个意识”，坚定“四个自信”，做到“两个维护”，确保公民道德建设的正确方向。各级党委和政府要担负起公民道德建设的领导责任,将其摆上重要议事日程,纳入全局工作谋划推进,有机融入经济社会发展各方面。纪检监察机关和组织、统战、政法、网信、经济、外交、教育、科技、卫生健康、交通运输、民政、文化和旅游、民族宗教、农业农村、自然资源、生态环境等党政部门,要紧密结合工作职能,积极履行公民道德建设责任。发挥基层党组织和党员在新时代公民道德建设中的战斗堡垒作用和先锋模范作用。工会、共青团、妇联等群团组织,各民主党派和工商联,要积极发挥自身优势,共同推动公民道德建设。

各级文明委和党委宣传部要切实履行指导、协调、组织职能,统筹力量、精心实施、加强督查,抓好工作任务落实。注重分析评估公民道德建设的进展和成效,及时总结推广成功经验和创新做法,加强道德领域重大理论和实践问题研究,推动形成公民道德建设蓬勃开展、深入发展的良好局面。

2. 全国和谐劳动关系创建工作先进集体和先进个人表彰办法

(2023 年 4 月 18 日)

第一章　总　则

第一条　为规范有序开展全国和谐劳动关系创建工作先进集体和先进个人评选表彰活动,树立全国和谐劳动关系创建工作先进典型,发挥其在推动构建规范有序、公正合理、互利共赢、和谐稳定的劳动关系中的示范带动作用,激励各方积极参与创建活动,推动形成广覆盖、全方位、多层次的创建局面,根据中共中央办公厅、国务院办公厅《评比达标表彰活动管理办法》(中办发〔2018〕69 号)、《关于人力资源社会保障部评比达标表彰项目的函》(国评组函〔2021〕112 号)等相关规定,制定本办法。

第二条　全国和谐劳动关系创建工作先进集体和先进个人评选表彰每 5 年开展一次,由人力资源社会保障部会同全国总工会、中国企业联合会/中国企业家协会、全国工商联组织实施。

第三条　全国和谐劳动关系创建工作先进集体评选范围为:组织开展和谐劳动关系创建工作的机构、社会组织、街道(乡镇)和工业园区等。全国和谐劳动关系创建工作先进个人评选范围为:在和谐劳动关系创建工作中作出突出贡献的个人。

第四条　"全国和谐劳动关系创建工作先进集体"和"全国和谐劳动关系创建工作先进个人"奖项设置和名额不得突破已批准项目和名额上限。其中,先进集体 100 个、先进个人 300 名。

第五条　表彰工作坚持公开、公平、公正的原则,严格按照三方协商、自下而上、逐级推荐、民主择优的方式进行。

第二章　评选条件

第六条　全国和谐劳动关系创建工作先进集体应当具备下列基本条件:

（一）政治方向正确坚定。以习近平新时代中国特色社会主义思想为指导，学习贯彻党中央、国务院关于构建和谐劳动关系的决策部署和习近平总书记关于构建和谐劳动关系的重要论述，深刻领悟“两个确立”的决定性意义，增强“四个意识”、坚定“四个自信”、做到“两个维护”，把党的领导落实到和谐劳动关系创建工作全过程、各方面、各环节，始终保持正确政治方向。

（二）组织领导保障有力。党委领导的政府、工会、企业代表组织三方共同参与的组织领导机制健全，加强对创建工作的部署、组织、调度。将创建工作纳入当地政府重要议事日程，建立和谐创建工作目标责任制，明确责任主体、重点任务、时间进度、保障措施。健全日常管理台账，定期通报创建工作信息，加强创建工作督导检查，确保如期完成和谐创建目标任务。

（三）和谐劳动关系创建工作成效显著。一是单位党组织在和谐劳动关系创建工作中把关定向、团结凝聚各方力量、健全协调劳动关系工作机制、加强部门协调配合等方面组织领导作用突出；二是求真务实、攻坚克难，在健全劳动关系协调机制、矛盾调处机制、争议多元处理机制、劳动者权益保障机制，积极防范化解劳动关系风险矛盾等方面发挥重要作用，取得积极成果；三是真抓实干、务求实效，在扩大创建范围、丰富创建内容、规范创建标准、科学创建评价、完善创建激励等方面业绩突出；四是勇于创新、锐意改革，在行业和谐创建、劳动关系基层公共服务、培育积极向上和谐文化等方面特色亮点纷呈；五是高举旗帜、强化宣传，通过设立宣传月、开设专栏、举办巡回演讲、开展主题征文和摄影作品征集、拍摄专题片等方式予以大力宣传，在发挥先进典型示范引领作用、打造和谐创建特色品牌、提升创建工作社会影响力等方面成效显著。以上各项工作均年初制定工作计划、年底如期完成，具体工作实绩和成效在本区域、本行业内处于前列。

第七条　全国和谐劳动关系创建工作先进个人应当具备下列基本条件：

（一）以习近平新时代中国特色社会主义思想为指导，学习贯彻党中央、国务院关于构建和谐劳动关系的决策部署和习近平总书记关于构建和谐劳动关系的重要论述，深刻领悟“两个确立”的决定性意义，增强“四个意识”、坚定“四个自信”、做到“两个维护”，自觉在思想上政治上行动上同以习近平同志为核心的党中央保持高度一致。

（二）带头贯彻落实《关于推进新时代和谐劳动关系创建活动的意见》，勇于创新、敢于担当、善于协调，主动宣传积极向上的和谐文化，具有优良的职业风范和求真务实的工作作风。

（三）组织领导或从事和谐劳动关系创建工作 1 年以上，在扩大创建范围、丰富创建层次、增强创建实效，努力形成全方位、多层次、特色鲜明的创建局面等方面事迹突出。

（四）先进个人所在单位应满足本办法第六条规定的先进集体基本条件或和谐劳动关系创建标准。

第八条　单位领导班子成员曾受到党纪、政务处分或者刑事处罚及被问责的，或因涉嫌违纪违法被立案调查审查的，不得评为全国和谐劳动关系创建工作先进集体。

个人曾受到党纪、政务处分或者刑事处罚及被问责的，或因涉嫌违纪违法被立案调查审查的，不得评为全国和谐劳动关系创建工作先进个人。

第三章　评选程序

第九条　人力资源社会保障部会同全国总工会、中国企业联合会/中国企业家协会、全国工商联成立全国和谐劳动关系创建工作先进集体和先进个人表彰工作领导小组及其办公室，并向社会公开评选范围、评选条件、评选程序、表彰名额、奖励办法等内容。

第十条　评选工作按照推荐、初审、复审等程序组织实施，并严格实行“谁推荐谁公示”制度。拟推荐对象由各县（市、区、旗）、市（地、州、盟）、省（自治区、直辖市）协调劳动关系三方机制和国家协调劳动关系三方会议成员单位自下而上、逐级择优推荐审核。

（一）组织推荐。推荐单位按照评选标准和要求，在广泛征求意见基础上，集体研究提出先进集体和先进个人推荐意见，并在本单位或辖区内公示5个工作日。推荐的集体和个人所在单位为机关、人民团体、事业单位等组织的，应按照管理权限征求组织人事部门、纪检监察机关和工会等意见。公示无异议后，推荐材料按管理权限分别报送县（市、区、旗）、市（地、州、盟）、省（自治区、直辖市）协调劳动关系三方机制或国家协调劳动关系三方会议成员单位。

（二）初审考察。各省（自治区、直辖市）协调劳动关系三方机制和国家协调劳动关系三方会议成员单位就评选推荐程序的规范性、推荐材料的真实性以及推荐对象的基本情况、事迹等进行审核，必要时可按管理权限进行组织考察，并在本单位或辖区内公示5个工作日。公示无异议后，形成推荐工作报告，报送全国和谐劳动关系创建工作先进集体和先进个人表彰工作领导小组办公室。

（三）复审评议。全国和谐劳动关系创建工作先进集体和先进个人表彰工作领导小组办公室对推荐的集体和个人基本条件、代表性、典型性等情况进行复审，提出拟表彰对象名单，并在全国范围内公示5个工作日。公示无异议后，报全国和谐劳动关系创建工作先进集体和先进个人表彰工作领导小组确定表彰对象名单。

第四章　评选要求

第十一条　评选先进集体和先进个人要重点向基层和工作一线倾斜，统筹考虑三方、地域、行业等方面的代表性，原则上不将同一单位及其工作人员同时推荐为先进集体和先进个人。一般不评选副司局级或者相当于副司局级以上单位和干部、县级以上党委或者政府，县处级干部比例原则上不超过先进个人评选总数的20%。

第十二条　评选工作突出实干实绩导向，以思想政治表现、工作业绩和贡献大小作为主要衡量标准，切实将政治过硬、业绩突出、作风优良的集体和个人选上来，形成让实干者得荣誉的正向激励效应。

第十三条　评选工作要严把政治关、作风关、廉洁关、业绩关，认真处理群众举报，杜绝暗箱操作。对于不符合推荐条件或者未严格按照规定程序推荐的单位或者个人，经查实后撤销其推荐资格。评选工作中有违纪违法行为的，按有关规定予以处理。

第五章　表彰和管理

第十四条　人力资源社会保障部会同全国总工会、中国企业联合会/中国企业家协会、全国工商联组织召开全国和谐劳动关系创建工作先进集体和先进个人表彰暨经验交流会，对评选出的先进集体，授予“全国和谐劳动关系创建工作先进集体”称号，颁发奖牌、证书。对评选出的先进个人，授予“全国和谐劳动关系创建工作先进个人”称号，颁发奖章、证书。表彰决定向社会公布。

第十五条 人力资源社会保障部会同全国总工会、中国企业联合会/中国企业家协会、全国工商联适时组织开展全国和谐劳动关系创建工作先进集体和先进个人事迹报告会。

第十六条 先进集体和先进个人有违纪违法行为、影响恶劣的,或者隐瞒情况、弄虚作假骗取表彰的,按规定程序撤销其所获表彰,收回其奖牌或奖章、证书。

第六章 组织经费保障

第十七条 各级人力资源社会保障部门、总工会、企业联合会/企业家协会、工商联不得以任何方式向评选单位和个人收取或者变相收取费用。

第十八条 表彰工作经费由中央财政等列支,人力资源社会保障部、全国总工会、中国企业联合会/中国企业家协会、全国工商联以分工为基础列入年度预算,主要用于召开全国和谐劳动关系创建工作先进集体和先进个人表彰暨经验交流会以及制作奖牌、奖章、证书等。

第七章 附 则

第十九条 本办法由人力资源社会保障部负责解释。

第二十条 本办法自发布之日起施行。

3. 关于建立健全工会领导机关干部赴基层蹲点工作长效机制的意见

(2021 年 12 月 31 日)

为进一步密切工会领导机关与基层工会和职工群众的联系,推动解决基层工会和职工群众面临的实际困难和问题,改进工作作风,增进职工感情,提高做好职工群众工作能力水平,巩固拓展蹲点工作成果,培养锻炼工会机关干部特别是年轻干部,现就建立健全工会领导机关干部赴基层蹲点工作长效机制提出如下意见。

一、总体要求

坚持以习近平新时代中国特色社会主义思想为指导,深入学习贯彻习近平总书记关于工人阶级和工会工作的重要论述,围绕保持和增强工会组织和工会工作的政治性、先进性、群众性,深化工会改革创新,夯实工会基层基础,密切与职工群众的血肉联系,维护劳动领域政治安全,实现赴基层蹲点工作常态化、长效化、制度化,持续推动解决一批问题、办成一批实事、形成一批成果、锻炼一批干部,更好地团结引导广大职工坚定不移听党话跟党走,为实现第二个百年奋斗目标、实现中华民族伟大复兴的中国梦贡献智慧和力量。主要把握以下原则:

——坚持正确方向。始终自觉接受党的领导,坚持以党的创新理论武装头脑、指导实践、推动工作,充分发挥党联系职工群众的桥梁和纽带作用,不折不扣将党中央决策部署贯彻落实到工会各项工作中去,积极向广大职工宣传党的理论和路线方针政策。

——坚持职工为本。贯彻以人民为中心的发展思想，坚持以职工为中心的工作导向，树牢群众观点，践行群众路线，厚植为民情怀，强化服务意识，说职工话、解职工愁、办职工事，不断实现好、维护好、发展好广大职工根本利益，永远保持同职工群众的血肉联系。

——坚持问题导向。聚焦基层工会难点堵点和短板弱项，回应职工群众利益诉求和热切期盼，深入一线摸清情况、发现问题、“解剖麻雀”、破解难题，实现问题导向、目标导向、效果导向有机统一，以实实在在的工作成效取信于基层、取信于职工。

——坚持改革创新。积极适应新时代职工队伍和劳动关系新变化新特征新趋势，发扬改革创新精神，不断改进工作方式方法，推动工会改革向基层延伸，着力夯实基层基础，为基层工会提供精准指导和服务，真正使基层工会建起来、转起来、活起来。

二、主要任务

（一）以加强政治引领为保证，巩固团结奋进的思想基础。深入基层工会和职工群众，广泛开展有特色、接地气、入人心的宣传宣讲活动，使习近平新时代中国特色社会主义思想走近职工身边、走进职工心里；推动落实党中央部署开展的各类主题教育活动，深化“中国梦・劳动美”主题宣传教育，大力弘扬劳模精神、劳动精神、工匠精神，指导和推动建设健康文明、昂扬向上、全员参与的职工文化。

（二）以推动建会入会为重点，不断扩大工会组织覆盖面。推行“重点建、行业建、兜底建”模式，积极协助地方和基层工会针对头部企业、重点企业开展建会攻坚，努力把货车司机、网约车司机、快递员、外卖配送员等新就业形态劳动者组织到工会中来。坚持属地管理、线上线下相结合，对未建工会的重点单位，实行领导干部带队包干制度，推动单位建会、职工入会；对已建工会的单位，协助完善制度机制，补短板、强弱项，不断提升基层工会规范化建设水平。

（三）以强化维权服务为关键，着力解决实际困难和问题。加强与蹲点单位党政沟通联系，深入了解企业生产经营状况，了解职工期盼关切，多方争取工会内外的资源和手段，着力推动解决涉及职工切身利益的问题，特别是职工群众关注的困难救助、转岗就业、工资社保、休息休假、劳动安全卫生、女职工权益等“急难愁盼”问题，切实履行好维权服务基本职责。积极推动做好新就业形态劳动者的权益保障工作。进一步深化产业工人队伍建设改革，指导落实技术工人待遇，维护好职工的发展权益。

（四）以构建和谐劳动关系为主线，维护职工队伍团结稳定。宣传普及劳动法律法规，增强职工法治意识。推动落实职工代表大会、厂务公开、职工董事监事、集体协商等制度机制，协助做好劳动关系协调、劳动争议化解及职工法律援助等工作。深入调查研究，及时掌握蹲点单位劳动关系焦点问题和职工思想动态，有针对性地做好心理疏导工作，引导职工依法理性有序表达利益诉求。

（五）以提升服务职工水平为目标，切实培养锻炼工会干部队伍。从工会事业发展、干部队伍建设和年轻干部成长需要出发，把蹲点工作作为锻炼干部的重要形式，把蹲点一线作为锻炼和培养机关干部的重要阵地，让机关干部在基层一线见世面，在急难险重任务中经风雨，在服务职工最前沿长本领，切实发挥好宣传员、组织员、办事员、联络员作用，增强做好群众工作的能力和担当作为的底气。

三、工作制度机制

（一）建立蹲点工作制度。自 2022 年起，全总、省级和市级总工会机关每年选派 3%

到5%的干部赴基层蹲点,其直属事业单位是否参加蹲点工作,由本级总工会研究确定。县级工会可根据自身情况选派机关干部参与蹲点工作。各级工会领导机关可联合组成蹲点工作组。蹲点时间一般选择在每年第二三季度,时间一般不少于3个月,可结合工作实际具体确定。蹲点范围主要是未建工会、工会工作比较薄弱、劳动关系情况比较复杂单位所在地的乡镇(街道)、开发区(工业园区)工会和县级以下区域性、行业性工会联合会。严格干部选派标准,选派经验丰富、善于解决复杂问题的领导干部带队并担任组长,选派一定比例业务素质较全面、责任意识较强、具备一定组织协调能力的年轻干部参与。蹲点工作组人员可进行轮换。西藏、新疆等偏远地区工会可根据当地实际灵活安排蹲点工作。

(二)建立党建引领制度。各级工会蹲点工作组要建立临时党组织,由蹲点工作组组长担任临时党组织负责人,作为党建工作第一责任人,负责牵头抓好政治理论和业务知识学习、落实党内生活制度、严明党的纪律及党员日常教育和管理等工作,完成党中央和上级党组织部署的各类学习教育任务,促进党建与蹲点工作融合推进,在蹲点工作中发挥好党组织的战斗堡垒作用和党员先锋模范作用。

(三)建立调查研究机制。把蹲点过程作为深入调查研究的过程。各级工会针对工会工作中面临的突出问题、职工群众普遍关心的热点难点问题,每年至少确定1项蹲点工作重点调研课题。对优秀调研成果以工作报告、信息简报、媒体刊发、成果交流会、结集汇编等方式宣传交流,及时为工会领导机关科学决策提供参考。

(四)建立问题解决机制。建立健全蹲点工作汇报、研商制度。蹲点工作组每月向派出单位汇报工作情况。工会领导机关根据工作需要适时召开蹲点工作汇报会,及时总结梳理蹲点中发现的问题,通过会商研判,谋划解决问题的思路举措。注重发挥地方积极性、主动性,各蹲点工作组要加强与当地党委政府、有关部门和工会的沟通协作,帮助基层工会和职工群众解决实际困难和问题。对个性问题,推动就地解决。对共性问题,找准症结,提出对策,并向上级工会报告,有序推动问题解决。建立蹲点工作成果转化机制,对看得准、有共识、行得通的经验和办法,要及时巩固提升到政策和制度层面。

(五)建立为职工办实事机制。建立为职工办实事清单制度。各蹲点工作组在充分了解蹲点单位情况的基础上,明确办实事内容、措施、完成时限等。协助做好送温暖等工会品牌活动,利用重要时间节点,走访慰问困难职工、劳动模范和工匠人才代表,把党和政府的关怀送到职工心坎上。

(六)建立重大事项报告机制。建立风险隐患专项排查和报告制度。拓宽职工意见表达渠道,通过多种有效方式倾听基层意见和职工呼声,对涉及职工队伍稳定和劳动领域政治安全等方面的苗头性倾向性问题,要进行梳理排查,第一时间向当地工会和上级工会报告,提出对策建议,及时防范化解风险隐患。

四、保障措施

(一)加强组织领导。各级工会领导机关要把干部赴基层蹲点工作摆在突出位置,成立机关干部赴基层蹲点工作联络指导小组,负责蹲点工作的组织领导、宣传报道、督促检查和后勤保障等工作。要明确责任分工,狠抓任务落实,一般由综合协调部门、组织人事部门牵头联络指导蹲点工作,各有关部门(单位)从资源配置、政策指导、工作保障等方面积极支持派驻蹲点工作组的工作。对蹲点干部做好行前培训,指导其掌握运用好蹲点工作“政策工具包”。蹲点工作组所在地方和基层工会，要积极配合，为工作组开展工作提供必要的条件。各蹲点工作组要发挥所在地方和基层工会主体作用，充分了解地方和基层工会的实际情况，广泛听取意见建议，注重在帮助、指导和推动工作上用力，避免代替或干扰地方和基层工会正常工作。

（二）加强服务保障。各级工会领导机关要建立蹲点工作领导干部包点联系制度，领导班子成员按照工作分工确定包联的蹲点工作组，定期走访调研、了解情况、听取汇报，及时研究解决蹲点工作中的各种问题，关心爱护蹲点干部，解决干部实际困难。工会领导机关要将蹲点工作专项经费列入年度预算，保障蹲点工作顺利实施；对攻坚克难的专项工作进行专门经费扶持，对工作基础薄弱的基层工会进行必要扶持。赴基层蹲点期间，可执行当地差旅费相关规定。

（三）加强评估激励。建立对蹲点工作的评估制度，每次蹲点结束后，由各级工会蹲点工作联络指导小组对各蹲点工作组的工作完成情况和取得的成效进行评估，表扬先进、激励后进。对工作不合格的，要通报批评。上级工会要加强对下级工会蹲点工作的调研、指导和服务，及时发掘典型、总结经验、宣传推广。建立工作台账制度，加强蹲点工作的日常督促检查。把蹲点工作表现作为干部评优评先、选拔使用的重要依据，对在蹲点期间表现突出的干部给予表扬和奖励。

（四）加强舆论宣传。发挥工会宣传舆论阵地作用，借助主流媒体传播渠道，充分利用新媒体资源，及时报道蹲点工作中推动政策落地、帮助企业建会、化解劳动关系矛盾、帮扶困难职工、组织职工活动等方面的进展和成效，提高影响力，扩大传播面，营造广大职工充分了解工会、社会各界大力支持工会的良好氛围。开展蹲点工作交流活动，对蹲点工作中涌现出来的好事迹好经验好做法，进行宣传推广学习。

（五）加强纪律监督。各级工会结合实际制定蹲点工作纪律规定，加强对蹲点工作组的纪律监督，坚决克服形式主义、官僚主义，确保蹲点工作风清气正、规范有序、取得实效。蹲点干部要增强纪律意识，坚决落实中央八项规定及其实施细则精神，不给基层和职工增加负担；严格遵守当地新冠肺炎疫情防控要求；充分尊重基层工会干部和职工群众，虚心学习群众工作经验，从群众中来，到群众中去，更好发挥工会作为党联系职工群众的桥梁和纽带作用。

4. 关于充分发挥工会“大学校”作用　提高职工队伍整体素质的决议

（2008 年 12 月 30 日中华全国总工会第十五届执行委员会第二次全体会议通过）

胡锦涛总书记在同全国总工会新一届领导班子成员和中国工会十五大部分代表座谈时提出，“要充分发挥工会‘大学校’作用，把提高职工队伍整体素质作为一项战略任务抓紧抓好”。这一重要思想对在新形势下更好地发挥工会组织作用提出了新的要求，为全面提高职工素质，充分发挥工人阶级主力军作用指明了方向，是坚持走中国特色社会主义工会发展道路，进一步推进中国特色社会主义工会建设的重要指导方针。

一、深刻认识充分发挥工会"大学校"作用,提高职工队伍整体素质的重大战略意义

当今世界,以经济为基础、科技为先导的综合国力竞争日益激烈。综合国力的竞争归根到底是人才特别是创新型人才的竞争。增强我国的国际竞争力,发挥我国巨大的人力资源优势,必须抓住和用好重要战略机遇期,培养和造就一支适应时代发展要求、具有开拓创新能力的宏大的高素质人才队伍。

工人阶级是我国先进生产力和生产关系的代表。发挥工会"大学校"作用,提高职工队伍整体素质,充分发挥工人阶级主力军作用,是深入贯彻落实科学发展观,实现职工全面发展的必然要求;是贯彻实施科教兴国战略、人才强国战略、可持续发展战略,提高自主创新能力,建设创新型国家的迫切需要;是巩固党的阶级基础,扩大党的群众基础,保持和发展工人阶级先进性的关键所在;是全面建设小康社会,构建社会主义和谐社会的重要举措。要教育引导广大职工牢固树立中国特色社会主义共同理想和实现中华民族伟大复兴的坚定信念,团结动员广大职工成为继续解放思想、锐意改革创新的时代先锋和推动科学发展、促进社会和谐的行动楷模,不断推进我国职工队伍的知识化进程,为提高全民族的创新能力,实现国家战略发展目标,培养造就一大批知识型、技术型、创新型的高素质职工。

当前,国际金融危机对我国的影响在不断显现,迫切要求各级工会从战略高度充分认识发挥工会"大学校"作用、提高职工队伍整体素质的重大意义,切实增强工作的紧迫感和责任感,把广大职工群众的智慧和力量凝聚到实现中央对当前和今后经济工作的重大部署上来,团结动员全国亿万职工坚定信心,多作贡献,化挑战为机遇,变压力为动力,为推进经济平稳较快增长充分发挥工人阶级主力军作用。

二、牢牢把握工会"大学校"建设的指导思想、总体目标和基本要求

各级工会要把发挥工会"大学校"作用,提高职工队伍整体素质作为建设中国特色社会主义工会的战略任务,抓紧抓好。

工会"大学校"建设的指导思想:高举中国特色社会主义伟大旗帜,以邓小平理论和"三个代表"重要思想为指导,深入贯彻落实科学发展观,认真学习贯彻胡锦涛总书记重要讲话精神,按照中国工会十五大的工作部署,围绕中心、服务大局,坚持解放思想、改革创新,坚持服务科学发展、服务职工群众,着力用社会主义核心价值体系引领职工,着力提高职工思想道德素质和科学文化素质,着力增强广大职工的自主创新能力,全面实施职工素质建设工程,切实维护职工的学习权、受教育权和发展权,加快推进职工队伍知识化进程,为全面建设小康社会提供坚强的智力支持和人才保证。

工会"大学校"建设的总体目标:全国亿万职工团结奋斗的共同思想基础进一步巩固,推进工会"大学校"建设的体制机制基本形成,尊重劳动、尊重知识、尊重人才、尊重创造的社会氛围更加良好,职工素质建设工程深入推进,职工参与学习教育活动的载体不断创新和丰富,思想道德素质和法律意识明显增强,科学文化素质和职业技术水平显著提高,身心更加健康,社会文明素养更加健全,努力造就一支有理想、有道德、有文化、有纪律的职工队伍。

工会"大学校"建设的基本要求:始终把社会主义核心价值体系建设作为主线,贯穿于职工思想政治工作和精神文明建设的全过程,积极开展"共铸理想信念、共促科学发展"主题教育活动,坚持不懈地用马克思主义中国化最新成果武装职工,用中国特色社会主义共同理想凝聚职工,用以爱国主义为核心的民族精神和以改革创新为核心的时代精

神鼓舞职工，用社会主义荣辱观引领职工，不断巩固广大职工团结奋斗的共同思想基础；始终把提高广大职工的科学文化素质和技术技能素质作为基础，适应新科技革命的新要求，顺应以信息化带动工业化的新形势，全面实施职工素质建设工程，大力开展"创建学习型组织，争做知识型职工"活动，大力开展职工教育培训工作，推进职工文化、企业文化建设，推进"职工书屋"建设和职工读书活动，不断创新职工学习载体，搭建职工学习平台，激发、调动广大职工获取知识、更新知识的积极性、主动性和创造性；始终把提高包括职工群众在内的全民族的自主创新能力作为重点，发挥职工群众在走中国特色自主创新道路中的主体作用，着力自主创新，激发职工创造活力，广泛开展职工经济技术创新、技术革新和发明创造活动，积极推进职工技术交流和技术协作，引领广大职工争创"创新能手"、"创新示范岗"和"创新型班组"，提高职工的技术创新能力和攻关能力，在创新实践中，培养更多的掌握新知识、新技能、新本领的知识型职工和一线创新人才，为建设创新型国家和创新型企业充分施展才华。

三、切实加强领导，坚持和完善工会"大学校"建设的制度机制

加强组织领导，不断创新工作思路。要建立健全组织领导体制，成立推进"大学校"建设工作的领导机构，确保人员配备和工作经费得到落实。要加强对工会"大学校"建设理论和实践问题的调查研究，坚持分类指导，鼓励各级工会因地制宜、因企制宜，创造性地开展工作。要充分发挥职工群众和广大工会干部在工会"大学校"建设中的主体作用，善于发现和总结好的典型，运用先进典型的示范作用推动工作。

加大建设力度，营造全社会共同参与的良好氛围。要充分反映职工群众的利益诉求，从源头和体制上维护职工的合法权益，主动争取各级政府的政策支持和资金支持，将更多的社会资源和手段用于工会"大学校"建设。要积极争取企业和社会支持，协调和推动社会力量以多种方式参与工会"大学校"建设。要整合社会资源，充分利用各种宣传平台，多层面多视角开展富有成效的宣传教育活动，努力营造推进"大学校"建设的良好氛围。

建立长效机制，为推进"大学校"建设提供制度保障。要继续解放思想，坚持改革创新，形成推动工会"大学校"建设的体制机制。一是建立健全教育培训机制。推动基层企业制订职工教育培训计划和各项保障措施，并督促检查落实；二是建立健全监督和保障机制。推动和监督企业严格按照法律法规的要求，足额提取职工教育培训经费并合理使用，保证职工参加学习培训权利的落实；三是建立健全目标管理与考核机制。确定工作目标管理和评估体系，不断完善工作运行模式；四是建立健全激励与表彰机制。坚持精神奖励与物质奖励相结合的原则，定期对在推进"大学校"建设中涌现出来的先进集体和先进个人进行表彰和奖励；五是建立健全资源共享和合作培训机制。充分利用各种社会教育资源和手段，推动与企业和社会教育培训机构建立合作伙伴关系，不断开辟职工教育培训工作的新渠道。

加大经费投入，加强"大学校"阵地建设和科学管理。要加大对职工教育培训经费的投入，大力发展富有工会特色、深受职工喜爱的文化事业、文化产业，加大对工人文化宫、俱乐部、职工学校、职业学校、工人报刊等"大学校"阵地的资金投入力度，鼓励积极开展有利于提高职工队伍整体素质的活动和工作，努力建设一批高标准、示范性的"大学校"阵地，造就一支高素质的师资队伍。进一步加强对工会资产的管理和运用。

加强自身建设，使各级工会成为学习型、服务型、创新型的职工群众组织。要加强各

级工会干部队伍的思想建设、组织建设、作风建设、制度建设、能力建设，加大工会干部的教育培训力度，切实解决工会干部在思想、作风、能力、素质等方面与服务科学发展、服务职工群众、发挥“大学校”作用不相适应的突出问题，不断提高各级工会和全体工会干部推动科学发展、促进社会和谐、服务职工群众的能力和水平。要充分激发基层工会活力，进一步扩大工会工作覆盖面，不断增强工会组织凝聚力，为充分发挥“大学校”作用提供组织保障。

在新的历史起点上，各级工会要坚持以邓小平理论和“三个代表”重要思想为指导，深入贯彻落实科学发展观，切实发挥好工会“大学校”的作用，为振兴中华民族，巩固党的执政基础，培养和造就一代又一代具有先进阶级理想、社会主义道德、现代科学文化知识和严格组织纪律的职工队伍，为推进中国特色社会主义事业不断前进作出新贡献。

第四部分　工会权益保障工作

1. 劳务派遣暂行规定

目 录

《劳务派遣暂行规定》已于2013年12月20日经人力资源社会保障部第21次部务会审议通过,现予公布,自2014年3月1日起施行。

2014年1月24日

第一章 总 则

第一条 为规范劳务派遣,维护劳动者的合法权益,促进劳动关系和谐稳定,依据《中华人民共和国劳动合同法》(以下简称劳动合同法)和《中华人民共和国劳动合同法实施条例》(以下简称劳动合同法实施条例)等法律、行政法规,制定本规定。

第二条 劳务派遣单位经营劳务派遣业务,企业(以下称用工单位)使用被派遣劳动者,适用本规定。

依法成立的会计师事务所、律师事务所等合伙组织和基金会以及民办非企业单位等组织使用被派遣劳动者,依照本规定执行。

第二章 用工范围和用工比例

第三条 用工单位只能在临时性、辅助性或者替代性的工作岗位上使用被派遣劳动者。

前款规定的临时性工作岗位是指存续时间不超过6个月的岗位;辅助性工作岗位是指为主营业务岗位提供服务的非主营业务岗位;替代性工作岗位是指用工单位的劳动者因脱产学习、休假等原因无法工作的一定期间内,可以由其他劳动者替代工作的岗位。

用工单位决定使用被派遣劳动者的辅助性岗位,应当经职工代表大会或者全体职工讨论,提出方案和意见,与工会或者职工代表平等协商确定,并在用工单位内公示。

第四条 用工单位应当严格控制劳务派遣用工数量,使用的被派遣劳动者数量不得超过其用工总量的10%。

前款所称用工总量是指用工单位订立劳动合同人数与使用的被派遣劳动者人数

之和。

计算劳务派遣用工比例的用工单位是指依照劳动合同法和劳动合同法实施条例可以与劳动者订立劳动合同的用人单位。

第三章　劳动合同、劳务派遣协议的订立和履行

第五条　劳务派遣单位应当依法与被派遣劳动者订立2年以上的固定期限书面劳动合同。

第六条　劳务派遣单位可以依法与被派遣劳动者约定试用期。劳务派遣单位与同一被派遣劳动者只能约定一次试用期。

第七条　劳务派遣协议应当载明下列内容：

（一）派遣的工作岗位名称和岗位性质；

（二）工作地点；

（三）派遣人员数量和派遣期限；

（四）按照同工同酬原则确定的劳动报酬数额和支付方式；

（五）社会保险费的数额和支付方式；

（六）工作时间和休息休假事项；

（七）被派遣劳动者工伤、生育或者患病期间的相关待遇；

（八）劳动安全卫生以及培训事项；

（九）经济补偿等费用；

（十）劳务派遣协议期限；

（十一）劳务派遣服务费的支付方式和标准；

（十二）违反劳务派遣协议的责任；

（十三）法律、法规、规章规定应当纳入劳务派遣协议的其他事项。

第八条　劳务派遣单位应当对被派遣劳动者履行下列义务：

（一）如实告知被派遣劳动者劳动合同法第八条规定的事项、应遵守的规章制度以及劳务派遣协议的内容；

（二）建立培训制度，对被派遣劳动者进行上岗知识、安全教育培训；

（三）按照国家规定和劳务派遣协议约定，依法支付被派遣劳动者的劳动报酬和相关待遇；

（四）按照国家规定和劳务派遣协议约定，依法为被派遣劳动者缴纳社会保险费，并办理社会保险相关手续；

（五）督促用工单位依法为被派遣劳动者提供劳动保护和劳动安全卫生条件；

（六）依法出具解除或者终止劳动合同的证明；

（七）协助处理被派遣劳动者与用工单位的纠纷；

（八）法律、法规和规章规定的其他事项。

第九条　用工单位应当按照劳动合同法第六十二条规定，向被派遣劳动者提供与工作岗位相关的福利待遇，不得歧视被派遣劳动者。

第十条　被派遣劳动者在用工单位因工作遭受事故伤害的，劳务派遣单位应当依法申请工伤认定，用工单位应当协助工伤认定的调查核实工作。劳务派遣单位承担工伤保

险责任，但可以与用工单位约定补偿办法。

被派遣劳动者在申请进行职业病诊断、鉴定时，用工单位应当负责处理职业病诊断、鉴定事宜，并如实提供职业病诊断、鉴定所需的劳动者职业史和职业危害接触史、工作场所职业病危害因素检测结果等资料，劳务派遣单位应当提供被派遣劳动者职业病诊断、鉴定所需的其他材料。

第十一条 劳务派遣单位行政许可有效期未延续或者《劳务派遣经营许可证》被撤销、吊销的，已经与被派遣劳动者依法订立的劳动合同应当履行至期限届满。双方经协商一致，可以解除劳动合同。

第十二条 有下列情形之一的，用工单位可以将被派遣劳动者退回劳务派遣单位：

（一）用工单位有劳动合同法第四十条第三项、第四十一条规定情形的；

（二）用工单位被依法宣告破产、吊销营业执照、责令关闭、撤销、决定提前解散或者经营期限届满不再继续经营的；

（三）劳务派遣协议期满终止的。

被派遣劳动者退回后在无工作期间，劳务派遣单位应当按照不低于所在地人民政府规定的最低工资标准，向其按月支付报酬。

第十三条 被派遣劳动者有劳动合同法第四十二条规定情形的，在派遣期限届满前，用工单位不得依据本规定第十二条第一款第一项规定将被派遣劳动者退回劳务派遣单位；派遣期限届满的，应当延续至相应情形消失时方可退回。

第四章 劳动合同的解除和终止

第十四条 被派遣劳动者提前30日以书面形式通知劳务派遣单位，可以解除劳动合同。被派遣劳动者在试用期内提前3日通知劳务派遣单位，可以解除劳动合同。劳务派遣单位应当将被派遣劳动者通知解除劳动合同的情况及时告知用工单位。

第十五条 被派遣劳动者因本规定第十二条规定被用工单位退回，劳务派遣单位重新派遣时维持或者提高劳动合同约定条件，被派遣劳动者不同意的，劳务派遣单位可以解除劳动合同。

被派遣劳动者因本规定第十二条规定被用工单位退回，劳务派遣单位重新派遣时降低劳动合同约定条件，被派遣劳动者不同意的，劳务派遣单位不得解除劳动合同。但被派遣劳动者提出解除劳动合同的除外。

第十六条 劳务派遣单位被依法宣告破产、吊销营业执照、责令关闭、撤销、决定提前解散或者经营期限届满不再继续经营的，劳动合同终止。用工单位应当与劳务派遣单位协商妥善安置被派遣劳动者。

第十七条 劳务派遣单位因劳动合同法第四十六条或者本规定第十五条、第十六条规定的情形，与被派遣劳动者解除或者终止劳动合同的，应当依法向被派遣劳动者支付经济补偿。

第五章 跨地区劳务派遣的社会保险

第十八条 劳务派遣单位跨地区派遣劳动者的，应当在用工单位所在地为被派遣劳动者参加社会保险，按照用工单位所在地的规定缴纳社会保险费，被派遣劳动者按照国家规定享受社会保险待遇。

第十九条 劳务派遣单位在用工单位所在地设立分支机构的，由分支机构为被派遣劳动者办理参保手续，缴纳社会保险费。

劳务派遣单位未在用工单位所在地设立分支机构的，由用工单位代劳务派遣单位为被派遣劳动者办理参保手续，缴纳社会保险费。

第六章 法律责任

第二十条 劳务派遣单位、用工单位违反劳动合同法和劳动合同法实施条例有关劳务派遣规定的，按照劳动合同法第九十二条规定执行。

第二十一条 劳务派遣单位违反本规定解除或者终止被派遣劳动者劳动合同的，按照劳动合同法第四十八条、第八十七条规定执行。

第二十二条 用工单位违反本规定第三条第三款规定的，由人力资源社会保障行政部门责令改正，给予警告；给被派遣劳动者造成损害的，依法承担赔偿责任。

第二十三条 劳务派遣单位违反本规定第六条规定的，按照劳动合同法第八十三条规定执行。

第二十四条 用工单位违反本规定退回被派遣劳动者的，按照劳动合同法第九十二条第二款规定执行。

第七章 附 则

第二十五条 外国企业常驻代表机构和外国金融机构驻华代表机构等使用被派遣劳动者的，以及船员用人单位以劳务派遣形式使用国际远洋海员的，不受临时性、辅助性、替代性岗位和劳务派遣用工比例的限制。

第二十六条 用人单位将本单位劳动者派往境外工作或者派往家庭、自然人处提供劳动的，不属于本规定所称劳务派遣。

第二十七条 用人单位以承揽、外包等名义，按劳务派遣用工形式使用劳动者的，按照本规定处理。

第二十八条 用工单位在本规定施行前使用被派遣劳动者数量超过其用工总量10%的，应当制定调整用工方案，于本规定施行之日起2年内降至规定比例。但是，《全国人民代表大会常务委员会关于修改〈中华人民共和国劳动合同法〉的决定》公布前已依法订立的劳动合同和劳务派遣协议期限届满日期在本规定施行之日起2年后的，可以依法继续履行至期限届满。

用工单位应当将制定的调整用工方案报当地人力资源社会保障行政部门备案。

用工单位未将本规定施行前使用的被派遣劳动者数量降至符合规定比例之前，不得新用被派遣劳动者。

第二十九条 本规定自2014年3月1日起施行。

2. 因工死亡职工供养亲属范围规定

（2003年9月18日经劳动和社会保障部第5次部务会议通过本规定自2004年1月1日起施行）

第一条 为明确因工死亡职工供养亲属范围，根据《工伤保险条例》第三十七条第一款第二项的授权，制定本规定。

第二条 本规定所称因工死亡职工供养亲属，是指该职工的配偶、女子、父母、祖父母、外祖父母、孙子女、外孙子女、兄弟姐妹。

本规定所称子女，包括婚生子女、非婚生子女、养子女和有抚养关系的继子女，其中，婚生子女、非婚生子女包括遗腹子女；

本规定所称父母，包括生父母、养父母和有抚养关系的继父母；

本规定所称兄弟姐妹，包括同父母的兄弟姐妹、同父异母或者同母异父的兄弟姐妹、养兄弟姐妹、有抚养关系的继兄弟姐妹。

第三条 上条规定的人员，依靠因工死亡职工生前提供主要生活来源，并有下列情形之一的，可按规定申请供养亲属抚恤金：

（一）完全丧失劳动能力的；

（二）工亡职工配偶男年满60周岁、女年满55周岁的；

（三）工亡职工父母男年满60周岁、女年满55周岁的；

（四）工亡职工子女未满18周岁的；

（五）工亡职工父母均已死亡，其祖父、外祖父年满60周岁，祖母、外祖母年满55周岁的；

（六）工亡职工子女已经死亡或完全丧失劳动能力，其孙子女、外孙子女未满18周岁的；

（七）工亡职工父母均已死亡或完全丧失劳动能力，其兄弟姐妹未满18周岁的。

第四条 领取抚恤金人员有下列情形之一的，停止享受抚恤金待遇：

（一）年满18周岁且完全丧失劳动能力的；

（二）就业或参军的；

（三）工亡职工配偶再婚的；

（四）被他人或组织收养的；

（五）死亡的。

第五条 领取抚恤金的人员，在被判刑收监执行期间，停止享受抚恤金待遇。刑满释放仍符合领取抚恤金资格的，按规定的标准享受抚恤金。

第六条 因工死亡职工供养亲属享受抚恤金待遇的资格，由统筹地区社会保险经办机构核定。

因工死亡职工供养亲属的劳动能力鉴定，由因工死亡职工生前单位所在地设区的市级劳动能力鉴定委员会负责。

第七条 本办法自2004年1月1日起施行。

3. 工资支付暂行规定

（1994年12月6日劳部发〔1994〕489号公布 自1995年1月1日起施行）

第一条 为维护劳动者通过劳动获得劳动报酬的权利，规范用人单位的工资支付行为，根据《中华人民共和国劳动法》有关规定，制定本规定。

第二条 本规定适用于在中华人民共和国境内的企业、个体经济组织（以下统称用人单位）和与之形成劳动关系的劳动者。

国家机关、事业组织、社会团体和与之建立劳动合同关系的劳动者，依照本规定执行。

第三条 本规定所称工资是指用人单位依据劳动合同的规定，以各种形式支付给劳动者的工资报酬。

第四条 工资支付主要包括：工资支付项目、工资支付水平、工资支付形式、工资支付对象、工资支付时间以及特殊情况下的工资支付。

第五条 工资应当以法定货币支付。不得以实物及有价证券替代货币支付。

第六条 用人单位应将工资支付给劳动者本人。劳动者本人因故不能领取工资时，可由其亲属或委托他人代领。

用人单位可委托银行代发工资。

用人单位必须书面记录支付劳动者工资的数额、时间、领取者的姓名以及签字，并保存两年以上备查。用人单位在支付工资时应向劳动者提供一份其个人的工资清单。

第七条 工资必须在用人单位与劳动者约定的日期支付。如遇节假日或休息日，则应提前在最近的工作日支付。工资至少每月支付一次，实行周、日、小时工资制的可按周、日、小时支付工资。

第八条 对完成一次性临时劳动或某项具体工作的劳动者，用人单位应按有关协议或合同规定在其完成劳动任务后即支付工资。

第九条 劳动关系双方依法解除或终止劳动合同时，用人单位应在解除或终止劳动合同时一次付清劳动者工资。

第十条 劳动者在法定工作时间内依法参加社会活动期间，用人单位应视同其提供了正常劳动而支付工资。社会活动包括：依法行使选举权或被选举权；当选代表出席乡（镇）、区以上政府、党派、工会、青年团、妇女联合会等组织召开的会议；出任人民法庭证明人；出席劳动模范、先进工作者大会；《工会法》规定的不脱产工会基层委员会委员因工作活动占用的生产或工作时间；其他依法参加的社会活动。

第十一条 劳动者依法享受年休假、探亲假、婚假、丧假期间，用人单位应按劳动合同规定的标准支付劳动者工资。

第十二条 非因劳动者原因造成单位停工、停产在一个工资支付周期内的，用人单位应按劳动合同规定的标准支付劳动者工资。超过一个工资支付周期的，若劳动者提供了正常劳动，则支付给劳动者的劳动报酬不得低于当地的最低工资标准；若劳动者没有提供正常劳动，应按国家有关规定办理。

第十三条 用人单位在劳动者完成劳动定额或规定的工作任务后，根据实际需要安排劳动者在法定标准工作时间以外工作的，应按以下标准支付工资：

（一）用人单位依法安排劳动者在日法定标准工作时间以外延长工作时间的，按照不低于劳动合同规定的劳动者本人小时工资标准的150%支付劳动者工资；

（二）用人单位依法安排劳动者在休息日工作，而又不能安排补休的，按照不低于劳动合同规定的劳动者本人日或小时工资标准的200%支付劳动者工资；

（三）用人单位依法安排劳动者在法定休假节日工作的，按照不低于劳动合同规定的劳动者本人日或小时工资标准的300%支付劳动者工资。

实行计件工资的劳动者，在完成计件定额任务后，由用人单位安排延长工作时间的，应根据上述规定的原则，分别按照不低于其本人法定工作时间计件单价的150%、200%、300%支付其工资。

经劳动行政部门批准实行综合计算工时工作制的，其综合计算工作时间超过法定标准工作时间的部分，应视为延长工作时间，并应按本规定支付劳动者延长工作时间的工资。

实行不定时工时制度的劳动者，不执行上述规定。

第十四条 用人单位依法破产时，劳动者有权获得其工资。在破产清偿中用人单位应按《中华人民共和国企业破产法》规定的清偿顺序，首先支付欠付本单位劳动者的工资。

第十五条 用人单位不得克扣劳动者工资。有下列情况之一的，用人单位可以代扣劳动者工资：

（一）用人单位代扣代缴的个人所得税；

（二）用人单位代扣代缴的应由劳动者个人负担的各项社会保险费用；

（三）法院判决、裁定中要求代扣的抚养费、赡养费；

（四）法律、法规规定可以从劳动者工资中扣除的其他费用。

第十六条 因劳动者本人原因给用人单位造成经济损失的，用人单位可按照劳动合同的约定要求其赔偿经济损失。经济损失的赔偿，可从劳动者本人的工资中扣除。但每月扣除的部分不得超过劳动者当月工资的20%。若扣除后的剩余工资部分低于当地月最低工资标准，则按最低工资标准支付。

第十七条 用人单位应根据本规定，通过与职工大会、职工代表大会或者其他形式协商制定内部的工资支付制度，并告知本单位全体劳动者，同时抄报当地劳动行政部门备案。

第十八条 各级劳动行政部门有权监察用人单位工资支付的情况。用人单位有下列侵害劳动者合法权益行为的，由劳动行政部门责令其支付劳动者工资和经济补偿，并可责令其支付赔偿金：

（一）克扣或者无故拖欠劳动者工资的；

（二）拒不支付劳动者延长工作时间工资的；

（三）低于当地最低工资标准支付劳动者工资的。

经济补偿和赔偿金的标准，按国家有关规定执行。

第十九条 劳动者与用人单位因工资支付发生劳动争议的，当事人可依法向劳动争议仲裁机关申请仲裁。对仲裁裁决不服的，可以向人民法院提起诉讼。

第二十条　本规定自1995年1月1日起执行。

4. 工伤保险条例

（2003年4月27日中华人民共和国国务院令第375号公布　根据2010年12月20日《国务院关于修改〈工伤保险条例〉的决定》修订）

第一章　总　则

第一条　为了保障因工作遭受事故伤害或者患职业病的职工获得医疗救治和经济补偿，促进工伤预防和职业康复，分散用人单位的工伤风险，制定本条例。

第二条　中华人民共和国境内的企业、事业单位、社会团体、民办非企业单位、基金会、律师事务所、会计师事务所等组织和有雇工的个体工商户（以下称用人单位）应当依照本条例规定参加工伤保险，为本单位全部职工或者雇工（以下称职工）缴纳工伤保险费。

中华人民共和国境内的企业、事业单位、社会团体、民办非企业单位、基金会、律师事务所、会计师事务所等组织的职工和个体工商户的雇工，均有依照本条例的规定享受工伤保险待遇的权利。

第三条　工伤保险费的征缴按照《社会保险费征缴暂行条例》关于基本养老保险费、基本医疗保险费、失业保险费的征缴规定执行。

第四条　用人单位应当将参加工伤保险的有关情况在本单位内公示。

用人单位和职工应当遵守有关安全生产和职业病防治的法律法规，执行安全卫生规程和标准，预防工伤事故发生，避免和减少职业病危害。

职工发生工伤时，用人单位应当采取措施使工伤职工得到及时救治。

第五条　国务院社会保险行政部门负责全国的工伤保险工作。

县级以上地方各级人民政府社会保险行政部门负责本行政区域内的工伤保险工作。

社会保险行政部门按照国务院有关规定设立的社会保险经办机构（以下称经办机构）具体承办工伤保险事务。

第六条　社会保险行政部门等部门制定工伤保险的政策、标准，应当征求工会组织、用人单位代表的意见。

第二章　工伤保险基金

第七条　工伤保险基金由用人单位缴纳的工伤保险费、工伤保险基金的利息和依法纳入工伤保险基金的其他资金构成。

第八条　工伤保险费根据以支定收、收支平衡的原则，确定费率。

国家根据不同行业的工伤风险程度确定行业的差别费率，并根据工伤保险费使用、工伤发生率等情况在每个行业内确定若干费率档次。行业差别费率及行业内费率档次由国务院社会保险行政部门制定，报国务院批准后公布施行。

统筹地区经办机构根据用人单位工伤保险费使用、工伤发生率等情况，适用所属行业内相应的费率档次确定单位缴费费率。

第九条 国务院社会保险行政部门应当定期了解全国各统筹地区工伤保险基金收支情况,及时提出调整行业差别费率及行业内费率档次的方案,报国务院批准后公布施行。

第十条 用人单位应当按时缴纳工伤保险费。职工个人不缴纳工伤保险费。

用人单位缴纳工伤保险费的数额为本单位职工工资总额乘以单位缴费费率之积。

对难以按照工资总额缴纳工伤保险费的行业,其缴纳工伤保险费的具体方式,由国务院社会保险行政部门规定。

第十一条 工伤保险基金逐步实行省级统筹。

跨地区、生产流动性较大的行业,可以采取相对集中的方式异地参加统筹地区的工伤保险。具体办法由国务院社会保险行政部门会同有关行业的主管部门制定。

第十二条 工伤保险基金存入社会保障基金财政专户,用于本条例规定的工伤保险待遇,劳动能力鉴定,工伤预防的宣传、培训等费用,以及法律、法规规定的用于工伤保险的其他费用的支付。

工伤预防费用的提取比例、使用和管理的具体办法,由国务院社会保险行政部门会同国务院财政、卫生行政、安全生产监督管理等部门规定。

任何单位或者个人不得将工伤保险基金用于投资运营、兴建或者改建办公场所、发放奖金,或者挪作其他用途。

第十三条 工伤保险基金应当留有一定比例的储备金,用于统筹地区重大事故的工伤保险待遇支付;储备金不足支付的,由统筹地区的人民政府垫付。储备金占基金总额的具体比例和储备金的使用办法,由省、自治区、直辖市人民政府规定。

第三章　工伤认定

第十四条 职工有下列情形之一的,应当认定为工伤:

(一)在工作时间和工作场所内,因工作原因受到事故伤害的;

(二)工作时间前后在工作场所内,从事与工作有关的预备性或者收尾性工作受到事故伤害的;

(三)在工作时间和工作场所内,因履行工作职责受到暴力等意外伤害的;

(四)患职业病的;

(五)因工外出期间,由于工作原因受到伤害或者发生事故下落不明的;

(六)在上下班途中,受到非本人主要责任的交通事故或者城市轨道交通、客运轮渡、火车事故伤害的;

(七)法律、行政法规规定应当认定为工伤的其他情形。

第十五条 职工有下列情形之一的,视同工伤:

(一)在工作时间和工作岗位,突发疾病死亡或者在48小时之内经抢救无效死亡的;

(二)在抢险救灾等维护国家利益、公共利益活动中受到伤害的;

(三)职工原在军队服役,因战、因公负伤致残,已取得革命伤残军人证,到用人单位后旧伤复发的。

职工有前款第(一)项、第(二)项情形的,按照本条例的有关规定享受工伤保险待遇;职工有前款第(三)项情形的,按照本条例的有关规定享受除一次性伤残补助金以外的工伤保险待遇。

第十六条　职工符合本条例第十四条、第十五条的规定,但是有下列情形之一的,不得认定为工伤或者视同工伤,分别是:

(一)故意犯罪的;

(二)醉酒或者吸毒的;

(三)自残或者自杀的。

第十七条　职工发生事故伤害或者按照职业病防治法规定被诊断、鉴定为职业病,所在单位应当自事故伤害发生之日或者被诊断、鉴定为职业病之日起30日内,向统筹地区社会保险行政部门提出工伤认定申请。遇有特殊情况,经报社会保险行政部门同意,申请时限可以适当延长。

用人单位未按前款规定提出工伤认定申请的,工伤职工或者其近亲属、工会组织在事故伤害发生之日或者被诊断、鉴定为职业病之日起1年内,可以直接向用人单位所在地统筹地区社会保险行政部门提出工伤认定申请。

按照本条第一款规定应当由省级社会保险行政部门进行工伤认定的事项,根据属地原则由用人单位所在地的设区的市级社会保险行政部门办理。

用人单位未在本条第一款规定的时限内提交工伤认定申请,在此期间发生符合本条例规定的工伤待遇等有关费用由该用人单位负担。

第十八条　提出工伤认定申请应当提交下列材料:

(一)工伤认定申请表;

(二)与用人单位存在劳动关系(包括事实劳动关系)的证明材料;

(三)医疗诊断证明或者职业病诊断证明书(或者职业病诊断鉴定书)。

工伤认定申请表应当包括事故发生的时间、地点、原因以及职工伤害程度等基本情况。

工伤认定申请人提供材料不完整的,社会保险行政部门应当一次性书面告知工伤认定申请人需要补正的全部材料。申请人按照书面告知要求补正材料后,社会保险行政部门应当受理。

第十九条　社会保险行政部门受理工伤认定申请后,根据审核需要可以对事故伤害进行调查核实,用人单位、职工、工会组织、医疗机构以及有关部门应当予以协助。职业病诊断和诊断争议的鉴定,依照职业病防治法的有关规定执行。对依法取得职业病诊断证明书或者职业病诊断鉴定书的,社会保险行政部门不再进行调查核实。

职工或者其近亲属认为是工伤,用人单位不认为是工伤的,由用人单位承担举证责任。

第二十条　社会保险行政部门应当自受理工伤认定申请之日起60日内作出工伤认定的决定,并书面通知申请工伤认定的职工或者其近亲属和该职工所在单位。

社会保险行政部门对受理的事实清楚、权利义务明确的工伤认定申请,应当在15日内作出工伤认定的决定。

作出工伤认定决定需要以司法机关或者有关行政主管部门的结论为依据的,在司法机关或者有关行政主管部门尚未作出结论期间,作出工伤认定决定的时限中止。

社会保险行政部门工作人员与工伤认定申请人有利害关系的,应当回避。

第四章　劳动能力鉴定

第二十一条　职工发生工伤,经治疗伤情相对稳定后存在残疾、影响劳动能力的,应当进行劳动能力鉴定。

第二十二条　劳动能力鉴定是指劳动功能障碍程度和生活自理障碍程度的等级鉴定。

劳动功能障碍分为十个伤残等级,最重的为一级,最轻的为十级。

生活自理障碍分为三个等级:生活完全不能自理、生活大部分不能自理和生活部分不能自理。

劳动能力鉴定标准由国务院社会保险行政部门会同国务院卫生行政部门等部门制定。

第二十三条　劳动能力鉴定由用人单位、工伤职工或者其近亲属向设区的市级劳动能力鉴定委员会提出申请,并提供工伤认定决定和职工工伤医疗的有关资料。

第二十四条　省、自治区、直辖市劳动能力鉴定委员会和设区的市级劳动能力鉴定委员会分别由省、自治区、直辖市和设区的市级社会保险行政部门、卫生行政部门、工会组织、经办机构代表以及用人单位代表组成。

劳动能力鉴定委员会建立医疗卫生专家库。列入专家库的医疗卫生专业技术人员应当具备下列条件:

(一)具有医疗卫生高级专业技术职务任职资格;

(二)掌握劳动能力鉴定的相关知识;

(三)具有良好的职业品德。

第二十五条　设区的市级劳动能力鉴定委员会收到劳动能力鉴定申请后,应当从其建立的医疗卫生专家库中随机抽取3名或者5名相关专家组成专家组,由专家组提出鉴定意见。设区的市级劳动能力鉴定委员会根据专家组的鉴定意见作出工伤职工劳动能力鉴定结论;必要时,可以委托具备资格的医疗机构协助进行有关的诊断。

设区的市级劳动能力鉴定委员会应当自收到劳动能力鉴定申请之日起60日内作出劳动能力鉴定结论,必要时,作出劳动能力鉴定结论的期限可以延长30日。劳动能力鉴定结论应当及时送达申请鉴定的单位和个人。

第二十六条　申请鉴定的单位或者个人对设区的市级劳动能力鉴定委员会作出的鉴定结论不服的,可以在收到该鉴定结论之日起15日内向省、自治区、直辖市劳动能力鉴定委员会提出再次鉴定申请。省、自治区、直辖市劳动能力鉴定委员会作出的劳动能力鉴定结论为最终结论。

第二十七条　劳动能力鉴定工作应当客观、公正。劳动能力鉴定委员会组成人员或者参加鉴定的专家与当事人有利害关系的,应当回避。

第二十八条　自劳动能力鉴定结论作出之日起1年后,工伤职工或者其近亲属、所在单位或者经办机构认为伤残情况发生变化的,可以申请劳动能力复查鉴定。

第二十九条　劳动能力鉴定委员会依照本条例第二十六条和第二十八条的规定进行再次鉴定和复查鉴定的期限,依照本条例第二十五条第二款的规定执行。

第五章　工伤保险待遇

第三十条　职工因工作遭受事故伤害或者患职业病进行治疗，享受工伤医疗待遇。

职工治疗工伤应当在签订服务协议的医疗机构就医，情况紧急时可以先到就近的医疗机构急救。

治疗工伤所需费用符合工伤保险诊疗项目目录、工伤保险药品目录、工伤保险住院服务标准的，从工伤保险基金支付。工伤保险诊疗项目目录、工伤保险药品目录、工伤保险住院服务标准，由国务院社会保险行政部门会同国务院卫生行政部门、食品药品监督管理部门等部门规定。

职工住院治疗工伤的伙食补助费，以及经医疗机构出具证明，报经办机构同意，工伤职工到统筹地区以外就医所需的交通、食宿费用从工伤保险基金支付，基金支付的具体标准由统筹地区人民政府规定。

工伤职工治疗非工伤引发的疾病，不享受工伤医疗待遇，按照基本医疗保险办法处理。

工伤职工到签订服务协议的医疗机构进行工伤康复的费用，符合规定的，从工伤保险基金支付。

第三十一条　社会保险行政部门作出认定为工伤的决定后发生行政复议、行政诉讼的，行政复议和行政诉讼期间不停止支付工伤职工治疗工伤的医疗费用。

第三十二条　工伤职工因日常生活或者就业需要，经劳动能力鉴定委员会确认，可以安装假肢、矫形器、假眼、假牙和配置轮椅等辅助器具，所需费用按照国家规定的标准从工伤保险基金支付。

第三十三条　职工因工作遭受事故伤害或者患职业病需要暂停工作接受工伤医疗的，在停工留薪期内，原工资福利待遇不变，由所在单位按月支付。

停工留薪期一般不超过12个月。伤情严重或者情况特殊，经设区的市级劳动能力鉴定委员会确认，可以适当延长，但延长不得超过12个月。工伤职工评定伤残等级后，停发原待遇，按照本章的有关规定享受伤残待遇。工伤职工在停工留薪期满后仍需治疗的，继续享受工伤医疗待遇。

生活不能自理的工伤职工在停工留薪期需要护理的，由所在单位负责。

第三十四条　工伤职工已经评定伤残等级并经劳动能力鉴定委员会确认需要生活护理的，从工伤保险基金按月支付生活护理费。

生活护理费按照生活完全不能自理、生活大部分不能自理或者生活部分不能自理3个不同等级支付，其标准分别为统筹地区上年度职工月平均工资的50%、40%或者30%。

第三十五条　职工因工致残被鉴定为一级至四级伤残的，保留劳动关系，退出工作岗位，享受以下待遇：

（一）从工伤保险基金按伤残等级支付一次性伤残补助金，标准为：一级伤残为27个月的本人工资，二级伤残为25个月的本人工资，三级伤残为23个月的本人工资，四级伤残为21个月的本人工资；

（二）从工伤保险基金按月支付伤残津贴，标准为：一级伤残为本人工资的90%，二级伤残为本人工资的85%，三级伤残为本人工资的80%，四级伤残为本人工资的75%。

伤残津贴实际金额低于当地最低工资标准的，由工伤保险基金补足差额；

（三）工伤职工达到退休年龄并办理退休手续后，停发伤残津贴，按照国家有关规定享受基本养老保险待遇。基本养老保险待遇低于伤残津贴的，由工伤保险基金补足差额。

职工因工致残被鉴定为一级至四级伤残的，由用人单位和职工个人以伤残津贴为基数，缴纳基本医疗保险费。

第三十六条 职工因工致残被鉴定为五级、六级伤残的，享受以下待遇：

（一）从工伤保险基金按伤残等级支付一次性伤残补助金，标准为：五级伤残为18个月的本人工资，六级伤残为16个月的本人工资；

（二）保留与用人单位的劳动关系，由用人单位安排适当工作。难以安排工作的，由用人单位按月发给伤残津贴，标准为：五级伤残为本人工资的70%，六级伤残为本人工资的60%，并由用人单位按照规定为其缴纳应缴纳的各项社会保险费。伤残津贴实际金额低于当地最低工资标准的，由用人单位补足差额。

经工伤职工本人提出，该职工可以与用人单位解除或者终止劳动关系，由工伤保险基金支付一次性工伤医疗补助金，由用人单位支付一次性伤残就业补助金。一次性工伤医疗补助金和一次性伤残就业补助金的具体标准由省、自治区、直辖市人民政府规定。

第三十七条 职工因工致残被鉴定为七级至十级伤残的，享受以下待遇：

（一）从工伤保险基金按伤残等级支付一次性伤残补助金，标准为：七级伤残为13个月的本人工资，八级伤残为11个月的本人工资，九级伤残为9个月的本人工资，十级伤残为7个月的本人工资；

（二）劳动、聘用合同期满终止，或者职工本人提出解除劳动、聘用合同的，由工伤保险基金支付一次性工伤医疗补助金，由用人单位支付一次性伤残就业补助金。一次性工伤医疗补助金和一次性伤残就业补助金的具体标准由省、自治区、直辖市人民政府规定。

第三十八条 工伤职工工伤复发，确认需要治疗的，享受本条例第三十条、第三十二条和第三十三条规定的工伤待遇。

第三十九条 职工因工死亡，其近亲属按照下列规定从工伤保险基金领取丧葬补助金、供养亲属抚恤金和一次性工亡补助金，分别为：

（一）丧葬补助金为6个月的统筹地区上年度职工月平均工资；

（二）供养亲属抚恤金按照职工本人工资的一定比例发给由因工死亡职工生前提供主要生活来源、无劳动能力的亲属。标准为：配偶每月40%，其他亲属每人每月30%，孤寡老人或者孤儿每人每月在上述标准的基础上增加10%。核定的各供养亲属的抚恤金之和不应高于因工死亡职工生前的工资。供养亲属的具体范围由国务院社会保险行政部门规定；

（三）一次性工亡补助金标准为上一年度全国城镇居民人均可支配收入的20倍。

伤残职工在停工留薪期内因工伤导致死亡的，其近亲属享受本条第一款规定的待遇。

一级至四级伤残职工在停工留薪期满后死亡的，其近亲属可以享受本条第一款第（一）项、第（二）项规定的待遇。

第四十条 伤残津贴、供养亲属抚恤金、生活护理费由统筹地区社会保险行政部门根据职工平均工资和生活费用变化等情况适时调整。调整办法由省、自治区、直辖市人民政府规定。

第四十一条　职工因工外出期间发生事故或者在抢险救灾中下落不明的，从事故发生当月起 3 个月内照发工资，从第 4 个月起停发工资，由工伤保险基金向其供养亲属按月支付供养亲属抚恤金。生活有困难的，可以预支一次性工亡补助金的 50%。职工被人民法院宣告死亡的，按照本条例第三十九条职工因工死亡的规定处理。

第四十二条　工伤职工有下列情形之一的，停止享受工伤保险待遇：

（一）丧失享受待遇条件的；

（二）拒不接受劳动能力鉴定的；

（三）拒绝治疗的。

第四十三条　用人单位分立、合并、转让的，承继单位应当承担原用人单位的工伤保险责任；原用人单位已经参加工伤保险的，承继单位应当到当地经办机构办理工伤保险变更登记。

用人单位实行承包经营的，工伤保险责任由职工劳动关系所在单位承担。

职工被借调期间受到工伤事故伤害的，由原用人单位承担工伤保险责任，但原用人单位与借调单位可以约定补偿办法。

企业破产的，在破产清算时依法拨付应当由单位支付的工伤保险待遇费用。

第四十四条　职工被派遣出境工作，依据前往国家或者地区的法律应当参加当地工伤保险的，参加当地工伤保险，其国内工伤保险关系中止；不能参加当地工伤保险的，其国内工伤保险关系不中止。

第四十五条　职工再次发生工伤，根据规定应当享受伤残津贴的，按照新认定的伤残等级享受伤残津贴待遇。

第六章　监督管理

第四十六条　经办机构具体承办工伤保险事务，履行下列职责：

（一）根据省、自治区、直辖市人民政府规定，征收工伤保险费；

（二）核查用人单位的工资总额和职工人数，办理工伤保险登记，并负责保存用人单位缴费和职工享受工伤保险待遇情况的记录；

（三）进行工伤保险的调查、统计；

（四）按照规定管理工伤保险基金的支出；

（五）按照规定核定工伤保险待遇；

（六）为工伤职工或者其近亲属免费提供咨询服务。

第四十七条　经办机构与医疗机构、辅助器具配置机构在平等协商的基础上签订服务协议，并公布签订服务协议的医疗机构、辅助器具配置机构的名单。具体办法由国务院社会保险行政部门分别会同国务院卫生行政部门、民政部门等部门制定。

第四十八条　经办机构按照协议和国家有关目录、标准对工伤职工医疗费用、康复费用、辅助器具费用的使用情况进行核查，并按时足额结算费用。

第四十九条　经办机构应当定期公布工伤保险基金的收支情况，及时向社会保险行政部门提出调整费率的建议。

第五十条　社会保险行政部门、经办机构应当定期听取工伤职工、医疗机构、辅助器具配置机构以及社会各界对改进工伤保险工作的意见。

第五十一条 社会保险行政部门依法对工伤保险费的征缴和工伤保险基金的支付情况进行监督检查。

财政部门和审计机关依法对工伤保险基金的收支、管理情况进行监督。

第五十二条 任何组织和个人对有关工伤保险的违法行为,有权举报。社会保险行政部门对举报应当及时调查,按照规定处理,并为举报人保密。

第五十三条 工会组织依法维护工伤职工的合法权益,对用人单位的工伤保险工作实行监督。

第五十四条 职工与用人单位发生工伤待遇方面的争议,按照处理劳动争议的有关规定处理。

第五十五条 有下列情形之一的,有关单位或者个人可以依法申请行政复议,也可以依法向人民法院提起行政诉讼:

(一)申请工伤认定的职工或者其近亲属、该职工所在单位对工伤认定申请不予受理的决定不服的;

(二)申请工伤认定的职工或者其近亲属、该职工所在单位对工伤认定结论不服的;

(三)用人单位对经办机构确定的单位缴费费率不服的;

(四)签订服务协议的医疗机构、辅助器具配置机构认为经办机构未履行有关协议或者规定的;

(五)工伤职工或者其近亲属对经办机构核定的工伤保险待遇有异议的。

第七章 法律责任

第五十六条 单位或者个人违反本条例第十二条规定挪用工伤保险基金,构成犯罪的,依法追究刑事责任;尚不构成犯罪的,依法给予处分或者纪律处分。被挪用的基金由社会保险行政部门追回,并入工伤保险基金;没收的违法所得依法上缴国库。

第五十七条 社会保险行政部门工作人员有下列情形之一的,依法给予处分;情节严重,构成犯罪的,依法追究刑事责任:

(一)无正当理由不受理工伤认定申请,或者弄虚作假将不符合工伤条件的人员认定为工伤职工的;

(二)未妥善保管申请工伤认定的证据材料,致使有关证据灭失的;

(三)收受当事人财物的。

第五十八条 经办机构有下列行为之一的,由社会保险行政部门责令改正,对直接负责的主管人员和其他责任人员依法给予纪律处分;情节严重,构成犯罪的,依法追究刑事责任;造成当事人经济损失的,由经办机构依法承担赔偿责任:

(一)未按规定保存用人单位缴费和职工享受工伤保险待遇情况记录的;

(二)不按规定核定工伤保险待遇的;

(三)收受当事人财物的。

第五十九条 医疗机构、辅助器具配置机构不按服务协议提供服务的,经办机构可以解除服务协议。

经办机构不按时足额结算费用的,由社会保险行政部门责令改正;医疗机构、辅助器具配置机构可以解除服务协议。

第六十条　用人单位、工伤职工或者其近亲属骗取工伤保险待遇，医疗机构、辅助器具配置机构骗取工伤保险基金支出的，由社会保险行政部门责令退还，处骗取金额2倍以上5倍以下的罚款；情节严重，构成犯罪的，依法追究刑事责任。

第六十一条　从事劳动能力鉴定的组织或者个人有下列情形之一的，由社会保险行政部门责令改正，处2000元以上1万元以下的罚款；情节严重，构成犯罪的，依法追究刑事责任：

（一）提供虚假鉴定意见的；

（二）提供虚假诊断证明的；

（三）收受当事人财物的。

第六十二条　用人单位依照本条例规定应当参加工伤保险而未参加的，由社会保险行政部门责令限期参加，补缴应当缴纳的工伤保险费，并自欠缴之日起，按日加收万分之五的滞纳金；逾期仍不缴纳的，处欠缴数额1倍以上3倍以下的罚款。

依照本条例规定应当参加工伤保险而未参加工伤保险的用人单位职工发生工伤的，由该用人单位按照本条例规定的工伤保险待遇项目和标准支付费用。

用人单位参加工伤保险并补缴应当缴纳的工伤保险费、滞纳金后，由工伤保险基金和用人单位依照本条例的规定支付新发生的费用。

第六十三条　用人单位违反本条例第十九条的规定，拒不协助社会保险行政部门对事故进行调查核实的，由社会保险行政部门责令改正，处2000元以上2万元以下的罚款。

第八章　附　则

第六十四条　本条例所称工资总额，是指用人单位直接支付给本单位全部职工的劳动报酬总额。

本条例所称本人工资，是指工伤职工因工作遭受事故伤害或者患职业病前12个月平均月缴费工资。本人工资高于统筹地区职工平均工资300%的，按照统筹地区职工平均工资的300%计算；本人工资低于统筹地区职工平均工资60%的，按照统筹地区职工平均工资的60%计算。

第六十五条　公务员和参照公务员法管理的事业单位、社会团体的工作人员因工作遭受事故伤害或者患职业病的，由所在单位支付费用。具体办法由国务院社会保险行政部门会同国务院财政部门规定。

第六十六条　无营业执照或者未经依法登记、备案的单位以及被依法吊销营业执照或者撤销登记、备案的单位的职工受到事故伤害或者患职业病的，由该单位向伤残职工或者死亡职工的近亲属给予一次性赔偿，赔偿标准不得低于本条例规定的工伤保险待遇；用人单位不得使用童工，用人单位使用童工造成童工伤残、死亡的，由该单位向童工或者童工的近亲属给予一次性赔偿，赔偿标准不得低于本条例规定的工伤保险待遇。具体办法由国务院社会保险行政部门规定。

前款规定的伤残职工或者死亡职工的近亲属就赔偿数额与单位发生争议的，以及前款规定的童工或者童工的近亲属就赔偿数额与单位发生争议的，按照处理劳动争议的有关规定处理。

第六十七条 本条例自2004年1月1日起施行。本条例施行前已受到事故伤害或者患职业病的职工尚未完成工伤认定的,按照本条例的规定执行。

5. 中华人民共和国劳动合同法实施条例

(2008年9月3日国务院第25次常务会议通过 2008年9月18日中华人民共和国国务院令第535号公布 自公布之日起施行)

第一章 总则

第一条 为了贯彻实施《中华人民共和国劳动合同法》(以下简称劳动合同法),制定本条例。

第二条 各级人民政府和县级以上人民政府劳动行政等有关部门以及工会等组织,应当采取措施,推动劳动合同法的贯彻实施,促进劳动关系的和谐。

第三条 依法成立的会计师事务所、律师事务所等合伙组织和基金会,属于劳动合同法规定的用人单位。

第二章 劳动合同的订立

第四条 劳动合同法规定的用人单位设立的分支机构,依法取得营业执照或者登记证书的,可以作为用人单位与劳动者订立劳动合同;未依法取得营业执照或者登记证书的,受用人单位委托可以与劳动者订立劳动合同。

第五条 自用工之日起一个月内,经用人单位书面通知后,劳动者不与用人单位订立书面劳动合同的,用人单位应当书面通知劳动者终止劳动关系,无需向劳动者支付经济补偿,但是应当依法向劳动者支付其实际工作时间的劳动报酬。

第六条 用人单位自用工之日起超过一个月不满一年未与劳动者订立书面劳动合同的,应当依照劳动合同法第八十二条的规定向劳动者每月支付两倍的工资,并与劳动者补订书面劳动合同;劳动者不与用人单位订立书面劳动合同的,用人单位应当书面通知劳动者终止劳动关系,并依照劳动合同法第四十七条的规定支付经济补偿。

前款规定的用人单位向劳动者每月支付两倍工资的起算时间为用工之日起满一个月的次日,截止时间为补订书面劳动合同的前一日。

第七条 用人单位自用工之日起满一年未与劳动者订立书面劳动合同的,自用工之日起满一个月的次日至满一年的前一日应当依照劳动合同法第八十二条的规定向劳动者每月支付两倍的工资,并视为自用工之日起满一年的当日已经与劳动者订立无固定期限劳动合同,应当立即与劳动者补订书面劳动合同。

第八条 劳动合同法第七条规定的职工名册,应当包括劳动者姓名、性别、公民身份号码、户籍地址及现住址、联系方式、用工形式、用工起始时间、劳动合同期限等内容。

第九条 劳动合同法第十四条第二款规定的连续工作满10年的起始时间,应当自用人单位用工之日起计算,包括劳动合同法施行前的工作年限。

第十条　劳动者非因本人原因从原用人单位被安排到新用人单位工作的，劳动者在原用人单位的工作年限合并计算为新用人单位的工作年限。原用人单位已经向劳动者支付经济补偿的，新用人单位在依法解除、终止劳动合同计算支付经济补偿的工作年限时，不再计算劳动者在原用人单位的工作年限。

第十一条　除劳动者与用人单位协商一致的情形外，劳动者依照劳动合同法第十四条第二款的规定，提出订立无固定期限劳动合同的，用人单位应当与其订立无固定期限劳动合同。对劳动合同的内容，双方应当按照合法、公平、平等自愿、协商一致、诚实信用的原则协商确定；对协商不一致的内容，依照劳动合同法第十八条的规定执行。

第十二条　地方各级人民政府及县级以上地方人民政府有关部门为安置就业困难人员提供的给予岗位补贴和社会保险补贴的公益性岗位，其劳动合同不适用劳动合同法有关无固定期限劳动合同的规定以及支付经济补偿的规定。

第十三条　用人单位与劳动者不得在劳动合同法第四十四条规定的劳动合同终止情形之外约定其他的劳动合同终止条件。

第十四条　劳动合同履行地与用人单位注册地不一致的，有关劳动者的最低工资标准、劳动保护、劳动条件、职业危害防护和本地区上年度职工月平均工资标准等事项，按照劳动合同履行地的有关规定执行；用人单位注册地的有关标准高于劳动合同履行地的有关标准，且用人单位与劳动者约定按照用人单位注册地的有关规定执行的，从其约定。

第十五条　劳动者在试用期的工资不得低于本单位相同岗位最低档工资的 80%或者不得低于劳动合同约定工资的 80%，并不得低于用人单位所在地的最低工资标准。

第十六条　劳动合同法第二十二条第二款规定的培训费用，包括用人单位为了对劳动者进行专业技术培训而支付的有凭证的培训费用、培训期间的差旅费用以及因培训产生的用于该劳动者的其他直接费用。

第十七条　劳动合同期满，但是用人单位与劳动者依照劳动合同法第二十二条的规定约定的服务期尚未到期的，劳动合同应当续延至服务期满；双方另有约定的，从其约定。

第三章　劳动合同的解除和终止

第十八条　有下列情形之一的，依照劳动合同法规定的条件、程序，劳动者可以与用人单位解除固定期限劳动合同、无固定期限劳动合同或者以完成一定工作任务为期限的劳动合同：

（一）劳动者与用人单位协商一致的；

（二）劳动者提前 30 日以书面形式通知用人单位的；

（三）劳动者在试用期内提前 3 日通知用人单位的；

（四）用人单位未按照劳动合同约定提供劳动保护或者劳动条件的；

（五）用人单位未及时足额支付劳动报酬的；

（六）用人单位未依法为劳动者缴纳社会保险费的；

（七）用人单位的规章制度违反法律、法规的规定，损害劳动者权益的；

（八）用人单位以欺诈、胁迫的手段或者乘人之危，使劳动者在违背真实意思的情况下订立或者变更劳动合同的；

（九）用人单位在劳动合同中免除自己的法定责任、排除劳动者权利的；

（十）用人单位违反法律、行政法规强制性规定的；

（十一）用人单位以暴力、威胁或者非法限制人身自由的手段强迫劳动者劳动的；

（十二）用人单位违章指挥、强令冒险作业危及劳动者人身安全的；

（十三）法律、行政法规规定劳动者可以解除劳动合同的其他情形。

第十九条 有下列情形之一的，依照劳动合同法规定的条件、程序，用人单位可以与劳动者解除固定期限劳动合同、无固定期限劳动合同或者以完成一定工作任务为期限的劳动合同：

（一）用人单位与劳动者协商一致的；

（二）劳动者在试用期间被证明不符合录用条件的；

（三）劳动者严重违反用人单位的规章制度的；

（四）劳动者严重失职，营私舞弊，给用人单位造成重大损害的；

（五）劳动者同时与其他用人单位建立劳动关系，对完成本单位的工作任务造成严重影响，或者经用人单位提出，拒不改正的；

（六）劳动者以欺诈、胁迫的手段或者乘人之危，使用人单位在违背真实意思的情况下订立或者变更劳动合同的；

（七）劳动者被依法追究刑事责任的；

（八）劳动者患病或者非因工负伤，在规定的医疗期满后不能从事原工作，也不能从事由用人单位另行安排的工作的；

（九）劳动者不能胜任工作，经过培训或者调整工作岗位，仍不能胜任工作的；

（十）劳动合同订立时所依据的客观情况发生重大变化，致使劳动合同无法履行，经用人单位与劳动者协商，未能就变更劳动合同内容达成协议的；

（十一）用人单位依照企业破产法规定进行重整的；

（十二）用人单位生产经营发生严重困难的；

（十三）企业转产、重大技术革新或者经营方式调整，经变更劳动合同后，仍需裁减人员的；

（十四）其他因劳动合同订立时所依据的客观经济情况发生重大变化，致使劳动合同无法履行的。

第二十条 用人单位依照劳动合同法第四十条的规定，选择额外支付劳动者一个月工资解除劳动合同的，其额外支付的工资应当按照该劳动者上一个月的工资标准确定。

第二十一条 劳动者达到法定退休年龄的，劳动合同终止。

第二十二条 以完成一定工作任务为期限的劳动合同因任务完成而终止的，用人单位应当依照劳动合同法第四十七条的规定向劳动者支付经济补偿。

第二十三条 用人单位依法终止工伤职工的劳动合同的，除依照劳动合同法第四十七条的规定支付经济补偿外，还应当依照国家有关工伤保险的规定支付一次性工伤医疗补助金和伤残就业补助金。

第二十四条 用人单位出具的解除、终止劳动合同的证明，应当写明劳动合同期限、解除或者终止劳动合同的日期、工作岗位、在本单位的工作年限。

第二十五条 用人单位违反劳动合同法的规定解除或者终止劳动合同，依照劳动合同法第八十七条的规定支付了赔偿金的，不再支付经济补偿。赔偿金的计算年限自用工之日起计算。

第二十六条 用人单位与劳动者约定了服务期,劳动者依照劳动合同法第三十八条的规定解除劳动合同的,不属于违反服务期的约定,用人单位不得要求劳动者支付违约金。

有下列情形之一,用人单位与劳动者解除约定服务期的劳动合同的,劳动者应当按照劳动合同的约定向用人单位支付违约金:

(一)劳动者严重违反用人单位的规章制度的;

(二)劳动者严重失职,营私舞弊,给用人单位造成重大损害的;

(三)劳动者同时与其他用人单位建立劳动关系,对完成本单位的工作任务造成严重影响,或者经用人单位提出,拒不改正的;

(四)劳动者以欺诈、胁迫的手段或者乘人之危,使用人单位在违背真实意思的情况下订立或者变更劳动合同的;

(五)劳动者被依法追究刑事责任的。

第二十七条 劳动合同法第四十七条规定的经济补偿的月工资按照劳动者应得工资计算,包括计时工资或者计件工资以及奖金、津贴和补贴等货币性收入。劳动者在劳动合同解除或者终止前 12 个月的平均工资低于当地最低工资标准的,按照当地最低工资标准计算。劳动者工作不满 12 个月的,按照实际工作的月数计算平均工资。

第四章 劳务派遣特别规定

第二十八条 用人单位或者其所属单位出资或者合伙设立的劳务派遣单位,向本单位或者所属单位派遣劳动者的,属于劳动合同法第六十七条规定的不得设立的劳务派遣单位。

第二十九条 用工单位应当履行劳动合同法第六十二条规定的义务,维护被派遣劳动者的合法权益。

第三十条 劳务派遣单位不得以非全日制用工形式招用被派遣劳动者。

第三十一条 劳务派遣单位或者被派遣劳动者依法解除、终止劳动合同的经济补偿,依照劳动合同法第四十六条、第四十七条的规定执行。

第三十二条 劳务派遣单位违法解除或者终止被派遣劳动者的劳动合同的,依照劳动合同法第四十八条的规定执行。

第五章 法律责任

第三十三条 用人单位违反劳动合同法有关建立职工名册规定的,由劳动行政部门责令限期改正;逾期不改正的,由劳动行政部门处 2000 元以上 2 万元以下的罚款。

第三十四条 用人单位依照劳动合同法的规定应当向劳动者每月支付两倍的工资或者应当向劳动者支付赔偿金而未支付的,劳动行政部门应当责令用人单位支付。

第三十五条 用工单位违反劳动合同法和本条例有关劳务派遣规定的,由劳动行政部门和其他有关主管部门责令改正;情节严重的,以每位被派遣劳动者 1000 元以上 5000 元以下的标准处以罚款;给被派遣劳动者造成损害的,劳务派遣单位和用工单位承担连带赔偿责任。

第六章　附　则

第三十六条　对违反劳动合同法和本条例的行为的投诉、举报，县级以上地方人民政府劳动行政部门依照《劳动保障监察条例》的规定处理。

第三十七条　劳动者与用人单位因订立、履行、变更、解除或者终止劳动合同发生争议的，依照《中华人民共和国劳动争议调解仲裁法》的规定处理。

第三十八条　本条例自公布之日起施行。

二〇〇八年九月十八日

6. 职工带薪年休假条例

（2007年12月7日国务院第198次常务会议通过　自2008年1月1日起施行）

第一条　为了维护职工休息休假权利，调动职工工作积极性，根据劳动法和公务员法，制定本条例。

第二条　机关、团体、企业、事业单位、民办非企业单位、有雇工的个体工商户等单位的职工连续工作1年以上的，享受带薪年休假（以下简称年休假）。单位应当保证职工享受年休假。职工在年休假期间享受与正常工作期间相同的工资收入。

第三条　职工累计工作已满1年不满10年的，年休假5天；已满10年不满20年的，年休假10天；已满20年的，年休假15天。

国家法定休假日、休息日不计入年休假的假期。

第四条　职工有下列情形之一的，不享受当年的年休假：

（一）职工依法享受寒暑假，其休假天数多于年休假天数的；

（二）职工请事假累计20天以上且单位按照规定不扣工资的；

（三）累计工作满1年不满10年的职工，请病假累计2个月以上的；

（四）累计工作满10年不满20年的职工，请病假累计3个月以上的；

（五）累计工作满20年以上的职工，请病假累计4个月以上的。

第五条　单位根据生产、工作的具体情况，并考虑职工本人意愿，统筹安排职工年休假。

年休假在1个年度内可以集中安排，也可以分段安排，一般不跨年度安排。单位因生产、工作特点确有必要跨年度安排职工年休假的，可以跨1个年度安排。

单位确因工作需要不能安排职工休年休假的，经职工本人同意，可以不安排职工休年休假。对职工应休未休的年休假天数，单位应当按照该职工日工资收入的300%支付年休假工资报酬。

第六条　县级以上地方人民政府人事部门、劳动保障部门应当依据职权对单位执行本条例的情况主动进行监督检查。

工会组织依法维护职工的年休假权利。

第七条　单位不安排职工休年休假又不依照本条例规定给予年休假工资报酬的，由县级以上地方人民政府人事部门或者劳动保障部门依据职权责令限期改正；对逾期不改正的，除责令该单位支付年休假工资报酬外，单位还应当按照年休假工资报酬的数额向职工加付赔偿金；对拒不支付年休假工资报酬、赔偿金的，属于公务员和参照公务员法管理的人员所在单位的，对直接负责的主管人员以及其他直接责任人员依法给予处分；属于其他单位的，由劳动保障部门、人事部门或者职工申请人民法院强制执行。

第八条　职工与单位因年休假发生的争议，依照国家有关法律、行政法规的规定处理。

第九条　国务院人事部门、国务院劳动保障部门依据职权，分别制定本条例的实施办法。

第十条　本条例自 2008 年 1 月 1 日起施行。

7. 生产安全事故报告和调查处理条例

（中华人民共和国国务院令第 493 号　自 2007 年 6 月 1 日起施行）

第一章　总　则

第一条　为了规范生产安全事故的报告和调查处理，落实生产安全事故责任追究制度，防止和减少生产安全事故，根据《中华人民共和国安全生产法》和有关法律，制定本条例。

第二条　生产经营活动中发生的造成人身伤亡或者直接经济损失的生产安全事故的报告和调查处理，适用本条例；环境污染事故、核设施事故、国防科研生产事故的报告和调查处理不适用本条例。

第三条　根据生产安全事故（以下简称事故）造成的人员伤亡或者直接经济损失，事故一般分为以下等级：

（一）特别重大事故，是指造成 30 人以上死亡，或者 100 人以上重伤（包括急性工业中毒，下同），或者 1 亿元以上直接经济损失的事故；

（二）重大事故，是指造成 10 人以上 30 人以下死亡，或者 50 人以上 100 人以下重伤，或者 5000 万元以上 1 亿元以下直接经济损失的事故；

（三）较大事故，是指造成 3 人以上 10 人以下死亡，或者 10 人以上 50 人以下重伤，或者 1000 万元以上 5000 万元以下直接经济损失的事故；

（四）一般事故，是指造成 3 人以下死亡，或者 10 人以下重伤，或者 1000 万元以下直接经济损失的事故。

国务院安全生产监督管理部门可以会同国务院有关部门，制定事故等级划分的补充性规定。

本条第一款所称的“以上”包括本数，所称的“以下”不包括本数。

第四条　事故报告应当及时、准确、完整，任何单位和个人对事故不得迟报、漏报、谎报或者瞒报。

事故调查处理应当坚持实事求是、尊重科学的原则，及时、准确地查清事故经过、事故原因和事故损失,查明事故性质,认定事故责任,总结事故教训,提出整改措施,并对事故责任者依法追究责任。

第五条 县级以上人民政府应当依照本条例的规定,严格履行职责,及时、准确地完成事故调查处理工作。

事故发生地有关地方人民政府应当支持、配合上级人民政府或者有关部门的事故调查处理工作,并提供必要的便利条件。

参加事故调查处理的部门和单位应当互相配合,提高事故调查处理工作的效率。

第六条 工会依法参加事故调查处理,有权向有关部门提出处理意见。

第七条 任何单位和个人不得阻挠和干涉对事故的报告和依法调查处理。

第八条 对事故报告和调查处理中的违法行为,任何单位和个人有权向安全生产监督管理部门、监察机关或者其他有关部门举报,接到举报的部门应当依法及时处理。

第二章　事故报告

第九条 事故发生后,事故现场有关人员应当立即向本单位负责人报告;单位负责人接到报告后,应当于1小时内向事故发生地县级以上人民政府安全生产监督管理部门和负有安全生产监督管理职责的有关部门报告。

情况紧急时,事故现场有关人员可以直接向事故发生地县级以上人民政府安全生产监督管理部门和负有安全生产监督管理职责的有关部门报告。

第十条 安全生产监督管理部门和负有安全生产监督管理职责的有关部门接到事故报告后,应当依照下列规定上报事故情况,并通知公安机关、劳动保障行政部门、工会和人民检察院:

(一)特别重大事故、重大事故逐级上报至国务院安全生产监督管理部门和负有安全生产监督管理职责的有关部门;

(二)较大事故逐级上报至省、自治区、直辖市人民政府安全生产监督管理部门和负有安全生产监督管理职责的有关部门;

(三)一般事故上报至设区的市级人民政府安全生产监督管理部门和负有安全生产监督管理职责的有关部门。

安全生产监督管理部门和负有安全生产监督管理职责的有关部门依照前款规定上报事故情况,应当同时报告本级人民政府。国务院安全生产监督管理部门和负有安全生产监督管理职责的有关部门以及省级人民政府接到发生特别重大事故、重大事故的报告后,应当立即报告国务院。

必要时,安全生产监督管理部门和负有安全生产监督管理职责的有关部门可以越级上报事故情况。

第十一条 安全生产监督管理部门和负有安全生产监督管理职责的有关部门逐级上报事故情况,每级上报的时间不得超过2小时。

第十二条 报告事故应当包括下列内容:

(一)事故发生单位概况;

(二)事故发生的时间、地点以及事故现场情况;

(三)事故的简要经过;

(四)事故已经造成或者可能造成的伤亡人数(包括下落不明的人数)和初步估计的直接经济损失;

(五)已经采取的措施;

(六)其他应当报告的情况。

第十三条　事故报告后出现新情况的,应当及时补报。

自事故发生之日起30日内,事故造成的伤亡人数发生变化的,应当及时补报。道路交通事故、火灾事故自发生之日起7日内,事故造成的伤亡人数发生变化的,应当及时补报。

第十四条　事故发生单位负责人接到事故报告后,应当立即启动事故相应应急预案,或者采取有效措施,组织抢救,防止事故扩大,减少人员伤亡和财产损失。

第十五条　事故发生地有关地方人民政府、安全生产监督管理部门和负有安全生产监督管理职责的有关部门接到事故报告后,其负责人应当立即赶赴事故现场,组织事故救援。

第十六条　事故发生后,有关单位和人员应当妥善保护事故现场以及相关证据,任何单位和个人不得破坏事故现场、毁灭相关证据。

因抢救人员、防止事故扩大以及疏通交通等原因,需要移动事故现场物件的,应当做出标志,绘制现场简图并做出书面记录,妥善保存现场重要痕迹、物证。

第十七条　事故发生地公安机关根据事故的情况,对涉嫌犯罪的,应当依法立案侦查,采取强制措施和侦查措施。犯罪嫌疑人逃匿的,公安机关应当迅速追捕归案。

第十八条　安全生产监督管理部门和负有安全生产监督管理职责的有关部门应当建立值班制度,并向社会公布值班电话,受理事故报告和举报。

第三章　事故调查

第十九条　特别重大事故由国务院或者国务院授权有关部门组织事故调查组进行调查。

重大事故、较大事故、一般事故分别由事故发生地省级人民政府、设区的市级人民政府、县级人民政府负责调查。省级人民政府、设区的市级人民政府、县级人民政府可以直接组织事故调查组进行调查,也可以授权或者委托有关部门组织事故调查组进行调查。

未造成人员伤亡的一般事故,县级人民政府也可以委托事故发生单位组织事故调查组进行调查。

第二十条　上级人民政府认为必要时,可以调查由下级人民政府负责调查的事故。

自事故发生之日起30日内(道路交通事故、火灾事故自发生之日起7日内),因事故伤亡人数变化导致事故等级发生变化,依照本条例规定应当由上级人民政府负责调查的,上级人民政府可以另行组织事故调查组进行调查。

第二十一条　特别重大事故以下等级事故,事故发生地与事故发生单位不在同一个县级以上行政区域的,由事故发生地人民政府负责调查,事故发生单位所在地人民政府应当派人参加。

第二十二条　事故调查组的组成应当遵循精简、效能的原则。

根据事故的具体情况,事故调查组由有关人民政府、安全生产监督管理部门、负有安全生产监督管理职责的有关部门、监察机关、公安机关以及工会派人组成,并应当邀请人民检察院派人参加。

事故调查组可以聘请有关专家参与调查。

第二十三条 事故调查组成员应当具有事故调查所需要的知识和专长,并与所调查的事故没有直接利害关系。

第二十四条 事故调查组组长由负责事故调查的人民政府指定。事故调查组组长主持事故调查组的工作。

第二十五条 事故调查组履行下列职责:

(一)查明事故发生的经过、原因、人员伤亡情况及直接经济损失;

(二)认定事故的性质和事故责任;

(三)提出对事故责任者的处理建议;

(四)总结事故教训,提出防范和整改措施;

(五)提交事故调查报告。

第二十六条 事故调查组有权向有关单位和个人了解与事故有关的情况,并要求其提供相关文件、资料,有关单位和个人不得拒绝。

事故发生单位的负责人和有关人员在事故调查期间不得擅离职守,并应当随时接受事故调查组的询问,如实提供有关情况。

事故调查中发现涉嫌犯罪的,事故调查组应当及时将有关材料或者其复印件移交司法机关处理。

第二十七条 事故调查中需要进行技术鉴定的,事故调查组应当委托具有国家规定资质的单位进行技术鉴定。必要时,事故调查组可以直接组织专家进行技术鉴定。技术鉴定所需时间不计入事故调查期限。

第二十八条 事故调查组成员在事故调查工作中应当诚信公正、恪尽职守,遵守事故调查组的纪律,保守事故调查的秘密。

未经事故调查组组长允许,事故调查组成员不得擅自发布有关事故的信息。

第二十九条 事故调查组应当自事故发生之日起60日内提交事故调查报告;特殊情况下,经负责事故调查的人民政府批准,提交事故调查报告的期限可以适当延长,但延长的期限最长不超过60日。

第三十条 事故调查报告应当包括下列内容:

(一)事故发生单位概况;

(二)事故发生经过和事故救援情况;

(三)事故造成的人员伤亡和直接经济损失;

(四)事故发生的原因和事故性质;

(五)事故责任的认定以及对事故责任者的处理建议;

(六)事故防范和整改措施。

事故调查报告应当附具有关证据材料。事故调查组成员应当在事故调查报告上签名。

第三十一条 事故调查报告报送负责事故调查的人民政府后,事故调查工作即告结束。事故调查的有关资料应当归档保存。

第四章　事故处理

第三十二条　重大事故、较大事故、一般事故，负责事故调查的人民政府应当自收到事故调查报告之日起15日内做出批复；特别重大事故，30日内做出批复，特殊情况下，批复时间可以适当延长，但延长的时间最长不超过30日。

有关机关应当按照人民政府的批复，依照法律、行政法规规定的权限和程序，对事故发生单位和有关人员进行行政处罚，对负有事故责任的国家工作人员进行处分。

事故发生单位应当按照负责事故调查的人民政府的批复，对本单位负有事故责任的人员进行处理。

负有事故责任的人员涉嫌犯罪的，依法追究刑事责任。

第三十三条　事故发生单位应当认真吸取事故教训，落实防范和整改措施，防止事故再次发生。防范和整改措施的落实情况应当接受工会和职工的监督。

安全生产监督管理部门和负有安全生产监督管理职责的有关部门应当对事故发生单位落实防范和整改措施的情况进行监督检查。

第三十四条　事故处理的情况由负责事故调查的人民政府或者其授权的有关部门、机构向社会公布，依法应当保密的除外。

第五章　法律责任

第三十五条　事故发生单位主要负责人有下列行为之一的，处上一年年收入40%至80%的罚款；属于国家工作人员的，并依法给予处分；构成犯罪的，依法追究刑事责任：

（一）不立即组织事故抢救的；

（二）迟报或者漏报事故的；

（三）在事故调查处理期间擅离职守的。

第三十六条　事故发生单位及其有关人员有下列行为之一的，对事故发生单位处100万元以上500万元以下的罚款；对主要负责人、直接负责的主管人员和其他直接责任人员处上一年年收入60%至100%的罚款；属于国家工作人员的，并依法给予处分；构成违反治安管理行为的，由公安机关依法给予治安管理处罚；构成犯罪的，依法追究刑事责任：

（一）谎报或者瞒报事故的；

（二）伪造或者故意破坏事故现场的；

（三）转移、隐匿资金、财产，或者销毁有关证据、资料的；

（四）拒绝接受调查或者拒绝提供有关情况和资料的；

（五）在事故调查中作伪证或者指使他人作伪证的；

（六）事故发生后逃匿的。

第三十七条　事故发生单位对事故发生负有责任的，依照下列规定处以罚款：

（一）发生一般事故的，处10万元以上20万元以下的罚款；

（二）发生较大事故的，处20万元以上50万元以下的罚款；

（三）发生重大事故的，处50万元以上200万元以下的罚款；

（四）发生特别重大事故的，处200万元以上500万元以下的罚款。

第三十八条 事故发生单位主要负责人未依法履行安全生产管理职责，导致事故发生的，依照下列规定处以罚款；属于国家工作人员的，并依法给予处分；构成犯罪的，依法追究刑事责任：

（一）发生一般事故的，处上一年年收入30%的罚款；

（二）发生较大事故的，处上一年年收入40%的罚款；

（三）发生重大事故的，处上一年年收入60%的罚款；

（四）发生特别重大事故的，处上一年年收入80%的罚款。

第三十九条 有关地方人民政府、安全生产监督管理部门和负有安全生产监督管理职责的有关部门有下列行为之一的，对直接负责的主管人员和其他直接责任人员依法给予处分；构成犯罪的，依法追究刑事责任：

（一）不立即组织事故抢救的；

（二）迟报、漏报、谎报或者瞒报事故的；

（三）阻碍、干涉事故调查工作的；

（四）在事故调查中作伪证或者指使他人作伪证的。

第四十条 事故发生单位对事故发生负有责任的，由有关部门依法暂扣或者吊销其有关证照；对事故发生单位负有事故责任的有关人员，依法暂停或者撤销其与安全生产有关的执业资格、岗位证书；事故发生单位主要负责人受到刑事处罚或者撤职处分的，自刑罚执行完毕或者受处分之日起，5年内不得担任任何生产经营单位的主要负责人。

为发生事故的单位提供虚假证明的中介机构，由有关部门依法暂扣或者吊销其有关证照及其相关人员的执业资格；构成犯罪的，依法追究刑事责任。

第四十一条 参与事故调查的人员在事故调查中有下列行为之一的，依法给予处分；构成犯罪的，依法追究刑事责任：

（一）对事故调查工作不负责任，致使事故调查工作有重大疏漏的；

（二）包庇、袒护负有事故责任的人员或者借机打击报复的。

第四十二条 违反本条例规定，有关地方人民政府或者有关部门故意拖延或者拒绝落实经批复的对事故责任人的处理意见的，由监察机关对有关责任人员依法给予处分。

第四十三条 本条例规定的罚款的行政处罚，由安全生产监督管理部门决定。

法律、行政法规对行政处罚的种类、幅度和决定机关另有规定的，依照其规定。

第六章　附　则

第四十四条 没有造成人员伤亡，但是社会影响恶劣的事故，国务院或者有关地方人民政府认为需要调查处理的，依照本条例的有关规定执行。

国家机关、事业单位、人民团体发生的事故的报告和调查处理，参照本条例的规定执行。

第四十五条 特别重大事故以下等级事故的报告和调查处理，有关法律、行政法规或者国务院另有规定的，依照其规定。

第四十六条 本条例自2007年6月1日起施行。国务院1989年3月29日公布的《特别重大事故调查程序暂行规定》和1991年2月22日公布的《企业职工伤亡事故报告和处理规定》同时废止。

8. 失业保险条例

（1999年1月22日国务院令第258号发布　自发布之日起施行）

第一章　总　则

第一条　为了保障失业人员失业期间的基本生活，促进其再就业，制定本条例。

第二条　城镇企业事业单位、城镇企业事业单位职工依照本条例的规定，缴纳失业保险费。

城镇企业事业单位失业人员依照本条例的规定，享受失业保险待遇。

本条所称城镇企业，是指国有企业、城镇集体企业、外商投资企业、城镇私营企业以及其他城镇企业。

第三条　国务院劳动保障行政部门主管全国的失业保险工作。县级以上地方各级人民政府劳动保障行政部门主管本行政区域内的失业保险工作。劳动保障行政部门按照国务院规定设立的经办失业保险业务的社会保险经办机构依照本条例的规定，具体承办失业保险工作。

第四条　失业保险费按照国家有关规定征缴。

第二章　失业保险基金

第五条　失业保险基金由下列各项构成：

（一）城镇企业事业单位、城镇企业事业单位职工缴纳的失业保险费；

（二）失业保险基金的利息；

（三）财政补贴；

（四）依法纳入失业保险基金的其他资金。

第六条　城镇企业事业单位按照本单位工资总额的百分之二缴纳失业保险费。城镇企业事业单位职工按照本人工资的百分之一缴纳失业保险费。城镇企业事业单位招用的农民合同制工人本人不缴纳失业保险费。

第七条　失业保险基金在直辖市和设区的市实行全市统筹；其他地区的统筹层次由省、自治区人民政府规定。

第八条　省、自治区可以建立失业保险调剂金。

失业保险调剂金以统筹地区依法应当征收的失业保险费为基数，按照省、自治区人民政府规定的比例筹集。

统筹地区的失业保险基金不敷使用时，由失业保险调剂金调剂、地方财政补贴。

失业保险调剂金的筹集、调剂使用以及地方财政补贴的具体办法，由省、自治区人民政府规定。

第九条　省、自治区、直辖市人民政府根据本行政区域失业人员数量和失业保险基金数额，报经国务院批准，可以适当调整本行政区域失业保险费的费率。

第十条　失业保险基金用于下列支出：

(一)失业保险金;

(二)领取失业保险金期间的医疗补助金;

(三)领取失业保险金期间死亡的失业人员的丧葬补助金和其供养的配偶、直系亲属的抚恤金;

(四)领取失业保险金期间接受职业培训、职业介绍的补贴,补贴的办法和标准由省、自治区、直辖市人民政府规定;

(五)国务院规定或者批准的与失业保险有关的其他费用。

第十一条 失业保险基金必须存入财政部门在国有商业银行开设的社会保障基金财政专户,实行收支两条线管理,由财政部门依法进行监督。

存入银行和按照国家规定购买国债的失业保险基金,分别按照城乡居民同期存款利率和国债利息计息。失业保险基金的利息并入失业保险基金。

失业保险基金专款专用,不得挪作他用,不得用于平衡财政收支。

第十二条 失业保险基金收支的预算、决算,由统筹地区社会保险经办机构编制,经同级劳动保障行政部门复核、同级财政部门审核,报同级人民政府审批。

第十三条 失业保险基金的财务制度和会计制度按照国家有关规定执行。

第三章 失业保险待遇

第十四条 具备下列条件的失业人员,可以领取失业保险金:

(一)按照规定参加失业保险,所在单位和本人已按照规定履行缴费义务满1年的;

(二)非因本人意愿中断就业的;

(三)已办理失业登记,并有求职要求的。

失业人员在领取失业保险金期间,按照规定同时享受其他失业保险待遇。

第十五条 失业人员在领取失业保险金期间有下列情形之一的,停止领取失业保险金,并同时停止享受其他失业保险待遇:

(一)重新就业的;

(二)应征服兵役的;

(三)移居境外的;

(四)享受基本养老保险待遇的;

(五)被判刑收监执行或者被劳动教养的;

(六)无正当理由,拒不接受当地人民政府指定的部门或者机构介绍的工作的;

(七)有法律、行政法规规定的其他情形的。

第十六条 城镇企业事业单位应当及时为失业人员出具终止或者解除劳动关系的证明,告知其按照规定享受失业保险待遇的权利,并将失业人员的名单自终止或者解除劳动关系之日起7日内报社会保险经办机构备案。

城镇企业事业单位职工失业后,应当持本单位为其出具的终止或者解除劳动关系的证明,及时到指定的社会保险经办机构办理失业登记。失业保险金自办理失业登记之日起计算。

失业保险金由社会保险经办机构按月发放。社会保险经办机构为失业人员开具领取失业保险金的单证,失业人员凭单证到指定银行领取失业保险金。

第十七条　失业人员失业前所在单位和本人按照规定累计缴费时间满 1 年不足 5 年的，领取失业保险金的期限最长为 12 个月；累计缴费时间满 5 年不足 10 年的，领取失业保险金的期限最长为 18 个月；累计缴费时间 10 年以上的，领取失业保险金的期限最长为 24 个月。重新就业后，再次失业的，缴费时间重新计算，领取失业保险金的期限可以与前次失业应领取而尚未领取的失业保险金的期限合并计算，但是最长不得超过 24 个月。

第十八条　失业保险金的标准，按照低于当地最低工资标准、高于城市居民最低生活保障标准的水平，由省、自治区、直辖市人民政府确定。

第十九条　失业人员在领取失业保险金期间患病就医的，可以按照规定向社会保险经办机构申请领取医疗补助金。医疗补助金的标准由省、自治区、直辖市人民政府规定。

第二十条　失业人员在领取失业保险金期间死亡的，参照当地对在职职工的规定，对其家属一次性发给丧葬补助金和抚恤金。

第二十一条　单位招用的农民合同制工人连续工作满 1 年，本单位并已缴纳失业保险费，劳动合同期满未续订或者提前解除劳动合同的，由社会保险经办机构根据其工作时间长短，对其支付一次性生活补助。补助的办法和标准由省、自治区、直辖市人民政府规定。

第二十二条　城镇企业事业单位成建制跨统筹地区转移，失业人员跨统筹地区流动的，失业保险关系随之转迁。

第二十三条　失业人员符合城市居民最低生活保障条件的，按照规定享受城市居民最低生活保障待遇。

第四章　管理和监督

第二十四条　劳动保障行政部门管理失业保险工作，履行下列职责：

(一)贯彻实施失业保险法律、法规；

(二)指导社会保险经办机构的工作；

(三)对失业保险费的征收和失业保险待遇的支付进行监督检查。

第二十五条　社会保险经办机构具体承办失业保险工作，履行下列职责：

(一)负责失业人员的登记、调查、统计；

(二)按照规定负责失业保险基金的管理；

(三)按照规定核定失业保险待遇，开具失业人员在指定银行领取失业保险金和其他补助金的单证；

(四)拨付失业人员职业培训、职业介绍补贴费用；

(五)为失业人员提供免费咨询服务；

(六)国家规定由其履行的其他职责。

第二十六条　财政部门和审计部门依法对失业保险基金的收支、管理情况进行监督。

第二十七条　社会保险经办机构所需经费列入预算，由财政拨付。

第五章　罚　则

第二十八条　不符合享受失业保险待遇条件，骗取失业保险金和其他失业保险待遇的，由社会保险经办机构责令退还；情节严重的，由劳动保障行政部门处骗取金额 1 倍以上 3 倍以下的罚款。

第二十九条 社会保险经办机构工作人员违反规定向失业人员开具领取失业保险金或者享受其他失业保险待遇单证，致使失业保险基金损失的，由劳动保障行政部门责令追回；情节严重的，依法给予行政处分。

第三十条 劳动保障行政部门和社会保险经办机构的工作人员滥用职权、徇私舞弊、玩忽职守，造成失业保险基金损失的，由劳动保障行政部门追回损失的失业保险基金；构成犯罪的，依法追究刑事责任；尚不构成犯罪的，依法给予行政处分。

第三十一条 任何单位、个人挪用失业保险基金的，追回挪用的失业保险基金；有违法所得的，没收违法所得，并入失业保险基金；构成犯罪的，依法追究刑事责任；尚不构成犯罪的，对直接负责的主管人员和其他直接责任人员依法给予行政处分。

第六章 附 则

第三十二条 省、自治区、直辖市人民政府根据当地实际情况，可以决定本条例适用于本行政区域内的社会团体及其专职人员、民办非企业单位及其职工、有雇工的城镇个体工商户及其雇工。

第三十三条 本条例自发布之日起施行。1993 年 4 月 12 日国务院发布的《国有企业职工待业保险规定》同时废止。

9. 关于推进新时代和谐劳动关系创建活动的意见

（人社部发〔2023〕2 号）

各省、自治区、直辖市及新疆生产建设兵团人力资源社会保障厅（局），总工会，企业联合会/企业家协会，工商联：

近年来，各地认真贯彻落实中共中央、国务院关于构建和谐劳动关系的决策部署，扎实推进和谐劳动关系创建活动，在保障职工各项权益、完善协商协调机制、推动企业与职工共商共建共享等方面取得了积极成效，为促进经济高质量发展和社会和谐稳定发挥了重要作用。为进一步构建中国特色和谐劳动关系，现就推进新时代和谐劳动关系创建活动（以下简称创建活动）提出如下意见。

一、指导思想

以习近平新时代中国特色社会主义思想为指导，深入贯彻党的二十大精神，完整、准确、全面贯彻新发展理念，加快构建新发展格局，着力推动高质量发展，全面落实党中央、国务院关于构建和谐劳动关系的重要决策部署，以促进企业发展、维护职工权益为目标，坚持稳中求进工作总基调，在更大范围、更广层次、更多内容上不断丰富和发展和谐劳动关系创建实践，实现企业和职工协商共事、机制共建、效益共创、利益共享，打造企业与职工的利益共同体、事业共同体、命运共同体，使广大职工建功立业新时代的团结力量充分涌流，使各类企业尊重劳动、造福职工的崇德向善行为蔚然成风，让推动企业高质量发展的和谐动力竞相迸发，为构建中国特色和谐劳动关系奠定坚实基础。

二、基本原则

（一）坚持党的全面领导。发挥党总揽全局、协调各方的领导核心作用，健全党委领导的政府、工会、企业三方共同参与的协商协调机制，强化共同奋斗的政治引领，把党的领导落实到创建活动的全过程、各方面、各环节，始终保持正确方向，形成共同构建中国特色和谐劳动关系的强大力量。

（二）坚持增进民生福祉。以满足人民日益增长的美好生活需要为根本目的，在企业发展的基础上，着力解决好职工急难愁盼问题，不断提高职工权益保障水平，切实增强广大职工的获得感、幸福感、安全感，促进人的全面发展，扎实推进共同富裕。

（三）坚持法治规范保障。增强企业和职工法治观念，推动企业依法规范用工，职工依法维护权益，提高劳动关系治理法治化水平，更好发挥法治固根本、稳预期、利长远的保障作用，在法治轨道上深入推进创建活动。

（四）坚持文化凝心聚力。以社会主义核心价值观为引领，培育企业关心关爱职工、职工爱岗爱企的和谐文化理念，讲仁爱，尚和合，厚植人文关怀，弘扬劳动精神，倡导团结奋进，不断巩固劳动关系双方协商共事、合作共赢、发展共享的共同思想基础。

（五）坚持创新稳健并重。坚持因地制宜、因势利导，科学把握创建工作的时度效，突出重点，分类施策，典型引路，循序渐进。增强问题意识，紧盯创建任务，不断推动实践创新、理论创新、制度创新。

三、目标任务

在全国各类企业持续推进新时代和谐劳动关系创建活动，推动企业贯彻落实劳动保障法律法规、完善劳动关系协商协调机制、健全劳动者权益保障制度、促进和谐文化建设。力争到 2027 年底各类企业及企业聚集区域普遍开展创建活动，实现创建内容更加丰富、创建标准更加规范、创建评价更加科学、创建激励措施更加完善，创建企业基本达到创建标准，和谐劳动关系理念得到广泛认同，规范有序、公正合理、互利共赢、和谐稳定的劳动关系进一步形成。

四、明确创建内容

（一）企业创建的重点内容。建立健全企业党组织，充分发挥党组织在和谐劳动关系创建活动中把关定向、团结凝聚各方力量的作用。全面落实劳动合同、集体合同制度，加强企业民主管理，依法保障职工劳动报酬、休息休假、劳动安全卫生、社会保险、职业技能培训等基本权益。建立职工工资集体协商和正常增长机制，加强劳动保护，改善劳动条件。建立企业劳动争议调解委员会，强化劳动争议预防，促进劳动争议协商和解。加强人文关怀，培育企业关心关爱职工、职工爱岗爱企的企业文化。

（二）工业园区、街道（乡镇）创建的重点内容。健全工业园区、街道（乡镇）党委领导的构建和谐劳动关系工作机制，加强对创建活动的组织领导，推动辖区内企业普遍开展和谐劳动关系创建活动。建立健全劳动关系协调机制、矛盾调处机制、权益保障机制，加强劳动保障法律宣传、用工指导服务，搭建劳动关系双方沟通协调平台，及时预防化解劳动关系矛盾。布局劳动关系基层公共服务站点，为企业和劳动者提供一站式、智慧化、标准化劳动关系公共服务。

五、规范创建标准

根据本地企业的类型、分布、职工人数和劳动关系状况以及工业园区、乡镇(街道)工作基础等,分类培育,分步推进。

(一)企业创建标准

——企业党组织健全,在创建活动中,组织职工、宣传职工、凝聚职工、服务职工的职能作用发挥充分,党员先锋模范作用有效发挥。

——企业工会组织健全、运行顺畅,针对工资等职工关心的问题定期开展集体协商并签订集体合同,协商程序规范、效果良好,职工工资增长与企业效益、劳动生产率增长相适应。

——以职工(代表)大会制度为基本形式的企业民主管理制度健全,定期召开职工(代表)大会,按规定将涉及职工切身利益的规章制度和重大事项经过职工(代表)大会审议通过,完善厂务公开制度,公司制企业依法设立职工董事、职工监事。

——企业劳动争议调解委员会机构健全、制度完善,建立劳动争议预防预警机制,及时调处劳动争议和影响劳动关系和谐稳定的苗头性、倾向性问题,促进劳动争议协商和解。

——职工培训制度健全,制定培训计划,采取岗前培训、学徒培训、脱产培训、技术比武、技能竞赛等方式,大幅提升职工技能水平。职工教育经费足额到位,经费60%以上用于企业一线职工的教育和培训。

——重视企业文化建设,努力培育与中华优秀传统文化相契合富有企业特色的企业精神和健康向上的企业文化,践行社会主义核心价值观,切实承担报效家园、服务社会、造福职工的责任。

——加强对职工的人文关怀,不断改善职工的生产和生活条件,支持和帮助职工平衡工作和家庭责任,保障生育女职工享有平等的就业机会、职业发展机会和待遇。注重职工的精神需求和心理健康,建立职工健康服务体系,塑造职工幸福生活环境,提高职工生活品质。

——职工爱岗敬业、遵守纪律、诚实守信,对企业的责任感、认同感和归属感较强,能够正确对待社会利益关系调整,以理性合法形式表达利益诉求,维护自身权益。

——职工满意度较高。职工对劳动报酬、社保缴纳、休息休假、工作环境、技能培训、劳动条件、协商民主、人文关怀等指标综合评价满意度高。

(二)工业园区、乡镇(街道)创建标准

——工业园区、乡镇(街道)党委领导的构建和谐劳动关系工作机制健全,将创建活动纳入当地党委、政府重要议事日程,制定出台推进创建活动的实施方案,完善政府、工会、企业代表组织共同参与的劳动关系协商协调机制。

——辖区内企业用工管理普遍合法合规,基本达到创建标准。

——辖区内企业普遍建立以工资集体协商为重点的集体合同制度,对不具备单独开展条件的小微企业,通过签订区域性、行业性集体合同实现覆盖。

——依法建立工会组织、企业代表组织以及劳动争议调解组织,健全劳动关系矛盾纠纷排查预防和联动化解机制,对辖区内带有普遍性、倾向性的劳动关系问题开展协商,预防和调处劳动争议。建立健全突发性、集体性劳动争议应急调解协调机制和重大劳动争议信息报告制度,及时化解矛盾和纠纷。

——成立厂务公开协调领导机构，辖区内企业普遍建立以职工代表大会为基本形式的企业民主管理制度，对不具备单独建立条件的小微企业，通过区域性（行业）职代会实现覆盖。

——辖区内防范和处置重大安全生产、重大职业危害事故以及重大劳动关系群体性、突发性事件的机制健全有效。

——根据辖区内企业规模，合理布局劳动关系基层公共服务站点，达到服务标识统一、服务场所固定、服务设施齐全、服务内容完备，配备一定数量的劳动关系协调员，经常性地对辖区内企业创建活动进行督促指导服务，定期组织培训、交流、观摩等活动，通过线上线下多种方式提升服务效能，形成地域、行业特色鲜明的公共服务品牌。

六、健全创建评价机制

（一）开展评审评估。科学设置创建标准指标体系，引导企业、工业园区、乡镇（街道）对照创建标准开展自我评价，由当地协调劳动关系三方对其是否达标进行评估。健全创建示范单位评审评估制度，在坚持协调劳动关系三方定期集中评审的基础上，探索引入社会第三方机构开展日常综合评估，形成协调劳动关系三方评审为主、社会评估为补充的和谐劳动关系评审评估机制和规范统一的综合评价体系，提高评审评估的客观权威性、科学合理性和社会公信力。

（二）定期命名授牌。国家协调劳动关系三方会议每三年开展一届全国和谐劳动关系创建活动，采取先创建后认定的方式，对创建活动中表现突出的企业、工业园区命名“全国和谐劳动关系创建示范企业、工业园区”，颁发铭牌，并向社会公布名单，系统总结好的经验和做法，发挥先进典型示范引领作用，并采取措施予以推广。

（三）实施动态管理。建立创建单位定点联系培育机制，加强日常跟踪服务和监督管理，督促创建达标单位在持续巩固已有成效的基础上，不断提升创建水平。健全创建示范单位的动态退出机制，由省级协调劳动关系三方采取抽查、普查等方式，充分利用劳动保障监察和劳动争议调解仲裁案件以及群体访、群体性事件、集体停工事件等信息，加大动态精准核查力度，定期对已命名的示范单位进行核查。对存在不签劳动合同、未依法缴纳社会保险费、超时加班、拖欠工资等构成重大劳动保障违法行为的，以及引发较大影响的劳动关系群体性事件、极端恶性事件、重大安全生产事故和职业危害事故、负面网络舆情的全国和谐劳动关系创建示范单位，由省级协调劳动关系三方报国家协调劳动关系三方审议同意后，取消命名，收回铭牌，并在本省（自治区、直辖市）内向社会公布。国家协调劳动关系三方定期组织对全国和谐劳动关系创建示范单位交叉互检，对各省级协调劳动关系三方未及时核查处置的，予以通报。

七、完善创建激励措施

（一）定期表彰奖励。国家协调劳动关系三方会议每五年开展一届“全国和谐劳动关系创建工作先进集体、先进个人”表彰，对组织实施全国和谐劳动关系创建示范活动表现突出的工作机构、社会组织、企业、工业园区和乡镇（街道）及其相关工作人员授予“全国和谐劳动关系创建工作先进集体、先进个人”称号，颁发荣誉证书、奖章和奖牌，并向社会公布名单，激励社会各方积极参与。

（二）提供精准服务。对符合条件的企业，优化人社公共服务方式和手段，开展一对一用工“诊断”，提供定制化企业薪酬数据服务，开通人社公共服务经办快速通道，优化各项补贴申领和办理流程，及时落实职业培训补贴、失业保险稳岗返还、社会保险补贴等政策。

（三）适当减少检查频次。对达到创建标准且符合守法诚信等级要求的企业，适当减少劳动保障监察和社会保险稽核日常巡视检查频次；劳动争议调解仲裁机构主动上门开展政策调研指导，对办理劳动争议案件开辟绿色通道。

（四）作为评选表彰重要参考因素。将达到创建标准的企业作为推荐和评选全国五一劳动奖状、全国厂务公开民主管理先进单位和示范单位、信用企业、全国企业优秀文化成果、全国就业与社会保障先进民营企业、全国关爱员工优秀民营企业家等荣誉的重要参考因素。

八、工作要求

（一）强化组织领导。和谐劳动关系创建活动是构建和谐劳动关系的重要载体。各级协调劳动关系三方要充分认识深入推进新时代和谐劳动关系创建活动的重大意义，切实增强责任感和使命感，把创建活动作为新时代构建中国特色和谐劳动关系的一项重要任务，摆在突出位置，采取有力措施，增强创建实效。要在党委、政府的统一领导下，健全组织领导机制，推动形成党委领导、政府负责、社会协同、企业和职工参与、法治保障的工作格局。要积极争取党委、政府重视支持，将创建活动纳入当地经济社会发展总体规划和政府目标责任考核体系，确保专项经费投入，定期公布创建单位。

（二）强化责任传导。各级协调劳动关系三方要建立创建活动工作目标责任制，将创建活动任务分解到各部门、各环节，明确责任主体、重点任务、时间进度、保障措施，确保创建活动落地落实落细。要结合本地实际，针对不同规模、不同行业企业特点，进一步规范创建标准、丰富创建内容、改进创建评价、完善激励措施。探索开展创建和谐劳动关系行业，拓宽创建范围。全国行业系统可根据本行业实际，深入开展行业和谐劳动关系创建活动。

（三）强化服务指导。各级协调劳动关系三方要结合各自职能，发挥三方机制优势，形成工作合力，加强对创建活动的部署、组织、调度，推动创建活动深入开展。人力资源社会保障部门要牵头做好创建活动的组织、协调、调研、督导和服务工作，完善创建活动的申报、备案、资料建档、评价评审、动态调整等日常管理台账，定期通报创建活动信息。工会组织要加强工会组织建设，加大对职工群众的思想政治引领，健全联系广泛、服务职工的工作体系，为职工提供法律援助、政策咨询、协商培训、职业道德教育等服务，监督企业落实劳动保障法律法规，引导职工以理性合法形式表达利益诉求、解决利益矛盾、维护自身权益，团结和凝聚广大职工建功立业新时代。企业代表组织要加强基层企业代表组织建设，充分发挥企业代表组织对企业经营者的团结、服务、引导、教育作用，根据企业特点提供“诊断式”、全流程、多样化、多层次的服务指导，教育引导广大企业经营者主动承担社会责任。

（四）强化检查督导。各级协调劳动关系三方要采取系统检查与联合检查相结合、自我检查与上级抽查相结合、综合检查和专项检查相结合的方法，重点对创建活动部署、创建活动进度、创建活动举措、创建活动成效等进行检查督导，及时研究解决创建活动中遇到的新情况新问题，推动创建活动走稳走深走实。国家协调劳动关系三方每年对各地创建活动情况进行联合督导。

（五）强化宣传引导。各级协调劳动关系三方要加强与主流媒体、新媒体的协同配合，将创建活动与宣传工作一体谋划、一体推进，通过设立宣传月、开设宣传专栏、组织业务技能竞赛、举办巡回演讲、开展主题征文和摄影作品征集、拍摄专题片、培育教育实践基地等方式，全景式、立体化、多角度、持续性展现创建活动的生动实践和昂扬气派，用心用情用力打造创建活动特色品牌，提高全社会对创建活动的认知度、参与度和美誉度。要大力宣传创建活动涌现出来的先进典型和先进事迹，发挥榜样示范作用，扩大创建活动的传播力、引导力和影响力，营造共商共建共享和谐劳动关系的良好社会氛围。

人力资源社会保障部
中华全国总工会
中国企业联合会/中国企业家协会
中华全国工商业联合会
2023年1月3日

10. 关于切实维护新就业形态劳动者劳动保障权益的意见

（总工发〔2021〕12号）

为深入贯彻落实党的十九大和十九届二中、三中、四中、五中全会精神，贯彻落实习近平总书记关于新就业形态、平台经济的重要讲话和重要指示精神，现就切实维护新就业形态劳动者劳动保障权益工作，提出以下意见。

一、总体要求

（一）重要意义。党中央高度重视维护好新就业形态劳动者劳动保障权益。习近平总书记多次作出明确指示，要求维护好新就业形态劳动者合法权益。新就业形态劳动者在我国经济社会发展中发挥着不可或缺的重要作用，解决好他们在劳动报酬、社会保障、劳动保护、职业培训、组织建设、民主参与和精神文化需求等方面面临的困难和问题，是落实习近平总书记重要指示和党中央决策部署的必然要求，是促进平台经济长期健康发展的必然要求，是工会履行好维权服务基本职责的必然要求。各级工会要充分认识维护新就业形态劳动者劳动保障权益的重要性紧迫性，强化责任担当，积极开拓创新，做实做细各项工作。

（二）指导思想。坚持以习近平新时代中国特色社会主义思想为指导，深入学习贯彻习近平总书记关于工人阶级和工会工作的重要论述，坚持以党建带工建的工作原则，坚持以职工为中心的工作导向，坚持立足大局、顺势而为、审慎稳妥的工作方针，聚焦解决新就业形态劳动者最关心最直接最现实的急难愁盼问题，推动建立健全新就业形态劳动者权益保障机制，不断增强新就业形态劳动者的获得感、幸福感、安全感，最大限度地把新就业形态劳动者吸引过来、组织起来、稳固下来，进一步夯实党长期执政的阶级基础和群众基础。

二、工作举措

（三）强化思想政治引领。切实履行好工会组织的政治责任，坚持不懈用习近平新时代中国特色社会主义思想教育引导新就业形态劳动者，增强他们对中国特色社会主义和社会主义核心价值观的思想认同、情感认同，更加紧密地团结在以习近平同志为核心的党中央周围。深入新就业形态劳动者群体，广泛宣传党的路线方针政策和保障新就业形态劳动者群体权益的政策举措，将党的关怀和温暖及时送达。深入了解新就业形态劳动者群体的思想状况、工作实际、生活需求，引导他们依法理性表达利益诉求。关心关爱新就业形态劳动者，以多样性服务项目实效打动人心、温暖人心、影响人心、凝聚人心，团结引导他们坚定不移听党话、跟党走。

（四）加快推进建会入会。加强对新就业形态劳动者入会问题的研究，加快制定出台相关指导性文件，对建立平台企业工会组织和新就业形态劳动者入会予以引导和规范。强化分类指导，明确时间节点，集中推动重点行业企业特别是头部企业及其下属企业、关联企业依法普遍建立工会组织，积极探索适应货车司机、网约车司机、快递员、外卖配送员等不同职业特点的建会入会方式，通过单独建会、联合建会、行业建会、区域建会等多种方式扩大工会组织覆盖面，最大限度吸引新就业形态劳动者加入工会。保持高度政治责任感和敏锐性，切实维护工人阶级和工会组织的团结统一。

（五）切实维护合法权益。发挥产业工会作用，积极与行业协会、头部企业或企业代表组织就行业计件单价、订单分配、抽成比例、劳动定额、报酬支付办法、进入退出平台规则、工作时间、休息休假、劳动保护、奖惩制度等开展协商，维护新就业形态劳动者的劳动经济权益。督促平台企业在规章制度制定及算法等重大事项确定中严格遵守法律法规要求，通过职工代表大会、劳资恳谈会等民主管理形式听取劳动者意见诉求，保障好劳动者的知情权、参与权、表达权、监督权等民主政治权利。督促平台企业履行社会责任，促进新就业形态劳动者体面劳动、舒心工作、全面发展。加强工会劳动法律监督，配合政府及其有关部门监察执法，针对重大典型违法行为及时发声，真正做到哪里有职工，哪里就应该有工会组织，哪里的职工合法权益受到侵害，哪里的工会就要站出来说话。

（六）推动健全劳动保障法律制度。积极推动和参与制定修改劳动保障法律法规，充分表达新就业形态劳动者意见诉求，使新就业形态劳动者群体各项权益在法律源头上得以保障。配合政府及其有关部门，加快完善工时制度，推进职业伤害保障试点工作。推动司法机关出台相关司法解释和指导案例。

（七）及时提供优质服务。深入开展“尊法守法·携手筑梦”服务农民工公益法律服务行动和劳动用工“法律体检”活动，广泛宣传相关劳动法律法规及政策规定，督促企业合法用工。推动完善社会矛盾纠纷多元预防调处化解综合机制，重点针对职业伤害、工作时间、休息休假、劳动保护等与平台用工密切相关的问题，为新就业形态劳动者提供法律服务。充分利用工会自有资源和社会资源，加强职工之家建设，推进司机之家等服务阵地建设，规范和做好工会户外劳动者服务站点工作，联合开展货车司机职业发展与保障行动、组织和关爱快递员、外卖送餐员行动等。加大普惠服务工作力度，丰富工会服务新就业形态劳动者的内容和方式。针对新就业形态劳动者特点和需求组织各类文体活动，丰富他们的精神文化生活。

（八）提升网上服务水平。加快推进智慧工会建设，紧扣新就业形态劳动者依托互联网平台开展工作的特点，大力推行网上入会方式，创新服务内容和服务模式，让广大新就业形态劳动者全面了解工会、真心向往工会、主动走进工会。构建“互联网+”服务职工体系，完善网上普惠服务、就业服务、技能竞赛、困难帮扶、法律服务等，形成线上线下有机融合、相互支撑的组织体系，为新就业形态劳动者提供更加及时精准的服务。

（九）加强素质能力建设。针对新就业形态劳动者职业特点和需求，开展职业教育培训、岗位技能培训、职业技能竞赛等活动，推动新就业形态劳动者职业素质整体提升。组织开展贴近新就业形态劳动者群体特点的法治宣传教育，提高劳动者维权意识和维权能力。开展心理健康教育，提升新就业形态劳动者适应城市生活、应对困难压力、缓解精神负担的能力。

三、组织保障

（十）加强组织领导。牢固树立大局观念，将新就业形态劳动者劳动权益保障作为当前和今后一段时期各级工会的重点任务，协助党委政府做好工作。各级工会要落实属地责任，成立主要领导任组长，各相关部门和产业工会共同参加的工作领导小组，制定工作方案，明确目标任务、责任分工、时间安排，配强工作力量，加大经费投入，形成一级抓一级、层层抓落实的工作机制。

（十一）深化调查研究。组织干部职工开展赴基层蹲点活动，深入一线蹲点调研，面对面了解新就业形态劳动者权益保障方面存在的突出问题，准确掌握一手资料，有针对性地研究提出对策建议。加强对平台经济领域劳动用工情况及劳动关系发展形势的分析研判，及时发现和积极解决苗头性、倾向性问题，做到早发现、早预警、早处置。

（十二）密切协作配合。积极推动建立工作协调联动机制，形成党委领导、政府支持、各方协同、工会力推、劳动者参与的工作格局。重要情况要第一时间向党委报告、请示。通过与政府联席会议制度及时报告情况、研究问题。充分发挥各级协调劳动关系三方机制作用，及时就新就业形态劳动者权益保障相关重大问题进行沟通协商，推动出台相关制度文件。加强与相关部门、行业协会和头部企业的沟通联系，推动制定相关标准和工作指引，保障劳动者权益。联系和引导劳动关系领域社会组织服务新就业形态劳动者。工会各部门、产业工会要牢固树立“一盘棋”思想，主动担当、密切配合，齐心协力推进工作。

（十三）注重工作实效。坚持问题导向、目标导向，压实责任，细化措施，狠抓落实。在充分摸清情况、掌握困难和问题的基础上谋划解决办法，把新就业形态劳动者满意不满意作为检验工作成效的标准。切实改进工作作风，敢于啃硬骨头，勇于担当、迎难而上，扎实有序推进各项工作。一边推进一边总结，逐步建立健全务实管用的工作机制，形成一批可复制、可推广的典型经验。

（十四）加大宣传力度。充分运用各地主流媒体、工会宣传阵地以及“两微一端”等线上线下宣传手段，面向平台企业和广大新就业形态劳动者开展形式多样的宣传活动，介绍工会的性质、作用和工会维权服务实效。注重培养、选树新就业形态劳动者和平台企业先进典型，及时表彰宣传，发挥示范作用。通过现代媒体平台扩大舆论影响，广泛凝聚共识，推动形成全社会共同关爱和服务新就业形态劳动者群体的良好氛围。

各地工会要根据本意见，结合当地实际研究制定相应的实施办法，认真抓好落实。

11. 关于加快发展养老服务业的若干意见

（国发〔2013〕35号）

各省、自治区、直辖市人民政府，国务院各部委、各直属机构：

近年来，我国养老服务业快速发展，以居家为基础、社区为依托、机构为支撑的养老服务体系初步建立，老年消费市场初步形成，老龄事业发展取得显著成就。但总体上看，养老服务和产品供给不足、市场发育不健全、城乡区域发展不平衡等问题还十分突出。当前，我国已经进入人口老龄化快速发展阶段，2012年底我国60周岁以上老年人口已达1.94亿，2020年将达到2.43亿，2025年将突破3亿。积极应对人口老龄化，加快发展养老服务业，不断满足老年人持续增长的养老服务需求，是全面建成小康社会的一项紧迫任务，有利于保障老年人权益，共享改革发展成果，有利于拉动消费、扩大就业，有利于保障和改善民生，促进社会和谐，推进经济社会持续健康发展。为加快发展养老服务业，现提出以下意见：

一、总体要求

（一）指导思想

以邓小平理论、“三个代表”重要思想、科学发展观为指导，从国情出发，把不断满足老年人日益增长的养老服务需求作为出发点和落脚点，充分发挥政府作用，通过简政放权，创新体制机制，激发社会活力，充分发挥社会力量的主体作用，健全养老服务体系，满足多样化养老服务需求，努力使养老服务业成为积极应对人口老龄化、保障和改善民生的重要举措，成为扩大内需、增加就业、促进服务业发展、推动经济转型升级的重要力量。

（二）基本原则

深化体制改革。加快转变政府职能，减少行政干预，加大政策支持和引导力度，激发各类服务主体活力，创新服务供给方式，加强监督管理，提高服务质量和效率。

坚持保障基本。以政府为主导，发挥社会力量作用，着力保障特殊困难老年人的养老服务需求，确保人人享有基本养老服务。加大对基层和农村养老服务的投入，充分发挥社区基层组织和服务机构在居家养老服务中的重要作用。支持家庭、个人承担应尽责任。

注重统筹发展。统筹发展居家养老、机构养老和其他多种形式的养老，实行普遍性服务和个性化服务相结合。统筹城市和农村养老资源，促进基本养老服务均衡发展。统筹利用各种资源，促进养老服务与医疗、家政、保险、教育、健身、旅游等相关领域的互动发展。

完善市场机制。充分发挥市场在资源配置中的基础性作用，逐步使社会力量成为发展养老服务业的主体，营造平等参与、公平竞争的市场环境，大力发展养老服务业，提供方便可及、价格合理的各类养老服务和产品，满足养老服务多样化、多层次需求。

（三）发展目标

到2020年，全面建成以居家为基础、社区为依托、机构为支撑的，功能完善、规模适度、覆盖城乡的养老服务体系。养老服务产品更加丰富，市场机制不断完善，养老服务业持续健康发展。

——服务体系更加健全。生活照料、医疗护理、精神慰藉、紧急救援等养老服务覆盖所有居家老年人。符合标准的日间照料中心、老年人活动中心等服务设施覆盖所有城市社区,90%以上的乡镇和60%以上的农村社区建立包括养老服务在内的社区综合服务设施和站点。全国社会养老床位数达到每千名老年人35~40张,服务能力大幅增强。

——产业规模显著扩大。以老年生活照料、老年产品用品、老年健康服务、老年体育健身、老年文化娱乐、老年金融服务、老年旅游等为主的养老服务业全面发展,养老服务业增加值在服务业中的比重显著提升,全国机构养老、居家社区生活照料和护理等服务提供1000万个以上就业岗位。涌现一批带动力强的龙头企业和大批富有创新活力的中小企业,形成一批养老服务产业集群,培育一批知名品牌。

——发展环境更加优化。养老服务业政策法规体系建立健全,行业标准科学规范,监管机制更加完善,服务质量明显提高。全社会积极应对人口老龄化意识显著增强,支持和参与养老服务的氛围更加浓厚,养老志愿服务广泛开展,敬老、养老、助老的优良传统得到进一步弘扬。

二、主要任务

(一)统筹规划发展城市养老服务设施

加强社区服务设施建设。各地在制定城市总体规划、控制性详细规划时,必须按照人均用地不少于0.1平方米的标准,分区分级规划设置养老服务设施。凡新建城区和新建居住(小)区,要按标准要求配套建设养老服务设施,并与住宅同步规划、同步建设、同步验收、同步交付使用;凡老城区和已建成居住(小)区无养老服务设施或现有设施没有达到规划和建设指标要求的,要限期通过购置、置换、租赁等方式开辟养老服务设施,不得挪作他用。

综合发挥多种设施作用。各地要发挥社区公共服务设施的养老服务功能,加强社区养老服务设施与社区服务中心(服务站)及社区卫生、文化、体育等设施的功能衔接,提高使用率,发挥综合效益。要支持和引导各类社会主体参与社区综合服务设施建设、运营和管理,提供养老服务。各类具有为老年人服务功能的设施都要向老年人开放。

实施社区无障碍环境改造。各地区要按照无障碍设施工程建设相关标准和规范,推动和扶持老年人家庭无障碍设施的改造,加快推进坡道、电梯等与老年人日常生活密切相关的公共设施改造。

(二)大力发展居家养老服务网络

发展居家养老便捷服务。地方政府要支持建立以企业和机构为主体、社区为纽带、满足老年人各种服务需求的居家养老服务网络。要通过制定扶持政策措施,积极培育居家养老服务企业和机构,上门为居家老年人提供助餐、助浴、助洁、助急、助医等定制服务;大力发展家政服务,为居家老年人提供规范化、个性化服务。要支持社区建立健全居家养老服务网点,引入社会组织和家政、物业等企业,兴办或运营老年供餐、社区日间照料、老年活动中心等形式多样的养老服务项目。

发展老年人文体娱乐服务。地方政府要支持社区利用社区公共服务设施和社会场所组织开展适合老年人的群众性文化体育娱乐活动,并发挥群众组织和个人积极性。鼓励专业养老机构利用自身资源优势,培训和指导社区养老服务组织和人员。

发展居家网络信息服务。地方政府要支持企业和机构运用互联网、物联网等技术手段创新居家养老服务模式，发展老年电子商务，建设居家服务网络平台，提供紧急呼叫、家政预约、健康咨询、物品代购、服务缴费等适合老年人的服务项目。

（三）大力加强养老机构建设

支持社会力量举办养老机构。各地要根据城乡规划布局要求，统筹考虑建设各类养老机构。在资本金、场地、人员等方面，进一步降低社会力量举办养老机构的门槛，简化手续、规范程序、公开信息，行政许可和登记机关要核定其经营和活动范围，为社会力量举办养老机构提供便捷服务。鼓励境外资本投资养老服务业。鼓励个人举办家庭化、小型化的养老机构，社会力量举办规模化、连锁化的养老机构。鼓励民间资本对企业厂房、商业设施及其他可利用的社会资源进行整合和改造，用于养老服务。

办好公办保障性养老机构。各地公办养老机构要充分发挥托底作用，重点为“三无”（无劳动能力，无生活来源，无赡养人和扶养人、或者其赡养人和扶养人确无赡养和扶养能力）老人、低收入老人、经济困难的失能半失能老人提供无偿或低收费的供养、护理服务。政府举办的养老机构要实用适用，避免铺张豪华。

开展公办养老机构改制试点。有条件的地方可以积极稳妥地把专门面向社会提供经营性服务的公办养老机构转制成为企业，完善法人治理结构。政府投资兴办的养老床位应逐步通过公建民营等方式管理运营，积极鼓励民间资本通过委托管理等方式，运营公有产权的养老服务设施。要开展服务项目和设施安全标准化建设，不断提高服务水平。

（四）切实加强农村养老服务

健全服务网络。要完善农村养老服务托底的措施，将所有农村“三无”老人全部纳入五保供养范围，适时提高五保供养标准，健全农村五保供养机构功能，使农村五保老人老有所养。在满足农村五保对象集中供养需求的前提下，支持乡镇五保供养机构改善设施条件并向社会开放，提高运营效益，增强护理功能，使之成为区域性养老服务中心。依托行政村、较大自然村，充分利用农家大院等，建设日间照料中心、托老所、老年活动站等互助性养老服务设施。农村党建活动室、卫生室、农家书屋、学校等要支持农村养老服务工作，组织与老年人相关的活动。充分发挥村民自治功能和老年协会作用，督促家庭成员承担赡养责任，组织开展邻里互助、志愿服务，解决周围老年人实际生活困难。

拓宽资金渠道。各地要进一步落实《中华人民共和国老年人权益保障法》有关农村可以将未承包的集体所有的部分土地、山林、水面、滩涂等作为养老基地，收益供老年人养老的要求。鼓励城市资金、资产和资源投向农村养老服务。各级政府用于养老服务的财政性资金应重点向农村倾斜。

建立协作机制。城市公办养老机构要与农村五保供养机构等建立长期稳定的对口支援和合作机制，采取人员培训、技术指导、设备支援等方式，帮助其提高服务能力。建立跨地区养老服务协作机制，鼓励发达地区支援欠发达地区。

（五）繁荣养老服务消费市场

拓展养老服务内容。各地要积极发展养老服务业，引导养老服务企业和机构优先满足老年人基本服务需求，鼓励和引导相关行业积极拓展适合老年人特点的文化娱乐、体育健身、休闲旅游、健康服务、精神慰藉、法律服务等服务，加强残障老年人专业化服务。

开发老年产品用品。相关部门要围绕适合老年人的衣、食、住、行、医、文化娱乐等需要，支持企业积极开发安全有效的康复辅具、食品药品、服装服饰等老年用品用具和服务产品，引导商场、超市、批发市场设立老年用品专区专柜；开发老年住宅、老年公寓等老年生活设施，提高老年人生活质量。引导和规范商业银行、保险公司、证券公司等金融机构开发适合老年人的理财、信贷、保险等产品。

培育养老产业集群。各地和相关行业部门要加强规划引导，在制定相关产业发展规划中，要鼓励发展养老服务中小企业，扶持发展龙头企业，实施品牌战略，提高创新能力，形成一批产业链长、覆盖领域广、经济社会效益显著的产业集群。健全市场规范和行业标准，确保养老服务和产品质量，营造安全、便利、诚信的消费环境。

（六）积极推进医疗卫生与养老服务相结合

推动医养融合发展。各地要促进医疗卫生资源进入养老机构、社区和居民家庭。卫生管理部门要支持有条件的养老机构设置医疗机构。医疗机构要积极支持和发展养老服务，有条件的二级以上综合医院应当开设老年病科，增加老年病床数量，做好老年慢病防治和康复护理。要探索医疗机构与养老机构合作新模式，医疗机构、社区卫生服务机构应当为老年人建立健康档案，建立社区医院与老年人家庭医疗契约服务关系，开展上门诊视、健康查体、保健咨询等服务，加快推进面向养老机构的远程医疗服务试点。医疗机构应当为老年人就医提供优先优惠服务。

健全医疗保险机制。对于养老机构内设的医疗机构，符合城镇职工（居民）基本医疗保险和新型农村合作医疗定点条件的，可申请纳入定点范围，入住的参保老年人按规定享受相应待遇。完善医保报销制度，切实解决老年人异地就医结算问题。鼓励老年人投保健康保险、长期护理保险、意外伤害保险等人身保险产品，鼓励和引导商业保险公司开展相关业务。

三、政策措施

（一）完善投融资政策。要通过完善扶持政策，吸引更多民间资本，培育和扶持养老服务机构和企业发展。各级政府要加大投入，安排财政性资金支持养老服务体系建设。金融机构要加快金融产品和服务方式创新，拓宽信贷抵押担保物范围，积极支持养老服务业的信贷需求。积极利用财政贴息、小额贷款等方式，加大对养老服务业的有效信贷投入。加强养老服务机构信用体系建设，增强对信贷资金和民间资本的吸引力。逐步放宽限制，鼓励和支持保险资金投资养老服务领域。开展老年人住房反向抵押养老保险试点。鼓励养老机构投保责任保险，保险公司承保责任保险。地方政府发行债券应统筹考虑养老服务需求，积极支持养老服务设施建设及无障碍改造。

（二）完善土地供应政策。各地要将各类养老服务设施建设用地纳入城镇土地利用总体规划和年度用地计划，合理安排用地需求，可将闲置的公益性用地调整为养老服务用地。民间资本举办的非营利性养老机构与政府举办的养老机构享有相同的土地使用政策，可以依法使用国有划拨土地或者农民集体所有的土地。对营利性养老机构建设用地，按照国家对经营性用地依法办理有偿用地手续的规定，优先保障供应，并制定支持发展养老服务业的土地政策。严禁养老设施建设用地改变用途、容积率等土地使用条件搞房地产开发。

（三）完善税费优惠政策。落实好国家现行支持养老服务业的税收优惠政策，对养老机构提供的养护服务免征营业税，对非营利性养老机构自用房产、土地免征房产税、城镇土地使用税，对符合条件的非营利性养老机构按规定免征企业所得税。对企事业单位、社会团体和个人向非营利性养老机构的捐赠，符合相关规定的，准予在计算其应纳税所得额时按税法规定比例扣除。各地对非营利性养老机构建设要免征有关行政事业性收费，对营利性养老机构建设要减半征收有关行政事业性收费，对养老机构提供养老服务也要适当减免行政事业性收费，养老机构用电、用水、用气、用热按居民生活类价格执行。境内外资本举办养老机构享有同等的税收等优惠政策。制定和完善支持民间资本投资养老服务业的税收优惠政策。

（四）完善补贴支持政策。各地要加快建立养老服务评估机制，建立健全经济困难的高龄、失能等老年人补贴制度。可根据养老服务的实际需要，推进民办公助，选择通过补助投资、贷款贴息、运营补贴、购买服务等方式，支持社会力量举办养老服务机构，开展养老服务。民政部本级彩票公益金和地方各级政府用于社会福利事业的彩票公益金，要将50%以上的资金用于支持发展养老服务业，并随老年人口的增加逐步提高投入比例。国家根据经济社会发展水平和职工平均工资增长、物价上涨等情况，进一步完善落实基本养老、基本医疗、最低生活保障等政策，适时提高养老保障水平。要制定政府向社会力量购买养老服务的政策措施。

（五）完善人才培养和就业政策。教育、人力资源社会保障、民政部门要支持高等院校和中等职业学校增设养老服务相关专业和课程，扩大人才培养规模，加快培养老年医学、康复、护理、营养、心理和社会工作等方面的专门人才，制定优惠政策，鼓励大专院校对口专业毕业生从事养老服务工作。充分发挥开放大学作用，开展继续教育和远程学历教育。依托院校和养老机构建立养老服务实训基地。加强老年护理人员专业培训，对符合条件的参加养老护理职业培训和职业技能鉴定的从业人员按规定给予相关补贴，在养老机构和社区开发公益性岗位，吸纳农村转移劳动力、城镇就业困难人员等从事养老服务。养老机构应当积极改善养老护理员工作条件，加强劳动保护和职业防护，依法缴纳养老保险费等社会保险费，提高职工工资福利待遇。养老机构应当科学设置专业技术岗位，重点培养和引进医生、护士、康复医师、康复治疗师、社会工作者等具有执业或职业资格的专业技术人员。对在养老机构就业的专业技术人员，执行与医疗机构、福利机构相同的执业资格、注册考核政策。

（六）鼓励公益慈善组织支持养老服务。引导公益慈善组织重点参与养老机构建设、养老产品开发、养老服务提供，使公益慈善组织成为发展养老服务业的重要力量。积极培育发展为老服务公益慈善组织。积极扶持发展各类为老服务志愿组织，开展志愿服务活动。倡导机关干部和企事业单位职工、大中小学学生参加养老服务志愿活动。支持老年群众组织开展自我管理、自我服务和服务社会活动。探索建立健康老人参与志愿互助服务的工作机制，建立为老志愿服务登记制度。弘扬敬老、养老、助老的优良传统，支持社会服务窗口行业开展“敬老文明号”创建活动。

四、组织领导

（一）健全工作机制。各地要将发展养老服务业纳入国民经济和社会发展规划，纳入政府重要议事日程，进一步强化工作协调机制，定期分析养老服务业发展情况和存在问题，研究推进养老服务业加快发展的各项政策措施，认真落实养老服务业发展的相关任务要求。民政部门要切实履行监督管理、行业规范、业务指导职责，推动公办养老机构改革发展。发展改革部门要将养老服务业发展纳入经济社会发展规划、专项规划和区域规划，支持养老服务设施建设。财政部门要在现有资金渠道内对养老服务业发展给予财力保障。老龄工作机构要发挥综合协调作用，加强督促指导工作。教育、公安消防、卫生计生、国土、住房城乡建设、人力资源社会保障、商务、税务、金融、质检、工商、食品药品监管等部门要各司其职,及时解决工作中遇到的问题,形成齐抓共管、整体推进的工作格局。

(二)开展综合改革试点。国家选择有特点和代表性的区域进行养老服务业综合改革试点,在财政、金融、用地、税费、人才、技术及服务模式等方面进行探索创新,先行先试,完善体制机制和政策措施,为全国养老服务业发展提供经验。

(三)强化行业监管。民政部门要健全养老服务的准入、退出、监管制度,指导养老机构完善管理规范、改善服务质量,及时查处侵害老年人人身财产权益的违法行为和安全生产责任事故。价格主管部门要探索建立科学合理的养老服务定价机制,依法确定适用政府定价和政府指导价的范围。有关部门要建立完善养老服务业统计制度。其他各有关部门要依照职责分工对养老服务业实施监督管理。要积极培育和发展养老服务行业协会,发挥行业自律作用。

(四)加强督促检查。各地要加强工作绩效考核,确保责任到位、任务落实。省级人民政府要根据本意见要求,结合实际抓紧制定实施意见。国务院相关部门要根据本部门职责,制定具体政策措施。民政部、发展改革委、财政部等部门要抓紧研究提出促进民间资本参与养老服务业的具体措施和意见。发展改革委、民政部和老龄工作机构要加强对本意见执行情况的监督检查,及时向国务院报告。国务院将适时组织专项督查。

国务院

2013 年 9 月 6 日

12. 关于进一步加强和改进最低生活保障工作的意见

(国发〔2012〕45 号)

各省、自治区、直辖市人民政府,国务院各部委、各直属机构:

最低生活保障事关困难群众衣食冷暖,事关社会和谐稳定和公平正义,是贯彻落实科学发展观的重要举措,是维护困难群众基本生活权益的基础性制度安排。近年来,随着各项相关配套政策的陆续出台,最低生活保障制度在惠民生、解民忧、保稳定、促和谐等方面作出了突出贡献,有效保障了困难群众的基本生活。但一些地区还不同程度存在对最低生活保障工作重视不够、责任不落实、管理不规范、监管不到位、工作保障不力、工作机制不健全等问题。为切实加强和改进最低生活保障工作,现提出如下意见:

一、总体要求和基本原则

(一)总体要求

最低生活保障工作要以科学发展观为指导,以保障和改善民生为主题,以强化责任为主线,坚持保基本、可持续、重公正、求实效的方针,进一步完善法规政策,健全工作机制,严格规范管理,加强能力建设,努力构建标准科学、对象准确、待遇公正、进出有序的最低生活保障工作格局,不断提高最低生活保障制度的科学性和执行力,切实维护困难群众基本生活权益。

（二）基本原则

坚持应保尽保。把保障困难群众基本生活放到更加突出的位置，落实政府责任，加大政府投入，加强部门协作，强化监督问责，确保把所有符合条件的困难群众全部纳入最低生活保障范围。

坚持公平公正。健全最低生活保障法规制度，完善程序规定，畅通城乡居民的参与渠道，加大政策信息公开力度，做到审批过程公开透明，审批结果公平公正。

坚持动态管理。采取最低生活保障对象定期报告和管理审批机关分类复核相结合等方法，加强对最低生活保障对象的日常管理和服务，切实做到保障对象有进有出、补助水平有升有降。

坚持统筹兼顾。统筹城乡、区域和经济社会发展，做到最低生活保障标准与经济社会发展水平相适应，最低生活保障制度与其他社会保障制度相衔接，有效保障困难群众基本生活。

二、加强和改进最低生活保障工作的政策措施

（一）完善最低生活保障对象认定条件

户籍状况、家庭收入和家庭财产是认定最低生活保障对象的三个基本条件。各地要根据当地情况，制定并向社会公布享受最低生活保障待遇的具体条件，形成完善的最低生活保障对象认定标准体系。同时，要明确核算和评估最低生活保障申请人家庭收入和家庭财产的具体办法，并对赡养、抚养、扶养义务人履行相关法定义务提出具体要求。科学制定最低生活保障标准，健全救助标准与物价上涨挂钩的联动机制，综合运用基本生活费用支出法、恩格尔系数法、消费支出比例法等测算方法，动态、适时调整最低生活保障标准，最低生活保障标准应低于最低工资标准；省级人民政府可根据区域经济社会发展情况，研究制定本行政区域内相对统一的区域标准，逐步缩小城乡差距、区域差距。

（二）规范最低生活保障审核审批程序

规范申请程序。凡认为符合条件的城乡居民都有权直接向其户籍所在地的乡镇人民政府（街道办事处）提出最低生活保障申请；乡镇人民政府（街道办事处）无正当理由，不得拒绝受理。受最低生活保障申请人委托，村（居）民委员会可以代为提交申请。申请最低生活保障要以家庭为单位，按规定提交相关材料，书面声明家庭收入和财产状况，并由申请人签字确认。

规范审核程序。乡镇人民政府（街道办事处）是审核最低生活保障申请的责任主体，在村（居）民委员会协助下，应当对最低生活保障申请家庭逐一入户调查，详细核查申请材料以及各项声明事项的真实性和完整性，并由调查人员和申请人签字确认。

规范民主评议。入户调查结束后，乡镇人民政府（街道办事处）应当组织村（居）民代表或者社区评议小组对申请人声明的家庭收入、财产状况以及入户调查结果的真实性进行评议。各地要健全完善最低生活保障民主评议办法，规范评议程序、评议方式、评议内容和参加人员。

规范审批程序。县级人民政府民政部门是最低生活保障审批的责任主体，在作出审批决定前，应当全面审查乡镇人民政府（街道办事处）上报的调查材料和审核意见（含民主评议结果），并按照不低于30%的比例入户抽查。有条件的地方，县级人民政府民政部门可邀请乡镇人民政府（街道办事处）、村（居）民委员会参与审批，促进审批过程的公开透明。严禁不经调查直接将任何群体或个人纳入最低生活保障范围。

规范公示程序。各地要严格执行最低生活保障审核审批公示制度，规范公示内容、公示形式和公示时限等。社区要设置统一的固定公示栏；乡镇人民政府（街道办事处）要及时公示入户调查、民主评议和审核结果，并确保公示的真实性和准确性；县级人民政府民政部门应当就最低生活保障对象的家庭成员、收入情况、保障金额等在其居住地长期公示，逐步完善面向公众的最低生活保障对象信息查询机制，并完善异议复核制度。公示中要注意保护最低生活保障对象的个人隐私，严禁公开与享受最低生活保障待遇无关的信息。

规范发放程序。各地要全面推行最低生活保障金社会化发放，按照财政国库管理制度将最低生活保障金直接支付到保障家庭账户，确保最低生活保障金足额、及时发放到位。

（三）建立救助申请家庭经济状况核对机制

在强化入户调查、邻里访问、信函索证等调查手段基础上，加快建立跨部门、多层次、信息共享的救助申请家庭经济状况核对机制，健全完善工作机构和信息核对平台，确保最低生活保障等社会救助对象准确、高效、公正认定。经救助申请人及其家庭成员授权，公安、人力资源社会保障、住房城乡建设、金融、保险、工商、税务、住房公积金等部门和机构应当根据有关规定和最低生活保障等社会救助对象认定工作需要，及时向民政部门提供户籍、机动车、就业、保险、住房、存款、证券、个体工商户、纳税、公积金等方面的信息。民政部要会同有关部门研究制定具体的信息查询办法，并负责跨省（区、市）的信息查询工作。到“十二五”末，全国要基本建立救助申请家庭经济状况核对机制。

（四）加强最低生活保障对象动态管理

对已经纳入最低生活保障范围的救助对象，要采取多种方式加强管理服务，定期跟踪保障对象家庭变化情况，形成最低生活保障对象有进有出、补助水平有升有降的动态管理机制。各地要建立最低生活保障家庭人口、收入和财产状况定期报告制度，并根据报告情况分类、定期开展核查，将不再符合条件的及时退出保障范围。对于无生活来源、无劳动能力又无法定赡养、抚养、扶养义务人的“三无人员”，可每年核查一次；对于短期内收入变化不大的家庭，可每半年核查一次；对于收入来源不固定、成员有劳动能力和劳动条件的最低生活保障家庭，原则上实行城市按月、农村按季核查。

（五）健全最低生活保障工作监管机制

地方各级人民政府要将最低生活保障政策落实情况作为督查督办的重点内容，定期组织开展专项检查；民政部、财政部要会同有关部门对全国最低生活保障工作进行重点抽查。财政、审计、监察部门要加强对最低生活保障资金管理使用情况的监督检查，防止挤占、挪用、套取等违纪违法现象发生。建立最低生活保障经办人员和村（居）民委员会干部近亲属享受最低生活保障备案制度，县级人民政府民政部门要对备案的最低生活保障对象严格核查管理。充分发挥舆论监督的重要作用，对于媒体发现揭露的问题，应及时查处并公布处理结果。要通过政府购买服务等方式，鼓励社会组织参与、评估、监督最低生活保障工作，财政部门要通过完善相关政策给予支持。

（六）建立健全投诉举报核查制度

各地要公开最低生活保障监督咨询电话，畅通投诉举报渠道，健全投诉举报核查制度。有条件的地方要以省为单位设置统一的举报投诉电话。要切实加强最低生活保障来信来访工作,推行专人负责、首问负责等制度。各级人民政府、县级以上人民政府民政部门应当自受理最低生活保障信访事项之日起60日内办结;信访人对信访事项处理意见不服的,可以自收到书面答复之日起30日内请求原办理行政机关的上一级行政机关复查,收到复查请求的行政机关应当自收到复查请求之日起30日内提出复查意见,并予以书面答复;信访人对复查意见不服的,可以自收到书面答复之日起30日内向复查机关的上一级行政机关请求复核,收到复核请求的行政机关应当自收到复核请求之日起30日内提出复核意见;信访人对复核意见不服,仍以同一事实和理由提出信访请求的,不再受理,民政等部门要积极向信访人做好政策解释工作。民政部或者省级人民政府民政部门对最低生活保障重大信访事项或社会影响恶劣的违规违纪事件,可会同信访等相关部门直接督办。

(七)加强最低生活保障与其他社会救助制度的有效衔接

加快推进低收入家庭认定工作,为医疗救助、教育救助、住房保障等社会救助政策向低收入家庭拓展提供支撑;全面建立临时救助制度,有效解决低收入群众的突发性、临时性基本生活困难;做好最低生活保障与养老、医疗等社会保险制度的衔接工作。对最低生活保障家庭中的老年人、未成年人、重度残疾人、重病患者等重点救助对象,要采取多种措施提高其救助水平。鼓励机关、企事业单位、社会组织和个人积极开展扶贫帮困活动,形成慈善事业与社会救助的有效衔接。

完善城市最低生活保障与就业联动、农村最低生活保障与扶贫开发衔接机制,鼓励积极就业,加大对有劳动能力最低生活保障对象的就业扶持力度。劳动年龄内、有劳动能力、失业的城市困难群众,在申请最低生活保障时,应当先到当地公共就业服务机构办理失业登记;公共就业服务机构应当向登记失业的最低生活保障对象提供及时的就业服务和重点帮助;对实现就业的最低生活保障对象,在核算其家庭收入时,可以扣减必要的就业成本。

三、强化工作保障,确保各项政策措施落到实处

(一)加强能力建设。省级人民政府要切实加强最低生活保障工作能力建设,统筹研究制定按照保障对象数量等因素配备相应工作人员的具体办法和措施。地方各级人民政府要结合本地实际和全面落实最低生活保障制度的要求,科学整合县(市、区)、乡镇人民政府(街道办事处)管理机构及人力资源,充实加强基层最低生活保障工作力量,确保事有人管、责有人负。加强最低生活保障工作人员业务培训,保障工作场所、条件和待遇,不断提高最低生活保障管理服务水平。加快推进信息化建设,全面部署全国最低生活保障信息管理系统。

(二)加强经费保障。省级财政要优化和调整支出结构,切实加大最低生活保障资金投入。中央财政最低生活保障补助资金重点向保障任务重、财政困难地区倾斜,在分配最低生活保障补助资金时,财政部要会同民政部研究"以奖代补"的办法和措施,对工作绩效突出地区给予奖励,引导各地进一步完善制度,加强管理。要切实保障基层工作经费,最低生活保障工作所需经费要纳入地方各级财政预算。基层最低生活保障工作经费不足的地区,省市级财政给予适当补助。

(三)加强政策宣传。以党和政府对最低生活保障工作的有关要求以及认定条件、审核审批、补差发放、动态管理等政策规定为重点,深入开展最低生活保障政策宣传。利

用广播、电视、网络等媒体和宣传栏、宣传册、明白纸等群众喜闻乐见的方式，不断提高最低生活保障信息公开的针对性、时效性和完整性。充分发挥新闻媒体的舆论引导作用，大力宣传最低生活保障在保障民生、维护稳定、促进和谐等方面的重要作用，引导公众关注、参与、支持最低生活保障工作，在全社会营造良好的舆论氛围。

四、加强组织领导，进一步落实管理责任

（一）加强组织领导。进一步完善政府领导、民政牵头、部门配合、社会参与的社会救助工作机制。建立由民政部牵头的社会救助部际联席会议制度，统筹做好最低生活保障与医疗、教育、住房等其他社会救助政策以及促进就业政策的协调发展和有效衔接，研究解决救助申请家庭经济状况核对等信息共享问题，督导推进社会救助体系建设。地方各级人民政府要将最低生活保障工作纳入重要议事日程，纳入经济社会发展总体规划，纳入科学发展考评体系，建立健全相应的社会救助协调工作机制，组织相关部门协力做好社会救助制度完善、政策落实和监督管理等各项工作。

（二）落实管理责任。最低生活保障工作实行地方各级人民政府负责制，政府主要负责人对本行政区域最低生活保障工作负总责。县级以上地方各级人民政府要切实担负起最低生活保障政策制定、资金投入、工作保障和监督管理责任，乡镇人民政府（街道办事处）要切实履行最低生活保障申请受理、调查、评议和公示等审核职责，充分发挥包村干部的作用。各地要将最低生活保障政策落实情况纳入地方各级人民政府绩效考核，考核结果作为政府领导班子和相关领导干部综合考核评价的重要内容，作为干部选拔任用、管理监督的重要依据。民政部要会同财政部等部门研究建立最低生活保障工作绩效评价指标体系和评价办法，并组织开展对各省（区、市）最低生活保障工作的年度绩效评价。

（三）强化责任追究。对因工作重视不够、管理不力、发生重大问题、造成严重社会影响的地方政府和部门负责人，以及在最低生活保障审核审批过程中滥用职权、玩忽职守、徇私舞弊、失职渎职的工作人员，要依纪依法追究责任。同时，各地要加大对骗取最低生活保障待遇人员查处力度，除追回骗取的最低生活保障金外，还要依法给予行政处罚；涉嫌犯罪的，移送司法机关处理。对无理取闹、采用威胁手段强行索要最低生活保障待遇的，公安机关要给予批评教育直至相关处罚。对于出具虚假证明材料的单位和个人，各地除按有关法律法规规定处理外，还应将有关信息记入征信系统。

国务院
2012 年 9 月 1 日

13. 工会送温暖资金使用管理办法（试行）

（2018 年 12 月 21 日）

第一章　总　则

第一条　为加强工会联系广泛、服务职工功能，把党和政府的关心关怀与工会组织的温暖送到广大职工心坎上，进一步开展好工会送温暖活动，提高资金使用效益，实现送

温暖常态化、经常化、日常化,依据财政部和全国总工会有关制度文件,制定本办法。

第二条 送温暖资金是各级工会认真履行维护职工合法权益、竭诚服务职工群众的基本职责,筹集社会各方面资源,对职工开展帮扶困难、走访慰问的资金。

第三条 送温暖资金坚持资金使用规范、精准、高效、安全原则,支出方向既体现物质帮扶、脱贫解困,又体现人文关怀、心灵引导。

第四条 加强送温暖资金与困难职工帮扶资金在对象、标准、管理等方面有效衔接,形成层次清晰、各有侧重的梯度帮扶格局。困难职工帮扶资金重点保障深度困难职工家庭生活、帮助建档困难职工家庭解困脱困;送温暖资金突出对职工走访慰问,体现工会组织对职工的关心关爱。

第二章 资金的来源、使用对象及标准

第五条 送温暖资金的主要来源是:

1.各级财政拨款。是指各级财政拨付工会使用的用于送温暖活动的专项资金。

2.上级工会经费补助。是指上级工会用工会经费安排给下级工会用于送温暖活动的专项资金。

3.本级工会经费列支。是指各级工会在本级工会经费预算中安排的用于送温暖活动的专项资金。

4.社会捐助资金。是指各级工会向社会募集的用于送温暖活动的资金。

5.行政拨付。是指基层工会所在单位用行政经费、福利费等通过工会开展送温暖活动的资金。

6.其他合法来源。

第六条 送温暖资金的使用对象:

1.因非个人意愿下岗失业、家庭收入水平明显偏低、子女教育费用负担过重等原因造成家庭生活困难的职工。

2.本人或家庭成员因患大病、遭受各类灾害或突发意外等情况造成生活困难的职工。

3.关停并转等困难企业中,因停发、减发工资而导致生活相对困难的职工。

4.工伤与职业病致残的职工和因公牺牲职工的家属;因重大疾病手术、住院的职工。

5.长期在高(低)温、高空、有毒有害等环境中和苦脏累险艰苦行业岗位上工作的一线职工。

6.重大灾害期间坚守抗灾一线的职工;春节期间坚守在生产一线和交通运输、电力、环卫以及直接面向群众服务的基层岗位干部职工;因组织需要长期异地工作或者服从组织需要赴外地、基层工作的派驻挂职干部职工;在重大项目和重大工程中做出突出贡献的职工;生产一线涌现出来的先进模范人物。

第七条 各级工会在对建档困难职工做好常态化帮扶、帮助其解困脱困的基础上,在职工发生困难时或重要时间节点对以上职工走访慰问。各级工会要根据实际情况确定走访慰问重点职工群体,并适当考虑关心关爱生活困难的离休、退休的会员。要结合当地居民生活水平和物价指数等因素,科学合理制定慰问标准。

第八条 走访慰问职工要坚持实名制发放,实名制表应包括慰问对象的工作单位、

基本情况、联系方式、身份证号、慰问金额、经办人签字等有关信息。资金使用情况须录入工会帮扶工作管理系统送温暖管理模块备查。

第三章　资金的管理

第九条　送温暖资金按照本办法规定管理使用,其中财政专项帮扶资金使用于两节期间慰问困难职工的,应同时遵照帮扶资金管理相关规定执行。

第十条　工会权益保障部门会同财务部门提出资金的分配和使用方案,经同级工会领导集体研究通过后实施。

第十一条　送温暖资金纳入各级工会预算、决算统一管理。各级工会年度预算安排时以常态化送温暖为原则,切实保证经费投入。各级工会要拓宽资金筹集渠道,积极争取政府财政支持,探索与慈善组织合作方式,撬动更多的社会资源参与送温暖活动。

第十二条　送温暖资金按照《工会会计制度》设置会计科目、进行会计核算,严格执行资金审批和财务支付制度。

第十三条　送温暖资金实行绩效管理,省级工会应当运用好绩效评价结果,并将其作为改进送温暖工作和安排以后年度预算的重要依据。

第四章　监督检查

第十四条　各级工会权益保障、财务、经审部门要加大对资金使用管理情况的监督检查,及时发现和纠正存在的问题。经审部门要将送温暖资金纳入年度审计范围。接受政府有关部门审计、检查,接受职工群众和社会的监督。

第十五条　任何单位或个人不得使用送温暖资金购买明令禁止的物品,不得发放津补贴、奖金、福利,不得用于与规定用途无关的其他事项。不得截留、挪用、冒领,不得优亲厚友、人情帮扶。

第十六条　各级工会对监督检查中发现违反有关规定的问题,要及时处理。违规问题情节较轻的,要限期整改;涉及违纪的,由纪检监察部门依照有关规定,追究直接责任人和相关领导责任;构成犯罪的,依法移交司法机关处理。

第五章　附　则

第十七条　各省级工会应根据本办法的规定,结合本地区、本产业和本系统工作实际,制定具体实施细则,细化支出范围,明确开支标准,确定审批权限,规范活动开展。各省级工会制定的实施细则须报全国总工会备案。省以下各级工会制定的实施细则须报上一级工会备案。

第十八条　本办法自下发之日起执行,《中华全国总工会送温暖工程资金管理使用办法》(总工发〔2006〕54 号)同时废止。

第十九条　本办法由全国总工会权益保障部、财务部负责解释。

14. 企业年金办法

（2017年12月18日人力资源社会保障部令第36号公布 自2018年2月1日起施行）

第一章 总 则

第一条 为建立多层次的养老保险制度，推动企业年金发展，更好地保障职工退休后的生活，根据《中华人民共和国劳动法》、《中华人民共和国劳动合同法》、《中华人民共和国社会保险法》、《中华人民共和国信托法》和国务院有关规定，制定本办法。

第二条 本办法所称企业年金，是指企业及其职工在依法参加基本养老保险的基础上，自主建立的补充养老保险制度。国家鼓励企业建立企业年金。建立企业年金，应当按照本办法执行。

第三条 企业年金所需费用由企业和职工个人共同缴纳。企业年金基金实行完全积累，为每个参加企业年金的职工建立个人账户，按照国家有关规定投资运营。企业年金基金投资运营收益并入企业年金基金。

第四条 企业年金有关税收和财务管理，按照国家有关规定执行。

第五条 企业和职工建立企业年金，应当确定企业年金受托人，由企业代表委托人与受托人签订受托管理合同。受托人可以是符合国家规定的法人受托机构，也可以是企业按照国家有关规定成立的企业年金理事会。

第二章 企业年金方案的订立、变更和终止

第六条 企业和职工建立企业年金，应当依法参加基本养老保险并履行缴费义务，企业具有相应的经济负担能力。

第七条 建立企业年金，企业应当与职工一方通过集体协商确定，并制定企业年金方案。企业年金方案应当提交职工代表大会或者全体职工讨论通过。

第八条 企业年金方案应当包括以下内容：

（一）参加人员；

（二）资金筹集与分配的比例和办法；

（三）账户管理；

（四）权益归属；

（五）基金管理；

（六）待遇计发和支付方式；

（七）方案的变更和终止；

（八）组织管理和监督方式；

（九）双方约定的其他事项。

企业年金方案适用于企业试用期满的职工。

第九条 企业应当将企业年金方案报送所在地县级以上人民政府人力资源社会保

障行政部门。

中央所属企业的企业年金方案报送人力资源社会保障部。

跨省企业的企业年金方案报送其总部所在地省级人民政府人力资源社会保障行政部门。

省内跨地区企业的企业年金方案报送其总部所在地设区的市级以上人民政府人力资源社会保障行政部门。

第十条　人力资源社会保障行政部门自收到企业年金方案文本之日起15日内未提出异议的，企业年金方案即行生效。

第十一条　企业与职工一方可以根据本企业情况，按照国家政策规定，经协商一致，变更企业年金方案。变更后的企业年金方案应当经职工代表大会或者全体职工讨论通过，并重新报送人力资源社会保障行政部门。

第十二条　有下列情形之一的，企业年金方案终止：

（一）企业因依法解散、被依法撤销或者被依法宣告破产等原因，致使企业年金方案无法履行的；

（二）因不可抗力等原因致使企业年金方案无法履行的；

（三）企业年金方案约定的其他终止条件出现的。

第十三条　企业应当在企业年金方案变更或者终止后10日内报告人力资源社会保障行政部门，并通知受托人。企业应当在企业年金方案终止后，按国家有关规定对企业年金基金进行清算，并按照本办法第四章相关规定处理。

第三章　企业年金基金筹集

第十四条　企业年金基金由下列各项组成：

（一）企业缴费；

（二）职工个人缴费；

（三）企业年金基金投资运营收益。

第十五条　企业缴费每年不超过本企业职工工资总额的8%。企业和职工个人缴费合计不超过本企业职工工资总额的12%。具体所需费用，由企业和职工一方协商确定。

职工个人缴费由企业从职工个人工资中代扣代缴。

第十六条　实行企业年金后，企业如遇到经营亏损、重组并购等当期不能继续缴费的情况，经与职工一方协商，可以中止缴费。不能继续缴费的情况消失后，企业和职工恢复缴费，并可以根据本企业实际情况，按照中止缴费时的企业年金方案予以补缴。补缴的年限和金额不得超过实际中止缴费的年限和金额。

第四章　账户管理

第十七条　企业缴费应当按照企业年金方案确定的比例和办法计入职工企业年金个人账户，职工个人缴费计入本人企业年金个人账户。

第十八条　企业应当合理确定本单位当期缴费计入职工企业年金个人账户的最高额与平均额的差距。企业当期缴费计入职工企业年金个人账户的最高额与平均额不得超过5倍。

第十九条 职工企业年金个人账户中个人缴费及其投资收益自始归属于职工个人。

职工企业年金个人账户中企业缴费及其投资收益,企业可以与职工一方约定其自始归属于职工个人,也可以约定随着职工在本企业工作年限的增加逐步归属于职工个人,完全归属于职工个人的期限最长不超过8年。

第二十条 有下列情形之一的,职工企业年金个人账户中企业缴费及其投资收益完全归属于职工个人:

(一)职工达到法定退休年龄、完全丧失劳动能力或者死亡的;

(二)有本办法第十二条规定的企业年金方案终止情形之一的;

(三)非因职工过错企业解除劳动合同的,或者因企业违反法律规定职工解除劳动合同的;

(四)劳动合同期满,由于企业原因不再续订劳动合同的;

(五)企业年金方案约定的其他情形。

第二十一条 企业年金暂时未分配至职工企业年金个人账户的企业缴费及其投资收益,以及职工企业年金个人账户中未归属于职工个人的企业缴费及其投资收益,计入企业年金企业账户。

企业年金企业账户中的企业缴费及其投资收益应当按照企业年金方案确定的比例和办法计入职工企业年金个人账户。

第二十二条 职工变动工作单位时,新就业单位已经建立企业年金或者职业年金的,原企业年金个人账户权益应当随同转入新就业单位企业年金或者职业年金。

职工新就业单位没有建立企业年金或者职业年金的,或者职工升学、参军、失业期间,原企业年金个人账户可以暂时由原管理机构继续管理,也可以由法人受托机构发起的集合计划设置的保留账户暂时管理;原受托人是企业年金理事会的,由企业与职工协商选择法人受托机构管理。

第二十三条 企业年金方案终止后,职工原企业年金个人账户由法人受托机构发起的集合计划设置的保留账户暂时管理;原受托人是企业年金理事会的,由企业与职工一方协商选择法人受托机构管理。

第五章 企业年金待遇

第二十四条 符合下列条件之一的,可以领取企业年金:

(一)职工在达到国家规定的退休年龄或者完全丧失劳动能力时,可以从本人企业年金个人账户中按月、分次或者一次性领取企业年金,也可以将本人企业年金个人账户资金全部或者部分购买商业养老保险产品,依据保险合同领取待遇并享受相应的继承权;

(二)出国(境)定居人员的企业年金个人账户资金,可以根据本人要求一次性支付给本人;

(三)职工或者退休人员死亡后,其企业年金个人账户余额可以继承。

第二十五条 未达到上述企业年金领取条件之一的,不得从企业年金个人账户中提前提取资金。

第六章　管理监督

第二十六条　企业成立企业年金理事会作为受托人的，企业年金理事会应当由企业和职工代表组成，也可以聘请企业以外的专业人员参加，其中职工代表应不少于三分之一。

企业年金理事会除管理本企业的企业年金事务之外，不得从事其他任何形式的营业性活动。

第二十七条　受托人应当委托具有企业年金管理资格的账户管理人、投资管理人和托管人，负责企业年金基金的账户管理、投资运营和托管。

第二十八条　企业年金基金应当与委托人、受托人、账户管理人、投资管理人、托管人和其他为企业年金基金管理提供服务的自然人、法人或者其他组织的自有资产或者其他资产分开管理，不得挪作其他用途。

企业年金基金管理应当执行国家有关规定。

第二十九条　县级以上人民政府人力资源社会保障行政部门负责对本办法的执行情况进行监督检查。对违反本办法的，由人力资源社会保障行政部门予以警告，责令改正。

第三十条　因订立或者履行企业年金方案发生争议的，按照国家有关集体合同的规定执行。

因履行企业年金基金管理合同发生争议的，当事人可以依法申请仲裁或者提起诉讼。

第七章　附　则

第三十一条　参加企业职工基本养老保险的其他用人单位及其职工建立补充养老保险的，参照本办法执行。

第三十二条　本办法自2018年2月1日起施行。原劳动和社会保障部2004年1月6日发布的《企业年金试行办法》同时废止。

本办法施行之日已经生效的企业年金方案，与本办法规定不一致的，应当在本办法施行之日起1年内变更。

15. 工伤认定办法

（2010年12月31日人力资源社会保障部令第8号公布　自2011年1月1日起施行）

第一条　为规范工伤认定程序，依法进行工伤认定，维护当事人的合法权益，根据《工伤保险条例》的有关规定，制定本办法。

第二条　社会保险行政部门进行工伤认定按照本办法执行。

第三条 工伤认定应当客观公正、简捷方便,认定程序应当向社会公开。

第四条 职工发生事故伤害或者按照职业病防治法规定被诊断、鉴定为职业病,所在单位应当自事故伤害发生之日或者被诊断、鉴定为职业病之日起30日内,向统筹地区社会保险行政部门提出工伤认定申请。遇有特殊情况,经报社会保险行政部门同意,申请时限可以适当延长。

按照前款规定应当向省级社会保险行政部门提出工伤认定申请的,根据属地原则应当向用人单位所在地设区的市级社会保险行政部门提出。

第五条 用人单位未在规定的时限内提出工伤认定申请的,受伤害职工或者其近亲属、工会组织在事故伤害发生之日或者被诊断、鉴定为职业病之日起1年内,可以直接按照本办法第四条规定提出工伤认定申请。

第六条 提出工伤认定申请应当填写《工伤认定申请表》,并提交下列材料:

(一)劳动、聘用合同文本复印件或者与用人单位存在劳动关系(包括事实劳动关系)、人事关系的其他证明材料;

(二)医疗机构出具的受伤后诊断证明书或者职业病诊断证明书(或者职业病诊断鉴定书)。

第七条 工伤认定申请人提交的申请材料符合要求,属于社会保险行政部门管辖范围且在受理时限内的,社会保险行政部门应当受理。

第八条 社会保险行政部门收到工伤认定申请后,应当在15日内对申请人提交的材料进行审核,材料完整的,作出受理或者不予受理的决定;材料不完整的,应当以书面形式一次性告知申请人需要补正的全部材料。社会保险行政部门收到申请人提交的全部补正材料后,应当在15日内作出受理或者不予受理的决定。

社会保险行政部门决定受理的,应当出具《工伤认定申请受理决定书》;决定不予受理的,应当出具《工伤认定申请不予受理决定书》。

第九条 社会保险行政部门受理工伤认定申请后,可以根据需要对申请人提供的证据进行调查核实。

第十条 社会保险行政部门进行调查核实,应当由两名以上工作人员共同进行,并出示执行公务的证件。

第十一条 社会保险行政部门工作人员在工伤认定中,可以进行以下调查核实工作:

(一)根据工作需要,进入有关单位和事故现场;

(二)依法查阅与工伤认定有关的资料,询问有关人员并作出调查笔录;

(三)记录、录音、录像和复制与工伤认定有关的资料。调查核实工作的证据收集参照行政诉讼证据收集的有关规定执行。

第十二条 社会保险行政部门工作人员进行调查核实时,有关单位和个人应当予以协助。用人单位、工会组织、医疗机构以及有关部门应当负责安排相关人员配合工作,据实提供情况和证明材料。

第十三条 社会保险行政部门在进行工伤认定时,对申请人提供的符合国家有关规定的职业病诊断证明书或者职业病诊断鉴定书,不再进行调查核实。职业病诊断证明书或者职业病诊断鉴定书不符合国家规定的要求和格式的,社会保险行政部门可以要求出具证据部门重新提供。

第十四条 社会保险行政部门受理工伤认定申请后，可以根据工作需要，委托其他统筹地区的社会保险行政部门或者相关部门进行调查核实。

第十五条 社会保险行政部门工作人员进行调查核实时，应当履行下列义务：

（一）保守有关单位商业秘密以及个人隐私；

（二）为提供情况的有关人员保密。

第十六条 社会保险行政部门工作人员与工伤认定申请人有利害关系的，应当回避。

第十七条 职工或者其近亲属认为是工伤，用人单位不认为是工伤的，由该用人单位承担举证责任。用人单位拒不举证的，社会保险行政部门可以根据受伤害职工提供的证据或者调查取得的证据，依法作出工伤认定决定。

第十八条 社会保险行政部门应当自受理工伤认定申请之日起60日内作出工伤认定决定，出具《认定工伤决定书》或者《不予认定工伤决定书》。

第十九条 《认定工伤决定书》应当载明下列事项：

（一）用人单位全称；

（二）职工的姓名、性别、年龄、职业、身份证号码；

（三）受伤害部位、事故时间和诊断时间或职业病名称、受伤害经过和核实情况、医疗救治的基本情况和诊断结论；

（四）认定工伤或者视同工伤的依据；

（五）不服认定决定申请行政复议或者提起行政诉讼的部门和时限；

（六）作出认定工伤或者视同工伤决定的时间。

《不予认定工伤决定书》应当载明下列事项：

（一）用人单位全称；

（二）职工的姓名、性别、年龄、职业、身份证号码；

（三）不予认定工伤或者不视同工伤的依据；

（四）不服认定决定申请行政复议或者提起行政诉讼的部门和时限；

（五）作出不予认定工伤或者不视同工伤决定的时间。

《认定工伤决定书》和《不予认定工伤决定书》应当加盖社会保险行政部门工伤认定专用印章。

第二十条 社会保险行政部门受理工伤认定申请后，作出工伤认定决定需要以司法机关或者有关行政主管部门的结论为依据的，在司法机关或者有关行政主管部门尚未作出结论期间，作出工伤认定决定的时限中止，并书面通知申请人。

第二十一条 社会保险行政部门对于事实清楚、权利义务明确的工伤认定申请，应当自受理工伤认定申请之日起15日内作出工伤认定决定。

第二十二条 社会保险行政部门应当自工伤认定决定作出之日起20日内，将《认定工伤决定书》或者《不予认定工伤决定书》送达受伤害职工（或者其近亲属）和用人单位，并抄送社会保险经办机构。

《认定工伤决定书》和《不予认定工伤决定书》的送达参照民事法律有关送达的规定执行。

第二十三条 职工或者其近亲属、用人单位对不予受理决定不服或者对工伤认定决定不服的,可以依法申请行政复议或者提起行政诉讼。

第二十四条 工伤认定结束后,社会保险行政部门应当将工伤认定的有关资料保存50年。

第二十五条 用人单位拒不协助社会保险行政部门对事故伤害进行调查核实的,由社会保险行政部门责令改正,处2000元以上2万元以下的罚款。

第二十六条 本办法中的《工伤认定申请表》、《工伤认定申请受理决定书》、《工伤认定申请不予受理决定书》、《认定工伤决定书》、《不予认定工伤决定书》的样式由国务院社会保险行政部门统一制定。

第二十七条 本办法自2011年1月1日起施行。劳动和社会保障部2003年9月23日颁布的《工伤认定办法》同时废止。

16. 企业职工带薪年休假实施办法

(2008年9月18日人力资源社会保障部令第1号公布 自公布之日起施行)

第一条 为了实施《职工带薪年休假条例》(以下简称条例),制定本实施办法。

第二条 中华人民共和国境内的企业、民办非企业单位、有雇工的个体工商户等单位(以下称用人单位)和与其建立劳动关系的职工,适用本办法。

第三条 职工连续工作满12个月以上的,享受带薪年休假(以下简称年休假)。

第四条 年休假天数根据职工累计工作时间确定。职工在同一或者不同用人单位工作期间,以及依照法律、行政法规或者国务院规定视同工作期间,应当计为累计工作时间。

第五条 职工新进用人单位且符合本办法第三条规定的,当年度年休假天数,按照在本单位剩余日历天数折算确定,折算后不足1整天的部分不享受年休假。

前款规定的折算方法为:(当年度在本单位剩余日历天数÷365天)×职工本人全年应当享受的年休假天数。

第六条 职工依法享受的探亲假、婚丧假、产假等国家规定的假期以及因工伤停工留薪期间不计入年休假假期。

第七条 职工享受寒暑假天数多于其年休假天数的,不享受当年的年休假。确因工作需要,职工享受的寒暑假天数少于其年休假天数的,用人单位应当安排补足年休假天数。

第八条 职工已享受当年的年休假,年度内又出现条例第四条第(二)、(三)、(四)、(五)项规定情形之一的,不享受下一年度的年休假。

第九条 用人单位根据生产、工作的具体情况,并考虑职工本人意愿,统筹安排年休假。用人单位确因工作需要不能安排职工年休假或者跨1个年度安排年休假的,应征得职工本人同意。

第十条 用人单位经职工同意不安排年休假或者安排职工年休假天数少于应休年

休假天数，应当在本年度内对职工应休未休年休假天数，按照其日工资收入的300%支付未休年休假工资报酬，其中包含用人单位支付职工正常工作期间的工资收入。

用人单位安排职工休年休假，但是职工因本人原因且书面提出不休年休假的，用人单位可以只支付其正常工作期间的工资收入。

第十一条　计算未休年休假工资报酬的日工资收入按照职工本人的月工资除以月计薪天数（21.75天）进行折算。

前款所称月工资是指职工在用人单位支付其未休年休假工资报酬前12个月剔除加班工资后的月平均工资。在本用人单位工作时间不满12个月的，按实际月份计算月平均工资。

职工在年休假期间享受与正常工作期间相同的工资收入。实行计件工资、提成工资或者其他绩效工资制的职工，日工资收入的计发办法按照本条第一款、第二款的规定执行。

第十二条　用人单位与职工解除或者终止劳动合同时，当年度未安排职工休满应休年休假的，应当按照职工当年已工作时间折算应休未休年休假天数并支付未休年休假工资报酬，但折算后不足1整天的部分不支付未休年休假工资报酬。

前款规定的折算方法为：（当年度在本单位已过日历天数÷365天）×职工本人全年应当享受的年休假天数－当年度已安排年休假天数。

用人单位当年已安排职工年休假的，多于折算应休年休假的天数不再扣回。

第十三条　劳动合同、集体合同约定的或者用人单位规章制度规定的年休假天数、未休年休假工资报酬高于法定标准的，用人单位应当按照有关约定或者规定执行。

第十四条　劳务派遣单位的职工符合本办法第三条规定条件的，享受年休假。

被派遣职工在劳动合同期限内无工作期间由劳务派遣单位依法支付劳动报酬的天数多于其全年应当享受的年休假天数的，不享受当年的年休假；少于其全年应当享受的年休假天数的，劳务派遣单位、用工单位应当协商安排补足被派遣职工年休假天数。

第十五条　县级以上地方人民政府劳动行政部门应当依法监督检查用人单位执行条例及本办法的情况。

用人单位不安排职工休年休假又不依照条例及本办法规定支付未休年休假工资报酬的，由县级以上地方人民政府劳动行政部门依据职权责令限期改正；对逾期不改正的，除责令该用人单位支付未休年休假工资报酬外，用人单位还应当按照未休年休假工资报酬的数额向职工加付赔偿金；对拒不执行支付未休年休假工资报酬、赔偿金行政处理决定的，由劳动行政部门申请人民法院强制执行。

第十六条　职工与用人单位因年休假发生劳动争议的，依照劳动争议处理的规定处理。

第十七条　除法律、行政法规或者国务院另有规定外，机关、事业单位、社会团体和与其建立劳动关系的职工，依照本办法执行。

船员的年休假按《中华人民共和国船员条例》执行。

第十八条　本办法中的“年度”是指公历年度。

第十九条　本办法自发布之日起施行。

17. 机关事业单位工作人员带薪年休假实施办法

（2008年2月15日人事部令第9号公布　自公布之日起施行）

第一条　为了规范机关、事业单位实施带薪年休假（以下简称年休假）制度，根据《职工带薪年休假条例》（以下简称《条例》）及国家有关规定，制定本办法。

第二条　《条例》第二条中所称"连续工作"的时间和第三条、第四条中所称"累计工作"的时间，机关、事业单位工作人员（以下简称工作人员）均按工作年限计算。

工作人员工作年限满1年、满10年、满20年后，从下月起享受相应的年休假天数。

第三条　国家规定的探亲假、婚丧假、产假的假期，不计入年休假的假期。

第四条　工作人员已享受当年的年休假，年内又出现《条例》第四条第（二）、（三）、（四）、（五）项规定的情形之一的，不享受下一年的年休假。

第五条　依法应享受寒暑假的工作人员，因工作需要未休寒暑假的，所在单位应当安排其休年休假；因工作需要休寒暑假天数少于年休假天数的，所在单位应当安排补足其年休假天数。

第六条　工作人员因承担野外地质勘查、野外测绘、远洋科学考察、极地科学考察以及其他特殊工作任务，所在单位不能在本年度安排其休年休假的，可以跨1个年度安排。

第七条　机关、事业单位因工作需要不安排工作人员休年休假，应当征求工作人员本人的意见。

机关、事业单位应当根据工作人员应休未休的年休假天数，对其支付年休假工资报酬。年休假工资报酬的支付标准是：每应休未休1天，按照本人应休年休假当年日工资收入的300%支付，其中包含工作人员正常工作期间的工资收入。

工作人员年休假工资报酬中，除正常工作期间工资收入外，其余部分应当由所在单位在下一年第一季度一次性支付，所需经费按现行经费渠道解决。实行工资统发的单位，应当纳入工资统发。

第八条　工作人员应休年休假当年日工资收入的计算办法是：本人全年工资收入除以全年计薪天数（261天）。

机关工作人员的全年工资收入，为本人全年应发的基本工资、国家规定的津贴补贴、年终一次性奖金之和；事业单位工作人员的全年工资收入，为本人全年应发的基本工资、国家规定的津贴补贴、绩效工资之和。其中，国家规定的津贴补贴不含根据住房、用车等制度改革向工作人员直接发放的货币补贴。

第九条　机关、事业单位已安排年休假，工作人员未休且有下列情形之一的，只享受正常工作期间的工资收入：

（一）因个人原因不休年休假的；

（二）请事假累计已超过本人应休年休假天数，但不足20天的。

第十条　机关、事业单位根据工作的具体情况，并考虑工作人员本人意愿，统筹安排，保证工作人员享受年休假。机关、事业单位应当加强年休假管理，严格考勤制度。

县级以上地方人民政府人事行政部门应当依据职权，主动对机关、事业单位执行年休假的情况进行监督检查。

第十一条 机关、事业单位不安排工作人员休年休假又不按本办法规定支付年休假工资报酬的，由县级以上地方人民政府人事行政部门责令限期改正。对逾期不改正的，除责令该单位支付年休假工资报酬外，单位还应当按照年休假工资报酬的数额向工作人员加付赔偿金。

对拒不支付年休假工资报酬、赔偿金的，属于机关和参照公务员法管理的事业单位的，应当按照干部管理权限，对直接负责的主管人员以及其他直接责任人员依法给予处分，并责令支付；属于其他事业单位的，应当按照干部管理权限，对直接负责的主管人员以及其他直接责任人员依法给予处分，并由同级人事行政部门或工作人员本人申请人民法院强制执行。

第十二条 工作人员与所在单位因年休假发生的争议，依照国家有关公务员申诉控告和人事争议处理的规定处理。

第十三条 驻外使领馆工作人员、驻港澳地区内派人员以及机关、事业单位驻外非外交人员的年休假，按照《条例》和本办法的规定执行。

按照国家规定经批准执行机关、事业单位工资收入分配制度的其他单位工作人员的年休假，参照《条例》和本办法的规定执行。

第十四条 本办法自发布之日起施行。

第五部分　工会劳动与经济工作

1. 中华人民共和国职业病防治法

（2001年10月27日第九届全国人民代表大会常务委员会第二十四次会议通过　根据2011年12月31日第十一届全国人民代表大会常务委员会第二十四次会议《关于修改〈中华人民共和国职业病防治法〉的决定》第一次修正　根据2016年7月2日第十二届全国人民代表大会常务委员会第二十一次会议《关于修改〈中华人民共和国节约能源法〉等六部法律的决定》第二次修正　根据2017年11月4日第十二届全国人民代表大会常务委员会第三十次会议《关于修改〈中华人民共和国会计法〉等十一部法律的决定》第三次修正　根据2018年12月29日第十三届全国人民代表大会常务委员会第七次会议《关于修改〈中华人民共和国劳动法〉等七部法律的决定》第四次修正）

目　录

第一章　总　则

第一条　为了预防、控制和消除职业病危害，防治职业病，保护劳动者健康及其相关权益，促进经济社会发展，根据宪法，制定本法。

第二条　本法适用于中华人民共和国领域内的职业病防治活动。

本法所称职业病，是指企业、事业单位和个体经济组织等用人单位的劳动者在职业活动中，因接触粉尘、放射性物质和其他有毒、有害因素而引起的疾病。

职业病的分类和目录由国务院卫生行政部门会同国务院劳动保障行政部门制定、调整并公布。

第三条　职业病防治工作坚持预防为主、防治结合的方针，建立用人单位负责、行政机关监管、行业自律、职工参与和社会监督的机制，实行分类管理、综合治理。

第四条　劳动者依法享有职业卫生保护的权利。

用人单位应当为劳动者创造符合国家职业卫生标准和卫生要求的工作环境和条件，并采取措施保障劳动者获得职业卫生保护。

工会组织依法对职业病防治工作进行监督，维护劳动者的合法权益。用人单位制定或者修改有关职业病防治的规章制度，应当听取工会组织的意见。

第五条　用人单位应当建立、健全职业病防治责任制，加强对职业病防治的管理，提高职业病防治水平，对本单位产生的职业病危害承担责任。

第六条 用人单位的主要负责人对本单位的职业病防治工作全面负责。

第七条 用人单位必须依法参加工伤保险。

国务院和县级以上地方人民政府劳动保障行政部门应当加强对工伤保险的监督管理,确保劳动者依法享受工伤保险待遇。

第八条 国家鼓励和支持研制、开发、推广、应用有利于职业病防治和保护劳动者健康的新技术、新工艺、新设备、新材料,加强对职业病的机理和发生规律的基础研究,提高职业病防治科学技术水平;积极采用有效的职业病防治技术、工艺、设备、材料;限制使用或者淘汰职业病危害严重的技术、工艺、设备、材料。

国家鼓励和支持职业病医疗康复机构的建设。

第九条 国家实行职业卫生监督制度。

国务院卫生行政部门、劳动保障行政部门依照本法和国务院确定的职责,负责全国职业病防治的监督管理工作。国务院有关部门在各自的职责范围内负责职业病防治的有关监督管理工作。

县级以上地方人民政府卫生行政部门、劳动保障行政部门依据各自职责,负责本行政区域内职业病防治的监督管理工作。县级以上地方人民政府有关部门在各自的职责范围内负责职业病防治的有关监督管理工作。

县级以上人民政府卫生行政部门、劳动保障行政部门(以下统称职业卫生监督管理部门)应当加强沟通,密切配合,按照各自职责分工,依法行使职权,承担责任。

第十条 国务院和县级以上地方人民政府应当制定职业病防治规划,将其纳入国民经济和社会发展计划,并组织实施。

县级以上地方人民政府统一负责、领导、组织、协调本行政区域的职业病防治工作,建立健全职业病防治工作体制、机制,统一领导、指挥职业卫生突发事件应对工作;加强职业病防治能力建设和服务体系建设,完善、落实职业病防治工作责任制。

乡、民族乡、镇的人民政府应当认真执行本法,支持职业卫生监督管理部门依法履行职责。

第十一条 县级以上人民政府职业卫生监督管理部门应当加强对职业病防治的宣传教育,普及职业病防治的知识,增强用人单位的职业病防治观念,提高劳动者的职业健康意识、自我保护意识和行使职业卫生保护权利的能力。

第十二条 有关防治职业病的国家职业卫生标准,由国务院卫生行政部门组织制定并公布。

国务院卫生行政部门应当组织开展重点职业病监测和专项调查,对职业健康风险进行评估,为制定职业卫生标准和职业病防治政策提供科学依据。

县级以上地方人民政府卫生行政部门应当定期对本行政区域的职业病防治情况进行统计和调查分析。

第十三条 任何单位和个人有权对违反本法的行为进行检举和控告。有关部门收到相关的检举和控告后,应当及时处理。

对防治职业病成绩显著的单位和个人,给予奖励。

第二章　前期预防

第十四条 用人单位应当依照法律、法规要求,严格遵守国家职业卫生标准,落实职业病预防措施，从源头上控制和消除职业病危害。

第十五条　产生职业病危害的用人单位的设立除应当符合法律、行政法规规定的设立条件外，其工作场所还应当符合下列职业卫生要求：

（一）职业病危害因素的强度或者浓度符合国家职业卫生标准；

（二）有与职业病危害防护相适应的设施；

（三）生产布局合理，符合有害与无害作业分开的原则；

（四）有配套的更衣间、洗浴间、孕妇休息间等卫生设施；

（五）设备、工具、用具等设施符合保护劳动者生理、心理健康的要求；

（六）法律、行政法规和国务院卫生行政部门关于保护劳动者健康的其他要求。

第十六条　国家建立职业病危害项目申报制度。

用人单位工作场所存在职业病目录所列职业病的危害因素的，应当及时、如实向所在地卫生行政部门申报危害项目，接受监督。

职业病危害因素分类目录由国务院卫生行政部门制定、调整并公布。职业病危害项目申报的具体办法由国务院卫生行政部门制定。

第十七条　新建、扩建、改建建设项目和技术改造、技术引进项目（以下统称建设项目）可能产生职业病危害的，建设单位在可行性论证阶段应当进行职业病危害预评价。

医疗机构建设项目可能产生放射性职业病危害的，建设单位应当向卫生行政部门提交放射性职业病危害预评价报告。卫生行政部门应当自收到预评价报告之日起三十日内，作出审核决定并书面通知建设单位。未提交预评价报告或者预评价报告未经卫生行政部门审核同意的，不得开工建设。

职业病危害预评价报告应当对建设项目可能产生的职业病危害因素及其对工作场所和劳动者健康的影响作出评价，确定危害类别和职业病防护措施。

建设项目职业病危害分类管理办法由国务院卫生行政部门制定。

第十八条　建设项目的职业病防护设施所需费用应当纳入建设项目工程预算，并与主体工程同时设计，同时施工，同时投入生产和使用。

建设项目的职业病防护设施设计应当符合国家职业卫生标准和卫生要求；其中，医疗机构放射性职业病危害严重的建设项目的防护设施设计，应当经卫生行政部门审查同意后，方可施工。

建设项目在竣工验收前，建设单位应当进行职业病危害控制效果评价。

医疗机构可能产生放射性职业病危害的建设项目竣工验收时，其放射性职业病防护设施经卫生行政部门验收合格后，方可投入使用；其他建设项目的职业病防护设施应当由建设单位负责依法组织验收，验收合格后，方可投入生产和使用。卫生行政部门应当加强对建设单位组织的验收活动和验收结果的监督核查。

第十九条　国家对从事放射性、高毒、高危粉尘等作业实行特殊管理。具体管理办法由国务院制定。

第三章　劳动过程中的防护与管理

第二十条　用人单位应当采取下列职业病防治管理措施：

（一）设置或者指定职业卫生管理机构或者组织，配备专职或者兼职的职业卫生管理人员，负责本单位的职业病防治工作；

（二）制定职业病防治计划和实施方案；

（三）建立、健全职业卫生管理制度和操作规程；

（四）建立、健全职业卫生档案和劳动者健康监护档案；

（五）建立、健全工作场所职业病危害因素监测及评价制度；

（六）建立、健全职业病危害事故应急救援预案。

第二十一条 用人单位应当保障职业病防治所需的资金投入，不得挤占、挪用，并对因资金投入不足导致的后果承担责任。

第二十二条 用人单位必须采用有效的职业病防护设施，并为劳动者提供个人使用的职业病防护用品。

用人单位为劳动者个人提供的职业病防护用品必须符合防治职业病的要求；不符合要求的，不得使用。

第二十三条 用人单位应当优先采用有利于防治职业病和保护劳动者健康的新技术、新工艺、新设备、新材料，逐步替代职业病危害严重的技术、工艺、设备、材料。

第二十四条 产生职业病危害的用人单位，应当在醒目位置设置公告栏，公布有关职业病防治的规章制度、操作规程、职业病危害事故应急救援措施和工作场所职业病危害因素检测结果。

对产生严重职业病危害的作业岗位，应当在其醒目位置，设置警示标识和中文警示说明。警示说明应当载明产生职业病危害的种类、后果、预防以及应急救治措施等内容。

第二十五条 对可能发生急性职业损伤的有毒、有害工作场所，用人单位应当设置报警装置，配置现场急救用品、冲洗设备、应急撤离通道和必要的泄险区。

对放射工作场所和放射性同位素的运输、贮存，用人单位必须配置防护设备和报警装置，保证接触放射线的工作人员佩戴个人剂量计。

对职业病防护设备、应急救援设施和个人使用的职业病防护用品，用人单位应当进行经常性的维护、检修，定期检测其性能和效果，确保其处于正常状态，不得擅自拆除或者停止使用。

第二十六条 用人单位应当实施由专人负责的职业病危害因素日常监测，并确保监测系统处于正常运行状态。

用人单位应当按照国务院卫生行政部门的规定，定期对工作场所进行职业病危害因素检测、评价。检测、评价结果存入用人单位职业卫生档案，定期向所在地卫生行政部门报告并向劳动者公布。

职业病危害因素检测、评价由依法设立的取得国务院卫生行政部门或者设区的市级以上地方人民政府卫生行政部门按照职责分工给予资质认可的职业卫生技术服务机构进行。职业卫生技术服务机构所作检测、评价应当客观、真实。

发现工作场所职业病危害因素不符合国家职业卫生标准和卫生要求时，用人单位应当立即采取相应治理措施，仍然达不到国家职业卫生标准和卫生要求的，必须停止存在职业病危害因素的作业；职业病危害因素经治理后，符合国家职业卫生标准和卫生要求的，方可重新作业。

第二十七条 职业卫生技术服务机构依法从事职业病危害因素检测、评价工作，接受卫生行政部门的监督检查。卫生行政部门应当依法履行监督职责。

第二十八条　向用人单位提供可能产生职业病危害的设备的，应当提供中文说明书，并在设备的醒目位置设置警示标识和中文警示说明。警示说明应当载明设备性能、可能产生的职业病危害、安全操作和维护注意事项、职业病防护以及应急救治措施等内容。

第二十九条　向用人单位提供可能产生职业病危害的化学品、放射性同位素和含有放射性物质的材料的，应当提供中文说明书。说明书应当载明产品特性、主要成份、存在的有害因素、可能产生的危害后果、安全使用注意事项、职业病防护以及应急救治措施等内容。产品包装应当有醒目的警示标识和中文警示说明。贮存上述材料的场所应当在规定的部位设置危险物品标识或者放射性警示标识。

国内首次使用或者首次进口与职业病危害有关的化学材料，使用单位或者进口单位按照国家规定经国务院有关部门批准后，应当向国务院卫生行政部门报送该化学材料的毒性鉴定以及经有关部门登记注册或者批准进口的文件等资料。

进口放射性同位素、射线装置和含有放射性物质的物品的，按照国家有关规定办理。

第三十条　任何单位和个人不得生产、经营、进口和使用国家明令禁止使用的可能产生职业病危害的设备或者材料。

第三十一条　任何单位和个人不得将产生职业病危害的作业转移给不具备职业病防护条件的单位和个人。不具备职业病防护条件的单位和个人不得接受产生职业病危害的作业。

第三十二条　用人单位对采用的技术、工艺、设备、材料，应当知悉其产生的职业病危害，对有职业病危害的技术、工艺、设备、材料隐瞒其危害而采用的，对所造成的职业病危害后果承担责任。

第三十三条　用人单位与劳动者订立劳动合同（含聘用合同，下同）时，应当将工作过程中可能产生的职业病危害及其后果、职业病防护措施和待遇等如实告知劳动者，并在劳动合同中写明，不得隐瞒或者欺骗。

劳动者在已订立劳动合同期间因工作岗位或者工作内容变更，从事与所订立劳动合同中未告知的存在职业病危害的作业时，用人单位应当依照前款规定，向劳动者履行如实告知的义务，并协商变更原劳动合同相关条款。

用人单位违反前两款规定的，劳动者有权拒绝从事存在职业病危害的作业，用人单位不得因此解除与劳动者所订立的劳动合同。

第三十四条　用人单位的主要负责人和职业卫生管理人员应当接受职业卫生培训，遵守职业病防治法律、法规，依法组织本单位的职业病防治工作。

用人单位应当对劳动者进行上岗前的职业卫生培训和在岗期间的定期职业卫生培训，普及职业卫生知识，督促劳动者遵守职业病防治法律、法规、规章和操作规程，指导劳动者正确使用职业病防护设备和个人使用的职业病防护用品。

劳动者应当学习和掌握相关的职业卫生知识，增强职业病防范意识，遵守职业病防治法律、法规、规章和操作规程，正确使用、维护职业病防护设备和个人使用的职业病防护用品，发现职业病危害事故隐患应当及时报告。

劳动者不履行前款规定义务的，用人单位应当对其进行教育。

第三十五条　对从事接触职业病危害的作业的劳动者，用人单位应当按照国务院卫生行政部门的规定组织上岗前、在岗期间和离岗时的职业健康检查，并将检查结果书面告知劳动者。职业健康检查费用由用人单位承担。

用人单位不得安排未经上岗前职业健康检查的劳动者从事接触职业病危害的作业；不得安排有职业禁忌的劳动者从事其所禁忌的作业；对在职业健康检查中发现有与所从事的职业相关的健康损害的劳动者，应当调离原工作岗位，并妥善安置；对未进行离岗前职业健康检查的劳动者不得解除或者终止与其订立的劳动合同。

职业健康检查应当由取得《医疗机构执业许可证》的医疗卫生机构承担。卫生行政部门应当加强对职业健康检查工作的规范管理，具体管理办法由国务院卫生行政部门制定。

第三十六条 用人单位应当为劳动者建立职业健康监护档案，并按照规定的期限妥善保存。

职业健康监护档案应当包括劳动者的职业史、职业病危害接触史、职业健康检查结果和职业病诊疗等有关个人健康资料。

劳动者离开用人单位时，有权索取本人职业健康监护档案复印件，用人单位应当如实、无偿提供，并在所提供的复印件上签章。

第三十七条 发生或者可能发生急性职业病危害事故时，用人单位应当立即采取应急救援和控制措施，并及时报告所在地卫生行政部门和有关部门。卫生行政部门接到报告后，应当及时会同有关部门组织调查处理；必要时，可以采取临时控制措施。卫生行政部门应当组织做好医疗救治工作。

对遭受或者可能遭受急性职业病危害的劳动者，用人单位应当及时组织救治、进行健康检查和医学观察，所需费用由用人单位承担。

第三十八条 用人单位不得安排未成年工从事接触职业病危害的作业；不得安排孕期、哺乳期的女职工从事对本人和胎儿、婴儿有危害的作业。

第三十九条 劳动者享有下列职业卫生保护权利：

(一)获得职业卫生教育、培训；

(二)获得职业健康检查、职业病诊疗、康复等职业病防治服务；

(三)了解工作场所产生或者可能产生的职业病危害因素、危害后果和应当采取的职业病防护措施；

(四)要求用人单位提供符合防治职业病要求的职业病防护设施和个人使用的职业病防护用品，改善工作条件；

(五)对违反职业病防治法律、法规以及危及生命健康的行为提出批评、检举和控告；

(六)拒绝违章指挥和强令进行没有职业病防护措施的作业；

(七)参与用人单位职业卫生工作的民主管理，对职业病防治工作提出意见和建议。

用人单位应当保障劳动者行使前款所列权利。因劳动者依法行使正当权利而降低其工资、福利等待遇或者解除、终止与其订立的劳动合同的，其行为无效。

第四十条 工会组织应当督促并协助用人单位开展职业卫生宣传教育和培训，有权对用人单位的职业病防治工作提出意见和建议，依法代表劳动者与用人单位签订劳动安全卫生专项集体合同，与用人单位就劳动者反映的有关职业病防治的问题进行协调并督促解决。

工会组织对用人单位违反职业病防治法律、法规，侵犯劳动者合法权益的行为，有权要求纠正；产生严重职业病危害时，有权要求采取防护措施，或者向政府有关部门建议采取强制性措施；发生职业病危害事故时，有权参与事故调查处理；发现危及劳动者生命健康的情形时，有权向用人单位建议组织劳动者撤离危险现场，用人单位应当立即作出处理。

第四十一条　用人单位按照职业病防治要求，用于预防和治理职业病危害、工作场所卫生检测、健康监护和职业卫生培训等费用，按照国家有关规定，在生产成本中据实列支。

第四十二条　职业卫生监督管理部门应当按照职责分工，加强对用人单位落实职业病防护管理措施情况的监督检查，依法行使职权，承担责任。

第四章　职业病诊断与职业病病人保障

第四十三条　职业病诊断应当由取得《医疗机构执业许可证》的医疗卫生机构承担。卫生行政部门应当加强对职业病诊断工作的规范管理，具体管理办法由国务院卫生行政部门制定。

承担职业病诊断的医疗卫生机构还应当具备下列条件：

（一）具有与开展职业病诊断相适应的医疗卫生技术人员；

（二）具有与开展职业病诊断相适应的仪器、设备；

（三）具有健全的职业病诊断质量管理制度。

承担职业病诊断的医疗卫生机构不得拒绝劳动者进行职业病诊断的要求。

第四十四条　劳动者可以在用人单位所在地、本人户籍所在地或者经常居住地依法承担职业病诊断的医疗卫生机构进行职业病诊断。

第四十五条　职业病诊断标准和职业病诊断、鉴定办法由国务院卫生行政部门制定。职业病伤残等级的鉴定办法由国务院劳动保障行政部门会同国务院卫生行政部门制定。

第四十六条　职业病诊断，应当综合分析下列因素：

（一）病人的职业史；

（二）职业病危害接触史和工作场所职业病危害因素情况；

（三）临床表现以及辅助检查结果等。

没有证据否定职业病危害因素与病人临床表现之间的必然联系的，应当诊断为职业病。

职业病诊断证明书应当由参与诊断的取得职业病诊断资格的执业医师签署，并经承担职业病诊断的医疗卫生机构审核盖章。

第四十七条　用人单位应当如实提供职业病诊断、鉴定所需的劳动者职业史和职业病危害接触史、工作场所职业病危害因素检测结果等资料；卫生行政部门应当监督检查和督促用人单位提供上述资料；劳动者和有关机构也应当提供与职业病诊断、鉴定有关的资料。

职业病诊断、鉴定机构需要了解工作场所职业病危害因素情况时，可以对工作场所进行现场调查，也可以向卫生行政部门提出，卫生行政部门应当在十日内组织现场调查。用人单位不得拒绝、阻挠。

第四十八条　职业病诊断、鉴定过程中，用人单位不提供工作场所职业病危害因素检测结果等资料的，诊断、鉴定机构应当结合劳动者的临床表现、辅助检查结果和劳动者的职业史、职业病危害接触史，并参考劳动者的自述、卫生行政部门提供的日常监督检查信息等，作出职业病诊断、鉴定结论。

劳动者对用人单位提供的工作场所职业病危害因素检测结果等资料有异议，或者因劳动者的用人单位解散、破产，无用人单位提供上述资料的，诊断、鉴定机构应当提请卫生行政部门进行调查，卫生行政部门应当自接到申请之日起三十日内对存在异议的资料或者工作场所职业病危害因素情况作出判定；有关部门应当配合。

第四十九条　职业病诊断、鉴定过程中，在确认劳动者职业史、职业病危害接触史时，当事人对劳动关系、工种、工作岗位或者在岗时间有争议的，可以向当地的劳动人事争议仲裁委员会申请仲裁；接到申请的劳动人事争议仲裁委员会应当受理，并在三十日内作出裁决。

当事人在仲裁过程中对自己提出的主张，有责任提供证据。劳动者无法提供由用人单位掌握管理的与仲裁主张有关的证据的，仲裁庭应当要求用人单位在指定期限内提供；用人单位在指定期限内不提供的，应当承担不利后果。

劳动者对仲裁裁决不服的，可以依法向人民法院提起诉讼。

用人单位对仲裁裁决不服的，可以在职业病诊断、鉴定程序结束之日起十五日内依法向人民法院提起诉讼；诉讼期间，劳动者的治疗费用按照职业病待遇规定的途径支付。

第五十条　用人单位和医疗卫生机构发现职业病病人或者疑似职业病病人时，应当及时向所在地卫生行政部门报告。确诊为职业病的，用人单位还应当向所在地劳动保障行政部门报告。接到报告的部门应当依法作出处理。

第五十一条　县级以上地方人民政府卫生行政部门负责本行政区域内的职业病统计报告的管理工作，并按照规定上报。

第五十二条　当事人对职业病诊断有异议的，可以向作出诊断的医疗卫生机构所在地地方人民政府卫生行政部门申请鉴定。

职业病诊断争议由设区的市级以上地方人民政府卫生行政部门根据当事人的申请，组织职业病诊断鉴定委员会进行鉴定。

当事人对设区的市级职业病诊断鉴定委员会的鉴定结论不服的，可以向省、自治区、直辖市人民政府卫生行政部门申请再鉴定。

第五十三条　职业病诊断鉴定委员会由相关专业的专家组成。

省、自治区、直辖市人民政府卫生行政部门应当设立相关的专家库，需要对职业病争议作出诊断鉴定时，由当事人或者当事人委托有关卫生行政部门从专家库中以随机抽取的方式确定参加诊断鉴定委员会的专家。

职业病诊断鉴定委员会应当按照国务院卫生行政部门颁布的职业病诊断标准和职业病诊断、鉴定办法进行职业病诊断鉴定，向当事人出具职业病诊断鉴定书。职业病诊断、鉴定费用由用人单位承担。

第五十四条　职业病诊断鉴定委员会组成人员应当遵守职业道德，客观、公正地进行诊断鉴定，并承担相应的责任。职业病诊断鉴定委员会组成人员不得私下接触当事人，不得收受当事人的财物或者其他好处，与当事人有利害关系的，应当回避。

人民法院受理有关案件需要进行职业病鉴定时，应当从省、自治区、直辖市人民政府卫生行政部门依法设立的相关的专家库中选取参加鉴定的专家。

第五十五条　医疗卫生机构发现疑似职业病病人时，应当告知劳动者本人并及时通知用人单位。

用人单位应当及时安排对疑似职业病病人进行诊断；在疑似职业病病人诊断或者医学观察期间，不得解除或者终止与其订立的劳动合同。

疑似职业病病人在诊断、医学观察期间的费用，由用人单位承担。

第五十六条　用人单位应当保障职业病病人依法享受国家规定的职业病待遇。

用人单位应当按照国家有关规定，安排职业病病人进行治疗、康复和定期检查。

用人单位对不适宜继续从事原工作的职业病病人，应当调离原岗位，并妥善安置。

用人单位对从事接触职业病危害的作业的劳动者，应当给予适当岗位津贴。

第五十七条　职业病病人的诊疗、康复费用，伤残以及丧失劳动能力的职业病病人的社会保障，按照国家有关工伤保险的规定执行。

第五十八条　职业病病人除依法享有工伤保险外，依照有关民事法律，尚有获得赔偿的权利的，有权向用人单位提出赔偿要求。

第五十九条　劳动者被诊断患有职业病，但用人单位没有依法参加工伤保险的，其医疗和生活保障由该用人单位承担。

第六十条　职业病病人变动工作单位，其依法享有的待遇不变。

用人单位在发生分立、合并、解散、破产等情形时，应当对从事接触职业病危害的作业的劳动者进行健康检查，并按照国家有关规定妥善安置职业病病人。

第六十一条　用人单位已经不存在或者无法确认劳动关系的职业病病人，可以向地方人民政府医疗保障、民政部门申请医疗救助和生活等方面的救助。

地方各级人民政府应当根据本地区的实际情况，采取其他措施，使前款规定的职业病病人获得医疗救治。

第五章　监督检查

第六十二条　县级以上人民政府职业卫生监督管理部门依照职业病防治法律、法规、国家职业卫生标准和卫生要求，依据职责划分，对职业病防治工作进行监督检查。

第六十三条　卫生行政部门履行监督检查职责时，有权采取下列措施：

（一）进入被检查单位和职业病危害现场，了解情况，调查取证；

（二）查阅或者复制与违反职业病防治法律、法规的行为有关的资料和采集样品；

（三）责令违反职业病防治法律、法规的单位和个人停止违法行为。

第六十四条　发生职业病危害事故或者有证据证明危害状态可能导致职业病危害事故发生时，卫生行政部门可以采取下列临时控制措施：

（一）责令暂停导致职业病危害事故的作业；

（二）封存造成职业病危害事故或者可能导致职业病危害事故发生的材料和设备；

（三）组织控制职业病危害事故现场。

在职业病危害事故或者危害状态得到有效控制后，卫生行政部门应当及时解除控制措施。

第六十五条　职业卫生监督执法人员依法执行职务时，应当出示监督执法证件。

职业卫生监督执法人员应当忠于职守，秉公执法，严格遵守执法规范；涉及用人单位的秘密的，应当为其保密。

第六十六条 职业卫生监督执法人员依法执行职务时，被检查单位应当接受检查并予以支持配合，不得拒绝和阻碍。

第六十七条 卫生行政部门及其职业卫生监督执法人员履行职责时，不得有下列行为：

（一）对不符合法定条件的，发给建设项目有关证明文件、资质证明文件或者予以批准；

（二）对已经取得有关证明文件的，不履行监督检查职责；

（三）发现用人单位存在职业病危害的，可能造成职业病危害事故，不及时依法采取控制措施；

（四）其他违反本法的行为。

第六十八条 职业卫生监督执法人员应当依法经过资格认定。

职业卫生监督管理部门应当加强队伍建设，提高职业卫生监督执法人员的政治、业务素质，依照本法和其他有关法律、法规的规定，建立、健全内部监督制度，对其工作人员执行法律、法规和遵守纪律的情况，进行监督检查。

第六章　法律责任

第六十九条 建设单位违反本法规定，有下列行为之一的，由卫生行政部门给予警告，责令限期改正；逾期不改正的，处十万元以上五十万元以下的罚款；情节严重的，责令停止产生职业病危害的作业，或者提请有关人民政府按照国务院规定的权限责令停建、关闭：

（一）未按照规定进行职业病危害预评价的；

（二）医疗机构可能产生放射性职业病危害的建设项目未按照规定提交放射性职业病危害预评价报告，或者放射性职业病危害预评价报告未经卫生行政部门审核同意，开工建设的；

（三）建设项目的职业病防护设施未按照规定与主体工程同时设计、同时施工、同时投入生产和使用的；

（四）建设项目的职业病防护设施设计不符合国家职业卫生标准和卫生要求，或者医疗机构放射性职业病危害严重的建设项目的防护设施设计未经卫生行政部门审查同意擅自施工的；

（五）未按照规定对职业病防护设施进行职业病危害控制效果评价的；

（六）建设项目竣工投入生产和使用前，职业病防护设施未按照规定验收合格的。

第七十条 违反本法规定，有下列行为之一的，由卫生行政部门给予警告，责令限期改正；逾期不改正的，处十万元以下的罚款：

（一）工作场所职业病危害因素检测、评价结果没有存档、上报、公布的；

（二）未采取本法第二十条规定的职业病防治管理措施的；

（三）未按照规定公布有关职业病防治的规章制度、操作规程、职业病危害事故应急救援措施的；

（四）未按照规定组织劳动者进行职业卫生培训，或者未对劳动者个人职业病防护采取指导、督促措施的；

（五）国内首次使用或者首次进口与职业病危害有关的化学材料，未按照规定报送毒性鉴定资料以及经有关部门登记注册或者批准进口的文件的。

第七十一条 用人单位违反本法规定，有下列行为之一的，由卫生行政部门责令限期改正，给予警告，可以并处五万元以上十万元以下的罚款：

（一）未按照规定及时、如实向卫生行政部门申报产生职业病危害的项目的；

（二）未实施由专人负责的职业病危害因素日常监测，或者监测系统不能正常监测的；

（三）订立或者变更劳动合同时，未告知劳动者职业病危害真实情况的；

（四）未按照规定组织职业健康检查、建立职业健康监护档案或者未将检查结果书面告知劳动者的；

（五）未依照本法规定在劳动者离开用人单位时提供职业健康监护档案复印件的。

第七十二条 用人单位违反本法规定，有下列行为之一的，由卫生行政部门给予警告，责令限期改正，逾期不改正的，处五万元以上二十万元以下的罚款；情节严重的，责令停止产生职业病危害的作业，或者提请有关人民政府按照国务院规定的权限责令关闭：

（一）工作场所职业病危害因素的强度或者浓度超过国家职业卫生标准的；

（二）未提供职业病防护设施和个人使用的职业病防护用品，或者提供的职业病防护设施和个人使用的职业病防护用品不符合国家职业卫生标准和卫生要求的；

（三）对职业病防护设备、应急救援设施和个人使用的职业病防护用品未按照规定进行维护、检修、检测，或者不能保持正常运行、使用状态的；

（四）未按照规定对工作场所职业病危害因素进行检测、评价的；

（五）工作场所职业病危害因素经治理仍然达不到国家职业卫生标准和卫生要求时，未停止存在职业病危害因素的作业的；

（六）未按照规定安排职业病病人、疑似职业病病人进行诊治的；

（七）发生或者可能发生急性职业病危害事故时，未立即采取应急救援和控制措施或者未按照规定及时报告的；

（八）未按照规定在产生严重职业病危害的作业岗位醒目位置设置警示标识和中文警示说明的；

（九）拒绝职业卫生监督管理部门监督检查的；

（十）隐瞒、伪造、篡改、毁损职业健康监护档案、工作场所职业病危害因素检测评价结果等相关资料，或者拒不提供职业病诊断、鉴定所需资料的；

（十一）未按照规定承担职业病诊断、鉴定费用和职业病病人的医疗、生活保障费用的。

第七十三条 向用人单位提供可能产生职业病危害的设备、材料，未按照规定提供中文说明书或者设置警示标识和中文警示说明的，由卫生行政部门责令限期改正，给予警告，并处五万元以上二十万元以下的罚款。

第七十四条 用人单位和医疗卫生机构未按照规定报告职业病、疑似职业病的，由有关主管部门依据职责分工责令限期改正，给予警告，可以并处一万元以下的罚款；弄虚作假的，并处二万元以上五万元以下的罚款；对直接负责的主管人员和其他直接责任人员，可以依法给予降级或者撤职的处分。

第七十五条 违反本法规定，有下列情形之一的，由卫生行政部门责令限期治理，并处五万元以上三十万元以下的罚款；情节严重的，责令停止产生职业病危害的作业，或者提请有关人民政府按照国务院规定的权限责令关闭：

（一）隐瞒技术、工艺、设备、材料所产生的职业病危害而采用的；

（二）隐瞒本单位职业卫生真实情况的；

（三）可能发生急性职业损伤的有毒、有害工作场所、放射工作场所或者放射性同位素的运输、贮存不符合本法第二十五条规定的；

（四）使用国家明令禁止使用的可能产生职业病危害的设备或者材料的；

（五）将产生职业病危害的作业转移给没有职业病防护条件的单位和个人，或者没有职业病防护条件的单位和个人接受产生职业病危害的作业的；

（六）擅自拆除、停止使用职业病防护设备或者应急救援设施的；

（七）安排未经职业健康检查的劳动者、有职业禁忌的劳动者、未成年工或者孕期、哺乳期女职工从事接触职业病危害的作业或者禁忌作业的；

（八）违章指挥和强令劳动者进行没有职业病防护措施的作业的。

第七十六条 生产、经营或者进口国家明令禁止使用的可能产生职业病危害的设备或者材料的，依照有关法律、行政法规的规定给予处罚。

第七十七条 用人单位违反本法规定，已经对劳动者生命健康造成严重损害的，由卫生行政部门责令停止产生职业病危害的作业，或者提请有关人民政府按照国务院规定的权限责令关闭，并处十万元以上五十万元以下的罚款。

第七十八条 用人单位违反本法规定，造成重大职业病危害事故或者其他严重后果，构成犯罪的，对直接负责的主管人员和其他直接责任人员，依法追究刑事责任。

第七十九条 未取得职业卫生技术服务资质认可擅自从事职业卫生技术服务的，由卫生行政部门责令立即停止违法行为，没收违法所得；违法所得五千元以上的，并处违法所得二倍以上十倍以下的罚款；没有违法所得或者违法所得不足五千元的，并处五千元以上五万元以下的罚款；情节严重的，对直接负责的主管人员和其他直接责任人员，依法给予降级、撤职或者开除的处分。

第八十条 从事职业卫生技术服务的机构和承担职业病诊断的医疗卫生机构违反本法规定，有下列行为之一的，由卫生行政部门责令立即停止违法行为，给予警告，没收违法所得；违法所得五千元以上的，并处违法所得二倍以上五倍以下的罚款；没有违法所得或者违法所得不足五千元的，并处五千元以上二万元以下的罚款；情节严重的，由原认可或者登记机关取消其相应的资格；对直接负责的主管人员和其他直接责任人员，依法给予降级、撤职或者开除的处分；构成犯罪的，依法追究刑事责任：

（一）超出资质认可或者诊疗项目登记范围从事职业卫生技术服务或者职业病诊断的；

（二）不按照本法规定履行法定职责的；

（三）出具虚假证明文件的。

第八十一条 职业病诊断鉴定委员会组成人员收受职业病诊断争议当事人的财物或者其他好处的，给予警告，没收收受的财物，可以并处三千元以上五万元以下的罚款，取消其担任职业病诊断鉴定委员会组成人员的资格，并从省、自治区、直辖市人民政府卫生行政部门设立的专家库中予以除名。

第八十二条　卫生行政部门不按照规定报告职业病和职业病危害事故的，由上一级行政部门责令改正，通报批评，给予警告；虚报、瞒报的，对单位负责人、直接负责的主管人员和其他直接责任人员依法给予降级、撤职或者开除的处分。

第八十三条　县级以上地方人民政府在职业病防治工作中未依照本法履行职责，本行政区域出现重大职业病危害事故、造成严重社会影响的，依法对直接负责的主管人员和其他直接责任人员给予记大过直至开除的处分。

县级以上人民政府职业卫生监督管理部门不履行本法规定的职责，滥用职权、玩忽职守、徇私舞弊，依法对直接负责的主管人员和其他直接责任人员给予记大过或者降级的处分；造成职业病危害事故或者其他严重后果的，依法给予撤职或者开除的处分。

第八十四条　违反本法规定，构成犯罪的，依法追究刑事责任。

第七章　附　则

第八十五条　本法下列用语的含义：

职业病危害，是指对从事职业活动的劳动者可能导致职业病的各种危害。职业病危害因素包括：职业活动中存在的各种有害的化学、物理、生物因素以及在作业过程中产生的其他职业有害因素。

职业禁忌，是指劳动者从事特定职业或者接触特定职业病危害因素时，比一般职业人群更易于遭受职业病危害和罹患职业病或者可能导致原有自身疾病病情加重，或者在从事作业过程中诱发可能导致对他人生命健康构成危险的疾病的个人特殊生理或者病理状态。

第八十六条　本法第二条规定的用人单位以外的单位，产生职业病危害的，其职业病防治活动可以参照本法执行。

劳务派遣用工单位应当履行本法规定的用人单位的义务。

中国人民解放军参照执行本法的办法，由国务院、中央军事委员会制定。

第八十七条　对医疗机构放射性职业病危害控制的监督管理，由卫生行政部门依照本法的规定实施。

第八十八条　本法自2002年5月1日起施行。

2. 中华人民共和国安全生产法

（2002年6月29日第九届全国人民代表大会常务委员会第二十八次会议通过　根据2009年8月27日第十一届全国人民代表大会常务委员会第十次会议《关于修改部分法律的决定》第一次修正　根据2014年8月31日第十二届全国人民代表大会常务委员会第十次会议《关于修改〈中华人民共和国安全生产法〉的决定》第二次修正　根据2021年6月10日第十三届全国人民代表大会常务委员会第二十九次会议《关于修改〈中华人民共和国安全生产法〉的决定》第三次修正）

目　录

第一章 总 则

第一条 为了加强安全生产工作,防止和减少生产安全事故,保障人民群众生命和财产安全,促进经济社会持续健康发展,制定本法。

第二条 在中华人民共和国领域内从事生产经营活动的单位(以下统称生产经营单位)的安全生产,适用本法;有关法律、行政法规对消防安全和道路交通安全、铁路交通安全、水上交通安全、民用航空安全以及核与辐射安全、特种设备安全另有规定的,适用其规定。

第三条 安全生产工作坚持中国共产党的领导。

安全生产工作应当以人为本,坚持人民至上、生命至上,把保护人民生命安全摆在首位,树牢安全发展理念,坚持安全第一、预防为主、综合治理的方针,从源头上防范化解重大安全风险。

安全生产工作实行管行业必须管安全、管业务必须管安全、管生产经营必须管安全,强化和落实生产经营单位主体责任与政府监管责任,建立生产经营单位负责、职工参与、政府监管、行业自律和社会监督的机制。

第四条 生产经营单位必须遵守本法和其他有关安全生产的法律、法规,加强安全生产管理,建立健全全员安全生产责任制和安全生产规章制度,加大对安全生产资金、物资、技术、人员的投入保障力度,改善安全生产条件,加强安全生产标准化、信息化建设,构建安全风险分级管控和隐患排查治理双重预防机制,健全风险防范化解机制,提高安全生产水平,确保安全生产。

平台经济等新兴行业、领域的生产经营单位应当根据本行业、领域的特点,建立健全并落实全员安全生产责任制,加强从业人员安全生产教育和培训,履行本法和其他法律、法规规定的有关安全生产义务。

第五条 生产经营单位的主要负责人是本单位安全生产第一责任人,对本单位的安全生产工作全面负责。其他负责人对职责范围内的安全生产工作负责。

第六条 生产经营单位的从业人员有依法获得安全生产保障的权利,并应当依法履行安全生产方面的义务。

第七条 工会依法对安全生产工作进行监督。

生产经营单位的工会依法组织职工参加本单位安全生产工作的民主管理和民主监督,维护职工在安全生产方面的合法权益。生产经营单位制定或者修改有关安全生产的规章制度,应当听取工会的意见。

第八条 国务院和县级以上地方各级人民政府应当根据国民经济和社会发展规划制定安全生产规划,并组织实施。安全生产规划应当与国土空间规划等相关规划相衔接。

各级人民政府应当加强安全生产基础设施建设和安全生产监管能力建设，所需经费列入本级预算。

县级以上地方各级人民政府应当组织有关部门建立完善安全风险评估与论证机制，按照安全风险管控要求，进行产业规划和空间布局，并对位置相邻、行业相近、业态相似的生产经营单位实施重大安全风险联防联控。

第九条 国务院和县级以上地方各级人民政府应当加强对安全生产工作的领导，建立健全安全生产工作协调机制，支持、督促各有关部门依法履行安全生产监督管理职责，及时协调、解决安全生产监督管理中存在的重大问题。

乡镇人民政府和街道办事处，以及开发区、工业园区、港区、风景区等应当明确负责安全生产监督管理的有关工作机构及其职责，加强安全生产监管力量建设，按照职责对本行政区域或者管理区域内生产经营单位安全生产状况进行监督检查，协助人民政府有关部门或者按照授权依法履行安全生产监督管理职责。

第十条 国务院应急管理部门依照本法，对全国安全生产工作实施综合监督管理；县级以上地方各级人民政府应急管理部门依照本法，对本行政区域内安全生产工作实施综合监督管理。

国务院交通运输、住房和城乡建设、水利、民航等有关部门依照本法和其他有关法律、行政法规的规定，在各自的职责范围内对有关行业、领域的安全生产工作实施监督管理；县级以上地方各级人民政府有关部门依照本法和其他有关法律、法规的规定，在各自的职责范围内对有关行业、领域的安全生产工作实施监督管理。对新兴行业、领域的安全生产监督管理职责不明确的，由县级以上地方各级人民政府按照业务相近的原则确定监督管理部门。

应急管理部门和对有关行业、领域的安全生产工作实施监督管理的部门，统称负有安全生产监督管理职责的部门。负有安全生产监督管理职责的部门应当相互配合、齐抓共管、信息共享、资源共用，依法加强安全生产监督管理工作。

第十一条 国务院有关部门应当按照保障安全生产的要求，依法及时制定有关的国家标准或者行业标准，并根据科技进步和经济发展适时修订。

生产经营单位必须执行依法制定的保障安全生产的国家标准或者行业标准。

第十二条 国务院有关部门按照职责分工负责安全生产强制性国家标准的项目提出、组织起草、征求意见、技术审查。国务院应急管理部门统筹提出安全生产强制性国家标准的立项计划。国务院标准化行政主管部门负责安全生产强制性国家标准的立项、编号、对外通报和授权批准发布工作。国务院标准化行政主管部门、有关部门依据法定职责对安全生产强制性国家标准的实施进行监督检查。

第十三条 各级人民政府及其有关部门应当采取多种形式，加强对有关安全生产的法律、法规和安全生产知识的宣传，增强全社会的安全生产意识。

第十四条 有关协会组织依照法律、行政法规和章程，为生产经营单位提供安全生产方面的信息、培训等服务，发挥自律作用，促进生产经营单位加强安全生产管理。

第十五条 依法设立的为安全生产提供技术、管理服务的机构，依照法律、行政法规和执业准则，接受生产经营单位的委托为其安全生产工作提供技术、管理服务。

生产经营单位委托前款规定的机构提供安全生产技术、管理服务的，保证安全生产的责任仍由本单位负责。

第十六条 国家实行生产安全事故责任追究制度,依照本法和有关法律、法规的规定,追究生产安全事故责任单位和责任人员的法律责任。

第十七条 县级以上各级人民政府应当组织负有安全生产监督管理职责的部门依法编制安全生产权力和责任清单,公开并接受社会监督。

第十八条 国家鼓励和支持安全生产科学技术研究和安全生产先进技术的推广应用,提高安全生产水平。

第十九条 国家对在改善安全生产条件、防止生产安全事故、参加抢险救护等方面取得显著成绩的单位和个人,给予奖励。

第二章 生产经营单位的安全生产保障

第二十条 生产经营单位应当具备本法和有关法律、行政法规和国家标准或者行业标准规定的安全生产条件;不具备安全生产条件的,不得从事生产经营活动。

第二十一条 生产经营单位的主要负责人对本单位安全生产工作负有下列职责:

(一)建立健全并落实本单位全员安全生产责任制,加强安全生产标准化建设;

(二)组织制定并实施本单位安全生产规章制度和操作规程;

(三)组织制定并实施本单位安全生产教育和培训计划;

(四)保证本单位安全生产投入的有效实施;

(五)组织建立并落实安全风险分级管控和隐患排查治理双重预防工作机制,督促、检查本单位的安全生产工作,及时消除生产安全事故隐患;

(六)组织制定并实施本单位的生产安全事故应急救援预案;

(七)及时、如实报告生产安全事故。

第二十二条 生产经营单位的全员安全生产责任制应当明确各岗位的责任人员、责任范围和考核标准等内容。

生产经营单位应当建立相应的机制,加强对全员安全生产责任制落实情况的监督考核,保证全员安全生产责任制的落实。

第二十三条 生产经营单位应当具备的安全生产条件所必需的资金投入,由生产经营单位的决策机构、主要负责人或者个人经营的投资人予以保证,并对由于安全生产所必需的资金投入不足导致的后果承担责任。

有关生产经营单位应当按照规定提取和使用安全生产费用,专门用于改善安全生产条件。安全生产费用在成本中据实列支。安全生产费用提取、使用和监督管理的具体办法由国务院财政部门会同国务院应急管理部门征求国务院有关部门意见后制定。

第二十四条 矿山、金属冶炼、建筑施工、运输单位和危险物品的生产、经营、储存、装卸单位,应当设置安全生产管理机构或者配备专职安全生产管理人员。

前款规定以外的其他生产经营单位,从业人员超过一百人的,应当设置安全生产管理机构或者配备专职安全生产管理人员;从业人员在一百人以下的,应当配备专职或者兼职的安全生产管理人员。

第二十五条 生产经营单位的安全生产管理机构以及安全生产管理人员履行下列职责:

（一）组织或者参与拟订本单位安全生产规章制度、操作规程和生产安全事故应急救援预案；

（二）组织或者参与本单位安全生产教育和培训，如实记录安全生产教育和培训情况；

（三）组织开展危险源辨识和评估，督促落实本单位重大危险源的安全管理措施；

（四）组织或者参与本单位应急救援演练；

（五）检查本单位的安全生产状况，及时排查生产安全事故隐患，提出改进安全生产管理的建议；

（六）制止和纠正违章指挥、强令冒险作业、违反操作规程的行为；

（七）督促落实本单位安全生产整改措施。

生产经营单位可以设置专职安全生产分管负责人，协助本单位主要负责人履行安全生产管理职责。

第二十六条　生产经营单位的安全生产管理机构以及安全生产管理人员应当恪尽职守，依法履行职责。

生产经营单位作出涉及安全生产的经营决策，应当听取安全生产管理机构以及安全生产管理人员的意见。

生产经营单位不得因安全生产管理人员依法履行职责而降低其工资、福利等待遇或者解除与其订立的劳动合同。

危险物品的生产、储存单位以及矿山、金属冶炼单位的安全生产管理人员的任免，应当告知主管的负有安全生产监督管理职责的部门。

第二十七条　生产经营单位的主要负责人和安全生产管理人员必须具备与本单位所从事的生产经营活动相应的安全生产知识和管理能力。

危险物品的生产、经营、储存、装卸单位以及矿山、金属冶炼、建筑施工、运输单位的主要负责人和安全生产管理人员，应当由主管的负有安全生产监督管理职责的部门对其安全生产知识和管理能力考核合格。考核不得收费。

危险物品的生产、储存、装卸单位以及矿山、金属冶炼单位应当有注册安全工程师从事安全生产管理工作。鼓励其他生产经营单位聘用注册安全工程师从事安全生产管理工作。注册安全工程师按专业分类管理，具体办法由国务院人力资源和社会保障部门、国务院应急管理部门会同国务院有关部门制定。

第二十八条　生产经营单位应当对从业人员进行安全生产教育和培训，保证从业人员具备必要的安全生产知识，熟悉有关的安全生产规章制度和安全操作规程，掌握本岗位的安全操作技能，了解事故应急处理措施，知悉自身在安全生产方面的权利和义务。未经安全生产教育和培训合格的从业人员，不得上岗作业。

生产经营单位使用被派遣劳动者的，应当将被派遣劳动者纳入本单位从业人员统一管理，对被派遣劳动者进行岗位安全操作规程和安全操作技能的教育和培训。劳务派遣单位应当对被派遣劳动者进行必要的安全生产教育和培训。

生产经营单位接收中等职业学校、高等学校学生实习的，应当对实习学生进行相应的安全生产教育和培训，提供必要的劳动防护用品。学校应当协助生产经营单位对实习学生进行安全生产教育和培训。

生产经营单位应当建立安全生产教育和培训档案，如实记录安全生产教育和培训的时间、内容、参加人员以及考核结果等情况。

第二十九条 生产经营单位采用新工艺、新技术、新材料或者使用新设备，必须了解、掌握其安全技术特性，采取有效的安全防护措施，并对从业人员进行专门的安全生产教育和培训。

第三十条 生产经营单位的特种作业人员必须按照国家有关规定经专门的安全作业培训，取得相应资格，方可上岗作业。

特种作业人员的范围由国务院应急管理部门会同国务院有关部门确定。

第三十一条 生产经营单位新建、改建、扩建工程项目（以下统称建设项目）的安全设施，必须与主体工程同时设计、同时施工、同时投入生产和使用。安全设施投资应当纳入建设项目概算。

第三十二条 矿山、金属冶炼建设项目和用于生产、储存、装卸危险物品的建设项目，应当按照国家有关规定进行安全评价。

第三十三条 建设项目安全设施的设计人、设计单位应当对安全设施设计负责。

矿山、金属冶炼建设项目和用于生产、储存、装卸危险物品的建设项目的安全设施设计应当按照国家有关规定报经有关部门审查，审查部门及其负责审查的人员对审查结果负责。

第三十四条 矿山、金属冶炼建设项目和用于生产、储存、装卸危险物品的建设项目的施工单位必须按照批准的安全设施设计施工，并对安全设施的工程质量负责。

矿山、金属冶炼建设项目和用于生产、储存、装卸危险物品的建设项目竣工投入生产或者使用前，应当由建设单位负责组织对安全设施进行验收；验收合格后，方可投入生产和使用。负有安全生产监督管理职责的部门应当加强对建设单位验收活动和验收结果的监督核查。

第三十五条 生产经营单位应当在有较大危险因素的生产经营场所和有关设施、设备上，设置明显的安全警示标志。

第三十六条 安全设备的设计、制造、安装、使用、检测、维修、改造和报废，应当符合国家标准或者行业标准。

生产经营单位必须对安全设备进行经常性维护、保养，并定期检测，保证正常运转。维护、保养、检测应当作好记录，并由有关人员签字。

生产经营单位不得关闭、破坏直接关系生产安全的监控、报警、防护、救生设备、设施，或者篡改、隐瞒、销毁其相关数据、信息。

餐饮等行业的生产经营单位使用燃气的，应当安装可燃气体报警装置，并保障其正常使用。

第三十七条 生产经营单位使用的危险物品的容器、运输工具，以及涉及人身安全、危险性较大的海洋石油开采特种设备和矿山井下特种设备，必须按照国家有关规定，由专业生产单位生产，并经具有专业资质的检测、检验机构检测、检验合格，取得安全使用证或者安全标志，方可投入使用。检测、检验机构对检测、检验结果负责。

第三十八条 国家对严重危及生产安全的工艺、设备实行淘汰制度，具体目录由国务院应急管理部门会同国务院有关部门制定并公布。法律、行政法规对目录的制定另有规定的，适用其规定。

省、自治区、直辖市人民政府可以根据本地区实际情况制定并公布具体目录，对前款规定以外的危及生产安全的工艺、设备予以淘汰。

生产经营单位不得使用应当淘汰的危及生产安全的工艺、设备。

第三十九条　生产、经营、运输、储存、使用危险物品或者处置废弃危险物品的，由有关主管部门依照有关法律、法规的规定和国家标准或者行业标准审批并实施监督管理。

生产经营单位生产、经营、运输、储存、使用危险物品或者处置废弃危险物品，必须执行有关法律、法规和国家标准或者行业标准，建立专门的安全管理制度，采取可靠的安全措施，接受有关主管部门依法实施的监督管理。

第四十条　生产经营单位对重大危险源应当登记建档，进行定期检测、评估、监控，并制定应急预案，告知从业人员和相关人员在紧急情况下应当采取的应急措施。

生产经营单位应当按照国家有关规定将本单位重大危险源及有关安全措施、应急措施报有关地方人民政府应急管理部门和有关部门备案。有关地方人民政府应急管理部门和有关部门应当通过相关信息系统实现信息共享。

第四十一条　生产经营单位应当建立安全风险分级管控制度，按照安全风险分级采取相应的管控措施。

生产经营单位应当建立健全并落实生产安全事故隐患排查治理制度，采取技术、管理措施，及时发现并消除事故隐患。事故隐患排查治理情况应当如实记录，并通过职工大会或者职工代表大会、信息公示栏等方式向从业人员通报。其中，重大事故隐患排查治理情况应当及时向负有安全生产监督管理职责的部门和职工大会或者职工代表大会报告。

县级以上地方各级人民政府负有安全生产监督管理职责的部门应当将重大事故隐患纳入相关信息系统，建立健全重大事故隐患治理督办制度，督促生产经营单位消除重大事故隐患。

第四十二条　生产、经营、储存、使用危险物品的车间、商店、仓库不得与员工宿舍在同一座建筑物内，并应当与员工宿舍保持安全距离。

生产经营场所和员工宿舍应当设有符合紧急疏散要求、标志明显、保持畅通的出口、疏散通道。禁止占用、锁闭、封堵生产经营场所或者员工宿舍的出口、疏散通道。

第四十三条　生产经营单位进行爆破、吊装、动火、临时用电以及国务院应急管理部门会同国务院有关部门规定的其他危险作业，应当安排专门人员进行现场安全管理，确保操作规程的遵守和安全措施的落实。

第四十四条　生产经营单位应当教育和督促从业人员严格执行本单位的安全生产规章制度和安全操作规程；并向从业人员如实告知作业场所和工作岗位存在的危险因素、防范措施以及事故应急措施。

生产经营单位应当关注从业人员的身体、心理状况和行为习惯，加强对从业人员的心理疏导、精神慰藉，严格落实岗位安全生产责任，防范从业人员行为异常导致事故发生。

第四十五条　生产经营单位必须为从业人员提供符合国家标准或者行业标准的劳动防护用品，并监督、教育从业人员按照使用规则佩戴、使用。

第四十六条　生产经营单位的安全生产管理人员应当根据本单位的生产经营特点，对安全生产状况进行经常性检查；对检查中发现的安全问题，应当立即处理；不能处理的，应当及时报告本单位有关负责人，有关负责人应当及时处理。检查及处理情况应当如实记录在案。

生产经营单位的安全生产管理人员在检查中发现重大事故隐患,依照前款规定向本单位有关负责人报告,有关负责人不及时处理的,安全生产管理人员可以向主管的负有安全生产监督管理职责的部门报告,接到报告的部门应当依法及时处理。

第四十七条 生产经营单位应当安排用于配备劳动防护用品、进行安全生产培训的经费。

第四十八条 两个以上生产经营单位在同一作业区域内进行生产经营活动,可能危及对方生产安全的,应当签订安全生产管理协议,明确各自的安全生产管理职责和应当采取的安全措施,并指定专职安全生产管理人员进行安全检查与协调。

第四十九条 生产经营单位不得将生产经营项目、场所、设备发包或者出租给不具备安全生产条件或者相应资质的单位或者个人。

生产经营项目、场所发包或者出租给其他单位的,生产经营单位应当与承包单位、承租单位签订专门的安全生产管理协议,或者在承包合同、租赁合同中约定各自的安全生产管理职责;生产经营单位对承包单位、承租单位的安全生产工作统一协调、管理,定期进行安全检查,发现安全问题的,应当及时督促整改。

矿山、金属冶炼建设项目和用于生产、储存、装卸危险物品的建设项目的施工单位应当加强对施工项目的安全管理,不得倒卖、出租、出借、挂靠或者以其他形式非法转让施工资质,不得将其承包的全部建设工程转包给第三人或者将其承包的全部建设工程支解以后以分包的名义分别转包给第三人,不得将工程分包给不具备相应资质条件的单位。

第五十条 生产经营单位发生生产安全事故时,单位的主要负责人应当立即组织抢救,并不得在事故调查处理期间擅离职守。

第五十一条 生产经营单位必须依法参加工伤保险,为从业人员缴纳保险费。

国家鼓励生产经营单位投保安全生产责任保险;属于国家规定的高危行业、领域的生产经营单位,应当投保安全生产责任保险。具体范围和实施办法由国务院应急管理部门会同国务院财政部门、国务院保险监督管理机构和相关行业主管部门制定。

第三章　从业人员的安全生产权利义务

第五十二条 生产经营单位与从业人员订立的劳动合同,应当载明有关保障从业人员劳动安全、防止职业危害的事项,以及依法为从业人员办理工伤保险的事项。

生产经营单位不得以任何形式与从业人员订立协议,免除或者减轻其对从业人员因生产安全事故伤亡依法应承担的责任。

第五十三条 生产经营单位的从业人员有权了解其作业场所和工作岗位存在的危险因素、防范措施及事故应急措施,有权对本单位的安全生产工作提出建议。

第五十四条 从业人员有权对本单位安全生产工作中存在的问题提出批评、检举、控告;有权拒绝违章指挥和强令冒险作业。

生产经营单位不得因从业人员对本单位安全生产工作提出批评、检举、控告或者拒绝违章指挥、强令冒险作业而降低其工资、福利等待遇或者解除与其订立的劳动合同。

第五十五条 从业人员发现直接危及人身安全的紧急情况时,有权停止作业或者在采取可能的应急措施后撤离作业场所。

生产经营单位不得因从业人员在前款紧急情况下停止作业或者采取紧急撤离措施而降低其工资、福利等待遇或者解除与其订立的劳动合同。

第五十六条　生产经营单位发生生产安全事故后，应当及时采取措施救治有关人员。

因生产安全事故受到损害的从业人员，除依法享有工伤保险外，依照有关民事法律尚有获得赔偿的权利的，有权提出赔偿要求。

第五十七条　从业人员在作业过程中，应当严格落实岗位安全责任，遵守本单位的安全生产规章制度和操作规程，服从管理，正确佩戴和使用劳动防护用品。

第五十八条　从业人员应当接受安全生产教育和培训，掌握本职工作所需的安全生产知识，提高安全生产技能，增强事故预防和应急处理能力。

第五十九条　从业人员发现事故隐患或者其他不安全因素，应当立即向现场安全生产管理人员或者本单位负责人报告；接到报告的人员应当及时予以处理。

第六十条　工会有权对建设项目的安全设施与主体工程同时设计、同时施工、同时投入生产和使用进行监督，提出意见。

工会对生产经营单位违反安全生产法律、法规，侵犯从业人员合法权益的行为，有权要求纠正；发现生产经营单位违章指挥、强令冒险作业或者发现事故隐患时，有权提出解决的建议，生产经营单位应当及时研究答复；发现危及从业人员生命安全的情况时，有权向生产经营单位建议组织从业人员撤离危险场所，生产经营单位必须立即作出处理。

工会有权依法参加事故调查，向有关部门提出处理意见，并要求追究有关人员的责任。

第六十一条　生产经营单位使用被派遣劳动者的，被派遣劳动者享有本法规定的从业人员的权利，并应当履行本法规定的从业人员的义务。

第四章　安全生产的监督管理

第六十二条　县级以上地方各级人民政府应当根据本行政区域内的安全生产状况，组织有关部门按照职责分工，对本行政区域内容易发生重大生产安全事故的生产经营单位进行严格检查。

应急管理部门应当按照分类分级监督管理的要求，制定安全生产年度监督检查计划，并按照年度监督检查计划进行监督检查，发现事故隐患，应当及时处理。

第六十三条　负有安全生产监督管理职责的部门依照有关法律、法规的规定，对涉及安全生产的事项需要审查批准（包括批准、核准、许可、注册、认证、颁发证照等，下同）或者验收的，必须严格依照有关法律、法规和国家标准或者行业标准规定的安全生产条件和程序进行审查；不符合有关法律、法规和国家标准或者行业标准规定的安全生产条件的，不得批准或者验收通过。对未依法取得批准或者验收合格的单位擅自从事有关活动的，负责行政审批的部门发现或者接到举报后应当立即予以取缔，并依法予以处理。对已经依法取得批准的单位，负责行政审批的部门发现其不再具备安全生产条件的，应当撤销原批准。

第六十四条　负有安全生产监督管理职责的部门对涉及安全生产的事项进行审查、验收，不得收取费用；不得要求接受审查、验收的单位购买其指定品牌或者指定生产、销售单位的安全设备、器材或者其他产品。

第六十五条 应急管理部门和其他负有安全生产监督管理职责的部门依法开展安全生产行政执法工作，对生产经营单位执行有关安全生产的法律、法规和国家标准或者行业标准的情况进行监督检查，行使以下职权：

（一）进入生产经营单位进行检查，调阅有关资料，向有关单位和人员了解情况；

（二）对检查中发现的安全生产违法行为，当场予以纠正或者要求限期改正；对依法应当给予行政处罚的行为，依照本法和其他有关法律、行政法规的规定作出行政处罚决定；

（三）对检查中发现的事故隐患，应当责令立即排除；重大事故隐患排除前或者排除过程中无法保证安全的，应当责令从危险区域内撤出作业人员，责令暂时停产停业或者停止使用相关设施、设备；重大事故隐患排除后，经审查同意，方可恢复生产经营和使用；

（四）对有根据认为不符合保障安全生产的国家标准或者行业标准的设施、设备、器材以及违法生产、储存、使用、经营、运输的危险物品予以查封或者扣押，对违法生产、储存、使用、经营危险物品的作业场所予以查封，并依法作出处理决定。

监督检查不得影响被检查单位的正常生产经营活动。

第六十六条 生产经营单位对负有安全生产监督管理职责的部门的监督检查人员（以下统称安全生产监督检查人员）依法履行监督检查职责，应当予以配合，不得拒绝、阻挠。

第六十七条 安全生产监督检查人员应当忠于职守，坚持原则，秉公执法。

安全生产监督检查人员执行监督检查任务时，必须出示有效的行政执法证件；对涉及被检查单位的技术秘密和业务秘密，应当为其保密。

第六十八条 安全生产监督检查人员应当将检查的时间、地点、内容、发现的问题及其处理情况，作出书面记录，并由检查人员和被检查单位的负责人签字；被检查单位的负责人拒绝签字的，检查人员应当将情况记录在案，并向负有安全生产监督管理职责的部门报告。

第六十九条 负有安全生产监督管理职责的部门在监督检查中，应当互相配合，实行联合检查；确需分别进行检查的，应当互通情况，发现存在的安全问题应当由其他有关部门进行处理的，应当及时移送其他有关部门并形成记录备查，接受移送的部门应当及时进行处理。

第七十条 负有安全生产监督管理职责的部门依法对存在重大事故隐患的生产经营单位作出停产停业、停止施工、停止使用相关设施或者设备的决定，生产经营单位应当依法执行，及时消除事故隐患。生产经营单位拒不执行，有发生生产安全事故的现实危险的，在保证安全的前提下，经本部门主要负责人批准，负有安全生产监督管理职责的部门可以采取通知有关单位停止供电、停止供应民用爆炸物品等措施，强制生产经营单位履行决定。通知应当采用书面形式，有关单位应当予以配合。

负有安全生产监督管理职责的部门依照前款规定采取停止供电措施，除有危及生产安全的紧急情形外，应当提前二十四小时通知生产经营单位。生产经营单位依法履行行政决定、采取相应措施消除事故隐患的，负有安全生产监督管理职责的部门应当及时解除前款规定的措施。

第七十一条 监察机关依照监察法的规定，对负有安全生产监督管理职责的部门及其工作人员履行安全生产监督管理职责实施监察。

第七十二条　承担安全评价、认证、检测、检验职责的机构应当具备国家规定的资质条件，并对其作出的安全评价、认证、检测、检验结果的合法性、真实性负责。资质条件由国务院应急管理部门会同国务院有关部门制定。

承担安全评价、认证、检测、检验职责的机构应当建立并实施服务公开和报告公开制度，不得租借资质、挂靠、出具虚假报告。

第七十三条　负有安全生产监督管理职责的部门应当建立举报制度，公开举报电话、信箱或者电子邮件地址等网络举报平台，受理有关安全生产的举报；受理的举报事项经调查核实后，应当形成书面材料；需要落实整改措施的，报经有关负责人签字并督促落实。对不属于本部门职责，需要由其他有关部门进行调查处理的，转交其他有关部门处理。

涉及人员死亡的举报事项，应当由县级以上人民政府组织核查处理。

第七十四条　任何单位或者个人对事故隐患或者安全生产违法行为，均有权向负有安全生产监督管理职责的部门报告或者举报。

因安全生产违法行为造成重大事故隐患或者导致重大事故，致使国家利益或者社会公共利益受到侵害的，人民检察院可以根据民事诉讼法、行政诉讼法的相关规定提起公益诉讼。

第七十五条　居民委员会、村民委员会发现其所在区域内的生产经营单位存在事故隐患或者安全生产违法行为时，应当向当地人民政府或者有关部门报告。

第七十六条　县级以上各级人民政府及其有关部门对报告重大事故隐患或者举报安全生产违法行为的有功人员，给予奖励。具体奖励办法由国务院应急管理部门会同国务院财政部门制定。

第七十七条　新闻、出版、广播、电影、电视等单位有进行安全生产公益宣传教育的义务，有对违反安全生产法律、法规的行为进行舆论监督的权利。

第七十八条　负有安全生产监督管理职责的部门应当建立安全生产违法行为信息库，如实记录生产经营单位及其有关从业人员的安全生产违法行为信息；对违法行为情节严重的生产经营单位及其有关从业人员，应当及时向社会公告，并通报行业主管部门、投资主管部门、自然资源主管部门、生态环境主管部门、证券监督管理机构以及有关金融机构。有关部门和机构应当对存在失信行为的生产经营单位及其有关从业人员采取加大执法检查频次、暂停项目审批、上调有关保险费率、行业或者职业禁入等联合惩戒措施，并向社会公示。

负有安全生产监督管理职责的部门应当加强对生产经营单位行政处罚信息的及时归集、共享、应用和公开，对生产经营单位作出处罚决定后七个工作日内在监督管理部门公示系统予以公开曝光，强化对违法失信生产经营单位及其有关从业人员的社会监督，提高全社会安全生产诚信水平。

第五章　生产安全事故的应急救援与调查处理

第七十九条　国家加强生产安全事故应急能力建设，在重点行业、领域建立应急救援基地和应急救援队伍，并由国家安全生产应急救援机构统一协调指挥；鼓励生产经营单位和其他社会力量建立应急救援队伍，配备相应的应急救援装备和物资，提高应急救援的专业化水平。

国务院应急管理部门牵头建立全国统一的生产安全事故应急救援信息系统，国务院交通运输、住房和城乡建设、水利、民航等有关部门和县级以上地方人民政府建立健全相关行业、领域、地区的生产安全事故应急救援信息系统，实现互联互通、信息共享，通过推行网上安全信息采集、安全监管和监测预警，提升监管的精准化、智能化水平。

第八十条 县级以上地方各级人民政府应当组织有关部门制定本行政区域内生产安全事故应急救援预案，建立应急救援体系。

乡镇人民政府和街道办事处，以及开发区、工业园区、港区、风景区等应当制定相应的生产安全事故应急救援预案，协助人民政府有关部门或者按照授权依法履行生产安全事故应急救援工作职责。

第八十一条 生产经营单位应当制定本单位生产安全事故应急救援预案，与所在地县级以上地方人民政府组织制定的生产安全事故应急救援预案相衔接，并定期组织演练。

第八十二条 危险物品的生产、经营、储存单位以及矿山、金属冶炼、城市轨道交通运营、建筑施工单位应当建立应急救援组织；生产经营规模较小的，可以不建立应急救援组织，但应当指定兼职的应急救援人员。

危险物品的生产、经营、储存、运输单位以及矿山、金属冶炼、城市轨道交通运营、建筑施工单位应当配备必要的应急救援器材、设备和物资，并进行经常性维护、保养，保证正常运转。

第八十三条 生产经营单位发生生产安全事故后，事故现场有关人员应当立即报告本单位负责人。

单位负责人接到事故报告后，应当迅速采取有效措施，组织抢救，防止事故扩大，减少人员伤亡和财产损失，并按照国家有关规定立即如实报告当地负有安全生产监督管理职责的部门，不得隐瞒不报、谎报或者迟报，不得故意破坏事故现场、毁灭有关证据。

第八十四条 负有安全生产监督管理职责的部门接到事故报告后，应当立即按照国家有关规定上报事故情况。负有安全生产监督管理职责的部门和有关地方人民政府对事故情况不得隐瞒不报、谎报或者迟报。

第八十五条 有关地方人民政府和负有安全生产监督管理职责的部门的负责人接到生产安全事故报告后，应当按照生产安全事故应急救援预案的要求立即赶到事故现场，组织事故抢救。

参与事故抢救的部门和单位应当服从统一指挥，加强协同联动，采取有效的应急救援措施，并根据事故救援的需要采取警戒、疏散等措施，防止事故扩大和次生灾害的发生，减少人员伤亡和财产损失。

事故抢救过程中应当采取必要措施，避免或者减少对环境造成的危害。

任何单位和个人都应当支持、配合事故抢救，并提供一切便利条件。

第八十六条 事故调查处理应当按照科学严谨、依法依规、实事求是、注重实效的原则，及时、准确地查清事故原因，查明事故性质和责任，评估应急处置工作，总结事故教训，提出整改措施，并对事故责任单位和人员提出处理建议。事故调查报告应当依法及时向社会公布。事故调查和处理的具体办法由国务院制定。

事故发生单位应当及时全面落实整改措施，负有安全生产监督管理职责的部门应当加强监督检查。

负责事故调查处理的国务院有关部门和地方人民政府应当在批复事故调查报告后一年内，组织有关部门对事故整改和防范措施落实情况进行评估，并及时向社会公开评估结果；对不履行职责导致事故整改和防范措施没有落实的有关单位和人员，应当按照有关规定追究责任。

第八十七条　生产经营单位发生生产安全事故，经调查确定为责任事故的，除了应当查明事故单位的责任并依法予以追究外，还应当查明对安全生产的有关事项负有审查批准和监督职责的行政部门的责任，对有失职、渎职行为的，依照本法第九十条的规定追究法律责任。

第八十八条　任何单位和个人不得阻挠和干涉对事故的依法调查处理。

第八十九条　县级以上地方各级人民政府应急管理部门应当定期统计分析本行政区域内发生生产安全事故的情况，并定期向社会公布。

第六章　法律责任

第九十条　负有安全生产监督管理职责的部门的工作人员，有下列行为之一的，给予降级或者撤职的处分；构成犯罪的，依照刑法有关规定追究刑事责任：

（一）对不符合法定安全生产条件的涉及安全生产的事项予以批准或者验收通过的；

（二）发现未依法取得批准、验收的单位擅自从事有关活动或者接到举报后不予取缔或者不依法予以处理的；

（三）对已经依法取得批准的单位不履行监督管理职责，发现其不再具备安全生产条件而不撤销原批准或者发现安全生产违法行为不予查处的；

（四）在监督检查中发现重大事故隐患，不依法及时处理的。

负有安全生产监督管理职责的部门的工作人员有前款规定以外的滥用职权、玩忽职守、徇私舞弊行为的，依法给予处分；构成犯罪的，依照刑法有关规定追究刑事责任。

第九十一条　负有安全生产监督管理职责的部门，要求被审查、验收的单位购买其指定的安全设备、器材或者其他产品的，在对安全生产事项的审查、验收中收取费用的，由其上级机关或者监察机关责令改正，责令退还收取的费用；情节严重的，对直接负责的主管人员和其他直接责任人员依法给予处分。

第九十二条　承担安全评价、认证、检测、检验职责的机构出具失实报告的，责令停业整顿，并处三万元以上十万元以下的罚款；给他人造成损害的，依法承担赔偿责任。

承担安全评价、认证、检测、检验职责的机构租借资质、挂靠、出具虚假报告的，没收违法所得；违法所得在十万元以上的，并处违法所得二倍以上五倍以下的罚款，没有违法所得或者违法所得不足十万元的，单处或者并处十万元以上二十万元以下的罚款；对其直接负责的主管人员和其他直接责任人员处五万元以上十万元以下的罚款；给他人造成损害的，与生产经营单位承担连带赔偿责任；构成犯罪的，依照刑法有关规定追究刑事责任。

对有前款违法行为的机构及其直接责任人员，吊销其相应资质和资格，五年内不得从事安全评价、认证、检测、检验等工作；情节严重的，实行终身行业和职业禁入。

第九十三条 生产经营单位的决策机构、主要负责人或者个人经营的投资人不依照本法规定保证安全生产所必需的资金投入，致使生产经营单位不具备安全生产条件的，责令限期改正，提供必需的资金；逾期未改正的，责令生产经营单位停产停业整顿。

有前款违法行为，导致发生生产安全事故的，对生产经营单位的主要负责人给予撤职处分，对个人经营的投资人处二万元以上二十万元以下的罚款；构成犯罪的，依照刑法有关规定追究刑事责任。

第九十四条 生产经营单位的主要负责人未履行本法规定的安全生产管理职责的，责令限期改正，处二万元以上五万元以下的罚款；逾期未改正的，处五万元以上十万元以下的罚款，责令生产经营单位停产停业整顿。

生产经营单位的主要负责人有前款违法行为，导致发生生产安全事故的，给予撤职处分；构成犯罪的，依照刑法有关规定追究刑事责任。

生产经营单位的主要负责人依照前款规定受刑事处罚或者撤职处分的，自刑罚执行完毕或者受处分之日起，五年内不得担任任何生产经营单位的主要负责人；对重大、特别重大生产安全事故负有责任的，终身不得担任本行业生产经营单位的主要负责人。

第九十五条 生产经营单位的主要负责人未履行本法规定的安全生产管理职责，导致发生生产安全事故的，由应急管理部门依照下列规定处以罚款：

（一）发生一般事故的，处上一年年收入百分之四十的罚款；

（二）发生较大事故的，处上一年年收入百分之六十的罚款；

（三）发生重大事故的，处上一年年收入百分之八十的罚款；

（四）发生特别重大事故的，处上一年年收入百分之一百的罚款。

第九十六条 生产经营单位的其他负责人和安全生产管理人员未履行本法规定的安全生产管理职责的，责令限期改正，处一万元以上三万元以下的罚款；导致发生生产安全事故的，暂停或者吊销其与安全生产有关的资格，并处上一年年收入百分之二十以上百分之五十以下的罚款；构成犯罪的，依照刑法有关规定追究刑事责任。

第九十七条 生产经营单位有下列行为之一的，责令限期改正，处十万元以下的罚款；逾期未改正的，责令停产停业整顿，并处十万元以上二十万元以下的罚款，对其直接负责的主管人员和其他直接责任人员处二万元以上五万元以下的罚款：

（一）未按照规定设置安全生产管理机构或者配备安全生产管理人员、注册安全工程师的；

（二）危险物品的生产、经营、储存、装卸单位以及矿山、金属冶炼、建筑施工、运输单位的主要负责人和安全生产管理人员未按照规定经考核合格的；

（三）未按照规定对从业人员、被派遣劳动者、实习学生进行安全生产教育和培训，或者未按照规定如实告知有关的安全生产事项的；

（四）未如实记录安全生产教育和培训情况的；

（五）未将事故隐患排查治理情况如实记录或者未向从业人员通报的；

（六）未按照规定制定生产安全事故应急救援预案或者未定期组织演练的；

（七）特种作业人员未按照规定经专门的安全作业培训并取得相应资格，上岗作业的。

第九十八条 生产经营单位有下列行为之一的，责令停止建设或者停产停业整顿，限期改正，并处十万元以上五十万元以下的罚款，对其直接负责的主管人员和其他直接责任人员处二万元以上五万元以下的罚款；逾期未改正的，处五十万元以上一百万元以下的罚款，对其直接负责的主管人员和其他直接责任人员处五万元以上十万元以下的罚款；构成犯罪的，依照刑法有关规定追究刑事责任：

（一）未按照规定对矿山、金属冶炼建设项目或者用于生产、储存、装卸危险物品的建设项目进行安全评价的；

（二）矿山、金属冶炼建设项目或者用于生产、储存、装卸危险物品的建设项目没有安全设施设计或者安全设施设计未按照规定报经有关部门审查同意的；

（三）矿山、金属冶炼建设项目或者用于生产、储存、装卸危险物品的建设项目的施工单位未按照批准的安全设施设计施工的；

（四）矿山、金属冶炼建设项目或者用于生产、储存、装卸危险物品的建设项目竣工投入生产或者使用前，安全设施未经验收合格的。

第九十九条　生产经营单位有下列行为之一的，责令限期改正，处五万元以下的罚款；逾期未改正的，处五万元以上二十万元以下的罚款，对其直接负责的主管人员和其他直接责任人员处一万元以上二万元以下的罚款；情节严重的，责令停产停业整顿；构成犯罪的，依照刑法有关规定追究刑事责任：

（一）未在有较大危险因素的生产经营场所和有关设施、设备上设置明显的安全警示标志的；

（二）安全设备的安装、使用、检测、改造和报废不符合国家标准或者行业标准的；

（三）未对安全设备进行经常性维护、保养和定期检测的；

（四）关闭、破坏直接关系生产安全的监控、报警、防护、救生设备、设施，或者篡改、隐瞒、销毁其相关数据、信息的；

（五）未为从业人员提供符合国家标准或者行业标准的劳动防护用品的；

（六）危险物品的容器、运输工具，以及涉及人身安全、危险性较大的海洋石油开采特种设备和矿山井下特种设备未经具有专业资质的机构检测、检验合格，取得安全使用证或者安全标志，投入使用的；

（七）使用应当淘汰的危及生产安全的工艺、设备的；

（八）餐饮等行业的生产经营单位使用燃气未安装可燃气体报警装置的。

第一百条　未经依法批准，擅自生产、经营、运输、储存、使用危险物品或者处置废弃危险物品的，依照有关危险物品安全管理的法律、行政法规的规定予以处罚；构成犯罪的，依照刑法有关规定追究刑事责任。

第一百零一条　生产经营单位有下列行为之一的，责令限期改正，处十万元以下的罚款；逾期未改正的，责令停产停业整顿，并处十万元以上二十万元以下的罚款，对其直接负责的主管人员和其他直接责任人员处二万元以上五万元以下的罚款；构成犯罪的，依照刑法有关规定追究刑事责任：

（一）生产、经营、运输、储存、使用危险物品或者处置废弃危险物品，未建立专门安全管理制度、未采取可靠的安全措施的；

（二）对重大危险源未登记建档，未进行定期检测、评估、监控，未制定应急预案，或者未告知应急措施的；

（三）进行爆破、吊装、动火、临时用电以及国务院应急管理部门会同国务院有关部门规定的其他危险作业，未安排专门人员进行现场安全管理的；

（四）未建立安全风险分级管控制度或者未按照安全风险分级采取相应管控措施的；

（五）未建立事故隐患排查治理制度，或者重大事故隐患排查治理情况未按照规定报告的。

第一百零二条 生产经营单位未采取措施消除事故隐患的，责令立即消除或者限期消除，处五万元以下的罚款；生产经营单位拒不执行的，责令停产停业整顿，对其直接负责的主管人员和其他直接责任人员处五万元以上十万元以下的罚款；构成犯罪的，依照刑法有关规定追究刑事责任。

第一百零三条 生产经营单位将生产经营项目、场所、设备发包或者出租给不具备安全生产条件或者相应资质的单位或者个人的，责令限期改正，没收违法所得；违法所得十万元以上的，并处违法所得二倍以上五倍以下的罚款；没有违法所得或者违法所得不足十万元的，单处或者并处十万元以上二十万元以下的罚款；对其直接负责的主管人员和其他直接责任人员处一万元以上二万元以下的罚款；导致发生生产安全事故给他人造成损害的，与承包方、承租方承担连带赔偿责任。

生产经营单位未与承包单位、承租单位签订专门的安全生产管理协议或者未在承包合同、租赁合同中明确各自的安全生产管理职责，或者未对承包单位、承租单位的安全生产统一协调、管理的，责令限期改正，处五万元以下的罚款，对其直接负责的主管人员和其他直接责任人员处一万元以下的罚款；逾期未改正的，责令停产停业整顿。

矿山、金属冶炼建设项目和用于生产、储存、装卸危险物品的建设项目的施工单位未按照规定对施工项目进行安全管理的，责令限期改正，处十万元以下的罚款，对其直接负责的主管人员和其他直接责任人员处二万元以下的罚款；逾期未改正的，责令停产停业整顿。以上施工单位倒卖、出租、出借、挂靠或者以其他形式非法转让施工资质的，责令停产停业整顿，吊销资质证书，没收违法所得；违法所得十万元以上的，并处违法所得二倍以上五倍以下的罚款，没有违法所得或者违法所得不足十万元的，单处或者并处十万元以上二十万元以下的罚款；对其直接负责的主管人员和其他直接责任人员处五万元以上十万元以下的罚款；构成犯罪的，依照刑法有关规定追究刑事责任。

第一百零四条 两个以上生产经营单位在同一作业区域内进行可能危及对方安全生产的生产经营活动，未签订安全生产管理协议或者未指定专职安全生产管理人员进行安全检查与协调的，责令限期改正，处五万元以下的罚款，对其直接负责的主管人员和其他直接责任人员处一万元以下的罚款；逾期未改正的，责令停产停业。

第一百零五条 生产经营单位有下列行为之一的，责令限期改正，处五万元以下的罚款，对其直接负责的主管人员和其他直接责任人员处一万元以下的罚款；逾期未改正的，责令停产停业整顿；构成犯罪的，依照刑法有关规定追究刑事责任：

（一）生产、经营、储存、使用危险物品的车间、商店、仓库与员工宿舍在同一座建筑内，或者与员工宿舍的距离不符合安全要求的；

（二）生产经营场所和员工宿舍未设有符合紧急疏散需要、标志明显、保持畅通的出口、疏散通道，或者占用、锁闭、封堵生产经营场所或者员工宿舍出口、疏散通道的。

第一百零六条 生产经营单位与从业人员订立协议，免除或者减轻其对从业人员因生产安全事故伤亡依法应承担的责任的，该协议无效；对生产经营单位的主要负责人、个人经营的投资人处二万元以上十万元以下的罚款。

第一百零七条 生产经营单位的从业人员不落实岗位安全责任，不服从管理，违反安全生产规章制度或者操作规程的，由生产经营单位给予批评教育，依照有关规章制度给予处分；构成犯罪的，依照刑法有关规定追究刑事责任。

第一百零八条　违反本法规定，生产经营单位拒绝、阻碍负有安全生产监督管理职责的部门依法实施监督检查的，责令改正；拒不改正的，处二万元以上二十万元以下的罚款；对其直接负责的主管人员和其他直接责任人员处一万元以上二万元以下的罚款；构成犯罪的，依照刑法有关规定追究刑事责任。

第一百零九条　高危行业、领域的生产经营单位未按照国家规定投保安全生产责任保险的，责令限期改正，处五万元以上十万元以下的罚款；逾期未改正的，处十万元以上二十万元以下的罚款。

第一百一十条　生产经营单位的主要负责人在本单位发生生产安全事故时，不立即组织抢救或者在事故调查处理期间擅离职守或者逃匿的，给予降级、撤职的处分，并由应急管理部门处上一年年收入百分之六十至百分之一百的罚款；对逃匿的处十五日以下拘留；构成犯罪的，依照刑法有关规定追究刑事责任。

生产经营单位的主要负责人对生产安全事故隐瞒不报、谎报或者迟报的，依照前款规定处罚。

第一百一十一条　有关地方人民政府、负有安全生产监督管理职责的部门，对生产安全事故隐瞒不报、谎报或者迟报的，对直接负责的主管人员和其他直接责任人员依法给予处分；构成犯罪的，依照刑法有关规定追究刑事责任。

第一百一十二条　生产经营单位违反本法规定，被责令改正且受到罚款处罚，拒不改正的，负有安全生产监督管理职责的部门可以自作出责令改正之日的次日起，按照原处罚数额按日连续处罚。

第一百一十三条　生产经营单位存在下列情形之一的，负有安全生产监督管理职责的部门应当提请地方人民政府予以关闭，有关部门应当依法吊销其有关证照。生产经营单位主要负责人五年内不得担任任何生产经营单位的主要负责人；情节严重的，终身不得担任本行业生产经营单位的主要负责人：

（一）存在重大事故隐患，一百八十日内三次或者一年内四次受到本法规定的行政处罚的；

（二）经停产停业整顿，仍不具备法律、行政法规和国家标准或者行业标准规定的安全生产条件的；

（三）不具备法律、行政法规和国家标准或者行业标准规定的安全生产条件，导致发生重大、特别重大生产安全事故的；

（四）拒不执行负有安全生产监督管理职责的部门作出的停产停业整顿决定的。

第一百一十四条　发生生产安全事故，对负有责任的生产经营单位除要求其依法承担相应的赔偿等责任外，由应急管理部门依照下列规定处以罚款：

（一）发生一般事故的，处三十万元以上一百万元以下的罚款；

（二）发生较大事故的，处一百万元以上二百万元以下的罚款；

（三）发生重大事故的，处二百万元以上一千万元以下的罚款；

（四）发生特别重大事故的，处一千万元以上二千万元以下的罚款。

发生生产安全事故，情节特别严重、影响特别恶劣的，应急管理部门可以按照前款罚款数额的二倍以上五倍以下对负有责任的生产经营单位处以罚款。

第一百一十五条 本法规定的行政处罚,由应急管理部门和其他负有安全生产监督管理职责的部门按照职责分工决定;其中,根据本法第九十五条、第一百一十条、第一百一十四条的规定应当给予民航、铁路、电力行业的生产经营单位及其主要负责人行政处罚的,也可以由主管的负有安全生产监督管理职责的部门进行处罚。予以关闭的行政处罚,由负有安全生产监督管理职责的部门报请县级以上人民政府按照国务院规定的权限决定;给予拘留的行政处罚,由公安机关依照治安管理处罚的规定决定。

第一百一十六条 生产经营单位发生生产安全事故造成人员伤亡、他人财产损失的,应当依法承担赔偿责任;拒不承担或者其负责人逃匿的,由人民法院依法强制执行。

生产安全事故的责任人未依法承担赔偿责任,经人民法院依法采取执行措施后,仍不能对受害人给予足额赔偿的,应当继续履行赔偿义务;受害人发现责任人有其他财产的,可以随时请求人民法院执行。

第七章 附 则

第一百一十七条 本法下列用语的含义:

危险物品,是指易燃易爆物品、危险化学品、放射性物品等能够危及人身安全和财产安全的物品。

重大危险源,是指长期地或者临时地生产、搬运、使用或者储存危险物品,且危险物品的数量等于或者超过临界量的单元(包括场所和设施)。

第一百一十八条 本法规定的生产安全一般事故、较大事故、重大事故、特别重大事故的划分标准由国务院规定。

国务院应急管理部门和其他负有安全生产监督管理职责的部门应当根据各自的职责分工,制定相关行业、领域重大危险源的辨识标准和重大事故隐患的判定标准。

第一百一十九条 本法自2002年11月1日起施行。

3. 关于实施《劳动保障监察条例》若干规定

(2004年12月31日劳动保障部令第25号公布 自2005年2月1日起施行 根据2022年1月7日《人力资源社会保障部关于修改部分规章的决定》第一次修订)

第一章 总 则

第一条 为了实施《劳动保障监察条例》,规范劳动保障监察行为,制定本规定。

第二条 劳动保障行政部门及所属劳动保障监察机构对企业和个体工商户(以下称用人单位)遵守劳动保障法律、法规和规章(以下简称劳动保障法律)的情况进行监察,适用本规定;对职业介绍机构、职业技能培训机构和职业技能考核鉴定机构进行劳动保障监察,依照本规定执行;对国家机关、事业单位、社会团体执行劳动保障法律情况进行劳动保障监察,根据劳动保障行政部门的职责,依照本规定执行。

第三条 劳动保障监察遵循公正、公开、高效、便民的原则。

实施劳动保障行政处罚坚持以事实为依据,以法律为准绳,坚持教育与处罚相结合,接受社会监督。

第四条　劳动保障监察实行回避制度。

第五条　县级以上劳动保障行政部门设立的劳动保障监察行政机构和劳动保障行政部门依法委托实施劳动保障监察的组织(以下统称劳动保障监察机构)具体负责劳动保障监察管理工作。

第二章　一般规定

第六条　劳动保障行政部门对用人单位及其劳动场所的日常巡视检查,应当制定年度计划和中长期规划,确定重点检查范围,并按照现场检查的规定进行。

第七条　劳动保障行政部门对用人单位按照要求报送的有关遵守劳动保障法律情况的书面材料应进行审查,并对审查中发现的问题及时予以纠正和查处。

第八条　劳动保障行政部门可以针对劳动保障法律实施中存在的重点问题集中组织专项检查活动,必要时,可以联合有关部门或组织共同进行。

第九条　劳动保障行政部门应当设立举报、投诉信箱,公开举报、投诉电话,依法查处举报和投诉反映的违反劳动保障法律的行为。

第三章　受理与立案

第十条　任何组织或个人对违反劳动保障法律的行为,有权向劳动保障行政部门举报。

第十一条　劳动保障行政部门对举报人反映的违反劳动保障法律的行为应当依法予以查处,并为举报人保密;对举报属实,为查处重大违反劳动保障法律的行为提供主要线索和证据的举报人,给予奖励。

第十二条　劳动者对用人单位违反劳动保障法律、侵犯其合法权益的行为,有权向劳动保障行政部门投诉。对因同一事由引起的集体投诉,投诉人可推荐代表投诉。

第十三条　投诉应当由投诉人向劳动保障行政部门递交投诉文书。书写投诉文书确有困难的,可以口头投诉,由劳动保障监察机构进行笔录,并由投诉人签字。

第十四条　投诉文书应当载明下列事项:

(一)投诉人的姓名、性别、年龄、职业、工作单位、住所和联系方式,被投诉用人单位的名称、住所、法定代表人或者主要负责人的姓名、职务;

(二)劳动保障合法权益受到侵害的事实和投诉请求事项。

第十五条　有下列情形之一的投诉,劳动保障行政部门应当告知投诉人依照劳动争议处理或者诉讼程序办理:

(一)应当通过劳动争议处理程序解决的;

(二)已经按照劳动争议处理程序申请调解、仲裁的;

(三)已经提起劳动争议诉讼的。

第十六条　下列因用人单位违反劳动保障法律行为对劳动者造成损害,劳动者与用人单位就赔偿发生争议的,依照国家有关劳动争议处理的规定处理:

(一)因用人单位制定的劳动规章制度违反法律、法规规定,对劳动者造成损害的;

（二）因用人单位违反对女职工和未成年工的保护规定，对女职工和未成年工造成损害的；

（三）因用人单位原因订立无效合同，对劳动者造成损害的；

（四）因用人单位违法解除劳动合同或者故意拖延不订立劳动合同，对劳动者造成损害的；

（五）法律、法规和规章规定的其他因用人单位违反劳动保障法律的行为，对劳动者造成损害的。

第十七条 劳动者或者用人单位与社会保险经办机构发生的社会保险行政争议，按照《社会保险行政争议处理办法》处理。

第十八条 对符合下列条件的投诉，劳动保障行政部门应当在接到投诉之日起 5 个工作日内依法受理，并于受理之日立案查处：

（一）违反劳动保障法律的行为发生在两年内的；

（二）有明确的被投诉用人单位，且投诉人的合法权益受到侵害是被投诉用人单位违反劳动保障法律的行为所造成的；

（三）属于劳动保障监察职权范围并由受理投诉的劳动保障行政部门管辖。

对不符合第一款第（一）项规定的投诉，劳动保障行政部门应当在接到投诉之日起 5 个工作日内决定不予受理，并书面通知投诉人。

对不符合第一款第（二）项规定的投诉，劳动保障监察机构应当告知投诉人补正投诉材料。

对不符合第一款第（三）项规定的投诉，即对不属于劳动保障监察职权范围的投诉，劳动保障监察机构应当告诉投诉人；对属于劳动保障监察职权范围但不属于受理投诉的劳动保障行政部门管辖的投诉，应当告知投诉人向有关劳动保障行政部门提出。

第十九条 劳动保障行政部门通过日常巡视检查、书面审查、举报等发现用人单位有违反劳动保障法律的行为，需要进行调查处理的，应当及时立案查处。

立案应当填写立案审批表，报劳动保障监察机构负责人审查批准。劳动保障监察机构负责人批准之日即为立案之日。

第四章　调查与检查

第二十条 劳动保障监察员进行调查、检查不得少于两人。

劳动保障监察机构应指定其中 1 名为主办劳动保障监察员。

第二十一条 劳动保障监察员对用人单位遵守劳动保障法律情况进行监察时，应当遵循以下规定：

（一）进入用人单位时，应佩戴劳动保障监察执法标志，出示劳动保障监察证件，并说明身份；

（二）就调查事项制作笔录，应由劳动保障监察员和被调查人（或其委托代理人）签名或盖章。被调查人拒不签名、盖章的，应注明拒签情况。

第二十二条 劳动保障监察员进行调查、检查时，承担下列义务：

（一）依法履行职责，秉公执法；

（二）保守在履行职责过程中获知的商业秘密；

(三)为举报人保密。

第二十三条 劳动保障监察员在实施劳动保障监察时，有下列情形之一的，应当回避：

(一)本人是用人单位法定代表人或主要负责人的近亲属的；

(二)本人或其近亲属与承办查处的案件事项有直接利害关系的；

(三)因其他原因可能影响案件公正处理的。

第二十四条 当事人认为劳动保障监察员符合本规定第二十三条规定应当回避的，有权向劳动保障行政部门申请，要求其回避。当事人申请劳动保障监察员回避，应当采用书面形式。

第二十五条 劳动保障行政部门应当在收到回避申请之日起3个工作日内依法审查，并由劳动保障行政部门负责人作出回避决定。决定作出前，不停止实施劳动保障监察。回避决定应当告知申请人。

第二十六条 劳动保障行政部门实施劳动保障监察，有权采取下列措施：

(一)进入用人单位的劳动场所进行检查；

(二)就调查、检查事项询问有关人员；

(三)要求用人单位提供与调查、检查事项相关的文件资料，必要时可以发出调查询问书；

(四)采取记录、录音、录像、照像和复制等方式收集有关的情况和资料；

(五)对事实确凿、可以当场处理的违反劳动保障法律、法规或规章的行为当场予以纠正；

(六)可以委托注册会计师事务所对用人单位工资支付、缴纳社会保险费的情况进行审计；

(七)法律、法规规定可以由劳动保障行政部门采取的其他调查、检查措施。

第二十七条 劳动保障行政部门调查、检查时，有下列情形之一的可以采取证据登记保存措施：

(一)当事人可能对证据采取伪造、变造、毁灭行为的；

(二)当事人采取措施不当可能导致证据灭失的；

(三)不采取证据登记保存措施以后难以取得的；

(四)其他可能导致证据灭失的情形的。

第二十八条 采取证据登记保存措施应当按照下列程序进行：

(一)劳动保障监察机构根据本规定第二十七条的规定，提出证据登记保存申请，报劳动保障行政部门负责人批准；

(二)劳动保障监察员将证据登记保存通知书及证据登记清单交付当事人，由当事人签收。当事人拒不签名或者盖章的，由劳动保障监察员注明情况；

(三)采取证据登记保存措施后，劳动保障行政部门应当在7日内及时作出处理决定，期限届满后应当解除证据登记保存措施。

在证据登记保存期内，当事人或者有关人员不得销毁或者转移证据；劳动保障监察机构及劳动保障监察员可以随时调取证据。

第二十九条 劳动保障行政部门在实施劳动保障监察中涉及异地调查取证的，可以委托当地劳动保障行政部门协助调查。受委托方的协助调查应在双方商定的时间内完成。

第三十条 劳动保障行政部门对违反劳动保障法律的行为的调查,应当自立案之日起60个工作日内完成;情况复杂的,经劳动保障行政部门负责人批准,可以延长30个工作日。

第五章 案件处理

第三十一条 对用人单位存在的违反劳动保障法律的行为事实确凿并有法定处罚(处理)依据的,可以当场作出限期整改指令或依法当场作出行政处罚决定。

当场作出限期整改指令或行政处罚决定的,劳动保障监察员应当填写预定格式、编有号码的限期整改指令书或行政处罚决定书,当场交付当事人。

第三十二条 当场处以警告或罚款处罚的,应当按照下列程序进行:

(一)口头告知当事人违法行为的基本事实、拟作出的行政处罚、依据及其依法享有的权利;

(二)听取当事人的陈述和申辩;

(三)填写预定格式的处罚决定书;

(四)当场处罚决定书应当由劳动保障监察员签名或者盖章;

(五)将处罚决定书当场交付当事人,由当事人签收。

劳动保障监察员应当在两日内将当场限期整改指令和行政处罚决定书存档联交所属劳动保障行政部门存档。

第三十三条 对不能当场作出处理的违法案件,劳动保障监察员经调查取证,应当提出初步处理建议,并填写案件处理报批表。

案件处理报批表应写明被处理单位名称、案由、违反劳动保障法律行为事实、被处理单位的陈述、处理依据、建议处理意见。

第三十四条 对违反劳动保障法律的行为作出行政处罚或者行政处理决定前,应当告知用人单位,听取其陈述和申辩;法律、法规规定应当依法听证的,应当告知用人单位有权依法要求举行听证;用人单位要求听证的,劳动保障行政部门应当组织听证。

第三十五条 劳动保障行政部门对违反劳动保障法律的行为,根据调查、检查的结果,作出以下处理:

(一)对依法应当受到行政处罚的,依法作出行政处罚决定;

(二)对应当改正未改正的,依法责令改正或者作出相应的行政处理决定;

(三)对情节轻微,且已改正的,撤销立案。

经调查、检查,劳动保障行政部门认定违法事实不能成立的,也应当撤销立案。

发现违法案件不属于劳动保障监察事项的,应当及时移送有关部门处理;涉嫌犯罪的,应当依法移送司法机关。

第三十六条 劳动保障监察行政处罚(处理)决定书应载明下列事项:

(一)被处罚(处理)单位名称、法定代表人、单位地址;

(二)劳动保障行政部门认定的违法事实和主要证据;

(三)劳动保障行政处罚(处理)的种类和依据;

（四）处罚（处理）决定的履行方式和期限；

（五）不服行政处罚（处理）决定，申请行政复议或者提起行政诉讼的途径和期限；

（六）作出处罚（处理）决定的行政机关名称和作出处罚（处理）决定的日期。

劳动保障行政处罚（处理）决定书应当加盖劳动保障行政部门印章。

第三十七条　劳动保障行政部门立案调查完成，应在15个工作日内作出行政处罚（行政处理或者责令改正）或者撤销立案决定；特殊情况，经劳动保障行政部门负责人批准可以延长。

第三十八条　劳动保障监察限期整改指令书、劳动保障行政处理决定书、劳动保障行政处罚决定书应当在宣告后当场交付当事人；当事人不在场的，劳动保障行政部门应当在7日内依照《中华人民共和国民事诉讼法》的有关规定，将劳动保障监察限期整改指令书、劳动保障行政处理决定书、劳动保障行政处罚决定书送达当事人。

第三十九条　作出行政处罚、行政处理决定的劳动保障行政部门发现决定不适当的，应当予以纠正并及时告知当事人。

第四十条　劳动保障监察案件结案后应建立档案。档案资料应当至少保存3年。

第四十一条　劳动保障行政处理或处罚决定依法作出后，当事人应当在决定规定的期限内予以履行。

第四十二条　当事人对劳动保障行政处理或行政处罚决定不服申请行政复议或者提起行政诉讼的，行政处理或行政处罚决定不停止执行。法律另有规定的除外。

第四十三条　当事人确有经济困难，需要延期或者分期缴纳罚款的，经当事人申请和劳动保障行政部门批准，可以暂缓或者分期缴纳。

第四十四条　当事人对劳动保障行政部门作出的行政处罚决定、责令支付劳动者工资报酬、赔偿金或者征缴社会保险费等行政处理决定逾期不履行的，劳动保障行政部门可以申请人民法院强制执行，或者依法强制执行。

第四十五条　除依法当场收缴的罚款外，作出罚款决定的劳动保障行政部门及其劳动保障监察员不得自行收缴罚款。当事人应当自收到行政处罚决定书之日起15日内，到指定银行缴纳罚款。

第四十六条　地方各级劳动保障行政部门应当按照劳动保障部有关规定对承办的案件进行统计并填表上报。

地方各级劳动保障行政部门制作的行政处罚决定书，应当在10个工作日内报送上一级劳动保障行政部门备案。

第六章　附　则

第四十七条　对无营业执照或者已被依法吊销营业执照，有劳动用工行为的，由劳动保障行政部门依照本规定实施劳动保障监察。

第四十八条　本规定自2005年2月1日起施行。原《劳动监察规定》（劳部发〔1993〕167号）、《劳动监察程序规定》（劳部发〔1995〕457号）、《处理举报劳动违法行为规定》（劳动部令第5号，1996年12月17日）同时废止。

4. 集体合同规定

（中华人民共和国劳动和社会保障部令第22号　自2004年5月1日起施行）

第一章　总　则

第一条　为规范集体协商和签订集体合同行为，依法维护劳动者和用人单位的合法权益，根据《中华人民共和国劳动法》和《中华人民共和国工会法》，制定本规定。

第二条　中华人民共和国境内的企业和实行企业化管理的事业单位（以下统称用人单位）与本单位职工之间进行集体协商，签订集体合同，适用本规定。

第三条　本规定所称集体合同，是指用人单位与本单位职工根据法律、法规、规章的规定，就劳动报酬、工作时间、休息休假、劳动安全卫生、职业培训、保险福利等事项，通过集体协商签订的书面协议；所称专项集体合同，是指用人单位与本单位职工根据法律、法规、规章的规定，就集体协商的某项内容签订的专项书面协议。

第四条　用人单位与本单位职工签订集体合同或专项集体合同，以及确定相关事宜，应当采取集体协商的方式。集体协商主要采取协商会议的形式。

第五条　进行集体协商，签订集体合同或专项集体合同，应当遵循下列原则：

（一）遵守法律、法规、规章及国家有关规定；

（二）相互尊重，平等协商；

（三）诚实守信，公平合作；

（四）兼顾双方合法权益；

（五）不得采取过激行为。

第六条　符合本规定的集体合同或专项集体合同，对用人单位和本单位的全体职工具有法律约束力。

用人单位与职工个人签订的劳动合同约定的劳动条件和劳动报酬等标准，不得低于集体合同或专项集体合同的规定。

第七条　县级以上劳动保障行政部门对本行政区域内用人单位与本单位职工开展集体协商、签订、履行集体合同的情况进行监督，并负责审查集体合同或专项集体合同。

第二章　集体协商内容

第八条　集体协商双方可以就下列多项或某项内容进行集体协商，签订集体合同或专项集体合同：

（一）劳动报酬；

（二）工作时间；

（三）休息休假；

（四）劳动安全与卫生；

（五）补充保险和福利；

（六）女职工和未成年工特殊保护；

(七)职业技能培训;
(八)劳动合同管理;
(九)奖惩;
(十)裁员;
(十一)集体合同期限;
(十二)变更、解除集体合同的程序;
(十三)履行集体合同发生争议时的协商处理办法;
(十四)违反集体合同的责任;
(十五)双方认为应当协商的其他内容。
第九条　劳动报酬主要包括:
(一)用人单位工资水平、工资分配制度、工资标准和工资分配形式;
(二)工资支付办法;
(三)加班、加点工资及津贴、补贴标准和奖金分配办法;
(四)工资调整办法;
(五)试用期及病、事假等期间的工资待遇;
(六)特殊情况下职工工资(生活费)支付办法;
(七)其他劳动报酬分配办法。
第十条　工作时间主要包括:
(一)工时制度;
(二)加班加点办法;
(三)特殊工种的工作时间;
(四)劳动定额标准。
第十一条　休息休假主要包括:
(一)日休息时间、周休息日安排、年休假办法;
(二)不能实行标准工时职工的休息休假;
(三)其他假期。
第十二条　劳动安全卫生主要包括:
(一)劳动安全卫生责任制;
(二)劳动条件和安全技术措施;
(三)安全操作规程;
(四)劳保用品发放标准;
(五)定期健康检查和职业健康体检。
第十三条　补充保险和福利主要包括:
(一)补充保险的种类、范围;
(二)基本福利制度和福利设施;
(三)医疗期延长及其待遇;
(四)职工亲属福利制度。
第十四条　女职工和未成年工的特殊保护主要包括:
(一)女职工和未成年工禁忌从事的劳动;
(二)女职工的经期、孕期、产期和哺乳期的劳动保护;

（三）女职工、未成年工定期健康检查；
（四）未成年工的使用和登记制度。

第十五条 职业技能培训主要包括：
（一）职业技能培训项目规划及年度计划；
（二）职业技能培训费用的提取和使用；
（三）保障和改善职业技能培训的措施。

第十六条 劳动合同管理主要包括：
（一）劳动合同签订时间；
（二）确定劳动合同期限的条件；
（三）劳动合同变更、解除、续订的一般原则及无固定期限劳动合同的终止条件；
（四）试用期的条件和期限。

第十七条 奖惩主要包括：
（一）劳动纪律；
（二）考核奖惩制度；
（三）奖惩程序。

第十八条 裁员主要包括：
（一）裁员的方案；
（二）裁员的程序；
（三）裁员的实施办法和补偿标准。

第三章 集体协商代表

第十九条 本规定所称集体协商代表（以下统称协商代表），是指按照法定程序产生并有权代表本方利益进行集体协商的人员。

集体协商双方的代表人数应当对等，每方至少3人，并各确定1名首席代表。

第二十条 职工一方的协商代表由本单位工会选派。未建立工会的，由本单位职工民主推荐，并经本单位半数以上职工同意。

职工一方的首席代表由本单位工会主席担任。工会主席可以书面委托其他协商代表代理首席代表。工会主席空缺的，首席代表由工会主要负责人担任。未建立工会的，职工一方的首席代表从协商代表中民主推举产生。

第二十一条 用人单位一方的协商代表，由用人单位法定代表人指派，首席代表由单位法定代表人担任或由其书面委托的其他管理人员担任。

第二十二条 协商代表履行职责的期限由被代表方确定。

第二十三条 集体协商双方首席代表可以书面委托本单位以外的专业人员作为本方协商代表。委托人数不得超过本方代表的三分之一。

首席代表不得由非本单位人员代理。

第二十四条 用人单位协商代表与职工协商代表不得相互兼任。

第二十五条 协商代表应履行下列职责：
（一）参加集体协商；
（二）接受本方人员质询，及时向本方人员公布协商情况并征求意见；

（三）提供与集体协商有关的情况和资料；

（四）代表本方参加集体协商争议的处理；

（五）监督集体合同或专项集体合同的履行；

（六）法律、法规和规章规定的其他职责。

第二十六条　协商代表应当维护本单位正常的生产、工作秩序，不得采取威胁、收买、欺骗等行为。

协商代表应当保守在集体协商过程中知悉的用人单位的商业秘密。

第二十七条　企业内部的协商代表参加集体协商视为提供了正常劳动。

第二十八条　职工一方协商代表在其履行协商代表职责期间劳动合同期满的，劳动合同期限自动延长至完成履行协商代表职责之时，除出现下列情形之一的，用人单位不得与其解除劳动合同：

（一）严重违反劳动纪律或用人单位依法制定的规章制度的；

（二）严重失职、营私舞弊，对用人单位利益造成重大损害的；

（三）被依法追究刑事责任的。

职工一方协商代表履行协商代表职责期间，用人单位无正当理由不得调整其工作岗位。

第二十九条　职工一方协商代表就本规定第二十七条、第二十八条的规定与用人单位发生争议的，可以向当地劳动争议仲裁委员会申请仲裁。

第三十条　工会可以更换职工一方协商代表；未建立工会的，经本单位半数以上职工同意可以更换职工一方协商代表。

用人单位法定代表人可以更换用人单位一方协商代表。

第三十一条　协商代表因更换、辞任或遇有不可抗力等情形造成空缺的，应在空缺之日起 15 日内按照本规定产生新的代表。

第四章　集体协商程序

第三十二条　集体协商任何一方均可就签订集体合同或专项集体合同以及相关事宜，以书面形式向对方提出进行集体协商的要求。

一方提出进行集体协商要求的，另一方应当在收到集体协商要求之日起 20 日内以书面形式给予回应，无正当理由不得拒绝进行集体协商。

第三十三条　协商代表在协商前应进行下列准备工作：

（一）熟悉与集体协商内容有关的法律、法规、规章和制度；

（二）了解与集体协商内容有关的情况和资料，收集用人单位和职工对协商意向所持的意见；

（三）拟定集体协商议题，集体协商议题可由提出协商一方起草，也可由双方指派代表共同起草；

（四）确定集体协商的时间、地点等事项；

（五）共同确定一名非协商代表担任集体协商记录员。记录员应保持中立、公正，并为集体协商双方保密。

第三十四条　集体协商会议由双方首席代表轮流主持，并按下列程序进行：

(一)宣布议程和会议纪律;

(二)一方首席代表提出协商的具体内容和要求,另一方首席代表就对方的要求作出回应;

(三)协商双方就商谈事项发表各自意见,开展充分讨论;

(四)双方首席代表归纳意见。达成一致的,应当形成集体合同草案或专项集体合同草案,由双方首席代表签字。

第三十五条 集体协商未达成一致意见或出现事先未预料的问题时,经双方协商,可以中止协商。中止期限及下次协商时间、地点、内容由双方商定。

第五章 集体合同的订立、变更、解除和终止

第三十六条 经双方协商代表协商一致的集体合同草案或专项集体合同草案应当提交职工代表大会或者全体职工讨论。

职工代表大会或者全体职工讨论集体合同草案或专项集体合同草案,应当有三分之二以上职工代表或者职工出席,且须经全体职工代表半数以上或者全体职工半数以上同意,集体合同草案或专项集体合同草案方获通过。

第三十七条 集体合同草案或专项集体合同草案经职工代表大会或者职工大会通过后,由集体协商双方首席代表签字。

第三十八条 集体合同或专项集体合同期限一般为 1 至 3 年,期满或双方约定的终止条件出现,即行终止。

集体合同或专项集体合同期满前 3 个月内,任何一方均可向对方提出重新签订或续订的要求。

第三十九条 双方协商代表协商一致,可以变更或解除集体合同或专项集体合同。

第四十条 有下列情形之一的,可以变更或解除集体合同或专项集体合同:

(一)用人单位因被兼并、解散、破产等原因,致使集体合同或专项集体合同无法履行的;

(二)因不可抗力等原因致使集体合同或专项集体合同无法履行或部分无法履行的;

(三)集体合同或专项集体合同约定的变更或解除条件出现的;

(四)法律、法规、规章规定的其他情形。

第四十一条 变更或解除集体合同或专项集体合同适用本规定的集体协商程序。

第六章 集体合同审查

第四十二条 集体合同或专项集体合同签订或变更后,应当自双方首席代表签字之日起 10 日内,由用人单位一方将文本一式三份报送劳动保障行政部门审查。

劳动保障行政部门对报送的集体合同或专项集体合同应当办理登记手续。

第四十三条 集体合同或专项集体合同审查实行属地管辖,具体管辖范围由省级劳动保障行政部门规定。

中央管辖的企业以及跨省、自治区、直辖市的用人单位的集体合同应当报送劳动保障部或劳动保障部指定的省级劳动保障行政部门。

第四十四条 劳动保障行政部门应当对报送的集体合同或专项集体合同的下列事

项进行合法性审查：

（一）集体协商双方的主体资格是否符合法律、法规和规章规定；

（二）集体协商程序是否违反法律、法规、规章规定；

（三）集体合同或专项集体合同内容是否与国家规定相抵触。

第四十五条　劳动保障行政部门对集体合同或专项集体合同有异议的，应当自收到文本之日起 15 日内将《审查意见书》送达双方协商代表。《审查意见书》应当载明以下内容：

（一）集体合同或专项集体合同当事人双方的名称、地址；

（二）劳动保障行政部门收到集体合同或专项集体合同的时间；

（三）审查意见；

（四）作出审查意见的时间。

《审查意见书》应当加盖劳动保障行政部门印章。

第四十六条　用人单位与本单位职工就劳动保障行政部门提出异议的事项经集体协商重新签订集体合同或专项集体合同的，用人单位一方应当根据本规定第四十二条的规定将文本报送劳动保障行政部门审查。

第四十七条　劳动保障行政部门自收到文本之日起 15 日内未提出异议的，集体合同或专项集体合同即行生效。

第四十八条　生效的集体合同或专项集体合同，应当自其生效之日起由协商代表及时以适当的形式向本方全体人员公布。

第七章　集体协商争议的协调处理

第四十九条　集体协商过程中发生争议，双方当事人不能协商解决的，当事人一方或双方可以书面向劳动保障行政部门提出协调处理申请；未提出申请的，劳动保障行政部门认为必要时也可以进行协调处理。

第五十条　劳动保障行政部门应当组织同级工会和企业组织等三方面的人员，共同协调处理集体协商争议。

第五十一条　集体协商争议处理实行属地管辖，具体管辖范围由省级劳动保障行政部门规定。

中央管辖的企业以及跨省、自治区、直辖市用人单位因集体协商发生的争议，由劳动保障部指定的省级劳动保障行政部门组织同级工会和企业组织等三方面的人员协调处理，必要时，劳动保障部也可以组织有关方面协调处理。

第五十二条　协调处理集体协商争议，应当自受理协调处理申请之日起 30 日内结束协调处理工作。期满未结束的，可以适当延长协调期限，但延长期限不得超过 15 日。

第五十三条　协调处理集体协商争议应当按照以下程序进行：

（一）受理协调处理申请；

（二）调查了解争议的情况；

（三）研究制定协调处理争议的方案；

（四）对争议进行协调处理；

（五）制作《协调处理协议书》。

第五十四条 《协调处理协议书》应当载明协调处理申请、争议的事实和协调结果，双方当事人就某些协商事项不能达成一致的，应将继续协商的有关事项予以载明。《协调处理协议书》由集体协商争议协调处理人员和争议双方首席代表签字盖章后生效。争议双方均应遵守生效后的《协调处理协议书》。

第八章 附 则

第五十五条 因履行集体合同发生的争议，当事人协商解决不成的，可以依法向劳动争议仲裁委员会申请仲裁。

第五十六条 用人单位无正当理由拒绝工会或职工代表提出的集体协商要求的，按照《工会法》及有关法律、法规的规定处理。

第五十七条 本规定于2004年5月1日起实施。原劳动部1994年12月5日颁布的《集体合同规定》同时废止。

5. 关于特大安全事故行政责任追究的规定

（中华人民共和国国务院令第302号 2001年4月21日）

第一条 为了有效地防范特大安全事故的发生，严肃追究特大安全事故的行政责任，保障人民群众生命、财产安全，制定本规定。

第二条 地方人民政府主要领导人和政府有关部门正职负责人对下列特大安全事故的防范、发生，依照法律、行政法规和本规定的规定有失职、渎职情形或者负有领导责任的，依照本规定给予行政处分；构成玩忽职守罪或者其他罪的，依法追究刑事责任：

（一）特大火灾事故；

（二）特大交通安全事故；

（三）特大建筑质量安全事故；

（四）民用爆炸物品和化学危险品特大安全事故；

（五）煤矿和其他矿山特大安全事故；

（六）锅炉、压力容器、压力管道和特种设备特大安全事故；

（七）其他特大安全事故。

地方人民政府和政府有关部门对特大安全事故的防范、发生直接负责的主管人员和其他直接责任人员，比照本规定给予行政处分；构成玩忽职守罪或者其他罪的，依法追究刑事责任。

特大安全事故肇事单位和个人的刑事处罚、行政处罚和民事责任，依照有关法律、法规和规章的规定执行。

第三条 特大安全事故的具体标准，按照国家有关规定执行。

第四条 地方各级人民政府及政府有关部门应当依照有关法律、法规和规章的规定，采取行政措施，对本地区实施安全监督管理，保障本地区人民群众生命、财产安全，对本地区或者职责范围内防范特大安全事故的发生、特大安全事故发生后的迅速和妥善处理负责。

第五条 地方各级人民政府应当每个季度至少召开一次防范特大安全事故工作会议，由政府主要领导人或者政府主要领导人委托政府分管领导人召集有关部门正职负责人参加，分析、布置、督促、检查本地区防范特大安全事故的工作。会议应当作出决定并形成纪要，会议确定的各项防范措施必须严格实施。

第六条 市（地、州）、县（市、区）人民政府应当组织有关部门按照职责分工对本地区容易发生特大安全事故的单位、设施和场所安全事故的防范明确责任、采取措施，并组织有关部门对上述单位、设施和场所进行严格检查。

第七条 市（地、州）、县（市、区）人民政府必须制定本地区特大安全事故应急处理预案。本地区特大安全事故应急处理预案经政府主要领导人签署后，报上一级人民政府备案。

第八条 市（地、州）、县（市、区）人民政府应当组织有关部门对本规定第二条所列各类特大安全事故的隐患进行查处；发现特大安全事故隐患的，责令立即排除；特大安全事故隐患排除前或者排除过程中，无法保证安全的，责令暂时停产、停业或者停止使用。法律、行政法规对查处机关另有规定的，依照其规定。

第九条 市（地、州）、县（市、区）人民政府及其有关部门对本地区存在的特大安全事故隐患，超出其管辖或者职责范围的，应当立即向有管辖权或者负有职责的上级人民政府或者政府有关部门报告；情况紧急的，可以立即采取包括责令暂时停产、停业在内的紧急措施，同时报告；有关上级人民政府或者政府有关部门接到报告后，应当立即组织查处。

第十条 中小学校对学生进行劳动技能教育以及组织学生参加公益劳动等社会实践活动，必须确保学生安全。严禁以任何形式、名义组织学生从事接触易燃、易爆、有毒、有害等危险品的劳动或者其他危险性劳动。严禁将学校场地出租作为从事易燃、易爆、有毒、有害等危险品的生产、经营场所。

中小学校违反前款规定的，按照学校隶属关系，对县（市、区）、乡（镇）人民政府主要领导人和县（市、区）人民政府教育行政部门正职负责人，根据情节轻重，给予记过、降级直至撤职的行政处分；构成玩忽职守罪或者其他罪的，依法追究刑事责任。

中小学校违反本条第一款规定的，对校长给予撤职的行政处分，对直接组织者给予开除公职的行政处分；构成非法制造爆炸物罪或者其他罪的，依法追究刑事责任。

第十一条 依法对涉及安全生产事项负责行政审批（包括批准、核准、许可、注册、认证、颁发证照、竣工验收等，下同）的政府部门或者机构，必须严格依照法律、法规和规章规定的安全条件和程序进行审查；不符合法律、法规和规章规定的安全条件的，不得批准；不符合法律、法规和规章规定的安全条件，弄虚作假，骗取批准或者勾结串通行政审批工作人员取得批准的，负责行政审批的政府部门或者机构除必须立即撤销原批准外，应当对弄虚作假骗取批准或者勾结串通行政审批工作人员的当事人依法给予行政处罚；构成行贿罪或者其他罪的，依法追究刑事责任。

负责行政审批的政府部门或者机构违反前款规定，对不符合法律、法规和规章规定的安全条件予以批准的，对部门或者机构的正职负责人，根据情节轻重，给予降级、撤职直至开除公职的行政处分；与当事人勾结串通的，应当开除公职；构成受贿罪、玩忽职守罪或者其他罪的，依法追究刑事责任。

第十二条 对依照本规定第十一条第一款的规定取得批准的单位和个人，负责行政审批的政府部门或者机构必须对其实施严格监督检查；发现其不再具备安全条件的，必须立即撤销原批准。

负责行政审批的政府部门或者机构违反前款规定，不对取得批准的单位和个人实施严格监督检查，或者发现其不再具备安全条件而不立即撤销原批准的，对部门或者机构的正职负责人，根据情节轻重，给予降级或者撤职的行政处分；构成受贿罪、玩忽职守罪或者其他罪的，依法追究刑事责任。

第十三条 对未依法取得批准，擅自从事有关活动的，负责行政审批的政府部门或者机构发现或者接到举报后，应当立即予以查封、取缔，并依法给予行政处罚；属于经营单位的，由工商行政管理部门依法相应吊销营业执照。

负责行政审批的政府部门或者机构违反前款规定，对发现或者举报的未依法取得批准而擅自从事有关活动的，不予查封、取缔、不依法给予行政处罚，工商行政管理部门不予吊销营业执照的，对部门或者机构的正职负责人，根据情节轻重，给予降级或者撤职的行政处分；构成受贿罪、玩忽职守罪或者其他罪的，依法追究刑事责任。

第十四条 市（地、州）、县（市、区）人民政府依照本规定应当履行职责而未履行，或者未按照规定的职责和程序履行，本地区发生特大安全事故的，对政府主要领导人，根据情节轻重，给予降级或者撤职的行政处分；构成玩忽职守罪的，依法追究刑事责任。

负责行政审批的政府部门或者机构、负责安全监督管理的政府有关部门，未依照本规定履行职责，发生特大安全事故的，对部门或者机构的正职负责人，根据情节轻重，给予撤职或者开除公职的行政处分；构成玩忽职守罪或者其他罪的，依法追究刑事责任。

第十五条 发生特大安全事故，社会影响特别恶劣或者性质特别严重的，由国务院对负有领导责任的省长、自治区主席、直辖市市长和国务院有关部门正职负责人给予行政处分。

第十六条 特大安全事故发生后，有关县（市、区）、市（地、州）和省、自治区、直辖市人民政府及政府有关部门应当按照国家规定的程序和时限立即上报，不得隐瞒不报、谎报或者拖延报告，并应当配合、协助事故调查，不得以任何方式阻碍、干涉事故调查。

特大安全事故发生后，有关地方人民政府及政府有关部门违反前款规定的，对政府主要领导人和政府部门正职负责人给予降级的行政处分。

第十七条 特大安全事故发生后，有关地方人民政府应当迅速组织救助，有关部门应当服从指挥、调度，参加或者配合救助，将事故损失降到最低限度。

第十八条 特大安全事故发生后，省、自治区、直辖市人民政府应当按照国家有关规定迅速、如实发布事故消息。

第十九条 特大安全事故发生后，按照国家有关规定组织调查组对事故进行调查。事故调查工作应当自事故发生之日起60日内完成，并由调查组提出调查报告；遇有特殊情况的，经调查组提出并报国家安全生产监督管理机构批准后，可以适当延长时间。调查报告应当包括依照本规定对有关责任人员追究行政责任或者其他法律责任的意见。

省、自治区、直辖市人民政府应当自调查报告提交之日起30日内，对有关责任人员作出处理决定；必要时，国务院可以对特大安全事故的有关责任人员作出处理决定。

第二十条 地方人民政府或者政府部门阻挠、干涉对特大安全事故有关责任人员追究行政责任的，对该地方人民政府主要领导人或者政府部门正职负责人，根据情节轻重，给予降级或者撤职的行政处分。

第二十一条　任何单位和个人均有权向有关地方人民政府或者政府部门报告特大安全事故隐患，有权向上级人民政府或者政府部门举报地方人民政府或者政府部门不履行安全监督管理职责或者不按照规定履行职责的情况。接到报告或者举报的有关人民政府或者政府部门，应当立即组织对事故隐患进行查处，或者对举报的不履行、不按照规定履行安全监督管理职责的情况进行调查处理。

第二十二条　监察机关依照行政监察法的规定，对地方各级人民政府和政府部门及其工作人员履行安全监督管理职责实施监察。

第二十三条　对特大安全事故以外的其他安全事故的防范、发生追究行政责任的办法，由省、自治区、直辖市人民政府参照本规定制定。

第二十四条　本规定自公布之日起施行。

6. 安全生产许可证条例

（2004年1月13日中华人民共和国国务院令第397号公布　根据2013年7月18日《国务院关于废止和修改部分行政法规的决定》第一次修订　根据2014年7月29日《国务院关于修改部分行政法规的决定》第二次修订）

第一条　为了严格规范安全生产条件，进一步加强安全生产监督管理，防止和减少生产安全事故，根据《中华人民共和国安全生产法》的有关规定，制定本条例。

第二条　国家对矿山企业、建筑施工企业和危险化学品、烟花爆竹、民用爆炸物品生产企业（以下统称企业）实行安全生产许可制度。

企业未取得安全生产许可证的，不得从事生产活动。

第三条　国务院安全生产监督管理部门负责中央管理的非煤矿矿山企业和危险化学品、烟花爆竹生产企业安全生产许可证的颁发和管理。

省、自治区、直辖市人民政府安全生产监督管理部门负责前款规定以外的非煤矿矿山企业和危险化学品、烟花爆竹生产企业安全生产许可证的颁发和管理，并接受国务院安全生产监督管理部门的指导和监督。

国家煤矿安全监察机构负责中央管理的煤矿企业安全生产许可证的颁发和管理。

在省、自治区、直辖市设立的煤矿安全监察机构负责前款规定以外的其他煤矿企业安全生产许可证的颁发和管理，并接受国家煤矿安全监察机构的指导和监督。

第四条　省、自治区、直辖市人民政府建设主管部门负责建筑施工企业安全生产许可证的颁发和管理，并接受国务院建设主管部门的指导和监督。

第五条　省、自治区、直辖市人民政府民用爆炸物品行业主管部门负责民用爆炸物品生产企业安全生产许可证的颁发和管理，并接受国务院民用爆炸物品行业主管部门的指导和监督。

第六条　企业取得安全生产许可证，应当具备下列安全生产条件：

（一）建立、健全安全生产责任制，制定完备的安全生产规章制度和操作规程；

（二）安全投入符合安全生产要求；

（三）设置安全生产管理机构，配备专职安全生产管理人员；

（四）主要负责人和安全生产管理人员经考核合格；

（五）特种作业人员经有关业务主管部门考核合格，取得特种作业操作资格证书；

（六）从业人员经安全生产教育和培训合格；

（七）依法参加工伤保险，为从业人员缴纳保险费；

（八）厂房、作业场所和安全设施、设备、工艺符合有关安全生产法律、法规、标准和规程的要求；

（九）有职业危害防治措施，并为从业人员配备符合国家标准或者行业标准的劳动防护用品；

（十）依法进行安全评价；

（十一）有重大危险源检测、评估、监控措施和应急预案；

（十二）有生产安全事故应急救援预案、应急救援组织或者应急救援人员，配备必要的应急救援器材、设备；

（十三）法律、法规规定的其他条件。

第七条 企业进行生产前，应当依照本条例的规定向安全生产许可证颁发管理机关申请领取安全生产许可证，并提供本条例第六条规定的相关文件、资料。安全生产许可证颁发管理机关应当自收到申请之日起 45 日内审查完毕，经审查符合本条例规定的安全生产条件的，颁发安全生产许可证；不符合本条例规定的安全生产条件的，不予颁发安全生产许可证，书面通知企业并说明理由。

煤矿企业应当以矿（井）为单位，依照本条例的规定取得安全生产许可证。

第八条 安全生产许可证由国务院安全生产监督管理部门规定统一的式样。

第九条 安全生产许可证的有效期为 3 年。安全生产许可证有效期满需要延期的，企业应当于期满前 3 个月向原安全生产许可证颁发管理机关办理延期手续。

企业在安全生产许可证有效期内，严格遵守有关安全生产的法律法规，未发生死亡事故的，安全生产许可证有效期届满时，经原安全生产许可证颁发管理机关同意，不再审查，安全生产许可证有效期延期 3 年。

第十条 安全生产许可证颁发管理机关应当建立、健全安全生产许可证档案管理制度，并定期向社会公布企业取得安全生产许可证的情况。

第十一条 煤矿企业安全生产许可证颁发管理机关、建筑施工企业安全生产许可证颁发管理机关、民用爆炸物品生产企业安全生产许可证颁发管理机关，应当每年向同级安全生产监督管理部门通报其安全生产许可证颁发和管理情况。

第十二条 国务院安全生产监督管理部门和省、自治区、直辖市人民政府安全生产监督管理部门对建筑施工企业、民用爆炸物品生产企业、煤矿企业取得安全生产许可证的情况进行监督。

第十三条 企业不得转让、冒用安全生产许可证或者使用伪造的安全生产许可证。

第十四条 企业取得安全生产许可证后，不得降低安全生产条件，并应当加强日常安全生产管理，接受安全生产许可证颁发管理机关的监督检查。

安全生产许可证颁发管理机关应当加强对取得安全生产许可证的企业的监督检查，发现其不再具备本条例规定的安全生产条件的，应当暂扣或者吊销安全生产许可证。

第十五条 安全生产许可证颁发管理机关工作人员在安全生产许可证颁发、管理和监督检查工作中，不得索取或者接受企业的财物，不得谋取其他利益。

第十六条　监察机关依照《中华人民共和国行政监察法》的规定，对安全生产许可证颁发管理机关及其工作人员履行本条例规定的职责实施监察。

第十七条　任何单位或者个人对违反本条例规定的行为，有权向安全生产许可证颁发管理机关或者监察机关等有关部门举报。

第十八条　安全生产许可证颁发管理机关工作人员有下列行为之一的，给予降级或者撤职的行政处分；构成犯罪的，依法追究刑事责任：

（一）向不符合本条例规定的安全生产条件的企业颁发安全生产许可证的；

（二）发现企业未依法取得安全生产许可证擅自从事生产活动，不依法处理的；

（三）发现取得安全生产许可证的企业不再具备本条例规定的安全生产条件，不依法处理的；

（四）接到对违反本条例规定行为的举报后，不及时处理的；

（五）在安全生产许可证颁发、管理和监督检查工作中，索取或者接受企业的财物，或者谋取其他利益的。

第十九条　违反本条例规定，未取得安全生产许可证擅自进行生产的，责令停止生产，没收违法所得，并处 10 万元以上 50 万元以下的罚款；造成重大事故或者其他严重后果，构成犯罪的，依法追究刑事责任。

第二十条　违反本条例规定，安全生产许可证有效期满未办理延期手续，继续进行生产的，责令停止生产，限期补办延期手续，没收违法所得，并处 5 万元以上 10 万元以下的罚款；逾期仍不办理延期手续，继续进行生产的，依照本条例第十九条的规定处罚。

第二十一条　违反本条例规定，转让安全生产许可证的，没收违法所得，处 10 万元以上 50 万元以下的罚款，并吊销其安全生产许可证；构成犯罪的，依法追究刑事责任；接受转让的，依照本条例第十九条的规定处罚。

冒用安全生产许可证或者使用伪造的安全生产许可证的，依照本条例第十九条的规定处罚。

第二十二条　本条例施行前已经进行生产的企业，应当自本条例施行之日起 1 年内，依照本条例的规定向安全生产许可证颁发管理机关申请办理安全生产许可证；逾期不办理安全生产许可证，或者经审查不符合本条例规定的安全生产条件，未取得安全生产许可证，继续进行生产的，依照本条例第十九条的规定处罚。

第二十三条　本条例规定的行政处罚，由安全生产许可证颁发管理机关决定。

第二十四条　本条例自公布之日起施行。

7. 特种设备安全监察条例

（2003 年 3 月 11 日中华人民共和国国务院令第 373 号公布　根据 2009 年 1 月 24 日《国务院关于修改〈特种设备安全监察条例〉的决定》修订）

第一章　总　则

第一条　为了加强特种设备的安全监察，防止和减少事故，保障人民群众生命和财产安全,促进经济发展,制定本条例。

第二条 本条例所称特种设备是指涉及生命安全、危险性较大的锅炉、压力容器(含气瓶,下同)、压力管道、电梯、起重机械、客运索道、大型游乐设施和场(厂)内专用机动车辆。

前款特种设备的目录由国务院负责特种设备安全监督管理的部门(以下简称国务院特种设备安全监督管理部门)制订,报国务院批准后执行。

第三条 特种设备的生产(含设计、制造、安装、改造、维修,下同)、使用、检验检测及其监督检查,应当遵守本条例,但本条例另有规定的除外。

军事装备、核设施、航空航天器、铁路机车、海上设施和船舶以及矿山井下使用的特种设备、民用机场专用设备的安全监察不适用本条例。

房屋建筑工地和市政工程工地用起重机械、场(厂)内专用机动车辆的安装、使用的监督管理,由建设行政主管部门依照有关法律、法规的规定执行。

第四条 国务院特种设备安全监督管理部门负责全国特种设备的安全监察工作,县以上地方负责特种设备安全监督管理的部门对本行政区域内特种设备实施安全监察(以下统称特种设备安全监督管理部门)。

第五条 特种设备生产、使用单位应当建立健全特种设备安全、节能管理制度和岗位安全、节能责任制度。

特种设备生产、使用单位的主要负责人应当对本单位特种设备的安全和节能全面负责。

特种设备生产、使用单位和特种设备检验检测机构,应当接受特种设备安全监督管理部门依法进行的特种设备安全监察。

第六条 特种设备检验检测机构,应当依照本条例规定,进行检验检测工作,对其检验检测结果、鉴定结论承担法律责任。

第七条 县级以上地方人民政府应当督促、支持特种设备安全监督管理部门依法履行安全监察职责,对特种设备安全监察中存在的重大问题及时予以协调、解决。

第八条 国家鼓励推行科学的管理方法,采用先进技术,提高特种设备安全性能和管理水平,增强特种设备生产、使用单位防范事故的能力,对取得显著成绩的单位和个人,给予奖励。

国家鼓励特种设备节能技术的研究、开发、示范和推广,促进特种设备节能技术创新和应用。

特种设备生产、使用单位和特种设备检验检测机构,应当保证必要的安全和节能投入。

国家鼓励实行特种设备责任保险制度,提高事故赔付能力。

第九条 任何单位和个人对违反本条例规定的行为,有权向特种设备安全监督管理部门和行政监察等有关部门举报。

特种设备安全监督管理部门应当建立特种设备安全监察举报制度,公布举报电话、信箱或者电子邮件地址,受理对特种设备生产、使用和检验检测违法行为的举报,并及时予以处理。

特种设备安全监督管理部门和行政监察等有关部门应当为举报人保密,并按照国家有关规定给予奖励。

第二章 特种设备的生产

第十条 特种设备生产单位，应当依照本条例规定以及国务院特种设备安全监督管理部门制订并公布的安全技术规范（以下简称安全技术规范）的要求，进行生产活动。

特种设备生产单位对其生产的特种设备的安全性能和能效指标负责，不得生产不符合安全性能要求和能效指标的特种设备，不得生产国家产业政策明令淘汰的特种设备。

第十一条 压力容器的设计单位应当经国务院特种设备安全监督管理部门许可，方可从事压力容器的设计活动。

压力容器的设计单位应当具备下列条件：

（一）有与压力容器设计相适应的设计人员、设计审核人员；

（二）有与压力容器设计相适应的场所和设备；

（三）有与压力容器设计相适应的健全的管理制度和责任制度。

第十二条 锅炉、压力容器中的气瓶（以下简称气瓶）、氧舱和客运索道、大型游乐设施以及高耗能特种设备的设计文件，应当经国务院特种设备安全监督管理部门核准的检验检测机构鉴定，方可用于制造。

第十三条 按照安全技术规范的要求，应当进行型式试验的特种设备产品、部件或者试制特种设备新产品、新部件、新材料，必须进行型式试验和能效测试。

第十四条 锅炉、压力容器、电梯、起重机械、客运索道、大型游乐设施及其安全附件、安全保护装置的制造、安装、改造单位，以及压力管道用管子、管件、阀门、法兰、补偿器、安全保护装置等（以下简称压力管道元件）的制造单位和场（厂）内专用机动车辆的制造、改造单位，应当经国务院特种设备安全监督管理部门许可，方可从事相应的活动。

前款特种设备的制造、安装、改造单位应当具备下列条件：

（一）有与特种设备制造、安装、改造相适应的专业技术人员和技术工人；

（二）有与特种设备制造、安装、改造相适应的生产条件和检测手段；

（三）有健全的质量管理制度和责任制度。

第十五条 特种设备出厂时，应当附有安全技术规范要求的设计文件、产品质量合格证明、安装及使用维修说明、监督检验证明等文件。

第十六条 锅炉、压力容器、电梯、起重机械、客运索道、大型游乐设施、场（厂）内专用机动车辆的维修单位，应当有与特种设备维修相适应的专业技术人员和技术工人以及必要的检测手段，并经省、自治区、直辖市特种设备安全监督管理部门许可，方可从事相应的维修活动。

第十七条 锅炉、压力容器、起重机械、客运索道、大型游乐设施的安装、改造、维修以及场（厂）内专用机动车辆的改造、维修，必须由依照本条例取得许可的单位进行。

电梯的安装、改造、维修，必须由电梯制造单位或者其通过合同委托、同意的依照本条例取得许可的单位进行。电梯制造单位对电梯质量以及安全运行涉及的质量问题负责。

特种设备安装、改造、维修的施工单位应当在施工前将拟进行的特种设备安装、改造、维修情况书面告知直辖市或者设区的市的特种设备安全监督管理部门，告知后即可施工。

第十八条 电梯井道的土建工程必须符合建筑工程质量要求。电梯安装施工过程中，电梯安装单位应当遵守施工现场的安全生产要求，落实现场安全防护措施。电梯安装施工过程中，施工现场的安全生产监督，由有关部门依照有关法律、行政法规的规定执行。

电梯安装施工过程中，电梯安装单位应当服从建筑施工总承包单位对施工现场的安全生产管理，并订立合同，明确各自的安全责任。

第十九条 电梯的制造、安装、改造和维修活动，必须严格遵守安全技术规范的要求。电梯制造单位委托或者同意其他单位进行电梯安装、改造、维修活动的，应当对其安装、改造、维修活动进行安全指导和监控。电梯的安装、改造、维修活动结束后，电梯制造单位应当按照安全技术规范的要求对电梯进行校验和调试，并对校验和调试的结果负责。

第二十条 锅炉、压力容器、电梯、起重机械、客运索道、大型游乐设施的安装、改造、维修以及场(厂)内专用机动车辆的改造、维修竣工后，安装、改造、维修的施工单位应当在验收后30日内将有关技术资料移交使用单位，高耗能特种设备还应当按照安全技术规范的要求提交能效测试报告。使用单位应当将其存入该特种设备的安全技术档案。

第二十一条 锅炉、压力容器、压力管道元件、起重机械、大型游乐设施的制造过程和锅炉、压力容器、电梯、起重机械、客运索道、大型游乐设施的安装、改造、重大维修过程，必须经国务院特种设备安全监督管理部门核准的检验检测机构按照安全技术规范的要求进行监督检验；未经监督检验合格的不得出厂或者交付使用。

第二十二条 移动式压力容器、气瓶充装单位应当经省、自治区、直辖市的特种设备安全监督管理部门许可，方可从事充装活动。

充装单位应当具备下列条件：

(一)有与充装和管理相适应的管理人员和技术人员；

(二)有与充装和管理相适应的充装设备、检测手段、场地厂房、器具、安全设施；

(三)有健全的充装管理制度、责任制度、紧急处理措施。

气瓶充装单位应当向气体使用者提供符合安全技术规范要求的气瓶，对使用者进行气瓶安全使用指导，并按照安全技术规范的要求办理气瓶使用登记，提出气瓶的定期检验要求。

第三章　特种设备的使用

第二十三条 特种设备使用单位，应当严格执行本条例和有关安全生产的法律、行政法规的规定，保证特种设备的安全使用。

第二十四条 特种设备使用单位应当使用符合安全技术规范要求的特种设备。特种设备投入使用前，使用单位应当核对其是否附有本条例第十五条规定的相关文件。

第二十五条 特种设备在投入使用前或者投入使用后30日内，特种设备使用单位应当向直辖市或者设区的市的特种设备安全监督管理部门登记。登记标志应当置于或者附着于该特种设备的显著位置。

第二十六条 特种设备使用单位应当建立特种设备安全技术档案。安全技术档案应当包括以下内容：

（一）特种设备的设计文件、制造单位、产品质量合格证明、使用维护说明等文件以及安装技术文件和资料；

（二）特种设备的定期检验和定期自行检查的记录；

（三）特种设备的日常使用状况记录；

（四）特种设备及其安全附件、安全保护装置、测量调控装置及有关附属仪器仪表的日常维护保养记录；

（五）特种设备运行故障和事故记录；

（六）高耗能特种设备的能效测试报告、能耗状况记录以及节能改造技术资料。

第二十七条　特种设备使用单位应当对在用特种设备进行经常性日常维护保养，并定期自行检查。

特种设备使用单位对在用特种设备应当至少每月进行一次自行检查，并作出记录。特种设备使用单位在对在用特种设备进行自行检查和日常维护保养时发现异常情况的，应当及时处理。

特种设备使用单位应当对在用特种设备的安全附件、安全保护装置、测量调控装置及有关附属仪器仪表进行定期校验、检修，并作出记录。

锅炉使用单位应当按照安全技术规范的要求进行锅炉水（介）质处理，并接受特种设备检验检测机构实施的水（介）质处理定期检验。

从事锅炉清洗的单位，应当按照安全技术规范的要求进行锅炉清洗，并接受特种设备检验检测机构实施的锅炉清洗过程监督检验。

第二十八条　特种设备使用单位应当按照安全技术规范的定期检验要求，在安全检验合格有效期届满前 1 个月向特种设备检验检测机构提出定期检验要求。

检验检测机构接到定期检验要求后，应当按照安全技术规范的要求及时进行安全性能检验和能效测试。

未经定期检验或者检验不合格的特种设备，不得继续使用。

第二十九条　特种设备出现故障或者发生异常情况，使用单位应当对其进行全面检查，消除事故隐患后，方可重新投入使用。

特种设备不符合能效指标的，特种设备使用单位应当采取相应措施进行整改。

第三十条　特种设备存在严重事故隐患，无改造、维修价值，或者超过安全技术规范规定使用年限，特种设备使用单位应当及时予以报废，并应当向原登记的特种设备安全监督管理部门办理注销。

第三十一条　电梯的日常维护保养必须由依照本条例取得许可的安装、改造、维修单位或者电梯制造单位进行。

电梯应当至少每 15 日进行一次清洁、润滑、调整和检查。

第三十二条　电梯的日常维护保养单位应当在维护保养中严格执行国家安全技术规范的要求，保证其维护保养的电梯的安全技术性能，并负责落实现场安全防护措施，保证施工安全。

电梯的日常维护保养单位，应当对其维护保养的电梯的安全性能负责。接到故障通知后，应当立即赶赴现场，并采取必要的应急救援措施。

第三十三条　电梯、客运索道、大型游乐设施等为公众提供服务的特种设备运营使用单位，应当设置特种设备安全管理机构或者配备专职的安全管理人员；其他特种设备使用单位,应当根据情况设置特种设备安全管理机构或者配备专职、兼职的安全管理人员。

特种设备的安全管理人员应当对特种设备使用状况进行经常性检查,发现问题的应当立即处理;情况紧急时,可以决定停止使用特种设备并及时报告本单位有关负责人。

第三十四条 客运索道、大型游乐设施的运营使用单位在客运索道、大型游乐设施每日投入使用前,应当进行试运行和例行安全检查,并对安全装置进行检查确认。

电梯、客运索道、大型游乐设施的运营使用单位应当将电梯、客运索道、大型游乐设施的安全注意事项和警示标志置于易于为乘客注意的显著位置。

第三十五条 客运索道、大型游乐设施的运营使用单位的主要负责人应当熟悉客运索道、大型游乐设施的相关安全知识,并全面负责客运索道、大型游乐设施的安全使用。

客运索道、大型游乐设施的运营使用单位的主要负责人至少应当每月召开一次会议,督促、检查客运索道、大型游乐设施的安全使用工作。

客运索道、大型游乐设施的运营使用单位,应当结合本单位的实际情况,配备相应数量的营救装备和急救物品。

第三十六条 电梯、客运索道、大型游乐设施的乘客应当遵守使用安全注意事项的要求,服从有关工作人员的指挥。

第三十七条 电梯投入使用后,电梯制造单位应当对其制造的电梯的安全运行情况进行跟踪调查和了解,对电梯的日常维护保养单位或者电梯的使用单位在安全运行方面存在的问题,提出改进建议,并提供必要的技术帮助。发现电梯存在严重事故隐患的,应当及时向特种设备安全监督管理部门报告。电梯制造单位对调查和了解的情况,应当作出记录。

第三十八条 锅炉、压力容器、电梯、起重机械、客运索道、大型游乐设施、场(厂)内专用机动车辆的作业人员及其相关管理人员(以下统称特种设备作业人员),应当按照国家有关规定经特种设备安全监督管理部门考核合格,取得国家统一格式的特种作业人员证书,方可从事相应的作业或者管理工作。

第三十九条 特种设备使用单位应当对特种设备作业人员进行特种设备安全、节能教育和培训,保证特种设备作业人员具备必要的特种设备安全、节能知识。

特种设备作业人员在作业中应当严格执行特种设备的操作规程和有关的安全规章制度。

第四十条 特种设备作业人员在作业过程中发现事故隐患或者其他不安全因素,应当立即向现场安全管理人员和单位有关负责人报告。

第四章 检验检测

第四十一条 从事本条例规定的监督检验、定期检验、型式试验以及专门为特种设备生产、使用、检验检测提供无损检测服务的特种设备检验检测机构,应当经国务院特种设备安全监督管理部门核准。

特种设备使用单位设立的特种设备检验检测机构,经国务院特种设备安全监督管理部门核准,负责本单位核准范围内的特种设备定期检验工作。

第四十二条 特种设备检验检测机构,应当具备下列条件:

(一)有与所从事的检验检测工作相适应的检验检测人员；

(二)有与所从事的检验检测工作相适应的检验检测仪器和设备；

(三)有健全的检验检测管理制度、检验检测责任制度。

第四十三条　特种设备的监督检验、定期检验、型式试验和无损检测应当由依照本条例经核准的特种设备检验检测机构进行。

特种设备检验检测工作应当符合安全技术规范的要求。

第四十四条　从事本条例规定的监督检验、定期检验、型式试验和无损检测的特种设备检验检测人员应当经国务院特种设备安全监督管理部门组织考核合格，取得检验检测人员证书，方可从事检验检测工作。

检验检测人员从事检验检测工作，必须在特种设备检验检测机构执业，但不得同时在两个以上检验检测机构中执业。

第四十五条　特种设备检验检测机构和检验检测人员进行特种设备检验检测，应当遵循诚信原则和方便企业的原则，为特种设备生产、使用单位提供可靠、便捷的检验检测服务。

特种设备检验检测机构和检验检测人员对涉及的被检验检测单位的商业秘密，负有保密义务。

第四十六条　特种设备检验检测机构和检验检测人员应当客观、公正、及时地出具检验检测结果、鉴定结论。检验检测结果、鉴定结论经检验检测人员签字后，由检验检测机构负责人签署。

特种设备检验检测机构和检验检测人员对检验检测结果、鉴定结论负责。

国务院特种设备安全监督管理部门应当组织对特种设备检验检测机构的检验检测结果、鉴定结论进行监督抽查。县以上地方负责特种设备安全监督管理的部门在本行政区域内也可以组织监督抽查，但是要防止重复抽查。监督抽查结果应当向社会公布。

第四十七条　特种设备检验检测机构和检验检测人员不得从事特种设备的生产、销售，不得以其名义推荐或者监制、监销特种设备。

第四十八条　特种设备检验检测机构进行特种设备检验检测，发现严重事故隐患或者能耗严重超标的，应当及时告知特种设备使用单位，并立即向特种设备安全监督管理部门报告。

第四十九条　特种设备检验检测机构和检验检测人员利用检验检测工作故意刁难特种设备生产、使用单位，特种设备生产、使用单位有权向特种设备安全监督管理部门投诉，接到投诉的特种设备安全监督管理部门应当及时进行调查处理。

第五章　监督检查

第五十条　特种设备安全监督管理部门依照本条例规定，对特种设备生产、使用单位和检验检测机构实施安全监察。

对学校、幼儿园以及车站、客运码头、商场、体育场馆、展览馆、公园等公众聚集场所的特种设备，特种设备安全监督管理部门应当实施重点安全监察。

第五十一条　特种设备安全监督管理部门根据举报或者取得的涉嫌违法证据，对涉嫌违反本条例规定的行为进行查处时，可以行使下列职权：

（一）向特种设备生产、使用单位和检验检测机构的法定代表人、主要负责人和其他有关人员调查、了解与涉嫌从事违反本条例的生产、使用、检验检测有关的情况；

（二）查阅、复制特种设备生产、使用单位和检验检测机构的有关合同、发票、账簿以及其他有关资料；

（三）对有证据表明不符合安全技术规范要求的或者有其他严重事故隐患、能耗严重超标的特种设备，予以查封或者扣押。

第五十二条　依照本条例规定实施许可、核准、登记的特种设备安全监督管理部门，应当严格依照本条例规定条件和安全技术规范要求对有关事项进行审查；不符合本条例规定条件和安全技术规范要求的，不得许可、核准、登记；在申请办理许可、核准期间，特种设备安全监督管理部门发现申请人未经许可从事特种设备相应活动或者伪造许可、核准证书的，不予受理或者不予许可、核准，并在1年内不再受理其新的许可、核准申请。

未依法取得许可、核准、登记的单位擅自从事特种设备的生产、使用或者检验检测活动的，特种设备安全监督管理部门应当依法予以处理。

违反本条例规定，被依法撤销许可的，自撤销许可之日起3年内，特种设备安全监督管理部门不予受理其新的许可申请。

第五十三条　特种设备安全监督管理部门在办理本条例规定的有关行政审批事项时，其受理、审查、许可、核准的程序必须公开，并应当自受理申请之日起30日内，作出许可、核准或者不予许可、核准的决定；不予许可、核准的，应当书面向申请人说明理由。

第五十四条　地方各级特种设备安全监督管理部门不得以任何形式进行地方保护和地区封锁，不得对已经依照本条例规定在其他地方取得许可的特种设备生产单位重复进行许可，也不得要求对依照本条例规定在其他地方检验检测合格的特种设备，重复进行检验检测。

第五十五条　特种设备安全监督管理部门的安全监察人员（以下简称特种设备安全监察人员）应当熟悉相关法律、法规、规章和安全技术规范，具有相应的专业知识和工作经验，并经国务院特种设备安全监督管理部门考核，取得特种设备安全监察人员证书。

特种设备安全监察人员应当忠于职守、坚持原则、秉公执法。

第五十六条　特种设备安全监督管理部门对特种设备生产、使用单位和检验检测机构实施安全监察时，应当有两名以上特种设备安全监察人员参加，并出示有效的特种设备安全监察人员证件。

第五十七条　特种设备安全监督管理部门对特种设备生产、使用单位和检验检测机构实施安全监察，应当对每次安全监察的内容、发现的问题及处理情况，作出记录，并由参加安全监察的特种设备安全监察人员和被检查单位的有关负责人签字后归档。被检查单位的有关负责人拒绝签字的，特种设备安全监察人员应当将情况记录在案。

第五十八条　特种设备安全监督管理部门对特种设备生产、使用单位和检验检测机构进行安全监察时，发现有违反本条例规定和安全技术规范要求的行为或者在用的特种设备存在事故隐患、不符合能效指标的，应当以书面形式发出特种设备安全监察指令，责令有关单位及时采取措施，予以改正或者消除事故隐患。紧急情况下需要采取紧急处置措施的，应当随后补发书面通知。

第五十九条　特种设备安全监督管理部门对特种设备生产、使用单位和检验检测机构进行安全监察，发现重大违法行为或者严重事故隐患时，应当在采取必要措施的同时，及时向上级特种设备安全监督管理部门报告。接到报告的特种设备安全监督管理部门应当采取必要措施,及时予以处理。

对违法行为、严重事故隐患或者不符合能效指标的处理需要当地人民政府和有关部门的支持、配合时,特种设备安全监督管理部门应当报告当地人民政府,并通知其他有关部门。当地人民政府和其他有关部门应当采取必要措施,及时予以处理。

第六十条　国务院特种设备安全监督管理部门和省、自治区、直辖市特种设备安全监督管理部门应当定期向社会公布特种设备安全以及能效状况。

公布特种设备安全以及能效状况,应当包括下列内容:

(一)特种设备质量安全状况;

(二)特种设备事故的情况、特点、原因分析、防范对策;

(三)特种设备能效状况;

(四)其他需要公布的情况。

第六章　事故预防和调查处理

第六十一条　有下列情形之一的,为特别重大事故:

(一)特种设备事故造成30人以上死亡,或者100人以上重伤(包括急性工业中毒,下同),或者1亿元以上直接经济损失的;

(二)600兆瓦以上锅炉爆炸的;

(三)压力容器、压力管道有毒介质泄漏,造成15万人以上转移的;

(四)客运索道、大型游乐设施高空滞留100人以上并且时间在48小时以上的。

第六十二条　有下列情形之一的,为重大事故:

(一)特种设备事故造成10人以上30人以下死亡,或者50人以上100人以下重伤,或者5000万元以上1亿元以下直接经济损失的;

(二)600兆瓦以上锅炉因安全故障中断运行240小时以上的;

(三)压力容器、压力管道有毒介质泄漏,造成5万人以上15万人以下转移的;

(四)客运索道、大型游乐设施高空滞留100人以上并且时间在24小时以上48小时以下的。

第六十三条　有下列情形之一的,为较大事故:

(一)特种设备事故造成3人以上10人以下死亡,或者10人以上50人以下重伤,或者1000万元以上5000万元以下直接经济损失的;

(二)锅炉、压力容器、压力管道爆炸的;

(三)压力容器、压力管道有毒介质泄漏,造成1万人以上5万人以下转移的;

(四)起重机械整体倾覆的;

(五)客运索道、大型游乐设施高空滞留人员12小时以上的。

第六十四条　有下列情形之一的,为一般事故:

(一)特种设备事故造成3人以下死亡,或者10人以下重伤,或者1万元以上1000万元以下直接经济损失的;

(二)压力容器、压力管道有毒介质泄漏,造成500人以上1万人以下转移的;

(三)电梯轿厢滞留人员2小时以上的;

(四)起重机械主要受力结构件折断或者起升机构坠落的;

(五)客运索道高空滞留人员3.5小时以上12小时以下的;

(六)大型游乐设施高空滞留人员1小时以上12小时以下的。

除前款规定外,国务院特种设备安全监督管理部门可以对一般事故的其他情形做出补充规定。

第六十五条　特种设备安全监督管理部门应当制定特种设备应急预案。特种设备使用单位应当制定事故应急专项预案,并定期进行事故应急演练。

压力容器、压力管道发生爆炸或者泄漏,在抢险救援时应当区分介质特性,严格按照相关预案规定程序处理,防止二次爆炸。

第六十六条　特种设备事故发生后,事故发生单位应当立即启动事故应急预案,组织抢救,防止事故扩大,减少人员伤亡和财产损失,并及时向事故发生地县以上特种设备安全监督管理部门和有关部门报告。

县以上特种设备安全监督管理部门接到事故报告,应当尽快核实有关情况,立即向所在地人民政府报告,并逐级上报事故情况。必要时,特种设备安全监督管理部门可以越级上报事故情况。对特别重大事故、重大事故,国务院特种设备安全监督管理部门应当立即报告国务院并通报国务院安全生产监督管理部门等有关部门。

第六十七条　特别重大事故由国务院或者国务院授权有关部门组织事故调查组进行调查。

重大事故由国务院特种设备安全监督管理部门会同有关部门组织事故调查组进行调查。

较大事故由省、自治区、直辖市特种设备安全监督管理部门会同有关部门组织事故调查组进行调查。

一般事故由设区的市的特种设备安全监督管理部门会同有关部门组织事故调查组进行调查。

第六十八条　事故调查报告应当由负责组织事故调查的特种设备安全监督管理部门的所在地人民政府批复,并报上一级特种设备安全监督管理部门备案。

有关机关应当按照批复,依照法律、行政法规规定的权限和程序,对事故责任单位和有关人员进行行政处罚,对负有事故责任的国家工作人员进行处分。

第六十九条　特种设备安全监督管理部门应当在有关地方人民政府的领导下,组织开展特种设备事故调查处理工作。

有关地方人民政府应当支持、配合上级人民政府或者特种设备安全监督管理部门的事故调查处理工作,并提供必要的便利条件。

第七十条　特种设备安全监督管理部门应当对发生事故的原因进行分析,并根据特种设备的管理和技术特点、事故情况对相关安全技术规范进行评估;需要制定或者修订相关安全技术规范的,应当及时制定或者修订。

第七十一条　本章所称的“以上”包括本数,所称的“以下”不包括本数。

第七章　法律责任

第七十二条　未经许可,擅自从事压力容器设计活动的,由特种设备安全监督管理部门予以取缔,处5万元以上20万元以下罚款;有违法所得的,没收违法所得;触犯刑律的,对负有责任的主管人员和其他直接责任人员依照刑法关于非法经营罪或者其他罪的规定,依法追究刑事责任。

第七十三条　锅炉、气瓶、氧舱和客运索道、大型游乐设施以及高耗能特种设备的设计文件,未经国务院特种设备安全监督管理部门核准的检验检测机构鉴定,擅自用于制造的,由特种设备安全监督管理部门责令改正,没收非法制造的产品,处5万元以上20万元以下罚款;触犯刑律的,对负有责任的主管人员和其他直接责任人员依照刑法关于生产、销售伪劣产品罪、非法经营罪或者其他罪的规定,依法追究刑事责任。

第七十四条　按照安全技术规范的要求应当进行型式试验的特种设备产品、部件或者试制特种设备新产品、新部件,未进行整机或者部件型式试验的,由特种设备安全监督管理部门责令限期改正;逾期未改正的,处2万元以上10万元以下罚款。

第七十五条　未经许可,擅自从事锅炉、压力容器、电梯、起重机械、客运索道、大型游乐设施、场(厂)内专用机动车辆及其安全附件、安全保护装置的制造、安装、改造以及压力管道元件的制造活动的,由特种设备安全监督管理部门予以取缔,没收非法制造的产品,已经实施安装、改造的,责令恢复原状或者责令限期由取得许可的单位重新安装、改造,处10万元以上50万元以下罚款;触犯刑律的,对负有责任的主管人员和其他直接责任人员依照刑法关于生产、销售伪劣产品罪、非法经营罪、重大责任事故罪或者其他罪的规定,依法追究刑事责任。

第七十六条　特种设备出厂时,未按照安全技术规范的要求附有设计文件、产品质量合格证明、安装及使用维修说明、监督检验证明等文件的,由特种设备安全监督管理部门责令改正;情节严重的,责令停止生产、销售,处违法生产、销售货值金额30%以下罚款;有违法所得的,没收违法所得。

第七十七条　未经许可,擅自从事锅炉、压力容器、电梯、起重机械、客运索道、大型游乐设施、场(厂)内专用机动车辆的维修或者日常维护保养的,由特种设备安全监督管理部门予以取缔,处1万元以上5万元以下罚款;有违法所得的,没收违法所得;触犯刑律的,对负有责任的主管人员和其他直接责任人员依照刑法关于非法经营罪、重大责任事故罪或者其他罪的规定,依法追究刑事责任。

第七十八条　锅炉、压力容器、电梯、起重机械、客运索道、大型游乐设施的安装、改造、维修的施工单位以及场(厂)内专用机动车辆的改造、维修单位,在施工前未将拟进行的特种设备安装、改造、维修情况书面告知直辖市或者设区的市的特种设备安全监督管理部门即行施工的,或者在验收后30日内未将有关技术资料移交锅炉、压力容器、电梯、起重机械、客运索道、大型游乐设施的使用单位的,由特种设备安全监督管理部门责令限期改正;逾期未改正的,处2000元以上1万元以下罚款。

第七十九条　锅炉、压力容器、压力管道元件、起重机械、大型游乐设施的制造过程和锅炉、压力容器、电梯、起重机械、客运索道、大型游乐设施的安装、改造、重大维修过程,以及锅炉清洗过程,未经国务院特种设备安全监督管理部门核准的检验检测机构按照安全技术规范的要求进行监督检验的,由特种设备安全监督管理部门责令改正,已经出厂的,没收违法生产、销售的产品,已经实施安装、改造、重大维修或者清洗的,责令限期进行监督检验,处5万元以上20万元以下罚款;有违法所得的,没收违法所得;情节严重的,撤销制造、安装、改造或者维修单位已经取得的许可,并由工商行政管理部门吊销其营业执照;触犯刑律的,对负有责任的主管人员和其他直接责任人员依照刑法关于生产、销售伪劣产品罪或者其他罪的规定,依法追究刑事责任。

第八十条 未经许可,擅自从事移动式压力容器或者气瓶充装活动的,由特种设备安全监督管理部门予以取缔,没收违法充装的气瓶,处 10 万元以上 50 万元以下罚款;有违法所得的,没收违法所得;触犯刑律的,对负有责任的主管人员和其他直接责任人员依照刑法关于非法经营罪或者其他罪的规定,依法追究刑事责任。

移动式压力容器、气瓶充装单位未按照安全技术规范的要求进行充装活动的,由特种设备安全监督管理部门责令改正,处 2 万元以上 10 万元以下罚款;情节严重的,撤销其充装资格。

第八十一条 电梯制造单位有下列情形之一的,由特种设备安全监督管理部门责令限期改正;逾期未改正的,予以通报批评:

(一)未依照本条例第十九条的规定对电梯进行校验、调试的;

(二)对电梯的安全运行情况进行跟踪调查和了解时,发现存在严重事故隐患,未及时向特种设备安全监督管理部门报告的。

第八十二条 已经取得许可、核准的特种设备生产单位、检验检测机构有下列行为之一的,由特种设备安全监督管理部门责令改正,处 2 万元以上 10 万元以下罚款;情节严重的,撤销其相应资格:

(一)未按照安全技术规范的要求办理许可证变更手续的;

(二)不再符合本条例规定或者安全技术规范要求的条件,继续从事特种设备生产、检验检测的;

(三)未依照本条例规定或者安全技术规范要求进行特种设备生产、检验检测的;

(四)伪造、变造、出租、出借、转让许可证书或者监督检验报告的。

第八十三条 特种设备使用单位有下列情形之一的,由特种设备安全监督管理部门责令限期改正;逾期未改正的,处 2000 元以上 2 万元以下罚款;情节严重的,责令停止使用或者停产停业整顿:

(一)特种设备投入使用前或者投入使用后 30 日内,未向特种设备安全监督管理部门登记,擅自将其投入使用的;

(二)未依照本条例第二十六条的规定,建立特种设备安全技术档案的;

(三)未依照本条例第二十七条的规定,对在用特种设备进行经常性日常维护保养和定期自行检查的,或者对在用特种设备的安全附件、安全保护装置、测量调控装置及有关附属仪器仪表进行定期校验、检修,并作出记录的;

(四)未按照安全技术规范的定期检验要求,在安全检验合格有效期届满前 1 个月向特种设备检验检测机构提出定期检验要求的;

(五)使用未经定期检验或者检验不合格的特种设备的;

(六)特种设备出现故障或者发生异常情况,未对其进行全面检查、消除事故隐患,继续投入使用的;

(七)未制定特种设备事故应急专项预案的;

(八)未依照本条例第三十一条第二款的规定,对电梯进行清洁、润滑、调整和检查的;

(九)未按照安全技术规范要求进行锅炉水(介)质处理的;

（十）特种设备不符合能效指标，未及时采取相应措施进行整改的。

特种设备使用单位使用未取得生产许可的单位生产的特种设备或者将非承压锅炉、非压力容器作为承压锅炉、压力容器使用的，由特种设备安全监督管理部门责令停止使用，予以没收，处2万元以上10万元以下罚款。

第八十四条　特种设备存在严重事故隐患，无改造、维修价值，或者超过安全技术规范规定的使用年限，特种设备使用单位未予以报废，并向原登记的特种设备安全监督管理部门办理注销的，由特种设备安全监督管理部门责令限期改正；逾期未改正的，处5万元以上20万元以下罚款。

第八十五条　电梯、客运索道、大型游乐设施的运营使用单位有下列情形之一的，由特种设备安全监督管理部门责令限期改正；逾期未改正的，责令停止使用或者停产停业整顿，处1万元以上5万元以下罚款：

（一）客运索道、大型游乐设施每日投入使用前，未进行试运行和例行安全检查，并对安全装置进行检查确认的；

（二）未将电梯、客运索道、大型游乐设施的安全注意事项和警示标志置于易于为乘客注意的显著位置的。

第八十六条　特种设备使用单位有下列情形之一的，由特种设备安全监督管理部门责令限期改正；逾期未改正的，责令停止使用或者停产停业整顿，处2000元以上2万元以下罚款：

（一）未依照本条例规定设置特种设备安全管理机构或者配备专职、兼职的安全管理人员的；

（二）从事特种设备作业的人员，未取得相应特种作业人员证书，上岗作业的；

（三）未对特种设备作业人员进行特种设备安全教育和培训的。

第八十七条　发生特种设备事故，有下列情形之一的，对单位，由特种设备安全监督管理部门处5万元以上20万元以下罚款；对主要负责人，由特种设备安全监督管理部门处4000元以上2万元以下罚款；属于国家工作人员的，依法给予处分；触犯刑律的，依照刑法关于重大责任事故罪或者其他罪的规定，依法追究刑事责任：

（一）特种设备使用单位的主要负责人在本单位发生特种设备事故时，不立即组织抢救或者在事故调查处理期间擅离职守或者逃匿的；

（二）特种设备使用单位的主要负责人对特种设备事故隐瞒不报、谎报或者拖延不报的。

第八十八条　对事故发生负有责任的单位，由特种设备安全监督管理部门依照下列规定处以罚款：

（一）发生一般事故的，处10万元以上20万元以下罚款；

（二）发生较大事故的，处20万元以上50万元以下罚款；

（三）发生重大事故的，处50万元以上200万元以下罚款。

第八十九条　对事故发生负有责任的单位的主要负责人未依法履行职责，导致事故发生的，由特种设备安全监督管理部门依照下列规定处以罚款；属于国家工作人员的，并依法给予处分；触犯刑律的，依照刑法关于重大责任事故罪或者其他罪的规定，依法追究刑事责任：

（一）发生一般事故的，处上一年年收入30%的罚款；

(二)发生较大事故的,处上一年年收入40%的罚款;

(三)发生重大事故的,处上一年年收入60%的罚款。

第九十条 特种设备作业人员违反特种设备的操作规程和有关的安全规章制度操作,或者在作业过程中发现事故隐患或者其他不安全因素,未立即向现场安全管理人员和单位有关负责人报告的,由特种设备使用单位给予批评教育、处分;情节严重的,撤销特种设备作业人员资格;触犯刑律的,依照刑法关于重大责任事故罪或者其他罪的规定,依法追究刑事责任。

第九十一条 未经核准,擅自从事本条例所规定的监督检验、定期检验、型式试验以及无损检测等检验检测活动的,由特种设备安全监督管理部门予以取缔,处5万元以上20万元以下罚款;有违法所得的,没收违法所得;触犯刑律的,对负有责任的主管人员和其他直接责任人员依照刑法关于非法经营罪或者其他罪的规定,依法追究刑事责任。

第九十二条 特种设备检验检测机构,有下列情形之一的,由特种设备安全监督管理部门处2万元以上10万元以下罚款;情节严重的,撤销其检验检测资格:

(一)聘用未经特种设备安全监督管理部门组织考核合格并取得检验检测人员证书的人员,从事相关检验检测工作的;

(二)在进行特种设备检验检测中,发现严重事故隐患或者能耗严重超标,未及时告知特种设备使用单位,并立即向特种设备安全监督管理部门报告的。

第九十三条 特种设备检验检测机构和检验检测人员,出具虚假的检验检测结果、鉴定结论或者检验检测结果、鉴定结论严重失实的,由特种设备安全监督管理部门对检验检测机构没收违法所得,处5万元以上20万元以下罚款,情节严重的,撤销其检验检测资格;对检验检测人员处5000元以上5万元以下罚款,情节严重的,撤销其检验检测资格,触犯刑律的,依照刑法关于中介组织人员提供虚假证明文件罪、中介组织人员出具证明文件重大失实罪或者其他罪的规定,依法追究刑事责任。

特种设备检验检测机构和检验检测人员,出具虚假的检验检测结果、鉴定结论或者检验检测结果、鉴定结论严重失实,造成损害的,应当承担赔偿责任。

第九十四条 特种设备检验检测机构或者检验检测人员从事特种设备的生产、销售,或者以其名义推荐或者监制、监销特种设备的,由特种设备安全监督管理部门撤销特种设备检验检测机构和检验检测人员的资格,处5万元以上20万元以下罚款;有违法所得的,没收违法所得。

第九十五条 特种设备检验检测机构和检验检测人员利用检验检测工作故意刁难特种设备生产、使用单位,由特种设备安全监督管理部门责令改正;拒不改正的,撤销其检验检测资格。

第九十六条 检验检测人员,从事检验检测工作,不在特种设备检验检测机构执业或者同时在两个以上检验检测机构中执业的,由特种设备安全监督管理部门责令改正,情节严重的,给予停止执业6个月以上2年以下的处罚;有违法所得的,没收违法所得。

第九十七条 特种设备安全监督管理部门及其特种设备安全监察人员,有下列违法行为之一的,对直接负责的主管人员和其他直接责任人员,依法给予降级或者撤职的处分;触犯刑律的,依照刑法关于受贿罪、滥用职权罪、玩忽职守罪或者其他罪的规定,依法追究刑事责任:

(一)不按照本条例规定的条件和安全技术规范要求,实施许可、核准、登记的;

（二）发现未经许可、核准、登记擅自从事特种设备的生产、使用或者检验检测活动不予取缔或者不依法予以处理的；

（三）发现特种设备生产、使用单位不再具备本条例规定的条件而不撤销其原许可，或者发现特种设备生产、使用违法行为不予查处的；

（四）发现特种设备检验检测机构不再具备本条例规定的条件而不撤销其原核准，或者对其出具虚假的检验检测结果、鉴定结论或者检验检测结果、鉴定结论严重失实的行为不予查处的；

（五）对依照本条例规定在其他地方取得许可的特种设备生产单位重复进行许可，或者对依照本条例规定在其他地方检验检测合格的特种设备，重复进行检验检测的；

（六）发现有违反本条例和安全技术规范的行为或者在用的特种设备存在严重事故隐患，不立即处理的；

（七）发现重大的违法行为或者严重事故隐患，未及时向上级特种设备安全监督管理部门报告，或者接到报告的特种设备安全监督管理部门不立即处理的；

（八）迟报、漏报、瞒报或者谎报事故的；

（九）妨碍事故救援或者事故调查处理的。

第九十八条 特种设备的生产、使用单位或者检验检测机构，拒不接受特种设备安全监督管理部门依法实施的安全监察的，由特种设备安全监督管理部门责令限期改正；逾期未改正的，责令停产停业整顿，处2万元以上10万元以下罚款；触犯刑律的，依照刑法关于妨害公务罪或者其他罪的规定，依法追究刑事责任。

特种设备生产、使用单位擅自动用、调换、转移、损毁被查封、扣押的特种设备或者其主要部件的，由特种设备安全监督管理部门责令改正，处5万元以上20万元以下罚款；情节严重的，撤销其相应资格。

第八章 附 则

第九十九条 本条例下列用语的含义是：

（一）锅炉，是指利用各种燃料、电或者其他能源，将所盛装的液体加热到一定的参数，并对外输出热能的设备，其范围规定为容积大于或者等于30L的承压蒸汽锅炉；出口水压大于或者等于0.1MPa（表压），且额定功率大于或者等于0.1MW的承压热水锅炉；有机热载体锅炉。

（二）压力容器，是指盛装气体或者液体，承载一定压力的密闭设备，其范围规定为最高工作压力大于或者等于0.1MPa（表压），且压力与容积的乘积大于或者等于2.5MPa·L的气体、液化气体和最高工作温度高于或者等于标准沸点的液体的固定式容器和移动式容器；盛装公称工作压力大于或者等于0.2MPa（表压），且压力与容积的乘积大于或者等于1.0MPa·L的气体、液化气体和标准沸点等于或者低于60℃液体的气瓶；氧舱等。

（三）压力管道，是指利用一定的压力，用于输送气体或者液体的管状设备，其范围规定为最高工作压力大于或者等于0.1MPa（表压）的气体、液化气体、蒸汽介质或者可燃、易爆、有毒、有腐蚀性、最高工作温度高于或者等于标准沸点的液体介质，且公称直径大于25mm的管道。

（四）电梯，是指动力驱动，利用沿刚性导轨运行的箱体或者沿固定线路运行的梯级（踏步），进行升降或者平行运送人、货物的机电设备，包括载人（货）电梯、自动扶梯、自动人行道等。

（五）起重机械，是指用于垂直升降或者垂直升降并水平移动重物的机电设备，其范围规定为额定起重量大于或者等于0.5t的升降机；额定起重量大于或者等于1t，且提升高度大于或者等于2m的起重机和承重形式固定的电动葫芦等。

（六）客运索道，是指动力驱动，利用柔性绳索牵引箱体等运载工具运送人员的机电设备，包括客运架空索道、客运缆车、客运拖牵索道等。

（七）大型游乐设施，是指用于经营目的，承载乘客游乐的设施，其范围规定为设计最大运行线速度大于或者等于2m/s，或者运行高度距地面高于或者等于2m的载人大型游乐设施。

（八）场（厂）内专用机动车辆，是指除道路交通、农用车辆以外仅在工厂厂区、旅游景区、游乐场所等特定区域使用的专用机动车辆。

特种设备包括其所用的材料、附属的安全附件、安全保护装置和与安全保护装置相关的设施。

第一百条 压力管道设计、安装、使用的安全监督管理办法由国务院另行制定。

第一百零一条 国务院特种设备安全监督管理部门可以授权省、自治区、直辖市特种设备安全监督管理部门负责本条例规定的特种设备行政许可工作，具体办法由国务院特种设备安全监督管理部门制定。

第一百零二条 特种设备行政许可、检验检测，应当按照国家有关规定收取费用。

第一百零三条 本条例自2003年6月1日起施行。1982年2月6日国务院发布的《锅炉压力容器安全监察暂行条例》同时废止。

8. 劳动保障监察条例

（中华人民共和国国务院令第423号 自2004年12月1日起施行）

第一章 总 则

第一条 为了贯彻实施劳动和社会保障（以下称劳动保障）法律、法规和规章，规范劳动保障监察工作，维护劳动者的合法权益，根据劳动法和有关法律，制定本条例。

第二条 对企业和个体工商户（以下称用人单位）进行劳动保障监察，适用本条例。

对职业介绍机构、职业技能培训机构和职业技能考核鉴定机构进行劳动保障监察，依照本条例执行。

第三条 国务院劳动保障行政部门主管全国的劳动保障监察工作。县级以上地方各级人民政府劳动保障行政部门主管本行政区域内的劳动保障监察工作。

县级以上各级人民政府有关部门根据各自职责，支持、协助劳动保障行政部门的劳动保障监察工作。

第四条 县级、设区的市级人民政府劳动保障行政部门可以委托符合监察执法条件的组织实施劳动保障监察。

劳动保障行政部门和受委托实施劳动保障监察的组织中的劳动保障监察员应当经过相应的考核或者考试录用。

劳动保障监察证件由国务院劳动保障行政部门监制。

第五条　县级以上地方各级人民政府应当加强劳动保障监察工作。劳动保障监察所需经费列入本级财政预算。

第六条　用人单位应当遵守劳动保障法律、法规和规章，接受并配合劳动保障监察。

第七条　各级工会依法维护劳动者的合法权益，对用人单位遵守劳动保障法律、法规和规章的情况进行监督。

劳动保障行政部门在劳动保障监察工作中应当注意听取工会组织的意见和建议。

第八条　劳动保障监察遵循公正、公开、高效、便民的原则。

实施劳动保障监察，坚持教育与处罚相结合，接受社会监督。

第九条　任何组织或者个人对违反劳动保障法律、法规或者规章的行为，有权向劳动保障行政部门举报。

劳动者认为用人单位侵犯其劳动保障合法权益的，有权向劳动保障行政部门投诉。

劳动保障行政部门应当为举报人保密；对举报属实，为查处重大违反劳动保障法律、法规或者规章的行为提供主要线索和证据的举报人，给予奖励。

第二章　劳动保障监察职责

第十条　劳动保障行政部门实施劳动保障监察，履行下列职责：

（一）宣传劳动保障法律、法规和规章，督促用人单位贯彻执行；

（二）检查用人单位遵守劳动保障法律、法规和规章的情况；

（三）受理对违反劳动保障法律、法规或者规章的行为的举报、投诉；

（四）依法纠正和查处违反劳动保障法律、法规或者规章的行为。

第十一条　劳动保障行政部门对下列事项实施劳动保障监察：

（一）用人单位制定内部劳动保障规章制度的情况；

（二）用人单位与劳动者订立劳动合同的情况；

（三）用人单位遵守禁止使用童工规定的情况；

（四）用人单位遵守女职工和未成年工特殊劳动保护规定的情况；

（五）用人单位遵守工作时间和休息休假规定的情况；

（六）用人单位支付劳动者工资和执行最低工资标准的情况；

（七）用人单位参加各项社会保险和缴纳社会保险费的情况；

（八）职业介绍机构、职业技能培训机构和职业技能考核鉴定机构遵守国家有关职业介绍、职业技能培训和职业技能考核鉴定的规定的情况；

（九）法律、法规规定的其他劳动保障监察事项。

第十二条　劳动保障监察员依法履行劳动保障监察职责，受法律保护。

劳动保障监察员应当忠于职守，秉公执法，勤政廉洁，保守秘密。

任何组织或者个人对劳动保障监察员的违法违纪行为，有权向劳动保障行政部门或者有关机关检举、控告。

第三章　劳动保障监察的实施

第十三条　对用人单位的劳动保障监察，由用人单位用工所在地的县级或者设区的市级劳动保障行政部门管辖。

上级劳动保障行政部门根据工作需要，可以调查处理下级劳动保障行政部门管辖的案件。劳动保障行政部门对劳动保障监察管辖发生争议的，报请共同的上一级劳动保障行政部门指定管辖。

省、自治区、直辖市人民政府可以对劳动保障监察的管辖制定具体办法。

第十四条　劳动保障监察以日常巡视检查、审查用人单位按照要求报送的书面材料以及接受举报投诉等形式进行。

劳动保障行政部门认为用人单位有违反劳动保障法律、法规或者规章的行为，需要进行调查处理的，应当及时立案。

劳动保障行政部门或者受委托实施劳动保障监察的组织应当设立举报、投诉信箱和电话。

对因违反劳动保障法律、法规或者规章的行为引起的群体性事件，劳动保障行政部门应当根据应急预案，迅速会同有关部门处理。

第十五条　劳动保障行政部门实施劳动保障监察，有权采取下列调查、检查措施：

（一）进入用人单位的劳动场所进行检查；

（二）就调查、检查事项询问有关人员；

（三）要求用人单位提供与调查、检查事项相关的文件资料，并作出解释和说明，必要时可以发出调查询问书；

（四）采取记录、录音、录像、照相或者复制等方式收集有关情况和资料；

（五）委托会计师事务所对用人单位工资支付、缴纳社会保险费的情况进行审计；

（六）法律、法规规定可以由劳动保障行政部门采取的其他调查、检查措施。

劳动保障行政部门对事实清楚、证据确凿、可以当场处理的违反劳动保障法律、法规或者规章的行为有权当场予以纠正。

第十六条　劳动保障监察员进行调查、检查，不得少于 2 人，并应当佩戴劳动保障监察标志，出示劳动保障监察证件。

劳动保障监察员办理的劳动保障监察事项与本人或者其近亲属有直接利害关系的，应当回避。

第十七条　劳动保障行政部门对违反劳动保障法律、法规或者规章的行为的调查，应当自立案之日起 60 个工作日内完成；对情况复杂的，经劳动保障行政部门负责人批准，可以延长 30 个工作日。

第十八条　劳动保障行政部门对违反劳动保障法律、法规或者规章的行为，根据调查、检查的结果，作出以下处理：

（一）对依法应当受到行政处罚的，依法作出行政处罚决定；

（二）对应当改正未改正的，依法责令改正或者作出相应的行政处理决定；

（三）对情节轻微且已改正的，撤销立案。

发现违法案件不属于劳动保障监察事项的，应当及时移送有关部门处理；涉嫌犯罪的，应当依法移送司法机关。

第十九条　劳动保障行政部门对违反劳动保障法律、法规或者规章的行为作出行政处罚或者行政处理决定前，应当听取用人单位的陈述、申辩；作出行政处罚或者行政处理决定，应当告知用人单位依法享有申请行政复议或者提起行政诉讼的权利。

第二十条　违反劳动保障法律、法规或者规章的行为在2年内未被劳动保障行政部门发现，也未被举报、投诉的，劳动保障行政部门不再查处。

前款规定的期限，自违反劳动保障法律、法规或者规章的行为发生之日起计算；违反劳动保障法律、法规或者规章的行为有连续或者继续状态的，自行为终了之日起计算。

第二十一条　用人单位违反劳动保障法律、法规或者规章，对劳动者造成损害的，依法承担赔偿责任。劳动者与用人单位就赔偿发生争议的，依照国家有关劳动争议处理的规定处理。

对应当通过劳动争议处理程序解决的事项或者已经按照劳动争议处理程序申请调解、仲裁或者已经提起诉讼的事项，劳动保障行政部门应当告知投诉人依照劳动争议处理或者诉讼的程序办理。

第二十二条　劳动保障行政部门应当建立用人单位劳动保障守法诚信档案。用人单位有重大违反劳动保障法律、法规或者规章的行为的，由有关的劳动保障行政部门向社会公布。

第四章　法律责任

第二十三条　用人单位有下列行为之一的，由劳动保障行政部门责令改正，按照受侵害的劳动者每人1000元以上5000元以下的标准计算，处以罚款：

（一）安排女职工从事矿山井下劳动、国家规定的第四级体力劳动强度的劳动或者其他禁忌从事的劳动的；

（二）安排女职工在经期从事高处、低温、冷水作业或者国家规定的第三级体力劳动强度的劳动的；

（三）安排女职工在怀孕期间从事国家规定的第三级体力劳动强度的劳动或者孕期禁忌从事的劳动的；

（四）安排怀孕7个月以上的女职工夜班劳动或者延长其工作时间的；

（五）女职工生育享受产假少于90天的；

（六）安排女职工在哺乳未满1周岁的婴儿期间从事国家规定的第三级体力劳动强度的劳动或者哺乳期禁忌从事的其他劳动，以及延长其工作时间或者安排其夜班劳动的；

（七）安排未成年工从事矿山井下、有毒有害、国家规定的第四级体力劳动强度的劳动或者其他禁忌从事的劳动的；

（八）未对未成年工定期进行健康检查的。

第二十四条　用人单位与劳动者建立劳动关系不依法订立劳动合同的，由劳动保障行政部门责令改正。

第二十五条　用人单位违反劳动保障法律、法规或者规章延长劳动者工作时间的，由劳动保障行政部门给予警告，责令限期改正，并可以按照受侵害的劳动者每人100元以上 500 元以下的标准计算,处以罚款。

第二十六条 用人单位有下列行为之一的,由劳动保障行政部门分别责令限期支付劳动者的工资报酬、劳动者工资低于当地最低工资标准的差额或者解除劳动合同的经济补偿;逾期不支付的,责令用人单位按照应付金额 50%以上 1 倍以下的标准计算,向劳动者加付赔偿金:

(一)克扣或者无故拖欠劳动者工资报酬的;

(二)支付劳动者的工资低于当地最低工资标准的;

(三)解除劳动合同未依法给予劳动者经济补偿的。

第二十七条 用人单位向社会保险经办机构申报应缴纳的社会保险费数额时,瞒报工资总额或者职工人数的,由劳动保障行政部门责令改正,并处瞒报工资数额 1 倍以上 3 倍以下的罚款。

骗取社会保险待遇或者骗取社会保险基金支出的,由劳动保障行政部门责令退还,并处骗取金额 1 倍以上 3 倍以下的罚款;构成犯罪的,依法追究刑事责任。

第二十八条 职业介绍机构、职业技能培训机构或者职业技能考核鉴定机构违反国家有关职业介绍、职业技能培训或者职业技能考核鉴定的规定的,由劳动保障行政部门责令改正,没收违法所得,并处 1 万元以上 5 万元以下的罚款;情节严重的,吊销许可证。

未经劳动保障行政部门许可,从事职业介绍、职业技能培训或者职业技能考核鉴定的组织或者个人,由劳动保障行政部门、工商行政管理部门依照国家有关无照经营查处取缔的规定查处取缔。

第二十九条 用人单位违反《中华人民共和国工会法》,有下列行为之一的,由劳动保障行政部门责令改正:

(一)阻挠劳动者依法参加和组织工会,或者阻挠上级工会帮助、指导劳动者筹建工会的;

(二)无正当理由调动依法履行职责的工会工作人员的工作岗位,进行打击报复的;

(三)劳动者因参加工会活动而被解除劳动合同的;

(四)工会工作人员因依法履行职责被解除劳动合同的。

第三十条 有下列行为之一的,由劳动保障行政部门责令改正;对有第(一)项、第(二)项或者第(三)项规定的行为的,处 2000 元以上 2 万元以下的罚款:

(一)无理抗拒、阻挠劳动保障行政部门依照本条例的规定实施劳动保障监察的;

(二)不按照劳动保障行政部门的要求报送书面材料,隐瞒事实真相,出具伪证或者隐匿、毁灭证据的;

(三)经劳动保障行政部门责令改正拒不改正,或者拒不履行劳动保障行政部门的行政处理决定的;

(四)打击报复举报人、投诉人的。

违反前款规定,构成违反治安管理行为的,由公安机关依法给予治安管理处罚;构成犯罪的,依法追究刑事责任。

第三十一条 劳动保障监察员滥用职权、玩忽职守、徇私舞弊或者泄露在履行职责过程中知悉的商业秘密的,依法给予行政处分;构成犯罪的,依法追究刑事责任。

劳动保障行政部门和劳动保障监察员违法行使职权,侵犯用人单位或者劳动者的合法权益的,依法承担赔偿责任。

第三十二条　属于本条例规定的劳动保障监察事项，法律、其他行政法规对处罚另有规定的，从其规定。

第五章　附　则

第三十三条　对无营业执照或者已被依法吊销营业执照，有劳动用工行为的，由劳动保障行政部门依照本条例实施劳动保障监察，并及时通报工商行政管理部门予以查处取缔。

第三十四条　国家机关、事业单位、社会团体执行劳动保障法律、法规和规章的情况，由劳动保障行政部门根据其职责，依照本条例实施劳动保障监察。

第三十五条　劳动安全卫生的监督检查，由卫生部门、安全生产监督管理部门、特种设备安全监督管理部门等有关部门依照有关法律、行政法规的规定执行。

第三十六条　本条例自2004年12月1日起施行。

9. 工会小组劳动保护检查员工作条例

（2001年12月31日）

第一条　为保障国家劳动安全卫生法律法规及企事业规章制度落实到班组，发挥职工劳动保护监督检查作用，制定本条例。

第二条　在工、交、财贸、基本建设等行业的企事业生产班组中，设立工会小组劳动保护检查员。工会小组劳动保护检查员经民主推选产生，在基层工会劳动保护监督检查委员会领导下工作。

第三条　工会小组劳动保护检查员应具有一定的劳动安全卫生知识，敢于坚持原则，责任心强。

第四条　工会小组劳动保护检查员的职权：

（一）协助班组长落实国家劳动安全卫生法律法规及企事业规章制度，创建安全生产合格班组。

（二）查询工作场所存在的职业危害和企事业单位相应的防范措施。

（三）督促和协助班组长对本班组人员进行安全教育，提高安全生产意识和技术技能。

（四）制止违章指挥、违章作业。

（五）对生产设备、防护设施、工作环境进行监督检查，发现隐患及时报告，督促解决。

（六）发现明显危及职工生命安全的紧急情况时，应立即报告，并组织职工采取必要的避险措施。

（七）发生伤亡事故，迅速参加危险、急救工作，协助保护事故现场，并立即上报。

（八）监督企事业单位提供符合国家规定的劳动条件、按规定发放个体防护用品。向企事业单位提出不断改善劳动条件和作业环境的建议。

（九）因进行正常监督检查活动而受到打击报复时，有权上告，要求严肃处理。

第五条 工会组织对工会小组劳动保护检查员的工作应予以支持。对做出贡献的工会小组劳动保护检查员，上级工会组织给予表彰和奖励。

第六条 本条例解释权属中华全国总工会。

第七条 本条例自颁布之日起实施。

10. 基层工会劳动保护监督检查委员会工作条例

（2001 年 12 月 31 日）

第一条 为发挥基层工会劳动保护监督检查作用，维护职工在劳动过程中的安全与健康，根据《中华人民共和国工会法》《中华人民共和国劳动法》和国家劳动安全卫生法律法规的有关规定，制定本条例。

第二条 企事业工会及所属分厂、车间工会设立工会劳动保护监督检查委员会（或工会劳动保护监督检查小组，下同）。

乡镇工会、城市街道工会及基层工会联合会也可设立工会劳动保护监督检查委员会。

工会劳动保护监督检查委员会在同级工会领导下开展工作。

第三条 工会劳动保护监督检查委员会委员由同级工会提名，报上级工会备案。

第四条 工会劳动保护监督检查委员会设主任委员 1 人，副主任委员 1~2 人，委员若干人，女职工相对集中的单位，应设女职工委员会，主任委员应由工会委员会主席或副主席担任。

工会劳动保护监督检查委员会委员由熟悉劳动保护业务、热心劳动保护工会的工会干部和生产一线的职工担任。工会劳动保护监督检查委员会委员也可聘请行政管理人员担任，但不得超过委员会总人数的三分之一。

第五条 根据需要，工会劳动保护监督检查委员会的工作可与职工（代表）大会的专门委员会的工作相结合。

第六条 工会劳动保护监督检查委员会的职权：

（一）监督和协助本单位贯彻执行国家劳动安全卫生法律法规，监督落实安全生产责任制和规章制度，参加涉及职工劳动安全与健康规章制度的制定，参与本单位劳动安全卫生措施、计划和经费投入等方案的制定和实施，对劳动安全卫生的决策、措施提出意见和建议。

（二）定期分析研究劳动安全卫生状况，向企事业单位和有关方面反映职工对劳动安全卫生工作的意见、建议和要求。督促和协助企事业单位解决劳动安全卫生方面存在的问题，改善劳动条件和作业环境。

（三）参与本单位集体合同中关于劳动安全卫生、工作时间、休息休假和工伤保险等条款的协商与制定，维护职工劳动安全卫生的权利、休息休假的权利和享受工伤保险的权利。对集体合同、劳动合同中劳动安全卫生条款的执行情况进行监督检查。

（四）制止违章指挥、违章作业。组织或协同行政进行安全生产检查，组织职工代表对劳动安全卫生工作进行督查。对事故隐患和职业危害作业点建立档案，监督整改和治理，并督促企事业单位防范事故和职业危害。

（五）对违反国家法律法规、不符合劳动安全卫生标准规定的问题，提出整改意见；问题严重的，向企事业行政提出书面整改意见；对拒不整改的，要求政府有关部门采取强制性措施。

（六）监督检查新建、扩建和技术改造工程项目的劳动安全卫生设施与主体工程同时设计、同时施工、同时投产使用。

（七）参加职工伤亡事故调查和处理，查清事故原因和责任，提出对事故责任者的处理意见，监督和协助企事业单位采取防范措施。对发生的职工伤亡事故和职业病进行研究、分析，总结教训，提出建议。

（八）在生产过程中发现明显重大事故隐患和严重职业危害，并危及职工生命安全的紧急情况时，要求企事业行政或现场指挥人员采取紧急措施，包括立即从危险区内撤出作业人员。同时支持或组织职工采取必要的避险措施并立即报告。

（九）宣传国家劳动安全卫生法律法规、政策及企事业的规章制度，结合实际情况，组织和发动职工开展安全生产活动，教育职工遵章守纪，提高职工的安全意识和技能。

（十）督促企事业单位按国家有关规定发放劳动安全卫生防护用品、用具，监督企事业单位定期对职工进行健康检查。监督企事业单位履行对职业病人的诊断、治疗和康复的责任，督促落实工伤待遇及职业病损害赔偿。监督和协助企事业单位落实女职工和未成年工特殊保护的有关规定。

第七条　企事业单位对工会劳动保护监督检查委员会的工作应给予支持，并提供相应的工作条件。对阻挠监督检查工作的单位和个人，有权要求有关部门严肃处理。

第八条　上级工会组织支持基层工会劳动保护监督检查委员会的工作，对工作成绩显著的劳动保护监督检查委员会给予表彰和奖励。

第九条　本条例解释权属中华全国总工会。

第十条　本条例自颁布之日起实施。

11. 工会劳动保护监督检查员工作条例

（2001年12月31日）

第一条　为履行工会劳动保护监督检查的职责，维护职工在劳动过程中的安全与健康，根据《中华人民共和国工会法》《中华人民共和国劳动法》和国家有关劳动安全卫生法律法规的规定，制定本条例。

第二条　工会组织依法履行劳动保护监督检查职责，建立劳动保护监督检查制度，对安全生产工作实行群众监督，维护职工的合法权益。

第三条　在县（含）以上总工会、产业工会中设立工会劳动保护监督检查员。可聘请有关方面熟悉劳动保护业务的人员担任兼职工会劳动保护监督检查员。

第四条　中华全国总工会，省、自治区、直辖市总工会，全国产业工会，省辖市总工会对工会劳动保护监督检查员有审批任命权。

省、自治区、直辖市总工会，全国产业工会和中华全国总工会有关部门的工会劳动保护监督检查员由中华全国总工会审批任命。

省辖市总工会、省产业工会的工会劳动保护监督检查员由省、自治区、直辖市总工会、全国产业工会审批任命，报中华全国总工会备案。

县级总工会的劳动保护监督检查员由省辖市总工会审批任命，报省、自治区、直辖市总工会备案。

工会劳动保护监督检查员由其所隶属的工会组织考核、申报。

工会劳动保护监督检查员证件由中华全国总工会统一印制。

第五条 工会劳动保护监督检查员在其所隶属的工会组织领导下工作，代表工会组织依法实施劳动保护监督检查；也可受任命机关委托，代表任命机关执行监督检查任务。

第六条 工会劳动保护监督检查员应具有大专以上文化程度、具有一定的生产实践经验，并从事工会劳动保护工作一年以上，应有较高的政策、业务水平，熟悉和掌握有关劳动安全卫生法律法规和劳动保护业务；科级以上、从事五年以上劳动保护工作的工会干部也可以担任工会劳动保护监督检查员。工会劳动保护监督检查员任命前必须经过劳动保护岗位培训，考核合格。

第七条 工会劳动保护监督检查员代表工会组织行使下列职权：

（一）参与劳动安全卫生法律法规、标准和重大决策、措施的制定，监督劳动安全卫生法律法规和政策的贯彻执行。

（二）监督检查本地区、行业和企事业的劳动安全卫生工作，对劳动安全卫生状况进行分析，对危害职工劳动安全与健康的问题进行调查，向政府及有关部门、企事业单位反映需要解决的问题，提出整改治理的建议。

（三）制止违章指挥、违章作业。在监督检查时，发现存在事故隐患、职业危害和违反国家劳动安全卫生法律法规的问题，有权要求企事业进行整改，监督企事业采取防范事故和职业危害的措施；发现严重存在事故隐患或职业危害的，提请所隶属的工会组织向企事业单位发出书面整改建议，并督促企事业单位解决；对拒不整改的，提请政府有关部门采取强制性措施。

（四）在生产过程中发现明显重大事故隐患和严重职业危害，并危及职工生命安全的紧急情况时，有权向企事业行政或现场指挥人员要求采取紧急措施，包括立即从危险区内撤出作业人员。同时支持或组织职工采取必要的避险措施并立即报告。

（五）依法参加职工伤亡事故的调查和处理，监督企事业单位采取防范措施，对造成伤亡事故和经济损失的责任者，提出处理意见。对触犯刑律的责任者，建议追究其法律责任。

（六）参加新建、扩建和技术改造工程项目劳动安全卫生设施的设计审查和竣工验收，对劳动条件和安全卫生设施存在的问题提出意见和建议。

（七）监督和协助企事业单位严格执行国家劳动安全卫生规程和标准，建立、健全劳动安全卫生制度；监督检查劳动安全卫生设施；监督检查技术措施计划的执行及经费投入、使用的情况；监督检查企事业单位的安全生产状况。

（八）支持基层工会劳动保护监督检查委员会和工会小组劳动保护检查员开展工作，在劳动保护业务上给予指导。

第八条 工会劳动保护监督检查员履行下列义务：

（一）严格执行国家法律法规和政策，实事求是，坚持原则，联系群众，依法监督。

（二）宣传国家劳动安全卫生法律法规和政策，教育职工遵守国家有关劳动安全卫生的各项法律法规和企事业单位的规章制度，推广先进的安全管理方法、预防事故和职业危害技术。

（三）与政府有关部门密切合作。

（四）学习相关知识，提高自身素质，适应工会劳动保护监督检查工作的要求。

第九条　工会劳动保护监督检查员执行任务时，应出示《工会劳动保护监督检查员证》。实施监督检查时，企事业单位应予以配合，提供方便。对拒绝或阻挠监督检查员工作的单位和个人，提请有关部门严肃处理。

第十条　工会劳动保护监督检查员应定期向其所隶属的工会汇报工作。受任命机关委托执行监督检查任务时，应向任命机关提交专题报告。

第十一条　工会组织对工会劳动保护监督检查员进行管理、业务指导和定期培训。

第十二条　任命机关定期考核工会劳动保护监督检查员的工作。对成绩显著者给予表彰奖励，对失职者取消其监督检查员资格。

第十三条　工会劳动保护监督检查员所隶属的工会组织为其开展工作提供交通、通讯等工作条件和必要的工作经费。工会劳动保护监督检查员按规定享受个人防护用品、保健津贴等待遇。

第十四条　各省、自治区、直辖市总工会和全国产业工会根据本地区、本行业具体情况，制订实施细则。

第十五条　本条例解释权属中华全国总工会。

第十六条　本条例自颁布之日起实施。

12. 国家高技术产业发展项目管理暂行办法

（2006年2月28日国家发展改革委令第43号公布　自2006年4月1日起施行　根据2022年7月26日国家发展改革委令第51号修订）

为贯彻落实党的十六届五中全会和全国科技大会精神，增强自主创新能力，加快发展高技术产业，进一步规范管理国家高技术产业发展项目，特制定《国家高技术产业发展项目管理暂行办法》，经国家发展和改革委员会主任办公会讨论通过，现予公布，自2006年4月1日起施行。

二〇〇六年二月二十八日

国家高技术产业发展项目管理暂行办法

第一章　总　则

第一条　为规范管理国家高技术产业发展项目，促进高技术产业健康发展，提高产业核心竞争力，根据《中华人民共和国科学技术进步法》和《中华人民共和国促进科技成果转化法》、《国务院关于投资体制改革的决定》等法律法规,依照《中央预算内投资补助和贴息资金管理暂行办法》等有关规定,制定本办法。

第二条 本办法适用于以增强自主创新能力和促进高技术产业发展为主要任务,经国家发展和改革委员会(以下简称“国家发展改革委”)批准列入国家高技术产业发展项目计划,并给予中央预算内投资补助或贷款贴息,由项目主管部门组织管理,由项目单位具体实施的国家高技术产业发展项目(以下简称“国家高技术项目”)。

对于中央预算内资金采取直接投资和资本金方式注入的国家高技术项目参照国家有关规定进行管理。

第三条 本办法所称国家高技术项目包括:

(一)国家高技术产业化项目(以下简称“产业化项目”),是指以关键技术的工程化集成、示范为主要内容,或以规模化应用为目标的科技自主创新成果转化项目。

(二)国家重大技术装备研制和重大产业技术开发项目(以下简称“研制开发项目”),是指国家重点建设工程需要的重大技术装备研制项目和重点产业结构优化升级所急需的产业共性、关键技术研发项目。

(三)国家产业技术创新能力建设项目,是指以突破产业发展的技术瓶颈、提高重大科技成果工程化、产业化研发及验证能力为目标的国家工程实验室建设项目(以下简称“工程实验室项目”)和国家工程研究中心建设项目(以下简称“工程中心项目”),以及以提高企业技术创新能力为目标的国家认定企业技术中心建设项目(以下简称“技术中心项目”)。

(四)国家高技术产业技术升级和结构调整项目,是指以先进的技术、工艺和设备改造落后的生产条件为主要内容,以推进信息产业、生物产业、民用航空航天产业扩大规模,促进产业结构优化升级和以信息化带动工业化,积极发展电子商务和企业信息化为目标的建设项目(以下简称“升级调整项目”)。

(五)其他国家高技术产业发展项目。

第四条 本办法所称投资补助是指国家发展改革委对符合条件的企业投资项目(含事业单位投资项目,下同)和地方政府投资项目给予的投资资金补助。本办法所称贷款贴息是指国家发展改革委对符合条件、使用了中长期银行贷款的投资项目给予的贷款利息补贴。投资补助和贷款贴息资金(以下简称“国家补贴资金”)均为无偿投入。

第二章 组织管理

第五条 国家发展改革委是国家高技术项目的组织部门,主要履行以下职责:

(一)研究提出国家高技术产业发展规划和有关专项规划,研究提出相关产业的发展政策;

(二)研究确定国家高技术项目的重点领域和重点任务;

(三)组织评审国家高技术项目,批复国家高技术项目的资金申请报告;

(四)编制和下达年度国家高技术产业发展项目计划和投资计划;

(五)协调国家高技术项目的实施工作,组织或委托项目评估工作。

第六条 本办法所称项目主管部门是指国务院有关部门,省、自治区、直辖市、计划单列市及新疆生产建设兵团发展和改革委员会或经济(贸易)委员会。

计划单列企业集团和中央管理企业可直接向国家发展改革委报送资金申请报告，并对项目承担主管责任。具体要求由国家高技术项目公告或通知规定。

对跨地区、跨部门组织的国家高技术项目，可由相关地区或部门协商确定项目主管部门，或由组织部门指定项目主管部门。

项目主管部门应履行以下主要职责：

（一）根据国家发展改革委的国家高技术项目公告或通知，组织本部门、本地区和本企业（集团）的高技术项目申请国家补贴资金的相关工作，对项目的建设条件、招标内容等进行初审，审查通过后向国家发展改革委报送项目资金申请报告，并对初审结果和申报材料负责；

（二）负责国家高技术项目的管理工作和项目实施中重大问题的协调、处理，确保项目按期完成并组织项目验收工作；

（三）配合国家有关部门进行监督、审计和检查工作；

（四）每年定期将本部门、本地区和本企业（集团）的国家高技术项目执行情况汇总并报国家发展改革委。

第七条　本办法所称项目单位是指依照我国法律登记、注册，申请高技术项目国家补贴资金的企业或事业法人。项目单位应具有较好的经营管理水平，具备承担国家高技术项目所需的技术开发能力和资金筹措、工程建设组织管理能力。

项目单位应履行下列主要职责：

（一）按照本办法和项目公告的要求，编制并向项目主管部门报送高技术项目国家补贴资金申请报告，并对申报材料的真实性承担责任；

（二）按照项目组织部门、主管部门批复的项目资金申请报告确定的内容和要求实施项目；

（三）按要求向项目主管部门报告项目实施情况和经费落实情况，及时报告项目执行中出现的重大事项；

（四）对国家补贴资金要实行专账管理；

（五）接受国家发展改革委及各级财政、审计部门，项目主管部门或上述部门委托的机构所进行的评估、监督、审计和检查；

（六）项目总体目标达到后，及时按要求进行项目验收。

第三章　申报及审核

第八条　国家发展改革委根据《国家高技术产业发展规划》、《当前优先发展的高技术产业化重点领域指南》、《产业结构调整指导目录》、《国家产业技术政策》及其他相关专项规划和相关产业政策，发布国家高技术项目公告或通知，明确国家支持的重点领域、重点任务、实施时间，以及安排国家补贴资金的方式和标准。

第九条　按有关规定应由地方政府核准或备案的企业投资项目，应在核准或备案后提出资金申请报告。

按有关规定应由地方政府审批的地方政府投资项目，应在可行性研究报告经有权审批单位批准后提出资金申请报告。

按照有关规定应报国务院或国家发展改革委审批、核准的项目，可在报送可行性研究报告或项目申请报告时一并提出资金申请，不再单独报送资金申请报告；也可在项目经审批或核准同意后，根据国家有关投资补助、贴息的政策要求，另行报送资金申请报告。

第十条 申请国家高技术项目应具备以下基本条件：

（一）符合国家发展改革委项目公告或通知的要求；

（二）符合国家产业政策和节能、降耗、环保、安全等要求，项目方案合理可行，具有较好的社会经济效益；

（三）应具有我国自主知识产权，知识产权归属明晰；

（四）项目单位必须具有较强的技术开发、资金筹措、项目实施能力，以及较好的资信等级，资产负债率在合理范围内，项目已基本具备实施条件，项目所需资金已落实；

（五）建设项目应按本办法第九条完成审批、核准或备案，已基本具备开工建设条件，或已经开工建设但审批、核准或备案未超过两年，已通过项目用地预审或用地已经依法批准，具有环保以及其他许可文件。

第十一条 申请国家高技术项目还应具备以下条件：

（一）产业化项目采用的科技成果（包括自主知识产权、消化吸收创新、国内外联合开发的技术等）应具有先进性和良好的推广应用价值、有关成果鉴定、权威机构出具的认证或技术检测报告等证明材料、必要的验证和生产许可；项目单位具有较强的工程建设组织管理能力，具有开展相关产业化项目的生产、经营资格。

（二）研制开发项目的研制开发方案先进、可行，目标明确；项目单位应具有较强的技术创新和装备研制能力，具有前期相关领域的研发基础和研发队伍；重大技术装备研制项目应结合依托工程。

（三）工程实验室项目和工程中心项目的项目单位须为已经国家发展改革委批准组建，并完成相关组建工作的国家工程实验室的依托单位或国家工程研究中心；项目建设内容符合该工程实验室或工程研究中心的发展方向和任务，建设方案合理。

（四）技术中心项目的项目单位须为国家认定企业技术中心所在企业，且该国家认定企业技术中心在最近年度国家认定企业技术中心评价中得分70分以上；项目应能够支撑企业关键、核心技术的开发。

（五）升级调整项目应符合产业结构调整指导目录；项目单位具有良好的现代企业运行机制和较好的经营业绩；具有开展相关产品生产的资格，项目必须具有合理的经济规模，产品符合国家和国际有关标准。

第十二条 项目单位应根据第十条和第十一条的相关规定，编制项目资金申请报告。

项目资金申请报告的具体要求由项目公告或通知具体规定，应包括以下主要内容：

（一）项目单位的基本情况和财务状况；

（二）项目的基本情况，包括项目背景、项目建设（研发）内容、总投资及资金来源、技术工艺、各项建设（研发）条件落实情况等；

（三）申请国家补贴资金的主要理由和政策依据；

（四）项目招标内容（适用于申请国家补贴资金500万元及以上的投资项目）；

（五）国家发展改革委项目公告或通知要求提供的其他内容。

项目资金申请报告可根据具体情况附以下相关文件：

(一)政府投资项目的可行性研究报告批准文件或企业投资项目的核准或备案的批准文件;

(二)技术来源及技术先进性的有关证明文件;

(三)城市规划部门出具的城市规划选址意见(适用于城市规划区域内的投资项目);

(四)国土资源部门出具的项目用地预审意见;

(五)环保部门出具的环境影响评价文件的审批意见;

(六)金融机构出具的贷款承诺,申请贴息的项目还须出具项目单位与有关金融机构签订的贷款协议或合同;

(七)项目单位对项目资金申请报告内容和附属文件真实性负责的声明;

(八)国家发展改革委项目公告或通知要求提供的其他文件。

第十三条 项目主管部门应根据第十条至第十二条的相关规定审查项目单位提出的项目资金申请报告,对审查合格的项目资金申请报告报送国家发展改革委。其中,对于工作职能属于省级经济(贸易)委员会的项目,由省级经济(贸易)委员会作为项目主管部门,并由省级经济(贸易)委员会商省级发展和改革委员会后,由省级发展和改革委员会会同省级经济(贸易)委员会联合报送国家发展改革委。

对申报材料不完备的资金申请报告,国家发展改革委及时通知项目主管部门在要求的时限内补充相关材料。

第十四条 对项目主管部门报送的项目资金申请报告,国家发展改革委组织专家组进行专家评审或委托咨询机构进行评估,必要时可征求国务院有关部门或地方政府的意见。

专家组应由专业性、权威性、代表性、中立性,且与项目无重大相关利益的专家组成。专家组应科学、客观、公正地评审项目。

专家评审或咨询机构评估应主要从以下方面对项目进行评审评估:

(一)项目技术的先进性和适用性;

(二)项目对相关产业的优化升级具有的带动作用;

(三)项目单位的经营能力和技术开发能力;

(四)项目的市场前景和经济效益;

(五)项目实施方案的可行性;

(六)国家发展改革委项目公告或通知的其他要求。

第十五条 国家发展改革委按照科学、公平、择优的原则,根据专家评审意见或咨询机构的评估意见,综合考虑国务院有关部门和地方政府的意见,审查批复项目资金申请报告,并将项目的评审评估意见和审批结果以适当的方式告知项目主管部门。项目资金申请报告的批复文件是下达国家补贴资金的依据,应包括项目实施的总体目标、国家补贴资金额度和资金使用方向。批复文件可单独办理,也可集中办理。

国家发展改革委主要从以下方面对项目资金申请报告进行审查:

(一)符合中央预算内资金的使用方向;

(二)符合项目公告或通知的有关要求;

(三)符合国家补贴资金的安排原则;

(四)提交的相关文件齐备、有效;

（五）项目的主要建设（研发）条件基本落实；

（六）符合国家发展改革委要求的其他条件。

第十六条 国家发展改革委安排给单个国家高技术项目的资金最高限额原则上不超过2亿元。

国家发展改革委安排给单个地方政府投资的国家高技术项目的资金在3000万元及以下的，一律按投资补助或贴息方式管理，只审批资金申请报告。国家发展改革委安排给单个企业投资的国家高技术项目的资金在3000万元及以下的，可按投资补助或贷款贴息方式管理，国家发展改革委审批资金申请报告；也可按直接投资或资本金注入方式管理，国家发展改革委审批可行性研究报告。

国家发展改革委安排给单个国家高技术项目的资金在3000万元-2亿元之间且占项目总投资的比例不超过50%的，对于地方政府投资项目可按投资补助或贷款贴息的方式管理，国家发展改革委审批资金申请报告；对于企业投资项目可按投资补助或贷款贴息的方式管理，国家发展改革委审批资金申请报告，也可按直接投资或资本金注入方式管理，国家发展改革委审批可行性研究报告。

国家发展改革委安排给单个国家高技术项目的资金在3000万元-2亿元之间且占项目总投资的比例超过50%的，或超过2亿元的，按直接投资或资本金注入方式管理，由国家发展改革委审批可行性研究报告。

第十七条 单个国家高技术项目的国家补贴资金超过3000万元的，国家发展改革委可要求项目单位报送初步设计概算，并委托咨询机构进行评审，根据评审结果决定国家安排资金的具体数额。

第十八条 单个国家高技术项目的国家补贴资金原则上均为一次性安排。对于已经安排国家补贴资金的国家高技术项目，国家发展改革委不再重复受理其资金申请报告。

第四章 资金管理

第十九条 国家高技术项目的资金来源包括项目单位的自有资金、国家补贴资金、国务院有关部门或地方政府配套资金、银行贷款，以及项目单位筹集的其它资金。项目资金原则上以项目单位自筹为主，国家采用资金补贴的方式予以支持。

第二十条 项目单位筹集的项目资本金或研发项目的自有资金不得低于项目新增投资的30%。项目资本金来源包括项目单位可用于项目的现金、发行股票筹集的资金、新老股东增资扩股资金、资产变现的资金等。

第二十一条 国家补贴资金分为投资补助和贷款贴息补助两类。

国家投资补助应根据项目的重要性、风险程度以及产业发展、区域布局等要求，分档给予补助支持。

贷款贴息补助的贴息率不超过当期银行中长期贷款利率。贴息资金总额根据项目符合贴息条件的银行贷款总额、当年贴息率和贴息年限计算确定，原则上按项目的实施进度和贷款的实际发生额分期安排贴息资金。

第二十二条 国家补贴资金主要用于项目的研究开发、购置研究开发及工程化所需的仪器设备、改善工艺设备和测试条件、建设产业化或工程化验证成套装置和试验装置、建设必要的配套基础设施、购置必要的技术、软件等。

第二十三条 经国家发展改革委批复的国家高技术项目列入国家高技术产业发展项目计划和投资计划。

国家发展改革委根据项目资金申请报告的批复文件、项目建设进度和项目建设资金到位情况,以及项目主管部门提出的项目国家补贴资金的下达申请,可一次或分次下达国家补贴资金投资计划。项目主管部门收到国家补贴资金投资计划后,要按有关规定尽快将国家补贴资金投资计划下达到项目单位,并做好有关协调工作。

对于由省级经济(贸易)委员会作为项目主管部门的项目,国家发展改革委将国家补贴资金投资计划同时下达省级发展和改革委员会及经济(贸易)委员会,由省级发展和改革委员会、省级经济(贸易)委员会联合下达到项目单位。

第二十四条 项目单位对国家补贴资金要专款专用、专账管理;任何部门和单位不得截留、挤占和挪用国家补贴资金;项目主管部门要对国家补贴资金加强监管,督促项目单位按照国家补贴资金使用方向使用国家补贴资金。

第二十五条 项目单位的自筹资金应按计划及时足额投入。鼓励项目主管部门对项目安排必要的配套资金。

第五章 项目实施与管理

第二十六条 国家高技术项目实行项目单位责任制,项目单位依照有关法律法规负责项目的筹划、筹资、建设、运营等,并配合国家有关部门和项目主管部门做好对国家补贴资金使用的监督、检查和审计工作。

第二十七条 项目主管部门根据国家对项目资金申请报告的批复文件和项目审批、核准或备案文件,对项目实施情况和国家补贴资金的使用情况等进行监管。项目主管部门可根据具体情况要求项目单位编制项目初步设计、建设方案或实施方案。

第二十八条 所有国家高技术项目应按照国家有关招标投标的法律法规做好招标工作。其中,对于使用国家补贴资金 500 万元及以上的项目,要严格按照国家发展改革委核准的项目招标内容和有关招标投标的法律法规开展招标工作。

第二十九条 项目主管部门应在每年 2 月底和 8 月底以前,以正式文件向国家发展改革委提交包括项目进度情况、存在的问题、解决问题的具体措施和处理意见等内容的项目进展情况报告,并提出国家补贴资金的下达申请。项目单位应按照项目主管部门的要求报送有关项目进展情况。

第三十条 项目单位应按照资金申请报告批复的总体目标组织实施。实施过程中,项目出现重大情况需调整的,应向项目主管部门报告。对不能完成总体目标的项目,由项目主管部门提出处理建议报国家发展改革委;对于其他不影响项目总体目标实现的调整,由项目主管部门负责审核调整,并抄报国家发展改革委。

第三十一条 项目实施达到项目总体目标后,项目单位应及时做好项目验收准备工作,并向项目主管部门提出项目验收申请。项目主管部门应及时对项目进行验收,并将验收结论报送国家发展改革委。计划单列企业集团和中央管理企业在验收国家高技术项目时,应邀请第三方人员参加。项目单位要按国家有关规定妥善保管项目有关档案和验收材料。

第三十二条 项目实施过程中和验收后，国家发展改革委可视情况组织或委托项目主管部门、有关中介机构或有关专家组对项目进行中期评估和后评估。

第三十三条 项目实施过程中取得的专利、著作权等知识产权权属，按照有关法律法规执行。

第三十四条 研制开发项目的国家补贴资金财务处理按照科研项目相应的财政拨款有关规定管理。其他国家高技术项目的国家补贴资金的财务处理按照资本公积管理。

第六章 监督管理和法律责任

第三十五条 国家发展改革委负责对国家高技术项目实施情况进行监督。财政、审计、监察等部门依据职能分工进行监督检查。项目主管部门和项目单位应配合监督、审计、监察和检查工作。

第三十六条 项目监督、审计、监察和检查工作应按照有关法律法规和本管理办法进行。

第三十七条 国家高技术项目信息，除涉及国家秘密和国家安全，商业秘密和其他依法不适宜公开的外，应当采取适当方式向社会公开。国家发展改革委和项目主管部门受理单位、个人对国家高技术项目在审批、建设过程中违法违规行为的举报，并按照有关规定予以查处。

第三十八条 对于按项目总体目标和项目内容按期或提前完成、通过验收，取得突出成绩的项目单位，以及在项目组织和管理中工作表现出色的项目主管部门及工作人员，国家发展改革委将给予表彰，并在今后的国家高技术项目评选中，对受表彰的项目主管部门组织申报的项目同等条件下优先安排。

第三十九条 项目单位有下列行为之一的，国家发展改革委可以责令其限期整改，核减、停止拨付或收回国家补贴资金，并可视情节轻重提请或移交有关机关依法追究有关责任人的行政或法律责任：

（一）提供虚假情况，骗取国家补贴资金的；

（二）转移、侵占或者挪用国家补贴资金的；

（三）擅自改变项目总体目标和主要建设内容的；

（四）无违规行为，但无正当理由未按要求完成项目总体目标延期两年未验收的；

（五）其他违反国家法律法规和本办法规定的行为。

第四十条 项目组织部门、项目主管部门和评估、咨询单位及有关责任人在审批、管理、评估、咨询、监督、检查等过程中弄虚作假、玩忽职守、滥用职权、徇私舞弊、索贿受贿的，国家发展改革委可建议有关部门依法追究有关责任人的行政责任；构成犯罪的，由司法机关依法追究刑事责任。

第七章 附 则

第四十一条 项目主管部门应根据本办法的总体原则，结合本部门、本地区的具体情况，制订相应的实施细则，并报国家发展改革委备案。

第四十二条 本办法由国家发展改革委负责解释。

第四十三条 本办法自二〇〇六年四月一日起施行。

13. 工会劳动法律监督办法

（2021年3月31日）

第一章　总　则

第一条　为保障和规范工会劳动法律监督工作，维护职工合法权益，推动构建和谐劳动关系，根据《中华人民共和国宪法》和《中华人民共和国工会法》、《中华人民共和国劳动法》及《中国工会章程》等有关规定，制定本办法。

第二条　工会劳动法律监督，是工会依法对劳动法律法规执行情况进行的有组织的群众监督，是我国劳动法律监督体系的重要组成部分。

第三条　工会劳动法律监督工作应当遵循依法规范、客观公正、依靠职工、协调配合的原则。

第四条　全国总工会负责全国的工会劳动法律监督工作。

县级以上地方总工会负责本行政区域内的工会劳动法律监督工作。

乡镇（街道）工会、开发区（工业园区）工会、区域性、行业性工会联合会等负责本区域或本行业的工会劳动法律监督工作。

用人单位工会负责本单位的工会劳动法律监督工作。

第五条　上级工会应当加强对下级工会劳动法律监督工作的指导和督促检查。

涉及工会劳动法律监督的重大事项，下级工会应当及时向上级工会报告，上级工会应当及时给予指导帮助。对上级工会交办的劳动法律监督事项，下级工会应当及时办理并报告。

第六条　工会应当积极配合有关部门，对政府部门贯彻实施劳动法律法规的情况进行监督。

第七条　有关劳动安全卫生、社会保险等各类专业监督检查，已有相关规定的，按规定执行。

第二章　监督职责

第八条　工会开展劳动法律监督，依法享有下列权利：

（一）监督用人单位遵守劳动法律法规的情况；

（二）参与调查处理；

（三）提出意见要求依法改正；

（四）提请政府有关主管部门依法处理；

（五）支持和帮助职工依法行使劳动法律监督权利；

（六）法律法规规定的其他劳动法律监督权利。

第九条　工会对用人单位的下列情况实施监督：

（一）执行国家有关就业规定的情况；

（二）执行国家有关订立、履行、变更、解除劳动合同规定的情况；

（三）开展集体协商，签订和履行集体合同的情况；

（四）执行国家有关工作时间、休息、休假规定的情况；

（五）执行国家有关工资报酬规定的情况；

（六）执行国家有关各项劳动安全卫生及伤亡事故和职业病处理规定的情况；

（七）执行国家有关女职工和未成年工特殊保护规定的情况；

（八）执行国家有关职业培训和职业技能考核规定的情况；

（九）执行国家有关职工保险、福利待遇规定的情况；

（十）制定内部劳动规章制度的情况；

（十一）法律法规规定的其他劳动法律监督事项。

第十条　工会重点监督用人单位恶意欠薪、违法超时加班、违法裁员、未缴纳或未足额缴纳社会保险费、侮辱体罚、强迫劳动、就业歧视、使用童工、损害职工健康等问题。对发现的有关问题线索，应当调查核实，督促整改，并及时向上级工会报告；对职工申请仲裁、提起诉讼的，工会应当依法给予支持和帮助。

第十一条　工会应当加强法治宣传，引导用人单位依法用工，教育职工依法理性表达合理诉求。

第十二条　工会建立隐患排查、风险研判和预警发布等制度机制，加强劳动关系矛盾预防预警、信息报送和多方沟通协商，把劳动关系矛盾风险隐患化解在基层、消除在萌芽状态。

第十三条　县级以上工会经同级人大、政协同意，可以参加其组织的劳动法律法规执法检查、视察。

第三章　监督组织

第十四条　县级以上总工会设立工会劳动法律监督委员会，在同级工会领导下开展工会劳动法律监督工作。工会劳动法律监督委员会的日常工作由工会有关部门负责。

基层工会或职工代表大会设立劳动法律监督委员会或监督小组。工会劳动法律监督委员会受同级工会委员会领导。职工代表大会设立的劳动法律监督委员会对职工代表大会负责。

工会劳动法律监督委员会任期与本级工会任期相同。

第十五条　县级以上工会劳动法律监督委员会委员由相关业务部门的人员组成，也可以聘请社会有关人士参加。

基层工会劳动法律监督委员会委员或监督小组成员从工会工作者和职工群众中推选产生。

第十六条　工会劳动法律监督委员会可以聘任若干劳动法律监督员。工会劳动法律监督委员会成员同时为本级工会劳动法律监督员。

第十七条　工会劳动法律监督员应当具备以下条件：

（一）具有较高的政治觉悟，热爱工会工作；

（二）熟悉劳动法律法规，具备履职能力；

（三）公道正派，热心为职工群众说话办事；

（四）奉公守法，清正廉洁。

第十八条　工会劳动法律监督员实行先培训合格、后持证上岗制度。工会劳动法律监督员由县级以上总工会负责培训，对考核合格的，颁发《工会劳动法律监督员证书》。证书样式由中华全国总工会统一制定。

第十九条　各级工会应当建立有关制度和信息档案，对工会劳动法律监督员进行实名制管理，具体工作由工会有关部门负责。

第二十条　工会可以聘请人大代表、政协委员、专家学者、社会人士等作为本级工会劳动法律监督委员会顾问，也可以通过聘请律师、购买服务等方式为工会劳动法律监督委员会提供法律服务。

第四章　监督实施

第二十一条　基层工会对本单位遵守劳动法律法规的情况实行监督，对劳动过程中发生的违反劳动法律法规的问题，应当及时向生产管理人员提出改进意见；对于严重损害劳动者合法权益的行为，基层工会在向单位行政提出意见的同时，可以向上级工会和当地政府有关主管部门报告，提出查处建议。

第二十二条　职工代表大会设立的劳动法律监督委员会，对本单位执行劳动法律法规的情况进行监督检查，定期向职工代表大会报告工作，针对存在的问题提出意见或议案，经职工代表大会作出决议，督促行政方面执行。

第二十三条　工会建立健全劳动法律监督投诉制度，对实名投诉人个人信息应当予以保密。

第二十四条　上级工会收到对用人单位违反劳动法律法规行为投诉的，应当及时转交所在用人单位工会受理，所在用人单位工会应当开展调查，于三十个工作日内将结果反馈职工与上级工会。对不属于监督范围或者已经由行政机关、仲裁机构、人民法院受理的投诉事项，所在用人单位工会应当告知实名投诉人。

用人单位工会开展劳动法律监督工作有困难的，上级工会应当及时给予指导帮助。

第二十五条　工会在处理投诉或者日常监督工作中发现用人单位存在违反劳动法律法规、侵害职工合法权益行为的，可以进行现场调查，向有关人员了解情况，查阅、复制有关资料，核查事实。

第二十六条　工会劳动法律监督员对用人单位进行调查时，应当不少于 2 人，必要时上级工会可以派员参与调查。

工会劳动法律监督员执行任务时，应当将调查情况在现场如实记录，经用人单位核阅后，由调查人员和用人单位的有关人员共同签名或盖章。用人单位拒绝签名或盖章的，应当在记录上注明。

工会劳动法律监督员调查中应当尊重和保护个人信息，保守用人单位商业秘密。

第二十七条　工会主动监督中发现违反劳动法律法规、侵害职工合法权益行为的，应当及时代表职工与用人单位协商，要求整改。对于职工的投诉事项，经调查认为用人单位不存在违反劳动法律法规、侵害职工合法权益行为的，应当向职工说明；认为用人单位存在违反劳动法律法规、侵害职工合法权益行为的，应当代表职工协商解决。

第二十八条　工会对用人单位违反劳动法律法规、侵害职工合法权益的行为，经协商沟通解决不成或要求整改无效的，向上一级工会报告，由本级或者上一级工会根据实际情况向用人单位发出工会劳动法律监督书面意见。

用人单位收到工会劳动法律监督书面意见后，未在规定期限内答复，或者无正当理由拒不改正的，基层工会可以提请地方工会向同级人民政府有关主管部门发出书面建议，并移交相关材料。

第五章　监督保障

第二十九条　工会开展劳动法律监督活动所需经费纳入本级工会预算。

第三十条　地方工会可以结合实际，建立非公有制企业工会劳动法律监督员配套补助制度。

第三十一条　各级工会应当为工会劳动法律监督员履职创造必要条件。工会劳动法律监督员因依法履职受到打击报复的，有权向本级或上级工会反映，上级工会应当及时给予支持和帮助，依法维护其合法权益。

第六章　附　则

第三十二条　本办法由中华全国总工会负责解释。

第三十三条　本办法自印发之日起施行。1995 年 8 月 17 日中华全国总工会印发的《工会劳动法律监督试行办法》同时废止。

14. 职业病诊断与鉴定管理办法

（2021 年 1 月 4 日国家卫生健康委员会令第 6 号公布　自公布之日起施行）

第一章　总　则

第一条　为了规范职业病诊断与鉴定工作，加强职业病诊断与鉴定管理，根据《中华人民共和国职业病防治法》（以下简称《职业病防治法》），制定本办法。

第二条　职业病诊断与鉴定工作应当按照《职业病防治法》、本办法的有关规定及《职业病分类和目录》、国家职业病诊断标准进行，遵循科学、公正、及时、便捷的原则。

第三条　国家卫生健康委负责全国范围内职业病诊断与鉴定的监督管理工作，县级以上地方卫生健康主管部门依据职责负责本行政区域内职业病诊断与鉴定的监督管理工作。

省、自治区、直辖市卫生健康主管部门（以下简称省级卫生健康主管部门）应当结合本行政区域职业病防治工作实际和医疗卫生服务体系规划，充分利用现有医疗卫生资源，实现职业病诊断机构区域覆盖。

第四条　各地要加强职业病诊断机构能力建设，提供必要的保障条件，配备相关的人员、设备和工作经费，以满足职业病诊断工作的需要。

第五条　各地要加强职业病诊断与鉴定信息化建设，建立健全劳动者接触职业病危害、开展职业健康检查、进行职业病诊断与鉴定等全过程的信息化系统，不断提高职业病诊断与鉴定信息报告的准确性、及时性和有效性。

第六条　用人单位应当依法履行职业病诊断、鉴定的相关义务：

（一）及时安排职业病病人、疑似职业病病人进行诊治；

（二）如实提供职业病诊断、鉴定所需的资料；

（三）承担职业病诊断、鉴定的费用和疑似职业病病人在诊断、医学观察期间的费用；

（四）报告职业病和疑似职业病；

（五）《职业病防治法》规定的其他相关义务。

第二章　诊断机构

第七条　医疗卫生机构开展职业病诊断工作，应当在开展之日起十五个工作日内向省级卫生健康主管部门备案。

省级卫生健康主管部门应当自收到完整备案材料之日起十五个工作日内向社会公布备案的医疗卫生机构名单、地址、诊断项目（即《职业病分类和目录》中的职业病类别和病种）等相关信息。

第八条　医疗卫生机构开展职业病诊断工作应当具备下列条件：

（一）持有《医疗机构执业许可证》；

（二）具有相应的诊疗科目及与备案开展的诊断项目相适应的职业病诊断医师及相关医疗卫生技术人员；

（三）具有与备案开展的诊断项目相适应的场所和仪器、设备；

（四）具有健全的职业病诊断质量管理制度。

第九条　医疗卫生机构进行职业病诊断备案时，应当提交以下证明其符合本办法第八条规定条件的有关资料：

（一）《医疗机构执业许可证》原件、副本及复印件；

（二）职业病诊断医师资格等相关资料；

（三）相关的仪器设备清单；

（四）负责职业病信息报告人员名单；

（五）职业病诊断质量管理制度等相关资料。

第十条　职业病诊断机构对备案信息的真实性、准确性、合法性负责。

当备案信息发生变化时，应当自信息发生变化之日起十个工作日内向省级卫生健康主管部门提交变更信息。

第十一条　设区的市没有医疗卫生机构备案开展职业病诊断的，省级卫生健康主管部门应当根据职业病诊断工作的需要，指定符合本办法第八条规定条件的医疗卫生机构承担职业病诊断工作。

第十二条　职业病诊断机构的职责是：

（一）在备案的诊断项目范围内开展职业病诊断；

（二）及时向所在地卫生健康主管部门报告职业病；

（三）按照卫生健康主管部门要求报告职业病诊断工作情况；

（四）承担《职业病防治法》中规定的其他职责。

第十三条　职业病诊断机构依法独立行使诊断权，并对其作出的职业病诊断结论负责。

第十四条 职业病诊断机构应当建立和健全职业病诊断管理制度，加强职业病诊断医师等有关医疗卫生人员技术培训和政策、法律培训，并采取措施改善职业病诊断工作条件，提高职业病诊断服务质量和水平。

第十五条 职业病诊断机构应当公开职业病诊断程序和诊断项目范围，方便劳动者进行职业病诊断。

职业病诊断机构及其相关工作人员应当尊重、关心、爱护劳动者，保护劳动者的隐私。

第十六条 从事职业病诊断的医师应当具备下列条件，并取得省级卫生健康主管部门颁发的职业病诊断资格证书：

（一）具有医师执业证书；

（二）具有中级以上卫生专业技术职务任职资格；

（三）熟悉职业病防治法律法规和职业病诊断标准；

（四）从事职业病诊断、鉴定相关工作三年以上；

（五）按规定参加职业病诊断医师相应专业的培训，并考核合格。

省级卫生健康主管部门应当依据本办法的规定和国家卫生健康委制定的职业病诊断医师培训大纲，制定本行政区域职业病诊断医师培训考核办法并组织实施。

第十七条 职业病诊断医师应当依法在职业病诊断机构备案的诊断项目范围内从事职业病诊断工作，不得从事超出其职业病诊断资格范围的职业病诊断工作；职业病诊断医师应当按照有关规定参加职业卫生、放射卫生、职业医学等领域的继续医学教育。

第十八条 省级卫生健康主管部门应当加强本行政区域内职业病诊断机构的质量控制管理工作，组织开展职业病诊断机构质量控制评估。

职业病诊断质量控制规范和医疗卫生机构职业病报告规范另行制定。

第三章 诊 断

第十九条 劳动者可以在用人单位所在地、本人户籍所在地或者经常居住地的职业病诊断机构进行职业病诊断。

第二十条 职业病诊断应当按照《职业病防治法》、本办法的有关规定及《职业病分类和目录》、国家职业病诊断标准，依据劳动者的职业史、职业病危害接触史和工作场所职业病危害因素情况、临床表现以及辅助检查结果等，进行综合分析。材料齐全的情况下，职业病诊断机构应当在收齐材料之日起三十日内作出诊断结论。

没有证据否定职业病危害因素与病人临床表现之间的必然联系的，应当诊断为职业病。

第二十一条 职业病诊断需要以下资料：

（一）劳动者职业史和职业病危害接触史（包括在岗时间、工种、岗位、接触的职业病危害因素名称等）；

（二）劳动者职业健康检查结果；

（三）工作场所职业病危害因素检测结果；

（四）职业性放射性疾病诊断还需要个人剂量监测档案等资料。

第二十二条 劳动者依法要求进行职业病诊断的，职业病诊断机构不得拒绝劳动者进行职业病诊断的要求，并告知劳动者职业病诊断的程序和所需材料。劳动者应当填写《职业病诊断就诊登记表》，并提供本人掌握的职业病诊断有关资料。

第二十三条　职业病诊断机构进行职业病诊断时，应当书面通知劳动者所在的用人单位提供本办法第二十一条规定的职业病诊断资料，用人单位应当在接到通知后的十日内如实提供。

第二十四条　用人单位未在规定时间内提供职业病诊断所需要资料的，职业病诊断机构可以依法提请卫生健康主管部门督促用人单位提供。

第二十五条　劳动者对用人单位提供的工作场所职业病危害因素检测结果等资料有异议，或者因劳动者的用人单位解散、破产，无用人单位提供上述资料的，职业病诊断机构应当依法提请用人单位所在地卫生健康主管部门进行调查。

卫生健康主管部门应当自接到申请之日起三十日内对存在异议的资料或者工作场所职业病危害因素情况作出判定。

职业病诊断机构在卫生健康主管部门作出调查结论或者判定前应当中止职业病诊断。

第二十六条　职业病诊断机构需要了解工作场所职业病危害因素情况时，可以对工作场所进行现场调查，也可以依法提请卫生健康主管部门组织现场调查。卫生健康主管部门应当在接到申请之日起三十日内完成现场调查。

第二十七条　在确认劳动者职业史、职业病危害接触史时，当事人对劳动关系、工种、工作岗位或者在岗时间有争议的，职业病诊断机构应当告知当事人依法向用人单位所在地的劳动人事争议仲裁委员会申请仲裁。

第二十八条　经卫生健康主管部门督促，用人单位仍不提供工作场所职业病危害因素检测结果、职业健康监护档案等资料或者提供资料不全的，职业病诊断机构应当结合劳动者的临床表现、辅助检查结果和劳动者的职业史、职业病危害接触史，并参考劳动者自述或工友旁证资料、卫生健康等有关部门提供的日常监督检查信息等，作出职业病诊断结论。对于作出无职业病诊断结论的病人，可依据病人的临床表现以及辅助检查结果，作出疾病的诊断，提出相关医学意见或者建议。

第二十九条　职业病诊断机构可以根据诊断需要，聘请其他单位职业病诊断医师参加诊断。必要时，可以邀请相关专业专家提供咨询意见。

第三十条　职业病诊断机构作出职业病诊断结论后，应当出具职业病诊断证明书。职业病诊断证明书应当由参与诊断的取得职业病诊断资格的执业医师签署。

职业病诊断机构应当对职业病诊断医师签署的职业病诊断证明书进行审核，确认诊断的依据与结论符合有关法律法规、标准的要求，并在职业病诊断证明书上盖章。

职业病诊断证明书的书写应当符合相关标准的要求。

职业病诊断证明书一式五份，劳动者一份，用人单位所在地县级卫生健康主管部门一份，用人单位两份，诊断机构存档一份。

职业病诊断证明书应当于出具之日起十五日内由职业病诊断机构送达劳动者、用人单位及用人单位所在地县级卫生健康主管部门。

第三十一条　职业病诊断机构应当建立职业病诊断档案并永久保存，档案应当包括：

（一）职业病诊断证明书；

（二）职业病诊断记录；

（三）用人单位、劳动者和相关部门、机构提交的有关资料；

（四）临床检查与实验室检验等资料。

职业病诊断机构拟不再开展职业病诊断工作的，应当在拟停止开展职业病诊断工作的十五个工作日之前告知省级卫生健康主管部门和所在地县级卫生健康主管部门，妥善处理职业病诊断档案。

第三十二条 职业病诊断机构发现职业病病人或者疑似职业病病人时，应当及时向所在地县级卫生健康主管部门报告。职业病诊断机构应当在作出职业病诊断之日起十五日内通过职业病及健康危害因素监测信息系统进行信息报告，并确保报告信息的完整、真实和准确。

确诊为职业病的，职业病诊断机构可以根据需要，向卫生健康主管部门、用人单位提出专业建议；告知职业病病人依法享有的职业健康权益。

第三十三条 未承担职业病诊断工作的医疗卫生机构，在诊疗活动中发现劳动者的健康损害可能与其所从事的职业有关时，应及时告知劳动者到职业病诊断机构进行职业病诊断。

第四章 鉴 定

第三十四条 当事人对职业病诊断机构作出的职业病诊断有异议的，可以在接到职业病诊断证明书之日起三十日内，向作出诊断的职业病诊断机构所在地设区的市级卫生健康主管部门申请鉴定。

职业病诊断争议由设区的市级以上地方卫生健康主管部门根据当事人的申请组织职业病诊断鉴定委员会进行鉴定。

第三十五条 职业病鉴定实行两级鉴定制，设区的市级职业病诊断鉴定委员会负责职业病诊断争议的首次鉴定。

当事人对设区的市级职业病鉴定结论不服的，可以在接到诊断鉴定书之日起十五日内，向原鉴定组织所在地省级卫生健康主管部门申请再鉴定，省级鉴定为最终鉴定。

第三十六条 设区的市级以上地方卫生健康主管部门可以指定办事机构，具体承担职业病诊断鉴定的组织和日常性工作。职业病鉴定办事机构的职责是：

（一）接受当事人申请；

（二）组织当事人或者接受当事人委托抽取职业病诊断鉴定专家；

（三）组织职业病诊断鉴定会议，负责会议记录、职业病诊断鉴定相关文书的收发及其他事务性工作；

（四）建立并管理职业病诊断鉴定档案；

（五）报告职业病诊断鉴定相关信息；

（六）承担卫生健康主管部门委托的有关职业病诊断鉴定的工作。

职业病诊断机构不能作为职业病鉴定办事机构。

第三十七条 设区的市级以上地方卫生健康主管部门应当向社会公布本行政区域内依法承担职业病诊断鉴定工作的办事机构的名称、工作时间、地点、联系人、联系电话和鉴定工作程序。

第三十八条 省级卫生健康主管部门应当设立职业病诊断鉴定专家库(以下简称专家库),并根据实际工作需要及时调整其成员。专家库可以按照专业类别进行分组。

第三十九条 专家库应当以取得职业病诊断资格的不同专业类别的医师为主要成员,吸收临床相关学科、职业卫生、放射卫生、法律等相关专业的专家组成。专家应当具备下列条件:

(一)具有良好的业务素质和职业道德;

(二)具有相关专业的高级专业技术职务任职资格;

(三)熟悉职业病防治法律法规和职业病诊断标准;

(四)身体健康,能够胜任职业病诊断鉴定工作。

第四十条 参加职业病诊断鉴定的专家,应当由当事人或者由其委托的职业病鉴定办事机构从专家库中按照专业类别以随机抽取的方式确定。抽取的专家组成职业病诊断鉴定委员会(以下简称鉴定委员会)。

经当事人同意,职业病鉴定办事机构可以根据鉴定需要聘请本省、自治区、直辖市以外的相关专业专家作为鉴定委员会成员,并有表决权。

第四十一条 鉴定委员会人数为五人以上单数,其中相关专业职业病诊断医师应当为本次鉴定专家人数的半数以上。疑难病例应当增加鉴定委员会人数,充分听取意见。鉴定委员会设主任委员一名,由鉴定委员会成员推举产生。

职业病诊断鉴定会议由鉴定委员会主任委员主持。

第四十二条 参加职业病诊断鉴定的专家有下列情形之一的,应当回避:

(一)是职业病诊断鉴定当事人或者当事人近亲属的;

(二)已参加当事人职业病诊断或者首次鉴定的;

(三)与职业病诊断鉴定当事人有利害关系的;

(四)与职业病诊断鉴定当事人有其他关系,可能影响鉴定公正的。

第四十三条 当事人申请职业病诊断鉴定时,应当提供以下资料:

(一)职业病诊断鉴定申请书;

(二)职业病诊断证明书;

(三)申请省级鉴定的还应当提交市级职业病诊断鉴定书。

第四十四条 职业病鉴定办事机构应当自收到申请资料之日起五个工作日内完成资料审核,对资料齐全的发给受理通知书;资料不全的,应当当场或者在五个工作日内一次性告知当事人补充。资料补充齐全的,应当受理申请并组织鉴定。

职业病鉴定办事机构收到当事人鉴定申请之后,根据需要可以向原职业病诊断机构或者组织首次鉴定的办事机构调阅有关的诊断、鉴定资料。原职业病诊断机构或者组织首次鉴定的办事机构应当在接到通知之日起十日内提交。

职业病鉴定办事机构应当在受理鉴定申请之日起四十日内组织鉴定、形成鉴定结论,并出具职业病诊断鉴定书。

第四十五条 根据职业病诊断鉴定工作需要,职业病鉴定办事机构可以向有关单位调取与职业病诊断、鉴定有关的资料,有关单位应当如实、及时提供。

鉴定委员会应当听取当事人的陈述和申辩,必要时可以组织进行医学检查,医学检查应当在三十日内完成。

需要了解被鉴定人的工作场所职业病危害因素情况时,职业病鉴定办事机构根据鉴定委员会的意见可以组织对工作场所进行现场调查,或者依法提请卫生健康主管部门组织现场调查。现场调查应当在三十日内完成。

医学检查和现场调查时间不计算在职业病鉴定规定的期限内。

职业病诊断鉴定应当遵循客观、公正的原则,鉴定委员会进行职业病诊断鉴定时,可以邀请有关单位人员旁听职业病诊断鉴定会议。所有参与职业病诊断鉴定的人员应当依法保护当事人的个人隐私、商业秘密。

第四十六条 鉴定委员会应当认真审阅鉴定资料,依照有关规定和职业病诊断标准,经充分合议后,根据专业知识独立进行鉴定。在事实清楚的基础上,进行综合分析,作出鉴定结论,并制作职业病诊断鉴定书。

鉴定结论应当经鉴定委员会半数以上成员通过。

第四十七条 职业病诊断鉴定书应当包括以下内容:

(一)劳动者、用人单位的基本信息及鉴定事由;

(二)鉴定结论及其依据,鉴定为职业病的,应当注明职业病名称、程度(期别);

(三)鉴定时间。

诊断鉴定书加盖职业病鉴定委员会印章。

首次鉴定的职业病诊断鉴定书一式五份,劳动者、用人单位、用人单位所在地市级卫生健康主管部门、原诊断机构各一份,职业病鉴定办事机构存档一份;省级鉴定的职业病诊断鉴定书一式六份,劳动者、用人单位、用人单位所在地省级卫生健康主管部门、原诊断机构、首次职业病鉴定办事机构各一份,省级职业病鉴定办事机构存档一份。

职业病诊断鉴定书的格式由国家卫生健康委员会统一规定。

第四十八条 职业病鉴定办事机构出具职业病诊断鉴定书后,应当于出具之日起十日内送达当事人,并在出具职业病诊断鉴定书后的十日内将职业病诊断鉴定书等有关信息告知原职业病诊断机构或者首次职业病鉴定办事机构,并通过职业病及健康危害因素监测信息系统报告职业病鉴定相关信息。

第四十九条 职业病鉴定结论与职业病诊断结论或者首次职业病鉴定结论不一致的,职业病鉴定办事机构应当在出具职业病诊断鉴定书后十日内向相关卫生健康主管部门报告。

第五十条 职业病鉴定办事机构应当如实记录职业病诊断鉴定过程,内容应当包括:

(一)鉴定委员会的专家组成;

(二)鉴定时间;

(三)鉴定所用资料;

(四)鉴定专家的发言及其鉴定意见;

(五)表决情况;

(六)经鉴定专家签字的鉴定结论。

有当事人陈述和申辩的,应当如实记录。

鉴定结束后,鉴定记录应当随同职业病诊断鉴定书一并由职业病鉴定办事机构存档,永久保存。

第五章　监督管理

第五十一条　县级以上地方卫生健康主管部门应当定期对职业病诊断机构进行监督检查,检查内容包括:

(一)法律法规、标准的执行情况;

(二)规章制度建立情况;

(三)备案的职业病诊断信息真实性情况;

(四)按照备案的诊断项目开展职业病诊断工作情况;

(五)开展职业病诊断质量控制、参加质量控制评估及整改情况;

(六)人员、岗位职责落实和培训情况;

(七)职业病报告情况。

第五十二条　设区的市级以上地方卫生健康主管部门应当加强对职业病鉴定办事机构的监督管理,对职业病鉴定工作程序、制度落实情况及职业病报告等相关工作情况进行监督检查。

第五十三条　县级以上地方卫生健康主管部门监督检查时,有权查阅或者复制有关资料,职业病诊断机构应当予以配合。

第六章　法律责任

第五十四条　医疗卫生机构未按照规定备案开展职业病诊断的,由县级以上地方卫生健康主管部门责令改正,给予警告,可以并处三万元以下罚款。

第五十五条　职业病诊断机构有下列行为之一的,其作出的职业病诊断无效,由县级以上地方卫生健康主管部门按照《职业病防治法》的第八十条的规定进行处理:

(一)超出诊疗项目登记范围从事职业病诊断的;

(二)不按照《职业病防治法》规定履行法定职责的;

(三)出具虚假证明文件的。

第五十六条　职业病诊断机构未按照规定报告职业病、疑似职业病的,由县级以上地方卫生健康主管部门按照《职业病防治法》第七十四条的规定进行处理。

第五十七条　职业病诊断机构违反本办法规定,有下列情形之一的,由县级以上地方卫生健康主管部门责令限期改正;逾期不改的,给予警告,并可以根据情节轻重处以三万元以下罚款:

(一)未建立职业病诊断管理制度的;

(二)未按照规定向劳动者公开职业病诊断程序的;

(三)泄露劳动者涉及个人隐私的有关信息、资料的;

(四)未按照规定参加质量控制评估,或者质量控制评估不合格且未按要求整改的;

(五)拒不配合卫生健康主管部门监督检查的。

第五十八条　职业病诊断鉴定委员会组成人员收受职业病诊断争议当事人的财物或者其他好处的,由省级卫生健康主管部门按照《职业病防治法》第八十一条的规定进行处理。

第五十九条　县级以上地方卫生健康主管部门及其工作人员未依法履行职责,按照

《职业病防治法》第八十三条第二款规定进行处理。

第六十条 用人单位有下列行为之一的，由县级以上地方卫生健康主管部门按照《职业病防治法》第七十二条规定进行处理：

（一）未按照规定安排职业病病人、疑似职业病病人进行诊治的；

（二）拒不提供职业病诊断、鉴定所需资料的；

（三）未按照规定承担职业病诊断、鉴定费用。

第六十一条 用人单位未按照规定报告职业病、疑似职业病的，由县级以上地方卫生健康主管部门按照《职业病防治法》第七十四条规定进行处理。

第六章 附 则

第六十二条 本办法所称"证据"，包括疾病的证据、接触职业病危害因素的证据，以及用于判定疾病与接触职业病危害因素之间因果关系的证据。

第六十三条 本办法自公布之日起施行。原卫生部2013年2月19日公布的《职业病诊断与鉴定管理办法》同时废止。

15. 职业健康检查管理办法

（2015年3月26日国家卫生和计划生育委员会令第5号公布 自2015年5月1日起施行 根据2019年2月28日《国家卫生健康委关于修改〈职业健康检查管理办法〉等4件部门规章的决定》（国家卫生健康委员会令第2号）修订）

第一章 总 则

第一条 为加强职业健康检查工作，规范职业健康检查机构管理，保护劳动者健康权益，根据《中华人民共和国职业病防治法》（以下简称《职业病防治法》），制定本办法。

第二条 本办法所称职业健康检查是指医疗卫生机构按照国家有关规定，对从事接触职业病危害作业的劳动者进行的上岗前、在岗期间、离岗时的健康检查。

第三条 国家卫生健康委负责全国范围内职业健康检查工作的监督管理。

县级以上地方卫生健康主管部门负责本辖区职业健康检查工作的监督管理；结合职业病防治工作实际需要，充分利用现有资源，统一规划、合理布局；加强职业健康检查机构能力建设，并提供必要的保障条件。

第二章 职业健康检查机构

第四条 医疗卫生机构开展职业健康检查，应当在开展之日起15个工作日内向省级卫生健康主管部门备案。备案的具体办法由省级卫生健康主管部门依据本办法制定，并向社会公布。

省级卫生健康主管部门应当及时向社会公布备案的医疗卫生机构名单、地址、检查类别和项目等相关信息，并告知核发其《医疗机构执业许可证》的卫生健康主管部门。核发其《医疗机构执业许可证》的卫生健康主管部门应当在该机构的《医疗机构执业许可证》副本备注栏注明检查类别和项目等信息。

第五条 承担职业健康检查的医疗卫生机构(以下简称职业健康检查机构)应当具备以下条件:

(一)持有《医疗机构执业许可证》,涉及放射检查项目的还应当持有《放射诊疗许可证》;

(二)具有相应的职业健康检查场所、候检场所和检验室,建筑总面积不少于400平方米,每个独立的检查室使用面积不少于6平方米;

(三)具有与备案开展的职业健康检查类别和项目相适应的执业医师、护士等医疗卫生技术人员;

(四)至少具有1名取得职业病诊断资格的执业医师;

(五)具有与备案开展的职业健康检查类别和项目相适应的仪器、设备,具有相应职业卫生生物监测能力;开展外出职业健康检查,应当具有相应的职业健康检查仪器、设备、专用车辆等条件;

(六)建立职业健康检查质量管理制度;

(七)具有与职业健康检查信息报告相应的条件。

医疗卫生机构进行职业健康检查备案时,应当提交证明其符合以上条件的有关资料。

第六条 开展职业健康检查工作的医疗卫生机构对备案的职业健康检查信息的真实性、准确性、合法性承担全部法律责任。

当备案信息发生变化时,职业健康检查机构应当自信息发生变化之日起10个工作日内提交变更信息。

第七条 职业健康检查机构具有以下职责:

(一)在备案开展的职业健康检查类别和项目范围内,依法开展职业健康检查工作,并出具职业健康检查报告;

(二)履行疑似职业病的告知和报告义务;

(三)报告职业健康检查信息;

(四)定期向卫生健康主管部门报告职业健康检查工作情况,包括外出职业健康检查工作情况;

(五)开展职业病防治知识宣传教育;

(六)承担卫生健康主管部门交办的其他工作。

第八条 职业健康检查机构应当指定主检医师。主检医师应当具备以下条件:

(一)具有执业医师证书;

(二)具有中级以上专业技术职务任职资格;

(三)具有职业病诊断资格;

(四)从事职业健康检查相关工作三年以上,熟悉职业卫生和职业病诊断相关标准。

主检医师负责确定职业健康检查项目和周期,对职业健康检查过程进行质量控制,审核职业健康检查报告。

第九条 职业健康检查机构及其工作人员应当关心、爱护劳动者,尊重和保护劳动者的知情权及个人隐私。

第十条 省级卫生健康主管部门应当指定机构负责本辖区内职业健康检查机构的

质量控制管理工作，组织开展实验室间比对和职业健康检查质量考核。

职业健康检查质量控制规范由中国疾病预防控制中心制定。

第三章 职业健康检查规范

第十一条 按照劳动者接触的职业病危害因素，职业健康检查分为以下六类：

（一）接触粉尘类；

（二）接触化学因素类；

（三）接触物理因素类；

（四）接触生物因素类；

（五）接触放射因素类；

（六）其他类（特殊作业等）。

以上每类中包含不同检查项目。职业健康检查机构应当在备案的检查类别和项目范围内开展相应的职业健康检查。

第十二条 职业健康检查机构开展职业健康检查应当与用人单位签订委托协议书，由用人单位统一组织劳动者进行职业健康检查；也可以由劳动者持单位介绍信进行职业健康检查。

第十三条 职业健康检查机构应当依据相关技术规范，结合用人单位提交的资料，明确用人单位应当检查的项目和周期。

第十四条 在职业健康检查中，用人单位应当如实提供以下职业健康检查所需的相关资料，并承担检查费用：

（一）用人单位的基本情况；

（二）工作场所职业病危害因素种类及其接触人员名册、岗位（或工种）、接触时间；

（三）工作场所职业病危害因素定期检测等相关资料。

第十五条 职业健康检查的项目、周期按照《职业健康监护技术规范》（GBZ 188）执行，放射工作人员职业健康检查按照《放射工作人员职业健康监护技术规范》（GBZ 235）等规定执行。

第十六条 职业健康检查机构可以在执业登记机关管辖区域内或者省级卫生健康主管部门指定区域内开展外出职业健康检查。外出职业健康检查进行医学影像学检查和实验室检测，必须保证检查质量并满足放射防护和生物安全的管理要求。

第十七条 职业健康检查机构应当在职业健康检查结束之日起30个工作日内将职业健康检查结果，包括劳动者个人职业健康检查报告和用人单位职业健康检查总结报告，书面告知用人单位，用人单位应当将劳动者个人职业健康检查结果及职业健康检查机构的建议等情况书面告知劳动者。

第十八条 职业健康检查机构发现疑似职业病病人时，应当告知劳动者本人并及时通知用人单位，同时向所在地卫生健康主管部门报告。发现职业禁忌的，应当及时告知用人单位和劳动者。

第十九条 职业健康检查机构要依托现有的信息平台，加强职业健康检查的统计报告工作，逐步实现信息的互联互通和共享。

第二十条 职业健康检查机构应当建立职业健康检查档案。职业健康检查档案保存时间应当自劳动者最后一次职业健康检查结束之日起不少于15年。

职业健康检查档案应当包括下列材料：

（一）职业健康检查委托协议书；

（二）用人单位提供的相关资料；

（三）出具的职业健康检查结果总结报告和告知材料；

（四）其他有关材料。

第四章　监督管理

第二十一条　县级以上地方卫生健康主管部门应当加强对本辖区职业健康检查机构的监督管理。按照属地化管理原则，制定年度监督检查计划，做好职业健康检查机构的监督检查工作。监督检查主要内容包括：

（一）相关法律法规、标准的执行情况；

（二）按照备案的类别和项目开展职业健康检查工作的情况；

（三）外出职业健康检查工作情况；

（四）职业健康检查质量控制情况；

（五）职业健康检查结果、疑似职业病的报告与告知以及职业健康检查信息报告情况；

（六）职业健康检查档案管理情况等。

第二十二条　省级卫生健康主管部门应当对本辖区内的职业健康检查机构进行定期或者不定期抽查；设区的市级卫生健康主管部门每年应当至少组织一次对本辖区内职业健康检查机构的监督检查；县级卫生健康主管部门负责日常监督检查。

第二十三条　县级以上地方卫生健康主管部门监督检查时，有权查阅或者复制有关资料，职业健康检查机构应当予以配合。

第五章　法律责任

第二十四条　无《医疗机构执业许可证》擅自开展职业健康检查的，由县级以上地方卫生健康主管部门依据《医疗机构管理条例》第四十四条的规定进行处理。

第二十五条　职业健康检查机构有下列行为之一的，由县级以上地方卫生健康主管部门责令改正，给予警告，可以并处3万元以下罚款：

（一）未按规定备案开展职业健康检查的；

（二）未按规定告知疑似职业病的；

（三）出具虚假证明文件的。

第二十六条　职业健康检查机构未按照规定报告疑似职业病的，由县级以上地方卫生健康主管部门依据《职业病防治法》第七十四条的规定进行处理。

第二十七条　职业健康检查机构有下列行为之一的，由县级以上地方卫生健康主管部门给予警告，责令限期改正；逾期不改的，处以三万元以下罚款：

（一）未指定主检医师或者指定的主检医师未取得职业病诊断资格的；

（二）未按要求建立职业健康检查档案的；

（三）未履行职业健康检查信息报告义务的；

(四)未按照相关职业健康监护技术规范规定开展工作的;

(五)违反本办法其他有关规定的。

第二十八条 职业健康检查机构未按规定参加实验室比对或者职业健康检查质量考核工作,或者参加质量考核不合格未按要求整改仍开展职业健康检查工作的,由县级以上地方卫生健康主管部门给予警告,责令限期改正;逾期不改的,处以三万元以下罚款。

第六章 附 则

第二十九条 本办法自2015年5月1日起施行。2002年3月28日原卫生部公布的《职业健康监护管理办法》同时废止。

16. 工会劳动保护监督检查员管理办法

(2011年5月24日)

第一章 总 则

第一条 为加强工会劳动保护监督检查员的管理,切实发挥工会劳动保护监督检查员在安全生产、职业病防治工作中的监督作用,根据国家劳动安全卫生法律法规有关规定和中华全国总工会颁发的《工会劳动保护监督检查员工作条例》,制定本办法。

第二条 工会劳动保护监督检查员是指具有较高的政策、业务水平,熟练掌握劳动安全卫生法律法规,经过劳动保护业务培训和考核,经由上级工会任命的从事工会劳动保护工作的人员。

第三条 工会劳动保护监督检查员依照国家劳动安全卫生法律法规和中华全国总工会的有关规定行使监督检查权利,通过各种途径和形式,组织开展群众性劳动安全卫生工作,反映职工群众在劳动安全卫生方面的意愿,履行维护职工生命安全和身体健康权益的基本职责。

第二章 职 责

第四条 学习党和国家的劳动安全卫生方针、政策,掌握劳动安全卫生法律、法规和技术标准、规范,钻研业务知识,研究、分析和掌握本地区、行业、企业的劳动安全卫生情况。

第五条 了解和掌握本地区或本行业内的企业劳动安全卫生技术措施制定、实施以及经费提取、使用情况。掌握重大安全隐患和严重职业危害情况,跟踪监督检查,督促其整改。特别重大隐患问题,应及时写出专题报告,报送本级政府及有关部门,督促落实。

第六条 为企业开展劳动安全卫生工作提供指导和服务。指导企业工会签订劳动安全卫生专项集体合同,并监督落实。

第七条 参加生产性建设工程项目职业安全卫生设施“三同时”的监督审查工作,对发现的问题,依照法律法规和标准规范提出改进意见。对于参加审查验收的工程项目,应整理专项材料归档,并对审查验收项目负责。

第八条　参加职工伤亡事故和其他严重危害职工健康事件的抢险救援和调查处理工作，对抢险救援、善后处理、调查处理等工作全过程进行监督，向有关部门提出处理意见和建议，并要求追究有关人员的责任。监督企事业单位落实防范和整改措施，整理事故调查材料并归档。

遵守伤亡事故调查处理工作纪律，严格执行廉洁自律的规定。

第九条　宣传职工在劳动安全卫生方面享有的权利与义务，教育职工遵章守纪，提高劳动者的职业安全卫生意识和自我保护能力。

第十条　加强对劳动保护工作相关信息、资料的收集和整理，及时向所在工会组织和任命机关报送。

第十一条　执行监督检查任务，应主动出示工会劳动保护监督检查员证件。对阻挠监督检查工作的单位和个人，有权要求有关部门严肃处理。

第三章　组织管理

第十二条　工会劳动保护监督检查员的任职条件和任命程序，按中华全国总工会颁发的《工会劳动保护监督检查员工作条例》执行。

省(区、市)总工会、全国产业工会劳动保护监督检查员由中华全国总工会审批任命。

地(市)总工会、省属产业工会的工会劳动保护监督检查员由省(区、市)总工会审批任命，报中华全国总工会备案。

县(区)总工会、地(市)产业工会的工会劳动保护监督检查员由地(市)总工会审批任命，报省(区、市)总工会备案。

乡镇(街道)工会、县(区)所属产业(系统)工会的工会劳动保护监督检查员，由县(区)总工会审批任命，报地(市)总工会备案。

第十三条　工会劳动保护监督检查员对所在工会组织和任命机关负责。根据工作需要，任命机关可选调工会劳动保护监督检查员代表上级工会参加安全检查、“三同时”审查验收和职工伤亡事故、职业病危害事件的调查处理等工作，其所在工会组织应给予支持。

第十四条　工会劳动保护监督检查员参加职工伤亡事故、职业病危害事件的抢险救援时，所代表的工会组织应为其配备必要的通讯、音像设备，提供及时赶赴现场的交通工具和工作经费。

第十五条　工会劳动保护监督检查员参加有毒有害、矿山井下等危险场所检查，以及企业伤亡事故、职业危害事件抢险救援和调查处理享受特殊津贴。津贴标准参照同级政府有关监管部门或纪检监察办案人员补贴标准执行，津贴由同级工会列支。

第十六条　工会劳动保护监督检查员队伍应保持相对稳定。确因工作需要调离岗位、退休、退职及新增的人员，需在每年 12 月前上报任命机关予以备案。

第十七条　工会劳动保护监督检查员的任命、考核等工作由任命机关负责，日常工作由所在工会组织负责。

任命机关每年对工会劳动保护监督检查员的工作实绩进行年度考核。年度考核表每年 12 月中旬上报任命机关。任命机关将考核结果于次年 1 月上旬反馈所在工会组织，供所在工会组织干部考核参考，记入任命机关管理档案。

对于做出优异成绩的工会劳动保护监督检查员，由任命机关予以通报表扬。

工会劳动保护监督检查员证件由中华全国总工会统一印制。

第十八条 对于不履行监督检查职责或不称职的工会劳动保护监督检查员，由任命机关免去其资格并收回证件。

第十九条 工会劳动保护监督检查员业务培训由任命机关负责。

第二十条 工会劳动保护监督检查员必须取得相应专业资格。专业资格的培训由任命机关或委托有关院校承办。

第二十一条 工会劳动保护监督检查员依照有关法律、法规规定行使监督检查职权受到不公正待遇的，任命机关应维护其合法权益。

第四章 附 则

第二十二条 县(区)以上总工会参照本办法制定本级工会劳动保护监督检查员管理办法实施细则。

第二十三条 本办法自颁发之日起执行，解释权属于中华全国总工会。

17. 非法用工单位伤亡人员一次性赔偿办法

(2010年12日31日人力资源和社会保障部令第9号 自2011年1月1日起施行)

第一条 根据《工伤保险条例》第六十六条第一款的授权，制定本办法。

第二条 本办法所称非法用工单位伤亡人员，是指无营业执照或者未经依法登记、备案的单位以及被依法吊销营业执照或者撤销登记、备案的单位受到事故伤害或者患职业病的职工，或者用人单位使用童工造成的伤残、死亡童工。

前款所列单位必须按照本办法的规定向伤残职工或者死亡职工的近亲属、伤残童工或者死亡童工的近亲属给予一次性赔偿。

第三条 一次性赔偿包括受到事故伤害或者患职业病的职工或童工在治疗期间的费用和一次性赔偿金。一次性赔偿金数额应当在受到事故伤害或者患职业病的职工或童工死亡或者经劳动能力鉴定后确定。

劳动能力鉴定按照属地原则由单位所在地设区的市级劳动能力鉴定委员会办理。劳动能力鉴定费用由伤亡职工或童工所在单位支付。

第四条 职工或童工受到事故伤害或者患职业病，在劳动能力鉴定之前进行治疗期间的生活费按照统筹地区上年度职工月平均工资标准确定，医疗费、护理费、住院期间的伙食补助费以及所需的交通费等费用按照《工伤保险条例》规定的标准和范围确定，并全部由伤残职工或童工所在单位支付。

第五条 一次性赔偿金按照以下标准支付：

一级伤残的为赔偿基数的16倍，二级伤残的为赔偿基数的14倍，三级伤残的为赔偿基数的12倍，四级伤残的为赔偿基数的10倍，五级伤残的为赔偿基数的8倍，六级伤残的为赔偿基数的6倍，七级伤残的为赔偿基数的4倍，八级伤残的为赔偿基数的3倍，九级伤残的为赔偿基数的2倍，十级伤残的为赔偿基数的1倍。

前款所称赔偿基数,是指单位所在工伤保险统筹地区上年度职工年平均工资。

第六条 受到事故伤害或者患职业病造成死亡的,按照上一年度全国城镇居民人均可支配收入的20倍支付一次性赔偿金,并按照上一年度全国城镇居民人均可支配收入的10倍一次性支付丧葬补助等其他赔偿金。

第七条 单位拒不支付一次性赔偿的,伤残职工或者死亡职工的近亲属、伤残童工或者死亡童工的近亲属可以向人力资源和社会保障行政部门举报。经查证属实的,人力资源和社会保障行政部门应当责令该单位限期改正。

第八条 伤残职工或者死亡职工的近亲属、伤残童工或者死亡童工的近亲属就赔偿数额与单位发生争议的,按照劳动争议处理的有关规定处理。

第九条 本办法自2011年1月1日起施行。劳动和社会保障部2003年9月23日颁布的《非法用工单位伤亡人员一次性赔偿办法》同时废止。

18. 科学技术评价办法(试行)

(2003年9月20日)

第一章 总 则

第一条 为加强和改进科学技术评价工作,建立健全科学技术评价制度,规范科学技术评价活动,正确引导科学技术工作健康发展,根据国家有关法律法规和《关于改进科学技术评价工作的决定》,制定本办法。

第二条 科学技术评价是科学技术管理工作的重要组成部分,是推动国家科学技术事业持续健康发展,促进科学技术资源优化配置,提高科学技术管理水平的重要手段和保障。

第三条 本办法所指科学技术评价是指受托方根据委托方明确的目的,按照规定的原则、程序和标准,运用科学、可行的方法对科学技术活动以及与科学技术活动相关的事项所进行的论证、评审、评议、评估、验收等活动。

本办法适用于对中央或地方财政资金资助的科学技术计划、项目、机构、人员、成果的科学技术评价。

第四条 科学技术评价工作应当遵循"目标导向、分类实施、客观公正、注重实效"的要求,必须有利于鼓励原始性创新,有利于促进科学技术成果转化和产业化,有利于发现和培育优秀人才,有利于营造宽松的创新环境,有利于防止和惩治学术不端行为。

第五条 科学技术评价工作必须坚持公平、公正、公开的原则,保证评价活动依据客观事实作出科学的评价。

第六条 科学技术部是科学技术评价工作的主管部门,负责全国科学技术评价工作的宏观管理、统筹协调和监督检查。国务院其他相关部门按照各自的职责范围,负责有关的科学技术评价工作。

县级以上地方人民政府科学技术行政管理部门负责本地区科学技术评价活动的指导、管理和监督工作。

第二章　基本程序和要求

第七条　科学技术评价工作的行为主体包括评价委托方、受托方及被评价方。委托方是指提出评价需求的一方，主要是各级科学技术行政管理部门或其他负有管理科学技术活动职责的机构等；受托方是指受委托方委托，组织实施或实施评价活动的一方，主要包括专业的评价机构、评价专家委员会或评价专家组等；被评价方是指申请、承担或参与委托方所组织实施的科学技术活动的机构、组织或个人。

第八条　科学技术评价工作一般应由委托方委托专业评价机构、评价专家委员会或评价专家组作为受托方进行。

第九条　委托方应对受托方的科学技术评价工作提出明确的规范性要求，并与受托方签订书面合同或任务书。合同的主要条款应当包括：

（一）评价对象与内容；

（二）评价目标；

（三）评价方法、标准与具体程序；

（四）评价报告的要求；

（五）评价费用及支付；

（六）相关信息和资料的保密；

（七）其他必要内容。

评价费用应由委托方支出，不得由被评价方支出。根据需要或合同约定，评价合同中的评价目标、方法、标准、程序等有关内容应向社会公开，接受社会监督。

第十条　受托方接受委托后，应当根据合同约定制定评价工作方案，在取得委托方认可后，独立开展评价工作，任何组织和个人不得干涉。

第十一条　受托方应根据评价对象、内容及评价目标，遴选符合要求的评价专家进行评价活动。根据工作需要，委托方也可以直接遴选、组建评价专家委员会或专家组作为受托方，由受托方独立进行评价活动。

第十二条　受托方可以采取实地考察、专家咨询、信息查询、社会调查等方式，收集评价所需的信息资料，在定性与定量分析的基础上，进行分析研究和综合评价，形成评价报告，按时提交给委托方并由委托方归档保存。

第十三条　评价报告一般应当包括下列内容：

（一）评价机构、评价专家委员会、评价专家的名称或名单；

（二）委托方名称；

（三）评价目的、对象及内容；

（四）评价原则、方法及标准；

（五）评价程序；

（六）评价结果；

（七）合同约定或其他需要说明的问题。

评价过程中收集的与评价有关的信息资料以及其他需要附录的信息资料可以作为附件。

第十四条　评价结果由评价专家委员会或评价专家组以会议或通讯方式评议产生。

对重大科学技术计划、项目、成果及重要机构、人员等的评价以及合同有特别约定的，应当采取记名投票表决方式产生。

评价专家有不同评价意见的，应当如实记载，并予以保密。

第十五条　根据需要，在保证不被侵权、不泄密和保障国家安全的前提下，委托方可以采取适当的方式在一定范围内公示、公开有关评价结果，必要时，也可以将评价结果告知被评价方或其所在单位。

被评价方或其他任何单位和个人对评价结果有异议的，可以根据本办法的规定提出申诉。

第十六条　评价结果是委托方进行科学技术决策的重要参考依据，可作为对被评价方的科学技术研究与发展给予资助、连续资助或终止资助的依据。依据评价结果所做的决策行为，其责任由决策行为方承担。

被评价方要根据正反两方面的评价结果和建议，及时调整、改进自身的科学技术活动。

第三章　评价专家遴选

第十七条　建立健全评价专家资格审查制度。评价专家应具备下列条件：

（一）具有较高的专业知识水平和实践经验、敏锐的洞察力和较强的判断能力，熟悉被评价内容及国内外相关领域的发展状况。

（二）具有良好的资信和科学道德，认真严谨，秉公办事，客观公正，热心科学技术事业，敢于承担责任。

第十八条　建立健全评价专家库。评价专家库应包括来自研究与发展机构、大学、企业等单位的科学技术专家、经济学家和管理专家等，并应当根据科学技术的发展趋势和管理工作的需要及时更新。

各级科学技术行政管理部门应当会同有关部门和单位，建立跨行业、跨部门、跨地区、跨领域的评价专家库共享机制。

第十九条　遴选评价专家应当遵守下列原则：

（一）随机原则。参与具体评价活动的评价专家一般应从评价专家库中依据要求和条件随机遴选，必要时，可以遴选一定比例的管理专家、经济学家、企业家及用户代表参加。遴选组成的专家委员会或专家组应体现不同学科、不同专业技术、不同学术观点、不同单位和不同地区的代表性，并应当有一定比例的在一线从事实际研究与发展工作的专家参加。

（二）回避原则。与被评价方有利益关系或可能影响公正性的其他关系的评价专家不能参与评价。已遴选出的，应主动申明并回避。被评价方可以按规定提出一定数量建议回避的评价专家，并说明理由。

委托方或受托方根据需要可以在评价前或评价后以适当方式向社会公布评价专家名单，以增强评价专家的责任感和荣誉感，接受社会监督。

（三）更换原则。委托方或受托方组建的常设评价专家委员会或专家组应定期换届，其成员连选连任一般不得超过两届，并应当保持一定的更换比例。

第二十条　评价专家应当严格遵守国家有关法律、法规、规章和政策要求，恪守职业道德,坚持独立、客观、公正和科学的原则,并自觉接受有关方面的监督。

第二十一条 在保障国家安全和国家利益的前提下,对于无保密要求的重大科学技术计划的制定,优先资助领域的遴选,重大项目与重要"非共识"项目、重要研究与发展机构和人员等的评价,应邀请一定比例的境外专家参与。

第四章 科学技术计划评价

第二十二条 科学技术计划评价应以满足科学技术、经济、社会发展和国家安全的战略需求为导向,以促进国民经济和社会发展中重大的科学技术问题以及科学技术前沿重大问题的突破和解决为评价重点。

第二十三条 科学技术计划评价主要是针对国家或地方重大科学技术计划(含"工程"和"专项")的设立和实施效果进行评价,为改进科学技术计划的决策与管理、优化资源配置提供依据。

第二十四条 科学技术计划评价包括前期评价、中期评估和绩效评价。

(一)前期评价主要是对拟设立的科学技术计划的必要性、可行性及其定位、目标、任务、投入、组织管理等进行评价,为战略决策、计划设计和组织实施提供依据。

(二)中期评估主要是对科学技术计划执行中的进展情况及存在的问题进行评价,为科学技术计划的后续安排和调整提供依据。

(三)绩效评价主要是对科学技术计划目标的实现程度、完成效果与影响、经费投入的效益、组织管理的有效性等进行评价,为科学技术计划的滚动实施、调整或终止提供依据。

第二十五条 科学技术计划评价一般应选择独立的专业评价机构或评价专家委员会作为受托方。受托方应根据不同类型的科学技术计划,遴选科学技术、经济、管理等相关领域的高水平专家参与评价工作。

第二十六条 重大科学技术计划绩效评价周期依据其实施期确定,对于实施期较长的科学技术计划一般每五年左右进行一次。

第五章 科学技术项目评价

第二十七条 科学技术项目评价实行分类评价。根据各类科学技术项目的不同特点,选择确定合理的评价程序、评价标准和方法,注重评价实效。

对重大科学技术项目实行全程评价,包括立项评审、中期评估和结题验收,并可根据需要在项目结题后2至5年内进行后期绩效评价。一般性科学技术项目评价应侧重立项评审和结题验收,实行年度进展报告制度。

第二十八条 战略性基础研究项目评价应以解决经济、社会、国家安全以及科学自身发展中的重大基础科学问题为导向,突出国家目标与科学发展目标的有机结合,以科学前沿的原始性创新和集成性创新、对国家重大需求的潜在贡献以及优秀人才培养为评价重点。

(一)评价专家应当从研究经验丰富、学术眼光敏锐、战略意识强和知识面广的专家中遴选产生,并注重吸纳在一线从事高水平研究、熟悉同类学科国内外发展现状及趋势的专家参加。

（二）立项评审应按照相应科学技术计划的目标要求，建立评价指标体系，主要从项目的学术创新性、科学和社会价值、研究队伍的创新能力、工作基础和研究条件等方面作出评价；中期评估和结题验收应按照项目合同或任务书的要求，针对目标和任务的实施与完成情况作出评价。

（三）后期绩效评价主要对项目的创新性、科学价值及其经济和社会效益作出综合评价。

第二十九条 自由探索性基础研究项目评价应以保障科学研究自由，鼓励科学探索和原始性创新为导向，注重对科学价值和人才培养的评价。

（一）评价专家主要从熟悉本学科或相关学科前沿发展、学术眼光敏锐并具有一定研究基础的专家中遴选产生。

（二）立项评审应采用同行评议的方法，重点从项目的创新性、研究价值、目标设定、研究方案等方面作出评价，不过分强调项目的预期成果等。

（三）应将立项评审作为评价工作重点，一般不组织专门的中期评估和结题验收，但应当提交项目年度进展报告和结题报告。

对探索性强或具有明显创新性的“非共识”研究项目，应重点评价被评价方的创新能力与潜力、学术水平及科学严谨性。对争议或分歧较大的，应当将评价专家署名的不同评价意见和被评价方的申辩理由一并提交委托方审定。应加强对此类项目的管理和后期绩效评价，重点评价成果产出的质量和对原始性创新的贡献及潜在价值。

第三十条 应用研究项目评价应紧密结合经济建设和社会发展的需求，以技术推动和市场牵引为导向，以技术理论、关键技术和核心高技术的创新与集成水平、自主知识产权的产出、潜在的经济效益、社会效益等要素为评价重点。

（一）评价专家主要从科学技术专家、管理专家、经济学家、企业技术负责人和潜在用户代表中遴选产生。

（二）立项评审应重点从研究目标和内容的重要性与必要性、技术的创新性与实用性、研究方案的可行性、技术实力与研究基础、预期应用前景等方面作出评价；中期评估和结题验收重点评价项目合同或任务书所确立的目标实现情况和潜在的应用价值。

（三）重大应用研究项目的后期绩效评价主要从技术的创新与集成水平、关键技术的突破与掌握、自主知识产权的产出、技术标准研制、经济和社会效益等方面作出综合评价。侧重于应用基础研究的项目还应考察学术论文的质量。

第三十一条 科学技术产业化项目评价以建立企业为主体的科学技术成果转化与产业化机制，发展高新技术产业，优化调整产业结构为导向，以培育具有自主创新能力的高新技术企业为评价重点。

（一）评价专家应从科学技术专家、经济学家、管理专家、企业家以及用户代表中遴选产生。

（二）重大科学技术产业化项目评价应当委托专业评价机构进行全程评价。根据需要，评价结果可以提供给其他投资方。

（三）立项评审应根据国家发展战略和产业政策要求，建立评价指标体系，重点从带动产业技术升级、引导新兴产业形成和促进社会可持续发展，或与国家重大工程建设的配套集成等方面作出评价；中期评估、结题验收应根据项目合同或任务书的要求，对合同目标和考核指标的实现情况作出评价。

（四）对重大科学技术产业化项目的后期绩效评价以市场评价为主，采用定性评价法和经济计量法从经济效益、社会效益等方面作出评价。

第三十二条 社会公益性研究项目评价应以研究解决国家战略性公益事业发展的共性科学技术问题，增强科学技术为重大社会公益问题提供科学技术支撑和服务的能力，为社会、经济协调发展，为人民生活水平的提高提供技术保障为导向，以技术支撑及服务体系的先进有效性，共享与服务的能力和水平，以及潜在的社会效益等作为评价重点。

（一）评价专家委员会（或专家组）应由从事社会公益性研究工作的专家、管理专家及用户代表组成。

（二）社会公益性研究项目应充分考虑社会公益性的特点，重点从技术支撑与服务的能力和水平、共享度、社会效益及服务效果等方面建立评价指标体系。

（三）应根据社会公益性研究工作的长期性、服务性、共享性特点，对公益性研究工作实行长期跟踪考察，注重社会公益领域的监测、预警和应急反应技术服务体系的建立。

第三十三条 科学技术条件建设与支撑服务项目评价应以为科学技术、经济、社会发展和国家安全等提供科学技术条件支撑和公共服务为导向，以对国民经济、社会和科学技术可持续发展的贡献为评价重点。

（一）评价专家应从主要从事科学技术条件建设工作的专家、经济学家、管理专家和用户代表中遴选产生。

（二）根据科学技术资源和条件的特点，分类建立评价指标体系。其中条件建设类项目评价应注重科学技术基础条件和资源（包括自然和人文资源、数据、标准、信息、设施等）的准确性、完整性、共享性、应用率、技术的先进有效性、运行与维护的高效性、提供服务的能力等；支撑服务类项目评价应注重科学技术基础条件和资源信息的完整性、开放度、集成度与共享度，服务手段的先进性、有效性、规范性，以及服务的满意度等方面的情况。

（三）对科学技术条件建设和支撑服务项目实行长期跟踪考察，注重社会效益及服务效果，通常不能以发表学术论文或获得专利情况作为主要评价指标。

第六章　研究与发展机构评价

第三十四条 研究与发展机构应以加强国家创新体系建设、建立现代研究与发展管理制度为导向，以机构的发展目标与定位、研究与发展能力、人才队伍建设、条件建设与服务水平、运行机制与创新环境建设以及科学技术产出绩效等方面为评价重点。

第三十五条 研究与发展机构评价应委托专业评价机构或评价专家委员会作为受托方进行评价。对基础研究、公益性研究等重要研究与发展机构的评价，应当邀请一定比例的境外专家参与评价。

第三十六条 对研究与发展机构应根据其功能定位、任务目标、运行机制等特点，选择合理的评价方式和标准进行分类评价。

（一）基础研究机构评价应以原始性创新能力与国际科学前沿竞争力为评价重点，主要评价学科专业方向设置的科学性、学科带头人及人才群体的整体水平和培养能力、国内外合作与交流情况、科研条件共享、成果及论文产出的水平以及在国内外相关领域的地位和影响等。

(二)社会公益类研究机构评价以其对国计民生和社会可持续发展的技术保障和服务能力为评价重点,主要评价其发展方向与国家需求的一致性、科学技术创新与服务能力、人才队伍整体水平、科学技术成果应用产生的社会效果、科学技术基础条件完善程度、共享水平及服务质量等。

(三)技术开发类机构评价以其新技术、新产品和新工艺的研究与开发能力和向现实生产力的转化能力为重点,主要评价其自主知识产权的获取和保护能力、对行业科学技术进步和高新技术产业发展的贡献以及经济效益等。这类机构的评价应以市场评价为主。

第三十七条　以政府财政资助为主的研究与发展机构,由科学技术主管部门会同相关部门共同组织委托评价,评价结果应与政府财政的投入水平相适应。

第三十八条　研究与发展机构的评价应当定期进行,评价周期一般为 3 至 5 年。

第七章　研究与发展人员评价

第三十九条　研究与发展人员评价以促进形成"公平、公开"的竞争与合作机制和优秀人才脱颖而出为导向,以其代表性产出和业绩、创新潜力和职业道德等为评价重点。

第四十条　评价专家应从科学技术专家、管理专家中遴选产生,并应当邀请被评价人员所在单位的人员参加。

第四十一条　研究与发展人员评价应根据其所从事的工作性质和岗位,确定相应的评价标准,进行分类评价。

(一)对从事基础研究工作的人员评价应重点考察其创新研究能力和潜力、学术水平、工作业绩、学术影响等。

(二)对从事应用研究工作的人员评价应重点考察其对核心技术、关键技术的创新与集成能力和潜力、工作业绩、获得的自主知识产权等。

(三)对从事科学技术成果转化与产业化工作的人员评价应以市场评价为主,重点考察其推动科学技术成果转化和产业化的能力,及取得的经济和社会效益等,一般不以学术论文发表作为主要评价指标。

(四)对从事条件保障与实验技术工作的人员评价应重点考察其为研究与发展活动提供服务的能力和水平、工作质量、工作责任心、服务的满意度等,一般不以发表学术论文或获得成果、专利为主要评价指标。

第四十二条　对研究与发展人员的评价应采取个人评价与群体评价相结合的方式进行,注重人员在研究群体中所发挥的作用。

人员评价应主要评价带头人的创新能力和潜力、把握研究与发展方向的能力、研究与发展水平、实际贡献、组织协调能力等。群体内部人员的评价可由带头人进行。

第四十三条　对研究与发展人员的评价应根据岗位的不同性质和特点,结合岗位聘用确定评价周期,一般为 3 至 5 年。

第八章　科学技术成果评价

第四十四条　科学技术成果评价以鼓励创新、加快人才培养、促进科学技术成果转化和产业化、增进科学技术和经济、社会发展密切结合为导向,以科学价值或技术水平、市场前景为评价重点。

第四十五条 委托方应根据需要委托专业评价机构或评价专家委员会作为受托方对成果进行评价。各级科学技术行政管理部门一般不对被评价方自行提出的要求组织成果评价。

第四十六条 委托方应减少直接组织的成果评价数量,特别是面向市场的应用技术类成果的评价数量。一般科学技术项目结题验收后不再对成果另行评价,但重大项目或有重要创新、重大价值的成果应根据需要适时进行评价。

采用专家推荐制提交评价的成果,应当由三名以上熟悉该领域的专家联合或分别向委托方署名推荐产生。

第四十七条 成果评价应当遴选一定比例的同行专家作为评价专家。在不损害国家安全和利益的前提下,可视情况邀请境外同行专家参与成果评价。

第四十八条 成果评价应根据成果的性质和特点确定评价标准,进行分类评价。

(一)基础研究成果应以在基础研究领域阐明自然现象、特征和规律,做出重大发现和重大创新,以及新发现、新理论等的科学水平、科学价值作为评价重点。在国内外有影响的学术期刊上发表的代表性论文及被引用情况应作为评价的重要参考指标。

(二)应用技术成果应以运用科学技术知识在科学研究、技术开发、后续开发和应用推广中取得新技术、新产品,获得自主知识产权,促进生产力水平提高,实现经济和社会效益为评价重点。应用技术成果的技术指标、投入产出比和潜在市场经济价值等应作为评价的重要参考指标。

(三)软科学研究成果应以研究成果的科学价值和意义,观点、方法和理论的创新性以及对决策科学化和管理现代化的作用和影响作为评价重点。软科学研究成果的研究难度和复杂程度、经济和社会效益等应作为评价的重要参考指标。

第四十九条 被评价方应当提供完整、齐全的技术资料和相关文档,必要时,应当提供专业检测、检索机构等专门机构出具的检测、检索报告或证明材料。

提供给评价专家的与被评价成果相关的各项资料中应隐去成果完成单位名称和完成人的姓名。

第五十条 对申报国家或地方科学技术奖励的成果进行评价,应当遵守国家有关科学技术奖励法规及其他相关规定。

第五十一条 成果评价结果应在充分的国内外对比数据或检索证明材料的基础上,对成果的科学、技术和经济内涵进行全面分析,不得滥用"国内先进"、"国内首创"、"国际领先"、"国际先进"、"填补空白"等抽象用语。严禁弄虚作假和搞形式主义。

第九章 法律责任

第五十二条 参与评价工作的有关各方和人员必须严格遵守法律、法规和其他相关规定,保证科学技术评价的公正性和客观性。

建立健全评价机构和评价专家的信誉制度。评价工作结束后,委托方应对受托方评价工作的公正性、客观性等方面作如实记录;受托方应对评价专家在评价工作中的公正性、客观性、评价意见、工作态度等方面作如实记录;委托方应当建立专业评价机构、评价专家的违规和失误记录档案。

第五十三条　委托方可以根据需要建立科学技术评价监督委员会。监督委员会成员由管理专家、科学技术专家、法律专家和相关工作人员等组成。

监督委员会主要负责监督科学技术评价活动,受理并处理对评价过程中发生的重大问题的申诉和举报。

第五十四条　任何单位或个人发现科学技术评价活动存在问题的,可以向委托方、科学技术评价监督委员会提出申诉和举报。申诉人、举报人应当提供书面材料,表明真实身份,并提供必要的证明材料。

委托方、科学技术评价监督委员会应当依照本办法的有关规定作出处理。对署名举报的,应当对举报人及举报内容保密。在对申诉或举报的问题调查核实、作出处理后,应将核实、处理结果告知申诉人或举报人并听取意见。对匿名举报的材料,有具体事实的,应当进行初步核实,并确定处理办法。对无署名、无联系方式、没有具体事实的举报,委托方或监督委员会不予受理。

第五十五条　委托方工作人员在评价工作中徇私舞弊、滥用职权、玩忽职守或者干扰评价工作导致评价不公正的,依照有关规定给予纪律处分;构成犯罪的,依法移送司法机关追究刑事责任。

第五十六条　受托方在评价工作中违反本办法规定,造成评价结果严重失实的,委托方可分别情况责令改正,给予警告、通报批评、终止评价委托或取消评价资格。构成违纪的,建议有关部门给予纪律处分;构成犯罪的,依法移送司法机关追究刑事责任。给他人造成经济损失的,应当承担赔偿责任。

第五十七条　评价专家在评价工作中违反本办法规定,委托方可以分别情况责令改正,给予警告、通报批评、取消其参加评价工作的资格;构成违纪的,建议有关单位给予纪律处分;构成犯罪的,依法移送司法机关追究刑事责任。

第五十八条　被评价方在评价过程中提供虚假资料、信息,干扰评价工作独立、客观、公正地开展,造成评价结果严重失实的,委托方可以分别情况责令改正,给予警告、通报批评、取消被评价资格、终止项目合同或在一定时期内取消其承担科学技术计划项目等资格。构成违纪的,建议有关部门给予纪律处分;构成犯罪的,依法移送司法机关追究刑事责任。

第十章　附　则

第五十九条　各级科学技术行政管理部门和其他负有管理科学技术活动职责的机构应当根据本办法修改、完善或制定本部门、本地区科学技术计划、项目、机构、人员及成果等科学技术评价活动的具体管理办法和实施细则,现行有关评价的具体办法和实施细则中不符合本办法规定的应予修改。

第六十条　其他科学技术评价活动可以参照本办法执行。

第六十一条　本办法由科学技术部负责解释。

第六十二条　本办法自发布之日起施行。

19. 关于深入推进"兜底建"工作的指导意见

（总工办发〔2022〕19号）

近年来，各级工会大力推行"重点建、行业建、兜底建"模式，新就业形态劳动者建会入会工作取得积极成效，但仍存在覆盖面不广、凝聚力不强、"小三级"工会组织网络不健全等问题。为贯彻落实习近平总书记关于新就业形态劳动者重要指示批示精神，深入贯彻党的二十大精神和党中央决策部署，落实全总党组、书记处工作要求，进一步推进"兜底建"工作走深走实，最大限度把新就业形态劳动者组织到工会中来，现提出如下意见。

一、重要意义和总体要求

"兜底建"工作主要面向货车司机、网约车司机、快递员、外卖配送员等新就业形态劳动者，为适应他们就业灵活分散、流动性高、与用工单位劳动关系复杂等特点，充分发挥"小三级"工会"兜底"作用，通过加强区域（行业）工会、乡镇（街道）和园区工会、社区（村）工会建设，织密组织网络、创新方法手段、强化服务保障，广泛吸纳新就业形态劳动者加入工会组织，确保想入能入、应入尽入。"兜底建"是新就业形态劳动者建会入会的基础性工作，是"重点建"、"行业建"的有效补充，是破解新就业形态劳动者工会组织覆盖不到位问题的重要手段，对于夯实工会基层组织基础、发挥区块集合作用、打通联系服务职工的"最后一公里"、扩大对新就业形态劳动者有效覆盖具有重要意义。

各级工会要眼睛向下、大抓基层，坚持加强思想政治引领，坚持维权服务并重，坚持守正创新，坚持问题导向，坚持务实担当，深入推进"兜底建"工作。要在做实"重点建"、"行业建"的同时，以夯实基层组织基础为前提，以创新载体手段为关键，以加大资源力量投入为保障，以实现"兜得住、兜得牢、兜得好"为目标，通过三至五年努力，进一步建强做实"小三级"工会组织，有效打通制约新就业形态劳动者建会入会的体制机制障碍，最大限度把他们吸引过来、组织起来、稳固下来，实现"小三级"工会建设和新就业形态劳动者建会入会工作双提升。

二、夯实组织基础

（一）做实区域（行业）工会。加强与行业主管部门、行业协会等的协同配合，在推动货运挂靠企业、快递加盟企业、外卖配送代理商、劳务派遣公司等依法建会基础上，着力建设一批有人员和经费保障、以覆盖新就业形态劳动者为主的县级、市级行业工会联合会；新就业形态劳动者数量较少、行业特点不明显的地区，可以探索建立县级、市级综合性新业态工会联合会，作为新就业形态劳动者入会管理服务的重要载体。对应党建片区、社会治理网格、商圈、楼宇等，通过单独建会以及组建联合工会、基层工会联合会等形式，建立健全相应的工会组织，不断扩大工会组织覆盖面。

（二）建强乡镇（街道）、园区工会。积极争取党委、政府重视支持，将乡镇（街道）、园区工会建设纳入党建工作总体部署，为工会开展工作提供必要的人员、场所、设施和经费保障。推进具备条件的乡镇（街道）建立总工会，逐步减少乡镇（街道）机关工会代行职责等情况，健全完善组织体系，规范工作运行。推进快递物流园区特别是国家级、省级物流园区普遍建立工会组织。发挥乡镇(街道)、园区工会枢纽作用,充分利用"智慧工会"平台,做好会员发展、教育、管理和服务工作,更好地联系服务凝聚广大新就业形态劳动者。

(三)扩面社区(村)工会。依靠社区(村)党组织,指导覆盖企业职工较多、新就业形态劳动者集聚的社区(村)规范建立工会委员会或工会联合会,逐步解决社区(村)工会组织覆盖面不广问题。加强社区(村)工会资源力量配备,确保工会组织有效运转,切实发挥组织入会和维权服务的前沿阵地作用。结合基层社会治理排查,共享相关数据信息,主动做好辖区内新就业形态劳动者入会服务工作,积极参与基层社会治理。

三、创新途径方法

(一)畅通入会渠道。积极推行集体登记入会、流动窗口入会、职工沟通会现场入会等方式,多渠道吸收新就业形态劳动者加入工会组织。借助工会各类数字平台和应用场景,大力推行网上入会、扫码入会,畅通新就业形态劳动者网上申请入会渠道。坚持实体建会、属地建会,做实线下工会组织,实现线上线下有效衔接、规范管理,防止依托互联网平台建立网上虚拟工会组织。加快推进基层工会组织和工会会员实名制工作,及时将新就业形态劳动者会员纳入数据库实施动态管理,逐步打通网上接转会员组织关系通道。

(二)广泛宣传动员。通过报纸、广播电视、互联网新媒体等传媒手段,广泛宣传工会工作和加入工会的好处,讲好工会故事,传递工会声音,让更多的新就业形态劳动者全面了解工会、真心向往工会、主动走进工会,从"要我入会"转变为"我要入会"。针对无固定工作单位的劳动者,通过组织参加集中入会仪式等,增强会员意识。坚持职工需求导向,组织开展形式多样、富有工会特色的活动,提高新就业形态劳动者的参与度和获得感,增强工会组织的吸引力。

(三)加强阵地建设。深入推进"会、站、家"一体化建设,整合工会自身资源,依托党群服务中心、园区楼宇、银行网点、加油站点、房屋中介等,因地制宜建设"司机之家"、"快递员之家"、"外卖配送员之家",扩大覆盖范围,增加服务内容,提升服务质量。大力加强共享职工之家、区域职工之家等阵地建设,努力打造融建会入会、权益维护、帮扶救助、教育培训、文体娱乐、志愿服务等于一体的综合性、区域性服务站点。

(四)突出维权服务。认真履行维权服务基本职责,推动平台企业建立健全以职工代表大会制度为基本形式的企业民主管理制度,推进行业职工代表大会制度建设,保障劳动者的知情权、参与权、监督权、表达权等民主政治权利。建立契合行业实际、体现行业特色的行业集体协商制度,积极与行业组织、平台合作用工企业就劳动定额、计件单价、订单分配、抽成比例、奖惩制度等开展协商,切实维护新就业形态劳动者的劳动经济权益。适应新就业形态劳动者特点,积极开展网上服务,完善线上线下有机融合的服务工作体系。为广大新就业形态劳动者提供更多普惠性、精准化服务,加大免费体检、赠送意外伤害保险、职工互助保障、法律援助等项目投放力度,用暖心服务吸引劳动者入会。规范户外劳动者服务站点工作,提升服务的针对性、实效性。加强职业教育培训和岗位技能培训,组织动员新就业形态劳动者积极投身劳动和技能竞赛,增强新就业形态劳动者的职业荣誉感。

四、强化工作保障

(一)加强组织领导。各级工会要积极争取同级党委政府的重视支持,抓住加强新业态企业、新就业形态劳动者群体党建工作契机,推动将深化"兜底建"、组织新就业形态劳动者建会入会纳入党建总体规划和考核体系，做到同部署、同检查、同落实。发挥政府与同级工会联席会议制度作用，加强与网信、人社、交通、市场监管、邮政管理等政府部门协同配合，做好信息互通共享、资源支持保障等工作。要把“兜底建”工作作为推进新就业形态劳动者建会入会工作的重要举措，摆上重要位置，明确职责分工，细化工作措施，持续发力、系统推进。

（二）充实工作力量。加强对下指导服务，结合工会干部赴基层蹲点等工作，选派优秀干部深入一线指导推动，帮助基层解决实际问题。建设专职、兼职、挂职相结合的基层工会干部队伍，培育工会积极分子和志愿者队伍，聚力做好新就业形态劳动者建会入会工作。规范和加强社会化工会工作者队伍建设，在定岗使用上优先向新就业形态劳动者建会入会工作任务较重的乡镇（街道）工会和区域性、行业性工会联合会倾斜。社会化工会工作者定岗范围可拓展到市级行业工会联合会。鼓励有条件的地区实行基层工会兼职主席（非公职人员）履职补贴制度。

（三）落实经费保障。建立健全新就业形态劳动者建会入会工作经费保障机制，加大专项工会经费投入力度，充分运用转移支付手段，加大对市县级工会和基层工会的支持力度。积极争取财政资金支持和社会各方资金投入，探索建立多元化投入机制。全总设立新就业形态劳动者关爱资金，省、市、县三级工会要在年度预算中安排一定额度的专项资金，多渠道解决新就业形态劳动者入会工作经费保障不足等问题。推行建会入会项目制建设，以乡镇（街道）工会和区域性、行业性工会联合会为重点，逐级加大投入，着力打造一批示范性的工会组织。

（四）注重分类指导。充分考虑行业特点和地区差异，根据基层工会工作基础和组织形式等具体情况，统筹推进工作，做到实事求是、量力而行。鼓励各地工会在组织形式、入会方式、服务手段、激励保障等方面探索实践。认真总结和推广先进经验，加强示范引导，发挥典型引领作用。聚焦影响新就业形态劳动者建会入会的难点堵点，加强指导服务，集中力量攻关，切实加以解决，通过重点突破带动“兜底建”工作整体水平提升。

各地工会推进“兜底建”工作进展情况和经验做法，请及时报全总基层工作部。

20. 关于进一步加强劳动人事争议协商调解工作的意见

（人社部发〔2022〕71 号　2022 年 10 月 13 日）

各省、自治区、直辖市人力资源社会保障厅（局）、党委政法委、高级人民法院、中小企业主管部门、司法厅（局）、财政厅（局）、总工会、工商联、企业联合会/企业家协会，新疆生产建设兵团人力资源社会保障局、党委政法委、新疆维吾尔自治区高级人民法院生产建设兵团分院、工业和信息化局、司法局、财政局、总工会、工商联、企业联合会/企业家协会：

劳动人事争议协商调解是社会矛盾纠纷多元预防调处化解综合机制的重要组成部分。通过协商调解等方式柔性化解劳动人事争议，对于防范化解劳动关系风险、维护劳动者合法权益、构建和谐劳动关系、维护社会稳定具有重要意义。为深入贯彻党的二十大精神，落实党中央、国务院关于“防范化解重大风险”“坚持把非诉讼纠纷解决机制挺在前面”的重要决策部署，进一步强化劳动人事争议源头治理，现就加强劳动人事争议协商调解工作，提出如下意见：

一、总体要求

（一）指导思想。以习近平新时代中国特色社会主义思想为指导，深入贯彻习近平法治思想，坚持系统观念、目标导向和问题导向，着力强化风险防控，加强源头治理，健全多元处理机制，提升协商调解能力，促进中国特色和谐劳动关系高质量发展。

（二）基本原则

1.坚持人民至上，把为民服务理念贯穿协商调解工作全过程，拓展服务领域，优化服务方式，提升服务能力，打造协商调解服务优质品牌。

2.坚持源头治理，充分发挥协商调解的前端性、基础性作用，做到关口前移、重心下沉，最大限度地把劳动人事争议解决在基层和萌芽状态。

3.坚持创新发展，尊重基层首创精神，积极探索新理念、新机制、新举措，促进各类调解联动融合，推动社会协同共治，形成体现中国特色、符合劳动人事争议多元处理规律、满足时代需求的协商调解工作格局。

4.坚持灵活高效，充分发挥协商调解柔性高效、灵活便捷的优势，运用法治思维和法治方式，推动案结事了人和，促进劳动关系和谐与社会稳定。

（三）目标任务。从2022年10月开始，持续加强协商调解制度机制和能力建设，力争用5年左右时间，基本实现组织机构进一步健全、队伍建设进一步强化、制度建设进一步完善、基础保障进一步夯实，党委领导、政府负责、人力资源社会保障部门牵头和有关部门参与、司法保障、科技支撑的劳动人事争议多元处理机制更加健全，部门联动质效明显提升，协商调解解决的劳动人事争议案件数量在案件总量中的比重显著提高，劳动人事争议诉讼案件稳步下降至合理区间，协商调解工作的规范化、标准化、专业化、智能化水平显著提高。

二、加强源头治理

（四）强化劳动人事争议预防指导。充分发挥用人单位基层党组织在劳动关系治理、协商调解工作中的重要作用，以党建引领劳动关系和谐发展。完善民主管理制度，保障劳动者对用人单位重大决策和重大事项的知情权、参与权、表达权、监督权。推行典型案例发布、工会劳动法律监督提示函和意见书、调解建议书、仲裁建议书、司法建议书、信用承诺书等制度，引导用人单位依法合规用工、劳动者依法理性表达诉求。发挥中小企业服务机构作用，通过培训、咨询等服务，推动中小企业完善劳动管理制度、加强劳动人事争议预防，具备相应资质的服务机构可开展劳动关系事务托管服务。把用人单位建立劳动人事争议调解组织、开展协商调解工作情况作为和谐劳动关系创建等评选表彰示范创建的重要考虑因素。发挥律师、法律顾问职能作用，推进依法治企，强化劳动用工领域合规管理，减少劳动人事争议。

（五）健全劳动人事争议风险监测预警机制。建立健全劳动人事争议风险监测机制，通过税费缴纳、社保欠费、案件受理、投诉举报、信访处理、社会舆情等反映劳动关系运行的重要指标变化情况，准确研判劳动人事争议态势。完善重大劳动人事争议风险预警机制，聚焦重要时间节点，突出农民工和劳务派遣、新就业形态劳动者等重点群体，围绕确认劳动关系、追索劳动报酬、工作时间、解除和终止劳动合同等主要劳动人事争议类型,强化监测预警,建立风险台账,制定应对预案。

(六)加强劳动人事争议隐患排查化解工作。建立重点区域、重点行业、重点企业联系点制度,以工业园区和互联网、建筑施工、劳动密集型加工制造行业以及受客观经济情况发生重大变化、突发事件等影响导致生产经营困难的企业为重点,全面开展排查,及时发现苗头性、倾向性问题,妥善化解因欠薪、不规范用工等引发的风险隐患。加强劳动人事争议隐患协同治理,完善调解仲裁机构与劳动关系、劳动保障监察机构以及工会劳动法律监督组织信息共享、协调联动,共同加强劳动用工指导,履行好"抓前端、治未病"的预防功能。

三、强化协商和解

(七)指导建立内部劳动人事争议协商机制。培育用人单位和劳动者的劳动人事争议协商意识,推动用人单位以设立负责人接待日、召开劳资恳谈会、开通热线电话或者电子邮箱、设立意见箱、组建网络通讯群组等方式,建立健全沟通对话机制,畅通劳动者诉求表达渠道。指导用人单位完善内部申诉、协商回应制度,优化劳动人事争议协商流程,认真研究制定解决方案,及时回应劳动者协商诉求。

(八)协助开展劳动人事争议协商。工会组织统筹劳动法律监督委员会和集体协商指导员、法律援助志愿者队伍等资源力量,推动健全劳动者申诉渠道和争议协商平台,帮助劳动者与用人单位开展劳动人事争议协商,做好咨询解答、释法说理、劝解疏导、促成和解等工作。各级地方工会可设立劳动人事争议协商室,做好劳动人事争议协商工作。企业代表组织指导企业加强协商能力建设,完善企业内部劳动争议协商程序。鼓励、支持社会力量开展劳动人事争议协商咨询、代理服务工作。

(九)强化和解协议履行和效力。劳动者与用人单位就劳动人事争议协商达成一致的,工会组织要主动引导签订和解协议,并推动和解协议履行。劳动者或者用人单位未按期履行和解协议的,工会组织要主动做好引导申请调解等工作。经劳动人事争议仲裁委员会审查,和解协议程序和内容合法有效的,可在仲裁办案中作为证据使用;但劳动者或者用人单位为达成和解目的作出的妥协认可的事实,不得在后续的仲裁、诉讼中作为对其不利的根据,但法律另有规定或者劳动者、用人单位均同意的除外。

四、做实多元调解

(十)推进基层劳动人事争议调解组织建设。人力资源社会保障部门会同司法行政、工会、企业代表组织和企事业单位、社会团体,推动用人单位加大调解组织建设力度。推动大中型企业普遍建立劳动争议调解委员会,建立健全以乡镇(街道)、工会、行业商(协)会、区域性等调解组织为支撑、调解员(信息员)为落点的小微型企业劳动争议协商调解机制。推动事业单位、社会团体加强调解组织建设,规范劳动人事管理和用工行为。

(十一)建设市、县级劳动人事争议仲裁院调解中心和工会法律服务工作站。推动在有条件的市、县级劳动人事争议仲裁院(以下简称仲裁院)内设劳动人事争议调解中心(以下简称调解中心),通过配备工作人员或者购买服务等方式提供劳动人事争议调解服务。调解中心负责办理仲裁院、人民法院委派委托调解的案件,协助人力资源社会保障部门指导辖区内的乡镇(街道)、工会、行业商(协)会、区域性等调解组织做好工作。探索推进工会组织在劳动人事争议案件较多、劳动者诉求反映集中的仲裁院、人民法院设立工会法律服务工作站,具备条件的地方工会可安排专人入驻开展争议协商、调解和法律服务工作,建立常态化调解与仲裁、诉讼对接机制。

（十二）加强调解工作规范化建设。人力资源社会保障部门会同司法行政、工会、企业代表组织等部门，落实调解组织和调解员名册制度，指导各类劳动人事争议调解组织建立健全调解受理登记、调解办理、告知引导、回访反馈、档案管理、统计报告等制度，提升调解工作规范化水平。加大督促调解协议履行力度，加强对当事人履约能力评估，达成调解协议后向当事人发放履行告知书。总结、推广调解组织在实践中形成的成熟经验和特色做法，发挥典型引领作用。

（十三）发挥各类调解组织特色优势。企业劳动争议调解委员会发挥熟悉内部运营规则和劳动者情况的优势，引导当事人优先通过调解方式解决劳动争议。人民调解组织发挥扎根基层、贴近群众、熟悉社情民意的优势，加大劳动人事争议调处工作力度。乡镇（街道）劳动人事争议调解组织发挥专业性优势，积极推进标准化、规范化、智能化建设，帮助辖区内用人单位做好劳动人事争议预防化解工作。行业性、区域性劳动人事争议调解组织发挥具有行业影响力、区域带动力的优势，帮助企业培养调解人员、开展调解工作。商（协）会调解组织发挥贴近企业的优势，积极化解劳动争议、协同社会治理。人力资源社会保障部门、司法行政部门、工会、企业代表组织引导和规范有意向的社会组织及律师、专家学者等社会力量，积极有序参与调解工作，进一步增加调解服务供给。

五、健全联动工作体系

（十四）健全劳动人事争议调解与人民调解、行政调解、司法调解联动工作体系。人力资源社会保障部门在党委政法委的统筹协调下，加强与司法行政、法院、工会、企业代表组织等部门的工作沟通，形成矛盾联调、力量联动、信息联通的工作格局，建立健全重大劳动人事争议应急联合调处机制。有条件的地区，可建立“一窗式”劳动人事争议受理和流转办理机制，通过联通各类网上调解平台、设立实体化联调中心等方式，强化各类调解资源整合。可根据实际情况建立调解员、专家库共享机制，灵活调配人员，提高案件办理专业性。

（十五）参与社会矛盾纠纷调处中心建设。各相关部门主动融入地方党委、政府主导的社会矛盾纠纷多元预防调处化解综合机制，发挥职能优势，向社会矛盾纠纷调处中心派驻调解仲裁工作人员，办理劳动人事争议案件、参与联动化解、提供业务支持，做好人员、经费、场所、设备等保障工作。

（十六）强化调解与仲裁、诉讼衔接。完善调解与仲裁的衔接，建立仲裁员分片联系调解组织制度。双方当事人经调解达成一致的，调解组织引导双方提起仲裁审查申请或者司法确认申请，及时巩固调解成果。仲裁机构通过建议调解、委托调解等方式，积极引导未经调解的当事人到调解组织先行调解。加强调解与诉讼的衔接，对追索劳动报酬、经济补偿等适宜调解的纠纷，先行通过诉前调解等非诉讼方式解决。推进劳动人事争议“总对总”在线诉调对接，开展全流程在线委派委托调解、音视频调解、申请调解协议司法确认等工作。建立省级劳动人事争议调解专家库，并将符合条件的调解组织和人员纳入特邀调解名册，参与调解化解重大疑难复杂劳动人事争议。依法落实支付令制度。

六、提升服务能力

（十七）加强调解员队伍建设。通过政府购买服务等方式提升劳动人事争议协商调解能力。扩大兼职调解员来源渠道，广泛吸纳法学专家、仲裁员、律师、劳动关系协调员（师）、退休法官、退休检察官等专业力量参与调解。加强对调解员的培训指导，开发国家职业技能标准，切实提高调解员职业道德、增强服务意识，提升办案能力。

（十八）加强智慧协商调解建设。推动信息化技术与协商调解深度融合，建立部门间数据信息互通共享机制，整合运用各类大数据开展劳动人事争议情况分析研判。完善网络平台和手机 APP、微信小程序、微信公众号等平台的调解功能，推进"网上办""掌上办"，实现协商调解向智能化不断迈进。

（十九）保障工作经费。人力资源社会保障部门将协商调解纳入政府购买服务指导性目录。地方财政部门结合当地实际和财力可能，合理安排经费，对协商调解工作经费给予必要的支持和保障，加强硬件保障，为调解组织提供必要的办公办案设施设备。

（二十）落实工作责任。构建和谐劳动关系，是增强党的执政基础、巩固党的执政地位的必然要求，是加强和创新社会治理、保障和改善民生的重要内容，是促进经济高质量发展、社会和谐稳定的重要基础。各地要把做好协商调解工作作为构建和谐劳动关系的一项重要任务，切实增强责任感、使命感、紧迫感，积极争取党委、政府支持，将这项工作纳入当地经济社会发展总体规划和政府目标责任考核体系，推动工作扎实有效开展。各级党委政法委要将劳动人事争议多元处理机制建设工作纳入平安建设考核，推动相关部门细化考评标准，完善督导检查、考评推动等工作。人力资源社会保障部门要发挥在劳动人事争议多元处理中的牵头作用，会同有关部门统筹推进调解组织、制度和队伍建设，完善调解成效考核评价机制。人民法院要发挥司法引领、推动和保障作用，加强调解与诉讼有机衔接。司法行政部门要指导调解组织积极开展劳动人事争议调解工作，加强对调解员的劳动法律政策知识培训，鼓励、引导律师参与法律援助和社会化调解。财政部门要保障协商调解工作经费，督促有关部门加强资金管理，发挥资金使用效益。中小企业主管部门要进一步健全服务体系，指导中小企业服务机构帮助企业依法合规用工，降低用工风险，构建和谐劳动关系。工会要积极参与劳动人事争议多元化解，引导劳动者依法理性表达利益诉求，帮助劳动者协商化解劳动人事争议，依法为劳动者提供法律服务，切实维护劳动者合法权益，竭诚服务劳动者。工商联、企业联合会等要发挥代表作用，引导和支持企业守法诚信经营、履行社会责任，建立健全内部劳动人事争议解决机制。

各省级人力资源社会保障部门要会同有关部门，按照本意见精神，制定切实可行的实施方案，明确任务、明确措施、明确责任、明确要求，定期对本意见落实情况进行督促检查，及时向人力资源社会保障部报送工作进展情况。

人力资源社会保障部
中央政法委
最高人民法院
工业和信息化部
司法部
财政部
中华全国总工会
中华全国工商业联合会
中国企业联合会/中国企业家协会
2022 年 10 月 13 日

21. 关于广泛深入持久开展“五小”活动的指导意见

小发明、小创造、小革新、小设计、小建议活动(以下简称“五小”活动)是工会的一项传统工作,是“当好主人翁、建功新时代”主题劳动和技能竞赛的重要内容。为使“五小”活动在新时代展现新的生机和活力,推动劳动和技能竞赛广泛深入持久开展,现对广泛深入持久开展“五小”活动提出如下意见。

一、开展“五小”活动的总体要求

(一)重要意义。习近平总书记指出,“要组织职工广泛深入开展岗位练兵、技术交流、技能培训,踊跃参加技术革新、技术协作、合理化建议等活动,着力培养知识型、技术型、创新型人才队伍”。开展“五小”活动是贯彻落实习近平总书记重要讲话精神的重要举措,是推动产业工人队伍建设改革、提高职工技能素质、培养大国工匠的重要抓手,是组织动员职工立足岗位建功立业、把“当好主人翁、建功新时代”主题竞赛落实到基层的重要途径。

(二)总体要求。“五小”活动要以习近平新时代中国特色社会主义思想为指导,深入贯彻落实《新时期产业工人队伍建设改革方案》,按照全总关于广泛深入持久开展劳动和技能竞赛的工作要求,注重岗位创新,注重解决一线问题,注重增强创新能力,扩大覆盖面、提高参与度,使活动落实到基层、深入到一线,长期坚持下去、形成长效机制,进一步组织动员广大职工建功新时代。

(三)基本原则。“五小”活动要坚持以职工为中心,尊重职工首创精神,让职工当主角,动员职工群众参与到活动的各个环节,夯实活动的群众基础;坚持以需求为导向,围绕生产经营的重点和难点,紧密结合岗位实际,根据市场需求、企业需要、职工期盼开展活动;坚持在继承中创新,在总结以往经验做法的基础上,适应新时代新要求,不断丰富和完善竞赛内容,创新活动方式和载体;坚持共建共享,通过抓好活动激励,在促进企业发展的同时让职工受益,增强职工获得感。

二、大力增强职工岗位创新能力

(四)增强职工创新意识。职工是“五小”活动的参与者,是岗位创新的主力军。要引导职工充分认识技术创新的重要性,充分认识“改善改进也是创新”,树立“时时可创新、处处可创新、人人可创新”的理念。通过“工匠论坛”“职工创新大讲堂”等形式,推广普及创新方法,激发职工创新潜能,动员职工立足岗位开展技术创新、管理创新和服务创新。

(五)提升职工技能素质。要围绕提升职工技能水平和创新能力组织开展群众性、常态化的岗位练兵活动,注重线上线下相结合,引导职工在干中学、学中练。积极协助政府和企业推广现代学徒制和企业新型学徒制,采取“一带一”“一带多”“多带多”等多种形式促进师带徒活动创新发展,做好传帮带。广泛开展技能比武、技术培训等活动,强化实战化要求,让先进生产技术和先进操作方法为更多的职工所掌握。

(六)营造良好创新氛围。大力弘扬劳模精神、劳动精神、工匠精神,注重从“五小”

活动中发现、培养、选树劳动模范和工匠人才，特别是优秀技能人才和一线职工典型，宣传他们的先进事迹，推广他们的劳动技能、创新方法、管理经验，充分发挥其示范带头作用。把职工创新纳入企业创新体系，把“竞赛文化”融入企业文化和职工文化当中，鼓励创新，既要重视结果，也要重视过程，不断增强职工创新勇气，引导职工积极投身“五小”活动。

三、立足岗位开展“五小”活动

（七）重视发现和解决岗位难点问题。要从发现问题入手，组织一线职工、立足一线岗位、解决一线问题。重点围绕提升产品、服务、工程质量和效益，改造落后的技术设备、不合理的工艺和过时的操作方法，推动节能降耗、污染防治、生态环境保护，促进劳动安全和职业健康，提升企业管理水平和服务水平等方面开展活动。

（八）把合理化建议摆到突出位置。合理化建议活动是我国工人阶级的一个伟大创举，是职工发扬主人翁精神和发挥聪明才智的有效形式，也是职工参与企业管理、推动技术进步的重要途径。把合理化建议作为“五小”活动最基础最重要的环节，一方面要增强广泛性，提高合理化建议的参与率，组织广大职工积极参与；另一方面要增强实效性，提高合理化建议的质量，促进合理化建议的采纳和实施。

（九）完善“五小”活动体系。进一步完善以岗位创新、班组（团队）创新、劳模和工匠人才（职工）创新工作室以及创新工作室联盟等为主要内容的“五小”活动体系，形成基础广泛、人才集聚、成果丰硕的良好局面。发挥职工技协的组织优势、人才优势和阵地优势，开展技术交流、技术协作、技术帮扶等活动，在“五小”活动中发挥骨干作用。

（十）创新“五小”活动方式方法。按照建设“智慧工会”的要求，运用“互联网+”、移动客户端、大数据、云计算等现代化手段组织开展“五小”活动，促进活动在策划动员、组织实施、考核评选等各个环节的智能化，增强活动的先进性、便利性和趣味性。在活动中设置形式多样、职工喜闻乐见的比赛项目，设立创新看板等可视化载体，增加活动的“赛味”，更好地激发广大职工的积极性，使活动更具吸引力和感召力。

四、进一步扩大“五小”活动覆盖面

（十一）推动“五小”活动从国有企业向非公企业拓展。要系统总结国有企业开展活动的经验做法，在展现良好成效的同时，推动活动不断向科学化、制度化、规范化发展。积极探索非公企业开展活动的新途径、新模式，选好切入点和突破口，加强分类指导，重点推进已建工会规模以上非公企业劳动和技能竞赛，带动中小企业活动的普遍开展。

（十二）推动“五小”活动从生产领域向管理、服务等领域延伸。生产、管理和服务都是企业运营的重要环节。要推动“五小”活动从一线生产岗位向管理岗位、服务岗位延伸，充分发挥每一个技术工人、科技人员和管理人员的聪明才智，努力形成全方位、全领域的活动新格局。在组织职工创新产品技术、工艺和设备的同时，围绕管理方式、管理手段、管理模式等进行创新，不断提升企业管理水平；围绕服务方法、服务途径、服务市场等进行创新，进一步提高服务质量和水平。

（十三）推动“五小”活动从企业向机关事业单位扩展。“五小”活动作为发挥职工积极性、动员职工岗位建功的载体和手段，不仅适用于企业，同样适用于机关事业单位。机关事业单位可借鉴企业开展“五小”活动的经验，结合自身实际，动员职工从提升岗位技能、改进工作方法、提高工作效率等方面入手开展“五小”活动，交流工作经验，进一步提升机关事业单位的管理服务水平。

五、促进“五小”活动成果的推广和转化

（十四）搭建职工创新成果交流、转化平台。通过组建技能人才（劳模）服务队、劳模和工匠人才创新工作室联盟、举办创新成果展示活动等，积极推动“五小”创新成果走出班组、走出企业、走向社会。积极参与技术市场活动，有条件的地区和企业要建立职工创新成果库，充分利用科技中介机构开展技术开发、技术转让、技术咨询、技术服务活动，与有关部门联合开展创新辅导、项目对接、产业论坛、人才服务、产学研用合作等活动，促进创新成果转化。

（十五）重视职工创新成果知识产权保护。要在职工中开展知识产权普及教育，增强职工知识产权意识，加强专利宣传和咨询服务，依托有关机构和专家帮助职工做好创新成果的专利申请。推动有关部门通过源头追溯、实时监测、在线识别等强化知识产权保护，保护职工创新成果。积极推荐职工优秀创新成果参评国家科技进步奖、中国专利奖等奖项。

（十六）加大创新成果应用和孵化力度。注重对职工的创新提案进行分类整理，分段控制，及时反馈，保证创新提案的科学性、针对性和可行性。积极争取行政主管部门和企业的支持，利用科技成果孵化基地，组织开展专题项目开发，加大产业化扶持力度。活动中创造出来的先进技术、工具、工作法、管理经验等要通过成果表彰、举办培训班、现场讲解演示等方法进行推广。

六、加强“五小”活动的组织领导

（十七）建立健全协同推进的组织领导机构。各地要高度重视，建立活动组织领导机构，制定活动方案，落实活动责任，形成“党委领导、行政支持、工会牵头、多部门协作，职工广泛参与”的工作格局。注重发挥产业工会优势和作用，组织开展形式多样、具有产业特色的活动。与其他有关部门加强政策协调和资源整合，合力推进“五小”活动。加强对工会干部的培训，引导大家深入了解“五小”活动，吸取先进经验，提高活动组织能力。

（十八）积极开展科学合理的绩效评估工作。要加强活动过程管理和考核评估，坚持问题导向和成果导向并重，定性与定量相结合，建立科学合理的评估指标体系，全面评价地方和企业活动效果。评估可通过自上而下评估、自查自评或第三方评估的方式进行，注重评估结果反馈和工作改进，并以此作为评先评优、推荐表彰的重要参考。建立健全项目预报、工作台账、督导通报等工作制度，强化活动过程管理、督导和考核。

（十九）多样化设计活动奖励激励措施。坚持物质奖励和精神奖励相结合，积极争取地方政府和企业行政支持，根据职工的需求和期盼，通过“积分制”“创新银行”等多种方式，加大奖励、及时奖励、精准奖励，扩大职工受益面。推动企业合理制定“五小”成果的收益分配方案，建立活动奖励晋级制度，把“五小”活动作为职工业绩评价、技能评定、培训深造、晋级晋升的重要依据，保护好职工创新创造的积极性。

（二十）注重活动品牌建设和宣传推广。加强调查研究，认真总结“五小”活动的创新举措和先进经验，注重典型引路，及时发现和解决存在的问题，不断完善活动体制机制，推动活动常态化、长效化。运用传统媒体和新兴媒体相结合的方式，充分利用工会及其他宣传资源和手段，做好“五小”活动的宣传推广工作，把“五小”活动打造成在职工中有较强感召力、在社会上有广泛影响力的品牌。

各省（区、市）总工会、各全国产业工会要根据本意见，结合实际、强化措施、贯彻落实。

22. 关于加强公司制企业职工董事制度、职工监事制度建设的意见

（总工发〔2016〕33号　2016年12月5日）

为深入贯彻落实党的十八大、十八届三中、四中、五中、六中全会精神，贯彻落实全国国有企业党的建设工作会议精神特别是习近平总书记提出的要坚持和完善职工董事制度、职工监事制度，鼓励职工代表有序参与公司治理的重要论述，按照《中共中央、国务院关于构建和谐劳动关系的意见》中关于"推行职工董事、职工监事制度""依法规范职工董事、职工监事履职规则"的要求，以《公司法》等法律法规为依据，现就加强公司制企业职工董事制度、职工监事制度建设提出以下意见。

一、充分认识加强职工董事制度、职工监事制度建设的重要意义

职工董事制度、职工监事制度，是指依照《公司法》《公司登记管理条例》设立的有限责任公司和股份有限公司（以下简称公司）通过职工代表大会（或职工大会，简称职代会）民主选举一定数量的职工代表，分别进入董事会、监事会，代表职工源头参与公司决策和监督的基层民主管理形式。伴随我国社会主义市场经济的深入发展，公司制作为现代企业的有效组织形式，日益成为各种所有制企业改革发展的普遍选择。职工董事制度、职工监事制度在完善公司法人治理结构，构建和谐稳定劳动关系，促进企业和职工共同发展等方面发挥了积极作用。但是，目前还有相当数量的公司未依法建立职工董事制度、职工监事制度，在已建立这项制度的公司中还有相当一部分因操作不规范而影响了职工董事制度、职工监事制度发挥应有的积极作用。推动依法建立和规范职工董事制度、职工监事制度，是工会民主管理工作一项重要的任务。

加强职工董事制度、职工监事制度建设，是贯彻落实党的全心全意依靠工人阶级根本方针，推进社会主义基层民主制度建设，支持职工参与管理和监督的重要措施；是建立现代企业制度，将民主管理融入公司治理结构，推进公司民主决策、科学决策的重要内容；是源头维护职工合法权益，实现劳动关系双方合作共赢，构建社会主义和谐劳动关系的重要抓手；是加强企业党风廉政建设，促进公司负责人廉洁从业，推动公司健康发展的重要途径。各级工会要充分认识加强职工董事制度、职工监事制度建设的重要性和紧迫性，坚持促进企业发展、维护职工权益，努力推动职工董事制度、职工监事制度建设，保障职工的民主权利。

二、依法推进公司建立职工董事制度、职工监事制度

（一）着力推进公司依法建立职工董事制度、职工监事制度。

各级工会应当依据《公司法》等法规政策的规定，推动和督促国有及国有控股公司率先依法建立职工董事制度，引导和支持混合所有制公司、非公有制公司的董事会设立职工董事，同时要督促设立了监事会的各类公司都依法建立职工监事制度。

（二）切实保证职工董事、职工监事候选人条件和人数比例。

1.职工董事、职工监事候选人应符合以下基本条件：与公司存在劳动关系；能够代表

和反映职工合理诉求，维护职工和公司合法权益，为职工群众信赖和拥护；熟悉公司经营管理或具有相关的工作经验，熟知劳动法律法规，有较强的协调沟通能力；遵纪守法，品行端正，秉公办事，廉洁自律；符合法律法规和公司章程规定的其他条件。遵循职工董事、职工监事任职回避原则，坚持公司高级管理人员和监事不得兼任职工董事，公司高级管理人员和董事不得兼任职工监事。公司高管的近亲属，不宜担（兼）任职工董事、职工监事。

2.职工董事、职工监事的人数和具体比例应依法在公司章程中作出明确规定。国有及国有控股公司，其董事会成员中应当有公司职工代表；引导和支持国有及国有控股公司以外的其他公司董事会成员中配备适当比例的职工董事，力促董事会成员中至少有一名职工董事。所有公司监事会中职工监事的比例不低于三分之一。督促公司在设立（或改制）的初始阶段，依照相关法律规定在董事会、监事会中预留职工董事、职工监事的席位，并在公司章程中予以明确规定。

3.职工持股会选派到董事会、监事会的董事、监事，一般不占职工董事、职工监事的名额。

（三）依法规范职工董事、职工监事产生的程序。

1.职工董事、职工监事的候选人，可以由公司工会根据自荐、推荐情况，在充分听取职工意见的基础上提名，也可以由三分之一以上的职工代表或者十分之一以上的职工联名推举，还可以由职代会联席会议提名。公司工会主席、副主席一般应作为职工董事、职工监事候选人人选。

2.职工董事、职工监事应由公司职代会以无记名投票方式差额选举，并经职代会全体代表的过半数同意方可当选。尚未建立职代会的，应在企业党组织的领导和上级工会的指导下，先行建立职代会。

3.职工董事、职工监事由职代会选举产生后，应进行任前公示，与其他董事、监事一样履行相关手续，并报上级工会和有关部门（机构）备案。公司工会应做好向上级工会报备的相关工作。

三、依法规范职工董事、职工监事履行职责规则

（一）依法明确职工董事、职工监事的职权、义务和责任。

职工董事、职工监事依法享有与公司其他董事、监事同等权利，在董事会、监事会研究决定公司重大问题时，职工董事、职工监事应充分发表意见，履行代表职工利益、反映职工合理诉求、维护职工和公司合法权益的职责与义务，并承担相应责任。

1.职工董事依法行使下列职权：参加董事会会议，行使董事的发言权和表决权；在董事会研究决定公司重大问题时充分发表意见，确定公司高级管理人员的聘任、解聘时，如实反映职代会民主评议高级管理人员情况；对涉及职工合法权益或大多数职工切身利益的董事会议案、方案提出意见和建议；就涉及职工切身利益的规章制度或者重大事项，提出董事会议题，依法提请召开董事会会议，反映职工合理要求，维护职工合法权益；列席与其职责相关的公司行政办公会议和有关生产经营工作的重要会议；要求公司工会、公司有关部门通报相关情况，提供相关资料；向公司工会、上级工会或有关部门如实反映情况；法律法规、规章制度和公司章程规定的其他权利。

2.职工监事依法行使下列职权：参加监事会会议，行使监事的发言权和表决权；参与监督检查公司对涉及职工切身利益的法律法规、规章制度和公司章程的贯彻执行情况；

监督检查公司职工工资、劳动保护、社会保险、福利及劳动合同、集体合同等制度规定的落实情况；听取和监督公司的经营管理情况；参与对公司的财务检查和对公司董事会、经理层人员履行职责的监督；就涉及职工切身利益的规章制度或者重大事项，提出监事会议题，提议召开监事会会议；列席董事会会议，可对董事会决议事项提出质询或者建议；列席与其职责相关的公司行政办公会议和有关生产经营工作的重要会议；要求公司工会、公司有关部门通报相关情况，提供相关资料；向公司工会、上级工会或有关部门如实反映情况；法律法规、规章制度和公司章程规定的其他权利。

尚未设立职工董事的公司，遇有董事会制订公司合并、分立、解散和变更公司重大方案，或者制订公司利润分配方案等涉及职工切身利益的重要事项时，职工监事应当按照对职工董事的要求主动担负起相应职责。

3.职工董事、职工监事应当履行以下义务：认真学习党的理论和路线方针政策，学习国家法律法规，积极参加相关培训，提高自身思想政治素质和相关业务素质；遵守法律法规和公司章程及各项规章制度，执行股东会、董事会、监事会的决议，保守公司秘密，认真履行职责；及时了解企业管理和发展状况，经常深入职工群众广泛听取意见和建议，在董事会、监事会上真实准确、全面充分地反映职工的合理诉求；执行职代会的决议，在董事会、监事会会议上，按照职代会的相关决议或在充分考虑职代会决议和意见的基础上发表意见，行使表决权；建立履职档案，对履行职责情况进行书面记录并妥善保存；每年至少一次向公司职代会报告工作，接受监督、质询、民主评议；法律法规和公司章程规定的其他义务。

职工董事、职工监事向公司职代会作述职报告的主要内容包括：(1)全年出席董事会、监事会会议情况，包括未出席会议的原因、次数；(2)在董事会、监事会会议上发表意见和参与表决的情况，包括投出弃权或者反对票的情况及原因；(3)对公司劳动关系重大问题和职工切身利益重要事项进行调查，反映职代会意见和职工利益诉求，与董事会、监事会其他成员及公司管理层进行交流磋商等情况；(4)参加教育培训情况；(5)根据相关法律法规、规范性文件和公司章程，履行职工董事、职工监事权利义务其他需要报告的情况。

4.职工董事、职工监事应担负的责任。董事会、监事会的决议、决定违反法律法规或者公司章程、股东大会决议，致使公司遭受严重损失的，参与决议或决定的职工董事、职工监事应当按照有关法律法规和公司章程的规定，承担相应责任。但经证明在表决时曾表明异议或者代表职代会意见并载于会议记录的，可以免除责任。

职工董事、职工监事在收到董事会、监事会议题议案，审议发现有损害职工利益的内容，或者与已有的职代会意见相悖，必要时应向董事长、监事会主席提出暂缓审议该项议题或议案的建议，并及时向职代会报告。因故不能参加董事会、监事会会议时，应以书面形式委托其他董事、监事代为反映意见，并在委托书中明确授权范围。

(二)严格规范职工董事、职工监事的任期、罢免和补选。

1.职工董事、职工监事的任期与其他董事、监事的任期相同，每届任期不超过三年，任期届满后可以连选连任。职工董事、职工监事因辞职、患病、工作调动等原因离职的，或因劳动关系变更、终止、解除等原因不能履行职责时，经职代会通过终止其任职资格。

2.职工董事、职工监事有下列行为之一的，由公司职代会依法罢免：公司职代会对其述职进行无记名民主评议，结果为不称职的；不能如实反映公司职代会的决议、决定，在参与公司决策、履行监督职责时不代表职工利益行使权利，损害职工合法权益的；拒绝向公司职代会报告工作的；有其他不依法履行职工董事、职工监事职责行为的。

罢免职工董事、职工监事，须由三分之一以上职工代表或者十分之一以上职工联名提出罢免议案，并经职代会讨论通过。职代会讨论罢免职工董事、职工监事有关事项时，职工董事、职工监事有权在会上提出申辩理由或书面申辩意见。罢免议案须采用无记名投票方式，经职代会全体代表的过半数同意方获通过。罢免案通过后，公司工会应当将罢免结果报上级工会和有关部门备案。

3.职工董事、职工监事出现空缺的，应当由公司工会尽快组织补选，补选程序与产生程序相同。在新补选职工董事、职工监事就任前，原职工董事、职工监事仍应当依照法律法规和公司章程的规定，履行其职责。

（三）完善职工董事、职工监事履行职责的必要保障。

履职权益保障。公司应当为职工董事、职工监事依法履行职责提供必要的工作条件，保证其履职所必须的工作时间，其在履行职责期间除享受正常的工资和福利待遇外，履职所发生的费用比照其他董事、监事办理。职工董事、职工监事为履行职责，必要时可聘请律师或会计师等协助其工作，费用应依法参照有关规定由公司或公司工会承担。职工董事、职工监事在任职期间，除法定情形外，公司不得与其解除劳动合同。职工董事、职工监事在任期内和任期届满后，公司不得因其履行职责的原因，对其降职、减薪或采取其他形式进行打击报复。

工作制度保障。公司工会要推动公司依法完善职工董事制度、职工监事制度相关配套制度，为充分发挥职工董事、职工监事的作用提供制度保障。建立培训制度，公司要在职工董事、职工监事任职前和任职期间组织其参加岗位适应性学习培训，不断提高其业务素质和履职能力。建立调研制度，职工董事、职工监事应通过工会和职代会建立起与广大职工群众联系的渠道，通过召开职工群众座谈会、职工代表团（组）长和职代会专门小组（委员会）负责人联席会议、职工代表巡视检查等形式，直接征求和听取职工群众的意见。

信息服务保障。公司应协助职工董事、职工监事全面了解公司情况，及时向职工董事、职工监事提供公司生产经营管理等方面的资料和信息。职代会下设工作机构要及时向职工董事、职工监事提供职代会的议题、议案和决议等材料，协助其开展专题调研和巡视检查，及时反映职工的有关意见和建议。公司工会要通过各种有效途径，为职工董事、职工监事提供专业意见和相关咨询。

四、正确处理职工董事、职工监事与公司相关组织机构的关系

职工董事、职工监事接受公司党组织的思想政治领导。适应建立现代企业制度和公司实行民主管理的要求，公司党组织担负着加强公司民主管理制度建设、引领公司依靠职工办企业的政治责任，支持职工董事、职工监事依法履行职责。

职工董事、职工监事通过董事会、监事会集体向股东会负责。职工董事、职工监事在董事会、监事会中代表职工行使参与决策和监督的民主权利，在研究决定涉及职工切身利益重要事项时，重点代表和维护职工利益，并应充分考虑和尊重出资人及公司的整体利益。股东会应尊重职工董事、职工监事的法定权利。

职工董事、职工监事参与并服从董事会、监事会的决策。职工董事、职工监事通过充分发挥职代会与董事会、监事会之间联系、沟通的桥梁作用，向董事会、监事会负责。职工董事应接受监事会的监督。董事会、监事会尊重并支持职工董事、职工监事依法履行职责。

职工董事、职工监事与公司行政部门应互相尊重、互相支持。职工董事、职工监事通过参与董事会、监事会的工作，对公司经营管理工作施加影响，应支持配合公司行政部门履行经营管理职责；就涉及职工切身利益的事项和问题向有关职能部门征询意见，也可在职权范围内约见公司高级管理人员，反映职工对经理层的意见，并对经理层实施监督。公司行政部门在研究涉及职工切身利益的重大问题时，应当听取职工董事、职工监事的意见。

职工董事、职工监事应直接向公司职代会负责。职工董事、职工监事由职代会选举产生，参加职代会的有关活动，认真执行职代会的决议，自觉接受职代会的监督。职代会下设的机构，应协助职工董事、职工监事依法履行职责。职工董事、职工监事与职代会的关系，应当在公司职代会实施细则中作出明确规定。

公司工会应为职工董事、职工监事履职提供高效服务。要帮助职工董事、职工监事解决工作和生活中的实际问题，及时督促协调公司行政为职工董事、职工监事提供有关信息资料。在涉及职工切身利益重要制度的制定、重大事项决议的执行过程中，为职工董事、职工监事形成书面意见，收集、整理和提供职工利益诉求及对公司生产经营管理等方面的意见建议。

五、切实加强职工董事制度、职工监事制度建设的组织领导

各级工会要按照党中央关于推进基层民主建设的决策部署，积极推进职工董事制度、职工监事制度建设，依法保障公司职工的知情权、参与权、表达权和监督权，促进劳动关系与社会和谐稳定。

（一）自觉坚持党的领导，争取政府重视支持。

各级地方工会要及时向党委汇报、向政府反映公司依法建立职工董事制度、职工监事制度情况及工作中的困难和问题。借助政府和工会联席会议、厂务公开协调领导机构、劳动关系三方协商机制等工作平台，会同有关部门合力推进加强职工董事制度、职工监事制度建设，督促违法违规公司整改，推动形成党委加强领导、政府重视支持、工会积极作为、有关各方齐抓共推职工董事制度、职工监事制度建设的良好工作格局。

（二）明确目标责任，加强工作检查督导。

各级工会要围绕全面深化改革对现代企业民主管理工作的新要求，在深入调研的基础上制定工作规划，明确目标任务；细化实施方案，落实职责分工；突出工作重点，强化监督检查；创新工作方法，务求工作实效。探索建立激励约束机制，实行上下联动，将依法建立职工董事制度、职工监事制度，作为评先选优的必要条件，加强指导督促，扎实推进职工董事制度、职工监事制度健康发展。

（三）强化舆论宣传，不断优化工作环境。

各级工会要重视加强对中国特色现代企业制度，包括职工董事制度、职工监事制度的研究，扩大研究成果的宣传，形成助力职工董事制度、职工监事制度建设的良好社会舆论氛围。争取通过人大执法检查、政府劳动监察和政协调研视察，推动公司依法建立和规范职工董事制度、职工监事制度。积极参与制定和修改推行职工董事制度、职工监事制度的地方法规政策,为加强职工董事制度、职工监事制度建设提供有力的法治保障。

(四)坚持问题导向,精准发力破解难题。

各级工会要根据国有独资、国有控股、混合所有制、私营、外资等不同类型公司制企业的实际,提出有针对性的指导意见,推动职工董事制度、职工监事制度有机融入现代企业制度体系。在深化国企改革、发展混合所有制经济过程中强化职工源头参与,代表好、维护好职工合法权益,促进劳动关系和谐。聚焦职工最关心最直接最现实的利益问题,着力推进公司依法保障职工劳动经济权利,通畅职工利益诉求表达渠道,组织职工有序参与企业管理。

(五)夯实工作基础,多措并举补齐短板。

各级工会要注重及时总结建制经验,发挥先进典型的示范引领作用。扎实开展培训工作。积极探索建立职工董事、职工监事建制信息库和工作评估制度,运用大数据和"互联网+"等现代化手段,加强对职工董事、职工监事的管理。把推进职工董事制度、职工监事制度建设与工会自身建设和职代会等民主管理制度建设结合起来,形成优势互补、作用叠加效应,更加有效地保护调动激发劳动关系双方的积极性、创造性,实现职工与公司共促发展、共享成果。

23. 关于加强农民工安全生产培训工作的意见

(安监总培训〔2006〕228号)

各省、自治区、直辖市及新疆生产建设兵团安全生产监督管理局、煤矿安全监管部门、教育厅(教委、教育局)、劳动和社会保障厅(局)、建设厅(局)、农业厅(局)、总工会,各省级煤矿安全监察机构:

为贯彻落实《国务院关于解决农民工问题的若干意见》(国发〔2006〕5号),切实提高农民工特别是煤矿、非煤矿山、危险化学品、烟花爆竹、建筑等高危行业农民工自我安全保护的意识和能力,有效保障农民工生命财产安全,促进全国安全生产形势稳定好转,现就加强农民工安全生产培训工作提出如下意见:

一、充分认识加强农民工安全生产培训工作的必要性和紧迫性

农民工是我国工业化、城镇化进程中涌现出的一支新型劳动大军,是推动我国社会经济发展的重要力量,为我国农村发展、城市繁荣和现代化建设做出了重要贡献。但是,由于多种原因,造成当前农民工整体文化素质较低,安全意识淡漠,缺乏必要的安全知识和自我防范能力,给安全生产带来很大压力。据统计,近几年发生的生产安全伤亡事故,90%以上是由于人的不安全行为造成的,80%以上发生在农民工比较集中的小企业;每年职业伤害、职业病新发病例和死亡人员中,半数以上是农民工。因此,加强农民工安全生产培训,已经成为当前解决农民工问题、保护农民工根本利益和促进安全生产形势稳定好转的一项紧迫任务。各地区、各有关部门和各单位一定要从落实科学发展观和构建社会主义和谐社会的高度,充分认识加强农民工安全生产培训工作的重要意义,加强组织领导,采取有力措施,切实抓出实效。

二、明确指导思想、工作目标和基本原则

指导思想:以邓小平理论和"三个代表"重要思想为指导,全面贯彻落实科学发展观和构建社会主义和谐社会的战略思想,坚持"安全发展"指导原则和"安全第一、预防为主、综合治理"方针,认真落实《国务院关于解决农民工问题的若干意见》,以全面提高农民工安全素质为目标,以预防和减少各类伤亡事故、保护农民工职业安全健康权益为目的,落实责任,规范管理,提高质量,加大农民工特别是高危行业农民工的安全生产培训力度,为促进全国安全生产形势的稳定好转提供可靠保障。

工作目标:到 2010 年,农民工安全生产培训制度体系更加完善;有关部门协调配合、企业自主负责的农民工安全生产培训机制初步形成;农民工安全生产培训机构、师资、教材建设进一步加强,培训质量显著提高;广大农民工自我安全保护的意识和能力明显增强。

基本原则:坚持以人为本,依法培训;统一规划,分级(或分工)实施;政府监管,企业落实;全员培训,突出重点;按需施教,注重实效。

三、按照职责分工,落实培训责任

各级安全生产监管、煤矿安全监察部门(以下简称安全监管监察部门)要把农民工安全生产培训工作纳入安全生产和安全生产培训的总体规划中,明确目标,制定措施,加强监督检查,重点做好煤矿、非煤矿山、危险化学品、烟花爆竹等高危行业农民工的安全生产培训工作。

各级教育部门要全面落实农村九年制义务教育,在义务教育中开展安全知识教育;要大力发展职业教育,在职业教育相关专业中增加安全生产方面的内容,鼓励有条件的职业院校增设安全相关专业,扩大招生规模。在农民工特别是高危行业农民工集中的地方,确定一批职业院校开展农民工的安全生产培训和职业技能培训。在职业院校、成人学校开展的农村劳动力转移培训中,增加安全生产知识的内容。

各级劳动保障部门要加强对农民工培训工作的指导,把安全生产常识作为重要培训内容,编入职业技能培训大纲和培训教材、教案中,会同行业主管部门将高危行业农民工安全生产培训列入农民工技能提升培训计划。加强劳动保障监察,督促用人单位落实职业资格证书制度。

各级建设部门要在建筑施工安全管理、安全质量标准化工地建设、劳动合同规范、建筑工人教育培训等工作中,把农民工安全生产培训作为重要内容,统筹考虑,同步落实,协调推进。

各级农业部门要把农民工安全生产培训作为提高农民工综合素质、促进安全致富的重要措施,在实施阳光工程、蓝色证书工程、开展农村劳动力转移培训中,增加安全生产相关知识。

各级工会组织要结合贯彻《工会法》等有关法律法规,监督、协助用人单位做好农民工安全生产教育培训工作,特别是督促企业落实厂(矿)、车间、班组三级安全生产教育培训;结合"安康杯"竞赛,在农民工中广泛开展群众性的安全文化活动,普及安全生产基本知识。

企业是安全生产培训的责任主体。要加强对职工特别是农民工安全生产培训的组织管理,按照《安全生产法》及《生产经营单位安全生产培训规定》(安全监管总局令第 3

号）等有关法律法规和规章，建立健全安全生产培训制度，把农民工安全生产培训工作纳入企业年度工作计划，积极组织或选送农民工参加有关培训，并保证本企业安全生产培训所需资金。

四、完善法规制度，推进依法培训

加强培训法规建设。各地有关部门要按照《国务院关于解决农民工问题的若干意见》要求，根据《安全生产法》等法律法规，结合本地区实际，抓紧制定和完善农民工特别是高危行业农民工安全生产培训的相关规章制度，进一步加强和规范本地区农民工安全生产培训工作。

制定培训大纲和考核标准。安全监管总局要抓紧制定煤矿、非煤矿山、危险化学品、烟花爆竹等高危行业农民工安全生产培训大纲和考核标准；建设部要结合实际，制定建筑行业农民工安全生产培训大纲和考核标准。

建立培训考核制度。各省级安全监管监察部门、建设部门要按照考核标准，根据行业特点、岗位要求和农民工文化水平，建立考试题库。各企业和培训机构要对参加培训的农民工进行严格考核，对考核合格者，颁发安全生产培训合格证书。对获得安全生产培训合格证书的农民工，企业应优先聘用；对高危企业农民工，未经培训或培训考核不合格的，不得上岗作业。

建立培训档案制度。各企业要建立经本企业、培训机构和农民工签名的培训档案，真实记录培训、考核等情况。各地有关部门要及时对农民工安全生产培训情况进行登记，并将农民工安全生产培训情况纳入本地区农民工信息统计范围。

五、严格培训要求，确保培训效果

明确培训内容。农民工安全生产培训的主要内容包括：安全生产法律法规；安全生产基本常识；安全生产操作规程；从业人员安全生产的权利和义务；事故案例分析；工作环境及危险因素分析；危险源和隐患辨识；个人防险、避灾、自救方法；事故现场紧急疏散和应急处置；安全设施和个人劳动防护用品的使用和维护；职业病防治等。

确保培训时间。煤矿、非煤矿山、危险化学品、烟花爆竹等高危行业的农民工首次岗前安全生产培训时间不得少于 72 学时，建筑行业的农民工首次岗前安全生产培训时间不得少于 32 学时，每年接受再培训时间不得少于 20 学时；其他行业农民工首次岗前安全生产培训时间不得少于 24 学时，每年接受再培训的时间不得少于 8 学时。对初中以下文化程度的农民工，培训前应根据工作需要进行文化课补习。

落实培训载体。具备培训条件的企业，对农民工的安全生产培训以企业为主体进行。不具备培训条件的企业特别是中小型企业，要及时组织农民工到附近有条件、具备资质的培训机构或职业院校进行培训。各级安全监管监察部门和行业管理部门要积极为农民工安全生产培训创造条件，对不具备培训条件的企业，可统一组织进行培训。

丰富培训形式。各企业和培训机构要结合企业生产实际，统筹安排，采取集中培训、半工半培、送教上门等形式开展教学。要针对农民工的文化水平和特点，抓好日常安全教育，开设农民工安全生产培训宣传栏，编制通俗易懂、便于消化的文字和音像资料，利用多媒体、电视、漫画等图文并茂的直观方法进行教育培训，坚持文化补习与安全生产培训相结合、针对性教育与系统知识讲解相结合、形象化培训与老工人“传、帮、带”相结合。

六、加强基础建设，强化培训保障

加强培训机构建设。安全监管监察部门要加大安全生产培训机构质量评估考核力度，对农民工培训不规范、达不到质量要求的培训机构，及时淘汰或降级；支持符合条件的职业院校和职业技能培训定点机构申报安全生产培训资质。劳动保障部门对要求承担农民工职业技能培训任务的安全生产培训机构，符合相关条件的，应当认定为职业技能培训定点机构。培训机构要加强内部建设，深化教学改革，注意引进先进的教学方法和手段，有针对性地研究和完善各高危行业农民工培训模型，增强培训效果。

提高师资队伍素质。按照规模适当、结构合理、素质优良、专兼结合、动态管理的原则，培养和优化师资队伍。有计划地组织教师开展集中培训。重视从企业和安全生产一线选聘教师，充实教学力量。

开发适用培训教材。本着少而精、管用的原则，组织编写适合农民工特点的培训教材。注重多媒体教材的研制和开发。教育部、安全监管总局和全国总工会抓紧完成《煤矿工人安全生产培训音像教材》的联合拍摄工作；安全监管总局、劳动保障部和全国总工会尽快组织编写适用于农民工的《职工安全生产知识读本》系列教材；安全监管总局抓紧开发《全国中小煤矿农民工安全生产培训多媒体教材》；建设部编写适合建筑业农民工安全生产培训的相应教材；农业部编制农民工培训读本，增加安全生产知识内容，免费发放。

七、拓宽经费渠道，加大培训投入

各地有关部门在统筹安排使用中央财政用于解决农民工问题的专项资金时，要兼顾好农民工安全生产教育培训；要积极争取地方财政对农民工安全生产培训的资金支持，广泛吸纳社会赞助资金，积极筹集培训经费。

根据《国务院关于大力推进职业教育改革与发展的决定》（国发［2002］16号），一般企业按照职工工资总额的1.5%足额提取教育培训经费，从业人员技术要求高、培训任务重、经济效益较好的企业可按2.5%提取，列入成本开支。要保证经费专项用于职工特别是农民工的教育培训，严禁挪作他用。

八、加强组织协调，严格监督检查

各地有关部门要依托农民工工作领导和协调机构，加强组织协调，将农民工安全生产培训工作纳入重要议事日程，明确工作目标，层层分解任务，确保工作到位。要加强配合，对同时具备安全生产培训资质和职业技能培训资质的培训机构，可将农民工特种作业安全技术培训和职业技能培训一并进行，同时考核，分别发证，减轻企业和农民工负担。

各级安全监管监察部门和相关行业管理部门要加强对农民工特别是高危行业农民工安全生产培训情况的监督检查，适时组织有关部门进行联合执法检查，发现未经培训上岗或培训不符合要求的，责令限期整改；逾期不改的，责令企业停产整顿直至依法关闭。各级安全监管监察部门要加强对安全生产培训机构的监督管理，发现不按照规定开展安全生产培训的，依法取消其培训资格，并向社会公布。

二〇〇六年十月二十七日

24. 关于实施群众性经济技术创新工程的意见

（2000 年 10 月 18 日）

为深入贯彻落实党的十五大和十五届四中、五中全会精神，保护、调动和发挥广大职工的主人翁积极性和创造性，推动群众性经济技术创新工程（以下简称"创新工程"）健康有序、稳步扎实地向前发展，特提出如下意见。

一、充分认识实施"创新工程"的重要意义

1.实现国家经济和社会发展计划，把建设有中国特色社会主义伟大事业不断推向前进，离不开发挥工人阶级的主人翁积极性和创造性。"创新工程"是工会适应当前形势、任务的要求，把广大职工的积极性和创造性更好地引导到为社会主义现代化建设建功立业上来的重要举措和有效载体。"创新工程"的实施，有利于增强职工的创新意识、创新能力，提高职工的劳动技能；有利于推动企业技术进步和产业升级，增强市场竞争能力；有利于充分发挥工人阶级在社会主义物质文明和精神文明建设中的主力军作用。

2.各级工会要站在贯彻江泽民同志"三个代表"重要思想的高度，充分认识实施"创新工程"的重要性、必要性。实现国民经济持续、快速、健康发展，必须适应全球产业结构调整的大趋势和国内外市场需求的变化，加快技术进步和产业升级。这项工作的基础在企业，其力量源泉在于发挥广大职工的积极性和创造力。实施"创新工程"正是从工会组织的性质和特点出发，推进技术进步和产业升级的重要途径。

二、实施"创新工程"的总体要求

3.实施"创新工程"，要坚持以邓小平理论和党的基本路线为指导，坚定不移地推动全心全意依靠工人阶级根本指导方针的贯彻落实，进一步突出和履行工会的维护职能。实施"创新工程"和落实工会"五突破一加强"任务的根本目的是一致的。

4.实施"创新工程"，要适应发展社会主义市场经济的要求，坚持把增强企业科技开发能力、市场竞争能力、抗御风险能力作为主攻方向，把解决企业发展的难点、实现扭亏增盈等问题作为重点，紧紧围绕创新技术、加强管理、增加品种、改善质量、降低成本、增进效益、搞好服务等，鼓励广大职工立足本职、学赶先进、争创一流、多做贡献，为推进企业改革与发展建功立业。

5.实施"创新工程"，要以创新为灵魂，在开展有关活动的目标、领域、内容和形式等方面进行大胆探索。在目标上，以企业职工为主体，以推进企业技术进步和提高企业经济效益为中心；在领域上，与企业的科技、经营、流通、信息等方面的工作紧密结合；在内容上，突出技术创新，注重科技成果向现实生产力转化；在形式上，以发动广大职工参与并为职工群众所欢迎为标准，创新群众性经济技术活动，不断把活动推向新水。

6.实施"创新工程"，要坚持从行业和企业的实际出发，组织职工深入开展劳动竞赛、合理化建议、技术革新、技术协作、发明创造、岗位练兵、技术比赛等多种形式的群众性经济技术创新活动。在工业企业中，重点围绕产品、质量、成本、效益来开展，实现技术、工艺、设备、材料的创新。在商业、服务性企业中，重点围绕质量、效益来开展，实现服务规范、服务知识、服务项目、服务功能的创新。各行各业都要突出创新、创先、创优、创最佳

水平,走科技兴企之路。要把实施"创新工程"的过程作为提高职工素质的过程。通过推广普及创造学,增强职工的创新意识、创新能力;通过职业技能、新技术新知识培训,提高职工的职业技术技能水平和科学文化素质;通过总结推广先进操作法,挖掘职工中的绝招、绝技、绝活,搞好传、帮、带;通过技术难题会诊、关键课题分析、招标揭榜攻关,提高职工的创新应变能力和攻坚能力。在创新的实践中,培养造就一支适应社会主义市场经济和新科技革命需要的技术技能人才,使职工队伍的整体素质得到提高。

三、实施"创新工程"要坚持的几个原则

7.处理好继承与创新的关系,在继承中创新。在长期的实践中,我国的群众性经济技术活动坚持为国分忧、为企业解难的宗旨,坚持围绕党和国家的中心任务不断调整活动内容,坚持企业欢迎、职工广泛参与的群众性活动方式,坚持团结协作、勇于奉献的主人翁精神,在实施"创新工程"时,这些优良传统应进一步发扬光大。同时,要研究新情况,解决新问题,以勇于创新的胆识打开工作新局面。

8.立足基层,注重实效。"创新工程"主要在企业开展。各级工会要制定符合企业实际的计划,因地制宜,因企制宜,努力做到与地方、企业改革和发展的决策和目标相一致,不搞"一刀切",防止形式主义。

9.坚持群众性,充分发挥"三结合"的优势。企业职工是"创新工程"的主体。实施"创新工程",必须广泛发动和组织广大职工群众参与。要与职工岗位成才、自学成才、一专多能等需求紧密结合,提高"创新工程"吸引力,更好地调动广大职工参与的积极性和创造性,充分发挥他们的聪明才智。要坚持实行工人、科技人员、管理干部三结合和企业、科研单位、大专院校三结合,发挥各类人才的优势,形成合力,提高创新水平。

10.把自主创新和消化吸收与引进适用技术结合起来。实施"创新工程"既要重视自主创新,也要重视消化吸收和引进适用技术,在消化吸收中把引进技术变为自有技术,增强企业的创新能力和市场竞争能力。

四、实施"创新工程"需要采取的主要措施

11.加强领导,统筹规划。为加强对"创新工程"的领导,全国总工会成立"创新工程"协调领导小组和办公室。各级工会也应根据实际情况建立相应的组织机构,切实加强领导,做到精心设计、精心组织、精心实施。要制定"创新工程"规划,建立相关的工作制度,做到组织落实、责任目标落实和措施落实。要加强与政府与行政及有关方面的联系与合作,为实施"创新工程"创造良好的外部环境。

12.加强调查研究和分类指导。各级工会要深入基层,总结推广先进经验,注重研究解决不同地区、不同产业、不同类型企业实施"创新工程"中遇到的新情况、新问题,做好分类指导工作。

13.重视发挥人才、信息和网络的优势。要充分发挥劳动模范、技术能手、能工巧匠、技协会员在实施"创新工程"中的骨干作用。利用工会的组织网络优势,开展信息交流,推广先进工作法和先进技术。搞好"创新工程"的成果统计、技术成果评审和技术成果的转让与应用开发。

14.建立和完善激励机制。要主动会同行政研究和制定"创新工程"的奖励办法,推动建立物质奖励和精神鼓励相结合的激励机制。对在"创新工程"中取得优秀成果的职工,要促使企业按其创造的效益给予一定的物质奖励,并与职工的晋级、评定职称挂钩。对作出突出贡献的职工,除给予相应的物质奖励和授予荣誉称号外,还要为他们学习深

造创造条件。要保护职工的知识产权等合法权益,推动国家有关奖励条例和办法的实施。

15.加强宣传,形成声势。要重视宣传舆论工作,充分利用广播、电视、报刊等新闻媒体和工会的宣传阵地,广泛宣传开展“创新工程”的意义,宣传在活动中涌现出来的先进典型和经济技术创新成果,激励广大职工投入到“创新工程”中来,不断扩大其社会影响,为实施“创新工程”创造良好的社会氛围。

16.开展“争当新型劳动者”系列活动。为增强“创新工程”的吸引力和凝聚力,在全国职工中广泛开展以增强创新意识、提高创新能力为主要特征的“争当新型劳动者”系列活动,鼓励职工争当“创新能手”,鼓励班组争创“创新工程示范岗”,为“创新工程”注入活力。

25. 新时期产业工人队伍建设改革方案

习近平总书记高度重视工人阶级,十分关心产业工人队伍建设,强调工人阶级是我国的领导阶级,必须坚持全心全意依靠工人阶级方针,把提高职工队伍整体素质作为一项战略任务抓紧抓好,推动建设宏大的知识型、技术型、创新型劳动者大军,充分调动一线工人、制造业工人、农民工的积极性和创造性。产业工人是工人阶级中发挥支撑作用的主体力量,是创造社会财富的中坚力量,是创新驱动发展的骨干力量,是实施制造强国战略的有生力量。为贯彻习近平总书记重要指示精神,适应新形势新任务新要求,进一步巩固党的执政基础,实施制造强国战略,全面提高产业工人素质,现就新时期产业工人队伍建设改革制定如下方案。

一、总体要求

(一)指导思想。高举中国特色社会主义伟大旗帜,全面贯彻党的十八大和十八届三中、四中、五中、六中全会精神,坚持以邓小平理论、“三个代表”重要思想、科学发展观为指导,深入贯彻习近平总书记系列重要讲话精神和治国理政新理念新思想新战略,围绕统筹推进“五位一体”总体布局和协调推进“四个全面”战略布局,坚持稳中求进工作总基调,贯彻落实新发展理念,适应把握引领经济发展新常态,按照政治上保证、制度上落实、素质上提高、权益上维护的总体思路,改革不适应产业工人队伍建设要求的体制机制,充分调动广大产业工人的积极性主动性创造性,为实现“两个一百年”奋斗目标、实现中华民族伟大复兴的中国梦更好地发挥产业工人队伍的主力军作用。

(二)基本原则

——坚持党的领导,把握正确方向。加强和改进党对产业工人的领导,坚持全心全意依靠工人阶级的方针,坚守忠诚党的事业、竭诚服务职工的责任担当,最广泛的把产业工人组织动员起来,为实现党和国家的目标任务建功立业。

——坚持服务大局,发挥支撑作用。牢牢把握为实现中华民族伟大复兴中国梦而奋斗的工人运动时代主题,着力提升产业工人的素质能力,通过辛勤劳动、诚实劳动、创造性劳动,推动经济社会持续健康发展。

——坚持以人为本,落实主体地位。维护社会公平正义,从解决产业工人普遍关心的突出问题入手,提高产业工人的经济、政治、文化、社会地位,实现体面劳动、全面发展。

——坚持问题导向,勇于改革创新。针对不同区域、不同行业、不同规模、不同所有制企业的不同性质和特点,因地制宜、因企施策,抓住重点和难点,破除束缚产业工人队伍建设的思想观念和体制机制,清障搭台,强化保障,积极稳妥推进改革,确保改革落地见效。

(三)目标任务。把产业工人队伍建设作为实施科教兴国战略、人才强国战略、创新驱动发展战略的重要支撑和基础保障,纳入国家和地方经济社会发展规划,通过改革,产业工人队伍不断壮大、综合素质明显提高,保障产业工人地位的制度更加健全,产业工人合法权益进一步实现,劳动光荣、技能宝贵、创造伟大的时代风尚更加浓厚,造就一支有理想守信念、懂技术会创新、敢担当讲奉献的宏大的产业工人队伍。

二、主要举措

(一)加强和改进产业工人队伍思想政治建设

1.强化和创新产业工人队伍党建工作。加大在产业工人队伍中发展党员力度,把技术能手、青年专家、优秀工人吸收到党组织中来,提高工人党员比例。适应新技术新业态新模式发展,探索不同类型企业党建工作方式方法,推进在非公有制企业、社会组织及小微企业就业的工人中发展党员的工作。大力加强企业基层党组织建设,推进"两学一做"学习教育常态化制度化,严格落实"三会一课"等党的组织生活制度,加强党员日常教育管理,发挥车间班组党组织的战斗堡垒作用和工人党员的先锋模范作用,不断增强产业工人先进性。

2.突出产业工人思想政治引领。加强理想信念教育,引领团结产业工人坚决拥护以习近平同志为核心的党中央,自觉践行社会主义核心价值观,坚定不移听党话、跟党走。强化职业精神和职业素养教育,大力弘扬劳模精神、劳动精神、工匠精神,引导产业工人爱岗敬业、甘于奉献,培育健康文明、昂扬向上的职工文化,在精神文明建设中发挥示范导向作用。突出思想政治工作先导作用,制定加强和改进产业工人思想政治工作意见。加强法治教育,提高产业工人法律素养和诚信意识,引导产业工人依法理性有序表达利益诉求,坚决维护产业工人队伍团结统一和社会和谐稳定。

3.健全保证产业工人主人翁地位的制度安排。适当增强产业工人在党的代表大会代表和委员会委员、人民代表大会代表、政协委员、群团组织代表大会代表和委员会委员中的比例,探索实行产业工人在群团组织挂职和兼职。健全协调劳动关系三方机制及政府和工会联席(联系)会议制度,落实以职工代表大会为基本形式的民主管理制度,推进厂务公开、业务公开,坚持企业在重大决策上听取产业工人意见,涉及产业工人切身利益的重大问题必须经过职代会审议,坚持和完善职工董事制度、职工监事制度,鼓励产业工人代表有序参与公司治理。

4.创新面向产业工人的工会工作。坚持党建带工建,适应新时期产业工人队伍发展规模、内部结构、利益诉求、思想观念的新变化新特点,直面问题,自我革新,进一步改进工会组织体制、运行机制、活动方式、工作方法,创新国有企业工会工作,加强非公有制企业和混合所有制企业工会工作,保持和增强工会组织的政治性、先进性、群众性、把工会组织建设得更加充满活力、更加坚强有力,更好地发挥党联系职工群众的桥梁纽带作用、国家政权的重要社会支柱作用、职工利益的代表者维护者作用。

(二)构建产业工人技能形成体系

5.完善现代职业教育制度。坚持面向市场、服务发展、促进就业的办学方向,加强职业教育、继续教育、普通教育的有机衔接，形成定位清晰、科学合理的职业教育层次结构。坚持产教融洽、校企合作、工学结合、知行合一，适应经济社会发展需求，创新各层次各类型职业教育模式，紧跟产业变革和市场需求，优化专业设置、健全教学标准、更新课程内容，引导社会各界特别是行业企业积极支持职业教育，提高职业教育的针对性和实效性。制定校企合作促进办法，健全企业参与校企合作的成本补偿等政策，探索推进产教融合企业试点，打造足够数量和具备实践经验的高素质“双师型”职业教育师资队伍。组织开展各级各类创新创业教育，引导学生参与创业实践。加快发展技工教育，支持技师学院建设。

6.改革职业技能培训制度。推进职业技能培训市场化、社会化、多元化改革，建立各类培训主体平等竞争、产业工人自主参加、政府购买服务的技能培训机制。强化和落实企业培养产业工人的主体责任，引导企业结合生产经营和技术创新需要，制定本单位技术工人培养规划和培训制度。依托企业、职业院系（含技工院校）、职业培训机构，建立现代化产业人才培养培训基地（中心）。推行国家基本职业培训包制度，构建助力产业工人学习的公共服务机制。

7.统筹发展职业学校教育和职业培训。建立覆盖广泛、形式多样、运作规范，行业、企业、院校、社会力量共同参与的职业教育培训体系，促进学历与非学历教育纵向衔接连通、横向互通互认，搭建产业工人教育培训“立交桥”，将终身学习贯彻产业工人职业生涯全过程。鼓励名师带高徒，统筹规范现代学徒制和企业新型学徒制，推行学徒制培训。

8.改进产业工人技能评价方式。优化职业技能等级标准，在政府指导下，由行业协会、龙头企业牵头开发职业标准和评价规范，完善职业技能等级认定政策。健全职业技能多元化评价方式，引导和支持企业、行业组织和社会组织自主开展技能平价。做好职业资格制度与职业技能等级制度的衔接。加大对技术工人创新能力、现场解决问题能力和业绩贡献的评价比重。加强面向非公有制企业、小微企业的职业技能鉴定。强化对技能鉴定机构的监督管理，提高服务水平。

9.打造更多高技能人才。实施国家高技能人才振兴计划，创新协同培育模式，依托大型骨干企业建设示范性高技能人才培训基地，孵化拔尖技能人才，培育更多“大国工匠”。加快高技能人才专业市场建设，搭建高技能人才交流平台。鼓励企业设立高技能人才特聘岗位，对引进的高技能人才给予原单位必要的培养补偿费用。叫响做实“大国工匠”品牌。

10.促进农民工融入城市、稳定就业。深入实施农民工学历与能力提升行动计划、农民工职业技能提升计划，帮助农民工特别是新生代农民工增加受教育培训机会，提高专业技能和胜任岗位能力。将农民工培养成为稳定就业的产业工人，公平保障其作为用人单位职工、城镇常住人口的权益，提供基本公共服务。

（三）运用互联网促进产业工人队伍建设

11.创新产业工人队伍建设网络载体。按照国家信息化发展战略、“互联网+”行动计划，建立健全结构清晰、数据准确、动态管理的产业工人队伍基础数据库，运用信息化手段研判分析，及时准确掌握产业工人思想状况、生产生活、技术技能。加强网上思想引领、技术交流、创新成果展示、文化建设等，举办多行业、多工种网上练兵活动。

12.打造网络学习平台。适应工体化、信息化融合发展要求，将促进产业工人终生学习纳入城乡信息化建设，加强师资队伍、教育内容、传播渠道、受众群体为一体的网络公共学习平台建设,优化数字学习环境,满足广大产业工人个性化学习需求,提高产业工人有效应用现代信息技术的意识和能力。建设面向职工的新媒体矩阵,开展"网聚职工正能量,争做中国好网民"主题活动,培育积极健康、向上向善的网络文化,提升产业工人网络文明素养。

13.推行"互联网+"普惠性服务。建设网上"职工之家",加强与产业工人的网上互动交流,畅通产业工人诉求表达渠道,实现网上的维权帮扶、提供公共服务等,让产业工人能在网上找到组织,参加组织活动。打造方便快捷、务实高效的服务产业工人新通道,提升网络服务产品的供给与服务能力,形成网上网下深度融合、互相联动格局。

(四)创新产业工人发展制度

14.拓展产业工人发展空间。改革企业人事管理和工人劳动管理相区分的双轨管理体制,实行统一的人力资源管理制度。打破职工技能等级与专业技术职务之间界限,实现有效衔接,改变技术工人成长成才"独木桥"现象。完善个人学习账号和学分累计制度,制定国家资历框架,推进非学历教育学习成果、职业技能等级学分转换互认。把优秀产业工人特别是高技能人才纳入党管人才总盘子统筹考虑,搭建产业工人职业成长平台。

15.畅通产业工人流动渠道。健全公共就业服务体系,丰富就业服务内容,拓展服务功能,加强就业指导,完善就业信息服务制度,做好职业供求信息发布,促进产业工人合理流动,提高人力资源配置效率。

16.创新技能导向的激励机制。建立健全培养、考核、使用、待遇相统一的激励机制,引导企业在关键岗位、关键工序培养使用高技能人才,提高相应待遇,实现多劳多得、技高者多得。建立技术工人创新成果按要素参与分配制度,研究创新激励方式。完善国家级技术工人表彰奖项,形成以党和国家表彰为导向、企业和社会积极参与的产业工人表彰奖励制度。增加产业工人在各级各类劳动模范和先进代表等评选中的名额比例。

17.改进劳动和技能竞赛体系。建立以企业岗位练兵和技术比武为基础、以国家和行业职业技能竞赛为主体、国内竞赛与国际竞赛赛项相衔接的劳动和技能竞赛机制。深入推进重大战略、重大工程、重大项目、重点产业劳动和技能竞赛,积极开展各类技能大赛,完善劳动和技能竞赛组织、效能评估及激励机制等。

18.加大对产业工人创新创效扶持力度。深化群众性技术创新活动,开展先进操作法总结、命名和推广。推动具备条件的行业企业建立职工创新工作室、劳模创新工作室和技能大师工作室,联合高等学校、职业学校和专业科研机构共建实验实训平台,探索创建跨区域、跨行业、跨企业的创新工作室联盟。开展全国职工优秀创新成果评选,适当增加国家科技进步奖推荐名额,鼓励和支持产业工人创新成果评选、展示,推动大众创业、万众创新蓬勃发展。

19.组织产业工人积极参与实施走出去战略和"一带一路"建设。加强产业工人技能国际交流与合作。参加和举办有关国际性的产业工人技能交流活动,增进中外产业工人之间互学互鉴、友好交流。

(五)强化产业工人队伍建设支撑保障

20.加强有关产业工人队伍建设的法治保障。推进修订职业教育法,研究技术资格方面的立法,依法保障产业工人接受教育和培训的权利。规范政府管理,督促企业提供技术技能培训,支持工会组织发挥监督作用。研究制定企业民主管理、集体协商等方面的制度,督促企业依法履行社会责任,保障产业工人与用人单位平等协商的权利,推进构建中国特色和谐劳动关系。

21.完善财政投入机制。加大财政职业教育投入,加大就业专项资金对职业培训补贴的支持力度,改进补贴方式,合理确定补贴标准和补贴对象。落实职业技能鉴定补贴政策。将高技能人才队伍建设经费纳入各级政府人才工作经费预算,对参加技师、高级技师教育培训并获得职业资格证书或职业技能等级证书的产业工人,给予一定的培训费补贴。加强对各项投入和专项经费使用情况的绩效考评,提高资金使用效益。

22.建立社会多元投入机制。落实完善鼓励企业、社会组织加大职业学校教育和职业培训投入的政策措施。落实企业职工教育经费,完善经费投入与监督制度,允许企业培训费用列入成本并按规定在税前扣除。支持企业举办或参与职业教育。落实完善引导社会资本进入职业教育领域的优惠扶持政策,支持各类办学主体通过独资、合资、合作等形式举办民办职业教育。

23.完善产业工人劳动经济权益保障机制。创造平等就业环境,保障就业机会公平,实现更高质量就业。完善工资平等协商机制、正常增长机制、支付保障机制,健全向一线产业工人倾斜的分配制度,落实产业工人参与分配决定的权利,维护劳动收入的主体地位。健全社会保障制度,提高统筹层次,稳步提高社会保障水平,做好跨地区、行业、单位流动的社会保险关系接续。加强安全生产和职业健康工作,改善劳动条件,提高产业工人健康素质。规范劳务派遣用工,保障其合法权益。

24.深化产业工人队伍建设理论政策研究。定期开展产业工人队伍情况调查,加强对产业工人问题理论研究,了解借鉴国外产业工人队伍建设的有益做法,不断丰富和发展产业工人理论,制定完善相关政策。在各级党校、行政学院和高等学校开设相关课程,加强有关产业工人问题的教学科研。

25.营造尊重劳动、崇尚技能、鼓励创造的社会氛围。组织中央和地方主流新闻媒体加大对产业工人的宣传力度,运用微博、微信、移动客户端等新媒体,开展分众化、互动式宣传。引导广大文艺工作者创作更多展现产业工人风采的优秀文艺作品。组织劳模、工匠进学校、进课堂,进企业、进班组,奏响"工人伟大、劳动光荣"的时代主旋律。

三、组织实施

(一)构建合力推进产业工人队伍建设改革的工作格局。

坚持党委统一领导,政府有关部门各司其职,工会、行业协会、企业代表组织充分发挥作用,统筹社会组织的协同力量;建立贯彻落实协调机制,由全国总工会牵头、各相关部门参与,加强对产业工人队伍建设改革的宏观指导、政策协调和组织推进,实现产业工人队伍建设与宏观政策、产业政策、就业政策、社会政策联动,打破部门界限,形成整体合力,勇于责任担当,提高产业工人队伍建设科学化水平。

(二)有力有序推进改革。各地区各有关部门要结合各自实际,循序渐进、积极稳妥推进产业工人队伍建设改革。突出重点,着力在支柱产业、战略性新兴产业和骨干企业中推进改革,发挥国有企业的带动作用。针对各地区各产业的不同情况,加强分类指导,探索总结经验,做到有序实施。

(三)做好改革宣传工作。坚持正确舆论导向,大力宣传新时期产业工人队伍建设改革的重大意义、目标任务、主要举措,宣传改革实施中的先进典型、经验成效,营造关心、支持改革的良好社会环境。

（四）加强对改革实施的督促检查。建立推进改革情况的监督检查和信息反馈制度，开展改革情况绩效评估，探索实行第三方评估。各有关部门要根据职责要求，研究制定推进改革的实施细则和配套措施，加大工作力度，认真抓好落实。

中共中央
国务院
2017 年 4 月 14 日

26. 关于深化产业工人队伍建设改革的意见

（2024 年 10 月 12 日）

产业工人是工人阶级的主体力量，是创造社会财富的中坚力量，是实施创新驱动发展战略、加快建设制造强国的骨干力量。为推动产业工人队伍建设改革走深走实，现提出如下意见。

一、总体要求

坚持以习近平新时代中国特色社会主义思想为指导，全面贯彻党的二十大和二十届二中、三中全会精神，深入贯彻习近平总书记关于工人阶级和工会工作的重要论述，坚持和加强党的全面领导，坚持全心全意依靠工人阶级的根本方针，深刻领悟“两个确立”的决定性意义，增强“四个意识”、坚定“四个自信”、做到“两个维护”，坚持系统观念、问题导向、守正创新，深化产业工人队伍建设改革，团结引导产业工人在中国式现代化建设中发挥主力军作用。

主要目标是：通过深化产业工人队伍建设改革，思想政治引领更加扎实，产业工人听党话跟党走的信念更加坚定，干事创业的激情动力更加高涨，主人翁地位更加显著，成就感获得感幸福感进一步增强；劳动光荣、技能宝贵、创造伟大的社会氛围更加浓厚；产业工人综合素质明显提升，大国工匠、高技能人才不断涌现，知识型技能型创新型产业工人队伍不断壮大。力争到 2035 年，培养造就 2000 名左右大国工匠、10000 名左右省级工匠、50000 名左右市级工匠，以培养更多大国工匠和各级工匠人才为引领，带动一流产业技术工人队伍建设，为以中国式现代化全面推进强国建设、民族复兴伟业提供有力人才保障和技能支撑。

二、强化思想政治引领，团结引导产业工人坚定不移听党话跟党走

（一）持续强化产业工人队伍思想政治工作。坚持不懈用习近平新时代中国特色社会主义思想凝心铸魂，推动党的创新理论在产业工人中落地生根，结合实际做好网上思想政治引领，持续抓好主题宣传教育，开展普遍轮训。鼓励支持大国工匠、高技能人才参加国情研修，鼓励支持产业工人参加青年马克思主义者培养工程，深化社会主义核心价值观教育，筑牢团结奋斗的共同思想基础。

（二）加强产业工人队伍党建工作。加强企业党组织建设。加强新经济组织、新就业群体党建工作，及时有效扩大党的组织覆盖和工作覆盖。持续解决国有企业党员空白班组问题。加强在产业工人中发展党员，注重把生产经营骨干培养成党员。

（三）大力弘扬劳模精神、劳动精神、工匠精神。做实"中国梦·劳动美"主题宣传教育。在劳动模范、五一劳动奖章、青年五四奖章、三八红旗手等评选工作中，加大对产业工人的宣传力度。深入开展"劳模工匠进校园"行动，把劳模精神、劳动精神、工匠精神纳入大思政课工作体系，支持在大中小学设立劳模工匠兼职辅导员，在职业学校（含技工院校，下同）开设"劳模工匠大讲堂"，在高等学校设立劳模工匠兼职导师。组织开展劳模工匠进企业、进社区、进机关宣传活动。

三、发展全过程人民民主，保障产业工人主人翁地位

（四）落实产业工人参与国家治理的制度。落实保障产业工人主人翁地位的制度安排。组织开展党的代表大会代表和委员会委员、人大代表、政协委员、群团组织代表大会代表和委员会委员中的产业工人教育培训。引导产业工人依法行使民主权利，有序参与国家治理、社会治理、基层治理。

（五）完善企业民主管理制度。健全以职工代表大会为基本形式的企事业单位民主管理制度，涉及产业工人切身利益的重大事项必须依法依章程经职工代表大会审议通过。坚持和完善职工董事、职工监事制度，深化厂务公开，积极利用数字技术为产业工人民主参与提供更为精准便捷的服务。

（六）健全劳动关系协商协调机制。全面落实劳动合同制度，推进集体协商和集体合同制度。建立健全各级协调劳动关系三方委员会，发挥国家协调劳动关系三方机制、地方政府和同级工会联席会议制度作用，把推进产业工人队伍建设改革列入重要议程。完善基层劳动关系治理机制，提升劳动关系公共服务水平，开展全国基层劳动关系公共服务站点标准化工作。推进区域和谐劳动关系高质量发展改革创新试点。积极推进行业、企业和工业园区构建和谐劳动关系。

（七）加强对产业工人主人翁地位的宣传引导。主流媒体要加大对产业工人主人翁地位的宣传力度，创作出版、制作播出更多反映产业工人风貌的优秀文学艺术、网络视听和影视作品等，营造崇尚劳模、尊重劳动、尊崇工匠的社会氛围。

四、适应新型工业化发展需求，完善产业工人技能形成体系

（八）推动现代职业教育高质量发展。加快构建职普融通、产教融合的职业教育体系。坚持以教促产、以产助教、产教融合、产学合作，培育一批行业领先的产教融合型企业，打造一批核心课程、优质教材、教师团队、实践项目。实施现代职业教育质量提升计划、职业学校教师素质提高计划，支持大国工匠、高技能人才兼任职业学校实习实训教师。提升办学条件和教学能力，创建一批具有较高国际化水平的职业学校。

（九）加大复合型技术技能人才培养力度。健全产业工人终身职业技能培训制度，为发展新质生产力、推动高质量发展培养急需人才。大力实施技能中国行动、职业教育现场工程师专项培养计划、青年技能人才锻造行动，全面推进工学一体化技能人才培养模式。

（十）落实企业培养产业工人的责任。构建以企业为主体、职业学校为基础，政府推动、社会支持、工会参与的技能人才培养体系。鼓励大型企业制定技能人才发展战略，健全产业工人培训制度，积极开展公共职业技能培训。企业按规定足额提取和使用职工教育经费，确保60%以上用于一线职工教育和培训。发挥工会系统、行业协会、社会培训机构作用，帮助中小企业开展技能培训。

（十一）促进产业工人知识更新和学历提升。实施产业工人继续教育项目，鼓励更

多高等学校、开放大学开设劳模和工匠人才、高技能人才学历教育班、高级研修班，举办劳模工匠创新培训营，持续深化劳模工匠、高技能人才境外培训和国际交流活动。发挥国家各类职业教育智慧教育平台作用。打造全国产业工人智能化技能学习平台。充分发挥工人文化宫等社会公益阵地作用，向农民工、新就业形态劳动者提供普惠制、普及性技能培训服务。

五、健全职业发展体系，促进产业工人成长成才

（十二）畅通产业工人向上发展通道。建立以创新能力、质量、实效、贡献为导向，注重劳模精神、劳动精神、工匠精神培育和职业道德养成的技能人才评价体系。把大国工匠、高技能人才纳入党管人才总体安排统筹考虑，支持各地将急需紧缺技能人才纳入人才引进目录。深入实施职业技能等级认定提质扩面行动。健全“新八级工”职业技能等级制度。

（十三）贯通产业工人横向发展机制。引导企业建立健全产业工人职业生涯指导计划。推进学历教育学习成果、非学历教育学习成果、职业技能等级学分转换互认。建立职业资格、职业技能等级与相应职称、学历的双向比照认定制度，健全专业技术岗位、经营管理岗位、技能岗位互相贯通的长效机制。

六、维护劳动经济权益，增强产业工人成就感获得感幸福感

（十四）提高产业工人经济收入。坚持多劳者多得、技高者多得、创新者多得，进一步完善收入分配制度，提高劳动报酬在初次分配中的比重。完善产业工人工资决定、合理增长、支付保障机制，健全按要素分配政策制度。多措并举推动企业建立健全基于岗位价值、能力素质、创新创造、业绩贡献的技能人才薪酬分配制度，以提高技能人才薪酬待遇为重点开展工资集体协商，探索对大国工匠、高技能人才实行年薪制、协议工资制和股权激励等。指导有条件的地区发布分职业（工种、岗位）、分技能等级的工资价位信息。

（十五）加强产业工人服务保障。建立以社会保障卡为载体的产业工人电子档案，实现培训信息与就业、社会保障信息联通共享、服务事项一网通办。督促企业与产业工人签订书面劳动合同。严格规范劳务派遣用工，保障劳动者合法权益。坚持和发展新时代“枫桥经验”，完善劳动争议多元处理机制，妥善化解劳动领域矛盾纠纷。强化劳动保障监察执法，加强与劳动人事争议调解仲裁联动，依法纠治劳动领域违法侵权行为。

（十六）有效维护产业工人安全健康权益。压实企业安全生产责任，实施高危行业领域从业人员安全技能提升专项行动，发挥职工代表大会对企业安全生产工作的监督作用。加强对高危行业建设项目的劳动安全保护。加强职业病防治。督促企业依法落实工时和休息休假制度，健全并落实产业工人疗养休养制度，促进产业工人身心健康。

（十七）做好新就业形态劳动者维权服务工作。研究推动新就业形态领域立法。全面推行工会劳动法律监督“一函两书”，加强对平台企业和平台用工合作企业的监管。积极做好新就业形态劳动者建会入会和维权服务工作，畅通诉求表达渠道，解决急难愁盼问题。健全灵活就业人员、农民工、新就业形态劳动者社保制度，扩大新就业形态劳动者职业伤害保障试点。推动平台企业建立与工会、劳动者代表常态化沟通协商机制。

七、搭建建功立业平台，发挥产业工人主力军作用

（十八）深入开展劳动和技能竞赛。围绕重大战略、重大工程、重大项目、重点产业，广泛开展各层级多形式的竞赛活动。持续办好各级各类职业技能赛事活动。支持企业开展形式多样的劳动竞赛、技能比武，不断激发产业工人投身推动高质量发展的积极性

主动性创造性。

（十九）激发产业工人创新创造活力。鼓励产业工人立足工作岗位、解决现场实际问题，广泛开展面向生产全过程的技术革新、技术创新、技术攻关、技术创造和小发明、小创造、小革新、小设计、小建议等群众性创新活动，完善发挥企业班组作用的制度。引导和支持大国工匠、高技能人才参与重大技术革新、科技攻关项目。加强产业工人创新成果知识产权保护，做好产业工人申报国家科技进步奖等工作。

（二十）发挥劳模和工匠人才的示范引领作用。加强劳模工匠创新工作室、技能大师工作室、职工创新工作室、青创先锋工作室等平台建设。推动在专精特新中小企业、专精特新"小巨人"企业中加强创新工作室建设。鼓励发展跨区域、跨行业、跨企业的创新工作室联盟。实施"劳模工匠助企行"，促进专精特新中小企业发展。

八、壮大产业工人队伍，不断巩固党长期执政的阶级基础和群众基础

（二十一）稳定制造业产业工人队伍。支持制造业企业围绕转型升级和产业基础再造工程项目，实施制造业技能根基工程和制造业人才支持计划。统筹推进制造业转型升级和保持产业工人队伍稳定，支持和引导企业加强转岗培训，提高产业工人多岗位适应能力。

（二十二）大力培养大国工匠。实施大国工匠人才培育工程。持续办好大国工匠创新交流大会暨大国工匠论坛。加强巾帼工匠培养，充分发挥作用。广泛深入开展工匠宣传，在全社会大力弘扬工匠精神，讲好工匠故事，按规定开展表彰工作。

（二十三）吸引更多青年加入产业工人队伍。加强政策支持和就业指导、就业服务，搭建校企对接平台。改善工作环境和劳动条件，丰富精神文化生活，增强制造业岗位对青年的吸引力。搭建产业工人成长发展平台，引导更多大学生走技能成才、技能报国之路。

（二十四）把农民工培养成高素质现代产业工人。围绕产业转型升级，加强对农民工的技能培训，广泛实施求学圆梦行动。促进农民工融入城市，进一步放开放宽城市落户政策，促进进城农民工平等享有城镇基本公共服务。加大公益法律服务惠及农民工力度，保障合法权益，促进稳定就业。

九、加强组织领导，合力推进产业工人队伍建设改革

（二十五）强化组织保障。各级党委和政府要加强对产业工人队伍建设改革的组织领导，强化统筹协调，结合实际抓好本意见贯彻落实。各级工会要牵头抓总，各级产业工人队伍建设改革组织推进机构要加强分类指导，推动形成工作合力。推动促进产业工人队伍建设方面的立法。

（二十六）发挥企业作用。强化国有企业政治责任，充分发挥中央企业和地方大型国有企业带动作用。支持民营企业更好履行社会责任。鼓励企业将产业工人队伍建设改革情况纳入企业社会责任报告、可持续发展报告。发布推进产业工人队伍建设改革蓝皮书。对推进产业工人队伍建设改革成效显著的企业，各级党委和政府以及工会等按规定予以表彰和相应政策支持。

（二十七）健全社会支持体系。加大对产业工人队伍建设改革的宣传力度，营造浓厚社会氛围。建立产业工人队伍数据统计、调查、监测体系。加强产业工人队伍建设改革课题研究。

27. 劳动人事争议仲裁组织规则

（中华人民共和国人力资源和社会保障部令第34号　自2017年7月1日起施行）

第一章　总　则

第一条　为公正及时处理劳动人事争议（以下简称争议），根据《中华人民共和国劳动争议调解仲裁法》（以下简称调解仲裁法）和《中华人民共和国公务员法》、《事业单位人事管理条例》、《中国人民解放军文职人员条例》等有关法律、法规，制定本规则。

第二条　劳动人事争议仲裁委员会（以下简称仲裁委员会）由人民政府依法设立，专门处理争议案件。

第三条　人力资源社会保障行政部门负责指导本行政区域的争议调解仲裁工作，组织协调处理跨地区、有影响的重大争议，负责仲裁员的管理、培训等工作。

第二章　仲裁委员会及其办事机构

第四条　仲裁委员会按照统筹规划、合理布局和适应实际需要的原则设立，由省、自治区、直辖市人民政府依法决定。

第五条　仲裁委员会由干部主管部门代表、人力资源社会保障等相关行政部门代表、军队文职人员工作管理部门代表、工会代表和用人单位方面代表等组成。

仲裁委员会组成人员应当是单数。

第六条　仲裁委员会设主任一名，副主任和委员若干名。

仲裁委员会主任由政府负责人或者人力资源社会保障行政部门主要负责人担任。

第七条　仲裁委员会依法履行下列职责：

（一）聘任、解聘专职或者兼职仲裁员；

（二）受理争议案件；

（三）讨论重大或者疑难的争议案件；

（四）监督本仲裁委员会的仲裁活动；

（五）制定本仲裁委员会的工作规则；

（六）其他依法应当履行的职责。

第八条　仲裁委员会应当每年至少召开两次全体会议，研究本仲裁委员会职责履行情况和重要工作事项。

仲裁委员会主任或者三分之一以上的仲裁委员会组成人员提议召开仲裁委员会会议的，应当召开。

仲裁委员会的决定实行少数服从多数原则。

第九条　仲裁委员会下设实体化的办事机构，具体承担争议调解仲裁等日常工作。办事机构称为劳动人事争议仲裁院（以下简称仲裁院），设在人力资源社会保障行政部门。

仲裁院对仲裁委员会负责并报告工作。

第十条　仲裁委员会的经费依法由财政予以保障。仲裁经费包括人员经费、公用经费、仲裁专项经费等。

仲裁院可以通过政府购买服务等方式聘用记录人员、安保人员等办案辅助人员。

第十一条　仲裁委员会组成单位可以派兼职仲裁员常驻仲裁院，参与争议调解仲裁活动。

第三章　仲裁庭

第十二条　仲裁委员会处理争议案件实行仲裁庭制度，实行一案一庭制。

仲裁委员会可以根据案件处理实际需要设立派驻仲裁庭、巡回仲裁庭、流动仲裁庭，就近就地处理争议案件。

第十三条　处理下列争议案件应当由三名仲裁员组成仲裁庭，设首席仲裁员：

（一）十人以上并有共同请求的争议案件；

（二）履行集体合同发生的争议案件；

（三）有重大影响或者疑难复杂的争议案件；

（四）仲裁委员会认为应当由三名仲裁员组庭处理的其他争议案件。

简单争议案件可以由一名仲裁员独任仲裁。

第十四条　记录人员负责案件庭审记录等相关工作。

记录人员不得由本庭仲裁员兼任。

第十五条　仲裁庭组成不符合规定的，仲裁委员会应当予以撤销并重新组庭。

第十六条　仲裁委员会应当有专门的仲裁场所。仲裁场所应当悬挂仲裁徽章，张贴仲裁庭纪律及注意事项等，并配备仲裁庭专业设备、档案储存设备、安全监控设备和安检设施等。

第十七条　仲裁工作人员在仲裁活动中应当统一着装，佩戴仲裁徽章。

第四章　仲裁员

第十八条　仲裁员是由仲裁委员会聘任、依法调解和仲裁争议案件的专业工作人员。

仲裁员分为专职仲裁员和兼职仲裁员。专职仲裁员和兼职仲裁员在调解仲裁活动中享有同等权利，履行同等义务。

兼职仲裁员进行仲裁活动，所在单位应当予以支持。

第十九条　仲裁委员会应当依法聘任一定数量的专职仲裁员，也可以根据办案工作需要，依法从干部主管部门、人力资源社会保障行政部门、军队文职人员工作管理部门、工会、企业组织等相关机构的人员以及专家学者、律师中聘任兼职仲裁员。

第二十条　仲裁员享有以下权利：

（一）履行职责应当具有的职权和工作条件；

（二）处理争议案件不受干涉；

（三）人身、财产安全受到保护；

（四）参加聘前培训和在职培训；

（五）法律、法规规定的其他权利。

第二十一条　仲裁员应当履行以下义务：

（一）依法处理争议案件；

（二）维护国家利益和公共利益，保护当事人合法权益；

（三）严格执行廉政规定，恪守职业道德；

（四）自觉接受监督；

（五）法律、法规规定的其他义务。

第二十二条　仲裁委员会聘任仲裁员时，应当从符合调解仲裁法第二十条规定的仲裁员条件的人员中选聘。

仲裁委员会应当根据工作需要，合理配备专职仲裁员和办案辅助人员。专职仲裁员数量不得少于3名，办案辅助人员不得少于1名。

第二十三条　仲裁委员会应当设仲裁员名册，并予以公告。

省、自治区、直辖市人力资源社会保障行政部门应当将本行政区域内仲裁委员会聘任的仲裁员名单报送人力资源社会保障部备案。

第二十四条　仲裁员聘期一般为五年。仲裁委员会负责仲裁员考核，考核结果作为解聘和续聘仲裁员的依据。

第二十五条　仲裁委员会应当制定仲裁员工作绩效考核标准，重点考核办案质量和效率、工作作风、遵纪守法情况等。考核结果分为优秀、合格、不合格。

第二十六条　仲裁员有下列情形之一的，仲裁委员会应当予以解聘：

（一）聘期届满不再续聘的；

（二）在聘期内因工作岗位变动或者其他原因不再履行仲裁员职责的；

（三）年度考核不合格的；

（四）因违纪、违法犯罪不能继续履行仲裁员职责的；

（五）其他应当解聘的情形。

第二十七条　人力资源社会保障行政部门负责对拟聘任的仲裁员进行聘前培训。

拟聘为省、自治区、直辖市仲裁委员会仲裁员及副省级市仲裁委员会仲裁员的，参加人力资源社会保障部组织的聘前培训；拟聘为地（市）、县（区）仲裁委员会仲裁员的，参加省、自治区、直辖市人力资源社会保障行政部门组织的仲裁员聘前培训。

第二十八条　人力资源社会保障行政部门负责每年对本行政区域内的仲裁员进行政治思想、职业道德、业务能力和作风建设培训。

仲裁员每年脱产培训的时间累计不少于四十学时。

第二十九条　仲裁委员会应当加强仲裁员作风建设，培育和弘扬具有行业特色的仲裁文化。

第三十条　人力资源社会保障部负责组织制定仲裁员培训大纲，开发培训教材，建立师资库和考试题库。

第三十一条　建立仲裁员职业保障机制，拓展仲裁员职业发展空间。

第五章　仲裁监督

第三十二条　仲裁委员会应当建立仲裁监督制度，对申请受理、办案程序、处理结果、仲裁工作人员行为等进行监督。

第三十三条　仲裁员不得有下列行为：

（一）徇私枉法，偏袒一方当事人；
（二）滥用职权，侵犯当事人合法权益；
（三）利用职权为自己或者他人谋取私利；
（四）隐瞒证据或者伪造证据；
（五）私自会见当事人及其代理人，接受当事人及其代理人的请客送礼；
（六）故意拖延办案、玩忽职守；
（七）泄露案件涉及的国家秘密、商业秘密和个人隐私或者擅自透露案件处理情况；
（八）在受聘期间担任所在仲裁委员会受理案件的代理人；
（九）其他违法违纪的行为。

第三十四条　仲裁员有本规则第三十三条规定情形的，仲裁委员会视情节轻重，给予批评教育、解聘等处理；被解聘的，五年内不得再次被聘为仲裁员。仲裁员所在单位根据国家有关规定对其给予处分；构成犯罪的，依法追究刑事责任。

第三十五条　记录人员等办案辅助人员应当认真履行职责，严守工作纪律，不得有玩忽职守、偏袒一方当事人、泄露案件涉及的国家秘密、商业秘密和个人隐私或者擅自透露案件处理情况等行为。

办案辅助人员违反前款规定的，应当按照有关法律法规和本规则第三十四条的规定处理。

第六章　附　则

第三十六条　被聘任为仲裁员的，由人力资源社会保障部统一免费发放仲裁员证和仲裁徽章。

第三十七条　仲裁委员会对被解聘、辞职以及其他原因不再聘任的仲裁员，应当及时收回仲裁员证和仲裁徽章，并予以公告。

第三十八条　本规则自2017年7月1日起施行。2010年1月20日人力资源社会保障部公布的《劳动人事争议仲裁组织规则》（人力资源和社会保障部令第5号）同时废止。

28. 劳动人事争议仲裁办案规则

（2017年5月8日人力资源社会保障部令第33号公布　自2017年7月1日起施行）

第一章　总　则

第一条　为公正及时处理劳动人事争议（以下简称争议），规范仲裁办案程序，根据《中华人民共和国劳动争议调解仲裁法》（以下简称调解仲裁法）以及《中华人民共和国公务员法》（以下简称公务员法）、《事业单位人事管理条例》、《中国人民解放军文职人员条例》和有关法律、法规、国务院有关规定，制定本规则。

第二条　本规则适用下列争议的仲裁：

（一）企业、个体经济组织、民办非企业单位等组织与劳动者之间，以及机关、事业单位、社会团体与其建立劳动关系的劳动者之间，因确认劳动关系，订立、履行、变更、解除和终止劳动合同，工作时间、休息休假、社会保险、福利、培训以及劳动保护，劳动报酬、工伤医疗费、经济补偿或者赔偿金等发生的争议；

（二）实施公务员法的机关与聘任制公务员之间、参照公务员法管理的机关（单位）与聘任工作人员之间因履行聘任合同发生的争议；

（三）事业单位与其建立人事关系的工作人员之间因终止人事关系以及履行聘用合同发生的争议；

（四）社会团体与其建立人事关系的工作人员之间因终止人事关系以及履行聘用合同发生的争议；

（五）军队文职人员用人单位与聘用制文职人员之间因履行聘用合同发生的争议；

（六）法律、法规规定由劳动人事争议仲裁委员会（以下简称仲裁委员会）处理的其他争议。

第三条 仲裁委员会处理争议案件，应当遵循合法、公正的原则，先行调解，及时裁决。

第四条 仲裁委员会下设实体化的办事机构，称为劳动人事争议仲裁院（以下简称仲裁院）。

第五条 劳动者一方在十人以上并有共同请求的争议，或者因履行集体合同发生的劳动争议，仲裁委员会应当优先立案，优先审理。

第二章 一般规定

第六条 发生争议的用人单位未办理营业执照、被吊销营业执照、营业执照到期继续经营、被责令关闭、被撤销以及用人单位解散、歇业，不能承担相关责任的，应当将用人单位和其出资人、开办单位或者主管部门作为共同当事人。

第七条 劳动者与个人承包经营者发生争议，依法向仲裁委员会申请仲裁的，应当将发包的组织和个人承包经营者作为共同当事人。

第八条 劳动合同履行地为劳动者实际工作场所地，用人单位所在地为用人单位注册、登记地或者主要办事机构所在地。用人单位未经注册、登记的，其出资人、开办单位或者主管部门所在地为用人单位所在地。

双方当事人分别向劳动合同履行地和用人单位所在地的仲裁委员会申请仲裁的，由劳动合同履行地的仲裁委员会管辖。有多个劳动合同履行地的，由最先受理的仲裁委员会管辖。劳动合同履行地不明确的，由用人单位所在地的仲裁委员会管辖。

案件受理后，劳动合同履行地或者用人单位所在地发生变化的，不改变争议仲裁的管辖。

第九条 仲裁委员会发现已受理案件不属于其管辖范围的，应当移送至有管辖权的仲裁委员会，并书面通知当事人。

对上述移送案件，受移送的仲裁委员会应当依法受理。受移送的仲裁委员会认为移送的案件按照规定不属于其管辖，或者仲裁委员会之间因管辖争议协商不成的，应当报请共同的上一级仲裁委员会主管部门指定管辖。

第十条 当事人提出管辖异议的，应当在答辩期满前书面提出。仲裁委员会应当审查当事人提出的管辖异议,异议成立的,将案件移送至有管辖权的仲裁委员会并书面通知当事人;异议不成立的,应当书面决定驳回。

当事人逾期提出的,不影响仲裁程序的进行。

第十一条　当事人申请回避,应当在案件开庭审理前提出,并说明理由。回避事由在案件开庭审理后知晓的,也可以在庭审辩论终结前提出。

当事人在庭审辩论终结后提出回避申请的,不影响仲裁程序的进行。

仲裁委员会应当在回避申请提出的三日内,以口头或者书面形式作出决定。以口头形式作出的,应当记入笔录。

第十二条　仲裁员、记录人员是否回避,由仲裁委员会主任或者其委托的仲裁院负责人决定。仲裁委员会主任担任案件仲裁员是否回避,由仲裁委员会决定。

在回避决定作出前,被申请回避的人员应当暂停参与该案处理,但因案件需要采取紧急措施的除外。

第十三条　当事人对自己提出的主张有责任提供证据。与争议事项有关的证据属于用人单位掌握管理的,用人单位应当提供;用人单位不提供的,应当承担不利后果。

第十四条　法律没有具体规定、按照本规则第十三条规定无法确定举证责任承担的,仲裁庭可以根据公平原则和诚实信用原则,综合当事人举证能力等因素确定举证责任的承担。

第十五条　承担举证责任的当事人应当在仲裁委员会指定的期限内提供有关证据。当事人在该期限内提供证据确有困难的,可以向仲裁委员会申请延长期限,仲裁委员会根据当事人的申请适当延长。当事人逾期提供证据的,仲裁委员会应当责令其说明理由;拒不说明理由或者理由不成立的,仲裁委员会可以根据不同情形不予采纳该证据,或者采纳该证据但予以训诫。

第十六条　当事人因客观原因不能自行收集的证据,仲裁委员会可以根据当事人的申请,参照民事诉讼有关规定予以收集;仲裁委员会认为有必要的,也可以决定参照民事诉讼有关规定予以收集。

第十七条　仲裁委员会依法调查取证时,有关单位和个人应当协助配合。

仲裁委员会调查取证时,不得少于两人,并应当向被调查对象出示工作证件和仲裁委员会出具的介绍信。

第十八条　争议处理中涉及证据形式、证据提交、证据交换、证据质证、证据认定等事项,本规则未规定的,可以参照民事诉讼证据规则的有关规定执行。

第十九条　仲裁期间包括法定期间和仲裁委员会指定期间。

仲裁期间的计算,本规则未规定的,仲裁委员会可以参照民事诉讼关于期间计算的有关规定执行。

第二十条　仲裁委员会送达仲裁文书必须有送达回证,由受送达人在送达回证上记明收到日期,并签名或者盖章。受送达人在送达回证上的签收日期为送达日期。

因企业停业等原因导致无法送达且劳动者一方在十人以上的,或者受送达人拒绝签收仲裁文书的,通过在受送达人住所留置、张贴仲裁文书,并采用拍照、录像等方式记录的,自留置、张贴之日起经过三日即视为送达,不受本条第一款的限制。

仲裁文书的送达方式,本规则未规定的,仲裁委员会可以参照民事诉讼关于送达方式的有关规定执行。

第二十一条 案件处理终结后，仲裁委员会应当将处理过程中形成的全部材料立卷归档。

第二十二条 仲裁案卷分正卷和副卷装订。

正卷包括：仲裁申请书、受理（不予受理）通知书、答辩书、当事人及其他仲裁参加人的身份证明材料、授权委托书、调查证据、勘验笔录、当事人提供的证据材料、委托鉴定材料、开庭通知、庭审笔录、延期通知书、撤回仲裁申请书、调解书、裁决书、决定书、案件移送函、送达回证等。

副卷包括：立案审批表、延期审理审批表、中止审理审批表、调查提纲、阅卷笔录、会议笔录、评议记录、结案审批表等。

第二十三条 仲裁委员会应当建立案卷查阅制度。对案卷正卷材料，应当允许当事人及其代理人依法查阅、复制。

第二十四条 仲裁裁决结案的案卷，保存期不少于十年；仲裁调解和其他方式结案的案卷，保存期不少于五年；国家另有规定的，从其规定。

保存期满后的案卷，应当按照国家有关档案管理的规定处理。

第二十五条 在仲裁活动中涉及国家秘密或者军事秘密的，按照国家或者军队有关保密规定执行。

当事人协议不公开或者涉及商业秘密和个人隐私的，经相关当事人书面申请，仲裁委员会应当不公开审理。

第三章 仲裁程序

第一节 申请和受理

第二十六条 本规则第二条第（一）、（三）、（四）、（五）项规定的争议，申请仲裁的时效期间为一年。仲裁时效期间从当事人知道或者应当知道其权利被侵害之日起计算。

本规则第二条第（二）项规定的争议，申请仲裁的时效期间适用公务员法有关规定。

劳动人事关系存续期间因拖欠劳动报酬发生争议的，劳动者申请仲裁不受本条第一款规定的仲裁时效期间的限制；但是，劳动人事关系终止的，应当自劳动人事关系终止之日起一年内提出。

第二十七条 在申请仲裁的时效期间内，有下列情形之一的，仲裁时效中断：

（一）一方当事人通过协商、申请调解等方式向对方当事人主张权利的；

（二）一方当事人通过向有关部门投诉，向仲裁委员会申请仲裁，向人民法院起诉或者申请支付令等方式请求权利救济的；

（三）对方当事人同意履行义务的。

从中断时起，仲裁时效期间重新计算。

第二十八条 因不可抗力，或者有无民事行为能力或者限制民事行为能力劳动者的法定代理人未确定等其他正当理由，当事人不能在规定的仲裁时效期间申请仲裁的，仲裁时效中止。从中止时效的原因消除之日起，仲裁时效期间继续计算。

第二十九条 申请人申请仲裁应当提交书面仲裁申请，并按照被申请人人数提交副本。

仲裁申请书应当载明下列事项：

(一)劳动者的姓名、性别、出生日期、身份证件号码、住所、通讯地址和联系电话，用人单位的名称、住所、通讯地址、联系电话和法定代表人或者主要负责人的姓名、职务；

(二)仲裁请求和所根据的事实、理由；

(三)证据和证据来源，证人姓名和住所。

书写仲裁申请确有困难的，可以口头申请，由仲裁委员会记入笔录，经申请人签名、盖章或者按印确认。

对于仲裁申请书不规范或者材料不齐备的，仲裁委员会应当当场或者在五日内一次性告知申请人需要补正的全部材料。

仲裁委员会收取当事人提交的材料应当出具收件回执。

第三十条　仲裁委员会对符合下列条件的仲裁申请应当予以受理，并在收到仲裁申请之日起五日内向申请人出具受理通知书：

(一)属于本规则第二条规定的争议范围；

(二)有明确的仲裁请求和事实理由；

(三)申请人是与本案有直接利害关系的自然人、法人或者其他组织，有明确的被申请人；

(四)属于本仲裁委员会管辖范围。

第三十一条　对不符合本规则第三十条第(一)、(二)、(三)项规定之一的仲裁申请，仲裁委员会不予受理，并在收到仲裁申请之日起五日内向申请人出具不予受理通知书；对不符合本规则第三十条第(四)项规定的仲裁申请，仲裁委员会应当在收到仲裁申请之日起五日内，向申请人作出书面说明并告知申请人向有管辖权的仲裁委员会申请仲裁。

对仲裁委员会逾期未作出决定或者决定不予受理的，申请人可以就该争议事项向人民法院提起诉讼。

第三十二条　仲裁委员会受理案件后，发现不应当受理的，除本规则第九条规定外，应当撤销案件，并自决定撤销案件后五日内，以决定书的形式通知当事人。

第三十三条　仲裁委员会受理仲裁申请后，应当在五日内将仲裁申请书副本送达被申请人。

被申请人收到仲裁申请书副本后，应当在十日内向仲裁委员会提交答辩书。仲裁委员会收到答辩书后，应当在五日内将答辩书副本送达申请人。被申请人逾期未提交答辩书的，不影响仲裁程序的进行。

第三十四条　符合下列情形之一，申请人基于同一事实、理由和仲裁请求又申请仲裁的，仲裁委员会不予受理：

(一)仲裁委员会已经依法出具不予受理通知书的；

(二)案件已在仲裁、诉讼过程中或者调解书、裁决书、判决书已经发生法律效力的。

第三十五条　仲裁处理结果作出前，申请人可以自行撤回仲裁申请。申请人再次申请仲裁的，仲裁委员会应当受理。

第三十六条　被申请人可以在答辩期间提出反申请，仲裁委员会应当自收到被申请人反申请之日起五日内决定是否受理并通知被申请人。

决定受理的，仲裁委员会可以将反申请和申请合并处理。

反申请应当另行申请仲裁的，仲裁委员会应当书面告知被申请人另行申请仲裁；反申请不属于本规则规定应当受理的，仲裁委员会应当向被申请人出具不予受理通知书。

被申请人答辩期满后对申请人提出反申请的，应当另行申请仲裁。

第二节　开庭和裁决

第三十七条　仲裁委员会应当在受理仲裁申请之日起五日内组成仲裁庭并将仲裁庭的组成情况书面通知当事人。

第三十八条　仲裁庭应当在开庭五日前，将开庭日期、地点书面通知双方当事人。当事人有正当理由的，可以在开庭三日前请求延期开庭。是否延期，由仲裁委员会根据实际情况决定。

第三十九条　申请人收到书面开庭通知，无正当理由拒不到庭或者未经仲裁庭同意中途退庭的，可以按撤回仲裁申请处理；申请人重新申请仲裁的，仲裁委员会不予受理。被申请人收到书面开庭通知，无正当理由拒不到庭或者未经仲裁庭同意中途退庭的，仲裁庭可以继续开庭审理，并缺席裁决。

第四十条　当事人申请鉴定的，鉴定费由申请鉴定方先行垫付，案件处理终结后，由鉴定结果对其不利方负担。鉴定结果不明确的，由申请鉴定方负担。

第四十一条　开庭审理前，记录人员应当查明当事人和其他仲裁参与人是否到庭，宣布仲裁庭纪律。

开庭审理时，由仲裁员宣布开庭、案由和仲裁员、记录人员名单，核对当事人，告知当事人有关的权利义务，询问当事人是否提出回避申请。

开庭审理中，仲裁员应当听取申请人的陈述和被申请人的答辩，主持庭审调查、质证和辩论、征询当事人最后意见，并进行调解。

第四十二条　仲裁庭应当将开庭情况记入笔录。当事人或者其他仲裁参与人认为对自己陈述的记录有遗漏或者差错的，有权当庭申请补正。仲裁庭认为申请无理由或者无必要的，可以不予补正，但是应当记录该申请。

仲裁员、记录人员、当事人和其他仲裁参与人应当在庭审笔录上签名或者盖章。当事人或者其他仲裁参与人拒绝在庭审笔录上签名或者盖章的，仲裁庭应当记明情况附卷。

第四十三条　仲裁参与人和其他人应当遵守仲裁庭纪律，不得有下列行为：

（一）未经准许进行录音、录像、摄影；

（二）未经准许以移动通信等方式现场传播庭审活动；

（三）其他扰乱仲裁庭秩序、妨害审理活动进行的行为。

仲裁参与人或者其他人有前款规定的情形之一的，仲裁庭可以训诫、责令退出仲裁庭，也可以暂扣进行录音、录像、摄影、传播庭审活动的器材，并责令其删除有关内容。拒不删除的，可以采取必要手段强制删除，并将上述事实记入庭审笔录。

第四十四条　申请人在举证期限届满前可以提出增加或者变更仲裁请求；仲裁庭对申请人增加或者变更的仲裁请求审查后认为应当受理的，应当通知被申请人并给予答辩期，被申请人明确表示放弃答辩期的除外。

申请人在举证期限届满后提出增加或者变更仲裁请求的，应当另行申请仲裁。

第四十五条　仲裁庭裁决案件，应当自仲裁委员会受理仲裁申请之日起四十五日内结束。案情复杂需要延期的，经仲裁委员会主任或者其委托的仲裁院负责人书面批准，可以延期并书面通知当事人，但延长期限不得超过十五日。

第四十六条　有下列情形的，仲裁期限按照下列规定计算：

（一）仲裁庭追加当事人或者第三人的，仲裁期限从决定追加之日起重新计算；

（二）申请人需要补正材料的，仲裁委员会收到仲裁申请的时间从材料补正之日起重新计算；

（三）增加、变更仲裁请求的，仲裁期限从受理增加、变更仲裁请求之日起重新计算；

（四）仲裁申请和反申请合并处理的，仲裁期限从受理反申请之日起重新计算；

（五）案件移送管辖的，仲裁期限从接受移送之日起重新计算；

（六）中止审理期间、公告送达期间不计入仲裁期限内；

（七）法律、法规规定应当另行计算的其他情形。

第四十七条　有下列情形之一的，经仲裁委员会主任或者其委托的仲裁院负责人批准，可以中止案件审理，并书面通知当事人：

（一）劳动者一方当事人死亡，需要等待继承人表明是否参加仲裁的；

（二）劳动者一方当事人丧失民事行为能力，尚未确定法定代理人参加仲裁的；

（三）用人单位终止，尚未确定权利义务承继者的；

（四）一方当事人因不可抗拒的事由，不能参加仲裁的；

（五）案件审理需要以其他案件的审理结果为依据，且其他案件尚未审结的；

（六）案件处理需要等待工伤认定、伤残等级鉴定以及其他鉴定结论的；

（七）其他应当中止仲裁审理的情形。

中止审理的情形消除后，仲裁庭应当恢复审理。

第四十八条　当事人因仲裁庭逾期未作出仲裁裁决而向人民法院提起诉讼并立案受理的，仲裁委员会应当决定该案件终止审理；当事人未就该争议事项向人民法院提起诉讼的，仲裁委员会应当继续处理。

第四十九条　仲裁庭裁决案件时，其中一部分事实已经清楚的，可以就该部分先行裁决。当事人对先行裁决不服的，可以按照调解仲裁法有关规定处理。

第五十条　仲裁庭裁决案件时，申请人根据调解仲裁法第四十七条第（一）项规定，追索劳动报酬、工伤医疗费、经济补偿或者赔偿金，如果仲裁裁决涉及数项，对单项裁决数额不超过当地月最低工资标准十二个月金额的事项，应当适用终局裁决。

前款经济补偿包括《中华人民共和国劳动合同法》（以下简称劳动合同法）规定的竞业限制期限内给予的经济补偿、解除或者终止劳动合同的经济补偿等；赔偿金包括劳动合同法规定的未签订书面劳动合同第二倍工资、违法约定试用期的赔偿金、违法解除或者终止劳动合同的赔偿金等。

根据调解仲裁法第四十七条第（二）项的规定，因执行国家的劳动标准在工作时间、休息休假、社会保险等方面发生的争议，应当适用终局裁决。

仲裁庭裁决案件时，裁决内容同时涉及终局裁决和非终局裁决的，应当分别制作裁决书，并告知当事人相应的救济权利。

第五十一条　仲裁庭对追索劳动报酬、工伤医疗费、经济补偿或者赔偿金的案件，根据当事人的申请，可以裁决先予执行，移送人民法院执行。

仲裁庭裁决先予执行的，应当符合下列条件：

（一）当事人之间权利义务关系明确；

（二）不先予执行将严重影响申请人的生活。

劳动者申请先予执行的，可以不提供担保。

第五十二条 裁决应当按照多数仲裁员的意见作出，少数仲裁员的不同意见应当记入笔录。仲裁庭不能形成多数意见时，裁决应当按照首席仲裁员的意见作出。

第五十三条 裁决书应当载明仲裁请求、争议事实、裁决理由、裁决结果、当事人权利和裁决日期。裁决书由仲裁员签名，加盖仲裁委员会印章。对裁决持不同意见的仲裁员，可以签名，也可以不签名。

第五十四条 对裁决书中的文字、计算错误或者仲裁庭已经裁决但在裁决书中遗漏的事项，仲裁庭应当及时制作决定书予以补正并送达当事人。

第五十五条 当事人对裁决不服向人民法院提起诉讼的，按照调解仲裁法有关规定处理。

第三节　简易处理

第五十六条 争议案件符合下列情形之一的，可以简易处理：

（一）事实清楚、权利义务关系明确、争议不大的；

（二）标的额不超过本省、自治区、直辖市上年度职工年平均工资的；

（三）双方当事人同意简易处理的。

仲裁委员会决定简易处理的，可以指定一名仲裁员独任仲裁，并应当告知当事人。

第五十七条 争议案件有下列情形之一的，不得简易处理：

（一）涉及国家利益、社会公共利益的；

（二）有重大社会影响的；

（三）被申请人下落不明的；

（四）仲裁委员会认为不宜简易处理的。

第五十八条 简易处理的案件，经与被申请人协商同意，仲裁庭可以缩短或者取消答辩期。

第五十九条 简易处理的案件，仲裁庭可以用电话、短信、传真、电子邮件等简便方式送达仲裁文书，但送达调解书、裁决书除外。

以简便方式送达的开庭通知，未经当事人确认或者没有其他证据证明当事人已经收到的，仲裁庭不得按撤回仲裁申请处理或者缺席裁决。

第六十条 简易处理的案件，仲裁庭可以根据案件情况确定举证期限、开庭日期、审理程序、文书制作等事项，但应当保障当事人陈述意见的权利。

第六十一条 仲裁庭在审理过程中，发现案件不宜简易处理的，应当在仲裁期限届满前决定转为按照一般程序处理，并告知当事人。

案件转为按照一般程序处理的，仲裁期限自仲裁委员会受理仲裁申请之日起计算，双方当事人已经确认的事实，可以不再进行举证、质证。

第四节　集体劳动人事争议处理

第六十二条 处理劳动者一方在十人以上并有共同请求的争议案件，或者因履行集体合同发生的劳动争议案件，适用本节规定。

符合本规则第五十六条第一款规定情形之一的集体劳动人事争议案件，可以简易处理，不受本节规定的限制。

第六十三条 发生劳动者一方在十人以上并有共同请求的争议的，劳动者可以推举三至五名代表参加仲裁活动。代表人参加仲裁的行为对其所代表的当事人发生效力，但代表人变更、放弃仲裁请求或者承认对方当事人的仲裁请求，进行和解，必须经被代表的当事人同意。

因履行集体合同发生的劳动争议，经协商解决不成的，工会可以依法申请仲裁；尚未建立工会的，由上级工会指导劳动者推举产生的代表依法申请仲裁。

第六十四条　仲裁委员会应当自收到当事人集体劳动人事争议仲裁申请之日起五日内作出受理或者不予受理的决定。决定受理的，应当自受理之日起五日内将仲裁庭组成人员、答辩期限、举证期限、开庭日期和地点等事项一次性通知当事人。

第六十五条　仲裁委员会处理集体劳动人事争议案件，应当由三名仲裁员组成仲裁庭，设首席仲裁员。

仲裁委员会处理因履行集体合同发生的劳动争议，应当按照三方原则组成仲裁庭处理。

第六十六条　仲裁庭处理集体劳动人事争议，开庭前应当引导当事人自行协商，或者先行调解。

仲裁庭处理集体劳动人事争议案件，可以邀请法律工作者、律师、专家学者等第三方共同参与调解。

协商或者调解未能达成协议的，仲裁庭应当及时裁决。

第六十七条　仲裁庭开庭场所可以设在发生争议的用人单位或者其他便于及时处理争议的地点。

第四章　调解程序

第一节　仲裁调解

第六十八条　仲裁委员会处理争议案件，应当坚持调解优先，引导当事人通过协商、调解方式解决争议，给予必要的法律释明以及风险提示。

第六十九条　对未经调解、当事人直接申请仲裁的争议，仲裁委员会可以向当事人发出调解建议书，引导其到调解组织进行调解。当事人同意先行调解的，应当暂缓受理；当事人不同意先行调解的，应当依法受理。

第七十条　开庭之前，经双方当事人同意，仲裁庭可以委托调解组织或者其他具有调解能力的组织、个人进行调解。

自当事人同意之日起十日内未达成调解协议的，应当开庭审理。

第七十一条　仲裁庭审理争议案件时，应当进行调解。必要时可以邀请有关单位、组织或者个人参与调解。

第七十二条　仲裁调解达成协议的，仲裁庭应当制作调解书。

调解书应当写明仲裁请求和当事人协议的结果。调解书由仲裁员签名，加盖仲裁委员会印章，送达双方当事人。调解书经双方当事人签收后，发生法律效力。

调解不成或者调解书送达前，一方当事人反悔的，仲裁庭应当及时作出裁决。

第七十三条　当事人就部分仲裁请求达成调解协议的，仲裁庭可以就该部分先行出具调解书。

第二节　调解协议的仲裁审查

第七十四条　经调解组织调解达成调解协议的，双方当事人可以自调解协议生效之日起十五日内,共同向有管辖权的仲裁委员会提出仲裁审查申请。

当事人申请审查调解协议,应当向仲裁委员会提交仲裁审查申请书、调解协议和身份证明、资格证明以及其他与调解协议相关的证明材料,并提供双方当事人的送达地址、电话号码等联系方式。

第七十五条 仲裁委员会收到当事人仲裁审查申请,应当及时决定是否受理。决定受理的,应当出具受理通知书。

有下列情形之一的,仲裁委员会不予受理:

(一)不属于仲裁委员会受理争议范围的;

(二)不属于本仲裁委员会管辖的;

(三)超出规定的仲裁审查申请期间的;

(四)确认劳动关系的;

(五)调解协议已经人民法院司法确认的。

第七十六条 仲裁委员会审查调解协议,应当自受理仲裁审查申请之日起五日内结束。因特殊情况需要延期的,经仲裁委员会主任或者其委托的仲裁院负责人批准,可以延长五日。

调解书送达前,一方或者双方当事人撤回仲裁审查申请的,仲裁委员会应当准许。

第七十七条 仲裁委员会受理仲裁审查申请后,应当指定仲裁员对调解协议进行审查。

仲裁委员会经审查认为调解协议的形式和内容合法有效的,应当制作调解书。调解书的内容应当与调解协议的内容相一致。调解书经双方当事人签收后,发生法律效力。

第七十八条 调解协议具有下列情形之一的,仲裁委员会不予制作调解书:

(一)违反法律、行政法规强制性规定的;

(二)损害国家利益、社会公共利益或者公民、法人、其他组织合法权益的;

(三)当事人提供证据材料有弄虚作假嫌疑的;

(四)违反自愿原则的;

(五)内容不明确的;

(六)其他不能制作调解书的情形。

仲裁委员会决定不予制作调解书的,应当书面通知当事人。

第七十九条 当事人撤回仲裁审查申请或者仲裁委员会决定不予制作调解书的,应当终止仲裁审查。

第五章 附 则

第八十条 本规则规定的“三日”、“五日”、“十日”指工作日,“十五日”、“四十五日”指自然日。

第八十一条 本规则自 2017 年 7 月 1 日起施行。2009 年 1 月 1 日人力资源社会保障部公布的《劳动人事争议仲裁办案规则》(人力资源和社会保障部令第 2 号)同时废止。

29. 技术合同认定规则

(2001年7月18日)

第一章 一般规定

第一条 为推动技术创新,加速科技成果转化,保障国家有关促进科技成果转化法律法规和政策的实施,加强技术市场管理,根据《中华人民共和国合同法》及科技部、财政部、国家税务总局《技术合同认定登记管理办法》的规定,制定本规则。

第二条 技术合同认定是指根据《技术合同认定登记管理办法》设立的技术合同登记机构对技术合同当事人申请认定登记的合同文本从技术上进行核查,确认其是否符合技术合同要求的专项管理工作。

技术合同登记机构应当对申请认定登记的合同是否属于技术合同及属于何种技术合同作出结论,并核定其技术交易额(技术性收入)。

第三条 技术合同认定登记应当贯彻依法认定。客观准确、高效服务、严格管理的工作原则,提高认定质量,切实保障国家有关促进科技成果转化财税优惠政策的落实。

第四条 本规则适用于自然人(个人)、法人、其他组织之间依据《中华人民共和国合同法》第十八章的规定,就下列技术开发、技术转让、技术咨询和技术服务活动所订立的确立民事权利与义务关系的技术合同:

(一)技术开发合同

1.委托开发技术合同

2.合作开发技术合同

(二)技术转让合同

1.专利转让合同

2.专利申请权转让合同

3.专利实施许可合同

4.技术秘密转让合同

(三)技术咨询合同

(四)技术服务合同

1.技术服务合同

2.技术培训合同

3.技术中介合同

第五条 《中华人民共和国合同法》分则部分所列的其他合同,不得按技术合同登记。但其合同标的中明显含有技术开发、转让、咨询或服务内容,其技术交易部分能独立成立并且合同当事人单独订立合同的,可以就其单独订立的合同申请认定登记。

第六条 以技术入股方式订立的合同,可按技术转让合同认定登记。

以技术开发、转让、咨询或服务为内容的技术承包合同,可根据承包项目的性质和具体技术内容确定合同的类型,并予以认定登记。

第七条 当事人申请认定登记技术合同,应当向技术合同登记机构提交合同的书面文本。技术合同登记机构可以要求当事人一并出具与该合同有关的证明文件。当事人拒绝出具或者所出具的证明文件不符合要求的,不予登记。

各技术合同登记机构应当向当事人推荐和介绍由科学技术部印制的《技术合同示范文本》,供当事人在签订技术合同时参照使用。

第八条 申请认定登记的技术合同应当是依法已经生效的合同。当事人以合同书形式订立的合同,自双方当事人签字或者盖章时成立。依法成立的合同,自成立时生效。法律、行政法规规定应当办理批准、登记等手续生效的,依照其规定,在批准、登记后生效,如专利申请权转让合同、专利权转让合同等。

当事人为法人的技术合同,应当有其法定代表人或者其授权的人员在合同上签名或者盖章,并加盖法人的公章或者合同专用章;当事人为自然人的技术合同,应当有其本人在合同上签名或者盖章;当事人为其他组织的合同,应当有该组织负责人在合同上签名或者盖章,并加盖组织的印章。

印章不齐备或者印章与书写名称不一致的,不予登记。

第九条 法人、其他组织的内部职能机构或课题组订立的技术合同申请认定登记的,应当在申请认定登记时提交其法定代表人或组织负责人的书面授权证明。

第十条 当事人就承担国家科技计划项目而与有关计划主管部门或者项目执行部门订立的技术合同申请认定登记,符合《中华人民共和国合同法》的规定并附有有关计划主管部门或者项目执行部门的批准文件的,技术合同登记机构应予受理,并进行认定登记。

第十一条 申请认定登记的技术合同,其标的范围不受行业、专业和科技领域限制。

第十二条 申请认定登记的技术合同,其技术标的或内容不得违反国家有关法律法规的强制性规定和限制性要求。

第十三条 技术合同标的涉及法律法规规定投产前需经有关部门审批或领取生产许可证的产品技术,当事人应当在办理有关审批手续或生产许可证后,持合同文本及有关批准文件申请认定登记。

第十四条 申请认定登记的合同涉及当事人商业秘密(包括经营信息和技术信息)的,当事人应当以书面方式向技术合同登记机构提出保密要求。

当事人未提出保密要求,而所申请认定登记的合同中约定了当事人保密义务的,技术合同登记机构应当主动保守当事人有关的技术秘密,维护其合法权益。

第十五条 申请认定登记的技术合同下列主要条款不明确的,不予登记:

(一)合同主体不明确的;

(二)合同标的不明确,不能使登记人员了解其技术内容的;

(三)合同价款、报酬、使用费等约定不明确的。

第十六条 约定担保条款(定金、抵押、保证等)并以此为合同成立条件的技术合同,申请认定登记时当事人担保义务尚未履行的,不予登记。

第十七条 申请认定登记的技术合同,合同名称与合同中的权利义务关系不一致的,技术合同登记机构应当要求当事人补正后重新申请认定登记;拒不补正的,不予登记。

第十八条 申请认定登记的技术合同,其合同条款含有下列非法垄断技术、妨碍技术进步等不合理限制条款的，不予登记：

（一）一方限制另一方在合同标的技术的基础上进行新的研究开发的；

（二）一方强制性要求另一方在合同标的基础上研究开发所取得的科技成果及其知识产权独占回授的；

（三）一方限制另一方从其他渠道吸收竞争技术的；

（四）一方限制另一方根据市场需求实施专利和使用技术秘密的。

第十九条　申请认定登记的技术合同，当事人约定提交有关技术成果的载体，不得超出合理的数量范围。

技术成果载体数量的合理范围，按以下原则认定：

（一）技术文件（包括技术方案、产品和工艺设计、工程设计图纸、试验报告及其他文字性技术资料），以通常掌握该技术和必要存档所需份数为限；

（二）磁盘、光盘等软件性技术载体、动植物（包括转基因动植物）新品种、微生物菌种，以及样品、样机等产品技术和硬件性技术载体，以当事人进行必要试验和掌握、使用该技术所需数量为限；

（三）成套技术设备和试验装置一般限于1~2套。

第二章　技术开发合同

第二十条　技术开发合同是当事人之间就新技术、新产品、新工艺、新材料、新品种及其系统的研究开发所订立的合同。

技术开发合同包括委托开发合同和合作开发合同。委托开发合同是一方当事人委托另一方当事人进行研究开发工作并提供相应研究开发经费和报酬所订立的技术开发合同。合作开发合同是当事人各方就共同进行研究开发工作所订立的技术开发合同。

第二十一条　技术开发合同的认定条件是：

（一）有明确、具体的科学研究和技术开发目标；

（二）合同标的为当事人在订立合同时尚未掌握的技术方案；

（三）研究开发工作及其预期成果有相应的技术创新内容。

第二十二条　单纯以揭示自然现象、规律和特征为目标的基础性研究项目所订立的合同，以及软科学研究项目所订立的合同，不予登记。

第二十三条　下列各项符合本规则第二十一条规定的，属于技术开发合同：

（一）小试、中试技术成果的产业化开发项目；

（二）技术改造项目；

（三）成套技术设备和试验装置的技术改进项目；

（四）引进技术和设备消化、吸收基础上的创新开发项目；

（五）信息技术的研究开发项目，包括语言系统、过程控制、管理工程、特定专家系统、计算机辅助设计、计算机集成制造系统等，但软件复制和无原创性的程序编制的除外；

（六）自然资源的开发利用项目；

（七）治理污染、保护环境和生态项目；

（八）其他科技成果转化项目。

前款各项中属一般设备维修、改装、常规的设计变更及其已有技术直接应用于产品生产的,不属于技术开发合同。

第二十四条 下列合同不属于技术开发合同:

(一)合同标的为当事人已经掌握的技术方案,包括已完成产业化开发的产品、工艺、材料及其系统;

(二)合同标的为通过简单改变尺寸。参数、排列,或者通过类似技术手段的变换实现的产品改型、工艺变更以及材料配方调整;

(三)合同标的为一般检验、测试、鉴定、仿制和应用。

第三章 技术转让合同

第二十五条 技术转让合同是当事人之间就专利权转让、专利申请权转让、专利实施许可、技术秘密转让所订立的下列合同:

(一)专利权转让合同,是指一方当事人(让与方)将其发明创造专利权转让受让方,受让方支付相应价款而订立的合同。

(二)专利申请权转让合同,是指一方当事人(让与方)将其就特定的发明创造申请专利的权利转让受让方,受让方支付相应价款而订立的合同。

(三)专利实施许可合同,是指一方当事人(让与方、专利权人或者其授权的人)许可受让方在约定的范围内实施专利,受让方支付相应的使用费而订立的合同。

(四)技术秘密转让合同,是指一方当事人(让与方)将其拥有的技术秘密提供给受让方,明确相互之间技术秘密使用权、转让权,受让方支付相应使用费而订立的合同。

第二十六条 技术转让合同的认定条件是:

(一)合同标的为当事人订立合同时已经掌握的技术成果,包括发明创造专利、技术秘密及其他知识产权成果;

(二)合同标的具有完整性和实用性,相关技术内容应构成一项产品、工艺、材料、品种及其改进的技术方案;

(三)当事人对合同标的有明确的知识产权权属约定。

第二十七条 当事人就植物新品种权转让和实施许可、集成电路布图设计权转让与许可订立的合同,按技术转让合同认定登记。

第二十八条 当事人就技术进出口项目订立的合同,可参照技术转让合同予以认定登记。

第二十九条 申请认定登记的技术合同,其标的涉及专利申请权、专利权、植物新品种权、集成电路布图设计权的,当事人应当提交相应的知识产权权利证书复印件。无相应证书复印件或者在有关知识产权终止、被宣告无效后申请认定登记的,不予登记。

申请认定登记的技术合同,其标的涉及计算机软件著作权的,可以提示当事人提供计算机软件著作权登记证明的复印件。

第三十条 申请认定登记的技术合同,其标的为技术秘密的,该项技术秘密应同时具备以下条件:

(一)不为公众所知悉;

(二)能为权利人带来经济利益;

(三)具有实用性;

(四)权利人采取了保密措施。

前款技术秘密可以含有公知技术成份或者部分公知技术的组合。但其全部或者实质性部分已经公开,即可以直接从公共信息渠道中直接得到的,不应认定为技术转让合同。

第三十一条　申请认定登记的技术合同,其合同标的为进入公有领域的知识、技术、经验和信息等(如专利权或有关知识产权已经终止的技术成果),或者技术秘密转让未约定使用权、转让权归属的,不应认定为技术转让合同。

前款合同标的符合技术咨询合同、技术服务合同条件的,可由当事人补正后,按技术咨询合同、技术服务合同重新申请认定登记。

第三十二条　申请认定登记的技术合同,其合同标的仅为高新技术产品交易,不包含技术转让成份的,不应认定为技术转让合同。

随高新技术产品提供用户的有关产品性能和使用方法等商业性说明材料,也不属于技术成果文件。

第四章　技术咨询合同

第三十三条　技术咨询合同是一方当事人(受托方)为另一方(委托方)就特定技术项目提供可行性论证、技术预测、专题技术调查、分析评价所订立的合同。

第三十四条　技术咨询合同的认定条件是:

(一)合同标的为特定技术项目的咨询课题;

(二)咨询方式为运用科学知识和技术手段进行的分析、论证、评价和预测;

(三)工作成果是为委托方提供科技咨询报告和意见。

第三十五条　下列各项符合本规则第三十四条规定的,属于技术咨询合同:

(一)科学发展战略和规划的研究;

(二)技术政策和技术路线选择的研究;

(三)重大工程项目、研究开发项目、科技成果转化项目、重要技术改造和科技成果推广项目等的可行性分析;

(四)技术成果、重大工程和特定技术系统的技术评估;

(五)特定技术领域、行业、专业技术发展的技术预测;

(六)就区域、产业科技开发与创新及特定技术项目进行的技术调查、分析与论证;

(七)技术产品、服务、工艺分析和技术方案的比较与选择;

(八)专用设施、设备、仪器、装置及技术系统的技术性能分析;

(九)科技评估和技术查新项目。

前款项目中涉及新的技术成果研究开发或现有技术成果转让的,可根据其技术内容的比重确定合同性质,分别认定为技术开发合同、技术转让合同或者技术咨询合同。

第三十六条　申请认定登记的技术合同,其标的为大、中型建设工程项目前期技术分析论证的,可以认定为技术咨询合同。但属于建设工程承包合同一部分、不能独立成立的情况除外。

第三十七条　就解决特定技术项目提出实施方案,进行技术服务和实施指导所订立的合同,不属于技术咨询合同。符合技术服务合同条件的,可退回当事人补正后,按技术服务合同重新申请认定登记。

第三十八条 下列合同不属于技术咨询合同:

(一)就经济分析、法律咨询、社会发展项目的论证、评价和调查所订立的合同;

(二)就购买设备、仪器、原材料、配套产品等提供商业信息所订立的合同。

第五章 技术服务合同

第三十九条 技术服务合同是一方当事人(受托方)以技术知识为另一方(委托方)解决特定技术问题所订立的合同。

第四十条 技术服务合同的认定条件是:

(一)合同的目的为运用专业技术知识、经验和信息解决特定技术问题的服务性项目;

(二)服务内容为改进产品结构、改良工艺流程、提高产品质量、降低产品成本、节约资源能耗、保护资源环境、实现安全操作、提高经济效益和社会效益等专业技术工作;

(三)工作成果有具体的质量和数量指标;

(四)技术知识的传递不涉及专利、技术秘密成果及其他知识产权的权属。

第四十一条 下列各项符合本规则第四十条规定,且该专业技术项目有明确技术问题和解决难度的,属于技术服务合同:

(一)产品设计服务,包括关键零部件、国产化配套件、专用工模量具及工装设计和具有特殊技术要求的非标准设备的设计,以及其他改进产品结构的设计;

(二)工艺服务,包括有特殊技术要求的工艺编制、新产品试制中的工艺技术指导,以及其他工艺流程的改进设计;

(三)测试分析服务,包括有特殊技术要求的技术成果测试分析,新产品、新材料、植物新品种性能的测试分析,以及其他非标准化的测试分析;

(四)计算机技术应用服务,包括计算机硬件、软件、嵌入式系统、计算机网络技术的应用服务,计算机辅助设计系统(CAD)和计算机集成制造系统(CIMS)的推广、应用和技术指导等;

(五)新型或者复杂生产线的调试及技术指导;

(六)特定技术项目的信息加工、分析和检索;

(七)农业的产前、产中、产后技术服务,包括为技术成果推广,以及为提高农业产量、品质、发展新品种、降低消耗、提高经济效益和社会效益的有关技术服务。

(八)为特殊产品技术标准的制订;

(九)对动植物细胞植入特定基因、进行基因重组;

(十)对重大事故进行定性定量技术分析;

(十一)为重大科技成果进行定性定量技术鉴定或者评价。

前款各项属于当事人一般日常经营业务范围的,不应认定为技术服务合同。

第四十二条 下列合同不属于技术服务合同:

(一)以常规手段或者为生产经营目的进行一般加工、定作、修理、修缮、广告、印刷、测绘、标准化测试等订立的加工承揽合同和建设工程的勘察、设计、安装、施工、监理合

同。但以非常规技术手段,解决复杂、特殊技术问题而单独订立的合同除外;

(二)就描晒复印图纸、翻译资料、摄影摄像等所订立的合同;

(三)计量检定单位就强制性计量检定所订立的合同;

(四)理化测试分析单位就仪器设备的购售、租赁及用户服务所订立的合同。

第六章　技术培训合同和技术中介合同

第四十三条　技术培训合同是当事人一方委托另一方对指定的专业技术人员进行特定项目的技术指导和业务训练所订立的合同。

技术培训合同是技术服务合同中的一种,在认定登记时应按技术培训合同单独予以登记。

第四十四条　技术培训合同的认定条件是:

(一)以传授特定技术项目的专业技术知识为合同的主要标的;

(二)培训对象为委托方指定的与特定技术项目有关的专业技术人员;

(三)技术指导和专业训练的内容不涉及有关知识产权权利的转移。

第四十五条　技术开发、技术转让等合同中涉及技术培训内容的,应按技术开发合同或技术转让合同认定,不应就其技术培训内容单独认定登记。

第四十六条　下列培训教育活动,不属于技术培训合同:

(一)当事人就其员工业务素质、文化学习和职业技能等进行的培训活动;

(二)为销售技术产品而就有关该产品性能、功能及使用、操作进行的培训活动。

第四十七条　技术中介合同是当事人一方(中介方)以知识、技术、经验和信息为另一方与第三方订立技术合同、实现技术创新和科技成果产业化进行联系、介绍、组织工业化开发并对履行合同提供专门服务所订立的合同。

技术中介合同是技术服务合同中的一种,在认定登记时应按技术中介合同单独予以登记。

第四十八条　技术中介合同的认定条件是:

(一)技术中介的目的是促成委托方与第三方进行技术交易,实现科技成果的转化;

(二)技术中介的内容应为特定的技术成果或技术项目;

(三)中介方应符合国家有关技术中介主体的资格要求。

第四十九条　技术中介合同可以下列两种形式订立:

(一)中介方与委托方单独订立的有关技术中介业务的合同;

(二)在委托方与第三方订立的技术合同中载明中介方权利与义务的有关中介条款。

第五十条　根据当事人申请,技术中介合同可以与其涉及的技术合同一起认定登记,也可以单独认定登记。

第七章　核定技术性收入

第五十一条　技术合同登记机构应当对申请认定登记合同的交易总额和技术交易额进行审查,核定技术性收入。

申请认定登记的合同,应当载明合同交易总额、技术交易额。申请认定登记时不能确定合同交易总额、技术交易额的,或者在履行合同中金额发生变化的,当事人应当在办理减免税或提取奖酬金手续前予以补正。不予补正并违反国家有关法律法规的，应承担相应的法律责任。

第五十二条 本规则第五十一条用语的含义是：

(一)合同交易总额是指技术合同成交项目的总金额；

(二)技术交易额是指从合同交易总额中扣除购置设备、仪器、零部件、原材料等非技术性费用后的剩余金额。但合理数量标的物的直接成本不计入非技术性费用；

(三)技术性收入是指履行合同后所获得的价款、使用费、报酬的金额。

第五十三条 企业、事业单位和其他组织按照国家有关政策减免税、提取奖酬金和其他技术劳务费用，应当以技术合同登记机构核定的技术交易额或技术性收入为基数计算。

第八章 附 则

第五十四条 本规则自2001年7月18日起施行。1990年7月27日原国家科委发布的《技术合同认定规则(试行)》同时废止。

30. 工会劳动保护工作责任制(试行)

(2005年6月22日)

为了履行工会在国家安全生产工作格局中的"群众监督参与"职责，进一步规范和推动工会劳动保护工作，维护职工的安全健康合法权益，根据《工会法》、《安全生产法》、《职业病防治法》等法律法规，制订本责任制。

一、职工在生产过程中的安全健康是职工合法权益的重要内容。各级工会组织必须贯彻"安全第一，预防为立"的方针，坚持"预防为主，群防群治，群专结合，依法监督"的原则，依据国家有关法律法规的规定，履行法律赋予工会组织的权利与义务，独立自主、认真负责地开展群众性劳动保护监督检查活动，切实维护职工安全健康合法权益。

二、各级地方总工会主席对本地区工会劳动保护工作负全面领导责任；分管副主席负直接领导责任；劳动保护部门负直接责任，履行以下职责：

1.监督和协助政府有关部门以及企业贯彻执行国家有关劳动安全卫生政策、法律法规和标准。

2.开展调查研究，听取职工群众的意见建议和工会劳动保护工作汇报，研究安全生产方面存在的重大问题，提出解决问题的意见或建议。

3.独立或会同有关部门进行安全生产检查，促进企业不断改善劳动条件。对于重大事故隐患和严重职业危害应当实行建档备查，发放隐患整改通知书，并跟踪督促企业整改；对拒绝整改的，应及时报告上级工会及有关部门进行处理。

4.参加生产性建设工程项目"三同时"的审查验收工作，对不符合"三同时"规定的，向有关方面提出存在问题及解决的建议。对劳动条件和安全卫生设施不符合国家标准或行业标准的，不予签字。

5.按照国家伤亡事故和严重职业危害调查处理的有关规定，相应的地方总工会派员参加伤亡事故和严重职业危害的调查处理。

6.指导企业工会开展“安康杯”竞赛等群众性劳动保护活动，总结推广群众性劳动保护监督检查的先进经验。

7.在评选先进和劳动模范中，对发生重特大死亡事故或存在严重职业危害的企业和负有责任的个人，提出意见，落实一票否决权。

三、各级地方总工会应建立负责劳动保护的工作机构，配备劳动保护专兼职干部，为劳动保护部门提供必要的经费、设备、交通和通讯工具。

四、企业工会主席对企业工会劳动保护工作负全面领导责任；分管副主席负直接领导责任；劳动保护部门（或专兼职人员）负直接责任，履行以下职责：

1.建立健全群众性劳动保护监督检查组织网络。

2.听取工会劳动保护工作汇报和职工群众的意见，研究解决工会劳动保护工作的重大问题，指导工会劳动保护工作的开展。

3.监督和协助企业贯彻落实国家有关劳动安全卫生法律法规和标准。参与企业安全生产责任制、劳动安全卫生规章制度、生产安全事故应急救援预案的制定和修改工作。

4.参与集体合同中有关劳动安全卫生条款的协商与制定，督促合同相关内容的落实。

5.参加本企业生产性建设工程项目“三同时”审查验收工作和伤亡事故的调查处理，按规定上报伤亡事故。

6.独立或会同企业行政开展安全检查。对查出的问题要及时督促企业整改；对重大事故隐患和职业危害要建立档案，并跟踪监督整改；对本企业无法解决的重大隐患向上一级工会反映。

7.组织职工开展“安康杯”竞赛等群众性安全生产活动。

8.宣传职工在劳动安全卫生方面享有的权利与义务，教育职工遵章守纪，协助企业行政搞好安全教育培训，提高职工的安全意识和自我保护能力。

9.密切关注生产过程中危及职工安全健康的问题。坚决制止违章指挥、强令工人冒险作业，遇到明显重大事故隐患或职业危害，危及职工生命安全时，应代表职工立即向企业行政或现场指挥人员提出停产解决的建议。

五、企业工会在履行维护职工安全健康合法权益遇到障碍、阻力，以至影响正常开展工作时，应当及时向上一级工会反映，上一级工会应给予支持和帮助。

六、上级工会在参加重特大伤亡事故和严重职业病危害事故调查时，发现下级工会有关人员没有履行工会劳动保护职责并导致严重后果的，应进行调查，提出处理建议。

七、上级工会应对下级工会执行本责任制的情况进行监督检查。对认真履行职责，做出突出成绩的给予表彰奖励；对未能履行职责的，给予批评教育，并督促其改正。

八、乡镇、街道基层工会联合会，可以参照地方总工会的责任执行。

中华全国总工会

2005 年 6 月 22 日

第六部分　工会基层工作

1. 企业民主管理规定

（2012 年 2 月 13 日）

第一章　总　则

第一条　为完善以职工代表大会为基本形式的企业民主管理制度，推进厂务公开，支持职工参与企业管理，维护职工合法权益，构建和谐劳动关系，促进企业持续健康发展，加强基层民主政治建设，依据宪法和相关法律制定本规定。

第二条　企业民主管理工作应当坚持党的领导，以邓小平理论和“三个代表”重要思想为指导，深入贯彻落实科学发展观，坚定不移地贯彻落实党的全心全意依靠工人阶级的根本指导方针。

企业党组织应当加强对民主管理工作的领导和支持。

第三条　职工代表大会（或职工大会，下同）是职工行使民主管理权力的机构，是企业民主管理的基本形式。

企业应当按照合法、有序、公开、公正的原则，建立以职工代表大会为基本形式的民主管理制度，实行厂务公开，推行民主管理。公司制企业（以下简称公司）应当依法建立职工董事、职工监事制度。

企业应当尊重和保障职工依法享有的知情权、参与权、表达权和监督权等民主权利，支持职工参加企业管理活动。

第四条　企业职工应当尊重和支持企业依法行使管理职权，积极参与企业管理。

第五条　企业工会应当组织职工依法开展企业民主管理，维护职工合法权益。

上级工会应当指导和帮助企业工会和职工依法开展企业民主管理活动，对企业实行民主管理的情况进行监督。

第六条　企业代表组织应当推动企业实行民主管理，促进企业健康发展。

第七条　各级党委纪检部门、组织部门，各级人民政府国有资产监督管理机构和监察机关等有关部门应当依照各自职责，对企业民主管理工作进行指导、检查和监督。

第二章　职工代表大会制度

第一节　职工代表大会组织制度和职权

第八条　企业可以根据职工人数确定召开职工代表大会或者职工大会。

企业召开职工代表大会的，职工代表人数按照不少于全体职工人数的百分之五确定，最少不少于三十人。职工代表人数超过一百人的，超出的代表人数可以由企业与工会协商确定。

第九条　职工代表大会的代表由工人、技术人员、管理人员、企业领导人员和其他方面的职工组成。其中，企业中层以上管理人员和领导人员一般不得超过职工代表总人数的百分之二十。有女职工和劳务派遣职工的企业，职工代表中应当有适当比例的女职工和劳务派遣职工代表。

第十条 职工代表大会每届任期为三年至五年。具体任期由职工代表大会根据本单位的实际情况确定。

职工代表大会因故需要提前或者延期换届的,应当由职工代表大会或者其授权的机构决定。

第十一条 职工代表大会根据需要,可以设立若干专门委员会(小组),负责办理职工代表大会交办的事项。专门委员会(小组)成员人选必须经职工代表大会审议通过。

第十二条 职工代表按照基层选举单位组成代表团(组),并推选团(组)长。可以设立职工代表大会团(组)长和专门委员会(小组)负责人联席会议,根据职工代表大会授权,在职工代表大会闭会期间负责处理临时需要解决的重要问题,并提请下一次职工代表大会确认。

联席会议由企业工会负责召集,联席会议可以根据会议内容邀请企业领导人员或其他有关人员参加。

第十三条 职工代表大会行使下列职权:

(一)听取企业主要负责人关于企业发展规划、年度生产经营管理情况,企业改革和制定重要规章制度情况,企业用工、劳动合同和集体合同签订履行情况,企业安全生产情况,企业缴纳社会保险费和住房公积金情况等报告,提出意见和建议;

审议企业制定、修改或者决定的有关劳动报酬、工作时间、休息休假、劳动安全卫生、保险福利、职工培训、劳动纪律以及劳动定额管理等直接涉及劳动者切身利益的规章制度或者重大事项方案,提出意见和建议;

(二)审议通过集体合同草案,按照国家有关规定提取的职工福利基金使用方案、住房公积金和社会保险费缴纳比例和时间的调整方案,劳动模范的推荐人选等重大事项;

(三)选举或者罢免职工董事、职工监事,选举依法进入破产程序企业的债权人会议和债权人委员会中的职工代表,根据授权推荐或者选举企业经营管理人员;

(四)审查监督企业执行劳动法律法规和劳动规章制度情况,民主评议企业领导人员,并提出奖惩建议;

(五)法律法规规定的其他职权。

第十四条 国有企业和国有控股企业职工代表大会除按第十三条规定行使职权外,行使下列职权:

(一)听取和审议企业经营管理主要负责人关于企业投资和重大技术改造、财务预决算、企业业务招待费使用等情况的报告,专业技术职称的评聘、企业公积金的使用、企业的改制等方案,并提出意见和建议;

(二)审议通过企业合并、分立、改制、解散、破产实施方案中职工的裁减、分流和安置方案;

(三)依照法律、行政法规、行政规章规定的其他职权。

第十五条 县级以下一定区域内或者性质相近的行业内的若干尚不具备单独建立职工代表大会制度条件的中小企业,可以通过选举代表联合建立区域(行业)职工代表大会制度,开展企业民主管理活动。

工会负责组织建立区域(行业)职工代表大会制度。区域(行业)工会作为区域(行业)职工代表大会的工作机构承担日常工作。

第十六条　集团企业的总部机关和各分公司、分厂、车间以及其他分支机构可以按照一定比例选举产生职工代表，召开集团企业职工代表大会，实行企业民主管理。

集团企业的总部机关和各分公司、分厂、车间以及其他分支机构，按照本规定建立职工代表大会制度，在各自的职权范围内分别开展民主管理活动。

第二节　职工代表大会工作制度

第十七条　职工代表大会每年至少召开一次。职工代表大会全体会议必须有三分之二以上的职工代表出席。

第十八条　职工代表大会议题和议案应当由企业工会听取职工意见后与企业协商确定，并在会议召开七日前以书面形式送达职工代表。

第十九条　职工代表大会可以设主席团主持会议。主席团成员由企业工会与职工代表大会各团(组)协商提出候选人名单，经职工代表大会预备会议表决通过。其中，工人、技术人员、管理人员不少于百分之五十。

第二十条　职工代表大会选举和表决相关事项，必须按照少数服从多数的原则，经全体职工代表的过半数通过。对重要事项的表决，应当采用无记名投票的方式分项表决。

第二十一条　职工代表大会在其职权范围内依法审议通过的决议和事项具有约束力，非经职工代表大会同意不得变更或撤销。

企业应当提请职工代表大会审议、通过、决定的事项，未按照法定程序审议、通过或者决定的无效。

第二十二条　企业工会委员会是职工代表大会的工作机构，负责职工代表大会的日常工作，履行下列职责：

(一)提出职工代表大会代表选举方案，组织职工选举职工代表和代表团(组)长；

(二)征集职工代表提案，提出职工代表大会议题的建议；

(三)负责职工代表大会会议的筹备和组织工作，提出职工代表大会的议程建议；

(四)提出职工代表大会主席团组成方案和组成人员建议名单；提出专门委员会(小组)的设立方案和组成人员建议名单；

(五)向职工代表大会报告职工代表大会决议的执行情况和职工代表大会提案的办理情况、厂务公开的实行情况等；

(六)在职工代表大会闭会期间，负责组织专门委员会(小组)和职工代表就企业职工代表大会决议的执行情况和职工代表大会提案的办理情况、厂务公开的实行情况等，开展巡视、检查、质询等监督活动；

(七)受理职工代表的申诉和建议，维护职工代表的合法权益；

(八)向职工进行民主管理的宣传教育，组织职工代表开展学习和培训，提高职工代表素质；

(九)建立和管理职工代表大会工作档案。

第三节　职工代表的产生和权利义务

第二十三条　与企业签订劳动合同建立劳动关系以及与企业存在事实劳动关系的职工，有选举和被选举为职工代表大会代表的权利。

依法终止或者解除劳动关系的职工代表，其代表资格自行终止。

第二十四条　职工代表应当以班组、工段、车间、科室等为基本选举单位由职工直接选举产生。规模较大、管理层次较多的企业的职工代表，可以由下一级职工代表大会代表选举产生。

第二十五条 选举、罢免职工代表，应当召开选举单位全体职工会议，会议应有三分之二以上职工参加。选举、罢免职工代表的决定，应经全体职工的过半数通过方为有效。

第二十六条 职工代表实行常任制，职工代表任期与职工代表大会届期一致，可以连选连任。

职工代表出现缺额时，原选举单位应按规定的条件和程序及时补选。

第二十七条 职工代表向选举单位的职工负责并报告工作，接受选举单位职工的监督。

第二十八条 职工代表享有下列权利：

（一）选举权、被选举权和表决权；

（二）参加职工代表大会及其工作机构组织的民主管理活动；

（三）对企业领导人员进行评议和质询；

（四）在职工代表大会闭会期间对企业执行职工代表大会决议情况进行监督、检查。

第二十九条 职工代表应当履行下列义务：

（一）遵守法律法规、企业规章制度，提高自身素质，积极参与企业民主管理；

（二）依法履行职工代表职责，听取职工对企业生产经营管理等方面的意见和建议，以及涉及职工切身利益问题的意见和要求，并客观真实地向企业反映；

（三）参加企业职工代表大会组织的各项活动，执行职工代表大会通过的决议，完成职工代表大会交办的工作；

（四）向选举单位的职工报告参加职工代表大会活动和履行职责情况，接受职工的评议和监督；

（五）保守企业的商业秘密和与知识产权相关的保密事项。

第三十条 职工代表履行职责受法律保护，任何组织和个人不得阻挠和打击报复。

职工代表在法定工作时间内依法参加职工代表大会及其组织的各项活动，企业应当正常支付劳动报酬，不得降低其工资和其他福利待遇。

第三章 厂务公开制度

第三十一条 企业应当建立和实行厂务公开制度，通过职工代表大会和其他形式，将企业生产经营管理的重大事项、涉及职工切身利益的规章制度和经营管理人员廉洁从业相关情况，按照一定程序向职工公开，听取职工意见，接受职工监督。

第三十二条 企业主要负责人是实行厂务公开的责任人。企业应当建立相应机构或者确定专人负责厂务公开工作。

第三十三条 企业实行厂务公开应当遵循合法、及时、真实、有利于职工权益维护和企业发展的原则。

实行厂务公开应当保守企业商业秘密以及与知识产权相关的保密事项。

第三十四条 企业应当向职工公开下列事项：

（一）经营管理的基本情况；

（二）招用职工及签订劳动合同的情况；

（三）集体合同文本和劳动规章制度的内容；

（四）奖励处罚职工、单方解除劳动合同的情况以及裁员的方案和结果，评选劳动模范和优秀职工的条件、名额和结果；

（五）劳动安全卫生标准、安全事故发生情况及处理结果；

（六）社会保险以及企业年金的缴费情况；

（七）职工教育经费提取、使用和职工培训计划及执行的情况；

（八）劳动争议及处理结果情况；

（九）法律法规规定的其他事项。

第三十五条　国有企业、集体企业及其控股企业除公开第十三条、第十四条和第三十四条规定的相关事项外，还应当公开下列事项：

（一）投资和生产经营管理重大决策方案等重大事项，企业中长期发展规划；

（二）年度生产经营目标及完成情况，企业担保，大额资金使用、大额资产处置情况，工程建设项目的招投标，大宗物资采购供应，产品销售和盈亏情况，承包租赁合同履行情况，内部经济责任制落实情况，重要规章制度制定等重大事项；

（三）职工提薪晋级、工资奖金收入分配情况；专业技术职称的评聘情况；

（四）中层领导人员、重要岗位人员的选聘和任用情况，企业领导人员薪酬、职务消费和兼职情况，以及出国出境费用支出等廉洁自律规定执行情况，职工代表大会民主评议企业领导人员的结果；

（五）依照国家有关规定应当公开的其他事项。

第四章　职工董事和职工监事制度

第三十六条　公司制企业应当依法建立职工董事和职工监事制度，支持职工代表大会选举产生的职工代表作为董事会、监事会成员参与公司决策、管理和监督，代表和维护职工合法权益，促进企业健康发展。

第三十七条　公司应当依法在公司章程中明确规定职工董事、职工监事的具体比例和人数。

第三十八条　职工董事、职工监事候选人由公司工会根据自荐、推荐情况，在充分听取职工意见的基础上提名，经职工代表大会全体代表的过半数通过方可当选，并报上一级工会组织备案。

工会主席、副主席应当作为职工董事、职工监事候选人人选。

第三十九条　公司高级管理人员和监事不得兼任职工董事；公司高级管理人员和董事不得兼任职工监事。

第四十条　职工董事、职工监事的任期与公司其他董事、监事的任期相同，可以连选连任。

第四十一条　职工董事、职工监事不履行职责或者有严重过错的，经三分之一以上的职工代表联名提议，职工代表大会全体代表的过半数通过可以罢免。

职工董事、职工监事出现空缺时，由公司工会依照本规定第三十八条的规定提出替补人选，提请职工代表大会民主选举产生。

第四十二条　职工董事依法行使下列权利：

（一）参加董事会会议，行使董事的发言权和表决权；

（二）就涉及职工切身利益的规章制度或者重大事项，提请召开董事会会议，反映职工的合理要求，维护职工合法权益；

（三）列席与其职责相关的公司行政办公会议和有关生产经营工作的重要会议；

（四）要求公司工会、公司有关部门和机构通报有关情况并提供相关资料；

（五）法律法规和公司章程规定的其他权利。

第四十三条　职工监事依法行使下列权利：

（一）参加监事会会议，行使监事的发言权和表决权；

（二）就涉及职工切身利益的规章制度或者重大事项，提议召开监事会会议；

（三）监督公司的财务情况和公司董事、高级管理人员执行公司职务的行为；监督检查公司对涉及职工切身利益的法律法规、公司规章制度贯彻执行情况；劳动合同和集体合同的履行情况；

（四）列席董事会会议，并对董事会决议事项提出质询或者建议；列席与其职责相关的公司行政办公会议和有关生产经营工作的重要会议；

（五）要求公司工会、公司有关部门和机构通报有关情况并提供相关资料；

（六）法律法规和公司章程规定的其他权利。

第四十四条　职工董事、职工监事应当履行下列义务：

（一）遵守法律法规，遵守公司章程及各项规章制度，保守公司秘密，认真履行职责；

（二）定期听取职工的意见和建议，在董事会、监事会上真实、准确、全面地反映职工的意见和建议；

（三）定期向职工代表大会述职和报告工作，执行职工代表大会的有关决议，在董事会、监事会会议上，对职工代表大会作出决议的事项，应当按照职工代表大会的相关决议发表意见，行使表决权；

（四）法律法规和公司章程规定的其他义务。

第四十五条　公司应当保障职工董事、职工监事依照法律法规和公司章程开展工作，为职工董事、职工监事履行职责提供必要的工作条件。

第四十六条　职工董事、职工监事在任职期间，除法定情形外，公司不得与其解除劳动合同。

第四十七条　职工董事、职工监事与公司的其他董事、监事享有同等的权利，承担相应的义务。

第五章　附　则

第四十八条　各地区、各有关部门和各企业根据本规定制定实施办法，推进企业民主管理工作。

第四十九条　集体企业依照《城镇集体所有制企业条例》等有关法律法规规定实行民主管理。

第五十条　本规定自发布之日起施行。

中共中央纪委　　　　中共中央组织部

国务院国有资产监督管理委员会　　　　监　察　部

中华全国总工会 中华全国工商业联合会

2012年2月13日

2. 学校教职工代表大会规定

（中华人民共和国教育部令第32号 自2012年1月1日起施行）

第一章 总 则

第一条 为依法保障教职工参与学校民主管理和监督，完善现代学校制度，促进学校依法治校，依据教育法、教师法、工会法等法律，制定本规定。

第二条 本规定适用于中国境内公办的幼儿园和各级各类学校（以下统称学校）。

民办学校、中外合作办学机构参照本规定执行。

第三条 学校教职工代表大会（以下简称教职工代表大会）是教职工依法参与学校民主管理和监督的基本形式。

学校应当建立和完善教职工代表大会制度。

第四条 教职工代表大会应当高举中国特色社会主义伟大旗帜，以马克思列宁主义、毛泽东思想、邓小平理论和“三个代表”重要思想为指导，深入贯彻落实科学发展观，全面贯彻执行党的基本路线和教育方针，认真参与学校民主管理和监督。

第五条 教职工代表大会和教职工代表大会代表应当遵守国家法律法规，遵守学校规章制度，正确处理国家、学校、集体和教职工的利益关系。

第六条 教职工代表大会在中国共产党学校基层组织的领导下开展工作。教职工代表大会的组织原则是民主集中制。

第二章 职 权

第七条 教职工代表大会的职权是：

（一）听取学校章程草案的制定和修订情况报告，提出修改意见和建议；

（二）听取学校发展规划、教职工队伍建设、教育教学改革、校园建设以及其他重大改革和重大问题解决方案的报告，提出意见和建议；

（三）听取学校年度工作、财务工作、工会工作报告以及其他专项工作报告，提出意见和建议；

（四）讨论通过学校提出的与教职工利益直接相关的福利、校内分配实施方案以及相应的教职工聘任、考核、奖惩办法；

（五）审议学校上一届（次）教职工代表大会提案的办理情况报告；

（六）按照有关工作规定和安排评议学校领导干部；

（七）通过多种方式对学校工作提出意见和建议，监督学校章程、规章制度和决策的落实，提出整改意见和建议；

（八）讨论法律法规规章规定的以及学校与学校工会商定的其他事项。

教职工代表大会的意见和建议，以会议决议的方式做出。

第八条 学校应当建立健全沟通机制，全面听取教职工代表大会提出的意见和建议，并合理吸收采纳；不能吸收采纳的，应当做出说明。

第三章 教职工代表大会代表

第九条 凡与学校签订聘任聘用合同、具有聘任聘用关系的教职工，均可当选为教职工代表大会代表。

教职工代表大会代表占全体教职工的比例，由地方省级教育等部门确定；地方省级教育等部门没有确定的，由学校自主确定。

第十条 教职工代表大会代表以学院、系（所、年级）、室（组）等为单位，由教职工直接选举产生。

教职工代表大会代表可以按照选举单位组成代表团（组），并推选出团（组）长。

第十一条 教职工代表大会代表以教师为主体，教师代表不得低于代表总数的60%，并应当根据学校实际，保证一定比例的青年教师和女教师代表。民族地区的学校和民族学校，少数民族代表应当占有一定比例。

教职工代表大会代表接受选举单位教职工的监督。

第十二条 教职工代表大会代表实行任期制，任期3年或5年，可以连选连任。

选举、更换和撤换教职工代表大会代表的程序，由学校根据相关规定，并结合本校实际予以明确规定。

第十三条 教职工代表大会代表享有以下权利：

（一）在教职工代表大会上享有选举权、被选举权和表决权；

（二）在教职工代表大会上充分发表意见和建议；

（三）提出提案并对提案办理情况进行询问和监督；

（四）就学校工作向学校领导和学校有关机构反映教职工的意见和要求；

（五）因履行职责受到压制、阻挠或者打击报复时，向有关部门提出申诉和控告。

第十四条 教职工代表大会代表应当履行以下义务：

（一）努力学习并认真执行党的路线方针政策、国家的法律法规、党和国家关于教育改革发展的方针政策，不断提高思想政治素质和参与民主管理的能力；

（二）积极参加教职工代表大会的活动，认真宣传、贯彻教职工代表大会决议，完成教职工代表大会交给的任务；

（三）办事公正，为人正派，密切联系教职工群众，如实反映群众的意见和要求；

（四）及时向本部门教职工通报参加教职工代表大会活动和履行职责的情况，接受评议监督；

（五）自觉遵守学校的规章制度和职业道德，提高业务水平，做好本职工作。

第四章 组织规则

第十五条 有教职工80人以上的学校，应当建立教职工代表大会制度；不足80人的学校，建立由全体教职工直接参加的教职工大会制度。

学校根据实际情况，可在其内部单位建立教职工代表大会制度或者教职工大会制度，在该范围内行使相应的职权。

教职工大会制度的性质、领导关系、组织制度、运行规则等，与教职工代表大会制度相同。

第十六条　学校应当遵守教职工代表大会的组织规则，定期召开教职工代表大会，支持教职工代表大会的活动。

第十七条　教职工代表大会每学年至少召开一次。

遇有重大事项，经学校、学校工会或1/3以上教职工代表大会代表提议，可以临时召开教职工代表大会。

第十八条　教职工代表大会每3年或5年为一届。期满应当进行换届选举。

第十九条　教职工代表大会须有2/3以上教职工代表大会代表出席。

教职工代表大会根据需要可以邀请离退休教职工等非教职工代表大会代表，作为特邀或列席代表参加会议。特邀或列席代表在教职工代表大会上不具有选举权、被选举权和表决权。

第二十条　教职工代表大会的议题，应当根据学校的中心工作、教职工的普遍要求，由学校工会提交学校研究确定，并提请教职工代表大会表决通过。

第二十一条　教职工代表大会的选举和表决，须经教职工代表大会代表总数半数以上通过方为有效。

第二十二条　教职工代表大会在教职工代表大会代表中推选人员，组成主席团主持会议。

主席团应当由学校各方面人员组成，其中包括学校、学校工会主要领导，教师代表应占多数。

第二十三条　教职工代表大会可根据实际情况和需要设立若干专门委员会（工作小组），完成教职工代表大会交办的有关任务。专门委员会（工作小组）对教职工代表大会负责。

第二十四条　教职工代表大会根据实际情况和需要，可以在教职工代表大会代表中选举产生执行委员会。执行委员会中，教师代表应占多数。

教职工代表大会闭会期间，遇有急需解决的重要问题，可由执行委员会联系有关专门委员会（工作小组）与学校有关机构协商处理。其结果向下一次教职工代表大会报告。

第五章　工作机构

第二十五条　学校工会为教职工代表大会的工作机构。

第二十六条　学校工会承担以下与教职工代表大会相关的工作职责：

（一）做好教职工代表大会的筹备工作和会务工作，组织选举教职工代表大会代表，征集和整理提案，提出会议议题、方案和主席团建议人选；

（二）教职工代表大会闭会期间，组织传达贯彻教职工代表大会精神，督促检查教职工代表大会决议的落实，组织各代表团（组）及专门委员会（工作小组）的活动，主持召开教职工代表团（组）长、专门委员会（工作小组）负责人联席会议；

（三）组织教职工代表大会代表的培训，接受和处理教职工代表大会代表的建议和申诉；

（四）就学校民主管理工作向学校党组织汇报，与学校沟通；

（五）完成教职工代表大会委托的其他任务。

选举产生执行委员会的学校，其执行委员会根据教职工代表大会的授权，可承担前款有关职责。

第二十七条 学校应当为学校工会承担教职工代表大会工作机构的职责提供必要的工作条件和经费保障。

第六章 附 则

第二十八条 学校可以在其下属单位建立教职工代表大会制度，在该单位范围内实行民主管理和监督。

第二十九条 省、自治区、直辖市人民政府教育行政部门，可以与本地区有关组织联合制定本行政区域内学校教职工代表大会的相关规定。

有关学校根据本规定和所在地区的相关规定，可以制定相应的教职工代表大会或者教职工大会的实施办法。

第三十条 本规定自2012年1月1日起施行。1985年1月28日教育部、原中国教育工会印发的《高等学校教职工代表大会暂行条例》同时废止。

3. 基层工会会员代表大会条例

（2019年1月15日）

第一章 总 则

第一条 为完善基层工会会员代表大会制度，推进基层工会民主化、规范化、法治化建设，增强基层工会政治性、先进性、群众性，激发基层工会活力，发挥基层工会作用，根据《中华人民共和国工会法》《中国工会章程》等有关规定，制定本条例。

第二条 本条例适用于企业、事业单位、机关、社会团体和其他社会组织单独或联合建立的基层工会组织。

乡镇（街道）、开发区（工业园区）、村（社区）建立的工会委员会，县级以下建立的区域（行业）工会联合会，如召开会员代表大会的，依照本条例执行。

第三条 会员不足100人的基层工会组织，应召开会员大会；会员100人以上的基层工会组织，应召开会员大会或会员代表大会。

第四条 会员代表大会是基层工会的最高领导机构，讨论决定基层工会重大事项，选举基层工会领导机构，并对其进行监督。

第五条 会员代表大会实行届期制，每届任期三年或五年，具体任期由会员代表大会决定。会员代表大会任期届满，应按期换届。遇有特殊情况，经上一级工会批准，可以提前或延期换届，延期时间一般不超过半年。

会员代表大会每年至少召开一次，经基层工会委员会、三分之一以上的会员或三分之一以上的会员代表提议，可以临时召开会员代表大会。

第六条 会员代表大会应坚持党的领导，坚持民主集中制，坚持依法规范，坚持公开公正,切实保障会员的知情权、参与权、选举权、监督权。

第七条 基层工会召开会员代表大会应向同级党组织和上一级工会报告。换届选举、补选、罢免基层工会委员会组成人员的,应向同级党组织和上一级工会书面报告。

上一级工会对下一级工会召开会员代表大会进行指导和监督。

第二章 会员代表大会的组成和职权

第八条 会员代表的组成应以一线职工为主,体现广泛性和代表性。中层正职以上管理人员和领导人员一般不得超过会员代表总数的20%。女职工、青年职工、劳动模范(先进工作者)等会员代表应占一定比例。

第九条 会员代表名额,按会员人数确定:

会员100至200人的,设代表30至40人;

会员201至1000人的,设代表40至60人;

会员1001至5000人的,设代表60至90人;

会员5001至10000人的,设代表90至130人;

会员10001至50000人的,设代表130至180人;

会员50001人以上的,设代表180至240人。

第十条 会员代表的选举和会议筹备工作由基层工会委员会负责,新成立基层工会的由工会筹备组负责。

第十一条 会员代表大会根据需要,可以设立专门工作委员会(小组),负责办理会员代表大会交办的具体事项。

第十二条 会员代表大会的职权是:

(一)审议和批准基层工会委员会的工作报告;

(二)审议和批准基层工会委员会经费收支预算决算情况报告、经费审查委员会工作报告;

(三)开展会员评家,评议基层工会开展工作、建设职工之家情况,评议基层工会主席、副主席履行职责情况;

(四)选举和补选基层工会委员会和经费审查委员会组成人员;

(五)选举和补选出席上一级工会代表大会的代表;

(六)罢免其所选举的代表、基层工会委员会组成人员;

(七)讨论决定基层工会其他重大事项。

第三章 会员代表

第十三条 会员代表应由会员民主选举产生,不得指定会员代表。劳务派遣工会员民主权利的行使,如用人单位工会与用工单位工会有约定的,依照约定执行;如没有约定或约定不明确的,在劳务派遣工会员会籍所在工会行使。

第十四条 会员代表应具备以下条件:

(一)工会会员,遵守工会章程,按期缴纳会费;

(二)拥护党的领导,有较强的政治觉悟;

(三)在生产、工作中起骨干作用,有议事能力;

(四)热爱工会工作,密切联系职工群众,热心为职工群众说话办事;

(五)在职工群众中有一定的威信,受到职工群众信赖。

第十五条 会员代表的选举,一般以下一级工会或工会小组为选举单位进行,两个以上会员人数较少的下一级工会或工会小组可作为一个选举单位。

会员代表由选举单位会员大会选举产生。规模较大、管理层级较多的单位,会员代表可由下一级会员代表大会选举产生。

第十六条 选举单位按照基层工会确定的代表候选人名额和条件,组织会员讨论提出会员代表候选人,召开有三分之二以上会员或会员代表参加的大会,采取无记名投票方式差额选举产生会员代表,差额率不低于15%。

第十七条 会员代表候选人,获得选举单位全体会员过半数赞成票时,方能当选;由下一级会员代表大会选举时,其代表候选人获得应到会代表人数过半数赞成票时,方能当选。

第十八条 会员代表选出后,应由基层工会委员会或工会筹备组,对会员代表人数及人员结构进行审核,并对会员代表进行资格审查。

符合条件的会员代表人数少于原定代表人数的,可以把剩余的名额再分配,进行补选,也可以在符合规定人数情况下减少代表名额。

第十九条 会员代表实行常任制,任期与会员代表大会届期一致,会员代表可以连选连任。

第二十条 会员代表的职责是:

(一)带头执行党的路线、方针、政策,自觉遵守国家法律法规和本单位的规章制度,努力完成生产、工作任务;

(二)在广泛听取会员意见和建议的基础上,向会员代表大会提出提案;

(三)参加会员代表大会,听取基层工会委员会和经费审查委员会的工作报告,讨论和审议代表大会的各项议题,提出审议意见和建议;

(四)对基层工会委员会及代表大会各专门委员会(小组)的工作进行评议,提出批评、建议;对基层工会主席、副主席进行民主评议和民主测评,提出奖惩和任免建议;

(五)保持与选举单位会员群众的密切联系,热心为会员说话办事,积极为做好工会各项工作献计献策;

(六)积极宣传贯彻会员代表大会的决议精神,对工会委员会落实会员代表大会决议情况进行监督检查,团结和带动会员群众完成会员代表大会提出的各项任务。

第二十一条 选举单位可单独或联合组成代表团(组),推选团(组)长。团(组)长根据会员代表大会议程,组织会员代表参加大会各项活动;在会员代表大会闭会期间,按照基层工会的安排,组织会员代表开展日常工作。

第二十二条 基层工会讨论决定重要事项,可事先召开代表团(组)长会议征求意见,也可根据需要,邀请代表团(组)长列席会议。

第二十三条 基层工会应建立会员代表调研、督查等工作制度,充分发挥会员代表作用。

第二十四条 会员代表在法定工作时间内依法参加会员代表大会及工会组织的各项活动,单位应当正常支付劳动报酬,不得降低其工资和其他福利待遇。

第二十五条 有下列情形之一的,会员代表身份自然终止:

(一)在任期内工作岗位跨选举单位变动的;

(二)与用人单位解除、终止劳动(工作)关系的;

(三)停薪留职、长期病事假、内退、外派超过一年,不能履行会员代表职责的。

第二十六条　会员代表对选举单位会员负责,接受选举单位会员的监督。

第二十七条　会员代表有下列情形之一的,可以罢免:

(一)不履行会员代表职责的;

(二)严重违反劳动纪律或单位规章制度,对单位利益造成严重损害的;

(三)被依法追究刑事责任的;

(四)其他需要罢免的情形。

第二十八条　选举单位工会或三分之一以上会员或会员代表有权提出罢免会员代表。

会员或会员代表联名提出罢免的,选举单位工会应及时召开会员代表大会进行表决。

第二十九条　罢免会员代表,应经过选举单位全体会员过半数通过;由会员代表大会选举产生的代表,应经过会员代表大会应到会代表的过半数通过。

第三十条　会员代表出现缺额,原选举单位应及时补选。缺额超过会员代表总数四分之一时,应在三个月内进行补选。补选会员代表应依照选举会员代表的程序,进行差额选举,差额率应按照第十六条规定执行。补选的会员代表应报基层工会委员会进行资格审查。

第四章　会员代表大会的召开

第三十一条　每届会员代表大会第一次会议召开前,应将会员代表大会的组织机构、会员代表的构成、会员代表大会主要议程等重要事项,向同级党组织和上一级工会书面报告。上一级工会接到报告后应于15日内批复。

第三十二条　每届会员代表大会第一次会议召开前,基层工会委员会或工会筹备组应对会员代表进行专门培训,培训内容应包括工会基本知识、会员代表大会的性质和职能、会员代表的权利和义务、大会选举办法等。

第三十三条　会员代表全部选举产生后,应在一个月内召开本届会员代表大会第一次会议。

第三十四条　会员代表大会召开前,会员代表应充分听取会员意见建议,积极提出与会员切身利益和工会工作密切相关的提案,经基层工会委员会或工会筹备组审查后,决定是否列入大会议程。

第三十五条　召开会员代表大会,应提前5个工作日将会议日期、议程和提交会议讨论的事项通知会员代表。

第三十六条　每届会员代表大会第一次会议召开前,可举行预备会议,听取会议筹备情况的报告,审议通过关于会员代表资格审查情况的报告,讨论通过选举办法,通过大会议程和其他有关事项。

第三十七条　召开会员代表大会时,未当选会员代表的经费审查委员会委员、女职工委员会委员应列席会议,也可以邀请有关方面的负责人或代表列席会议。

可以邀请获得荣誉称号的人员、曾经作出突出贡献的人员作为特邀代表参加会议。

列席人员和特邀代表仅限本次会议，可以参加分组讨论，不承担具体工作，不享有选举权、表决权。

第三十八条 基层工会委员会、经费审查委员会及女职工委员会的选举工作，依照《工会基层组织选举工作条例》规定执行。

第三十九条 会员代表大会应每年对基层工会开展工作、建设职工之家和工会主席、副主席履行职责等情况进行民主评议，在民主评议的基础上，以无记名投票方式进行测评，测评分为满意、基本满意、不满意三个等次。测评结果应及时公开，并书面报告同级党组织和上一级工会。

基层工会主席、副主席测评办法应由会员代表大会表决通过，并报上一级工会备案。

第四十条 基层工会主席、副主席，具有下列情形之一的，可以罢免：

（一）连续两年测评等次为不满意的；

（二）任职期间个人有严重过失的；

（三）被依法追究刑事责任的；

（四）其他需要罢免的情形。

基层工会委员会委员具有上述（二）（三）（四）项情形的，可以罢免。

第四十一条 本届工会委员会、三分之一以上的会员或会员代表可以提议罢免主席、副主席和委员。

罢免主席、副主席和委员的，应经同级党组织和上一级工会进行考察，未建立党组织的，由上一级工会考察。经考察，如确认其不能再担任现任职务时，应依法召开会员代表大会进行无记名投票表决，应参会人员过半数通过的，罢免有效，并报上一级工会批准。

第四十二条 规模较大、人数众多、工作地点分散、工作时间不一致，会员代表难以集中的基层工会，可以通过电视电话会议、网络视频会议等方式召开会员代表大会。不涉及无记名投票的事项，可以通过网络进行表决，如进行无记名投票的，可在分会场设立票箱，在规定时间内统一投票、统一计票。

第四十三条 会员代表大会与职工代表大会应分别召开，不得互相代替。如在同一时间段召开的，应分别设置会标、分别设定会议议程、分别行使职权、分别作出决议、分别建立档案。

第四十四条 会员代表大会通过的决议、重要事项和选举结果等应当形成书面文件，并及时向会员公开。

第五章　附　则

第四十五条 除会员代表的特别规定外，召开会员大会依照本条例相关规定执行。

第四十六条 本条例由中华全国总工会负责解释。

第四十七条 本条例自发布之日起施行，以往有关规定与本条例不一致的，以本条例为准。1992 年 4 月 14 日中华全国总工会办公厅印发的《关于基层工会会员代表大会代表实行常任制的若干暂行规定》同时废止。

4. 事业单位工会工作条例

（2018年9月4日）

第一章　总　则

第一条　为深入推进新时代事业单位工会工作改革创新，充分发挥事业单位工会作用，促进事业单位改革发展，根据《中华人民共和国工会法》《中国工会章程》，制定本条例。

第二条　本条例所指事业单位工会是指国家为了社会公益目的，由国家机关举办或者其他社会组织利用国有资产举办的，从事教育、科技、文化、卫生、体育等活动的社会服务组织中依法建立的工会组织。

第三条　事业单位工会以马克思列宁主义、毛泽东思想、邓小平理论、“三个代表”重要思想、科学发展观、习近平新时代中国特色社会主义思想为指导，坚持正确政治方向，坚持围绕中心、服务大局，牢牢把握为实现中华民族伟大复兴的中国梦而奋斗的工人运动时代主题，坚定不移走中国特色社会主义工会发展道路，推进事业单位工会制度化、规范化建设，加强维权服务，积极创新实践，强化责任担当，团结动员事业单位职工群众为全面建成小康社会、夺取新时代中国特色社会主义伟大胜利、实现中华民族伟大复兴的中国梦作出积极贡献。

第四条　事业单位工会接受同级党组织和上级工会双重领导，以同级党组织领导为主。对不在事业单位所在地的直属单位工会，实行属地管理原则。

第五条　事业单位工会工作应遵循把握以下原则：坚持党的领导，贯彻落实党的全心全意依靠工人阶级的根本指导方针，始终保持正确的政治方向；坚持以职工为本，保持和增强政治性、先进性、群众性，发挥联系职工桥梁纽带作用；坚持依法依规，做到依法建会、依法管会、依法履职、依法维权；坚持改革创新，适应形势任务要求，积极探索实践，不断加强自身建设，把工会组织建设得更加充满活力、更加坚强有力，努力增强吸引力凝聚力战斗力。

第二章　组织建设

第六条　事业单位应当依法建立工会组织，组织职工加入工会。

会员二十五人以上的事业单位建立工会委员会；不足二十五人的可以单独建立工会委员会，也可以由两个以上事业单位的会员联合建立工会基层委员会，也可以选举组织员或者工会主席一人，主持工会工作。同时按有关规定建立工会经费审查委员会、工会女职工委员会。

第七条　会员人数较多的事业单位工会组织，可以根据需要设立专门工作委员会，承担工会委员会的有关工作。

事业单位内设机构，可以建立工会分会或工会小组。

第八条　事业单位工会具备法人条件的，依法取得社团法人资格，工会主席为法定代表人。

第九条 事业单位工会受法律保护,不得随意撤销、合并或归属其他部门。

事业单位被撤销,其工会组织相应撤销,并报告上一级工会,已取得社团法人资格的,办理社团法人注销手续。

事业单位改革改制,应同时建立健全工会组织和相应机构。

第十条 会员大会或会员代表大会每年至少召开一次会议。经事业单位工会委员会或三分之一以上会员提议,可临时召开会议。

第十一条 会员代表大会的代表实行常任制,任期与本单位工会委员会相同。

第十二条 会员在一百人以下的事业单位工会应召开会员大会。

第十三条 会员大会或会员代表大会的职权:

(一)审议和批准工会委员会的工作报告;

(二)审议和批准工会委员会的经费收支情况报告和经费审查委员会的工作报告;

(三)选举工会委员会和经费审查委员会;

(四)撤换或罢免其所选举的代表或工会委员会组成人员;

(五)讨论决定工会工作其他重大问题;

(六)公开工会内部事务;

(七)民主评议和监督工会工作及工会负责人。

第十四条 会员代表大会或会员大会与职工代表大会(或职工大会,下同)须分别行使职权,不得相互替代。

第十五条 大型事业单位工会委员会,根据工作需要,经上级工会批准,可设立常务委员会,负责工会委员会的日常工作,其下属单位可建立工会委员会。

事业单位工会委员会委员和常务委员会委员应差额选举产生,可以直接采用候选人数多于应选人数的差额选举办法进行正式选举,也可以先采用差额选举办法进行预选产生候选人名单,然后进行正式选举。委员会委员和常务委员会委员的差额率分别不低于5%和10%。选举结果报上一级工会批准。

第十六条 事业单位工会委员会是会员大会或会员代表大会的常设机构,对会员大会或会员代表大会负责,接受会员监督。在会员大会或会员代表大会闭会期间,负责日常工作。

第十七条 事业单位工会委员会和经费审查委员会每届任期三年至五年,具体任期由会员大会或者会员代表大会决定。任期届满,应当如期召开会员大会或者会员代表大会,进行换届选举。特殊情况下,经上一级工会批准,可以提前或者延期举行,延期时间一般不超过半年。

第十八条 工会委员会实行民主集中制,重要人事事项、大额财务支出、资产处置、评先评优等重大问题、重要事项须经集体讨论作出决定。

第十九条 工会委员会(常委会)一般每季度召开一次会议,讨论或决定下列事项:

(一)贯彻党组织、上级工会有关决定和工作部署,执行会员大会或会员代表大会决议;

(二)向党组织、上级工会提交的重要请示、报告,向会员大会或会员代表大会提交的工作报告;

(三)工会工作计划和总结;

（四）向行政提出涉及单位发展、有关维护服务职工重大问题的建议；
（五）工会经费预算执行情况及重大财务支出；
（六）由工会委员会讨论和决定的其他事项。

第三章　职责任务

第二十条　事业单位工会的职责任务：

（一）坚持用习近平新时代中国特色社会主义思想武装头脑，认真学习贯彻党的基本理论、基本路线、基本方略，教育引导职工树立共产主义远大理想和中国特色社会主义共同理想，团结引导职工群众听党话、跟党走。

（二）培育和践行社会主义核心价值观，加强和改进职工思想政治工作，开展理想信念教育，实施道德建设工程，培养职工的社会公德、职业道德、家庭美德、个人品德，深化群众性精神文明创建活动，提高职工的思想觉悟、道德水准、文明素养。

（三）弘扬劳模精神、劳动精神、工匠精神，营造劳动光荣的社会风尚和精益求精的敬业风气，深入开展劳动和技能竞赛，开展群众性技术创新、技能培训等活动，提升职工技能技术素质，建设知识型、技能型、创新型职工队伍。

（四）加强职工文化建设，注重人文关怀和心理疏导，开展主题文化体育活动，丰富职工精神文化生活。

（五）加强以职工代表大会为基本形式的民主管理工作，深入推进事业单位内部事务公开，落实职工的知情权、参与权、表达权、监督权。

（六）做好职工维权工作，开展集体协商，构建和谐劳动人事关系，协调处理劳动人事争议，推动解决劳动就业、技能培训、工资报酬、安全健康、社会保障以及职业发展、民主权益、精神文化需求等问题。

（七）做好服务职工工作，倾听职工意见，反映职工诉求，协助党政办好职工集体福利事业，开展困难职工帮扶，组织职工参加疗养、休养及健康体检，为职工办实事、做好事、解难事。

（八）加强工会组织建设，建立健全工会内部运行和开展工作的各项制度，做好会员的发展、接转、教育和会籍管理工作，加强对专（兼）职工会干部和工会积极分子的培养，深入开展“职工之家”和“职工小家”创建活动。

（九）收好、管好、用好工会经费，管理使用好工会资产，加强工会经费和工会资产审查审计监督工作。

第四章　工作制度

第二十一条　职工代表大会是事业单位实行民主管理的基本形式，是职工行使民主管理权力的机构。

事业单位职工代表大会每三年至五年为一届，每年至少召开一次。召开职工代表大会正式会议，必须有全体职工代表三分之二以上出席。

事业单位工会是职工代表大会工作机构，负责职工代表大会的日常工作。

事业单位工会承担以下与职工代表大会相关的工作职责：

（一）做好职工代表大会的筹备工作和会务工作，组织选举职工代表大会代表，征集

和整理提案,提出会议议题、方案和主席团建议人选;

(二)职工代表大会闭会期间,组织传达贯彻会议精神,督促检查会议决议的落实;

(三)组织职工代表的培训,接受和处理职工代表的建议和申诉;

(四)就本单位民主管理工作向单位党组织汇报;

(五)完成职工代表大会委托的其他任务。

事业单位应当为本单位工会承担职工代表大会工作机构的职责提供必要的工作条件和经费保障。

第二十二条 事业单位的党政工联席会议,研究和解决事关职工切身利益的重要问题,由本单位工会召集。

第二十三条 建立和规范事务公开制度,协助党政做好事务公开工作,明确公开内容,拓展公开形式,并做好民主监督。

第二十四条 畅通职工表达合理诉求渠道,通过协商、协调、沟通的办法,化解劳动人事矛盾,构建和谐劳动人事关系。

第二十五条 建立健全劳动人事关系调解机制,协商解决涉及职工切身利益的问题。建立和完善科学有效的利益协调机制、诉求表达机制、权益保障机制。建立劳动人事关系争议预警机制,做好劳动人事关系争议预测、预报、预防工作。事业单位工会应当积极同有关方面协商,表达职工诉求,提出解决的意见建议。

第五章　自身建设

第二十六条 事业单位依法依规设置工会工作机构,明确主要职责、机构规格、领导职数和编制数额。

第二十七条 事业单位工会主席应以专职为主,兼职为辅。职工两百人以上的事业单位,设专职工会主席。工会专职工作人员的具体人数由事业单位工会与单位行政协商确定。根据工作需要和经费许可,事业单位工会可从社会聘用工会工作人员,建立专兼职相结合的干部队伍。

事业单位工会主席、副主席和委员实行任期制,可以连选连任。

工会主席、副主席因工作需要调动时,应当征得本级工会委员会和上一级工会的同意。

工会主席、副主席空缺时,应当及时补选,空缺期限一般不超过半年。

第二十八条 突出政治标准,选优配强事业单位工会领导班子和干部队伍,牢固树立政治意识、大局意识、核心意识、看齐意识,坚定道路自信、理论自信、制度自信、文化自信,坚决维护党中央权威和集中统一领导。按照既要政治过硬、又要本领高强的要求,建设忠诚干净担当的高素质事业单位工会干部队伍,注重培养专业能力、专业精神,提高做好群众工作本领。

第六章　工会经费和资产

第二十九条 具备社团法人资格的事业单位工会应当独立设立经费账户。工会经费支出实行工会法定代表人签批制度。

事业单位工会经费主要用于为职工服务和工会活动。

第三十条　工会会员按规定标准和程序缴纳会费。

建立工会组织的事业单位,按每月全部职工工资总额的百分之二向事业单位工会拨缴工会经费;由财政统一划拨经费的,工会经费列入同级财政预算,按财政统一划拨方式执行。

事业单位工会因工作需要,可以依据《中华人民共和国工会法》等有关规定,向单位行政申请经费补助。

上级工会有权对下级工会所在事业单位拨缴工会经费情况进行监督检查。对无正当理由拖延或者拒不拨缴工会经费的单位,依据《中华人民共和国工会法》等有关规定处理。

事业单位工会应当按照有关规定收缴、上解工会经费,依法独立管理和使用工会经费。任何组织和个人不得截留、挪用、侵占工会经费。

第三十一条　事业单位工会应当根据经费独立原则建立预算、决算和经费审查审计制度,坚持遵纪守法、经费独立、预算管理、服务职工、勤俭节约、民主管理的原则。事业单位工会应当建立健全财务制度,完善经费使用流程和程序,各项收支实行工会委员会集体领导下的主席负责制,重大收支必须集体研究决定。

事业单位工会应根据国家和全国总工会的有关政策规定以及上级工会的要求,依法、科学、完整、合理地编制工会经费年度预(决)算,按程序报上一级工会批准,严禁无预算、超预算使用工会经费。

第三十二条　各级人民政府和事业单位应当依法为事业单位工会办公和开展活动提供必要的设施和活动场所等物质条件。

工会经费、资产和国家拨给工会的不动产及拨付资金形成的资产,任何单位和个人不得侵占、挪用和任意调拨。

第七章　工会经费审查审计

第三十三条　会员大会或者会员代表大会在选举事业单位工会委员会的同时,选举产生经费审查委员会,会员人数较少的,可以选举经费审查委员一人。

经费审查委员会主任、副主任由经费审查委员会全体会议选举产生。经费审查委员会主任按同级工会副职级配备。

经费审查委员会或者经费审查委员的选举结果,与事业单位工会委员会的选举结果同时报上一级工会批准。

第三十四条　事业单位工会经费审查委员会的任期与事业单位工会委员会相同,向同级会员大会或者会员代表大会负责并报告工作;在会员大会或者会员代表大会闭会期间,向同级工会委员会负责并报告工作;事业单位工会经费审查委员会应当接受上级工会经费审查委员会的业务指导和督促检查。

第三十五条　事业单位工会经费审查委员会审查审计同级工会组织的经费收支、资产管理等全部经济活动,定期向会员大会或者会员代表大会报告,并采取一定方式公开,接受会员监督。

经费审查委员会对审查审计工作中的重大事项,有权向同级工会委员会和上一级经费审查委员会报告。

工会主席任期届满或者任期内离任的，应当按照规定对其进行经济责任审计。

第八章　女职工工作

第三十六条　事业单位工会有女会员十人以上的建立工会女职工委员会，不足十人的设女职工委员。

女职工委员会与工会委员会同时建立，在同级工会委员会领导下开展工作，接受上级工会女职工委员会指导，任期与同级工会委员会相同。女职工委员会委员由同级工会委员会提名，在充分协商的基础上组成或者选举产生。

女职工委员会主任由事业单位工会女主席或者女副主席担任，也可以经民主协商，按照同级工会副主席相应条件选配女职工委员会主任。

第三十七条　女职工委员会的基本任务是：依法维护女职工的合法权益和特殊利益；组织实施女职工提升素质建功立业工程，全面提高女职工的思想道德、科学文化和业务技能素质；开展家庭文明建设工作；关注女职工身心健康，做好关爱帮困工作；加强工会女职工工作的理论政策研究；关心女职工成长进步，积极发现、培养、推荐女性人才。

第三十八条　女职工委员会定期研究涉及女职工的有关问题，向同级工会委员会和上级工会女职工委员会报告工作，重要问题应提交职工代表大会审议。

事业单位工会应为女职工委员会开展工作与活动提供必要的场地和经费。

第九章　附　则

第三十九条　民办非企业单位（社会服务机构）工会参照本条例执行。

第四十条　参照公务员法管理的事业单位工会和承担行政职能的事业单位工会，依照《机关工会工作暂行条例》执行。

从事生产经营活动的事业单位工会，依照《企业工会工作条例》执行。

第四十一条　各省、自治区、直辖市总工会可依据本条例，制定具体实施办法。

第四十二条　本条例由中华全国总工会负责解释。

第四十三条　本条例自公布之日起施行。

5. 机关工会工作暂行条例

（2015年6月26日）

第一章　总　则

第一条　为加强机关工会工作制度化、规范化建设，充分发挥机关工会作用，根据《中华人民共和国工会法》和《中国工会章程》，制定本条例。

第二条　机关工会是指党的机关、人大机关、行政机关、政协机关、审判机关、检察机关，各民主党派和工商联的机关，以及使用国家行政编制的人民团体和群众团体机关等依法建立的工会组织。

第三条　机关工会必须坚持党的领导，在同级机关党组织领导下，依照法律和《中国工会章程》独立自主地开展工作,依法行使权利和履行义务。

第四条　机关工会以马克思列宁主义、毛泽东思想、邓小平理论、“三个代表”重要思想、科学发展观为指导,深入贯彻习近平总书记系列重要讲话精神,坚持正确政治方向,在思想上、政治上、行动上同党中央保持一致,坚定不移走中国特色社会主义工会发展道路,认真履行工会各项社会职能,团结动员机关职工为完成机关各项任务作贡献,在全面建成小康社会、实现中华民族伟大复兴的中国梦的历史进程中充分发挥作用。

第五条　机关工会坚持以改革创新精神加强自身建设,坚持群众化、民主化、制度化,改进工作作风,保持同职工的密切联系,依靠职工开展工作,把机关工会组织建设成职工群众信赖的“职工之家”,把工会干部锤炼成听党话、跟党走、职工群众信赖的“娘家人”。

第二章　组织建设

第六条　机关单位应当依法建立工会组织。有会员二十五人以上的,应当建立机关工会委员会;不足二十五人的,可以单独建立机关工会委员会,也可以由两个以上单位的会员联合建立机关工会委员会,也可以选举工会主席一人,主持工会工作。

机关内设部门及机构,可以建立机关工会分会或者工会小组。

会员人数较多的工会组织,可以根据需要设立相应的专门工作委员会,承担工会委员会的有关工作。

第七条　机关工会组织按照民主集中制原则建立。工会委员会由会员大会或者会员代表大会民主选举产生,选举结果报上一级工会批准。

机关工会接受同级机关党组织和上级工会双重领导,以同级机关党组织领导为主。

第八条　机关工会委员会每届任期三至五年,具体任期由会员大会或者会员代表大会决定。

机关工会委员会应当按期换届。因故提前或者延期换届的,应当报上一级工会批准。任期届满未换届的,上级工会有权督促其限期进行换届。

第九条　机关工会委员会具备条件的,应当依法申请取得工会法人资格,工会主席或者主持工作的副主席为法定代表人。

第十条　各省、自治区、直辖市,设区的市(地)和自治州(盟),县(区、旗)、自治县、不设区的市所属机关,经同级地方工会或者其派出机关批准,成立机关工会委员会或者联合机关工会委员会。

各省、自治区、直辖市,设区的市(地)和自治州(盟),县(区、旗)、自治县、不设区的市,经同级地方工会批准,可以成立地方机关工会联合会,也可以设立地方机关工会工作委员会,领导本级各机关工会委员会或者联合机关工会委员会。

地方机关工会联合会或者地方机关工会工作委员会以同级地方直属机关党的工作委员会领导为主,同时接受地方工会的领导。

第十一条　中央直属机关工会联合会、中央国家机关工会联合会的建立,由中华全国总工会批准。中央直属机关工会联合会、中央国家机关工会联合会以中央直属机关工作委员会、中央国家机关工作委员会领导为主,同时接受中华全国总工会的领导。

中央和国家机关各部委、各人民团体机关,经中央直属机关工会联合会或者中央国家机关工会联合会批准,成立机关工会委员会。

第三章 工作职责

第十二条 机关工会的职责是:

(一)加强对职工进行中国特色社会主义理论体系教育,深入开展党的基本理论、基本路线、基本纲领、基本经验、基本要求教育,培育和践行社会主义核心价值观,不断提高机关职工政治理论、思想道德、科学文化和业务素质水平。

(二)动员组织职工围绕机关中心工作,开展创先争优活动,做好先进工作者的评选、表彰、培养、管理和服务工作。

(三)加强和改进职工思想政治工作,注重人文关怀和心理疏导,开展群众性精神文明创建、文化体育活动,丰富职工精神文化生活,推动机关文化建设。

(四)配合党政机关贯彻落实《中华人民共和国公务员法》等法律法规,维护机关职工合法权益,协助党政机关解决涉及职工切身利益的问题。做好困难职工帮扶工作,组织职工参加疗养、休养及健康体检,努力为职工办实事、做好事、解难事,促进和谐机关建设。

(五)加强调查研究,反映机关职工意见和建议,参与机关内部事务民主管理、民主监督,促进机关内部事务公开,保障职工的知情权、参与权、表达权、监督权,推进机关廉政建设。

(六)加强工会组织建设,健全工会民主制度,做好会员的发展、接收、教育和会籍管理工作,加强对专(兼)职工会干部和工会积极分子的培养,深入开展建设职工之家活动。

(七)依法收好、管好、用好工会经费,管理好工会资产。

第四章 组织制度

第十三条 机关工会每年至少召开一次会员大会或者会员代表大会。经机关工会委员会或者三分之一以上会员提议,可以临时召开会议。会员在一百人以下的应当召开会员大会。

会员大会和会员代表大会的主要任务是:传达党组织、上级工会的重要指示精神;审议和批准工会委员会工作报告;审议和批准工会委员会的经费收支情况报告和经费审查委员会的工作报告;选举工会委员会、经费审查委员会;讨论决定工会工作的重大问题;公开工会内部事务;民主评议监督工会工作和工会领导人。

会员代表大会代表实行常任制,任期与工会委员会相同。

第十四条 机关工会委员会主持会员大会或者会员代表大会的日常工作,向会员大会或者会员代表大会负责并报告工作,接受会员监督。

第十五条 机关工会委员会的主要任务是:负责贯彻党组织和上级工会工作部署、会员大会或者会员代表大会决议;向党组织和上级工会请示报告有关召开会员大会或者会员代表大会的重要事宜;研究制定工会工作计划和重大活动方案,提出工作报告;编制和执行工会经费预算,编报工会经费决算,审批重大支出项目;讨论和决定其他重要事项。

第十六条 机关工会委员会向同级机关党组织请示汇报以下事项:贯彻上级党组织

对工会工作重要指示和上级工会重要工作部署的意见；召开会员大会或者会员代表大会的方案、工会工作报告、工作安排、重要活动及主要领导成员的推荐人选；涉及职工切身利益的重大问题及思想工作和生活情况；推荐表彰先进等事项。

第五章　干部队伍

第十七条　机关工会应当根据职工人数相应配备专(兼)职工会干部。职工人数较多的，可以配备专职工会主席。

第十八条　机关工会设专职主席的，一般按同级机关党组织副职领导干部配备；设专职副主席的，一般按相应职级的干部配备。机关工会主席是党员的，应当具备提名作为同级机关党组织常委、委员候选人的条件。

第十九条　机关工会主席、副主席和委员实行任期制，可以连选连任。

工会主席、副主席因工作需要调动时，应当征得本级工会委员会和上一级工会的同意。

工会主席、副主席缺额时，应当及时补选，空缺时间不超过半年。

第六章　工会经费和资产

第二十条　工会会员按规定标准按月缴纳会费。

建立工会组织的机关，按每月全部职工工资总额的百分之二向机关工会拨缴工会经费；由财政统一划拨经费的，工会经费列入同级财政预算，按财政统一划拨方式执行。

机关工会可以按照《中华人民共和国工会法》有关规定，向机关单位申请经费补助，以弥补工会经费不足。

上级工会有权对下级工会所在机关拨缴工会经费情况进行监督检查。对无正当理由拖延或者拒不拨缴工会经费的单位，依据《中华人民共和国工会法》相关规定处理。

第二十一条　具备社团法人资格的机关工会可以设立独立经费账户。费用支出实行工会主席签批制度。

工会经费主要用于为职工服务和工会活动。

机关工会应当按照有关规定收缴、上解工会经费，依法独立管理和使用工会经费。任何组织和个人不得截留、挪用、侵占工会经费。

第二十二条　机关工会应当根据经费独立原则建立预算、决算和经费审查制度，坚持量入为出、厉行节约、收支平衡的原则。

工会经费的收支情况应当由同级工会经费审查委员会审查，并定期向会员大会或者会员代表大会报告，采取一定方式公开，接受会员监督。工会经费的审查工作按照有关法律、规定和工会经费审查制度进行。

工会主席任期届满或者任期内离任的，应当按照规定进行经济责任审计。

第二十三条　各级人民政府和机关单位应当依法为工会办公和开展活动提供必要的设施和活动场所等物质条件。

工会经费、资产和国家拨给工会的不动产及拨付资金形成的资产，任何单位和个人不得侵占、挪用和任意调拨；未经批准，工会所属的为职工服务的企业、事业单位，其隶属关系和产权关系不得改变。

第七章　工会经费审查审计

第二十四条　会员大会或者会员代表大会在选举机关工会委员会的同时，选举产生经费审查委员会，会员人数较少的，可以选举经费审查委员一人。

经费审查委员会主任、副主任由经费审查委员会全体会议选举产生。经费审查委员会主任按同级工会副职级配备。

经费审查委员会或者经费审查委员的选举结果，与机关工会委员会的选举结果同时报上一级工会批准。

第二十五条　机关工会经费审查委员会的任期与机关工会委员会相同，向同级会员大会或者会员代表大会负责并报告工作；在会员大会或者会员代表大会闭会期间，向同级工会委员会负责并报告工作。

第二十六条　机关工会经费审查委员会审查审计同级工会组织的经费收支、资产管理等全部经济活动。

经费审查委员会对审查审计工作中的重大事项，有权向同级工会委员会和上一级经费审查委员会报告。

机关工会经费审查委员会应当接受上级工会经费审查委员会的业务指导和督促检查。

第八章　女职工工作

第二十七条　机关工会有女会员十人以上的建立女职工委员会，不足十人的设女职工委员。

女职工委员会由同级机关工会委员会提名，在充分协商的基础上组成或者选举产生，女职工委员会与工会委员会同时建立，在同级工会委员会领导下开展工作，接受上级工会女职工委员会指导，任期与同级工会委员会相同。

女职工委员会主任由机关工会女主席或者女副主席担任，也可以经民主协商，按照同级工会副主席相应条件配备女职工委员会主任。

第二十八条　机关工会女职工委员会的任务是：依法维护女职工的合法权益和特殊利益；组织开展女职工岗位建功活动；开展教育培训，全面提高女职工的思想道德、科学文化、业务技能和健康素质；关心女职工成长进步，积极发现、培养、推荐女性人才。

第二十九条　机关工会女职工委员会定期研究涉及女职工的有关问题，向机关工会委员会和上级工会女职工委员会报告工作。

机关工会应当支持女职工委员会根据女职工的特点开展工作，并提供必要的活动场地和经费。

第三十条　机关工会女职工委员会通过县以上地方工会接受妇联的业务指导。

第九章　附　则

第三十一条　参照《中华人民共和国公务员法》管理的事业单位，适用本条例。

机关直属企业和实行企业化管理的事业单位工会，依照《企业工会工作条例》执行。

第三十二条　各省、自治区、直辖市总工会，中央直属机关工会联合会、中央国家机关工会联合会可以依据本条例，制定具体实施办法。

第三十三条　本条例由中华全国总工会负责解释。

第三十四条　本条例自公布之日起施行。

6. 企业工会工作条例

（2006年12月11日中华全国总工会第十四届执行委员会第四次全体会议通过）

第一章　总　则

第一条　为加强和改进企业工会工作，发挥企业工会作用，根据《工会法》、《劳动法》和《中国工会章程》，制定本条例。

第二条　企业工会是中华全国总工会的基层组织，是工会的重要组织基础和工作基础，是企业工会会员和职工合法权益的代表者和维护者。

第三条　企业工会以邓小平理论和“三个代表”重要思想为指导，贯彻科学发展观，坚持全心全意依靠工人阶级根本指导方针，走中国特色社会主义工会发展道路，落实“组织起来、切实维权”的工作方针，团结和动员职工为实现全面建设小康社会宏伟目标作贡献。

第四条　企业工会贯彻促进企业发展、维护职工权益的工作原则，协调企业劳动关系，推动建设和谐企业。

第五条　企业工会在本企业党组织和上级工会的领导下，依照法律和工会章程独立自主地开展工作，密切联系职工群众，关心职工群众生产生活，热忱为职工群众服务，努力建设成为组织健全、维权到位、工作活跃、作用明显、职工信赖的职工之家。

第二章　企业工会组织

第六条　企业工会依法组织职工加入工会，维护职工参加工会的权利。

第七条　会员二十五人以上的企业建立工会委员会；不足二十五人的可以单独建立工会委员会，也可以由两个以上企业的会员按地域或行业联合建立基层工会委员会。同时按有关规定建立工会经费审查委员会、工会女职工委员会。

企业工会具备法人条件的，依法取得社会团体法人资格，工会主席是法定代表人。企业工会受法律保护，任何组织和个人不得随意撤销或将工会工作机构合并、归属到其他部门。

企业改制须同时建立健全工会组织。

第八条　会员大会或会员代表大会是企业工会的权力机关，每年召开一至两次会议。经企业工会委员会或三分之一以上会员提议可临时召开会议。

会员代表大会的代表由会员民主选举产生，会员代表实行常任制，任期与企业本届工会委员会相同，可连选连任。

会员在一百人以下的企业工会应召开会员大会。

第九条　会员大会或会员代表大会的职权：

（一）审议和批准工会委员会的工作报告。

（二）审议和批准工会委员会的经费收支情况报告和经费审查委员会的工作报告。

（三）选举工会委员会和经费审查委员会。

（四）听取工会主席、副主席的述职报告，并进行民主评议。

（五）撤换或者罢免其所选举的代表或者工会委员会组成人员。

（六）讨论决定工会工作其他重大问题。

第十条　会员大会或会员代表大会与职工代表大会或职工大会须分别行使职权，不得相互替代。

第十一条　企业工会委员会由会员大会或会员代表大会差额选举产生，选举结果报上一级工会批准，每届任期三年或者五年。

大型企业工会经上级工会批准，可设立常务委员会，负责工会委员会的日常工作，其下属单位可建立工会委员会。

第十二条　企业工会委员会是会员大会或会员代表大会的常设机构，对会员大会或会员代表大会负责，接受会员监督。在会员大会或会员代表大会闭会期间，负责日常工作。

第十三条　企业工会委员会根据工作需要，设立相关工作机构或专门工作委员会、工作小组。

工会专职工作人员一般按不低于企业职工人数的千分之三配备，具体人数由上级工会、企业工会与企业行政协商确定。

根据工作需要和经费许可，工会可从社会聘用工会工作人员，建立专兼职相结合的干部队伍。

第十四条　企业工会委员会实行民主集中制，重要问题须经集体讨论作出决定。

第十五条　企业工会委员（常委）会一般每季度召开一次会议，讨论或决定以下问题：

（一）贯彻执行会员大会或会员代表大会决议和党组织、上级工会有关决定、工作部署的措施。

（二）提交会员大会或会员代表大会的工作报告和向党组织、上级工会的重要请示、报告。

（三）工会工作计划和总结。

（四）向企业提出涉及企业发展和职工权益重大问题的建议。

（五）工会经费预算执行情况及重大财务支出。

（六）由工会委员会讨论和决定的其他问题。

第十六条　企业生产车间、班组建立工会分会、工会小组，会员民主选举工会主席、工会小组长，组织开展工会活动。

第十七条　建立工会积极分子队伍，发挥工会积极分子作用。

第三章　基本任务和活动方式

第十八条　企业工会的基本任务：

（一）执行会员大会或会员代表大会的决议和上级工会的决定。

（二）组织职工依法通过职工代表大会或职工大会和其他形式，参加企业民主管理和民主监督，检查督促职工代表大会或职工大会决议的执行。

（三）帮助和指导职工与企业签订劳动合同。就劳动报酬、工作时间、劳动定额、休息休假、劳动安全卫生、保险福利等与企业平等协商、签订集体合同，并监督集体合同的履行。调解劳动争议。

（四）组织职工开展劳动竞赛、合理化建议、技术革新、技术攻关、技术协作、发明创造、岗位练兵、技术比赛等群众性经济技术创新活动。

（五）组织培养、评选、表彰劳动模范，负责做好劳动模范的日常管理工作。

（六）对职工进行思想政治教育，组织职工学习文化、科学和业务知识，提高职工素质。办好职工文化、教育、体育事业，开展健康的文化体育活动。

（七）协助和督促企业做好劳动报酬、劳动安全卫生和保险福利等方面的工作，监督有关法律法规的贯彻执行。参与劳动安全卫生事故的调查处理。协助企业办好职工集体福利事业，做好困难职工帮扶救助工作，为职工办实事、做好事、解难事。

（八）维护女职工的特殊利益。

（九）加强组织建设，健全民主生活，做好会员会籍管理工作。

（十）收好、管好、用好工会经费，管理好工会资产和工会企（事）业。

第十九条　坚持群众化、民主化，实行会务公开。凡涉及会员群众利益的重要事项，须经会员大会或会员代表大会讨论决定；工作计划、重大活动、经费收支等情况接受会员监督。

第二十条　按照会员和职工群众的意愿，依靠会员和职工群众，开展形式多样的工会活动。

第二十一条　工会召开会议或者组织职工活动，需要占用生产时间的，应当事先征得企业的同意。企业行政应积极支持工会开展活动。

工会非专职委员占用生产或工作时间参加会议或者从事工会工作，在法律规定的时间内工资照发，其他待遇不受影响。

第二十二条　开展建设职工之家活动，建立会员评议建家工作制度，增强工会凝聚力，提高工会工作水平。

推动企业关爱职工，引导职工热爱企业，创建劳动关系和谐企业。

第四章　工会主席

第二十三条　职工二百人以上的企业工会依法配备专职工会主席。由同级党组织负责人担任工会主席的，应配备专职工会副主席。

第二十四条　国有、集体及其控股企业工会主席候选人，应由同级党组织和上级工会在充分听取会员意见的基础上协商提名。工会主席按企业党政同级副职级条件配备，是共产党员的应进入同级党组织领导班子。专职工会副主席按不低于企业中层正职配备。

私营企业、外商投资企业、港澳台商投资企业工会主席候选人，由会员民主推荐，报上一级工会同意提名；也可以由上级工会推荐产生。已建党组织的企业工会主席候选人须经党组织审核。工会主席享受企业行政副职待遇。

企业行政负责人、合伙人及其近亲属不得作为本企业工会委员会成员的人选。

第二十五条 工会主席、副主席可以由会员大会或会员代表大会直接选举产生,也可以由企业工会委员会选举产生。工会主席出现空缺,须按民主程序及时进行补选。

第二十六条 工会主席应当具备下列条件:

(一)政治立场坚定,热爱工会工作。

(二)具有与履行职责相应的文化程度、法律法规和生产经营管理知识。

(三)作风民主,密切联系群众,热心为会员和职工服务。

(四)有较强的协调劳动关系和组织活动能力。

第二十七条 企业工会主席的职权:

(一)负责召集工会委员会会议,主持工会日常工作。

(二)参加企业涉及职工切身利益和有关生产经营重大问题的会议,反映职工的意愿和要求,提出工会的意见。

(三)以职工方首席代表的身份,代表和组织职工与企业进行平等协商、签订集体合同。

(四)代表和组织职工参与企业民主管理。

(五)代表和组织职工依法监督企业执行劳动安全卫生等法律法规,要求纠正侵犯职工和工会合法权益的行为。

(六)担任劳动争议调解委员会主任,主持企业劳动争议调解委员会的工作。

(七)向上级工会报告重要信息。

(八)负责管理工会资产和经费。

第二十八条 按照法律规定,企业工会主席、副主席任期未满时,不得随意调动其工作。因工作需要调动时,应征得本级工会委员会和上一级工会的同意。

罢免工会主席、副主席必须召开会员大会或会员代表大会讨论,非经会员大会全体会员或者会员代表大会全体代表无记名投票过半数通过,不得罢免。

工会专职主席、副主席或者委员自任职之日起,其劳动合同期限自动延长,延长期限相当于其任职期间;非专职主席、副主席或者委员自任职之日起,其尚未履行的劳动合同期限短于任期的,劳动合同期限自动延长至任期期满。任职期间个人严重过失或者达到法定退休年龄的除外。

第二十九条 新任企业工会主席、副主席,应在一年内参加上级工会举办的上岗资格或业务培训。

第五章 工作机制和制度

第三十条 帮助和指导职工签订劳动合同。代表职工与企业协商确定劳动合同文本的主要内容和条件,为职工签订劳动合同提供法律、技术等方面的咨询和服务。监督企业与所有职工签订劳动合同。

工会对企业违反法律法规和有关合同规定解除职工劳动合同的,应提出意见并要求企业将处理结果书面通知工会。工会应对企业经济性裁员事先提出同意或否决的意见。

监督企业和引导职工严格履行劳动合同,依法督促企业纠正违反劳动合同的行为。

第三十一条 依法与企业进行平等协商,签订集体合同,并可就劳动报酬、劳动安全卫生、女职工特殊权益保护等签订专项集体合同。

工会应将劳动报酬、工作时间、劳动定额、保险福利、劳动安全卫生等问题作为协商重点内容。

工会依照民主程序选派职工协商代表,可依法委托本企业以外的专业人士作为职工协商代表,但不得超过本方协商代表总数的三分之一。

小型企业集中的地方,可由上一级工会直接代表职工与相应的企业组织或企业进行平等协商,签订县以下区域性、行业性集体合同或专项集体合同。

劳务派遣工集中的企业,工会可与企业、劳务公司共同协商签订集体合同。

第三十二条　工会发出集体协商书面要约二十日内,企业不予回应的,工会可要求上级工会协调;企业无正当理由拒绝集体协商的,工会可提请县级以上人民政府责令改正,依法处理;企业违反集体合同规定的,工会可依法要求企业承担责任。

第三十三条　企业工会是职工代表大会或职工大会的工作机构,负责职工代表大会或职工大会的日常工作。

职工代表大会的代表经职工民主选举产生。职工代表大会中的一线职工代表一般不少于职工代表总数的百分之五十。女职工、少数民族职工代表应占相应比例。

第三十四条　国有企业、国有控股企业职工代表大会或职工大会的职权:

(一)听取审议企业生产经营、安全生产、重组改制等重大决策以及实行厂务公开、履行集体合同情况报告,提出意见和建议。

(二)审议通过集体合同草案、企业改制职工安置方案。审查同意或否决涉及职工切身利益的重要事项和企业规章制度。

(三)审议决定职工生活福利方面的重大事项。

(四)民主评议监督企业中层以上管理人员,提出奖惩任免建议。

(五)依法行使选举权。

(六)法律法规规定的其他权利。

集体(股份合作制)企业职工代表大会或职工大会的职权:

(一)制定、修改企业章程。

(二)选举、罢免企业经营管理人员。

(三)审议决定经营管理以及企业合并、分立、变更、破产等重大事项。

(四)监督企业贯彻执行国家有关劳动安全卫生等法律法规、实行厂务公开、执行职代会决议等情况。

(五)审议决定有关职工福利的重大事项。

私营企业、外商投资企业和港澳台商投资企业职工代表大会或职工大会的职权:

(一)听取企业发展规划和年度计划、生产经营等方面的报告,提出意见和建议。

(二)审议通过涉及职工切身利益重大问题的方案和企业重要规章制度、集体合同草案等。

(三)监督企业贯彻执行国家有关劳动安全卫生等法律法规、实行厂务公开、履行集体合同和执行职代会决议、缴纳职工社会保险、处分和辞退职工的情况。

(四)法律法规、政策和企业规章制度规定及企业授权和集体协商议定的其他权利。

第三十五条　职工代表大会或职工大会应有全体职工代表或全体职工三分之二以上参加方可召开。职工代表大会或职工大会进行选举和作出重要决议、决定,须采用无记名投票方式进行表决,经全体职工代表或全体职工过半数通过。

小型企业工会可联合建立区域或行业职工代表大会,解决本区域或行业涉及职工利益的共性问题。

公司制企业不得以股东会取代职工代表大会或职工大会。

第三十六条 督促企业建立和规范厂务公开制度。

第三十七条 凡设立董事会、监事会的公司制企业,工会应依法督促企业建立职工董事、职工监事制度。

职工董事、职工监事人选由企业工会提名,通过职工代表大会或职工大会民主选举产生,表达职工意愿和诉求,接受职工监督。企业工会主席、副主席一般应分别作为职工董事、职工监事的候选人。

第三十八条 建立劳动法律监督委员会,职工人数较少的企业应设立工会劳动法律监督员,对企业执行有关劳动报酬、劳动安全卫生、工作时间、休息休假、女职工和未成年工保护、保险福利等劳动法律法规情况进行群众监督。

第三十九条 建立劳动保护监督检查委员会,生产班组中设立工会小组劳动保护检查员。建立完善工会监督检查、重大事故隐患和职业危害建档跟踪、群众举报等制度,建立工会劳动保护工作责任制。依法参加职工因工伤亡事故和其他严重危害职工健康问题的调查处理。协助与督促企业落实法律赋予工会与职工安全生产方面的知情权、参与权、监督权和紧急避险权。开展群众性安全生产活动。

依照国家法律法规对企业新建、扩建和技术改造工程中的劳动条件和安全卫生设施与主体工程同时设计、同时施工、同时使用进行监督。

发现企业违章指挥、强令工人冒险作业,或者生产过程中发现明显重大事故隐患和职业危害,工会应提出解决的建议;发现危及职工生命安全的情况,工会有权组织职工撤离危险现场。

第四十条 依法建立企业劳动争议调解委员会,劳动争议调解委员会由职工代表、企业代表和工会代表组成,办事机构设在企业工会。职工代表和工会代表的人数不得少于调解委员会成员总数的三分之二。

建立劳动争议预警机制,发挥劳动争议调解组织的预防功能,建立企业劳动争议信息员制度,做好劳动争议预测、预报、预防工作。

企业发生停工、怠工事件,工会应当积极同企业或者有关方面协商,反映职工的意见和要求并提出解决意见,协助企业做好工作,尽快恢复生产、工作秩序。

第四十一条 开展困难职工生活扶助、医疗救助、子女就学和职工互助互济等工作。有条件的企业工会建立困难职工帮扶资金。

第六章　女职工工作

第四十二条 企业工会有女会员十名以上的,应建立工会女职工委员会,不足十名的应设女职工委员。

女职工委员会在企业工会委员会领导和上一级工会女职工委员会指导下开展工作。

女职工委员会主任由企业工会女主席或副主席担任。企业工会没有女主席或副主席的,由符合相应条件的工会女职工委员担任,享受同级工会副主席待遇。

女职工委员会委员任期与同级工会委员会委员相同。

第四十三条　女职工委员会依法维护女职工的合法权益，重点是女职工经期、孕期、产期、哺乳期保护，禁忌劳动、卫生保健、生育保险等特殊利益。

第四十四条　女职工委员会定期研究涉及女职工特殊权益问题，向企业工会委员会和上级女职工委员会报告工作，重要问题应提交企业职工代表大会或职工大会审议。

第四十五条　企业工会应为女职工委员会开展工作与活动提供必要的经费。

第七章　工会经费和资产

第四十六条　督促企业依法按每月全部职工工资总额的百分之二向工会拨缴经费、提供工会办公和开展活动的必要设施和场所等物质条件。

第四十七条　工会依法设立独立银行账户，自主管理和使用工会经费、会费。工会经费、会费主要用于为职工服务和工会活动。

第四十八条　督促企业按国家有关规定支付工会会同企业开展的职工教育培训、劳动保护、劳动竞赛、技术创新、职工疗休养、困难职工补助、企业文化建设等工作所需费用。

第四十九条　工会经费审查委员会代表会员群众对工会经费收支和财产管理进行审查监督。

建立经费预算、决算和经费审查监督制度，经费收支情况接受同级工会经费审查委员会审查，接受上级工会审计，并定期向会员大会或会员代表大会报告。

第五十条　企业工会经费、财产和企业拨给工会使用的不动产受法律保护，任何单位和个人不得侵占、挪用和任意调拨。

企业工会组织合并，其经费财产归合并后的工会所有；工会组织撤销或解散，其经费财产由上级工会处置。

第八章　工会与企业党组织、行政和上级工会

第五十一条　企业工会接受同级党组织和上级工会双重领导，以同级党组织领导为主。未建立党组织的企业，其工会由上一级工会领导。

第五十二条　企业工会与企业行政具有平等的法律地位，相互尊重、相互支持、平等合作，共谋企业发展。

企业工会与企业可以通过联席会、民主议事会、民主协商会、劳资恳谈会等形式，建立协商沟通制度。

第五十三条　企业工会支持企业依法行使经营管理权，动员和组织职工完成生产经营任务。

督促企业按照有关规定，按职工工资总额的百分之一点五至百分之二点五、百分之一分别提取职工教育培训费用和劳动竞赛奖励经费，并严格管理和使用。

第五十四条　企业行政应依法支持工会履行职责，为工会开展工作创造必要条件。

第五十五条　上级工会负有对企业工会指导和服务的职责，为企业工会开展工作提供法律、政策、信息、培训和会员优惠等方面的服务，帮助企业工会协调解决工作中的困难和问题。

企业工会在履行职责遇到困难时,可请上级工会代行企业工会维权职责。

第五十六条 县以上地方工会设立保护工会干部专项经费,为维护企业工会干部合法权益提供保障。经费来源从本级工会经费中列支,也可以通过其它渠道多方筹集。

建立上级工会保护企业工会干部责任制。对因履行职责受到打击报复或不公正待遇以及有特殊困难的企业工会干部,上级工会应提供保护和帮助。

上级工会与企业工会、企业行政协商,可对企业工会兼职干部给予适当补贴。

第五十七条 上级工会应建立对企业工会干部的考核、激励机制,对依法履行职责作出突出贡献的工会干部给予表彰奖励。

工会主席、副主席不履行职责,上级工会应责令其改正;情节严重的可以提出罢免的建议,按照有关规定予以罢免。

第九章 附 则

第五十八条 本条例适用于中华人民共和国境内所有企业和实行企业化管理的事业单位工会。

第五十九条 本条例由中华全国总工会解释。

第六十条 本条例自公布之日起施行。

7. 关于推行企业集团职工代表大会制度的意见

(2020 年 12 月 29 日)

为深入学习贯彻习近平新时代中国特色社会主义思想,全面贯彻落实党的十九大和十九届二中、三中、四中、五中全会精神,进一步健全以职工代表大会(以下简称职代会)为基本形式的企业民主管理制度,充分发挥企业集团职工代表大会(以下简称集团职代会)在公司法人治理结构中的作用,依据《中华人民共和国公司法》《企业民主管理规定》等,现就推行集团职代会制度提出如下意见。

本意见所指集团职代会是指企业集团总部和所属基层单位按照一定比例选举产生职工代表,对涉及企业集团改革发展和职工权益有关事项履行民主程序、行使相应职权的职代会。

一、推行集团职代会制度的重要意义

(一)推行集团职代会制度是新形势下健全充满活力的基层群众自治制度的必然要求。党的十九届四中全会通过的《中共中央关于坚持和完善中国特色社会主义制度、推进国家治理体系和治理能力现代化若干重大问题的决定》明确要求,健全充满活力的基层群众自治制度,全心全意依靠工人阶级,健全以职工代表大会为基本形式的企业民主管理制度。当前,我国企业规模日益壮大,企业产权结构、管控模式、管理层级发生了深刻变化,出现了许多大型企业集团,这对推进企业民主管理提出了新要求。推行集团职代会制度,有利于完善企业集团职工参与管理的有效方式,保证职工在整个企业集团层面参与管理,把制度优势转化为企业集团职工参与经济社会事务管理的实际效能,使人

民当家作主权利落到实处。

（二）推行集团职代会制度是加快完善中国特色现代企业制度的内在需要。职代会制度是中国特色现代企业制度的题中应有之义，是公司法人治理结构的主体之一。随着国企改革三年行动方案加快实施，混合所有制改革积极稳妥推进，将进一步推动形成更加成熟更加定型的中国特色现代企业制度。与以往国有企业“脱困式的改革”明显不同，本轮国有企业改革更加侧重战略重组和产业结构重新布局，改革路径自上而下，涉及到企业集团和基层单位多个层面，对不同层面的企业民主管理制度有序运行带来了新挑战。推行集团职代会制度，有利于更好地将民主管理制度与企业管理制度相衔接，与企业管控模式相匹配，与公司法人治理结构相融合，促进企业集团决策更加科学民主，推动企业管理与改革创新良性互动，实现企业高质量发展。

（三）推行集团职代会制度是企业集团构建和谐劳动关系的有效途径。我国正在加快构建以国内大循环为主体、国内国际双循环相互促进的新发展格局，企业劳动关系和谐稳定是构建新发展格局的重要基础。受新冠肺炎疫情的冲击，众多企业生产经营困难增多、职工权益保障面临诸多新情况新问题。企业集团用工方式多元，职工人数众多，劳动关系更为复杂，受到的影响更大。推行集团职代会制度能够有效规范企业集团及所属基层单位劳动关系，为企业集团制定涉及全体职工切身利益的重大事项和重要制度提供程序保障，为所属基层单位民主管理制度的运行提供指导遵循，及时回应和解决职工利益诉求，化解劳动关系双方的矛盾，促进经济社会平稳发展。

二、推行集团职代会制度的基本原则

——坚持加强党的领导。要坚持以习近平新时代中国特色社会主义思想为指导，认真贯彻落实党的基本理论、基本路线、基本方略，坚持党委统一领导，坚持重大问题事前请示，坚持全心全意依靠职工办企业，在党组织的统筹协调下推进企业集团和所属基层单位职代会制度建设，确保集团职代会制度建设沿着正确的方向发展。

——坚持依法有序推进。要依照相关法律法规，推动对所属基层单位在重大决策、经营管理、干部任免、薪酬福利、人力资源等方面拥有管控权限的企业集团建立职代会制度，保证职工通过企业集团和所属基层单位等多层级职代会行使民主管理权力。不能以企业集团总部职代会替代集团职代会。在此基础上积极推进制度化规范化建设，使集团职代会制度更加健全、运行程序更加规范、作用发挥更加有效。

——坚持融入公司治理。要推动企业集团在制定公司章程时，落实职代会在公司治理结构中的地位，明确其主体权责，并与其他公司治理主体有效衔接。要以集团职代会为牵引，建立与企业管控模式相适应、上下配套、层次清晰、各司其职、独立运行的企业集团内部多层级职代会制度体系，把民主管理制度融入到企业生产经营管理活动之中，推动加快完善中国特色现代企业制度。

——坚持协同联动推进。集团职代会的内容要更加侧重涉及企业集团改革发展的全局性、根本性、指导性的重大事项，以及涉及职工切身利益带有普遍性、倾向性的重大问题。所属基层单位要在遵循集团职代会基本原则基础上，从本单位实际出发，细化和完善本单位职代会制度。要准确把握和处理上下级职代会之间的关系，充分发挥企业集团内各层级职代会的职能作用。

三、推行集团职代会制度的工作要求

（一）集团职代会职工代表构成比例和产生方式。集团职代会职工代表的名额数量应以企业集团职工人数为基数,依据《企业民主管理规定》第八条有关规定确定。其中,集团中层以上管理人员和领导人员,原则上不超过职工代表总数的20%,所属单位多、分布广的集团中层以上管理人员和领导人员一般不超过代表总数的35%。职工代表中应有适当比例的劳模先进、高技能领军人才、女职工、青年职工、农民工的代表。

参加集团职代会的职工代表可以在企业集团总部和各所属基层单位职代会的职工代表中选举产生,也可以在企业集团全体职工中直接选举产生。

(二)集团职代会的届期和会议召开。集团职代会每届届期为三年至五年,具体届期由职代会根据实际情况确定,每年应至少召开一次。在条件允许的情况下,要合理规划职代会会期、内容,与董事会、年度工作会议等有机衔接。职工人数众多、地域分布广的企业,在集团职代会召开形式上可探索线上和线下相结合的方式,但在涉及重要事项表决时,应集中现场开会,以保障职工真实意愿的表达。

(三)集团职代会闭会期间的工作制度。企业集团工会是集团职代会的工作机构,负责集团职代会的日常工作。闭会期间,遇有确需经集团职代会审议或审议通过的重大事项,按规定召开临时集团职代会;有需要临时解决涉及职工切身利益的重要问题可由企业集团工会组织召集职工代表团(组)长和专门委员会(小组)负责人联席会议协商处理。联席会议必须有各代表团(组)长参加;协商讨论解决属于集团职代会职权范围内的事项必须由集团职代会授权,并提请下一次集团职代会确认;企业集团改革改制方案必须经集团职代会审议,国有及其控股企业集团职工安置方案必须经集团职代会审议通过,不可由联席会议替代集团职代会行使职权。

四、认真履行集团职代会的职权

要根据国家相关法律法规,从企业集团决策管理权限出发,围绕企业集团发展规划、经营决策、重要规章制度、涉及职工切身利益的重大问题,确定集团职代会的各项职权内容。

(一)审议建议权。集团职代会应听取企业集团工作报告,审议企业集团经营方针、中长期发展规划、年度计划、财务预决算、安全生产等重要事项的报告;审议企业集团改制方案和重大改革措施;审议企业集团员工持股方案;审议企业集团制定、修改或者决定的有关劳动报酬、工作时间、休息休假、劳动安全卫生、保险福利、职工培训、劳动纪律以及劳动定额管理等直接涉及职工切身利益的规章制度或者重大事项方案,提出意见和建议。

(二)审议通过权。集团职代会应审议企业集团民主管理制度实施办法;审议企业集团集体合同草案、专项合同草案、企业年金方案、住房制度改革方案;审议职工奖惩办法、劳动模范推荐人选等重大事项。在审议的基础上,进行投票表决,形成通过或不通过的决议。国有及其控股企业集团产权转让、合并、分立、改制、解散、破产实施方案中职工的裁减、分流和安置方案也应当经集团职代会审议通过。

(三)监督评议权。集团职代会应监督企业集团及所属基层单位建立和健全完善职代会和厂务公开等民主管理制度情况;监督企业集团职代会决议贯彻执行情况和提案落实情况;审查监督企业集团及所属基层单位执行劳动法律法规和劳动规章制度的情况;审查监督企业集团及所属基层单位履行集体合同的情况;民主评议集团职工董事、职工监事。国有及其控股企业集团应当通过集团职代会民主评议集团领导人员。

(四)民主选举权。集团职代会应依法选举或罢免企业集团职工董事、职工监事;选举集团职代会专门委员会(小组)成员;选举依法进入破产程序企业集团的债权人会议和债权人委员会中的职工代表;选举法律法规规定或者企业集团党委、行政与工会协商确定应当由集团职代会选举产生的其他人员。

(五)法律法规赋予职代会的其他权利。

在推进企业集团改革改制过程中,特别是在国有企业集团推进混合所有制改革过程中,要重点规范改革调整重大事项的集团职代会审议建议程序。涉及企业集团改革调整的重大事项,应当通过集团职代会履行审议建议权的民主程序,提出意见建议。所属基层单位在此基础上细化方案,提交本级职代会审议并履行相应的民主程序。要重点规范涉及企业集团职工切身利益重要事项的集团职代会审议通过程序。涉及企业集团职工安置等职工切身利益的重要事项,应当通过集团职代会严格履行审议通过权的民主程序,根据所属基层单位实际,提出统一要求与分类指导相结合的原则,表决通过后实施。所属基层单位按照集团职代会决议细化方案,提交本级职代会审议通过后实施。

五、扎实推进集团职代会制度建设

(一)加强组织领导。各级工会要提高思想认识、主动担当作为,突出问题导向,把推行集团职代会制度摆上重要位置,善于借助厂务公开协调领导机构、劳动关系三方协调机制等平台,营造协同推进的良好氛围,积极稳妥地推动集团职代会制度建立健全。

(二)强化分类指导。各级工会要紧密结合实际,根据不同企业集团在产权结构、管控模式、组织规模方面的差异,推动符合建制条件但尚未建立职代会的企业集团抓紧建立集团职代会制度,认真落实职代会职权;推动已经建立职代会的企业集团继续完善制度、理顺关系、规范运行、彰显效能。

(三)统筹谋划落实。各级工会要加强制度设计,按照本意见要求,结合自身实际,制定完善配套政策或实施措施,注重加强对典型经验的总结推广,形成整体推进的工作态势,为推行集团职代会制度营造良好舆论环境和社会氛围。

本意见也适用于由多个子公司、分公司组成,多层级管理的集团性质企业。

8. 关于加强县级工会建设的意见

(2020 年 12 月 23 日)

为进一步加强县级工会建设,更好发挥县级工会作用,推进新时代县级工会工作创新发展,根据《中华人民共和国工会法》和《中国工会章程》等有关规定,提出如下意见。

一、提高政治站位,把握总体要求

(一)重要意义。县级工会在我国工会组织体系中处于承上启下的重要地位,发挥着基础性和关键性作用。随着新型工业化、信息化、城镇化、农业现代化深入推进,县域经济全面发展,产业转型升级加快,职工队伍结构深刻变化,用工形式和劳动关系日趋复杂。立足新发展阶段,贯彻新发展理念,服务构建新发展格局,围绕推动高质量发展,县级工会工作任务更加繁重,职能作用更加凸显。新形势下,县级工会工作只能加强,不能削弱;只能改进提高,不能停滞不前。要进一步提高思想认识,强化责任担当,坚持目标导向、问题导向、结果导向相统一,不断提高县级工会组织力、战斗力、影响力。

（二）指导思想。坚持以习近平新时代中国特色社会主义思想为指导，全面贯彻党的十九大和十九届二中、三中、四中、五中全会精神，深入学习贯彻习近平总书记关于工人阶级和工会工作的重要论述，贯彻落实党中央对做好新时代工会工作的新要求，保持和增强工会工作和工会组织的政治性、先进性、群众性，坚定不移走中国特色社会主义工会发展道路，突出重点难点，采取有力措施，推动县级工会组织体系更加健全，制度机制更加完善，工作方式方法不断改进，制度化、规范化、科学化水平显著提高，职能作用充分发挥，吸引力凝聚力战斗力明显增强。

（三）原则要求。

——坚持党的全面领导。增强“四个意识”、坚定“四个自信”、做到“两个维护”，始终保持工会工作正确政治方向，强化职工思想政治引领，切实承担起团结引导职工群众听党话、跟党走的政治责任。

——坚持围绕中心、服务大局。大力弘扬劳模精神、劳动精神、工匠精神，提升劳动和技能竞赛水平，深入推进产业工人队伍建设改革，团结动员广大职工充分发挥主力军作用。

——坚持以职工为中心的工作导向。发挥工会在社会治理中的作用，围绕改善职工生活品质，健全联系广泛、服务职工的工作体系，切实履行维护职工合法权益、竭诚服务职工群众的基本职责。

——坚持改革和发展融合联动。强化团结教育、维护权益、服务职工功能，树立落实到基层、落实靠基层理念，不断夯实基层基础，突出县域特色和工会特点，推进改革创新。

二、加强组织建设，健全工作体系

（四）强化机构设置和人员配备。适应形势任务变化和工作需要，积极争取党委重视支持，从实际出发加强机构设置，配齐配强工会干部。整合优化县级工会机关及有关直属单位职能，构建职责明确、运转高效的工作格局。整合统筹使用专职工作人员，通过增加兼职挂职干部、发展工会积极分子、招聘社会化工会工作者、争取社会公益岗位等途径，充实壮大县级工会和基层工会力量。

（五）健全组织体系。适应县域产业布局发展实际，调整完善县级产业（行业）工会设置，明确职责任务。加强乡镇（街道）、开发区（工业园区）工会建设，具备条件的，建立乡镇（街道）总工会，建立健全乡镇（街道）、村（社区）、企业工会组织网络。适应县域小微企业分散灵活，职工人数少、流动性大的特点，按照地域相近、行业相同的原则，推进区域性、行业性工会联合会建设。县级工会加强对基层工会的政治引领和组织领导，推进“会站家”一体化建设，充分发挥基层工会组织的作用。

（六）推进工会组建和会员发展。加大新经济组织、新社会组织建会力度，集中力量推进职工人数多、社会影响大的非公有制企业、社会组织依法普遍建立工会。加强实践探索，大力推动灵活就业、平台就业等新就业形态从业人员加入工会。推进会员实名制管理工作，最大限度把包括农民工在内的广大职工群众吸收到工会组织中来。

（七）加强阵地和网络建设。推动工人文化宫、职工学校、职工书屋、工会职工服务中心（困难职工帮扶中心）等工会阵地建设纳入当地经济和社会发展规划，已有职工文化体育教育活动阵地纳入公共文化体育设施范围，突出公益性、服务性，明确产权、规范管理，实现高质量发展。加快推进智慧工会建设，建设网上工作平台，借助县级融媒体，运用微博、微信、移动客户端等载体，打造网上网下相互促进、有机融合的工作新格局。

三、完善制度机制，突出工作重点

（八）定期向同级党委汇报工会工作制度。贯彻落实《中共中央关于加强和改进党的群团工作的意见》，推动同级党委建立健全研究决定工会重大事项制度。建立完善县级工会向同级党委汇报工会工作制度，争取同级党委加强对工会工作的领导。积极推动把工会工作纳入党建工作总体规划和考核体系，同部署、同落实、同检查，形成党建带工建、工建服务党建格局。积极向党委推荐优秀工会干部，促进工会与党政部门之间的干部交流。

（九）政府和工会联席会议制度。联席会议每年至少召开一次，主要内容包括：通报当地国民经济和社会发展计划、政府工作中涉及职工利益的行政措施；研究组织动员广大职工群众建功立业和解决涉及职工群众切身利益的突出问题；对构建和谐劳动关系作出总体部署和规划；研究解决工会工作中需要政府支持帮助的问题。

（十）劳动关系协调机制。积极推动建立和完善由政府、工会、企业共同参与的协商协调机制，共同研究解决劳动关系领域和涉及职工权益的重大问题，立足共建共治共享社会治理新格局，推动构建中国特色和谐劳动关系。加大劳动关系矛盾风险隐患排查化解力度，维护职工队伍团结统一，坚决维护劳动领域政治安全。

（十一）联系服务基层职工群众制度。健全完善基层调研、工作联系点等制度，引导和督促县级工会机关干部防止和克服形式主义、官僚主义，做到眼睛向下、面向基层，深入一线开展工作，真正与基层单位结对子，与基层干部交朋友，密切与职工群众联系，帮助职工群众和基层工会解决实际困难和问题，让职工群众真正感受到工会是职工之家，工会干部是最可信赖的娘家人、贴心人。

（十二）会议制度和工作制度。建立完善县级工会全委会、常委会、经审会、女职工委员会、主席办公会等会议制度，坚持常委会向全委会报告工作制度。坚持民主集中制，健全议事规则和决策程序，强化法治思维和法治观念，依法依章程开展工作。依据有关规定要求按期进行换届，同时指导督促基层工会做好按期换届工作。

四、强化党建引领，加强组织领导

（十三）加强党的建设。落实新时代党的建设总要求，以党的政治建设为统领，全面提升县级工会党的建设质量，不忘初心、牢记使命，带动县级工会自身建设全面提高。健全完善县级工会党组工作规则，落实管党治党主体责任。严守党的政治纪律和政治规矩，增强党内政治生活的政治性、时代性、原则性、战斗性。落实全面从严治党要求，深入推进县级工会党风廉政建设和反腐败工作，贯彻落实中央八项规定及其实施细则精神，持之以恒正风肃纪。

（十四）加强干部队伍建设。贯彻落实新时代党的组织路线，坚持党管干部原则，上级工会按照干部双重管理的有关规定要求，做好县级工会干部协管工作；主动与党委组织部门进行沟通协调，加强县级工会领导班子建设，大力发现培养选拔优秀年轻干部。提高县级工会委员会、常委会中劳模和一线职工比例，做好在领导班子中增设兼职挂职副主席并发挥作用工作，增强县级工会领导机构的广泛性和代表性。以忠诚党的事业、竭诚服务职工为己任，加强思想淬炼、政治历练、实践锻炼、专业训练，建设忠诚干净担当的高素质专业化县级工会干部队伍。加大工会干部教育培训力度，不断提高县级工会干部适应新时代新要求抓改革、促发展、保稳定水平和专业化能力，特别是提高政治能力、调查研究能力、科学决策能力、改革攻坚能力、应急处突能力、群众工作能力、抓落实能力,为推动工会工作创新发展提供组织保证。

(十五)加强指导支持。地市级以上工会要将加强县级工会建设列入重要议事日程,积极协调解决县级工会工作中的问题,鼓励和支持县级工会创造性开展工作。每年听取县级工会工作情况汇报,深入研究加强县级工会建设的举措,从政治建设、重点任务、工作保障等方面,加大指导力度。做到人、财、物等下沉,赋予县级工会更多资源和手段。根据县域经济发展情况及基层工会数、职工会员数和经费拨缴情况,对经费紧张的县级工会采取转移支付的方式给予经费支持。县级工会要依法足额收缴工会经费,通过工会经费留成、上级工会转移支付、争取财政支持等渠道,收好、管好、用好工会经费。加强对县级工会经费资产的审查审计监督,防范廉政风险。确保工会资产安全、完整和保值增值,不得擅自改变工会所属企业、事业单位的隶属关系和产权关系,为县级工会开展工作创造良好条件。

9. 关于加强和规范区域性、行业性工会联合会建设的意见

(2020 年 1 月 15 日)

为进一步加强和规范区域性、行业性工会联合会建设,充分发挥区域性、行业性工会联合会作用,深入推进新时代工会工作创新发展,根据《工会法》及《中国工会章程》等有关规定,结合工会基层组织建设实际,提出如下意见。

一、加强和规范区域性、行业性工会联合会建设的重要意义和总体要求

(一)区域性、行业性工会联合会是基层工会的一种组织形式,是由若干个单位在各自成立基层工会组织(基层工会委员会、联合基层工会委员会或基层工会联合会)的基础上,在一定的区域或行业范围内,按照联合制、代表制原则建立的区域性、行业性的基层工会的联合体。

(二)区域性、行业性工会联合会是近年来各级工会在扩大组织覆盖、扩大工作覆盖探索实践中形成的一种有效形式。实践证明,加强区域性、行业性工会联合会建设,对于基层工会组织围绕中心服务大局、促进区域、行业经济持续健康发展,参与基层社会治理、积极发挥作用,加强维权服务、构建和谐劳动关系,树立以职工为中心的工作导向、夯实工会基层基础,确保职工队伍和工会组织团结统一具有重要意义。

(三)加强和规范区域性、行业性工会联合会建设,要深入学习贯彻习近平总书记关于工人阶级和工会工作的重要论述特别是关于加强工会基层组织建设的重要指示精神,聚焦保持和增强政治性、先进性、群众性,坚持正确政治方向,在党组织领导、政府支持下,通过党建带工建等机制方法有序有力推进;坚持依法依规,做到依法建会、依法管会、依法履职、依法维权,健全完善制度,严格落实制度;坚持产业和地方相结合的工会组织领导原则,着眼组织健全、职责明确、关系顺畅的目标,推动形成自下而上、工作贯通、覆盖不同所有制企业和相关社会组织的组织体系;坚持从实际出发,积极稳妥推进,立足区域、行业所辖基层单位的分布、数量以及职工人数等实际,按照规模适度、便于管理、科学

合理的原则进行组建，并确定覆盖范围。

二、区域性、行业性工会联合会的建立

（四）区域性、行业性工会联合会一般建立在县（市、区、旗）及以下范围内。城市工会可根据本地区域、行业发展情况，从实际出发，探索在市级建立行业性工会联合会。

（五）建立区域性、行业性工会联合会，必须坚持在同级党组织和上一级工会的领导下进行。上级工会及时有效跟踪指导服务，严把组建前置环节，严格规范组建程序，积极稳妥推进组建工作。在广泛征求各方面意见特别是覆盖单位意见，进行充分酝酿协商的基础上，经同级党组织同意并报上一级工会批准后成立工会筹备组。筹备组依法依规做好筹备工作。未建立党组织的，在上一级工会领导下进行。

（六）区域性、行业性工会联合会委员会按照联合制、代表制的原则建立。坚持广泛性和代表性，委员由本区域或行业内所覆盖基层工会的主席和适当比例的有关方面代表等组成，所覆盖基层工会数量较多的，区域性、行业性工会联合会委员会委员可以由所覆盖基层工会主席民主推选代表担任；根据工作需要，可吸收政府有关部门代表参加。

（七）区域性、行业性工会联合会委员会的产生适用《工会基层组织选举工作条例》《基层工会会员代表大会条例》等规定。担任区域性、行业性工会联合会主席、副主席职务，必须履行民主程序。区域性、行业性工会联合会主席、副主席可以由全体委员选举产生，也可以由区域性、行业性工会联合会所覆盖基层工会联合组成会员（代表）大会选举产生。区域、行业内的基层单位行政主要负责人不得作为区域性、行业性工会联合会委员会委员人选，行业协会（商会）会长、副会长等不得担任区域性、行业性工会联合会主席、副主席。上级工会派出的工会干部、社会化工会工作者或者区域、行业龙头骨干企业工会主席、社区工作者等可以作为区域性、行业性工会联合会主席、副主席人选。区域性、行业性工会联合会主席、副主席可以专职，也可以兼职，其任期与区域性、行业性工会联合会委员会相同。

（八）区域性、行业性工会联合会委员会委员实行替补、增补制。区域性、行业性工会联合会委员会委员，当其不再担任原工会组织的主要负责人时，其委员职务由其原单位工会新当选的主要负责人经履行民主程序后予以替补。新覆盖基层工会的主要负责人，经履行民主程序，可以增补为区域性、行业性工会联合会委员会委员。

（九）区域性、行业性工会联合会可结合区域、行业实际，制定工会联合会组织办法等。区域性、行业性工会联合会委员会每届任期三年至五年，任期届满应按时换届。特殊情况需提前或延期换届的，应报上一级工会批准。

（十）建立区域性、行业性工会联合会，原则上所覆盖基层工会的组织领导关系、经费拨缴关系和会员会籍关系保持不变。确需调整的，须经县级以上地方工会批准。

（十一）区域性、行业性工会联合会所覆盖区域、行业内的基层单位，应当分别单独建立基层工会组织（基层工会委员会、联合基层工会委员会或基层工会联合会）。

（十二）区域性、行业性工会联合会的名称应根据区域、行业、单位等情况确定，一般为“××（行政区划名称）+××（区域或行业名称）+工会联合会”，不能以职业名称或基层工会名称等作为区域性、行业性工会联合会的名称。

（十三）具备条件的区域性、行业性工会联合会，要在上级工会的指导下，及时登记取得社团法人资格，开设独立工会经费账户。

（十四）独立管理经费的区域性、行业性工会联合会，应同时成立工会经费审查委员

会。区域性、行业性工会联合会所覆盖基层工会女职工较多的，建立女职工委员会，在工会联合会委员会领导下开展工作。

（十五）建立区域性、行业性工会联合会的，应采取有效措施，逐步实现对区域、行业内的基层工会以及不具备单独建会条件的小微企业和零散就业人员全覆盖。实际履行联合会职能但不规范的，应在上级工会指导下，按照联合制、代表制原则，逐步规范为工会联合会。

三、区域性、行业性工会联合会的主要职责任务

（十六）加强对职工的思想政治引领，承担团结引导职工群众听党话、跟党走的政治责任，推动习近平新时代中国特色社会主义思想进社区、进企业、进车间，深化理想信念教育，教育职工践行社会主义核心价值观，恪守社会公德、职业道德、家庭美德、个人品德，遵守劳动纪律。

（十七）在同级党组织和上级工会的领导下，推动和指导区域、行业内基层单位的工会组建、发展会员等工作，夯实工会基层基础。承担本区域、行业职工代表大会工作机构的职责。

（十八）大力弘扬劳模精神、劳动精神、工匠精神，组织开展具有区域特点、行业特色的劳动和技能竞赛、经济技术创新等活动，建设知识型、技能型、创新型的高素质职工队伍。

（十九）代表和组织职工依照法律规定，通过职工代表大会或其他形式参与本区域、行业民主管理和民主监督。调查研究和反映本区域、行业中涉及职工切身利益的重大问题。

（二十）参与制订本区域、本行业涉及劳动和职工权益的政策、标准等。积极推进区域、行业集体协商，推动建立区域、行业集体合同制度。

（二十一）参与协调劳动关系和调解劳动争议，协商解决涉及职工切身利益问题，为所覆盖区域、行业的基层工会和职工提供法律服务和法律援助。

（二十二）突出行业特色、区域特点、职工需求，强化服务意识，健全服务体系，建立服务机制，精准化、精细化开展服务工作。

四、区域性、行业性工会联合会的工作保障

（二十三）加强区域性、行业性工会联合会工作经费保障，建立区域性、行业性工会联合会建设专项经费，并列入本级工会年度预算，保障工会联合会正常运转。各地工会结合实际，可建立项目补贴办法，实行一事一补。区域性、行业性工会联合会可以争取行政支持，也可在所覆盖基层工会自愿的基础上，由基层工会按照一定比例承担部分工作经费。上级工会要加强对区域性、行业性工会联合会经费使用的指导监督。区域性、行业性工会联合会的经费要做到专款专用。

（二十四）加强区域性、行业性工会联合会办公场地、活动场所、服务阵地建设，根据《基层工会经费收支管理办法》等有关规定，争取多方面、多渠道为区域性、行业性工会联合会办公和开展活动提供必要的设施和活动场所等。

（二十五）各地工会可结合实际，建立区域性、行业性工会联合会工会干部日常性工作补贴制度，对非国家工作人员担任的工会主席、副主席及其他工会干部，可给予适当的工作补贴。

五、加强对区域性、行业性工会联合会建设的领导

（二十六）充分认识加强和规范区域性、行业性工会联合会建设的紧迫性和必要性，把加强对区域性、行业性工会联合会建设摆上重要位置，加强统筹协调、形成工作合力，解决好区域性、行业性工会联合会规范和建设中遇到的矛盾和困难，为区域性、行业性工会联合会作用发挥创造有利条件、提供有力保障，努力把工会联合会建设成深受职工群众信赖的学习型、服务型、创新型职工之家，工会干部努力成为职工群众信赖的娘家人、贴心人。

（二十七）积极探索符合区域性、行业性工会联合会特点的工会干部管理使用方式，拓宽来源渠道，采取专职、兼职、挂职相结合的方式，配备区域性、行业性工会联合会干部。加强教育培训，切实提高工会干部适应岗位需要的能力素质。

（二十八）加强分类指导，注重对已建立的区域性、行业性工会联合会加强规范；立足区域、行业实际，适应职工需求，指导区域性、行业性工会联合会突出工作重点，发挥优势作用。加强调查研究，及时总结推广好典型、好经验，发挥示范引领作用。加强监督检查，严格考核考评，坚持问题导向，督促整改解决，不断提升区域性、行业性工会联合会整体建设水平。

10. 关于加强乡镇（街道）工会建设的若干意见

（2019 年 12 月 27 日）

为深入贯彻党中央的决策部署，贯彻党的十九大和十九届二中、三中、四中全会精神，落实中国工会十七大要求，推动工会改革创新举措在基层落地见效，夯实工会基层基础，现就加强乡镇（街道）工会建设提出如下意见。

一、明确指导思想。坚持以习近平新时代中国特色社会主义思想为指导，深入学习贯彻习近平总书记关于工人阶级和工会工作的重要论述，紧紧围绕保持和增强工会组织政治性、先进性、群众性这条主线，以促进区域经济高质量发展、加强和创新基层社会治理为中心任务，以维护职工合法权益、竭诚服务职工群众为基本职责，完善工会组织体系、扩大工会组织覆盖，优化运行机制、激发基层活力，充分发挥乡镇（街道）工会组织的重要作用。

二、主要工作职责。乡镇（街道）工会在同级党（工）委和上级工会领导下，依据《中华人民共和国工会法》和《中国工会章程》独立自主地开展工作。主要是：积极推动企事业单位依法建立工会组织，广泛吸收职工入会；加强职工思想政治引领；深化劳动和技能竞赛；维护职工合法权益，指导开展集体协商、签订集体合同，健全以职工代表大会为基本形式的企事业单位民主管理制度，健全协调劳动关系机制；推动落实职工福利待遇，开展困难职工帮扶，建设职工信赖的“职工之家”。

三、规范组织形式。乡镇（街道）工会组织应依据《中华人民共和国工会法》和《中国工会章程》建立，不得随意撤销、合并，具备法人条件的，依法取得社会团体法人资格。

乡镇（街道）工会组织形式有工会委员会、工会联合会和总工会。乡镇（街道）工会委员会由会员（代表）大会选举产生。乡镇（街道）工会联合会委员会可以由会员（代表）

大会选举产生,也可以按照联合制、代表制原则,由下一级工会组织民主选举的主要负责人和适当比例的有关方面代表组成。乡镇(街道)辖区内有企业100家以上、职工5000人以上,能够配备专职工会主席(副主席)和专职工作人员的,可以建立乡镇(街道)总工会,其委员会换届和选举工作参照《关于地方工会召开代表大会及组成工会委员会、经费审查委员会的若干规定》执行。建立乡镇(街道)工会组织,应同时建立经费审查委员会和女职工委员会。

乡镇(街道)工会领导辖区内有隶属关系的各类基层工会组织(含区域性、行业性工会联合会)。

根据工作需要,县(市、区)总工会可以在不具备建立工会组织条件的乡镇(街道)设派出代表机关,即乡镇(街道)工会工作委员会。

四、健全制度机制。推动乡镇(街道)工会建设纳入党建带工建机制,推动建立乡镇(街道)党(工)委定期听取工会工作汇报、乡镇(街道)工会主席列席党(工)委有关会议制度,落实重大事项向乡镇(街道)党(工)委和上级工会请示报告制度。健全乡镇(街道)工会(会员)代表大会、委员(常委)会议、工作例会等制度;落实基层工会会员代表大会代表常任制,充分发挥会员代表、委员的作用。探索建立乡镇(街道)工会工作权责清单,健全工作评价制度。

五、强化干部配备。县级以上地方工会应与党委组织部门、编制部门协商,推动把乡镇(街道)工会干部纳入编制内统筹解决,纳入各级党委组织人事工作总体安排进行培养、使用,推动落实工会党员负责人作为同级党(工)委委员候选人提名人选制度。在推荐乡镇(街道)工会主席、副主席人选时,上级工会应积极争取工会主席按党政同级副职配备,专职副主席按中层正职配备。优化乡镇(街道)工会干部队伍结构,保持任期内相对稳定。建立乡镇(街道)总工会的,应设立专职主席(或副主席)和专职工作人员。积极推动乡镇(街道)党(工)委副书记兼任总工会主席。通过“专兼挂”等方式配强乡镇(街道)工会领导班子成员,充分发挥兼职、挂职副主席作用。

六、建设社会化工会工作者队伍。落实《中华全国总工会　民政部　人力资源社会保障部关于加强工会社会工作专业人才队伍建设的指导意见》,巩固发展社会化工会工作者队伍,将其作为乡镇(街道)工会专职人员的重要来源。地方工会要通过争取公益性岗位、直接聘用、购买服务等方式,积极发展社会化工会工作者队伍,建立健全选聘、管理、使用等制度。职工2000人以下的乡镇(街道)工会,可配备1名社会化工会工作者;职工2000人以上的,每3000人可配备1名社会化工会工作者。社会化工会工作者可以作为区域性、行业性工会联合会主席(副主席)候选人。各级工会要加大培育工会积极分子和志愿者队伍力度,引导社会力量参与工会工作。

七、提高培训质量。各级工会应高度重视乡镇(街道)工会干部培训工作。省级工会要制定培训规划,市、县级工会根据规划认真组织实施。新任乡镇(街道)工会主席、专职副主席在上岗一年内应参加上级工会组织的脱产培训,并达到合格;其他干部可通过脱产培训、以会代训、交流研讨、网上学习等多种途径,提高理论政策水平和业务工作能力,以适应岗位需求。社会化工会工作者应进行岗前培训。

八、保障工作经费。各级工会要保障乡镇(街道)工会的工作经费,通过经费留成、上级工会补助、财政支持等方式,保障乡镇(街道)工会正常运行。全国总工会每年从对下补助经费中,安排专项资金用于乡镇(街道)工会的工作经费,专款专用。地方工会综合考虑乡镇(街道)辖区内企业、职工数量和工作实际情况,确定一定比例的经费留成,或在本级经费预算中通过转移支付、项目化管理和定额补助等方式给予一定数量的专项经费。开展各种群众性、普惠性服务项目和活动,要积极争取地方政府和社会的支持。

县以上各级工会要在年度本级经费预算中安排专项资金,解决乡镇(街道)社会化工会工作者的经费,并逐步提高其待遇。有条件的地方,上级工会可以向乡镇(街道)工会的非公职人员发放兼职补贴。

九、严格财务监管。乡镇(街道)工会全部收支都要纳入预算管理,按照上级工会的要求编制年度收支预算和决算,严格按照工会财务管理规定所确定的范围使用工会经费,确保工会经费用于服务工会工作和用在职工身上,让工会经费真正惠及职工群众和工会会员。具有社会团体法人资格的乡镇(街道)工会,应按规定开设独立的银行账户,实行财务独立核算;不具备开设独立银行账户或不具备独立核算条件的乡镇(街道)工会,其经费由所在县(市、区)总工会代管。有条件的乡镇(街道)工会可以建立会计核算中心,对所辖小型企业工会实行集中核算,分户管理。乡镇(街道)工会应严格执行工会财务管理的相关规定,强化内部会计监督,实行工会委员会集体领导下的主席负责制,重大收支集体研究决定。强化工会经费的审查监督。

十、建好服务阵地。各级工会要推动乡镇政府、街道办事处帮助解决乡镇(街道)工会办公和会员职工开展活动所必要的场所和设施等。按照"会、站、家"一体化的要求,统筹建好、用好、管好职工服务和活动阵地。乡镇(街道)工会可单独建设服务阵地,也可与党政机构、其他群团组织,辖区内机关、事业单位、企业等共建共享阵地,实现资源有效配置。积极推进"互联网+"工会普惠性服务,建设线上线下融合的区域服务职工平台。引导社会组织为职工提供专业化服务,延伸工作手臂,提升服务质量。

十一、加强组织领导。各级工会要提高政治站位,引导乡镇(街道)工会积极参与加强和创新基层社会治理。将乡镇(街道)工会建设作为夯实基层基础的重点,列入重要议事日程,加大资金和力量投入,及时研究解决乡镇(街道)工会建设中的重要问题。加强分类指导,引导乡镇(街道)工会按照"六好"标准因地制宜开展工作,不断提升工作水平。鼓励和支持乡镇(街道)工会探索创新,及时总结推广典型经验。加强舆论宣传,为乡镇(街道)工会工作营造良好氛围。

11. 关于深入推进非公有制企业民主管理工作的意见

(总工发〔2016〕20号 2016年9月1日)

为全面贯彻党的十八大、十八届三中、四中、五中全会和习近平总书记系列重要讲话精神,贯彻落实《中共中央关于加强社会主义协商民主建设的意见》《中共中央关于加强和改进党的群团工作的意见》和《中共中央、国务院关于构建和谐劳动关系的意见》,推动全国非公有制企业建立健全以职工代表大会(或职工大会,简称职代会)为基本形式的民主管理制度,进一步促进非公有制经济健康发展、构建中国特色和谐劳动关系,现就深入推进非公有制企业民主管理工作提出如下意见。

一、充分认识深入推进非公有制企业民主管理工作的重要意义

改革开放30多年来,我国非公有制经济持续快速发展,已成为社会主义市场经济的重要组成部分和社会主义现代化建设的重要推动力量,非公有制企业已成为社会主义市场经济中数量最多、从业人员最广的市场主体。实践证明,在构建中国特色和谐劳动关系进程中,非公有制企业发挥了重要作用。

深入推进非公有制企业民主管理工作是保障职工主体地位、贯彻落实党的全心全意依靠工人阶级根本方针的具体体现,是扩大职工有序参与、加强基层民主政治建设的重要途径,是支持职工参与管理、推动企业改革发展的内在需要,是维护职工合法权益、构建中国特色和谐劳动关系的有效措施。各级工会要进一步增强紧迫感、责任感和使命感,加大工作力度,创新工作举措,扎实推动非公有制企业民主管理工作实现新突破、取得新发展。

二、切实把握深入推进非公有制企业民主管理工作的指导思想、工作原则和目标任务

(一)指导思想。全面贯彻党的十八大和十八届三中、四中、五中全会精神,以邓小平理论、"三个代表"重要思想、科学发展观为指导,深入贯彻习近平总书记系列重要讲话精神,进一步加强制度建设,丰富工作内容,扎实推动非公有制企业民主管理工作创新发展,在促进企业健康发展、维护职工合法权益中发挥积极作用。

(二)工作原则。

坚持融入管理,促进企业发展。把民主管理有效融入企业生产经营管理活动之中,使民主管理成为企业管理的重要组成部分,成为非公有制企业破解经营管理难题、加快产业转型升级、增强核心竞争力的推动力量和有效途径。

坚持以人为本,维护职工权益。牢固树立全心全意依靠职工办企业的理念,尊重职工主体地位,支持职工参与企业管理,推动解决职工最关心、最直接、最现实的利益问题,让职工在企业改革发展中有更多的获得感。

坚持因企制宜,实施分类指导。针对非公有制企业实际,把握多样性、差异性和渐进性的特点,由易到难、由浅入深,循序渐进推动非公有制企业民主管理工作深入发展。

坚持以点带面,实现整体推进。充分发挥先进典型的示范引领作用,带动更多的非公有制企业建立健全以职代会为基本形式的民主管理制度,以点带面、点面结合,不断提升非公有制企业民主管理工作的整体水平。

(三)目标任务。坚持不懈抓基层、打基础,着力推进非公有制企业民主管理建制扩面工作,着力推进制度化、规范化建设,着力推进理论创新、制度创新和工作创新,使非公有制企业民主管理组织机构更加健全、工作内容更加丰富、工作机制更加完善、运行程序更加规范、作用发挥更加有效。

三、大力推进非公有制企业民主管理制度化、规范化建设

坚持把建制扩面作为一项长期的基础工程抓紧抓实,实现已建工会的百人以上的非公有制企业单独建立职代会制度和厂务公开制度达到并动态保持在80%以上。大力推行区域(行业)职代会制度,实现中小微型非公有制企业民主管理制度覆盖面不断扩大。推动按照《公司法》规定设立董事会、监事会的非公有制企业,职工董事、职工监事制度建制率逐年稳步提高。

（一）建立健全职代会制度。指导企业根据自身实际，制定职代会实施细则或操作办法，完善职工代表选举制度、提案制度、表决制度、各专门委员会（工作小组）工作制度和决议落实制度等。规范选举职工代表，鼓励和探索职工代表竞选制度。职工代表中应当有适当比例的女职工、农民工、劳务派遣工代表。规范职代会提案的征集、办理、反馈环节。落实职代会职权，对重要事项应当采用无记名投票方式分项表决。充分发挥各专门委员会（工作小组）在职代会闭会期间的作用，组织职工代表巡视检查，推动职代会决议的贯彻落实。

在经济开发区、工业园区、高新技术园区和乡镇（街道）等中小微型企业集中的区域和产业集群，大力推行区域（行业）职代会制度。逐步规范区域（行业）职代会的职权内容、工作制度、组织制度，使区域（行业）职代会在构建和谐劳动关系中有效发挥作用。

（二）推进厂务公开制度。指导和推动企业制定厂务公开具体实施办法、健全组织机构、明确工作职责，完善监督检查、意见反馈、考核评估、责任追究等工作制度。在强化职代会主渠道的同时，拓宽公开方式，通过厂情通报会、厂务公开栏，企业内部网站、电子信箱、手机短信、微博、微信等途径，及时、真实、全过程公开企业改革发展中的重大问题和职工关心的热点难点问题，广泛征求职工的意见建议。

（三）推行职工董事、职工监事制度。指导和推动设立董事会、监事会的公司建立职工董事、职工监事制度。职工董事、职工监事应由职代会以无记名投票方式差额选举，经全体代表过半数同意方可当选。职工董事、职工监事要向公司职代会报告工作，接受职代会监督、质询和民主评议。在董事会、监事会研究决定公司重大问题时，职工董事、职工监事应按照职代会的相关决议发表意见，维护职工和公司的合法权益。

（四）鼓励非公有制企业创新民主管理实现形式。指导企业结合自身实际，畅通民主参与渠道，采取民主管理委员会、民主议事会、劳资恳谈会、民主协商会、总经理信箱、总经理接待日等行之有效的民主形式，搭建职工参与管理、与企业沟通协商的平台，并与职代会、厂务公开、职工董事职工监事制度有效衔接、相互促进，形成推进企业民主管理工作的制度合力。

四、不断丰富非公有制企业民主管理工作内容

主动适应经济发展新常态，围绕推动企业改革发展和维护职工合法权益，引导企业和职工积极开展多种形式的民主管理活动，促进企业和职工共同发展。

（一）引导和组织非公有制企业职工广泛开展民主管理活动，为实施创新驱动战略、实现企业转型升级献计献策。顺应加快推进实施“中国制造 2025”行动纲领和“互联网+”的发展趋势，把民主管理贯穿于企业实施创新驱动、实现转型升级的全过程。指导企业深入开展“公开解难题、民主促发展”主题活动，制定“民主管理立新功、职工代表在行动”“我为企业发展献一计”“金点子”“优秀职工代表提案”“职工代表大讨论”“职工大课堂”等灵活具体、形式多样的活动实施办法，鼓励职工投身技术创新、合理化建议等活动，组织职工为企业转型升级多想招、为加快发展多出力，用实际行动为企业提高自主创新能力和市场竞争力贡献智慧和力量。

（二）指导和督促非公有制企业将民主管理与专业管理深度融合，完善经营管理制度，提高企业管理科学化水平。在企业决策制定、规章制度、人事安排、绩效考核、物资采购、招标投标等经营管理过程中，通过职代会、厂务公开等民主形式，广泛听取职工的意见和建议，不断完善管理制度，提高管理水平。鼓励和推动非公有制企业开展职代会民

主评议管理人员活动,完善企业内部权力运行制约和监督机制,降低管控风险。充分发挥职工董事、职工监事在源头参与企业重大决策和监督中的作用,完善企业法人治理结构,推动企业在市场竞争中做大做强。

(三)指导和督促非公有制企业严格履行民主程序,为企业改革发展营造良好的稳定环境。指导企业制定、修改或者决定有关劳动报酬、工作时间、休息休假、劳动安全卫生、保险福利、职业培训、劳动纪律和劳动定额管理等涉及劳动者切身利益的规章制度或者重大事项方案,提交职代会审议通过,着力解决欠薪、超时加班、劳动保护措施不到位等突出问题。在推进供给侧结构性改革及化解钢铁、煤炭行业过剩产能过程中,指导督促相关企业加强厂务公开工作,按照国家有关法律法规和政策制定并落实职工安置方案,依法履行民主程序,充分听取职工意见。职工安置方案应按规定经职工代表大会或全体职工讨论通过后公布实施,对职工安置方案不完善、资金保障不到位以及职工安置方案未经职工代表大会或全体职工讨论通过的,不得实施。引导职工理解改革、支持改革、参与改革,推动企业改革顺利进行。

(四)引导和组织非公有制企业职工通过民主管理制度平台,依法、理性、有序表达利益诉求。针对职工权利意识明显增强、利益诉求更加多元的新特点,通过职代会等民主形式,引导职工认清企业改革发展中面临的困难,正确看待自身利益与企业集体利益的关系,将职工零散无序的利益诉求纳入制度框架内,使之规范有序进行表达。在讨论决定涉及职工切身利益的重要事项时,统筹兼顾企业内部不同职工群体特别是青年职工和农民工、劳务派遣工的利益诉求,将劳动关系中可能出现的矛盾和问题化解在基层、化解在萌芽状态。

五、切实提高非公有制企业民主管理工作实效

针对当前非公有制企业民主管理工作中存在的突出问题,积极探索破解难题的有效办法和途径,力求在一些关键问题、难点问题上取得新突破,多措并举提高工作执行力,推动民主管理各项制度落实到位。

(一)坚持问题导向。把问题意识、问题导向贯穿于推进工作的全过程,深入研究经济发展新常态下非公有制企业改革发展和职工权益实现面临的突出问题。坚持重心下移,加强对非公有制企业工会的指导和服务,着力解决非公有制企业民主管理建制难、运行不规范、作用难发挥等问题,研究解决青年职工和农民工、劳务派遣工等特殊职工群体的民主权利的落实问题,广泛应用新媒体增强民主管理工作的吸引力,以解决问题的成果检验推动工作的成效。

(二)运用法治思维。积极推动企业民主管理立法工作。已出台地方性法规的地区,要积极配合做好人大执法检查、政府行政监察和政协视察,督促企业贯彻执行相关法律法规;尚未出台地方性法规的地区,要积极推动企业民主管理列入地方立法计划。严肃处理企业因劳动规章制度引发的劳动争议和劳动纠纷,倒逼企业建立健全职代会等民主管理制度。引导职工自觉守法、遇事找方法、解决问题靠方法,运用法律武器维护自身合法权益。

(三)狠抓工作落实。进一步转变作风,深入企业,动员、指导和帮助非公有制企业建立健全民主管理制度;探索建立激励约束机制,将企业实行民主管理情况纳入企业负责人政治安排和企业创先评优指标体系;借助政府公共信用信息平台等方式,加强社会监督,引入市场力量,督促企业遵法守纪、诚信经营。

六、加强组织领导和工作指导

各级工会要围绕党和国家工作大局，明确责任、落实任务，为新形势下深入推进非公有制企业民主管理工作提供坚强的组织保障和有力的政策指导，以改革创新精神推动工作发展。

（一）加强组织领导。各级工会要自觉坚持党的领导、积极争取政府和各方面的支持，及时向党委政府反映工作中存在的困难和问题。借助厂务公开协调领导机构、劳动关系三方协商机制等平台，发挥各部门职能优势，形成齐抓共管、共同推进的良好局面。紧密结合地方实际，制定本地区推进非公有制企业民主管理工作的指导意见、工作规划和实施方案，把推进非公有制企业民主管理工作与依法推动非公有制企业普遍建立工会组织、普遍开展工资集体协商结合起来，多措并举、多管齐下、稳步推进。

（二）注重分类指导。针对不同地区、不同行业的非公有制企业在企业规模、组织形式、管理方式、职工队伍、工会工作基础等方面存在的差异，因地（企）制宜、分类指导，有针对性地提出目标任务和具体举措。积极开展民主管理示范单位创建活动，发现培育总结推广一批先进典型，通过召开现场经验交流会等方式，推广好经验、好做法，发挥示范引领作用，以点带面，整体推进。

（三）强化舆论宣传。通过与工商联、企联等单位联合举办培训班等方式，加强对企业经营管理者的教育和引导，提高他们对企业实行民主管理重要性和必要性的认识，强化依靠职工办企业的理念。在充分运用广播、电视、报刊等传统媒体的同时，利用网络、微信、微博、手机应用程序客户端、手机报等新媒体，加大宣传力度，凝聚社会共识，为深入推进非公有制企业民主管理工作营造良好的舆论氛围。

12. 关于加强和改进党的群团工作的意见

群团事业是党的事业的重要组成部分，党的群团工作是党治国理政的一项经常性、基础性工作，是党组织动员广大人民群众为完成党的中心任务而奋斗的重要法宝。工会、共青团、妇联等群团组织联系的广大人民群众是全面建成小康社会、坚持和发展中国特色社会主义的基本力量，是全面深化改革、全面推进依法治国、巩固党的执政地位、维护国家长治久安的基本依靠。为更好发挥群团组织作用，把广大人民群众更加紧密地团结在党的周围，汇聚起实现“两个一百年”奋斗目标、实现中华民族伟大复兴中国梦的强大正能量，现就加强和改进党的群团工作提出如下意见。

一、新形势下加强和改进党的群团工作的重要性和紧迫性

在革命、建设、改革各个历史时期，党始终高度重视群团工作，加强群团组织建设，发挥群团组织特殊优势，团结带领广大人民群众共同为实现党在各个时期的历史任务而奋斗。新形势下，党的群团工作只能加强，不能削弱；只能改进提高，不能停滞不前。

党的十八大提出“两个一百年”奋斗目标，习近平总书记提出实现中华民族伟大复兴的中国梦，描绘了国家富强、民族振兴、人民幸福的美好前景。实现我们党确定的宏伟目标，根本上要靠全体人民的劳动、创造、奉献，必须加强和改进党的群团工作，更好组织动员群众、教育引导群众、联系服务群众、维护群众合法权益，充分激发蕴藏在人民群众中的巨大创造力，凝聚起实现“两个一百年”奋斗目标和中国梦的磅礴力量。

当前，全面建成小康社会、全面深化改革、全面推进依法治国、全面从严治党的历史重任摆在全党面前。人民是国家的主人、改革的主体。做好改革发展稳定各项工作，必须依靠人民群众支持和拥护，必须加强和改进党的群团工作，充分发挥群团组织作用，调动人民群众的积极性、主动性、创造性。

我国发展的内外环境正在发生深刻变化，党面临的挑战和考验前所未有。人心向背关系党的生死存亡。巩固党的执政地位，经受住执政考验、改革开放考验、市场经济考验、外部环境考验，应对好精神懈怠危险、能力不足危险、脱离群众危险、消极腐败危险，核心是保持党同人民群众的血肉联系。必须加强和改进党的群团工作，全心全意依靠工人阶级和广大人民群众，最大限度把人民群众团结在党的周围，打造抵御国内外敌对势力干扰破坏和"颜色革命"的铜墙铁壁，夯实党执政治国的群众基础。

这些年，党的群团工作在继承创新中不断加强，但与新形势新任务的要求相比仍存在许多不适应的问题。有的地方和部门党组织对群团工作重视不够，对群团工作的特点和规律缺乏深入研究，对发挥群团组织作用缺乏有力指导和支持。群团组织基层基础薄弱、有效覆盖面不足、吸引力凝聚力不够问题突出，特别是在非公有制经济组织、社会组织和各类新兴群体中的影响力亟待增强；有的群团组织工作和活动方式单一，进取意识和创新精神不强，存在机关化、脱离群众现象；群团干部能力素质需要进一步提高，作风需要改进。各级党委必须高度重视做好新形势下党的群团工作，全面提高水平，切实解决问题，不断开创党的群团工作新局面。

二、坚定不移走中国特色社会主义群团发展道路

中国特色社会主义群团发展道路，是对党的群团工作长期奋斗历史经验的科学总结。这条道路是中国共产党开展群众工作、推进党的事业的伟大创造，是党领导群众实现共同梦想的历史选择，是群团组织与时俱进、发展壮大的必由之路。这条道路是中国特色社会主义道路的重要组成部分，其基本特征是各群团自觉接受党的领导、团结服务所联系群众、依法依章程开展工作相统一。

新形势下加强和改进党的群团工作，必须贯彻落实党的十八大和十八届三中、四中全会精神，高举中国特色社会主义伟大旗帜，以邓小平理论、"三个代表"重要思想、科学发展观为指导，深入贯彻习近平总书记系列重要讲话精神，牢牢把握为实现中华民族伟大复兴中国梦而奋斗的时代主题，坚定不移走中国特色社会主义群团发展道路，最广泛把群众组织起来、动员起来、团结起来，奋力推进中国特色社会主义伟大事业。

——坚持党对群团工作的统一领导。党的领导是做好群团工作的根本保证。各级党组织必须负起政治责任，加强对群团组织的政治领导、思想领导、组织领导，把党的理论和路线方针政策贯彻落实到群团工作各方面、全过程。群团组织必须坚持正确政治方向，自觉服从党的领导，贯彻党的意志和主张，严守政治纪律和政治规矩，在思想上政治上行动上始终同以习近平同志为总书记的党中央保持高度一致，不断增强中国特色社会主义道路自信、理论自信、制度自信、文化自信。

——坚持发挥桥梁和纽带作用。群团组织是党和政府联系人民群众的桥梁和纽带。各级党组织要重视依靠群团组织推动党的理论和路线方针政策在群众中的贯彻落实，更好践行群众路线，做好群众工作。群团组织要经常深入群众，倾听群众呼声、反映群众意愿，深入做好群众的思想政治工作，把党的决策部署变成群众的自觉行动，把党的关怀送到群众中去。

——坚持围绕中心、服务大局。为党和国家工作大局服务，始终是群团工作的价值所在。各级党组织要指导群团组织紧紧围绕中国特色社会主义经济建设、政治建设、文化建设、社会建设、生态文明建设，围绕外交工作大局和祖国统一大业，找准工作的结合点和着力点，团结动员所联系群众为完成党和国家中心任务贡献力量。群团组织要坚持在大局下思考、在大局下行动，明确职责定位、展现自身价值，更好促进改革发展、维护社会和谐稳定。

——坚持服务群众的工作生命线。群团组织是党直接领导的群众自己的组织，为群众服务是群团组织的天职。各级党组织要推动群团组织贯彻党的群众路线，为群团组织服务群众创造条件。群团组织要增强群众观念，多为群众办好事、解难事，维护和发展群众利益，不断增强自身影响力和感召力。

——坚持与时俱进、改革创新。改革创新是群团工作发展进步的不竭动力。各级党组织和群团组织要把握时代脉搏，适应社会发展变化，尊重基层首创精神，不断推进群团工作和群团组织建设理论创新、实践创新、制度创新，始终与党和国家事业同步前进。

——坚持依法依章程独立自主开展工作。尊重群团组织性质和特点是做好群团工作的重要原则。各级党组织要支持群团组织发挥各自优势、体现群众特点，创造性开展工作。群团组织要大胆履责、积极作为，依法依章程开展活动、维护群众权益，最广泛吸引和团结群众。

三、加强党委对群团工作的组织领导

各级党委要明确对群团工作的领导责任，健全组织制度，完善工作机制，从上到下形成强有力的组织领导体系。

群团组织实行分级管理、以同级党委领导为主的体制，工会、共青团、妇联受同级党委和各自上级组织双重领导。地方党委负责指导同级群团组织贯彻落实党的理论和路线方针政策，研究决定群团工作重大问题，管理同级群团组织领导班子，协调群团组织同党政部门的关系及群团组织之间的关系。上级群团组织依法依章程领导或指导下级群团组织工作。地方党委应该注意听取上级群团组织意见，加强沟通协调，形成工作合力。

地方党委要建立和完善研究决定群团工作重大事项制度。党委在每届任期内应该召开专门的群团工作会议；党委常委会应该定期听取各群团组织工作汇报，每年都要专题研究群团工作。一般由党委专职副书记分管群团工作，具体分工根据实际确定。建立党委群团工作联席会议制度，协调解决问题，推动工作落实。建立党委群团工作考核制度，把群团工作成效作为考核党委领导班子和分管负责同志工作的重要内容。

地方党委有关工作会议应该请工会、共青团、妇联等群团组织主要负责人参加或列席。县级以下共青团组织主要负责人按党章规定列席同级党组织有关会议。乡镇（街道）的工会、妇联组织主要负责人可列席同级党委有关会议。工会、共青团、妇联的党员负责人应该考虑作为同级党委委员候选人提名人选。

把群团建设纳入党建工作总体部署。完善党建带群建制度机制，把党建带群建作为党建工作责任制的重要内容。统筹基层党群组织工作资源配置和使用，基层党组织活动阵地、党员服务站点的规划建设应该考虑群团组织需要。制定群团组织推优办法，把群团组织推优作为产生入党积极分子人选的方式之一。非公有制经济组织、社会组织中的党建和群建工作要整体推进、共建互促。

群团组织中的党组要充分发挥领导核心作用。善于团结党外干部群众，善于把党的主张和任务转化成群团组织的决议和群众的自觉行动。认真贯彻民主集中制，健全集体领导制度，严格管理干部。加强对重大问题的调查研究，密切关注群众思想、工作、生活等方面的变化，引导群众正确理解和自觉支持党的理论和路线方针政策以及中央决策部署。落实从严治党责任，严格执行党的纪律，重大事项及时向批准党组设立的党组织请示报告。没有设立党组的群团组织，其领导班子应该承担起贯彻执行党的理论和路线方针政策的政治责任和抓党的建设的主体责任。群团组织中的党员要按照党的标准严格要求自己，发挥先锋模范作用，影响和带动周围干部群众努力完成党和国家的任务。

领导干部要加强对群团工作理论政策的学习研究。党校、行政学院、干部学院、社会主义学院应该开设党的群团工作理论政策课程。党委理论学习中心组应该把群团工作作为专题学习的重要内容。加强群团工作学科建设，群团工作研究列入国家哲学社会科学研究规划。

四、推动群团组织团结动员群众围绕中心任务建功立业

各级党委要重视发挥群团组织团结动员群众干事创业的重要作用。群团组织要把深化改革开放、推动科学发展、促进社会和谐作为发挥作用的主战场，把工人阶级主力军、青年生力军、妇女半边天作用和人才第一资源作用，转化为促进经济社会发展的强大力量。要积极主动宣传改革和依法治国，组织引导群众理解改革、支持改革、参与改革、推进改革，积极投身社会主义法治国家建设，促进形成最广泛的合力。

群团组织要紧紧结合自身职责，深入开展群众性劳动竞赛、技能比武、科技创新、科学普及等活动，动员群众立足岗位创新创业创优。积极开展对所联系群众的知识技能培训，促进能力素质提高。大力宣传生态文明理念，广泛发动群众，共建美丽中国。完善应急动员、公益募捐等行动机制，在保障重大任务、支援抢险救灾、应对重大突发事件中发挥积极作用。

群团组织要广泛开展民族团结进步宣传教育，动员所联系群众旗帜鲜明反对民族分裂、维护祖国统一，促进各民族群众手足相亲、守望相助。加强同香港同胞、澳门同胞、台湾同胞和海外侨胞的往来和交流，推进国家现代化建设和祖国和平统一。多领域、多渠道、多层次开展民间对外交流，增进中国人民同各国人民友谊，维护国家核心利益。

五、推动群团组织引导群众自觉培育和践行社会主义核心价值观

群团组织是群众自我教育、自我管理的重要平台。各级党委要推动群团组织引导所联系群众继承和弘扬中华优秀文化，自觉培育和践行社会主义核心价值观。

群团组织要从所联系群众的实际出发，设计务实管用的载体，把社会主义核心价值观转化为生动活泼、特色鲜明、富有成效的群众性实践。引导广大职工弘扬劳模精神、劳动精神、工人阶级伟大品格，增强主人翁意识，打造健康文明、昂扬向上的职工文化。加强对青年的理想信念教育，引导广大青年把社会主义核心价值观的根扎牢植正。加强和改进未成年人思想道德建设，开展好少先队组织教育、自主教育和实践活动，帮助少年儿童养成好思想、好品格、好习惯。引导广大妇女弘扬传统美德和自尊自信自立自强精神，培育良好家风，推进家庭文明建设。引导科技工作者发挥示范作用，弘扬科学精神，推动形成崇尚科学、追求进步的社会氛围。推动文学艺术、新闻宣传、法律、教育、社会公益等领域工作者积极发挥作用，引领全社会崇德向善、敬业诚信、遵纪守法、互助友爱、文明和谐。

群团组织要坚持广泛发动，利用遍布城乡的组织网络和基层阵地，深化群众性精神文明创建活动，把社会主义核心价值观教育做细做实。加强正面引导，大力宣传弘扬社会主义核心价值观的新风正气，及时批评违背社会主义核心价值观的模糊认识、错误观点、不良风气，引导群众明辨真假、是非、善恶、美丑。搞好典型引路，发挥各行各业先进典型、道德模范、“最美人物”等的示范带动作用，激发全社会学习先进、追赶先进、争当先进的持久内生动力。

六、支持群团组织加强服务群众和维护群众合法权益工作

群团组织服务群众要盯牢群众所急、党政所需、群团所能的领域，重点帮助群众解决日常工作生活中最关心、最直接、最现实的利益问题和最困难、最操心、最忧虑的实际问题。有针对性地开展创业就业、心理疏导、大病救助、法律援助、婚恋交友、居家养老等服务，特别是要做好对困难职工、留守老人妇女儿童、归难侨、残疾人等群体的帮扶，对高等学校毕业生、留学回国人员、农民工的服务。制定服务型基层组织建设意见，打造符合群众需求的工作品牌，推动构建覆盖广泛、快捷有效的服务群众体系。通过项目招聘、购买服务等方式吸引社会工作人才、专家学者、社会组织等力量参与服务群众工作。广泛开展志愿服务，完善组织管理，提升志愿服务水平。

维护群众合法权益是群团组织的重要工作。各级党委和政府要把群团工作纳入党政主导的维护群众权益机制，支持群团组织在维护全国人民总体利益的同时更好维护各自所联系群众的具体利益。群团组织维权工作应该主动有为，哪里的群众合法权益受到侵害，哪里的群团组织就要帮助群众通过合法渠道、正常途径，合理伸张利益诉求，促进社会公平正义。要主动代表所联系群众参与相关法律法规和政策的制定，推动建立健全协调劳动关系等方面制度机制，从源头上保障群众权益、发展群众利益。善于运用法治思维和法治方式维权，注重通过集体协商、对话协商等方式协调各方利益，通过信访代理、推动公益诉讼、依法参与调解仲裁等方式为利益受到损害或侵犯的群众提供帮助。同时，要引导群众识大体、顾大局，依法理性表达诉求，自觉维护社会和谐稳定。

各级党委、人大、政府及有关部门研究制定涉及群众切身利益的政策措施、法律法规、发展规划、重大决策，应该请相关群团组织参与调研和论证，充分听取意见、吸收合理建议，充分考虑相关群体利益。重大决策社会稳定风险评估机制，应该吸收群团组织参加。支持群团组织切实履行代表维护职能，推动落实男女平等基本国策，健全妇女、未成年人、残疾人等合法权益保护机制。

七、支持群团组织在社会主义民主中发挥作用

群团组织特别是人民团体是广大群众依法、有序、广泛参与管理国家事务和社会事务、管理经济和文化事业的重要渠道。各级党委要重视发挥群团组织在社会主义民主中的作用，更好保证人民当家作主。

按照协商于民、协商为民的要求，拓宽人民团体参与政治协商的渠道，规范人民团体参与协商民主的内容、程序、形式。政府可通过召开会议或其他适当方式，定期向人民团体通报重要工作部署和相关重大举措，加强决策之前和决策实施之中的协商。各级政协要充分发挥人民团体及其界别委员在密切联系群众、增进社会各阶层和不同利益群体和谐中的作用，密切各专门委员会与人民团体的联系。

党委、人大要支持人民团体在县、乡人大代表换届选举中，依法按程序提名推荐代表候选人。县以上人大代表、政协委员人选的提名推荐，应该加强与人民团体的沟通协商，落实好有关人选的比例规定和政策要求。选任人民陪审员、人民监督员、人民调解员，落

实人民建议征集制度，应该重视发挥人民团体作用。

群团组织应该加强对经济社会发展等方面政策的研究，提高参政议政水平。依照党的政策和国家法律法规，积极代表和组织所联系群众参与协商民主，通过多种方式反映群众意见。积极参加城乡基层群众自治和企事业单位民主管理，引导所联系群众正确行使民主权利，推动基层民主健康发展。

八、支持群团组织参与创新社会治理和维护社会稳定

群团组织是创新社会治理和维护社会和谐稳定的重要力量。各级党委和政府要合理配置职能和资源，支持群团组织依法参与社会事务管理，把适合群团组织承担的一些社会管理服务职能按照法定程序转由群团组织行使；支持群团组织立足自身优势，以合适方式参与政府购买服务。群团组织承接政府转移职能要试点先行，承接职能后应该建立符合公共服务特点的运行机制，确保能负责、能问责；参与政府购买服务，要严格管理、规范实施，做到政府放心、社会认可、自身有活力。

各级党委和政府要支持群团组织在党组织领导下发挥作用，加强对有关社会组织的政治引领、示范带动、联系服务。群团组织要通过服务来引导和促进社会组织健康有序发展。推动政府治理和社会自我调节、基层群众自治良性互动，促进多元治理主体协同协作协调、互促互补互融。组织群众主动参加社会治安综合治理、基层社区网格化管理、平安创建，积极协调化解矛盾纠纷和利益冲突。

各级党委和政府要重视发挥群团组织在全面推进依法治国特别是法治社会建设中的积极作用。支持群团组织开展群众性法治文化活动，引导群众自觉守法、遇事找法、解决问题靠法。支持群团组织参与群众普法教育，推动建设普法和法律服务志愿者队伍。建立健全群团组织参与社会事务、维护公共利益、救助困难群众、帮扶特殊人群、预防违法犯罪的机制和制度化渠道。发挥群团组织对其成员的行为导引、规则约束、权益维护作用。

九、推动群团组织改革创新、增强活力

各级党委要推动群团组织勇于改革创新，通过创造性工作增强发展活力、赢得群众信任。

基层组织是做好群团工作的基础和关键。工会、共青团、妇联等群团组织要以提高吸引力、凝聚力、战斗力和扩大有效覆盖面为目标，在巩固按行政区划、依托基层单位建立组织、开展工作的同时，创新基层组织设置、成员发展、联系群众、开展活动的方式。立体化、多层面扩大组织覆盖，重点向非公有制经济组织、社会组织、城乡社区等领域和农民工、自由职业者等群体延伸组织体系。加强高等学校群团组织建设，更好联系、引导、服务青年学生和教师。

群团组织要牢固树立以群众为本的理念，健全依靠所联系群众推进工作制度。以群众喜闻乐见、便于参加的形式和方法开展工作，组织活动请群众一起设计，部署任务请群众一起参与，表彰先进请群众一起评议。完善群团组织代表大会制度和委员会制度，建立重大事项报告制度，代表和委员履职述职制度和直接联系群众、接受群众评议制度。完善群团组织事务公开制度，主动接受群众和社会监督。

打造网上网下相互促进、有机融合的群团工作新格局。群团组织要提高网上群众工作水平，实施上网工程，建设各具特色的群团网站，推进互联互通及与主流媒体、门户网站的合作。加强网宣队伍建设，综合运用维权热线和网络论坛、手机报、微博、微信等新媒体平台进行网上引导和动员。站在网上舆论斗争最前沿，主动发声、及时发声，弘扬网上主旋律。逐步建立统一的群团组织基础信息统计制度。

适应完成党的中心任务和基层工作、群众工作需要，改革和改进机关机构设置、管理模式、运行机制，充分体现群团组织的政治性、群众性特点，防止机关化、娱乐化倾向发生。

十、加大对群团工作的支持保障力度

各地要统筹管好用好现有群众活动阵地和设施，整合用好社会资源，纳入现代公共文化服务体系，坚持公益属性，真正发挥作用。主要新闻媒体要加强对群团工作的舆论宣传。新闻出版等部门要加强对群团组织所办报刊、出版社、网站的指导管理，确保正确舆论导向。

完善群团工作经费保障制度。依法足额收缴工会经费，由财政拨款支持的群团组织工作经费列入同级财政年度预算并予以保证。各级财政加大对革命老区、民族地区、边疆地区、贫困地区的支持力度，对基层群团组织的经费补贴应该落实到位，按人头划拨的经费重点向基层倾斜。基层单位应该根据需要合理安排群团工作经费。规范群团组织资产管理使用制度，任何组织和个人不得侵占、挪用或任意调拨群团组织资产。

鼓励群团组织在国家法律和相关规定许可范围内，通过多种方式筹措事业发展资金，依法享受扶持政策。群团组织应该建立健全社会资金募集、管理、使用全过程公开制度，建立第三方监督评价机制，提高社会公信力。

强化群团工作法治保障，提高群团工作法治化水平。推进涉及群团组织工作的立法，加强群团工作相关法律法规的实施和执法检查。

十一、加强群团组织领导班子和干部队伍建设

各级党委要加强群团组织领导班子建设，努力打造政治坚定、团结务实、群众拥护的坚强领导集体。坚持德才兼备、以德为先，按照信念坚定、为民服务、勤政务实、敢于担当、清正廉洁的好干部标准，选拔群众工作经验丰富、在所联系群众中威信高的同志，推荐作为群团组织主要负责人人选。领导班子成员人选的考察推荐应该广泛听取群众意见，结构要合理优化，工会、共青团、妇联负责人中基层一线代表人士的兼职比例应该适当增加。尊重群团组织民主选举结果，保持领导干部任期内稳定。健全县级以上群团组织领导班子中心组理论学习、党员领导干部民主生活会、新进班子成员任职培训等制度。坚持严字当头，加强党风廉政建设。探索建立符合群团工作特点的群团组织领导班子和领导干部综合考评机制。

群团干部是党的干部队伍的重要组成部分。各级党委要重视抓群团干部培养，全面加强群团干部队伍建设。将群团干部培训纳入干部教育培训总体规划，分级负责、分系统落实。重视推动群团干部到火热的实践一线摸爬滚打、锻炼成才，注重从企业、农村、城乡社区等基层一线选拔优秀人才充实群团干部队伍。选好配强基层群团组织负责人，更多采用兼职、聘用等方式吸引优秀社会人才加入群团工作队伍。推进群团干部跨系统多岗位交流，加强群团组织与党政部门之间干部双向交流，把群团工作岗位作为提高干部做群众工作能力的重要平台。改进群团干部参照公务员法管理工作，支持群团组织根据自身工作特点按规定考录和遴选机关工作人员。群团干部要自觉加强学习，增强党性修养，提高能力素质。

坚持从群众中来、到群众中去，建好群众之家、当好群众之友。群团组织领导机关要

带头践行党的群众路线,把密切联系群众作为根本的工作作风,把工作重心放在最广大普通群众身上。健全防止和克服“四风”问题的长效机制,坚持定期分析检查、公开承诺整改等制度,经常开展下基层接地气、请群众评机关等活动,坚决克服机关化、脱离群众现象。群团组织领导机关干部要带头树立经常联系群众、直接服务群众、真情同群众交友的好作风,竭诚为群众服务。

各省、自治区、直辖市党委,全国总工会、共青团中央、全国妇联等中央管理的群团组织,要根据本意见要求制定实施方案。中央各部委,国家机关各部委党组(党委),解放军各总部、各大单位党委,要结合各自实际研究提出贯彻落实本意见的具体措施。

13. 关于构建和谐劳动关系的意见

(2015年3月21日)

为全面贯彻党的十八大和十八届二中、三中、四中全会精神,构建和谐劳动关系,推动科学发展,促进社会和谐,现提出如下意见。

一、充分认识构建和谐劳动关系的重大意义

劳动关系是生产关系的重要组成部分,是最基本、最重要的社会关系之一。劳动关系是否和谐,事关广大职工和企业的切身利益,事关经济发展与社会和谐。党和国家历来高度重视构建和谐劳动关系,制定了一系列法律法规和政策措施并作出工作部署。各级党委和政府认真贯彻落实党中央和国务院的决策部署,取得了积极成效,总体保持了全国劳动关系和谐稳定。但是,我国正处于经济社会转型时期,劳动关系的主体及其利益诉求越来越多元化,劳动关系矛盾已进入凸显期和多发期,劳动争议案件居高不下,有的地方拖欠农民工工资等损害职工利益的现象仍较突出,集体停工和群体性事件时有发生,构建和谐劳动关系的任务艰巨繁重。

党的十八大明确提出构建和谐劳动关系。在新的历史条件下,努力构建中国特色和谐劳动关系,是加强和创新社会管理、保障和改善民生的重要内容,是建设社会主义和谐社会的重要基础,是经济持续健康发展的重要保证,是增强党的执政基础、巩固党的执政地位的必然要求。各级党委和政府要从夺取中国特色社会主义新胜利的全局和战略高度,深刻认识构建和谐劳动关系的重大意义,切实增强责任感和使命感,把构建和谐劳动关系作为一项紧迫任务,摆在更加突出的位置,采取有力措施抓实抓好。

二、构建和谐劳动关系的指导思想、工作原则和目标任务

(一)指导思想。全面贯彻党的十八大和十八届二中、三中、四中全会精神,以邓小平理论、“三个代表”重要思想、科学发展观为指导,深入贯彻习近平总书记系列重要讲话精神,贯彻落实党中央和国务院的决策部署,坚持促进企业发展、维护职工权益,坚持正确处理改革发展稳定关系,推动中国特色和谐劳动关系的建设和发展,最大限度增加劳动关系和谐因素,最大限度减少不和谐因素,促进经济持续健康发展和社会和谐稳定,凝聚广大职工为实现“两个一百年”奋斗目标、实现中华民族伟大复兴的中国梦贡献力量。

(二)工作原则

——坚持以人为本。把解决广大职工最关心、最直接、最现实的利益问题,切实维护

其根本权益，作为构建和谐劳动关系的根本出发点和落脚点。

——坚持依法构建。健全劳动保障法律法规，增强企业依法用工意识，提高职工依法维权能力，加强劳动保障执法监督和劳动纠纷调处，依法处理劳动关系矛盾，把劳动关系的建立、运行、监督、调处的全过程纳入法治化轨道。

——坚持共建共享。统筹处理好促进企业发展和维护职工权益的关系，调动劳动关系主体双方的积极性、主动性，推动企业和职工协商共事、机制共建、效益共创、利益共享。

——坚持改革创新。从我国基本经济制度出发，统筹考虑公有制经济、非公有制经济和混合所有制经济的特点，不断探究和把握社会主义市场经济条件下劳动关系的规律性，积极稳妥推进具有中国特色的劳动关系工作理论、体制、制度、机制和方法创新。

（三）目标任务。加强调整劳动关系的法律、体制、制度、机制和能力建设，加快健全党委领导、政府负责、社会协同、企业和职工参与、法治保障的工作体制，加快形成源头治理、动态管理、应急处置相结合的工作机制，实现劳动用工更加规范，职工工资合理增长，劳动条件不断改善，职工安全健康得到切实保障，社会保险全面覆盖，人文关怀日益加强，有效预防和化解劳动关系矛盾，建立规范有序、公正合理、互利共赢、和谐稳定的劳动关系。

三、依法保障职工基本权益

（四）切实保障职工取得劳动报酬的权利。完善并落实工资支付规定，健全工资支付监控、工资保证金和欠薪应急周转金制度，探索建立欠薪保障金制度，落实清偿欠薪的施工总承包企业负责制，依法惩处拒不支付劳动报酬等违法犯罪行为，保障职工特别是农民工按时足额领到工资报酬。努力实现农民工与城镇就业人员同工同酬。

（五）切实保障职工休息休假的权利。完善并落实国家关于职工工作时间、全国年节及纪念日假期、带薪年休假等规定，规范企业实行特殊工时制度的审批管理，督促企业依法安排职工休息休假。企业因生产经营需要安排职工延长工作时间的，应与工会和职工协商，并依法足额支付加班加点工资。加强劳动定额定员标准化工作，推动劳动定额定员国家标准、行业标准的制定修订，指导企业制定实施科学合理的劳动定额定员标准，保障职工的休息权利。

（六）切实保障职工获得劳动安全卫生保护的权利。加强劳动安全卫生执法监督，督促企业健全并落实劳动安全卫生责任制，严格执行国家劳动安全卫生保护标准，加大安全生产投入，强化安全生产和职业卫生教育培训，提供符合国家规定的劳动安全卫生条件和劳动保护用品，对从事有职业危害作业的职工按照国家规定进行上岗前、在岗期间和离岗时的职业健康检查，加强女职工和未成年工特殊劳动保护，最大限度地减少生产安全事故和职业病危害。

（七）切实保障职工享受社会保险和接受职业技能培训的权利。认真贯彻实施社会保险法，继续完善社会保险关系转移接续办法，努力实现社会保险全面覆盖，落实广大职工特别是农民工和劳务派遣工的社会保险权益。督促企业依法为职工缴纳各项社会保险费，鼓励有条件的企业按照法律法规和有关规定为职工建立补充保险。引导职工自觉履行法定义务，积极参加社会保险。加强对职工的职业技能培训，鼓励职工参加学历教育和继续教育，提高职工文化知识水平和技能水平。

四、健全劳动关系协调机制

（八）全面实行劳动合同制度。贯彻落实好劳动合同法等法律法规，加强对企业实行劳动合同制度的监督、指导和服务，在用工季节性强、职工流动性大的行业推广简易劳动合同示范文本，依法规范劳动合同订立、履行、变更、解除、终止等行为，切实提高劳动合同签订率和履行质量。依法加强对劳务派遣的监管，规范非全日制、劳务承揽、劳务外包用工和企业裁员行为。指导企业建立健全劳动规章制度，提升劳动用工管理水平。全面推进劳动用工信息申报备案制度建设，加强对企业劳动用工的动态管理。

（九）推行集体协商和集体合同制度。以非公有制企业为重点对象，依法推进工资集体协商，不断扩大覆盖面、增强实效性，形成反映人力资源市场供求关系和企业经济效益的工资决定机制和正常增长机制。完善工资指导线制度，加快建立统一规范的企业薪酬调查和信息发布制度，为开展工资集体协商提供参考。推动企业与职工就工作条件、劳动定额、女职工特殊保护等开展集体协商，订立集体合同。加强集体协商代表能力建设，提高协商水平。加强对集体协商过程的指导，督促企业和职工认真履行集体合同。

（十）健全协调劳动关系三方机制。完善协调劳动关系三方机制组织体系，建立健全由人力资源社会保障部门会同工会和企业联合会、工商业联合会等企业代表组织组成的三方机制，根据实际需要推动工业园区、乡镇（街道）和产业系统建立三方机制。加强和创新三方机制组织建设，建立健全协调劳动关系三方委员会，由同级政府领导担任委员会主任。完善三方机制职能，健全工作制度，充分发挥政府、工会和企业代表组织共同研究解决有关劳动关系重大问题的重要作用。

五、加强企业民主管理制度建设

（十一）健全企业民主管理制度。完善以职工代表大会为基本形式的企业民主管理制度，丰富职工民主参与形式，畅通职工民主参与渠道，依法保障职工的知情权、参与权、表达权、监督权。推进企业普遍建立职工代表大会，认真落实职工代表大会职权，充分发挥职工代表大会在企业发展重大决策和涉及职工切身利益等重大事项上的重要作用。针对不同所有制企业，探索符合各自特点的职工代表大会形式、权限和职能。在中小企业集中的地方，可以建立区域性、行业性职工代表大会。

（十二）推进厂务公开制度化、规范化。进一步提高厂务公开建制率，加强国有企业改制重组过程中的厂务公开，积极稳妥推进非公有制企业厂务公开制度建设。完善公开程序，充实公开内容，创新公开形式，探索和推行经理接待日、劳资恳谈会、总经理信箱等多种形式的公开。

（十三）推行职工董事、职工监事制度。按照公司法规定，在公司制企业建立职工董事、职工监事制度。依法规范职工董事、职工监事履职规则。在董事会、监事会研究决定公司重大问题时，职工董事、职工监事应充分发表意见，反映职工合理诉求，维护职工和公司合法权益。

六、健全劳动关系矛盾调处机制

（十四）健全劳动保障监察制度。全面推进劳动保障监察网格化、网络化管理，实现监察执法向主动预防和统筹城乡转变。创新监察执法方式，规范执法行为，进一步畅通举报投诉渠道，扩大日常巡视检查和书面审查覆盖范围，强化对突出问题的专项整治。建立健全违法行为预警防控机制，完善多部门综合治理和监察执法与刑事司法联动机制，加大对非法用工尤其是大案要案的查处力度，严厉打击使用童工、强迫劳动、拒不支付劳动报酬等违法犯罪行为。加强劳动保障诚信评价制度建设,建立健全企业诚信档案。

(十五)健全劳动争议调解仲裁机制。坚持预防为主、基层为主、调解为主的工作方针,加强企业劳动争议调解委员会建设,推动各类企业普遍建立内部劳动争议协商调解机制。大力推动乡镇(街道)、村(社区)依法建立劳动争议调解组织,支持工会、商(协)会依法建立行业性、区域性劳动争议调解组织。完善劳动争议调解制度,大力加强专业性劳动争议调解工作,健全人民调解、行政调解、仲裁调解、司法调解联动工作体系,充分发挥协商、调解在处理劳动争议中的基础性作用。完善劳动人事争议仲裁办案制度,规范办案程序,加大仲裁办案督查力度,进一步提高仲裁效能和办案质量,促进案件仲裁终结。加强裁审衔接与工作协调,积极探索建立诉讼与仲裁程序有效衔接、裁审标准统一的新规则、新制度。畅通法律援助渠道,依法及时为符合条件的职工提供法律援助,切实维护当事人合法权益。依托协调劳动关系三方机制完善协调处理集体协商争议的办法,有效调处因签订集体合同发生的争议和集体停工事件。

(十六)完善劳动关系群体性事件预防和应急处置机制。加强对劳动关系形势的分析研判,建立劳动关系群体性纠纷的经常性排查和动态监测预警制度,及时发现和积极解决劳动关系领域的苗头性、倾向性问题,有效防范群体性事件。完善应急预案,明确分级响应、处置程序和处置措施。健全党委领导下的政府负责,有关部门和工会、企业代表组织共同参与的群体性事件应急联动处置机制,形成快速反应和处置工作合力,督促指导企业落实主体责任,及时妥善处置群体性事件。

七、营造构建和谐劳动关系的良好环境

(十七)加强对职工的教育引导。在广大职工中加强思想政治教育,引导职工树立正确的世界观、人生观、价值观,追求高尚的职业理想,培养良好的职业道德,增强对企业的责任感、认同感和归属感,爱岗敬业、遵守纪律、诚实守信,自觉履行劳动义务。加强有关法律法规政策宣传工作,在努力解决职工切身利益问题的同时,引导职工正确对待社会利益关系调整,合理确定提高工资收入等诉求预期,以理性合法形式表达利益诉求、解决利益矛盾、维护自身权益。

(十八)加强对职工的人文关怀。培育富有特色的企业精神和健康向上的企业文化,为职工构建共同的精神家园。注重职工的精神需求和心理健康,及时了解掌握职工思想动态,有针对性地做好思想引导和心理疏导工作,建立心理危机干预预警机制。加强企业文体娱乐设施建设,积极组织职工开展喜闻乐见、丰富多彩的文化体育活动,丰富职工文化生活。拓宽职工的发展渠道,拓展职业发展空间。

(十九)教育引导企业经营者积极履行社会责任。加强广大企业经营者的思想政治教育,引导其践行社会主义核心价值观,牢固树立爱国、敬业、诚信、守法、奉献精神,切实承担报效国家、服务社会、造福职工的社会责任。教育引导企业经营者自觉关心爱护职工,努力改善职工的工作、学习和生活条件,帮助他们排忧解难,加大对困难职工的帮扶力度。建立符合我国国情的企业社会责任标准体系和评价体系,营造鼓励企业履行社会责任的环境。加强对企业经营者尤其是中小企业经营管理人员的劳动保障法律法规教育培训,提高他们的依法用工意识,引导他们自觉保障职工合法权益。

(二十)优化企业发展环境。加强和改进政府的管理服务,减少和规范涉企行政审批事项,提高审批事项的工作效率,激发市场主体创造活力。加大对中小企业政策扶持

力度，特别是推进扶持小微企业发展的各项政策落实落地，进一步减轻企业负担。加强技术支持，引导企业主动转型升级，紧紧依靠科技进步、职工素质提升和管理创新，不断提升竞争力。通过促进企业发展，为构建和谐劳动关系创造物质条件。

（二十一）加强构建和谐劳动关系的法治保障。进一步完善劳动法、劳动合同法、劳动争议调解仲裁法、社会保险法、职业病防治法等法律的配套法规、规章和政策，加快完善基本劳动标准、集体协商和集体合同、企业工资、劳动保障监察、企业民主管理、协调劳动关系三方机制等方面的制度，逐步健全劳动保障法律法规体系。深入开展法律法规宣传教育，加强行政执法和法律监督，促进各项劳动保障法律法规贯彻实施。

八、加强组织领导和统筹协调

（二十二）进一步加强领导，形成合力。各级党委和政府要建立健全构建和谐劳动关系的领导协调机制，形成全社会协同参与的工作合力。各级党委要统揽全局，把握方向，及时研究和解决劳动关系中的重大问题，把党政力量、群团力量、企业力量、社会力量统一起来，发挥人大监督、政协民主监督作用。各级政府要把构建和谐劳动关系纳入当地经济社会发展规划和政府目标责任考核体系，切实担负起定政策、作部署、抓落实的责任。完善并落实最低工资制度，在经济发展基础上合理调整最低工资标准。各级人力资源社会保障等部门要充分履行职责，认真做好调查研究、决策咨询、统筹协调、指导服务、检查督促和监察执法等工作。各级工会要积极反映职工群众呼声，依法维护职工权益，团结和凝聚广大职工建功立业。各级工商业联合会、企业联合会等企业代表组织要积极反映企业利益诉求，依法维护企业权益，教育和引导广大企业经营者主动承担社会责任。

（二十三）加强劳动关系工作能力建设。重视加强各级政府劳动关系协调、劳动保障监察机构建设以及劳动人事争议仲裁委员会和仲裁院建设，配备必要的工作力量。统筹推进乡镇（街道）、村（社区）等基层劳动就业社会保障公共服务平台建设，完善基层劳动关系工作职能，充实基层劳动关系协调、劳动争议调解和劳动保障监察人员。加强劳动关系工作人员业务培训，提高队伍素质。各级政府要针对劳动关系工作机构和队伍建设方面存在的问题，从力量配置、经费投入上给予支持，保障构建和谐劳动关系工作顺利开展。

（二十四）加强企业党组织和基层工会、团组织、企业代表组织建设。加强各类企业党建工作，重点在非公有制企业扩大党的组织覆盖和工作覆盖。坚持企业党建带群团建设，依法推动各类企业普遍建立工会，进一步加强非公有制企业团建工作。指导和支持企业党群组织探索适合企业特点的工作途径和方法，不断增强企业党群组织活力，充分发挥在推动企业发展、凝聚职工群众、促进和谐稳定中的作用。深入推进区域性、行业性工会联合会和县（市、区）、乡镇（街道）、村（社区）、工业园区工会组织建设，健全产业工会组织体系。完善基层工会主席民主产生机制，探索基层工会干部社会化途径，健全保护基层工会干部合法权益制度。建立健全县级以上政府与同级总工会联席会议制度，支持工会参与协调劳动关系。加强基层企业代表组织建设，支持企业代表组织参与协调劳动关系，充分发挥企业代表组织对企业经营者的团结、服务、引导、教育作用。

（二十五）深入推进和谐劳动关系创建活动。把和谐劳动关系创建活动作为构建和谐劳动关系的重要载体，总结创建活动经验，建立健全创建工作目标责任制，扩大创建活动在广大企业特别是非公有制企业和中小企业的覆盖面，推动区域性创建活动由工业园区向企业比较集中的乡镇（街道）、村（社区）拓展，努力形成全方位、多层次的创建局面。丰富创建内容，规范创建标准，改进创建评价，完善激励措施，按照国家有关规定定期表彰创建活动先进单位，把对企业和企业经营者评先评优与和谐劳动关系创建结合起来，不断推进创建活动深入开展。积极开展构建和谐劳动关系综合试验区（市）建设，为构建中国特色和谐劳动关系创造经验。

（二十六）加大构建和谐劳动关系宣传力度。充分利用新闻媒体和网站，大力宣传构建和谐劳动关系的重大意义、宣传党和政府的方针政策和劳动保障法律法规、宣传构建和谐劳动关系取得的实际成效和工作经验、宣传企业关爱职工和职工奉献企业的先进典型，形成正确舆论导向和强大舆论声势，营造全社会共同关心、支持和参与构建和谐劳动关系的良好氛围。

14. 关于新形势下加强基层工会建设的意见

（2014 年 7 月 29 日）

为深入贯彻党的十八大、十八届三中全会和习近平总书记系列重要讲话特别是关于工人阶级和工会工作的重要指示精神，进一步夯实工会基层基础，增强基层工会组织吸引力凝聚力，现就新形势下加强基层工会建设提出如下意见。

一、新形势下加强基层工会建设的重要意义、指导思想和目标要求

1.工会是党联系职工群众的桥梁和纽带，基层工会直接联系和服务职工群众，是工会全部工作的基础，是落实工会各项工作的组织者、推动者和实践者。新形势下加强基层工会建设，是巩固党执政的阶级基础和群众基础的必然要求，是动员广大职工积极投身改革、实现中国梦的迫切需要，是服务职工、维护职工合法权益、构建和谐劳动关系的重要保障，是加强工会自身建设、增强工会组织活力、推进国家治理体系和治理能力现代化的客观需要。近年来，各级工会主动适应企业组织形式、职工队伍结构和劳动关系的变化，始终把抓基层、打基础、增活力作为重点工作，在维护职工合法权益、构建和谐劳动关系、推动经济社会发展中发挥了重要作用。但从总体上看，基层工会工作与形势任务的要求、党中央的重托和职工群众的期盼仍有较大差距，主要表现在：工会组建工作与企业快速发展、组织形式多样化的特点不相适应；工会会员发展和管理与职工队伍迅速壮大、内部结构的深刻变化不相适应；工会组织体制、运行机制与基层工会工作创新发展的迫切需要不相适应；工会活动的内容方式与职工群众多样化的需求不相适应；工会干部队伍建设与基层工会所承担的工作职责不相适应；为基层工会提供的指导服务保障与基层工会面临的繁重任务不相适应。各级工会要进一步统一思想、提高认识，切实增强责任感和使命感，按照“巩固、发展、提高”的要求，以职工满意不满意、工会作用发挥充分不充分为标尺，全面加强基层工会建设，努力开创基层工会工作新局面。

2.新形势下加强基层工会建设，要高举中国特色社会主义伟大旗帜，坚持以邓小平理论、“三个代表”重要思想、科学发展观为指导，贯彻落实习近平总书记系列重要讲话精神，坚持走中国特色社会主义工会发展道路，牢牢把握为实现中华民族伟大复兴的中国梦而奋斗这个我国工人运动的时代主题，坚持依法建会、依法管会、依法履职、依法维权，以组织建设为基础，以作用发挥为关键，以健全机制为保障，以职工满意为标准，突出服务职工、突出问题导向、突出改革创新，着力加强基层服务型工会建设，扩大覆盖面、增

强凝聚力，努力把基层工会建设成为职工群众信赖的“职工之家”，把广大基层工会干部锤炼成为听党话、跟党走、职工群众信赖的“娘家人”。

3.新形势下加强基层工会建设，要坚持从工会组织的性质和特点出发，努力建设“六有”工会：一是有依法选举的工会主席，建设心系职工、善于维权、开拓进取的骨干队伍；二是有独立健全的组织机构，完善工会委员会、经费审查委员会、女职工委员会等组织；三是有服务职工的活动载体，满足职工的多样化需求；四是有健全完善的制度机制，实现工会工作的群众化、民主化、制度化、法制化；五是有自主管理的工会经费，真正用于服务职工和工会活动；六是有会员满意的工作绩效，切实让职工群众感受到工会是“职工之家”。通过 3-5 年努力，使基层工会覆盖面明显扩大，服务职工能力明显提高，工会组织吸引力凝聚力明显增强，力争实现全国 80%以上的基层工会基本达到“六有”目标。

二、加强基层工会组织建设

4.加强企业和机关事业单位工会建设。企业和机关事业单位工会是基层工会的主体。要适应工业化、信息化、城镇化和农业现代化，依法推进各类企业和机关事业单位普遍建立工会组织，巩固建会成果，提高建会质量。国有及国有控股企业、机关、事业单位工会组建实现全覆盖，职工人数较多、规模以上企业工会组建实现全覆盖。积极推进非公有制企业、社会组织以及服务业单位建会工作，25 人以上单位应单独组建工会，25 人以下单位一般通过联合基层工会实现组织覆盖。切实纠正企业和机关事业单位改革改制中撤销工会或将工会合并到党群工作部门的现象。

5.加强乡镇(街道)、开发区(工业园区)工会建设。乡镇(街道)、开发区(工业园区)工会承担地方工会和基层工会双重职责。积极推进乡镇(街道)、开发区(工业园区)组建工会，已经建立工会工作委员会的，要逐步向工会联合会、总工会等组织形式转变。企业 100 家左右、职工 5000 人左右的乡镇(街道)、省级以上开发区(工业园区)可以设立总工会，作为一级地方工会组织，履行地方工会领导职责。乡镇(街道)、开发区(工业园区)工会组织机构单独设置，工会主席按党政同级副职配备，副主席享受中层正职待遇。乡镇(街道)设立总工会的，要积极推动乡镇(街道)党(工)委副书记兼任总工会主席，配备 1 名专职副主席，并配备专职工会干事，同时选配好兼职副主席和委员。

6.加强区域(行业)基层工会联合会建设。按照地域相近、行业相同的原则，在县以下建立区域性或行业性基层工会联合会。联合会委员会由专职工作人员和所属基层工会主席组成，也可吸收党委政府相关部门人员参加。联合会原则上至少配备 1 名专职工作人员，会员人数较多的应适当增加配备人数。加强村(社区)工会建设，努力实现对不具备单独建会条件的小微企业和零散就业人员全覆盖。规范联合基层工会组织架构，所辖单位原则上不超过 50 家。

7.加强基层工会干部队伍建设。基层工会干部队伍是基层工会赖以发挥作用的关键。要在同级党组织和上级工会的领导下，充分发扬民主，依法依规推进基层工会民主选举。按照积极稳妥、确保质量的要求，扎实推进基层工会主席(副主席)由会员大会或者会员代表大会直接选举产生。根据各地实际和工作需要，上级工会可以向基层工会推荐、选派工会主席候选人。积极争取公益性岗位，运用市场化、社会化方式聘用社会化工会工作者，建立完善社会化工会工作者选聘、使用、履职、考核、退出等机制。加强基层工会干部培训工作，切实增强政治意识、大局意识和服务意识，不断提高履职能力。基层工会主席上岗一年内应参加培训。

8.加强会员发展和会籍管理工作。加大会员发展力度,最大限度地把广大职工组织到工会中来。切实做好农民工会员发展工作,积极探索运用多种形式,把农民工吸引到工会中来、吸引到工会活动中来。加强对职工特别是农民工服务类社会组织的团结、联系和吸纳,通过服务和活动吸引凝聚职工,充分发挥工会枢纽型社会组织的作用。推进会员管理工作制度化、规范化、信息化,健全会员档案,做好会员登记和会员证发放工作,积极推进会员实名制管理,通过举行职工入会仪式等多种途径增强会员意识。会员组织关系随劳动关系流动,完善"源头入会、凭证接转、属地管理"机制,畅通会员组织关系接转渠道。

三、明确基层工会建设的主要任务

9.教育引导职工。培育和践行社会主义核心价值观,提高职工的道德素养,激发职工奋发向上、崇德向善的正能量。大力弘扬劳动精神、劳模精神和工人阶级伟大品格,深入开展"中国梦·劳动美"主题教育活动,倡导辛勤劳动、诚实劳动、科学劳动。加强职工思想政治工作,注重对职工的人文关怀、心理疏导和情绪引导,突出做好农民工、青年职工和知识分子等职工群体的思想工作。加强职工文化建设,广泛开展职工文化体育活动,丰富职工精神文化生活。加强普法宣传教育,提高职工法律意识。

10.推动改革发展。引导职工群众拥护支持改革、参与推动改革,夯实全面深化改革的群众基础。深入开展多种形式的劳动竞赛活动,深化合理化建议、技术攻关、技术革新、发明创造等群众性技术创新活动。加强班组建设,广泛开展"工人先锋号"创建活动。深入实施职工素质建设工程,加大职工职业技能培训力度,建立健全技术工人培养、评价、使用、激励机制,培养造就知识型、技术型、创新型的高素质职工队伍。

11.履行维权职责。认真履行维护职工合法权益的基本职责,坚持以职工为本,主动依法科学维权。紧紧围绕职工最关心最直接最现实的利益问题、最困难最操心最忧虑的实际问题,以一线职工、农民工、困难职工等为重点群体,以劳动就业、技能培训、收入分配、社会保障、安全卫生等为重点领域,切实维护好广大职工的各项合法权益。坚持维权与维稳相统一,引导职工依法理性表达利益诉求,维护职工队伍和社会和谐稳定。

12.协调劳动关系。建立健全科学有效的利益协调机制、诉求表达机制、矛盾调处机制、权益保障机制,推动形成规范有序、公正合理、互利共赢、和谐稳定的社会主义新型劳动关系。引导企业开展创建和谐劳动关系活动,依法推动企业普遍开展工资集体协商,促进基础扎实、条件成熟的行业建立集体协商制度。建立健全以职代会为基本形式的企事业单位民主管理制度、厂务公开制度和职工董事职工监事制度。加强劳动争议特别是集体劳动争议调处工作。深入开展"安康杯"竞赛活动,改善劳动安全卫生条件,保障职工群众生命安全和健康权益。

13.服务职工群众。坚持全心全意为职工服务的宗旨,以服务增强工会组织的吸引力和凝聚力,以服务增强职工群众对工会组织的归属感和认同感。深化"面对面、心贴心、实打实服务职工在基层"活动长效机制,积极为职工办实事、做好事、解难事。加快构建服务职工工作体系,按照"会、站、家"一体化的思路,把组建工会、创办职工帮扶服务中心、建设"职工之家"统一起来,着力打造基层服务型工会。大力推行会员普惠制,加大投入、创新方式、完善机制,使全体会员都能享受到工会组织提供的实实在在的服务。探索向职工服务类社会组织购买服务,推进项目制、订单式、社会化服务方式。

四、加强基层工会建设的方法措施

14.坚持分类指导。坚持从实际出发,在认真履行基本职责的基础上,针对不同性质、不同工作基础、不同组织形式的基层工会,提出不同的工作要求。国有企业工会要围绕生产经营搞好服务,保障职工参与管理和监督的民主权利,组织职工为企业改革发展献力献策。非公有制企业工会要围绕构建互利双赢的劳动关系,代表和维护职工合法权益,促进企业科学发展、和谐稳定。机关工会要围绕机关中心工作,开展群众性精神文明创建活动,不断丰富职工精神文化生活。事业单位工会要围绕深化分类改革、促进事业发展,做好职工思想政治工作,不断提升公益服务水平。区域(行业)基层工会联合会要有效指导所属单位工会开展工作,推动区域(行业)性维权和服务机制建设。

15.完善工作格局。健全完善党委领导、政府支持、工会运作、职工参与、社会协同的工作格局。深化党建带动工建、工建服务党建、党工共建机制,推动基层工会建设纳入党建工作规划和考核体系。健全完善各级地方工会、产业工会与政府联席(系)会议制度、劳动关系三方协商机制,逐步向乡镇(街道)、开发区(工业园区)延伸。积极参与和促进人大立法,配合各级人大、政协开展执法检查、专题视察。推动建立企业经营者履行社会责任激励引导机制,争取相关部门在推荐协商企业界党代表、人大代表、政协委员、工商联会员及评选劳动模范、五一劳动奖章、各类先进企业时将企业经营者支持工会工作、履行社会责任作为必要条件,并征求同级工会意见。加强与国资委、工商联、企业协会等单位协作,选树典型,调动企业经营者积极性,为开展工会工作创造良好的外部环境。

16.强化激励机制。关心爱护基层工会干部,按照有关规定全面落实保障待遇,让他们在政治上有关心、经济上有保障、职业上有发展,增强基层工会干部的积极性及职业荣誉感。积极推动基层工会主席享受同级党政副职待遇。大力表彰基层工会建设中涌现出的先进集体和先进个人,事迹特别突出的分别授予五一劳动奖状、五一劳动奖章。有条件的地方可以由上级工会向基层兼职工会干部发放补贴。健全完善工会主席合法权益保护机制,用好用活工会干部权益保障金。基层工会主席劳动合同变更、解除或终止前应向上级工会报告和备案。

17.畅通联系渠道。健全完善基层工会向同级党组织和上级工会报告工作制度。建立健全劳动关系预警、预判、预报和紧急处置机制,发生集体劳动争议时,基层工会主席应第一时间深入职工了解情况并向上级工会报告。在基层工会难以履行维权职责时,上级工会要加强指导帮助或"上代下"维权。积极推进工会联系点制度建设,探索建立各级工会代表大会代表联系职工群众制度。建立健全基层工会与行政沟通协商制度。

18.深化建家活动。职工之家建设是加强基层工会建设的本质要求和综合载体。要以职工之家建设为引领,以会员是否满意为基本标准,建立健全基层工会建设综合考核评价体系。围绕实践"两个信赖",深入开展"深化建家达标创优"活动,探索建立各层级模范职工之家创建、申报、考核、表彰、复查等制度,提升职工之家品牌影响力。坚持依靠会员办工会,深化"工会组织亮牌子、工会主席亮身份"活动,推进会员评家、会务公开以及会员代表常任制等工作,落实会员的知情权、参与权、选举权和监督权。探索推进联合职工之家、网上职工之家建设。基层单位及其党政负责人拟推荐申报工会系统评选表彰的各层级五一劳动奖状、五一劳动奖章等荣誉称号的,其工会组织应荣获相应层级的模范职工之家称号。

19.加大经费保障。积极推动税务部门全额代征工会经费,保证基层工会经费足额到位。上级工会按照权随责走、费随事转原则，通过转移支付、项目化管理等方式，把工会经费向基层工会倾斜。在基层工会自愿基础上，探索实行财务集中管理、分户核算的“上代下”会计核算模式。各地工会要扩大工会经费来源渠道，积极承接政府转移职能和项目，争取政府财政补助、活动经费或专项经费，强化基层工会经费保障。全总在对下补助中安排专项资金用于乡镇(街道)工会(不低于补助总额的10%)，并专款专用。省及省以下各级工会都要加大对乡镇(街道)、开发区(工业园区)工会和基层工会资金投入力度，把更多的资金用在职工身上。

五、加强基层工会建设的组织领导

20.加强统筹谋划。各级工会要站在全局和战略的高度，把加强基层工会建设列入重要议事日程，制定工作规划和具体实施办法，加强统筹协调。省级和地市级工会主要抓好基层工会建设的总体规划、资源统筹、宏观指导和督促检查，为推进基层工会建设提供理论、法律、政策和信息等方面服务。县级工会要制定具体实施意见，加强具体指导，集中时间、组织专人推动落实，帮助基层工会解决遇到的困难和问题。乡镇(街道)、开发区(工业园区)工会要加强自身建设，抓好村(社区)、企业工会建设，发挥承上启下的重要作用。产业(行业)工会要立足产业(行业)特点，认真研究产业发展趋势、产业政策、行业劳动安全卫生和行业劳动标准，加强县以下行业工会联合会建设，搭建基层工会建设的载体平台，组织开展富有产业(行业)特色的工会活动。

21.落实领导责任。逐级建立加强基层工会建设工作领导小组，明确各级工会主要领导为第一责任人，形成主要领导亲自抓、分管领导具体抓、职能部门共同抓、一级抓一级、层层抓落实的工作格局。推动建立上级工会对下级工会开展基层工会建设考核评价制度，每年至少召开一次考核评议会。建立健全基层工会建设目标管理、定期研究、工作通报等制度，加强督查指导，及时研究解决问题。

22.强化宣传引导。精心培育打造基层工会建设的先进典型，充分发挥示范辐射和带动作用。加强舆论宣传，运用现场会、观摩会、学习交流会和各种宣传阵地，及时宣传推广基层工会建设的成功经验和做法，形成推进基层工会建设的良好氛围。充分利用网站、微博、微信、QQ群等现代传媒手段，不断增强宣传实效，扩大工会工作影响力。

23.改进工作作风。认真践行党的群众路线，落实“三严三实”要求，加强党风廉政建设，健全完善改进作风、联系基层、服务职工的长效机制。坚持群众化、民主化，破除机关化、行政化，坚持工作重心下沉、资源配置下沉和组织力量下沉，为基层工会开展工作创造良好条件。各级工会干部特别是领导干部要走出高楼大院，摆脱文山会海，更多到基层工会和职工群众中去，帮助他们排忧解难。要顺应时代要求，适应社会变化，善于创造科学有效的工作方法，让职工群众真正感到工会是“职工之家”，工会干部是最可信赖的“娘家人”。

15. 关于加强公司制企业民主管理工作的意见

(2012年12月13日)

为贯彻落实党的十八大关于扩大社会主义民主、完善基层民主制度的精神，适应当前我国现代企业发展形势的要求，充分发挥以职工代表大会为基本形式的企业民主管理制度在完善现代企业法人治理结构、维护职工合法权益、构建和谐劳动关系、促进公司制企业又好又快发展中的积极作用，根据《公司法》《劳动法》《劳动合同法》及《企业民主管理规定》等法律法规，现就加强公司制企业民主管理工作提出如下意见。

一、充分认识加强公司制企业民主管理工作的重要意义

随着我国公有制企业改革逐步深化、非公有制企业不断发展，公司制作为现代企业的有效组织形式已成为不同所有制企业改革发展的普遍选择。依照《公司法》《公司登记管理条例》成立的公司制企业，其法人治理结构在推动企业明晰产权、明确责权、强化监督、科学管理方面发挥了积极作用。同时，公司制企业依照《公司法》设立职工董事职工监事，建立健全以职工代表大会为基本形式的企业民主管理制度，加强了所有者、经营者和劳动者之间的有效沟通和协调，维护了职工合法权益，推动了劳动关系和谐发展，完善了法人治理结构，形成了中国特色企业管理制度。

根据当前经济形势和企业发展的客观需要，按照党的十八大关于"全心全意依靠工人阶级，健全以职工代表大会为基本形式的企事业单位民主管理制度，保障职工参与管理和监督的民主权利"的要求，依靠职工办企业，将民主管理制度融入企业法人治理结构，是加强基层民主政治建设的客观需要，是企业遵守国家法律法规经营管理的法定责任，是完善企业决策机制、实现科学管理可持续发展的必然要求，是构建和谐劳动关系、实现职工与企业共同发展的重要保证。

各级工会要充分认识加强公司制企业民主管理工作的重要性和必要性，促进公司制企业不断拓宽民主管理的范围和途径，不断丰富内容和形式，保障广大职工享有更多更切实的民主权利。要认真贯彻执行《公司法》《中共中央办公厅、国务院办公厅关于在国有企业、集体企业及其控股企业深入实行厂务公开制度的通知》《企业民主管理规定》等法律法规和政策规定，推动公司制企业依法建立健全职工代表大会制度、职工董事职工监事制度，推进厂务公开，开展民主协商，建立集体合同制度，维护职工合法权益，促进公司制企业又好又快发展。

二、大力推进公司制企业依法建立健全民主管理制度

各级工会要推动公司制企业严格执行企业民主管理相关法律法规和政策规定，将以职工代表大会为基本形式的企业民主管理制度作为中国特色企业管理制度的重要组成部分，真正融入到董事会决策、经理层执行、监事会监督的公司法人治理过程之中，融入到企业经营管理的活动之中，最大限度地激发和调动职工工作热情和创造活力，增强职工的主人翁意识和责任感，充分发挥民主管理对完善公司法人治理结构的积极作用。一方面推动公司制企业法人治理的权力运行和监督机制更加有效，防止企业领导人员行为失范、权力失控、决策失误，维护好投资人的合理利益；另一方面促进公司制企业经营管理者与劳动者相互协商、相互合作的民主决策意识不断强化，既维护好职工合法权益，又不断提高经营管理水平，为企业持续健康稳定发展提供制度性保障。

（一）推动公司制企业依法建立健全职工代表大会制度，加强民主决策和科学管理。

要督促公司制企业依法建立健全职工代表大会制度，按照《企业民主管理规定》的要求，定期召开职工代表大会，保障职工的知情权、参与权、表达权、监督权等民主权利，夯实公司制企业重要决策的民意基础。

一是发挥职工代表大会在推动董事会民主决策科学决策方面的积极作用。职工代

表大会应当通过职工董事参与董事会的决策过程，充分发挥职工代表大会在了解民心、汇聚民意、达成共识方面的独特作用，真实、充分反映职工的意见建议，使董事会的决策和管理更加符合企业实际，符合大多数职工的意愿，得到广大职工的理解和支持。要督促董事会在经职工代表大会广泛听取职工意见的基础上进行决策。职工代表大会要及时宣传董事会决策精神，推动董事会决策事项的实施。

二是发挥职工代表大会在增强经理层经营管理效能方面的积极作用。职工代表大会应当监督和支持经营管理者依法将生产经营情况、发展规划和管理办法，以及改革发展过程中遇到的问题，通过职工代表大会等形式，向职工报告和说明；在制定、修改或者决定直接涉及劳动者切身利益的规章制度或者重大事项时，必须依法提交职工代表大会审议，集体合同草案必须依法提交职工代表大会审议通过；通过开展“公开解难题、民主促发展”主题活动，广泛征集职工代表提案，组织职工开展劳动竞赛和技术攻关、技术革新、发明创造等科技创新活动，群策群力破解经营管理难题、完善经营管理制度，提高企业市场竞争能力。

三是发挥职工代表大会在提高监事会监督实效性方面的积极作用。职工代表大会应当充分发挥民主监督的优势和作用，使职工代表大会广泛、深入的群众性监督与监事会专职、专业的权利性监督优势互补、形成合力。要组织职工代表开展调研巡查，通过对经营管理重大事项及董事和高级管理人员职务行为进行质询，民主评议领导人员等监督检查活动，为监事会及时提供详实的信息，督促企业执行劳动法律法规和规章，履行社会责任，推动企业健全权力运行的内部民主监督机制，提高监事会监督的效能。

职工代表大会还应当通过由其选举产生的职工董事职工监事影响和监督董事会、监事会的各项活动，督导职工董事职工监事在董事会决策、监事会监督的过程中发挥应有作用。

（二）推动公司制企业建立健全厂务公开制度，促进信息公开和廉洁从业。

要推动公司制企业实行厂务公开，积极推进厂务公开制度化、规范化建设，充分发挥厂务公开在保障职工民主权利、加强权力运行监督、促进反腐倡廉建设、推动企业健康发展方面的积极作用。

一是要推动所有公司制企业实行厂务公开，建立相应的工作制度。国有独资及其控股的公司制企业必须健全和完善厂务公开制度，并根据企业实际情况不断创新发展。

二是要丰富内容和形式，规范厂务公开制度。公司制企业的厂务公开要以职工代表大会为主要载体，并通过厂务公开栏、厂情发布会、民主议事会、劳资恳谈会和内部信息刊物、网络、广播、电视等形式，将生产经营管理的重大事项、涉及职工切身利益的规章制度和经营管理人员廉洁从业相关情况，按照一定程序向职工公开，听取职工意见，积极争取职工的理解和支持，接受职工监督。

三是要把厂务公开与公司制企业信息披露相结合。要将法定的公司信息披露制度与厂务公开制度紧密结合、同步推进，通过厂务公开将企业经营管理活动置于职工的监督之下，从而使对外公开与对内公开相结合，外部监督与内部监督相促进，保证披露信息和公开事项的真实性，增加职工和投资者的信心，推动企业健康发展。

（三）推动公司制企业依法建立健全职工董事职工监事制度，强化职工参与和内部监督。

要督促公司制企业依照法律法规和政策规定，支持和保证职工董事职工监事与董事会、监事会其他成员平等地参与企业决策、管理和监督，代表和维护职工合法权益。

一是要推动所有设立董事会、监事会的公司制企业建立职工董事职工监事制度。国有独资公司设立董事会的，以及两个以上的国有企业或者其他两个以上的国有投资主体投资设立的有限责任公司设立董事会的，必须依照《公司法》的规定设立职工董事；同时要督促其他设立董事会的公司制企业建立职工董事制度。设立监事会的各类公司制企业都必须设立职工监事，职工监事的比例不得低于监事会成员的三分之一。

二是要坚持职工董事职工监事必须依法由职工代表大会选举产生。职工董事职工监事的候选人应当由公司制企业工会在充分听取职工意见的基础上提名，经职工代表大会全体代表过半数通过方可当选，并报上一级工会组织备案。

公司制企业应当依法在公司章程中明确职工董事职工监事在董事会、监事会中的具体比例和人数，并明确工会主席、副主席作为职工董事职工监事候选人人选。

三是要加强对职工董事职工监事的支持与监督。必须明确职工董事职工监事是职工代表，对职工代表大会负责，在董事会、监事会会议上，要按照职工代表大会的有关决议发表意见，全面真实准确地反映职工代表大会的意见和建议，表达和维护职工合法权益和利益诉求；要定期向职工代表大会报告工作，接受职工代表大会的质询和监督。职工董事职工监事不履行职责或者有严重过错的，经三分之一以上的职工代表联名提议，职工代表大会全体代表的过半数通过，应当予以罢免。

要督促公司制企业依法为职工董事职工监事开展工作提供必要的信息和条件，保障职工董事职工监事依法履行职责应享有的各项权益，以及与公司制企业的其他董事监事享有同等的权利和相应的待遇。职工董事职工监事在任职期间，除法定情形外，企业不得与其解除劳动合同。

三、切实加强对公司制企业民主管理工作的指导

各级工会要把加强公司制企业民主管理工作作为一项重点工作来抓，从本地区、本产业和企业实际情况出发，加强组织领导，制定工作规划，加强对公司制企业民主管理工作的指导和监督。

积极推进公司制企业建立健全民主管理制度。要一手抓建制、一手抓规范。督促公司制企业在公司章程中明确建立企业民主管理制度相关内容。对尚未建立职工代表大会、厂务公开制度的公司制企业，依法应当设立却尚未设立职工董事职工监事制度的公司制企业，上级工会要加大建制工作力度，指导和帮助这些企业尽快建立职工代表大会制度，选举产生职工董事职工监事，实行厂务公开，同时，健全工作制度、规范工作程序，使厂务公开民主管理工作在推动企业发展、维护职工权益中发挥积极作用。

努力推动公司制企业民主管理工作创新发展。要及时总结公司制企业民主管理工作中的创新经验，大力宣传和推广先进典型，以点带面整体推进厂务公开民主管理工作。要加强与党委纪检部门、组织部门，政府国有资产监督管理机构、监察机关，企业代表组织等有关单位协作配合，齐抓共管、形成合力，共同把公司制企业民主管理工作抓好抓实。要加强立法源头参与，推动地方出台公司制企业民主管理工作的相关法规，为国家修改《公司法》和制定企业民主管理的法律法规奠定实践基础。要积极推动立法机关开展执法检查和政府有关部门行政监察，依法推进公司制企业实行民主管理。要加强调查研究，及时研究解决实践中出现的新情况、新问题，深入开展理论研究，为实践提供理论依据，推动公司制企业民主管理工作创新发展。

充分发挥公司制企业工会在企业民主管理工作中的作用。公司制企业工会要积极争取党组织的领导和经营管理者的支持，推动企业建立健全民主管理制度。要切实履行职工代表大会工作机构的职责，努力做好职工代表大会的组织工作，健全各项工作制度，推动职工代表大会各项决议的落实，积极开展职工代表的培训工作，努力提高职工代表的综合素质和履职能力。要认真做好厂务公开协调领导机构交办的各项工作，努力落实工作责任，完善考核评价和监督检查机制。要监督集体合同草案提交职工代表大会审议通过的民主程序落实和集体合同的切实履行。要及时了解和掌握职工的意愿和要求，积极为职工董事职工监事提供履行职责必要的信息和建议，帮助提高职工董事职工监事的履职能力。

16. 关于规范召开企业职工代表大会的意见

（2011年12月7日）

为规范召开企业职工代表大会（以下简称职代会），充分有效地发挥企业职代会作用，根据相关法律法规，结合企业职代会运行的实际情况，提出以下意见。

一、企业职代会每年至少召开一次。

二、企业职代会实行届期制，每三至五年为一届，到期应当及时换届。

三、企业工会是企业职代会的工作机构。未建工会的企业召开职代会，应当向上级工会组织报告，在其指导下开展相关工作。

四、企业首次召开职代会前应当成立筹备机构，由企业党组织、行政、工会等方面人员组成。筹备机构主要任务是：起草本单位职代会实施办法（细则）；组织选举职工代表；起草职代会筹备工作情况报告；研究确定本次职代会主要议题和议程；听取职工的意见和建议；等等。

五、企业应当根据法律法规的规定，结合实际，制定职代会实施办法（细则）。职代会实施办法（细则）应当提交职代会审议通过。

六、企业应当根据职工人数和生产（行政）单位设置状况确定职工代表总数、划分选区、分配名额，进行职工代表的选举。职工代表人数应当按照企业全体职工人数的一定比例确定，具体比例和人数应当按照本企业职代会实施办法（细则）确定，或由企业与工会协商确定，但最少不得低于三十人。企业职工人数在五十人以下的，应当召开职工大会。

七、职工代表中应当有工人、技术人员、管理人员、企业领导人员和其他方面的职工。其中企业领导人员一般不超过职工代表总数的五分之一。

八、各选区按照分配名额，由工会负责组织职工直接选举职工代表。

九、企业领导（高级管理）人员应当在相应的选区，参加职工代表的选举。

十、选举（撤换）职工代表，必须有选区全体职工三分之二以上参加，得到选区全体职工总数二分之一以上同意票者方可当选（撤换）。

管理层级较多的企业，参加上一级职代会的职工代表，可以在下一级职代会职工代表中选举产生，也可以由全体职工直接选举产生。

十一、职工代表人数较多的可以按选区组成代表团(组),推选团(组)长。

十二、职工代表实行常任制,任期与职代会届期相同,可以连选连任。

十三、职工代表在任期内因跨选区工作岗位变动或企业与其终止、解除劳动关系,其代表资格自行终止,缺额应当由原选举单位按照规定补选。

十四、职代会可以设列席代表和特邀代表;可以组织职工旁听。

十五、工会应当按照企业职代会实施办法(细则)制定职工代表选举方案;负责对职工代表条件、产生程序、人员构成比例等进行审核,并将职工代表名单进行公示,接受职工监督。

十六、确定召开职代会后,工会或职代会提案委员会应当通过职工代表向职工征集提案;经审查立案后提交职代会讨论。

十七、召开职代会前应当以书面形式,通知职工代表参加会议的时间、地点及主要内容。

十八、需要通过职代会讨论表决事项的相关材料,一般应当在会前不少于7个工作日,以书面形式送达职工代表,由职工代表团(组)长组织职工代表充分讨论和征求选区职工的意见。

十九、基层工会组织在召开职代会之前,应当向上一级工会报告会议筹备情况,上一级工会应当予以指导。

二十、正式召开职代会前可以召开预备会议。预备会议由本企业工会主持,全体职工代表参加。

二十一、职代会预备会议的主要程序是:

(一)选举大会主席团;

(二)听取关于本届(次)职代会筹备情况的报告;

(三)审议通过关于职工代表资格审查情况的报告;

(四)通过大会议程;

(五)决定大会其它有关事项。

二十二、召开职代会正式会议必须有全体职工代表的三分之二以上到会。

会议主持人必须向大会报告职工代表出席情况、职代会提案征集处理情况和上次职代会提案的落实情况。

二十三、职代会应当以职工代表团(组)为单位讨论相关事宜。大会主席团成员分别参加本代表团(组)的讨论。

二十四、职代会选举及表决通过决议、重要事项,应当以无记名投票方式进行,得到全体职工代表二分之一以上同意票方为当选(有效)。

二十五、职代会主席团负责处理会议期间的相关事项。

二十六、职代会闭会期间遇有重大问题,可由企业行政、工会或三分之一以上的职工代表联名,提议召开职代会,并按照规范程序进行。

二十七、职代会通过的决议、重要事项和选举结果等应当形成书面文件并及时公示。职代会应当建立专门档案。

二十八、事业单位、民办非企业单位等其他单位可参照本意见执行。

17. 基层工会法人登记管理办法

（2020 年 12 月 8 日）

第一章　总　则

第一条　为规范基层工会法人登记管理工作，依法确立基层工会民事主体地位，根据《中华人民共和国民法典》、《中华人民共和国工会法》及《中国工会章程》等有关规定，制定本办法。

第二条　我国境内的企业、事业单位、机关和其他社会组织等基层单位单独或联合建立的工会组织，区域性、行业性工会联合会，开发区（工业园区）工会，乡镇（街道）工会，村（社区）工会等工会组织（以下简称基层工会）申请取得、变更、注销法人资格，适用本办法。

第三条　基层工会按照本办法规定经审查登记，领取赋有统一社会信用代码的《工会法人资格证书》，取得法人资格，依法独立享有民事权利，承担民事义务。

第四条　各级工会应当依照规定的权限、范围、条件和程序，遵循依法依规、公开公正、便捷高效、科学管理的原则，做好基层工会法人登记管理工作。

第五条　省、自治区、直辖市总工会，设区的市和自治州总工会，县（旗）、自治县、不设区的市总工会（以下简称县以上各级地方总工会）应当为工会法人登记管理工作提供必要保障，所需费用从本级工会经费列支。具备条件的，可以专人负责工会法人登记管理工作。

开展工会法人登记管理工作，不得向基层工会收取费用。

第二章　登记管理机关

第六条　中华全国总工会和县以上各级地方总工会为基层工会法人登记管理机关。

登记管理机关相关部门之间应加强沟通，信息共享，协调配合做好工会法人登记管理工作。

第七条　基层工会法人登记按照属地原则，根据工会组织关系、经费收缴关系，实行分级管理：

（一）基层工会组织关系隶属于地方工会的，或与地方工会建立经费收缴关系的，由基层工会组织关系隶属地或经费关系隶属地相应的省级、市级或县级地方总工会负责登记管理；

（二）基层工会组织关系隶属于铁路、金融、民航等产业工会的，由其所在地省级总工会登记管理或授权市级总工会登记管理；

（三）中央和国家机关工会联合会所属各基层工会、在京的中央企业（集团）工会由中华全国总工会授权北京市总工会登记管理；京外中央企业（集团）工会由其所在地省级总工会登记管理或授权市级总工会登记管理。

登记管理机关之间因登记管理权限划分发生争议，由争议双方协商解决；协商解决不了的，由双方共同的上级工会研究确定。

第八条 登记管理机关应当制备工会法人登记专用章，专门用于基层工会法人登记工作，其规格和式样由中华全国总工会制定。

第九条 登记管理机关应当建立法人登记档案管理制度。

中华全国总工会建立统一的全国工会法人登记管理系统，登记管理机关实行网络化登记管理。

第三章 申请登记

第十条 基层工会申请法人资格登记，应当具备以下条件：

（一）依照《中华人民共和国工会法》和《中国工会章程》的规定成立；

（二）有自己的名称、组织机构和住所；

（三）工会经费来源有保障。

基层工会取得法人资格，不以所在单位是否具备法人资格为前提条件。

第十一条 凡具备本办法规定条件的基层工会，应当于成立之日起六十日内，向登记管理机关申请工会法人资格登记。

第十二条 基层工会申请工会法人资格登记，应当向登记管理机关提交下列材料：

（一）工会法人资格登记申请表；

（二）上级工会的正式批复文件；

（三）其他需要提交的证明、文件。

第十三条 登记管理机关自受理登记申请之日起十五日内完成对有关申请文件的审查。审查合格的，颁发《工会法人资格证书》，赋予统一社会信用代码；申请文件不齐备的，应及时通知基层工会补充相关文件，申请时间从文件齐备时起算；审查不合格，决定不予登记的，应当书面说明不予登记的理由。

第十四条 《工会法人资格证书》应标注工会法人统一社会信用代码和证书编码。

工会法人统一社会信用代码按照统一社会信用代码编码规则编定。其中第一位为登记管理部门代码，以数字“8”标识；第二位为组织机构类别代码，以数字“1”或“9”标识，为基层工会赋码时选用“1”，为其他类别工会赋码时选用“9”。

第十五条 基层工会登记工会法人名称，应当为上一级工会批准的工会组织的全称。一般由所在单位成立时登记的名称（区域性、行业性工会联合会应冠以区域、行业名称），缀以“工会委员会”、“联合工会委员会”、“工会联合会”等组成。

基层工会的名称具有唯一性，其他基层工会申请取得法人资格时不得重复使用。

第十六条 基层工会具备法人条件的，依法取得法人资格，工会主席为法定代表人。

第十七条 因合并、分立而新设立的基层工会，应当重新申请工会法人资格登记。

第四章 变更登记

第十八条 取得工会法人资格的基层工会变更名称、住所、法定代表人等事项的，应当自变更之日起三十日内，向登记管理机关申请变更登记，并提交工会法人变更登记申请表和相关文件。

登记管理机关自受理变更登记申请之日起十五日内，换发《工会法人资格证书》，收回原证书。

第十九条 基层工会法人跨原登记管理机关辖区变更组织关系、经费收缴关系或住所的，由原登记管理机关办理登记管理权限变更手续，并按本办法确立的原则，将该基层工会法人登记管理关系转移到变更后的登记管理机关。

第二十条 取得工会法人资格的基层工会，合并、分立后存续，但原登记事项发生变化的，应当申请变更登记。

第二十一条 未经变更登记，任何组织和个人不得擅自改变工会法人资格登记事项。

第五章 注销登记

第二十二条 取得工会法人资格的基层工会经会员大会或会员代表大会通过并报上一级工会批准撤销的，或因所在单位终止、撤销等原因相应撤销的，应当自撤销之日起三十日内，向登记管理机关申请注销登记，并提交工会法人注销登记申请表、上级工会同意撤销的文件或向上级工会备案撤销的文件，以及该基层工会经费、资产清理及债权债务完结的证明等材料。

登记管理机关自受理注销登记申请之日起十五日内完成审查登记，收回《工会法人资格证书》。

第二十三条 取得工会法人资格的基层工会，因合并、分立而解散的，应当申请注销登记。

第六章 信息公告和证书管理

第二十四条 基层工会取得、变更、注销工会法人资格的，登记管理机关应当依法及时在报刊或网络上发布有关信息。

第二十五条 《工会法人资格证书》是基层工会法人资格的唯一合法凭证。未取得《工会法人资格证书》的基层工会，不得以工会法人名义开展活动。

《工会法人资格证书》及相关登记申请表样式由中华全国总工会统一制发。

第二十六条 《工会法人资格证书》的有效期为三年至五年，具体时间与工会的届期相同。

第二十七条 基层工会依法取得《工会法人资格证书》的，应当在证书有效期满前三十日内，向登记管理机关提交《工会法人资格证书》换领申请表和工会法人存续证明材料，经登记管理机关审查合格后换发新证，有效期重新计算。

第二十八条 《工会法人资格证书》不得涂改、抵押、转让和出借。《工会法人资格证书》遗失的，基层工会应当于一个月内在报刊或网络上发布公告，并向登记管理机关提交《工会法人资格证书》补领申请表、遗失公告和说明，申请补发新证。

第七章 监督管理

第二十九条 登记管理机关应当加强对基层工会法人资格登记工作的监督管理，基层工会应当接受并配合登记管理机关的监督管理。

上级工会应当加强对下级工会开展基层工会法人登记管理工作的指导和监督检查。

第三十条 不具备条件的基层工会组织或机构在申请登记时弄虚作假、骗取登记的，由登记管理机关予以撤销登记，收回《工会法人资格证书》和统一社会信用代码。

第三十一条 登记管理机关审查不严，或者滥用职权，造成严重后果的，依法依纪追究有关责任。

第八章 附 则

第三十二条 地方总工会等机构编制由机构编制部门负责管理的工会组织，由机构编制部门制发统一社会信用代码证书。

第三十三条 各级产业工会委员会申领《工会法人资格证书》，参照本办法执行。

第三十四条 县以上各级地方总工会派出的工会工作委员会、工会办事处等工会派出代表机关，工会会员不足二十五人仅选举组织员或者工会主席一人主持工作的基层工会，可以参照本办法规定申请取得统一社会信用代码证书。

第三十五条 各省、自治区、直辖市总工会可以根据本办法的规定，制定基层工会法人登记管理的具体实施细则，并报中华全国总工会备案。

第三十六条 本办法由中华全国总工会负责解释。

第三十七条 本办法自2021年1月1日起施行。2008年6月13日中华全国总工会印发的《基层工会法人资格登记办法》同时废止。

附件：1.工会法人资格登记申请表

2.工会法人变更登记申请表

3.工会法人注销登记申请表

4.《工会法人资格证书》补（换）领申请表

5.工会统一社会信用代码申请表

6.工会法人资格证书样式

7.工会统一社会信用代码证书样式

18. 全国厂务公开民主管理工作先进单位评选表彰管理办法

（2020年7月31日）

第一章 总 则

第一条 为规范全国厂务公开民主管理工作先进单位评选表彰工作（简称“评选表彰工作”），根据《中共中央办公厅 国务院办公厅关于印发〈评比达标表彰活动管理办法（试行）〉的通知》、全国评比达标表彰工作协调小组《评比达标表彰活动管理办法（试行）实施细则》（国评组发〔2011〕5号）有关规定，结合全国企业民主管理工作实际，制定本办法。

第二条 评选表彰工作应贯彻落实习近平新时代中国特色社会主义思想和党的十

九大、十九届二中、三中、四中全会精神。深入宣传各地开展企业民主管理工作的好经验好做法，充分发挥典型的引领示范作用，不断推进企业民主管理制度化、规范化建设，为加强基层民主政治建设、构建和谐劳动关系、维护职工队伍和社会稳定、促进经济平稳健康发展、夺取新时代中国特色社会主义新胜利作出新贡献。

第三条　评选表彰工作应遵循公开、公平、公正的原则，坚持总量控制、合理设置、严格审批、注重实效总要求，严格按照规定的条件、权限和程序，充分体现先进性、代表性和时代性。

第二章　评选表彰的周期、项目和数量

第四条　评选表彰工作一般每三年开展一次。遇有特殊情况，经全国厂务公开协调小组决定，可提前或推迟，提前或推迟时间不超过一年。

第五条　评选表彰的项目及对象：

（一）在已建工会并实行民主管理的企事业单位中，评选表彰全国厂务公开民主管理先进单位；

（二）在历次表彰的全国厂务公开民主管理先进单位中，评选命名全国厂务公开民主管理示范单位；

（三）在省级以下各级厂务公开协调领导机构及其成员单位中，评选表彰全国推动厂务公开民主管理工作先进单位。省级厂务公开协调领导机构一般申报 1 个成员单位。

第六条　每次共评选表彰全国厂务公开民主管理先进单位不超过 800 个，全国厂务公开民主管理示范单位不超过 100 个，全国推动厂务公开民主管理工作先进单位不超过 100 个。

评选表彰的具体名额分配主要依据各省（自治区、直辖市）企事业单位数量、职工人数和厂务公开、职代会建制数及开展创建厂务公开民主管理示范单位活动等情况，由全国厂务公开协调小组办公室确定。

第三章　评选表彰的基本条件

第七条　申报全国厂务公开民主管理先进单位的条件：

（一）企事业单位领导重视党建、工建工作。党组织、工会组织健全，人员配备到位，日常运作规范，作用发挥良好；

（二）企事业单位领导重视民主管理工作。把民主管理摆到重要位置，明确目标、落实责任，形成健全有效的企事业单位民主管理领导体制和工作机制；

（三）民主管理工作制度化、规范化、程序化建设不断推进，融入企事业单位各项管理制度中。落实职代会制度，确保制度健全、程序规范、作用突出。完善厂务公开制度，做到依法、及时、真实、科学公开。公司制企业依法设立职工董事、职工监事，职工董事、职工监事能够依法履行职责、发挥作用；

（四）民主管理各项工作落实到位、成效明显。在深化供给侧结构性改革、服务改革发展稳定大局、推动党风建设、监督廉洁从业等方面发挥重要作用。

第八条　申报全国厂务公开民主管理示范单位的条件：

（一）有健全的民主管理领导体制和运行良好的工作机制。党组织充分发挥作用，

领导开展本单位民主管理工作；行政积极履行第一责任人职责，将民主管理与本单位经营管理相结合，有部署、有要求、有监督；工会主动承担职代会工作机构责任，做好本单位民主管理的具体组织工作；

（二）有完善的职代会、厂务公开、职工董事职工监事等制度。每项制度都有明确具体的工作规范、操作流程和考评办法等标准，形成目标明确、制度健全、责任落实、措施有力、监督到位的长效工作机制，并将其有效融入到企事业单位经营管理制度之中；

（三）职代会、厂务公开、职工董事职工监事等制度运行良好。职代会代表的选举、撤换符合程序，涉及职工切身利益的重大问题经过职代会审议，集体合同草案和职工安置方案提交职代会审议通过。厂务公开在组织实施、监督检查、反馈结果等主要环节严格执行相关规定，做到公正透明、阳光操作，涉及职工切身利益的重大决策问题、生产经营管理方面的重要事项及时向全体职工公开，并听取职工意见和建议。公司制企业职工董事、职工监事经职代会选举产生并接受其监督，履行职责情况向职代会报告；

（四）坚持把职代会作为企事业单位民主管理制度的基本形式。职代会依法行使职权，形成的决议得到有效落实。职代会闭会期间各专门委员会和职工代表履行职责、发挥作用。同时创新民主管理形式，既发挥好民主议事会、劳资恳谈会、厂务公开栏等传统补充形式，又借用网络等新媒体优势，推进民主管理创新发展。职工劳动经济权益和民主权利得到有效落实，企事业单位在改革发展特别是在供给侧结构性改革过程中的矛盾和问题得到妥善处理，劳动关系和谐稳定。

第九条 申报全国推动厂务公开民主管理工作先进单位的条件：

（一）党政重视，领导有力。党政领导主持厂务公开协调领导机构的工作。各有关方面把民主管理工作列入职责范围，建立责任清晰、分工明确的专项工作机制，组织协调有力，密切配合、相互支持、形成合力；

（二）制度健全，责任落实。对民主管理工作的内容、程序、责任等有明确规范和要求。对本地区或本部门推行民主管理工作有目标、有计划、有布置、有检查。坚持落实民主管理的岗位责任制、工作检查制和责任追究制；

（三）建制扩面，措施得力。厂务公开协调领导机构及其成员单位推动本地区、本部门所属单位民主管理工作措施得力，所属区域（系统）内国有、集体及其控股企业厂务公开和职代会制度基本实现全覆盖，已建工会的非公有制企业厂务公开和职代会建制率达到90%以上；

（四）推动有力，成效显著。把民主管理工作向纵深推进，内容不断丰富，机制不断完善，方式不断创新，活力不断激发。在推动企事业单位提高管理水平和经济效益、建立和完善现代企业制度、健全监督机制、加强党风建设、密切干群关系、促进基层民主政治建设等方面作用明显。

第十条 申报前三年内具有下列情形之一的，不得申报全国厂务公开民主管理先进单位或全国厂务公开民主管理示范单位：

（一）因民主管理制度不落实，导致出现重大群体性事件或产生重大劳动纠纷案件的；

（二）最近一年内发生过一般安全生产责任事故、三年内发生过重大安全生产责任事故，职业病危害严重，能源消耗超标、环境污染严重，存在重大安全隐患不整改的；

（三）存在未全员签订劳动合同、拖欠职工工资、不依法办理职工社会保险等违反劳动法律法规问题的；

（四）其他不宜申报的情况。

第十一条　已获得全国厂务公开民主管理先进单位和全国厂务公开民主管理示范单位称号的企事业单位，出现本办法第十条规定的情形，应撤销其所获称号。

撤销全国厂务公开民主管理先进单位和全国厂务公开民主管理示范单位称号，依照申报审批程序，由其原推荐单位逐级上报，所在省（自治区、直辖市）厂务公开协调领导机构办公室向全国厂务公开协调小组办公室提出书面报告。省级厂务公开协调领导机构办公室发现有关单位应撤销所获称号的，也可以直接向全国厂务公开协调小组办公室提出书面报告。经全国厂务公开协调小组办公室审核，同意撤销的，作出书面批复，并予以公告。

全国厂务公开协调小组办公室发现有关单位应撤销所获称号的，可以直接撤销该单位所获称号，予以公告，并把撤销结果书面通报其所在省级厂务公开协调领导机构办公室。

第四章　评选表彰工作的程序

第十二条　全国厂务公开协调小组办公室制定《评选表彰方案》，经全国厂务公开协调小组会议审议通过后，下发《关于评选表彰全国厂务公开民主管理工作先进单位的通知》，启动评选表彰工作。

第十三条　各省（自治区、直辖市）厂务公开协调领导机构办公室根据本办法第三章的规定，推荐本地区符合条件的全国厂务公开民主管理先进单位、全国厂务公开民主管理示范单位、全国推动厂务公开民主管理工作先进单位。

第十四条　全国厂务公开协调小组办公室对上报的推荐单位材料进行审核，确定拟表彰单位初步名单。

第十五条　对拟表彰单位初步名单在全国性媒体上进行不少于5个工作日的公示。

第十六条　公示结束后，全国厂务公开协调小组办公室提出建议表彰名单，并将建议名单书面报告全国厂务公开协调小组各成员单位，审定表彰名单。

第十七条　表彰单位名单确定后，由全国厂务公开协调小组进行表彰。

第五章　推荐申报要求

第十八条　全国厂务公开协调小组办公室负责组织实施评选表彰工作，指导各省（自治区、直辖市）厂务公开协调领导机构办公室开展先进单位的推荐和申报工作。

第十九条　各省（自治区、直辖市）厂务公开协调领导机构办公室负责组织本地区全国厂务公开民主管理先进单位、全国厂务公开民主管理示范单位、全国推动厂务公开民主管理工作先进单位的推荐工作。

第二十条　中央企业全国厂务公开民主管理先进单位和示范单位的推荐工作，由国务院国资委党建工作局负责。

铁路、民航、金融系统全国厂务公开民主管理先进单位的推荐工作，由中华全国铁路总工会、中国民航工会、中国金融工会负责。

第二十一条　各省（自治区、直辖市）推荐全国厂务公开民主管理先进单位，其中非公有制经济组织的数量不得少于拟推荐名额的三分之一。

各省(自治区、直辖市)推荐的全国厂务公开民主管理示范单位中应有非公有制经济组织或民办非企业单位。

第二十二条 各省(自治区、直辖市)要对申报的企事业单位认真检查、严格把关,将拟推荐表彰的企事业单位名单公示后上报。

第二十三条 申报全国厂务公开民主管理先进单位和全国厂务公开民主管理示范的企事业单位,应通过职代会等形式,对企业民主管理工作开展情况及实际效果进行民主测评并征求单位纪检组织意见。过半数职工代表同意,且经所在单位纪检组织同意的方可申报。

第六章　附　则

第二十四条 本办法由全国厂务公开协调小组办公室负责解释。

第二十五条 本办法自公布之日起施行。

19. 职工互助保障组织监督管理办法

(2020年2月26日)

为加强职工互助保障组织的监督管理,规范职工互助保障组织的运营行为,根据国家法律法规和《中国工会章程》《中华全国总工会关于加强职工互助保障活动规范和管理的意见》,制定本办法。

第一章　总　则

第一条 职工互助保障组织是指依托各级工会组织,以互助互济方式为职工提供保障服务的非营利性法人组织。职工互助保障活动是指各级工会职工互助保障组织为维护职工医疗、健康等保障权益而开展的职工互助互济活动。

第二条 职工互助保障组织应当坚持服务职工的公益属性,坚持互助的组织特色,坚持发挥对社会保障的补充作用。遵循依法独立承担责任,成本、风险可控的原则,切实维护职工和会员权益。

第三条 职工互助保障组织开展职工互助保障活动,必须遵守法律、法规及本办法规定,接受本级和上级监管部门(机构)监督。职工互助保障组织不得以职工互助保障活动为由从事营利性活动。

第二章　监督管理体制

第四条 全国总工会制定全国职工互助保障组织管理制度,负责中国职工保险互助会有关审批事宜;全总资产监督管理部和全总组织部、财务部、机关党委、经费审查委员会办公室等部门按照职责分工,共同做好中国职工保险互助会管理工作。

第五条 全总资产监督管理部对全国职工互助保障组织进行资产监督管理和业务

指导,行使以下职责:

(一)监督全国职工互助保障组织管理制度实施,沟通协调相关政策。

(二)对中国职工保险互助会开展的互助保障活动项目实施备案管理。

(三)指导各级工会资产监督管理部门做好互助保障组织资产的日常监督管理工作。

(四)指导全国职工互助保障组织自律工作。

第六条 省级、市级工会负责对本区域内职工互助保障组织的管理,研究拟定本级职工互助保障组织管理制度,对本级或下级职工互助保障组织的成立、变更、撤销进行审批或报备,对本级职工互助保障活动正常开展所需的工作人员、工作经费等予以适当保障;指导和支持中国职工保险互助会所在地办事处工作。

第七条 省级、市级工会资产监督管理机构和职工互助保障组织业务指导部门,负责对本区域内职工互助保障组织资产监督管理和业务管理,监督本级职工互助保障组织管理制度实施,沟通协调相关政策。

第八条 建立健全全国职工互助保障行业自律组织,由中国职工保险互助会承担其职能,行使以下职责:

(一)促进职工互助保障组织间的沟通交流,积极开展教育培训,提升职工互助保障活动从业人员队伍专业能力。

(二)统筹推进职工互助保障活动宣传和品牌建设。

(三)为地方职工互助保障组织提供咨询、服务。地方职工互助保障组织应作为团体会员,加入中国职工保险互助会。

第三章 设立及撤销

第九条 省级、市级工会可以根据本地区经济发展水平和职工保障实际设立职工互助保障组织、开展职工互助保障活动。

第十条 设立职工互助保障组织应当经本级工会批准,在相关部门登记注册并依法取得法人资格。

第十一条 设立职工互助保障组织应当具备以下条件:

(一)合法财产和经费来源。

(二)符合法律法规及本办法规定的活动章程或规则。

(三)健全的组织机构和管理制度。

(四)固定工作场所和必要的业务设施。

(五)具备任职所需专业知识和业务工作经验的管理人员。

第十二条 职工互助保障组织设立时,主办工会应当明确本级职工互助保障组织的业务管理部门(机构),指导职工互助保障组织依法依规开展工作。

第十三条 职工互助保障组织的停办、撤销需经主办工会同意并依据相关法律法规及规定办理,确保资金、资产安全完整,切实维护入会职工权益。

第四章 运营规则

第十四条 职工互助保障活动内容是指具有共同保障需求的职工,依据章程及有关规定自愿成为职工互助保障组织会员,并缴纳会费形成互助基金,由该基金对会员发生约定的事故给付互助金,并开展普惠性会员服务。职工互助保障活动主要面向在职职工。

第十五条 职工互助保障活动项目保障期限一般控制在三年(含)以内,保障项目设计必须进行科学测算,并经本级和上级工会职工互助保障活动监管部门(机构)备案。

第十六条 职工互助保障组织应当在活动章程或规则中明确会员的权利和义务,维护会员权益、加强对会员的管理和服务。

第十七条 职工互助保障组织应当根据组织性质和业务特点,依照国家相关制度进行会计核算,建立符合职工互助保障活动特色的财务制度,不同保障活动项目单独核算。

第十八条 职工互助保障组织应当运用信息化手段建立符合职工互助保障活动的业务运营流程,建立完整的统计分析制度。

第十九条 职工互助保障组织应当建立健全偿付能力管理、稽核审计、合规管理等内部控制制度。

第二十条 职工互助保障组织应当建立适合职工互助保障组织运营特点的信息披露制度,并定期在适当范围内向全体会员进行信息披露。

第二十一条 职工互助保障组织应当自觉接受工会经审、财务和相关行政部门审计监督和检查,被审计和检查的单位要主动配合,据实提供各种凭单、账册、报表和资料。

第五章 财务管理

第二十二条 职工互助保障组织资金属于全体会员所有,任何组织、个人不得侵占和挪用。

第二十三条 职工互助保障资金应当由具有法人资格的职工互助保障组织集中统一管理。资金管理应遵循合法合规性、安全性、流动性原则,根据资金性质实行资产负债管理和全面风险管理,做好资产保值增值。

第二十四条 职工互助保障组织资金来源:

(一)会员自愿缴纳的职工互助保障活动会费。

(二)社会各界的捐赠。

(三)政府、行政和工会的资助或补助。

(四)在核准业务范围内开展活动和服务的收入。

(五)利息及其他合法收入。

第二十五条 职工互助保障组织的资金主要用于服务会员。支出范围包括:

(一)给付会员的互助金。

(二)开展与会员保障服务和促进事业发展的相关支出,包括救助慰问、健康管理、文体活动、宣传培训、法律服务等。

(三)日常管理、工作人员工资福利和行政办公支出。

第二十六条 职工互助保障组织应当对资金实行全面预算管理,严格控制和规范管理费用支出;职工互助保障组织负责预算编制和执行;主管工会对职工互助保障组织编制的预算进行审核、备案。

第二十七条 职工互助保障组织应当建立健全资金管理制度,完善资金收付转流程管理,规范资金审批权限。

第二十八条　职工互助保障组织资金只能用于银行存款、购买国债等低风险固定收益类产品，不得用于兴建、改建办公场所，不得购买股票、基金、债券、期货、理财等金融产品，不得违规投资运营。

第二十九条　职工互助保障组织应当依法规范资金账户管理，建立健全资金账户管理制度，资金账户的开设、变更、撤销必须依法依规履行相关程序，严格执行收支两条线管理，确保资金安全。

第三十条　职工互助保障组织应当明确资金运用职责，规范资金运用决策程序，大额资金使用必须集体决策并保留记录。

第三十一条　加强财务管理基础，健全岗位责任制，分离不相容岗位，明确各业务环节、岗位的衔接方式及操作标准，定期检查和评估制度执行情况，做到权责分明、相对独立和相互制衡。

第三十二条　职工互助保障组织应当建立健全内部稽核和外部审计制度。每年至少一次对职工互助保障活动资金管理情况进行内部稽核。职工互助保障组织应当聘请专业外部审计机构对职工互助保障资金管理情况进行年度审计。内部稽核和外部审计结果应当向相关机构和本级监管部门报告。

第六章　监督管理

第三十三条　工会资产监督管理机构和职工互助保障组织业务管理部门(机构)对职工互助保障组织的监督管理主要采取现场监督管理与非现场监督管理相结合的方式。应根据检查情况，定期对职工互助保障组织运营状况进行评估。

第三十四条　建立健全监督审计制度，将职工互助保障活动资金管理情况、偿付能力状况等列入重点监督检查范围。

第三十五条　职工互助保障组织应按规定及时报送偿付能力报告、业务统计报告、年度审计报告及其他有关报告、报表文件和资料。各级工会资产监督管理机构和职工互助保障组织业务管理部门(机构)应向上一级工会汇总上报本地区互助保障组织上述报告。

第三十六条　职工互助保障组织违反本办法，造成不良影响的，工会资产监督管理机构和职工互助保障组织业务管理部门(机构)可以采取以下措施：

(一)责令改正。

(二)监管谈话。

(三)将其违规行为记入履职记录。

职工互助保障组织违反国家法律、法规的，依据国家相关法律、法规进行处罚。

第七章　附　则

第三十七条　本办法适用于省级、市级工会主办的职工互助保障组织。中华全国铁路总工会、中国民航工会全国委员会、中国金融工会全国委员会、新疆生产建设兵团总工会、中央和国家机关工会联合会开展的职工互助保障活动参照本办法执行。

第三十八条　本办法由全总资产监督管理部负责解释。

第三十九条　本办法自印发之日起执行。

20. 董事会试点中央企业职工董事履行职责管理办法

（2009年3月30日）

第一章　总　则

第一条　为有效发挥职工董事在董事会中的作用，保障职工民主权利，促进企业和谐发展，根据《中华人民共和国公司法》（以下简称《公司法》）、《中华人民共和国工会法》（以下简称《工会法》）和《国有独资公司董事会试点企业职工董事管理办法（试行）》等有关规定，制定本办法。

第二条　本办法适用于国务院国有资产监督管理委员会（以下简称国资委）履行出资人职责的董事会试点中央企业。

第三条　本办法所称职工董事，是指由公司职工通过职工代表大会（以下简称职代会）选举产生，作为职工代表出任的公司董事。

第四条　职工董事享有与其他董事同等的权利，承担相应的义务。职工董事在履行董事职责时，应该履行由本办法规定的特别职责。

第二章　职工董事的特别职责

第五条　职工董事享有与公司其他董事同等权利、承担相应义务的同时，还应履行关注和反映职工合理诉求、代表职工利益和维护职工合法利益的特别职责。

第六条　公司章程或董事会议事规则应当对职工董事的特别职责作出具体规定。

职工董事特别职责涉及的事项一般可以分为董事会决议事项和向董事会通报事项两类。

（一）决议事项：主要包括公司劳动用工、薪酬制度、劳动保护、休息休假、安全生产、培训教育和生活福利等涉及职工切身利益的基本管理制度的制定及修改。

（二）通报事项：主要包括职工民主管理和民主监督方面的诉求、意见与建议，以及涉及职工利益的有关诉求意见或倾向性问题。

第七条　职工董事履行特别职责的基本方法：

（一）职工董事就履行特别职责的相关事宜听取职代会、工会等方面的意见。开展各种形式的调查研究活动，直接听取职工意见和建议。

（二）职工董事就职工利益诉求方面的情况与董事会其他成员保持经常性沟通和交流，并可通过会议等形式，听取外部董事的意见和建议。

（三）职工董事可参与决议事项的议案拟定，将征集的职工有关意见或合理诉求在议案形成过程中得以体现，或在董事会会议决议过程中反映、说明或提出建议意见。

（四）在董事会会议研究决定涉及职工切身利益的决议程序中，职工董事可提供该决议事项需要特别说明的调查材料或资料，并就该事项的决议发表意见。

（五）董事会会议可听取职工董事关于职工对公司经营管理的建议、职工相关利益诉求和倾向性问题等方面的通报性事项专题报告。

第八条　职工董事履行特别职责应承担相应义务：

（一）遵照国家法律法规和公司章程的有关规定，对公司负有忠实勤勉和保守商业秘密等义务，对公司职工负有忠实代表和维护其合法权益的义务。

（二）积极参加有关培训和学习，不断提高履职能力和专业知识水平。

（三）全面准确地反映职工诉求和意愿，在反映诉求、发表专项意见和参与董事会决策中，应充分考虑出资人、公司和职工的利益关系，依法维护职工的合法权益。

（四）自觉接受出资人和职工的监督和评价。

（五）职工董事独立在董事会上表决，个人负责。

（六）依法接受监事会的监督。

第三章　职工董事履职的工作条件

第九条　企业党组织、公司经理层、职代会和工会组织等应支持职工董事履行反映职工合理诉求、维护职工合法权益的职责；企业要建立和完善职工董事履行职责的信息沟通机制，为职工董事履职创造必要的工作条件。

第十条　企业党组织应支持职工董事全面履行董事职责。

（一）确定工会负责人人选，应考虑兼备职工董事的资格和能力，如该人选具备董事履职的资格和能力，一般应推荐为职工董事的候选人。

（二）职工董事由非工会负责人担任时，可以推荐职工董事作为工会副主席候选人或兼任工会组织中其他相当的职务。

（三）为职工董事开展调查研究、了解职工队伍的思想状况等履职活动提供相应的条件。

（四）党组织主要负责人应定期与职工董事交换意见和沟通情况，帮助职工董事及时了解和掌握企业的有关情况。

第十一条　公司经理层应按《公司法》《工会法》和公司章程等有关规定为职工董事履职提供条件。

（一）公司经理层在研究涉及职工切身利益的重大问题时，应当邀请职工董事列席会议。

（二）根据职工董事履职需要，公司高级管理人员应接受职工董事的约谈，并如实反映相关情况。

（三）为职工董事调查研究、查阅资料等履职活动提供条件；为职工董事提供履职所需的办公条件和工作经费；职工董事履职出差、办公等有关待遇参照其他董事执行。

（四）保证职工董事履职活动所必需的工作时间。

第十二条　公司职代会对职工董事履职活动的支持。

（一）职代会的工作机构应及时向职工董事提供每次职代会的议题、议案、建议和决议情况等书面材料。

（二）职代会下设的各专门工作委员会，应当协助职工董事开展专题调查研究和巡视检查。

(三)职代会各代表团(小组)、职工代表应协助职工董事的履职工作,按照职工董事的要求,全面、及时地向职工董事反映职工的有关意见和建议。

第十三条 公司工会应对职工董事履职活动提供相应的服务。

(一)为职工董事提供有关维护职工合法权益方面的法律法规、政策文件等信息资料。

(二)在涉及职工切身利益的重要制度的制订、重大事项决议的执行过程中,向职工董事提供职工群众的相关意见。

(三)为职工董事收集、整理和提供职工权益诉求和民主管理方面的信息,包括职工对劳动用工、薪酬制度、劳动保护、休息休假、安全生产、培训教育、生活福利及对公司生产经营方面的倾向性意见或合理化建议等。

(四)为职工董事召开座谈会、走访职工等调查研究活动做好组织工作和提供相应的服务。

(五)董事会在听取或研究涉及职工利益的通报事项时,公司工会应在董事会会议召开前(一般不少于10个工作日),为职工董事起草书面报告提供条件和资料。

第四章 职工董事的履职管理

第十四条 职工董事的上岗培训、履职指导和评价考核等日常管理由公司董事的委派(选聘)机构负责。

第十五条 公司要为职工董事安排相应的培训和学习,确保职工董事参加培训学习所需的时间,提高职工董事履职所需的专业素质和工作能力。

第十六条 公司董事的委派(选聘)机构在对董事的工作绩效进行评价时,应听取公司工会和监事会关于职工董事履行特别职责的意见,并纳入总体评价意见。

第十七条 公司工会要了解职工董事履职的工作情况,职工董事要及时与公司工会沟通工作情况。公司职代会每年应向公司董事的委派(选聘)机构提出职工董事履职行为的评价性意见,并对职工董事履职情况进行无记名投票测评,主要内容应包括出席董事会会议、就相关决议事项开展调查研究、反映职工诉求和意愿等履职活动的记录、勤勉尽职程度和履行职责的能力。

第十八条 职工董事或公司工会代表职工董事每年应向职代会或职工大会报告工作情况,听取职工代表对职工董事履职情况的意见,工会要及时向职工董事反馈职工的意见和建议。

第十九条 公司董事会办公室等相应办事机构应为职工董事履行职责提供服务和帮助。

第五章 附 则

第二十条 本管理办法自公布之日起施行。

21. 企业工会主席合法权益保护暂行办法

（总工发〔2007〕32号 2007年8月20日）

第一章 总 则

第一条 为坚持主动依法科学维权，保护企业工会主席合法权益，保障其依法履行职责，发挥企业工会促进企业发展、维护职工权益的作用，依据《工会法》、《劳动法》、《劳动合同法》等法律法规，制定本办法。

第二条 中华人民共和国境内各类企业工会专职、兼职主席、副主席（以下简称工会主席）的合法权益保护，适用本办法。

企业化管理的事业单位、民办非企业单位工会主席，区域性行业性工会联合会、联合基层工会主席的合法权益保护，参照本办法执行。

第三条 各级工会要依据国家法律法规和政策，严格按照中国工会章程的规定和组织程序，运用法律、经济等手段，保护企业工会主席的合法权益。

第二章 保护内容与措施

第四条 企业工会主席因依法履行职责，被企业降职降级、停职停薪降薪、扣发工资以及其他福利待遇的，或因被诬陷受到错误处理、调动工作岗位的，或遭受打击报复不能恢复原工作、享受原职级待遇的，或未安排合适工作岗位的，上级工会要会同该企业党组织督促企业撤销处理决定，恢复该工会主席原岗位工作，并补足其所受经济损失。

在企业拒不纠正的情况下，上级工会要向企业的上级党组织报告，通过组织渠道促使问题的解决；或会同企业、行业主管部门、或提请劳动行政部门责令该企业改正。

第五条 企业工会主席因依法履行职责，被企业无正当理由解除或终止劳动合同的，上级工会要督促企业依法继续履行其劳动合同，恢复原岗位工作，补发被解除劳动合同期间应得的报酬，或给予本人年收入二倍的赔偿，并给予解除或终止劳动合同时的经济补偿金。

在企业拒不改正的情况下，上级工会要提请劳动行政部门责令该企业改正，直至支持权益受到侵害的工会主席向人民法院提起诉讼。对于发生劳动争议，工会主席本人申请仲裁或者提起诉讼的，应当为其提供法律援助，支付全部仲裁、诉讼费用。

第六条 企业工会主席因依法履行职责，被故意伤害导致人身伤残、死亡的，上级工会要支持该工会主席或者其亲属、代理人依法追究伤害人的刑事责任和民事责任。

对于被故意伤害导致人身伤残的工会主席，上级工会要视其伤残程度给予一次性补助；对于被故意伤害导致死亡的工会主席，要协助其直系亲属做好善后处理事宜，并给予一次性慰问金。

第七条 企业工会主席因依法履行职责，遭受企业解除或终止劳动合同，本人不愿意继续在该企业工作、导致失业的，上级工会要为其提供就业帮助；需要就业培训的，要为其免费提供职业技能培训。在该工会主席失业期间，上级工会要按照本人原岗位工资收入给予补助,享受期限最多不超过六个月。

第八条 企业非专职工会主席因参加工会会议、学习培训、从事工会工作,被企业扣发或减少工资和其它经济收入的,上级工会要督促企业依法予以足额补发。

第三章 保护机制与责任

第九条 各级工会领导机关要建立保护企业工会主席责任制,逐级承担保护企业工会主席合法权益的职责。企业工会的上一级工会要切实负起责任,保护所属企业工会主席的合法权益。

第十条 县(区)级以上工会领导机关要设立工会干部权益保障金,省级工会50万元、地(市)级工会30万元、县(区)级工会10万元,年末结余滚存下一年度使用。当年使用不足时可以动用滚存结余,仍不足时可追加。本级工会经费有困难时,可向上级工会提出补助申请。

要切实加强工会干部权益保障金的管理,专款专用。各级工会经费审查委员会要加强审查和监督工作。

第十一条 县(区)级以上工会领导机关要建立由组织部门牵头、相关部门参加的工作协调机构,受理下级工会或企业工会主席的维权申请、核实、报批和资料存档等相关事宜。

当工会主席合法权益受到侵害后,工会主席本人或者其所在企业工会组织向上一级工会提出书面保护申请及相关证明材料;上一级工会要及时做好调查核实工作,采取相应保护措施。需要支付保障金的,要按照隶属关系向县(区)级地方工会提出申请。县(区)级以上地方工会应依据实际情况,及时向合法权益受到侵害的工会主席支付权益保障金。

第四章 附 则

第十二条 全国铁路、金融、民航工会适用本办法。

第十三条 本办法由中华全国总工会解释。

第十四条 本办法自公布之日起施行。

22. 关于在推进事业单位改革中加强民主管理工作的通知

(总工办发〔2012〕38号)

各省、自治区、直辖市总工会,各全国产业工会,中共中央直属机关工会联合会、中央国家机关工会联合会,全总各部门、各直属单位:

为贯彻落实《中共中央、国务院关于分类推进事业单位改革的指导意见》和《中共中央办公厅、国务院办公厅印发〈关于进一步深化事业单位人事制度改革的意见〉的通知》精神,推进事业单位改革工作顺利进行,切实维护事业单位职工合法权益,保持职工队伍稳定，更好地服务党和国家工作大局，现就加强民主管理工作推进事业单位改革的有关问题通知如下。

一、统一思想认识，高度重视在推进事业单位改革中加强民主管理工作

按照党中央、国务院的战略部署，我国事业单位的清理规范工作基本完成，事业单位改革正在分类推进，事业单位人事制度改革进一步深化。推进事业单位改革，是加快社会事业发展、满足人民群众公益服务需求、全面建设小康社会和构建社会主义和谐社会的客观需要与必然选择，是我国深化改革的重要组成部分。事业单位改革涉及120万个单位的3000多万职工的切身利益。在推进事业单位改革中坚持党的群众路线，通过公开民主的方法切实维护职工权益，才能更好地取得职工群众的理解、支持与配合，保证改革的顺利进行。

在事业单位改革中切实加强民主管理工作，是贯彻落实科学发展观，尊重和保障职工民主权利，保障事业单位改革顺利推进的基础，也是党中央、国务院关于深化事业单位人事制度改革要坚持科学化、民主化、制度化方向，坚持民主、公开、竞争、择优原则的要求。以往我国企事业单位改革的经验证明：凡在改革中坚持和完善民主管理制度，积极组织和引导职工参与改革的，改革都能够平稳有序地推进，达到预期目标；凡在推进改革中民主管理工作缺失或履行民主程序不规范的，往往会造成职工对改革缺乏理解和信心，改革进程就会变得艰难曲折，甚至影响职工队伍与社会和谐稳定。

各级工会要从改革开放和社会主义现代化建设全局的高度，充分认识事业单位改革中加强民主管理工作的重要性和必要性，充分发挥党和政府联系职工群众的桥梁纽带作用，切实履行维护职工合法权益的基本职责。要认真学习和把握党中央、国务院关于事业单位改革的方针政策、原则要求和工作步骤，把实行以职代会为基本形式的民主管理制度作为服务事业单位改革大局的重要工作，认真贯彻执行《学校教职工代表大会规定》等部颁规章，面向事业单位推行职工代表大会、教职工代表大会（以下简称职代会）和院务公开、校务公开、所务公开（以下简称厂务公开）等民主管理制度，积极组织动员职工群众参与事业单位改革，推动事业单位改革顺利进行。

二、坚持民主程序，在事业单位改革中切实代表和维护职工民主权利和劳动权益

各事业单位工会要按照中央关于“健全民主管理制度，充分发挥职工代表大会和工会的职能作用”的要求，坚持涉及职工切身利益的改革方案必须提交职代会审议，实行厂务公开，履行民主程序，最大限度地保障职工的知情权、参与权、表达权和监督权。要监督事业单位将改革的目标任务、进展情况和人事制度、收入分配制度、社会保障制度的方案草案等及时进行公开，提交职代会审议；重大事项或方案等应争取提交职代会审议通过后实施。职代会制度健全的，应严格履行相关民主程序；职代会制度不健全的，如未及时换届、职工代表人数不符合法定要求的，应在完善职代会制度后，再履行相关民主程序；未建职代会制度的事业单位应当建立健全职代会制度或召开专题职工大会。召开职代会时，出席职代会的职工代表应不少于全体职工代表的三分之二；对重要事项的表决，应采用无记名投票的方式分项表决，经全体职工代表的过半数通过方为有效。事业单位工会要切实承担起职代会工作机构的职责，努力推动健全和完善职代会制度，严格按照召开职代会、实行厂务公开的要求履行民主程序，在事业单位改革中充分发挥民主管理的作用。

各事业单位工会应当积极取得本单位党组织的领导和支持，积极参加本单位改革领

导机构,参与改革的各项工作,从源头上代表和反映职工的利益诉求。要深入职工群众,充分听取职工意见建议,主动向所在单位的党政以及上级工会反映职工的思想动态,代表好、表达好职工的合理利益诉求,维护好、实现好职工群众的合法权益。

各事业单位工会要积极协助党政及有关部门宣传改革的意义和具体做法,认真解答职工在改革中的疑惑,做好职工思想政治工作,同时,要加强对职工的人文关怀和心理疏导,增强职工对改革的认同感,保护调动职工参与改革的积极性,激发职工推进企事业单位发展的主人翁责任感和创造精神,在推动改革、促进发展中切实维护职工队伍的稳定。

三、注重源头参与,切实加强对事业单位改革中民主管理工作的分类指导

各地工会和有关产业工会要加强源头参与,主动与本地区、本产业的推进事业单位改革领导机构沟通协调,积极争取进入地方或产业的事业单位改革领导机构,及时了解和掌握事业单位改革的相关政策举措,根据职工反映的意见诉求,对事业单位改革的方案、重大事项和相关政策措施提出意见和建议;要积极争取与有关部门共同制定下发在事业单位改革中坚持民主管理制度的政策文件,对改革中履行民主程序提出明确要求,保障改革过程中职工的民主权利与合理诉求得到有效维护,切实将维权关口前移。

各地工会和有关产业工会要深入实际调查研究,注意总结借鉴事业单位改革试点地区的成功经验,及时了解发现改革中的新情况新问题,提出相应的对策建议。对改革过程中出现的不稳定因素,要及时向当地党委、政府和有关部门反映,力争把改革中的矛盾和问题解决在基层,解决在萌芽状态,确保职工队伍与社会和谐稳定。

各地工会和有关产业工会要加强对事业单位工会参与改革工作的分类指导,帮助基层工会解决改革中遇到的实际问题。对于划转为行政机构的,要指导基层工会重点关注被裁减人员的分流安置问题,切实保障分流职工的权益;对于纳入事业单位管理的,要重点关注定岗定编、绩效工资、社会保险、职业年金等方案的制订和审议;对于转为企业的,则要重点关注对职工的经济补偿、劳动关系接续、转企后待遇等方案的制订和审议,解决好职工切身利益问题。要督促和指导改制后的事业单位和企业,建立健全工会组织,配齐配强工会干部,按照党的十七大关于"完善以职工代表大会为基本形式的企事业单位民主管理制度,推进厂务公开,支持职工参与管理,维护职工合法权益"的要求,建立健全职代会制度,实行厂务公开,在公司制企业建立职工董事职工监事制度,推动企事业单位科学管理,构建和谐劳动关系。

请各省、自治区、直辖市总工会及时将参与事业单位改革的进展情况报全国总工会民主管理部。

中华全国总工会办公厅

2012 年 9 月 21 日

第七部分　工会法律工作

1. 办理法律援助案件程序规定

（2012 年 4 月 9 日司法部令第 124 号公布　2023 年 7 月 11 日司法部令第 148 号修订）

第一章　总　则

第一条　为了规范办理法律援助案件程序，保证法律援助质量，根据《中华人民共和国法律援助法》、《法律援助条例》等有关法律、行政法规的规定，制定本规定。

第二条　法律援助机构组织办理法律援助案件，律师事务所、基层法律服务所和法律援助人员承办法律援助案件，适用本规定。

本规定所称法律援助人员，是指接受法律援助机构的指派或者安排，依法为经济困难公民和符合法定条件的其他当事人提供法律援助服务的律师、基层法律服务工作者、法律援助志愿者以及法律援助机构中具有律师资格或者法律职业资格的工作人员等。

第三条　办理法律援助案件应当坚持中国共产党领导，坚持以人民为中心，尊重和保障人权，遵循公开、公平、公正的原则。

第四条　法律援助机构应当建立健全工作机制，加强信息化建设，为公民获得法律援助提供便利。

法律援助机构为老年人、残疾人提供法律援助服务的，应当根据实际情况提供无障碍设施设备和服务。

第五条　法律援助人员应当依照法律、法规及本规定，遵守有关法律服务业务规程，及时为受援人提供符合标准的法律援助服务，维护受援人的合法权益。

第六条　法律援助人员应当恪守职业道德和执业纪律，自觉接受监督，不得向受援人收取任何财物。

第七条　法律援助机构、法律援助人员对提供法律援助过程中知悉的国家秘密、商业秘密和个人隐私应当予以保密。

第二章　申请与受理

第八条　法律援助机构应当向社会公布办公地址、联系方式等信息，在接待场所和司法行政机关政府网站公示并及时更新法律援助条件、程序、申请材料目录和申请示范文本等。

第九条　法律援助机构组织法律援助人员，依照有关规定和服务规范要求提供法律咨询、代拟法律文书、值班律师法律帮助。法律援助人员在提供法律咨询、代拟法律文书、值班律师法律帮助过程中，对可能符合代理或者刑事辩护法律援助条件的，应当告知其可以依法提出申请。

第十条　对诉讼事项的法律援助，由申请人向办案机关所在地的法律援助机构提出申请；对非诉讼事项的法律援助，由申请人向争议处理机关所在地或者事由发生地的法律援助机构提出申请。

申请人就同一事项向两个以上有管辖权的法律援助机构提出申请的，由最先收到申请的法律援助机构受理。

第十一条　因经济困难申请代理、刑事辩护法律援助的，申请人应当如实提交下列材料：

（一）法律援助申请表；

（二）居民身份证或者其他有效身份证明，代为申请的还应当提交有代理权的证明；

（三）经济困难状况说明表，如有能够说明经济状况的证件或者证明材料，可以一并提供；

（四）与所申请法律援助事项有关的其他材料。

填写法律援助申请表、经济困难状况说明表确有困难的，由法律援助机构工作人员或者转交申请的机关、单位工作人员代为填写，申请人确认无误后签名或者按指印。

符合《中华人民共和国法律援助法》第三十二条规定情形的当事人申请代理、刑事辩护法律援助的，应当提交第一款第一项、第二项、第四项规定的材料。

第十二条　被羁押的犯罪嫌疑人、被告人、服刑人员以及强制隔离戒毒人员等提出法律援助申请的，可以通过办案机关或者监管场所转交申请。办案机关、监管场所应当在二十四小时内将申请材料转交法律援助机构。

犯罪嫌疑人、被告人通过值班律师提出代理、刑事辩护等法律援助申请的，值班律师应当在二十四小时内将申请材料转交法律援助机构。

第十三条　法律援助机构对申请人提出的法律援助申请，应当根据下列情况分别作出处理：

（一）申请人提交的申请材料符合规定的，应当予以受理，并向申请人出具收到申请材料的书面凭证，载明收到申请材料的名称、数量、日期等；

（二）申请人提交的申请材料不齐全，应当一次性告知申请人需要补充的全部内容，或者要求申请人作出必要的说明。申请人未按要求补充材料或者作出说明的，视为撤回申请；

（三）申请事项不属于本法律援助机构受理范围的，应当告知申请人向有管辖权的法律援助机构申请或者向有关部门申请处理。

第三章　审　查

第十四条　法律援助机构应当对法律援助申请进行审查，确定是否具备下列条件：

（一）申请人系公民或者符合法定条件的其他当事人；

（二）申请事项属于法律援助范围；

（三）符合经济困难标准或者其他法定条件。

第十五条　法律援助机构核查申请人的经济困难状况，可以通过信息共享查询，或者由申请人进行个人诚信承诺。

法律援助机构开展核查工作，可以依法向有关部门、单位、村民委员会、居民委员会或者个人核实有关情况。

第十六条　受理申请的法律援助机构需要异地核查有关情况的，可以向核查事项所在地的法律援助机构请求协作。

法律援助机构请求协作的，应当向被请求的法律援助机构发出协作函件，说明基本情况、需要核查的事项、办理时限等。被请求的法律援助机构应当予以协作。因客观原因无法协作的,应当及时向请求协作的法律援助机构书面说明理由。

第十七条 法律援助机构应当自收到法律援助申请之日起七日内进行审查,作出是否给予法律援助的决定。

申请人补充材料、作出说明所需的时间,法律援助机构请求异地法律援助机构协作核查的时间,不计入审查期限。

第十八条 法律援助机构经审查,对于有下列情形之一的,应当认定申请人经济困难:

(一)申请人及与其共同生活的家庭成员符合受理的法律援助机构所在省、自治区、直辖市人民政府规定的经济困难标准的;

(二)申请事项的对方当事人是与申请人共同生活的家庭成员,申请人符合受理的法律援助机构所在省、自治区、直辖市人民政府规定的经济困难标准的;

(三)符合《中华人民共和国法律援助法》第四十二条规定,申请人所提交材料真实有效的。

第十九条 法律援助机构经审查,对符合法律援助条件的,应当决定给予法律援助,并制作给予法律援助决定书;对不符合法律援助条件的,应当决定不予法律援助,并制作不予法律援助决定书。

不予法律援助决定书应当载明不予法律援助的理由及申请人提出异议的途径和方式。

第二十条 给予法律援助决定书或者不予法律援助决定书应当发送申请人;属于《中华人民共和国法律援助法》第三十九条规定情形的,法律援助机构还应当同时函告有关办案机关、监管场所。

第二十一条 法律援助机构依据《中华人民共和国法律援助法》第四十四条规定先行提供法律援助的,受援人应当在法律援助机构要求的时限内,补办有关手续,补充有关材料。

第二十二条 申请人对法律援助机构不予法律援助的决定有异议的,应当自收到决定之日起十五日内向设立该法律援助机构的司法行政机关提出。

第二十三条 司法行政机关应当自收到异议之日起五日内进行审查,认为申请人符合法律援助条件的,应当以书面形式责令法律援助机构对该申请人提供法律援助,同时书面告知申请人;认为申请人不符合法律援助条件的,应当作出维持法律援助机构不予法律援助的决定,书面告知申请人并说明理由。

申请人对司法行政机关维持法律援助机构决定不服的,可以依法申请行政复议或者提起行政诉讼。

第四章　指　派

第二十四条 法律援助机构应当自作出给予法律援助决定之日起三日内依法指派律师事务所、基层法律服务所安排本所律师或者基层法律服务工作者,或者安排本机构具有律师资格或者法律职业资格的工作人员承办法律援助案件。

对于通知辩护或者通知代理的刑事法律援助案件,法律援助机构收到人民法院、人民检察院、公安机关要求指派律师的通知后，应当在三日内指派律师承办法律援助案件，并通知人民法院、人民检察院、公安机关。

第二十五条　法律援助机构应当根据本机构、律师事务所、基层法律服务所的人员数量、专业特长、执业经验等因素，合理指派承办机构或者安排法律援助机构工作人员承办案件。

律师事务所、基层法律服务所收到指派后，应当及时安排本所律师、基层法律服务工作者承办法律援助案件。

第二十六条　对可能被判处无期徒刑、死刑的人，以及死刑复核案件的被告人，法律援助机构收到人民法院、人民检察院、公安机关通知后，应当指派具有三年以上刑事辩护经历的律师担任辩护人。

对于未成年人刑事案件，法律援助机构收到人民法院、人民检察院、公安机关通知后，应当指派熟悉未成年人身心特点的律师担任辩护人。

第二十七条　法律援助人员所属单位应当自安排或者收到指派之日起五日内与受援人或者其法定代理人、近亲属签订委托协议和授权委托书，但因受援人原因或者其他客观原因无法按时签订的除外。

第二十八条　法律援助机构已指派律师为犯罪嫌疑人、被告人提供辩护，犯罪嫌疑人、被告人的监护人或者近亲属又代为委托辩护人，犯罪嫌疑人、被告人决定接受委托辩护的，律师应当及时向法律援助机构报告。法律援助机构按照有关规定进行处理。

第五章　承　办

第二十九条　律师承办刑事辩护法律援助案件，应当依法及时会见犯罪嫌疑人、被告人，了解案件情况并制作笔录。笔录应当经犯罪嫌疑人、被告人确认无误后签名或者按指印。犯罪嫌疑人、被告人无阅读能力的，律师应当向犯罪嫌疑人、被告人宣读笔录，并在笔录上载明。

对于通知辩护的案件，律师应当在首次会见犯罪嫌疑人、被告人时，询问是否同意为其辩护，并记录在案。犯罪嫌疑人、被告人不同意的，律师应当书面告知人民法院、人民检察院、公安机关和法律援助机构。

第三十条　法律援助人员承办刑事代理、民事、行政等法律援助案件，应当约见受援人或者其法定代理人、近亲属，了解案件情况并制作笔录，但因受援人原因无法按时约见的除外。

法律援助人员首次约见受援人或者其法定代理人、近亲属时，应当告知下列事项：

（一）法律援助人员的代理职责；

（二）发现受援人可能符合司法救助条件的，告知其申请方式和途径；

（三）本案主要诉讼风险及法律后果；

（四）受援人在诉讼中的权利和义务。

第三十一条　法律援助人员承办案件，可以根据需要依法向有关单位或者个人调查与承办案件有关的情况，收集与承办案件有关的材料，并可以根据需要请求法律援助机构出具必要的证明文件或者与有关机关、单位进行协调。

法律援助人员认为需要异地调查情况、收集材料的，可以向作出指派或者安排的法律援助机构报告。法律援助机构可以按照本规定第十六条向调查事项所在地的法律援助机构请求协作。

第三十二条 法律援助人员可以帮助受援人通过和解、调解及其他非诉讼方式解决纠纷，依法最大限度维护受援人合法权益。

法律援助人员代理受援人以和解或者调解方式解决纠纷的，应当征得受援人同意。

第三十三条 对处于侦查、审查起诉阶段的刑事辩护法律援助案件，承办律师应当积极履行辩护职责，在办案期限内依法完成会见、阅卷，并根据案情提出辩护意见。

第三十四条 对于开庭审理的案件，法律援助人员应当做好开庭前准备；庭审中充分发表意见、举证、质证；庭审结束后，应当向人民法院或者劳动人事争议仲裁机构提交书面法律意见。

对于不开庭审理的案件，法律援助人员应当在会见或者约见受援人、查阅案卷材料、了解案件主要事实后，及时向人民法院提交书面法律意见。

第三十五条 法律援助人员应当向受援人通报案件办理情况，答复受援人询问，并制作通报情况记录。

第三十六条 法律援助人员应当按照法律援助机构要求报告案件承办情况。

法律援助案件有下列情形之一的，法律援助人员应当向法律援助机构报告：

（一）主要证据认定、适用法律等方面存在重大疑义的；

（二）涉及群体性事件的；

（三）有重大社会影响的；

（四）其他复杂、疑难情形。

第三十七条 受援人有证据证明法律援助人员未依法履行职责的，可以请求法律援助机构更换法律援助人员。

法律援助机构应当自受援人申请更换之日起五日内决定是否更换。决定更换的，应当另行指派或者安排人员承办。对犯罪嫌疑人、被告人具有应当通知辩护情形，人民法院、人民检察院、公安机关决定为其另行通知辩护的，法律援助机构应当另行指派或者安排人员承办。法律援助机构应当及时将变更情况通知办案机关。

更换法律援助人员的，原法律援助人员所属单位应当与受援人解除或者变更委托协议和授权委托书，原法律援助人员应当与更换后的法律援助人员办理案件材料移交手续。

第三十八条 法律援助人员在承办案件过程中，发现与本案存在利害关系或者因客观原因无法继续承办案件的，应当向法律援助机构报告。法律援助机构认为需要更换法律援助人员的，按照本规定第三十七条办理。

第三十九条 存在《中华人民共和国法律援助法》第四十八条规定情形，法律援助机构决定终止法律援助的，应当制作终止法律援助决定书，并于三日内，发送受援人、通知法律援助人员所属单位并函告办案机关。

受援人对法律援助机构终止法律援助的决定有异议的，按照本规定第二十二条、第二十三条办理。

第四十条 法律援助案件办理结束后，法律援助人员应当及时向法律援助机构报告，并自结案之日起三十日内向法律援助机构提交结案归档材料。

刑事诉讼案件侦查阶段应以承办律师收到起诉意见书或撤销案件的相关法律文书

之日为结案日；审查起诉阶段应以承办律师收到起诉书或不起诉决定书之日为结案日；审判阶段以承办律师收到判决书、裁定书、调解书之日为结案日。其他诉讼案件以法律援助人员收到判决书、裁定书、调解书之日为结案日。劳动争议仲裁案件或者行政复议案件以法律援助人员收到仲裁裁决书、行政复议决定书之日为结案日。其他非诉讼法律事务以受援人与对方当事人达成和解、调解协议之日为结案日。无相关文书的，以义务人开始履行义务之日为结案日。法律援助机构终止法律援助的，以法律援助人员所属单位收到终止法律援助决定书之日为结案日。

第四十一条　法律援助机构应当自收到法律援助人员提交的结案归档材料之日起三十日内进行审查。对于结案归档材料齐全规范的，应当及时向法律援助人员支付法律援助补贴。

第四十二条　法律援助机构应当对法律援助案件申请、审查、指派等材料以及法律援助人员提交的结案归档材料进行整理，一案一卷，统一归档管理。

第六章　附　则

第四十三条　法律援助机构、律师事务所、基层法律服务所和法律援助人员从事法律援助活动违反本规定的，依照《中华人民共和国法律援助法》、《中华人民共和国律师法》、《法律援助条例》、《律师和律师事务所违法行为处罚办法》等法律、法规和规章的规定追究法律责任。

第四十四条　本规定中期间开始的日，不算在期间以内。期间的最后一日是节假日的，以节假日后的第一日为期满日期。

第四十五条　法律援助文书格式由司法部统一规定。

第四十六条　本规定自 2023 年 9 月 1 日起施行。司法部 2012 年 4 月 9 日公布的《办理法律援助案件程序规定》(司法部令第 124 号)同时废止。

2. 禁止使用童工规定

(中华人民共和国国务院令第 364 号　自 2002 年 12 月 1 日起施行)

第一条　为保护未成年人的身心健康，促进义务教育制度的实施，维护未成年人的合法权益，根据宪法和劳动法、未成年人保护法，制定本规定。

第二条　国家机关、社会团体、企业事业单位、民办非企业单位或者个体工商户(以下统称用人单位)均不得招用不满 16 周岁的未成年人(招用不满 16 周岁的未成年人，以下统称使用童工)。

禁止任何单位或者个人为不满 16 周岁的未成年人介绍就业。

禁止不满 16 周岁的未成年人开业从事个体经营活动。

第三条　不满 16 周岁的未成年人的父母或者其他监护人应当保护其身心健康，保障其接受义务教育的权利，不得允许其被用人单位非法招用。

不满 16 周岁的未成年人的父母或者其他监护人允许其被用人单位非法招用的，所在地的乡(镇)人民政府、城市街道办事处以及村民委员会、居民委员会应当给予批评教育。

第四条 用人单位招用人员时,必须核查被招用人员的身份证;对不满16周岁的未成年人,一律不得录用。用人单位录用人员的录用登记、核查材料应当妥善保管。

第五条 县级以上各级人民政府劳动保障行政部门负责本规定执行情况的监督检查。

县级以上各级人民政府公安、工商行政管理、教育、卫生等行政部门在各自职责范围内对本规定的执行情况进行监督检查,并对劳动保障行政部门的监督检查给予配合。

工会、共青团、妇联等群众组织应当依法维护未成年人的合法权益。

任何单位或者个人发现使用童工的,均有权向县级以上人民政府劳动保障行政部门举报。

第六条 用人单位使用童工的,由劳动保障行政部门按照每使用一名童工每月处5000元罚款的标准给予处罚;在使用有毒物品的作业场所使用童工的,按照《使用有毒物品作业场所劳动保护条例》规定的罚款幅度,或者按照每使用一名童工每月处5000元罚款的标准,从重处罚。劳动保障行政部门并应当责令用人单位限期将童工送回原居住地交其父母或者其他监护人,所需交通和食宿费用全部由用人单位承担。

用人单位经劳动保障行政部门依照前款规定责令限期改正,逾期仍不将童工送交其父母或者其他监护人的,从责令限期改正之日起,由劳动保障行政部门按照每使用一名童工每月处1万元罚款的标准处罚,并由工商行政管理部门吊销其营业执照或者由民政部门撤销民办非企业单位登记;用人单位是国家机关、事业单位的,由有关单位依法对直接负责的主管人员和其他直接责任人员给予降级或者撤职的行政处分或者纪律处分。

第七条 单位或者个人为不满16周岁的未成年人介绍就业的,由劳动保障行政部门按照每介绍一人处5000元罚款的标准给予处罚;职业中介机构为不满16周岁的未成年人介绍就业的,并由劳动保障行政部门吊销其职业介绍许可证。

第八条 用人单位未按照本规定第四条的规定保存录用登记材料,或者伪造录用登记材料的,由劳动保障行政部门处1万元的罚款。

第九条 无营业执照、被依法吊销营业执照的单位以及未依法登记、备案的单位使用童工或者介绍童工就业的,依照本规定第六条、第七条、第八条规定的标准加一倍罚款,该非法单位由有关的行政主管部门予以取缔。

第十条 童工患病或者受伤的,用人单位应当负责送到医疗机构治疗,并负担治疗期间的全部医疗和生活费用。

童工伤残或者死亡的,用人单位由工商行政管理部门吊销营业执照或者由民政部门撤销民办非企业单位登记;用人单位是国家机关、事业单位的,由有关单位依法对直接负责的主管人员和其他直接责任人员给予降级或者撤职的行政处分或者纪律处分;用人单位还应当一次性地对伤残的童工、死亡童工的直系亲属给予赔偿,赔偿金额按照国家工伤保险的有关规定计算。

第十一条 拐骗童工,强迫童工劳动,使用童工从事高空、井下、放射性、高毒、易燃易爆以及国家规定的第四级体力劳动强度的劳动,使用不满14周岁的童工,或者造成童工死亡或者严重伤残的,依照刑法关于拐卖儿童罪、强迫劳动罪或者其他罪的规定,依法追究刑事责任。

第十二条　国家行政机关工作人员有下列行为之一的,依法给予记大过或者降级的行政处分;情节严重的,依法给予撤职或者开除的行政处分;构成犯罪的,依照刑法关于滥用职权罪、玩忽职守罪或者其他罪的规定,依法追究刑事责任:

(一)劳动保障等有关部门工作人员在禁止使用童工的监督检查工作中发现使用童工的情况,不予制止、纠正、查处的;

(二)公安机关的人民警察违反规定发放身份证或者在身份证上登录虚假出生年月的;

(三)工商行政管理部门工作人员发现申请人是不满16周岁的未成年人,仍然为其从事个体经营发放营业执照的。

第十三条　文艺、体育单位经未成年人的父母或者其他监护人同意,可以招用不满16周岁的专业文艺工作者、运动员。用人单位应当保障被招用的不满16周岁的未成年人的身心健康,保障其接受义务教育的权利。文艺、体育单位招用不满16周岁的专业文艺工作者、运动员的办法,由国务院劳动保障行政部门会同国务院文化、体育行政部门制定。

学校、其他教育机构以及职业培训机构按照国家有关规定组织不满16周岁的未成年人进行不影响其人身安全和身心健康的教育实践劳动、职业技能培训劳动,不属于使用童工。

第十四条　本规定自2002年12月1日起施行。1991年4月15日国务院发布的《禁止使用童工规定》同时废止。

3. 商业特许经营管理条例

(中华人民共和国国务院令第485号　自2007年5月1日起施行)

第一章　总　则

第一条　为规范商业特许经营活动,促进商业特许经营健康、有序发展,维护市场秩序,制定本条例。

第二条　在中华人民共和国境内从事商业特许经营活动,应当遵守本条例。

第三条　本条　例所称商业特许经营(以下简称特许经营),是指拥有注册商标、企业标志、专利、专有技术等经营资源的企业(以下称特许人),以合同形式将其拥有的经营资源许可其他经营者(以下称被特许人)使用,被特许人按照合同约定在统一的经营模式下开展经营,并向特许人支付特许经营费用的经营活动。

企业以外的其他单位和个人不得作为特许人从事特许经营活动。

第四条　从事特许经营活动,应当遵循自愿、公平、诚实信用的原则。

第五条　国务院商务主管部门依照本条例规定,负责对全国范围内的特许经营活动实施监督管理。省、自治区、直辖市人民政府商务主管部门和设区的市级人民政府商务主管部门依照本条例规定,负责对本行政区域内的特许经营活动实施监督管理。

第六条　任何单位或者个人对违反本条例规定的行为,有权向商务主管部门举报。

商务主管部门接到举报后应当依法及时处理。

第二章　特许经营活动

第七条　特许人从事特许经营活动应当拥有成熟的经营模式，并具备为被特许人持续提供经营指导、技术支持和业务培训等服务的能力。

特许人从事特许经营活动应当拥有至少2个直营店，并且经营时间超过1年。

第八条　特许人应当自首次订立特许经营合同之日起15日内，依照本条例的规定向商务主管部门备案。在省、自治区、直辖市范围内从事特许经营活动的，应当向所在地省、自治区、直辖市人民政府商务主管部门备案；跨省、自治区、直辖市范围从事特许经营活动的，应当向国务院商务主管部门备案。

特许人向商务主管部门备案，应当提交下列文件、资料：

（一）营业执照复印件或者企业登记（注册）证书复印件；

（二）特许经营合同样本；

（三）特许经营操作手册；

（四）市场计划书；

（五）表明其符合本条例第七条规定的书面承诺及相关证明材料；

（六）国务院商务主管部门规定的其他文件、资料。

特许经营的产品或者服务，依法应当经批准方可经营的，特许人还应当提交有关批准文件。

第九条　商务主管部门应当自收到特许人提交的符合本条例第八条规定的文件、资料之日起10日内予以备案，并通知特许人。特许人提交的文件、资料不完备的，商务主管部门可以要求其在7日内补充提交文件、资料。

第十条　商务主管部门应当将备案的特许人名单在政府网站上公布，并及时更新。

第十一条　从事特许经营活动，特许人和被特许人应当采用书面形式订立特许经营合同。

特许经营合同应当包括下列主要内容：

（一）特许人、被特许人的基本情况；

（二）特许经营的内容、期限；

（三）特许经营费用的种类、金额及其支付方式；

（四）经营指导、技术支持以及业务培训等服务的具体内容和提供方式；

（五）产品或者服务的质量、标准要求和保证措施；

（六）产品或者服务的促销与广告宣传；

（七）特许经营中的消费者权益保护和赔偿责任的承担；

（八）特许经营合同的变更、解除和终止；

（九）违约责任；

（十）争议的解决方式；

（十一）特许人与被特许人约定的其他事项。

第十二条　特许人和被特许人应当在特许经营合同中约定，被特许人在特许经营合同订立后一定期限内，可以单方解除合同。

第十三条　特许经营合同约定的特许经营期限应当不少于3年。但是，被特许人同意的除外。

特许人和被特许人续签特许经营合同的，不适用前款规定。

第十四条　特许人应当向被特许人提供特许经营操作手册，并按照约定的内容和方式为被特许人持续提供经营指导、技术支持、业务培训等服务。

第十五条　特许经营的产品或者服务的质量、标准应当符合法律、行政法规和国家有关规定的要求。

第十六条　特许人要求被特许人在订立特许经营合同前支付费用的，应当以书面形式向被特许人说明该部分费用的用途以及退还的条件、方式。

第十七条　特许人向被特许人收取的推广、宣传费用，应当按照合同约定的用途使用。推广、宣传费用的使用情况应当及时向被特许人披露。

特许人在推广、宣传活动中，不得有欺骗、误导的行为，其发布的广告中不得含有宣传被特许人从事特许经营活动收益的内容。

第十八条　未经特许人同意，被特许人不得向他人转让特许经营权。被特许人不得向他人泄露或者允许他人使用其所掌握的特许人的商业秘密。

第十九条　特许人应当在每年第一季度将其上一年度订立特许经营合同的情况向商务主管部门报告。

第三章　信息披露

第二十条　特许人应当依照国务院商务主管部门的规定，建立并实行完备的信息披露制度。

第二十一条　特许人应当在订立特许经营合同之日前至少30日，以书面形式向被特许人提供本条例第二十二条规定的信息，并提供特许经营合同文本。

第二十二条　特许人应当向被特许人提供以下信息：

（一）特许人的名称、住所、法定代表人、注册资本额、经营范围以及从事特许经营活动的基本情况；

（二）特许人的注册商标、企业标志、专利、专有技术和经营模式的基本情况；

（三）特许经营费用的种类、金额和支付方式（包括是否收取保证金以及保证金的返还条件和返还方式）；

（四）向被特许人提供产品、服务、设备的价格和条件；

（五）为被特许人持续提供经营指导、技术支持、业务培训等服务的具体内容、提供方式和实施计划；

（六）对被特许人的经营活动进行指导、监督的具体办法；

（七）特许经营网点投资预算；

（八）在中国境内现有的被特许人的数量、分布地域以及经营状况评估；

（九）最近2年的经会计师事务所审计的财务会计报告摘要和审计报告摘要；

（十）最近5年内与特许经营相关的诉讼和仲裁情况；

（十一）特许人及其法定代表人是否有重大违法经营记录；

（十二）国务院商务主管部门规定的其他信息。

第二十三条 特许人向被特许人提供的信息应当真实、准确、完整，不得隐瞒有关信息，或者提供虚假信息。

特许人向被特许人提供的信息发生重大变更的，应当及时通知被特许人。

特许人隐瞒有关信息或者提供虚假信息的，被特许人可以解除特许经营合同。

第四章 法律责任

第二十四条 特许人不具备本条例第七条第二款规定的条件，从事特许经营活动的，由商务主管部门责令改正，没收违法所得，处10万元以上50万元以下的罚款，并予以公告。

企业以外的其他单位和个人作为特许人从事特许经营活动的，由商务主管部门责令停止非法经营活动，没收违法所得，并处10万元以上50万元以下的罚款。

第二十五条 特许人未依照本条例第八条的规定向商务主管部门备案的，由商务主管部门责令限期备案，处1万元以上5万元以下的罚款；逾期仍不备案的，处5万元以上10万元以下的罚款，并予以公告。

第二十六条 特许人违反本条例第十六条、第十九条规定的，由商务主管部门责令改正，可以处1万元以下的罚款；情节严重的，处1万元以上5万元以下的罚款，并予以公告。

第二十七条 特许人违反本条例第十七条第二款规定的，由工商行政管理部门责令改正，处3万元以上10万元以下的罚款；情节严重的，处10万元以上30万元以下的罚款，并予以公告；构成犯罪的，依法追究刑事责任。

特许人利用广告实施欺骗、误导行为的，依照广告法的有关规定予以处罚。

第二十八条 特许人违反本条例第二十一条、第二十三条规定，被特许人向商务主管部门举报并经查实的，由商务主管部门责令改正，处1万元以上5万元以下的罚款；情节严重的，处5万元以上10万元以下的罚款，并予以公告。

第二十九条 以特许经营名义骗取他人财物，构成犯罪的，依法追究刑事责任；尚不构成犯罪的，由公安机关依照《中华人民共和国治安管理处罚法》的规定予以处罚。以特许经营名义从事传销行为的，依照《禁止传销条例》的有关规定予以处罚。

第三十条 商务主管部门的工作人员滥用职权、玩忽职守、徇私舞弊，构成犯罪的，依法追究刑事责任；尚不构成犯罪的，依法给予处分。

第五章 附 则

第三十一条 特许经营活动中涉及商标许可、专利许可的，依照有关商标、专利的法律、行政法规的规定办理。

第三十二条 有关协会组织在国务院商务主管部门指导下，依照本条例的规定制定特许经营活动规范，加强行业自律，为特许经营活动当事人提供相关服务。

第三十三条 本条例施行前已经从事特许经营活动的特许人，应当自本条例施行之日起1年内，依照本条例的规定向商务主管部门备案；逾期不备案的，依照本条例第二十五条的规定处罚。

前款规定的特许人，不适用本条例第七条第二款的规定。

第三十四条　本条例自 2007 年 5 月 1 日起施行。

4. 工会参与劳动争议处理办法

（2023 年 12 月 28 日）

第一章　总　则

第一条　为深入贯彻习近平法治思想，坚持和发展新时代"枫桥经验"，进一步规范和加强工会参与劳动争议处理工作，更好履行维护职工合法权益、竭诚服务职工群众基本职责，推动构建和谐劳动关系，根据《中华人民共和国工会法》《中华人民共和国劳动法》《中华人民共和国劳动合同法》《中华人民共和国劳动争议调解仲裁法》及《中国工会章程》等有关规定，制定本办法。

第二条　工会参与劳动争议处理，应当坚持中国共产党的领导，坚持以职工为本，坚持立足预防、立足调解、立足法治、立足基层，坚持公平、正义，最大限度将劳动争议矛盾化解在基层，化解在萌芽状态。

第三条　县级以上总工会应当将工会参与劳动争议处理工作纳入服务职工工作体系，健全工会参与劳动争议处理保障机制，促进工会参与劳动争议处理工作高质量发展。

全国总工会法律工作部门负责指导、协调全国工会参与劳动争议处理工作。县级以上地方总工会法律工作部门负责指导、协调并组织实施本地区工会参与劳动争议处理工作。

各级工会加强与同级人力资源社会保障、人民法院、人民检察院、司法行政、公安、工商业联合会、企业联合会/企业家协会、律师协会等部门的沟通，推动建立健全劳动争议处理协作联动机制，协力做好劳动争议处理工作。

第四条　本办法适用于工会参与处理下列劳动争议：

（一）因确认劳动关系发生的争议；

（二）因订立、履行、变更、解除和终止劳动合同发生的争议；

（三）因订立或履行集体合同发生的争议；

（四）因工作时间、休息休假、社会保险、福利、培训以及劳动保护、女职工和未成年工、残疾职工等特殊劳动保护发生的争议；

（五）因劳动报酬、工伤保险待遇、经济补偿或者赔偿金等发生的争议；

（六）法律、法规规定的其他劳动争议。

第五条　工会依法参与劳动争议协商、调解、仲裁、诉讼等工作。县级以上总工会依法为所属工会和职工提供法律援助等法律服务。

职工因用人单位侵犯其劳动权益而申请劳动争议仲裁或者向人民法院起诉的，工会依法给予支持和帮助。

第六条　工会积极参与涉及货车司机、网约车驾驶员、快递员、外卖配送员等新就业形态劳动者劳动争议处理工作，依法维护新就业形态劳动者的劳动保障权益。

第七条　工会工作者参与劳动争议处理工作，应当依照法律和有关规定履行职责，做到遵纪守法、公正廉洁,不得滥用职权、徇私舞弊、收受贿赂,不得泄露国家秘密、商业秘密和个人隐私。

第二章　参与劳动争议协商

第八条　劳动争议协商是指劳动者和用人单位因行使劳动权利、履行劳动义务发生争议后,双方就解决争议、化解矛盾,达成和解协议而共同进行商谈的行为。

第九条　各级工会应当积极推进用人单位建立健全劳动关系协商调处机制,完善内部协商规则。发生劳动争议,职工可以要求用人单位工会参与或者协助其与用人单位进行协商;用人单位尚未建立工会的,职工可以请求用人单位所在地的各级地方工会参与或者协助其与用人单位进行协商,推动达成和解协议。

第十条　工会在参与劳动争议协商过程中,应当依法维护职工合法权益,代表或者协助职工提出切实可行的和解方案。

职工与用人单位就劳动争议协商达成一致的,工会应当主动引导签订书面和解协议并推动和解协议及时履行。

第十一条　劳动争议双方当事人不愿协商、协商不成或者达成和解协议后在约定的期限内不履行的,工会应当主动做好引导申请调解或仲裁等工作。

第三章　参与劳动争议调解

第十二条　工会应当积极参与劳动争议多元化解机制建设,充分发挥工会在调解工作中的职能作用,推动构建党委领导、政府负责、人力资源社会保障部门牵头、工会等有关部门参与、司法保障、科技支撑的劳动争议多元化解工作格局。

第十三条　劳动争议双方当事人经调解达成调解协议的,工会应当引导和督促当事人主动、及时、充分履行调解协议。依照法律规定可以申请仲裁审查或者司法确认的,工会可以引导当事人依法提出申请。

第十四条　企业劳动争议调解委员会依照有关规定由劳动者代表和企业代表组成,人数由双方协商确定,双方人数应当对等。劳动者代表由工会委员会成员担任或者由全体劳动者推举产生,企业代表由企业负责人指定。

企业劳动争议调解委员会主任依照有关规定由工会委员会成员或者双方推举的人员担任。

企业劳动争议调解委员会的办事机构可以依照有关规定设在企业工会委员会。

第十五条　企业劳动争议调解委员会履行下列职责:

(一)宣传劳动保障法律、法规和政策;

(二)对本企业发生的劳动争议进行调解;

(三)监督和推动和解协议、调解协议的履行;

(四)聘任、解聘和管理调解员;

(五)参与协调履行劳动合同、集体合同、执行企业劳动规章制度等方面出现的问题;

(六)参与研究涉及劳动者切身利益的重大方案;

(七)协助企业建立劳动争议预防预警机制;

(八)法律、法规规定的其他事项。

第十六条　工会工作者担任劳动争议调解员主要履行以下职责：

（一）关注用人单位或者行业劳动关系状况，及时向劳动争议调解委员会报告；

（二）接受劳动争议调解委员会指派，调解劳动争议案件；

（三）保障当事人实现自愿调解、申请回避和申请仲裁的权利；

（四）自调解组织收到调解申请之日起15日内结束调解，到期未结束的或者当事人明确表示不愿意接受调解的，视为调解不成，告知当事人可以申请仲裁；

（五）监督和解协议、调解协议的履行；

（六）及时做好调解文书及案卷的整理归档工作；

（七）完成调解委员会交办的其他工作。

第十七条　劳动争议调解委员会委员因工作或者职务变动等原因需要调整时，由原推选单位在30日内依法推举或者指定人员补齐。劳动争议调解委员会委员需调整人数超过半数的，按有关规定重新组建。

第四章　参加劳动争议仲裁

第十八条　工会依照劳动争议调解仲裁法规定参加同级劳动人事争议仲裁委员会，履行有关职责。

第十九条　工会工作者作为劳动人事争议仲裁委员会组成人员，依法履行下列职责：

（一）参与处理所辖范围内的劳动争议案件；

（二）参加仲裁委员会会议，遇特殊情况不能到会的，应出具委托书，委托本组织其他人员出席会议；

（三）参与研究处理有重大影响和仲裁庭提交的重大疑难案件；

（四）参与对办案程序违法违规、工作人员违法违纪等问题线索的核查处理；

（五）对受理的集体劳动争议及本地区有影响的个人劳动争议案件，及时向本级及上级工会书面报告。

第二十条　工会工作者符合法律规定的仲裁员条件，由劳动人事争议仲裁委员会聘为兼职仲裁员的，依法履行仲裁员职责。

工会兼职仲裁员所在单位对其参加劳动争议仲裁活动应当给予支持。

第五章　参与劳动争议诉讼

第二十一条　工会在劳动争议诉讼中主要履行以下职责：

（一）支持帮助职工当事人起诉；

（二）接受职工当事人委托，指派或者委派诉讼代理人；

（三）推动生效法律文书的诚信履行；

（四）代表劳动者参加集体合同争议诉讼。

第二十二条　依法设立的工会法律服务机构可以接受职工的委托，指派或者委派诉讼代理人，代理其参加劳动争议诉讼活动。职工应当向人民法院提交由其本人签名或者盖章的授权委托书，指派或者委派的诉讼代理人在授权范围内代理诉讼。

第二十三条　依法设立的工会法律服务机构指派或者委派的诉讼代理人代理职工

参与诉讼,主要有以下方式:

(一)为职工当事人提供法律咨询,代写起诉状、上诉状、申诉状等法律文书;

(二)在诉讼过程中为职工当事人代写应诉相关文本;

(三)调查案件有关事实,搜集对职工当事人有利的证据;

(四)代理职工当事人参加法院组织的立案前或者诉讼中调解,提出有利于职工当事人的调解意见和主张,促成双方当事人和解;

(五)代理职工当事人出庭应诉;

(六)为职工当事人实施法律法规规定或者当事人授权的其他代理行为。

第六章　参与处理集体劳动争议

第二十四条　发生集体劳动争议,用人单位工会应当及时向上级工会报告,依法参与处理。需要上级工会支持和帮助的,上级工会应当提供法律帮助。

工会参与处理集体劳动争议,应当积极反映职工的正当要求,维护职工合法权益。

第二十五条　因集体劳动争议导致停工、怠工事件,工会应当代表职工同企业、事业单位、社会组织或者有关方面协商,反映职工的意见和要求并提出解决意见。协商不成的,按集体劳动争议处理程序解决。

第二十六条　因订立集体合同发生争议,当事人双方协商解决不成的,用人单位工会应当提请上级工会协同人力资源社会保障等有关部门协调处理。

第二十七条　因履行集体合同发生争议,经协商解决不成的,用人单位工会可以依法申请仲裁;用人单位尚未建立工会的,由上级工会指导劳动者推举产生的代表依法申请仲裁。仲裁机构不予受理或者对仲裁裁决不服的,工会或者劳动者代表可以依法向人民法院提起诉讼。

第七章　组织保障

第二十八条　工会参与劳动争议处理工作应当积极争取地方政府的支持,通过政府联席(联系)会议、协调劳动关系三方机制等形式,定期与同级政府沟通交流工作情况,研究解决工作中的重大问题。

县级以上总工会应当加强对工会参与劳动争议处理工作的组织领导。下级工会应当定期向上级工会报告参与劳动争议处理工作。

第二十九条　各地工会应当根据工作实际,加强工会参与劳动争议处理工作数字化建设。工会可以依托职工服务线上平台,建立网上劳动争议调解室。

第三十条　具备条件的工会驿站等工会服务站点可以设立流动工会劳动争议调解室,为户外劳动者、新就业形态劳动者等提供便捷式法律服务。

具备条件的地方工会可以在劳动人事争议仲裁院、人民法院设立工会法律服务工作站(点)或者窗口,接受仲裁委员会或者人民法院委派委托,调解劳动争议。

第三十一条　工会应当积极推动用人单位依法建立劳动争议调解委员会,推动工业园区和劳动密集型行业等建立区域性、行业性劳动争议调解组织,实现劳动争议调解组织应建尽建。

工会指导建立基层工会时,同步建立工会劳动法律监督委员会,同步推进企业建立劳动争议调解委员会。

第三十二条　工会应当积极推动平台企业及其关联企业建立劳动争议调解委员会，加快在新就业形态劳动者集中的行业、区域建立劳动争议调解组织。

第三十三条　各级工会应当将参与劳动争议处理工作业务纳入本级工会培训主体班次，定期对工会劳动争议调解员、兼职仲裁员等从事劳动争议处理工作的人员进行培训，提高劳动争议处理工作的能力和水平。

第三十四条　县级以上地方总工会应当将工会参与劳动争议处理工作经费列入本级工会经费预算。

第八章　附　则

第三十五条　各省、自治区、直辖市总工会可以根据本办法，结合本地实际，制定具体实施办法。

第三十六条　本办法由全国总工会法律工作部负责解释。

第三十七条　本办法自印发之日起施行。全国总工会1995年8月17日印发的《工会参与劳动争议处理试行办法》（总工发〔1995〕12号）同时废止。

5. 工会会员会籍管理办法

（2016年12月12日）

第一章　总　则

第一条　为规范工会会员会籍管理工作，增强会员意识，保障会员权利，根据《中华人民共和国工会法》和《中国工会章程》等有关规定，制定本办法。

第二条　工会会员会籍是指工会会员资格，是职工履行入会手续后工会组织确认其为工会会员的依据。

第三条　工会会员会籍管理，随劳动（工作）关系流动而变动，会员劳动（工作）关系在哪里，会籍就在哪里，实行一次入会、动态接转。

第二章　会籍取得与管理

第四条　凡在中国境内的企业、事业单位、机关和其他社会组织中，以工资收入为主要生活来源或者与用人单位建立劳动关系的体力劳动者和脑力劳动者，不分民族、种族、性别、职业、宗教信仰、教育程度，承认《中国工会章程》，都可以加入工会为会员。

第五条　职工加入工会，由其本人通过口头或书面形式及通过互联网等渠道提出申请，填写《中华全国总工会入会申请书》和《工会会员登记表》，经基层工会审核批准，即为中华全国总工会会员，发给《中华全国总工会会员证》（以下简称“会员证”），享有会员权利，履行会员义务。工会会员卡（以下简称“会员卡”）也可以作为会员身份凭证。

第六条　尚未建立工会的用人单位职工，按照属地和行业就近原则，可以向上级工会提出入会申请，在上级工会的帮助指导下加入工会。用人单位建立工会后，应及时办理会员会籍接转手续。

第七条 非全日制等形式灵活就业的职工,可以申请加入所在单位工会,也可以申请加入所在地的乡镇(街道)、开发区(工业园区)、村(社区)工会和区域(行业)工会联合会等。会员会籍由上述工会管理。

第八条 农民工输出地工会开展入会宣传,启发农民工入会意识;输入地工会按照属地管理原则,广泛吸收农民工加入工会。农民工会员变更用人单位时,应及时办理会员会籍接转手续,不需重复入会。

第九条 劳务派遣工可以在劳务派遣单位加入工会,也可以在用工单位加入工会。劳务派遣单位没有建立工会的,劳务派遣工在用工单位加入工会。在劳务派遣工会员接受派遣期间,劳务派遣单位工会可以与用工单位工会签订委托管理协议,明确双方对会员组织活动、权益维护等方面的责任与义务。加入劳务派遣单位工会(含委托用工单位管理)的会员,其会籍由劳务派遣单位工会管理。加入用工单位工会的会员会籍由用工单位工会管理。

第十条 基层工会可以通过举行入会仪式、集体发放会员证或会员卡等形式,增强会员意识。

第十一条 基层工会应建立会员档案,实行会员实名制,动态管理会员信息,保障会员信息安全。

第十二条 会员劳动(工作)关系发生变化后,由调出单位工会填写会员证"工会组织关系接转"栏目中有关内容。会员的《工会会员登记表》随个人档案一并移交。会员以会员证或会员卡等证明其工会会员身份,新的用人单位工会应予以接转登记。

第十三条 已经与用人单位解除劳动(工作)关系并实现再就业的会员,其会员会籍应转入新的用人单位工会。如新的用人单位尚未建立工会,其会员会籍原则上应暂时保留在会员居住地工会组织,待所在单位建立工会后,再办理会员会籍接转手续。

第十四条 临时借调到外单位工作的会员,其会籍一般不作变动。如借调时间六个月以上,借调单位已建立工会的,可以将会员关系转到借调单位工会管理。借调期满后,会员关系转回所在单位。会员离开工作岗位进行脱产学习的,如与单位仍有劳动(工作)关系,其会员会籍不作变动。

第十五条 联合基层工会的会员会籍接转工作,由联合基层工会负责。区域(行业)工会联合会的会员会籍接转工作,由会员所在基层工会负责。

第十六条 各级工会分级负责本单位本地区的会员统计工作。农民工会员由输入地工会统计。劳务派遣工会员由劳务派遣单位工会统计,加入用工单位工会的由用工单位工会统计。保留会籍的人员不列入会员统计范围。

第三章 会籍保留与取消

第十七条 会员退休(含提前退休)后,在原单位工会办理保留会籍手续。退休后再返聘参加工作的会员,保留会籍不作变动。

第十八条 内部退养的会员,其会籍暂不作变动,待其按国家有关规定正式办理退休手续后,办理保留会籍手续。

第十九条 会员失业的,由原用人单位办理保留会籍手续。原用人单位关闭或破产的,可将其会籍转至其居住地的乡镇(街道)或村(社区)工会。重新就业后,由其本人及时与新用人单位接转会员会籍。

第二十条 已经加入工会的职工,在其服兵役期间保留会籍。服兵役期满,复员或转业到用人单位并建立劳动关系的,应及时办理会员会籍接转手续。

第二十一条 会员在保留会籍期间免交会费,不再享有选举权、被选举权和表决权。

第二十二条 会员有退会自由。对于要求退会的会员,工会组织应做好思想工作。对经过做思想工作仍要求退会的,由会员所在的基层工会讨论后,宣布其退会并收回其会员证或会员卡。会员没有正当理由连续六个月不交纳会费、不参加工会组织生活,经教育拒不改正,应视为自动退会。

第二十三条 对严重违法犯罪并受到刑事处分的会员,开除会籍。开除会员会籍,须经会员所在工会小组讨论提出意见,由工会基层委员会决定,并报上一级工会备案,同时收回其会员证或会员卡。

第四章 附 则

第二十四条 本办法由中华全国总工会负责解释。

第二十五条 本办法自印发之日起施行。2000 年 9 月 11 日印发的《中华全国总工会关于加强工会会员会籍管理有关问题的暂行规定》(总工发〔2000〕18 号)同时废止。

6. 工会法律援助办法

(总工发〔2008〕52 号 2008 年 8 月 11 日)

第一章 总 则

第一条 为履行维护职工合法权益基本职责,规范工会法律援助工作,发展和谐劳动关系,根据《中华人民共和国工会法》《中华人民共和国劳动法》《法律援助条例》和《中国工会章程》,制定本办法。

第二条 工会建立法律援助制度,为合法权益受到侵害的职工、工会工作者和工会组织提供无偿法律服务。

工会法律援助是政府法律援助的必要补充。

第三条 工会建立法律援助异地协作制度,省际、城际间工会组织及其法律援助机构可以互相委托,协助办理相关法律援助事项。

第四条 全国总工会法律工作部指导、协调全国工会法律援助工作。县级以上地方工会法律工作部门指导、协调本地区工会法律援助工作。

工会法律援助工作接受司法行政机关的业务指导。

第五条 对在工会法律援助工作中作出突出贡献的工会法律援助组织和人员,县级以上总工会和产业工会应在工会系统内部或会同司法行政等部门予以表彰、奖励。

第二章　机构和人员

第六条　县级以上地方工会和具备条件的地方产业工会设立法律援助机构,在同级工会领导下开展工作。

地方工会可以与司法行政部门协作成立工会(职工)法律援助工作站,也可以与律师事务所等机构合作,签订职工法律援助服务协议。

工会设立法律援助机构应当符合有关法律、法规的规定。

第七条　工会法律援助机构可以单独设立也可以与困难职工帮扶中心合署办公,法律援助机构负责人及相关管理人员由同级工会委派或者聘任。

法律援助工作人员可以从下列人员中聘请:

(一)工会公职律师、专兼职劳动争议调解员、劳动保障法律监督员等工会法律工作者。

(二)法律专家、学者、律师等社会法律工作者。

第三章　范围和条件

第八条　工会法律援助的范围:

(一)劳动争议案件;

(二)因劳动权益涉及的职工人身权、民主权、财产权受到侵犯的案件;

(三)工会工作者因履行职责合法权益受到侵犯的案件;

(四)工会组织合法权益受到侵犯的案件;

(五)工会认为需要提供法律援助的其他事项。

第九条　工会法律援助的形式:

(一)普及法律知识;

(二)提供法律咨询;

(三)代写法律文书;

(四)参与协商、调解;

(五)仲裁、诉讼代理;

(六)其他法律援助形式。

第十条　职工符合下列条件之一的,可以向工会法律援助机构申请委托代理法律援助:

(一)为保障自身合法权益需要工会法律援助,且本人及其家庭经济状况符合当地工会提供法律援助的经济困难标准。

(二)未达到工会提供法律援助的经济困难标准,但有证据证明本人合法权益被严重侵害,需要工会提供法律援助的。

农民工因请求支付劳动报酬或者工伤赔偿申请法律援助的,不受本办法规定的经济困难条件的限制。

第四章　申请和承办

第十一条　职工申请法律援助应当向劳动合同履行地或者用人单位所在地的工会

法律援助机构提出。

工会工作者和工会组织申请工会法律援助应当向侵权行为地或者用人单位所在地的工会法律援助机构提出。

第十二条　职工申请工会法律援助机构代理劳动争议仲裁、诉讼等法律服务，应当以书面形式提出，并提交下列材料：

（一）身份证、工作证或者有关身份证明；

（二）所在单位工会或者地方工会（含乡镇、街道、开发区等工会）出具的申请人经济困难状况的证明；

（三）与法律援助事项相关的材料；

（四）工会法律援助机构认为需要提供的其他材料。

提交书面申请确有困难的，可以口头申请。工会法律援助机构应当当场记录申请人基本情况、申请事项、理由和时间，并经本人签字。

第十三条　工会工作者、工会组织申请工会法律援助机构参与协商、调解，代理仲裁、诉讼等法律服务，应当以书面形式提出，并分别提交下列材料：

（一）工会工作者所在单位工会或者工会组织所在地方工会出具的情况证明或说明；

（二）与法律援助事项相关的材料；

（三）工会法律援助机构认为需要提供的其他材料。

第十四条　工会法律援助机构自收到申请之日起7日内按规定的条件进行审查。对符合条件的，由工会法律援助机构负责人签署意见，作出同意提供法律援助的书面决定，指派法律援助承办人员，并通知申请人。

对申请人提交的证件、证明材料不齐全的，应当要求申请人作出必要的补充或者说明，申请人未按要求作出补充或者说明的，视为撤销申请。

对不符合条件的，作出不予提供法律援助的决定，以口头或者书面形式通知申请人。

第十五条　工会法律援助机构对法律咨询、代写法律文书等法律服务事项，应当即时办理；复杂疑难的可以预约择时办理。

第十六条　法律援助承办人员接受工会法律援助机构的管理和监督，依法承办法律援助机构指定的援助事项，维护受援人合法权益。

第十七条　法律援助承办人员在援助事项结案后，应当向工会法律援助机构提交结案报告。

第十八条　法律援助事项结案后，工会法律援助机构应当按规定向承办人员支付法律援助办案补贴。补贴标准由县级以上地方工会根据本地实际情况确定。

第十九条　法律援助承办人员接受指派后，无正当理由不得拒绝、延迟或者中止、终止办理指定事项。

第二十条　法律援助承办人员未按规定程序批准，不得以工会法律援助机构名义承办案件。

第二十一条　法律援助承办人员应当遵守职业道德和执业纪律，不得收取受援人任何财物。

第五章　资金来源和管理

第二十二条　工会法律援助工作经费主要用于工会法律援助机构的办公、办案经费。县级以上地方工会应当将工会法律援助工作经费列入本级工会经费预算,并依据国家和工会财务制度的有关规定,制定相应管理办法。

第二十三条 对困难职工的法律援助补助资金,从工会困难职工帮扶中心专项资金中列支,管理和使用应当遵守《困难职工帮扶中心专项资金管理办法》的有关规定。

第二十四条 工会法律援助工作经费、对困难职工法律援助的补助资金,接受上级和本级工会财务、经审、法律、保障部门的监督检查。

第六章 附 则

第二十五条 各省、自治区、直辖市总工会可以根据本办法,结合本地实际,制定具体规定。

铁路、金融、民航、新疆生产建设兵团工会可以参照本办法执行。

第二十六条 本办法由全国总工会负责解释。

第二十七条 本办法自发布之日起执行。

7. 工资集体协商试行办法

(《工资集体协商试行办法》于2000年10月10日经劳动和社会保障部部务会议通过自2000年11月8日起施行)

第一章 总 则

第一条 为规范工资集体协商和签订工资集体协议(以下简称工资协议)的行为,保障劳动关系双方的合法权益,促进劳动关系的和谐稳定,依据《中华人民共和国劳动法》和国家有关规定,制定本办法。

第二条 中华人民共和国境内的企业依法开展工资集体协商,签订工资协议,适用本办法。

第三条 本办法所称工资集体协商,是指职工代表与企业代表依法就企业内部工资分配制度、工资分配形式、工资收入水平等事项进行平等协商,在协商一致的基础上签订工资协议的行为。

本办法所称工资协议,是指专门就工资事项签订的专项集体合同。已订立集体合同的,工资协议作为集体合同的附件,并与集体合同具有同等效力。

第四条 依法订立的工资协议对企业和职工双方具有同等约束力。双方必须全面履行工资协议规定的义务,任何一方不得擅自变更或解除工资协议。

第五条 职工个人与企业订立的劳动合同中关于工资报酬的标准,不得低于工资协议规定的最低标准。

第六条 县级以上劳动保障行政部门依法对工资协议进行审查,对协议的履行情况进行监督检查。

第二章　工资集体协商内容

第七条　工资集体协商一般包括以下内容：

(一)工资协议的期限；

(二)工资分配制度、工资标准和工资分配形式；

(三)职工年度平均工资水平及其调整幅度；

(四)奖金、津贴、补贴等分配办法；

(五)工资支付办法；

(六)变更、解除工资协议的程序；

(七)工资协议的终止条件；

(八)工资协议的违约责任；

(九)双方认为应当协商约定的其他事项。

第八条　协商确定职工年度工资水平应符合国家有关工资分配的宏观调控政策，并综合参考下列因素：

(一)地区、行业、企业的人工成本水平；

(二)地区、行业的职工平均工资水平；

(三)当地政府发布的工资指导线、劳动力市场工资指导价位；

(四)本地区城镇居民消费价格指数；

(五)企业劳动生产率和经济效益；

(六)国有资产保值增值；

(七)上年度企业职工工资总额和职工平均工资水平；

(八)其他与工资集体协商有关的情况。

第三章　工资集体协商代表

第九条　工资集体协商代表应依照法定程序产生。职工一方由工会代表。未建工会的企业由职工民主推举代表，并得到半数以上职工的同意。企业代表由法定代表人和法定代表人指定的其他人员担任。

第十条　协商双方各确定一名首席代表。职工首席代表应当由工会主席担任，工会主席可以书面委托其他人员作为自己的代理人；未成立工会的，由职工集体协商代表推举。企业首席代表应当由法定代表人担任，法定代表人可以书面委托其他管理人员作为自己的代理人。

第十一条　协商双方的首席代表在工资集体协商期间轮流担任协商会议执行主席。协商会议执行主席的主要职责是负责工资集体协商有关组织协调工作，并对协商过程中发生的问题提出处理建议。

第十二条　协商双方可书面委托本企业以外的专业人士作为本方协商代表。委托人数不得超过本方代表的1/3。

第十三条　协商双方享有平等的建议权、否决权和陈述权。

第十四条　由企业内部产生的协商代表参加工资集体协商的活动应视为提供正常劳动，享受的工资、奖金、津贴、补贴、保险福利待遇不变。其中，职工协商代表的合法权益受法律保护。企业不得对职工协商代表采取歧视性行为,不得违法解除或变更其劳动合同。

第十五条 协商代表应遵守双方确定的协商规则,履行代表职责,并负有保守企业商业秘密的责任。协商代表任何一方不得采取过激、威胁、收买、欺骗等行为。

第十六条 协商代表应了解和掌握工资分配的有关情况,广泛征求各方面的意见,接受本方人员对工资集体协商有关问题的质询。

第四章 工资集体协商程序

第十七条 职工和企业任何一方均可提出进行工资集体协商的要求。工资集体协商的提出方应向另一方提出书面的协商意向书,明确协商的时间、地点、内容等。另一方接到协商意向书后,应于20日内予以书面答复,并与提出方共同进行工资集体协商。

第十八条 在不违反有关法律、法规的前提下,协商双方有义务按照对方要求,在协商开始前5日内,提供与工资集体协商有关的真实情况和资料。

第十九条 工资协议草案应提交职工代表大会或职工大会讨论审议。

第二十条 工资集体协商双方达成一致意见后,由企业行政方制作工资协议文本。工资协议经双方首席代表签字盖章后成立。

第五章 工资协议审查

第二十一条 工资协议签订后,应于7日内由企业将工资协议一式三份及说明,报送劳动保障行政部门审查。

第二十二条 劳动保障行政部门应在收到工资协议15日内,对工资集体协商双方代表资格、工资协议的条款内容和签订程序等进行审查。

劳动保障行政部门经审查对工资协议无异议,应及时向协商双方送达《工资协议审查意见书》,工资协议即行生效。

劳动保障行政部门对工资协议有修改意见,应将修改意见在《工资协议审查意见书》中通知协商双方。双方应就修改意见及时协商,修改工资协议,并重新报送劳动保障行政部门。

工资协议向劳动保障行政部门报送经过15日后,协议双方未收到劳动保障行政部门的《工资协议审查意见书》,视为已经劳动保障行政部门同意,该工资协议即行生效。

第二十三条 协商双方应于5日内将已经生效的工资协议以适当形式向本方全体人员公布。

第二十四条 工资集体协商一般情况下一年进行一次。职工和企业双方均可在原工资协议期满前60日内,向对方书面提出协商意向书,进行下一轮的工资集体协商,做好新旧工资协议的相互衔接。

第六章 附 则

第二十五条 本办法对工资集体协商和工资协议的有关内容未做规定的,按《集体合同规定》的有关规定执行。

第二十六条 本办法自发布之日起施行。

8. 关于在民事审判工作中适用《中华人民共和国工会法》若干问题的解释

（2003年1月9日最高人民法院审判委员会第1263次会议通过，根据2020年12月23日最高人民法院审判委员会第1823次会议通过的《最高人民法院关于修改〈最高人民法院关于在民事审判工作中适用《中华人民共和国工会法》若干问题的解释〉等二十七件民事类司法解释的决定》修正）

为正确审理涉及工会经费和财产、工会工作人员权利的民事案件，维护工会和职工的合法权益，根据《中华人民共和国民法典》《中华人民共和国工会法》和《中华人民共和国民事诉讼法》等法律的规定，现就有关法律的适用问题解释如下：

第一条　人民法院审理涉及工会组织的有关案件时，应当认定依照工会法建立的工会组织的社团法人资格。具有法人资格的工会组织依法独立享有民事权利，承担民事义务。建立工会的企业、事业单位、机关与所建工会以及工会投资兴办的企业，根据法律和司法解释的规定，应当分别承担各自的民事责任。

第二条　根据工会法第十八条规定，人民法院审理劳动争议案件，涉及确定基层工会专职主席、副主席或者委员延长的劳动合同期限的，应当自上述人员工会职务任职期限届满之日起计算，延长的期限等于其工会职务任职的期间。

工会法第十八条规定的“个人严重过失”，是指具有《中华人民共和国劳动法》第二十五条第（二）项、第（三）项或者第（四）项规定的情形。

第三条　基层工会或者上级工会依照工会法第四十三条规定向人民法院申请支付令的，由被申请人所在地的基层人民法院管辖。

第四条　人民法院根据工会法第四十三条的规定受理工会提出的拨缴工会经费的支付令申请后，应当先行征询被申请人的意见。被申请人仅对应拨缴经费数额有异议的，人民法院应当就无异议部分的工会经费数额发出支付令。

人民法院在审理涉及工会经费的案件中，需要按照工会法第四十二条第一款第（二）项规定的“全部职工”“工资总额”确定拨缴数额的，“全部职工”“工资总额”的计算，应当按照国家有关部门规定的标准执行。

第五条　根据工会法第四十三条和民事诉讼法的有关规定，上级工会向人民法院申请支付令或者提起诉讼，要求企业、事业单位拨缴工会经费的，人民法院应当受理。基层工会要求参加诉讼的，人民法院可以准许其作为共同申请人或者共同原告参加诉讼。

第六条　根据工会法第五十二条规定，人民法院审理涉及职工和工会工作人员因参加工会活动或者履行工会法规定的职责而被解除劳动合同的劳动争议案件，可以根据当事人的请求裁判用人单位恢复其工作，并补发被解除劳动合同期间应得的报酬；或者根据当事人的请求裁判用人单位给予本人年收入二倍的赔偿，并根据劳动合同法第四十六条、第四十七条规定给予解除劳动合同时的经济补偿。

第七条　对于企业、事业单位无正当理由拖延或者拒不拨缴工会经费的，工会组织向人民法院请求保护其权利的诉讼时效期间,适用民法典第一百八十八条的规定。

第八条 工会组织就工会经费的拨缴向人民法院申请支付令的,应当按照《诉讼费用交纳办法》第十四条的规定交纳申请费;督促程序终结后,工会组织另行起诉的,按照《诉讼费用交纳办法》第十三条规定的财产案件受理费标准交纳诉讼费用。

第八部分　工会女职工工作

1. 中华人民共和国母婴保健法

（1994年10月27日第八届全国人民代表大会常务委员会第十次会议通过　根据2009年8月27日第十一届全国人民代表大会常务委员会第十次会议《关于修改部分法律的决定》第一次修正　根据2017年11月4日第十二届全国人民代表大会常务委员会第三十次会议《关于修改〈中华人民共和国会计法〉等十一部法律的决定》第二次修正）

目　录

第一章　总　则

第一条　为了保障母亲和婴儿健康，提高出生人口素质，根据宪法，制定本法。

第二条　国家发展母婴保健事业，提供必要条件和物质帮助，使母亲和婴儿获得医疗保健服务。

国家对边远贫困地区的母婴保健事业给予扶持。

第三条　各级人民政府领导母婴保健工作。

母婴保健事业应当纳入国民经济和社会发展计划。

第四条　国务院卫生行政部门主管全国母婴保健工作，根据不同地区情况提出分级分类指导原则，并对全国母婴保健工作实施监督管理。

国务院其他有关部门在各自职责范围内，配合卫生行政部门做好母婴保健工作。

第五条　国家鼓励、支持母婴保健领域的教育和科学研究，推广先进、实用的母婴保健技术，普及母婴保健科学知识。

第六条　对在母婴保健工作中做出显著成绩和在母婴保健科学研究中取得显著成果的组织和个人，应当给予奖励。

第二章　婚前保健

第七条　医疗保健机构应当为公民提供婚前保健服务。

婚前保健服务包括下列内容：

（一）婚前卫生指导：关于性卫生知识、生育知识和遗传病知识的教育；

（二）婚前卫生咨询：对有关婚配、生育保健等问题提供医学意见；

（三）婚前医学检查：对准备结婚的男女双方可能患影响结婚和生育的疾病进行医

学检查。

第八条　婚前医学检查包括对下列疾病的检查：

（一）严重遗传性疾病；

（二）指定传染病；

（三）有关精神病。

经婚前医学检查，医疗保健机构应当出具婚前医学检查证明。

第九条　经婚前医学检查，对患指定传染病在传染期内或者有关精神病在发病期内的，医师应当提出医学意见；准备结婚的男女双方应当暂缓结婚。

第十条　经婚前医学检查，对诊断患医学上认为不宜生育的严重遗传性疾病的，医师应当向男女双方说明情况，提出医学意见；经男女双方同意，采取长效避孕措施或者施行结扎手术后不生育的，可以结婚。但《中华人民共和国婚姻法》规定禁止结婚的除外。

第十一条　接受婚前医学检查的人员对检查结果持有异议的，可以申请医学技术鉴定，取得医学鉴定证明。

第十二条　男女双方在结婚登记时，应当持有婚前医学检查证明或者医学鉴定证明。

第十三条　省、自治区、直辖市人民政府根据本地区的实际情况，制定婚前医学检查制度实施办法。

省、自治区、直辖市人民政府对婚前医学检查应当规定合理的收费标准，对边远贫困地区或者交费确有困难的人员应当给予减免。

第三章　孕产期保健

第十四条　医疗保健机构应当为育龄妇女和孕产妇提供孕产期保健服务。

孕产期保健服务包括下列内容：

（一）母婴保健指导：对孕育健康后代以及严重遗传性疾病和碘缺乏病等地方病的发病原因、治疗和预防方法提供医学意见；

（二）孕妇、产妇保健：为孕妇、产妇提供卫生、营养、心理等方面的咨询和指导以及产前定期检查等医疗保健服务；

（三）胎儿保健：为胎儿生长发育进行监护，提供咨询和医学指导；

（四）新生儿保健：为新生儿生长发育、哺乳和护理提供医疗保健服务。

第十五条　对患严重疾病或者接触致畸物质，妊娠可能危及孕妇生命安全或者可能严重影响孕妇健康和胎儿正常发育的，医疗保健机构应当予以医学指导。

第十六条　医师发现或者怀疑患严重遗传性疾病的育龄夫妻，应当提出医学意见。育龄夫妻应当根据医师的医学意见采取相应的措施。

第十七条　经产前检查，医师发现或者怀疑胎儿异常的，应当对孕妇进行产前诊断。

第十八条　经产前诊断，有下列情形之一的，医师应当向夫妻双方说明情况，并提出终止妊娠的医学意见：

（一）胎儿患严重遗传性疾病的；

（二）胎儿有严重缺陷的；

（三）因患严重疾病，继续妊娠可能危及孕妇生命安全或者严重危害孕妇健康的。

第十九条 依照本法规定施行终止妊娠或者结扎手术，应当经本人同意，并签署意见。本人无行为能力的，应当经其监护人同意，并签署意见。

依照本法规定施行终止妊娠或者结扎手术的，接受免费服务。

第二十条 生育过严重缺陷患儿的妇女再次妊娠前，夫妻双方应当到县级以上医疗保健机构接受医学检查。

第二十一条 医师和助产人员应当严格遵守有关操作规程，提高助产技术和服务质量，预防和减少产伤。

第二十二条 不能住院分娩的孕妇应当由经过培训、具备相应接生能力的接生人员实行消毒接生。

第二十三条 医疗保健机构和从事家庭接生的人员按照国务院卫生行政部门的规定，出具统一制发的新生儿出生医学证明；有产妇和婴儿死亡以及新生儿出生缺陷情况的，应当向卫生行政部门报告。

第二十四条 医疗保健机构为产妇提供科学育儿、合理营养和母乳喂养的指导。

医疗保健机构对婴儿进行体格检查和预防接种，逐步开展新生儿疾病筛查、婴儿多发病和常见病防治等医疗保健服务。

第四章 技术鉴定

第二十五条 县级以上地方人民政府可以设立医学技术鉴定组织，负责对婚前医学检查、遗传病诊断和产前诊断结果有异议的进行医学技术鉴定。

第二十六条 从事医学技术鉴定的人员，必须具有临床经验和医学遗传学知识，并具有主治医师以上的专业技术职务。

医学技术鉴定组织的组成人员，由卫生行政部门提名，同级人民政府聘任。

第二十七条 医学技术鉴定实行回避制度。凡与当事人有利害关系，可能影响公正鉴定的人员，应当回避。

第五章 行政管理

第二十八条 各级人民政府应当采取措施，加强母婴保健工作，提高医疗保健服务水平，积极防治由环境因素所致严重危害母亲和婴儿健康的地方性高发性疾病，促进母婴保健事业的发展。

第二十九条 县级以上地方人民政府卫生行政部门管理本行政区域内的母婴保健工作。

第三十条 省、自治区、直辖市人民政府卫生行政部门指定的医疗保健机构负责本行政区域内的母婴保健监测和技术指导。

第三十一条 医疗保健机构按照国务院卫生行政部门的规定，负责其职责范围内的母婴保健工作，建立医疗保健工作规范，提高医学技术水平，采取各种措施方便人民群众，做好母婴保健服务工作。

第三十二条 医疗保健机构依照本法规定开展婚前医学检查、遗传病诊断、产前诊断以及施行结扎手术和终止妊娠手术的，必须符合国务院卫生行政部门规定的条件和技术标准，并经县级以上地方人民政府卫生行政部门许可。

严禁采用技术手段对胎儿进行性别鉴定，但医学上确有需要的除外。

第三十三条　从事本法规定的遗传病诊断、产前诊断的人员，必须经过省、自治区、直辖市人民政府卫生行政部门的考核，并取得相应的合格证书。

从事本法规定的婚前医学检查、施行结扎手术和终止妊娠手术的人员，必须经过县级以上地方人民政府卫生行政部门的考核，并取得相应的合格证书。

第三十四条　从事母婴保健工作的人员应当严格遵守职业道德，为当事人保守秘密。

第六章　法律责任

第三十五条　未取得国家颁发的有关合格证书的，有下列行为之一，县级以上地方人民政府卫生行政部门应当予以制止，并可以根据情节给予警告或者处以罚款：

（一）从事婚前医学检查、遗传病诊断、产前诊断或者医学技术鉴定的；

（二）施行终止妊娠手术的；

（三）出具本法规定的有关医学证明的。

上款第（三）项出具的有关医学证明无效。

第三十六条　未取得国家颁发的有关合格证书，施行终止妊娠手术或者采取其他方法终止妊娠，致人死亡、残疾、丧失或者基本丧失劳动能力的，依照刑法有关规定追究刑事责任。

第三十七条　从事母婴保健工作的人员违反本法规定，出具有关虚假医学证明或者进行胎儿性别鉴定的，由医疗保健机构或者卫生行政部门根据情节给予行政处分；情节严重的，依法取消执业资格。

第七章　附　则

第三十八条　本法下列用语的含义：指定传染病，是指《中华人民共和国传染病防治法》中规定的艾滋病、淋病、梅毒、麻疯病以及医学上认为影响结婚和生育的其他传染病。

严重遗传性疾病，是指由于遗传因素先天形成，患者全部或者部分丧失自主生活能力，后代再现风险高，医学上认为不宜生育的遗传性疾病。

有关精神病，是指精神分裂症、躁狂抑郁型精神病以及其他重型精神病。

产前诊断，是指对胎儿进行先天性缺陷和遗传性疾病的诊断。

第三十九条　本法自1995年6月1日起施行。

2. 中华人民共和国妇女权益保障法

（1992年4月3日第七届全国人民代表大会第五次会议通过　根据2005年8月28日第十届全国人民代表大会常务委员会第十七次会议《关于修改〈中华人民共和国妇女权益保障法〉的决定》第一次修正　根据2018年10月26日第十三届全国人民代表大会常务委员会第六次会议《关于修改〈中华人民共和国野生动物保护法〉等十五部法律的决定》第二次修正　2022年10月30日第十三届全国人民代表大会常务委员会第三十七

次会议修订)

目 录

第一章 总 则

第一条 为了保障妇女的合法权益,促进男女平等和妇女全面发展,充分发挥妇女在全面建设社会主义现代化国家中的作用,弘扬社会主义核心价值观,根据宪法,制定本法。

第二条 男女平等是国家的基本国策。妇女在政治的、经济的、文化的、社会的和家庭的生活等各方面享有同男子平等的权利。

国家采取必要措施,促进男女平等,消除对妇女一切形式的歧视,禁止排斥、限制妇女依法享有和行使各项权益。

国家保护妇女依法享有的特殊权益。

第三条 坚持中国共产党对妇女权益保障工作的领导,建立政府主导、各方协同、社会参与的保障妇女权益工作机制。

各级人民政府应当重视和加强妇女权益的保障工作。

县级以上人民政府负责妇女儿童工作的机构,负责组织、协调、指导、督促有关部门做好妇女权益的保障工作。

县级以上人民政府有关部门在各自的职责范围内做好妇女权益的保障工作。

第四条 保障妇女的合法权益是全社会的共同责任。国家机关、社会团体、企业事业单位、基层群众性自治组织以及其他组织和个人,应当依法保障妇女的权益。

国家采取有效措施,为妇女依法行使权利提供必要的条件。

第五条 国务院制定和组织实施中国妇女发展纲要,将其纳入国民经济和社会发展规划,保障和促进妇女在各领域的全面发展。

县级以上地方各级人民政府根据中国妇女发展纲要,制定和组织实施本行政区域的妇女发展规划,将其纳入国民经济和社会发展规划。

县级以上人民政府应当将妇女权益保障所需经费列入本级预算。

第六条 中华全国妇女联合会和地方各级妇女联合会依照法律和中华全国妇女联合会章程,代表和维护各族各界妇女的利益,做好维护妇女权益、促进男女平等和妇女全面发展的工作。

工会、共产主义青年团、残疾人联合会等群团组织应当在各自的工作范围内，做好维护妇女权益的工作。

第七条　国家鼓励妇女自尊、自信、自立、自强，运用法律维护自身合法权益。

妇女应当遵守国家法律，尊重社会公德、职业道德和家庭美德，履行法律所规定的义务。

第八条　有关机关制定或者修改涉及妇女权益的法律、法规、规章和其他规范性文件，应当听取妇女联合会的意见，充分考虑妇女的特殊权益，必要时开展男女平等评估。

第九条　国家建立健全妇女发展状况统计调查制度，完善性别统计监测指标体系，定期开展妇女发展状况和权益保障统计调查和分析，发布有关信息。

第十条　国家将男女平等基本国策纳入国民教育体系，开展宣传教育，增强全社会的男女平等意识，培育尊重和关爱妇女的社会风尚。

第十一条　国家对保障妇女合法权益成绩显著的组织和个人，按照有关规定给予表彰和奖励。

第二章　政治权利

第十二条　国家保障妇女享有与男子平等的政治权利。

第十三条　妇女有权通过各种途径和形式，依法参与管理国家事务、管理经济和文化事业、管理社会事务。

妇女和妇女组织有权向各级国家机关提出妇女权益保障方面的意见和建议。

第十四条　妇女享有与男子平等的选举权和被选举权。

全国人民代表大会和地方各级人民代表大会的代表中，应当保证有适当数量的妇女代表。国家采取措施，逐步提高全国人民代表大会和地方各级人民代表大会的妇女代表的比例。

居民委员会、村民委员会成员中，应当保证有适当数量的妇女成员。

第十五条　国家积极培养和选拔女干部，重视培养和选拔少数民族女干部。

国家机关、群团组织、企业事业单位培养、选拔和任用干部，应当坚持男女平等的原则，并有适当数量的妇女担任领导成员。

妇女联合会及其团体会员，可以向国家机关、群团组织、企业事业单位推荐女干部。

国家采取措施支持女性人才成长。

第十六条　妇女联合会代表妇女积极参与国家和社会事务的民主协商、民主决策、民主管理和民主监督。

第十七条　对于有关妇女权益保障工作的批评或者合理可行的建议，有关部门应当听取和采纳；对于有关侵害妇女权益的申诉、控告和检举，有关部门应当查清事实，负责处理，任何组织和个人不得压制或者打击报复。

第三章　人身和人格权益

第十八条　国家保障妇女享有与男子平等的人身和人格权益。

第十九条　妇女的人身自由不受侵犯。禁止非法拘禁和以其他非法手段剥夺或者限制妇女的人身自由;禁止非法搜查妇女的身体。

第二十条 妇女的人格尊严不受侵犯。禁止用侮辱、诽谤等方式损害妇女的人格尊严。

第二十一条 妇女的生命权、身体权、健康权不受侵犯。禁止虐待、遗弃、残害、买卖以及其他侵害女性生命健康权益的行为。

禁止进行非医学需要的胎儿性别鉴定和选择性别的人工终止妊娠。

医疗机构施行生育手术、特殊检查或者特殊治疗时,应当征得妇女本人同意;在妇女与其家属或者关系人意见不一致时,应当尊重妇女本人意愿。

第二十二条 禁止拐卖、绑架妇女;禁止收买被拐卖、绑架的妇女;禁止阻碍解救被拐卖、绑架的妇女。

各级人民政府和公安、民政、人力资源和社会保障、卫生健康等部门及村民委员会、居民委员会按照各自的职责及时发现报告,并采取措施解救被拐卖、绑架的妇女,做好被解救妇女的安置、救助和关爱等工作。妇女联合会协助和配合做好有关工作。任何组织和个人不得歧视被拐卖、绑架的妇女。

第二十三条 禁止违背妇女意愿,以言语、文字、图像、肢体行为等方式对其实施性骚扰。

受害妇女可以向有关单位和国家机关投诉。接到投诉的有关单位和国家机关应当及时处理,并书面告知处理结果。

受害妇女可以向公安机关报案,也可以向人民法院提起民事诉讼,依法请求行为人承担民事责任。

第二十四条 学校应当根据女学生的年龄阶段,进行生理卫生、心理健康和自我保护教育,在教育、管理、设施等方面采取措施,提高其防范性侵害、性骚扰的自我保护意识和能力,保障女学生的人身安全和身心健康发展。

学校应当建立有效预防和科学处置性侵害、性骚扰的工作制度。对性侵害、性骚扰女学生的违法犯罪行为,学校不得隐瞒,应当及时通知受害未成年女学生的父母或者其他监护人,向公安机关、教育行政部门报告,并配合相关部门依法处理。

对遭受性侵害、性骚扰的女学生,学校、公安机关、教育行政部门等相关单位和人员应当保护其隐私和个人信息,并提供必要的保护措施。

第二十五条 用人单位应当采取下列措施预防和制止对妇女的性骚扰:

(一)制定禁止性骚扰的规章制度;

(二)明确负责机构或者人员;

(三)开展预防和制止性骚扰的教育培训活动;

(四)采取必要的安全保卫措施;

(五)设置投诉电话、信箱等,畅通投诉渠道;

(六)建立和完善调查处置程序,及时处置纠纷并保护当事人隐私和个人信息;

(七)支持、协助受害妇女依法维权,必要时为受害妇女提供心理疏导;

(八)其他合理的预防和制止性骚扰措施。

第二十六条 住宿经营者应当及时准确登记住宿人员信息,健全住宿服务规章制度,加强安全保障措施;发现可能侵害妇女权益的违法犯罪行为,应当及时向公安机关报告。

第二十七条　禁止卖淫、嫖娼；禁止组织、强迫、引诱、容留、介绍妇女卖淫或者对妇女进行猥亵活动；禁止组织、强迫、引诱、容留、介绍妇女在任何场所或者利用网络进行淫秽表演活动。

第二十八条　妇女的姓名权、肖像权、名誉权、荣誉权、隐私权和个人信息等人格权益受法律保护。

媒体报道涉及妇女事件应当客观、适度，不得通过夸大事实、过度渲染等方式侵害妇女的人格权益。

禁止通过大众传播媒介或者其他方式贬低损害妇女人格。未经本人同意，不得通过广告、商标、展览橱窗、报纸、期刊、图书、音像制品、电子出版物、网络等形式使用妇女肖像，但法律另有规定的除外。

第二十九条　禁止以恋爱、交友为由或者在终止恋爱关系、离婚之后，纠缠、骚扰妇女，泄露、传播妇女隐私和个人信息。

妇女遭受上述侵害或者面临上述侵害现实危险的，可以向人民法院申请人身安全保护令。

第三十条　国家建立健全妇女健康服务体系，保障妇女享有基本医疗卫生服务，开展妇女常见病、多发病的预防、筛查和诊疗，提高妇女健康水平。

国家采取必要措施，开展经期、孕期、产期、哺乳期和更年期的健康知识普及、卫生保健和疾病防治，保障妇女特殊生理时期的健康需求，为有需要的妇女提供心理健康服务支持。

第三十一条　县级以上地方人民政府应当设立妇幼保健机构，为妇女提供保健以及常见病防治服务。

国家鼓励和支持社会力量通过依法捐赠、资助或者提供志愿服务等方式，参与妇女卫生健康事业，提供安全的生理健康用品或者服务，满足妇女多样化、差异化的健康需求。

用人单位应当定期为女职工安排妇科疾病、乳腺疾病检查以及妇女特殊需要的其他健康检查。

第三十二条　妇女依法享有生育子女的权利，也有不生育子女的自由。

第三十三条　国家实行婚前、孕前、孕产期和产后保健制度，逐步建立妇女全生育周期系统保健制度。医疗保健机构应当提供安全、有效的医疗保健服务，保障妇女生育安全和健康。

有关部门应当提供安全、有效的避孕药具和技术，保障妇女的健康和安全。

第三十四条　各级人民政府在规划、建设基础设施时，应当考虑妇女的特殊需求，配备满足妇女需要的公共厕所和母婴室等公共设施。

第四章　文化教育权益

第三十五条　国家保障妇女享有与男子平等的文化教育权利。

第三十六条　父母或者其他监护人应当履行保障适龄女性未成年人接受并完成义务教育的义务。

对无正当理由不送适龄女性未成年人入学的父母或者其他监护人，由当地乡镇人民政府或者县级人民政府教育行政部门给予批评教育,依法责令其限期改正。居民委员会、村民委员会应当协助政府做好相关工作。

政府、学校应当采取有效措施,解决适龄女性未成年人就学存在的实际困难,并创造条件,保证适龄女性未成年人完成义务教育。

第三十七条 学校和有关部门应当执行国家有关规定,保障妇女在入学、升学、授予学位、派出留学、就业指导和服务等方面享有与男子平等的权利。

学校在录取学生时,除国家规定的特殊专业外,不得以性别为由拒绝录取女性或者提高对女性的录取标准。

各级人民政府应当采取措施,保障女性平等享有接受中高等教育的权利和机会。

第三十八条 各级人民政府应当依照规定把扫除妇女中的文盲、半文盲工作,纳入扫盲和扫盲后继续教育规划,采取符合妇女特点的组织形式和工作方法,组织、监督有关部门具体实施。

第三十九条 国家健全全民终身学习体系,为妇女终身学习创造条件。

各级人民政府和有关部门应当采取措施,根据城镇和农村妇女的需要,组织妇女接受职业教育和实用技术培训。

第四十条 国家机关、社会团体和企业事业单位应当执行国家有关规定,保障妇女从事科学、技术、文学、艺术和其他文化活动,享有与男子平等的权利。

第五章 劳动和社会保障权益

第四十一条 国家保障妇女享有与男子平等的劳动权利和社会保障权利。

第四十二条 各级人民政府和有关部门应当完善就业保障政策措施,防止和纠正就业性别歧视,为妇女创造公平的就业创业环境,为就业困难的妇女提供必要的扶持和援助。

第四十三条 用人单位在招录(聘)过程中,除国家另有规定外,不得实施下列行为:

(一)限定为男性或者规定男性优先;

(二)除个人基本信息外,进一步询问或者调查女性求职者的婚育情况;

(三)将妊娠测试作为入职体检项目;

(四)将限制结婚、生育或者婚姻、生育状况作为录(聘)用条件;

(五)其他以性别为由拒绝录(聘)用妇女或者差别化地提高对妇女录(聘)用标准的行为。

第四十四条 用人单位在录(聘)用女职工时,应当依法与其签订劳动(聘用)合同或者服务协议,劳动(聘用)合同或者服务协议中应当具备女职工特殊保护条款,并不得规定限制女职工结婚、生育等内容。

职工一方与用人单位订立的集体合同中应当包含男女平等和女职工权益保护相关内容,也可以就相关内容制定专章、附件或者单独订立女职工权益保护专项集体合同。

第四十五条 实行男女同工同酬。妇女在享受福利待遇方面享有与男子平等的权利。

第四十六条 在晋职、晋级、评聘专业技术职称和职务、培训等方面,应当坚持男女平等的原则,不得歧视妇女。

第四十七条　用人单位应当根据妇女的特点，依法保护妇女在工作和劳动时的安全、健康以及休息的权利。

妇女在经期、孕期、产期、哺乳期受特殊保护。

第四十八条　用人单位不得因结婚、怀孕、产假、哺乳等情形，降低女职工的工资和福利待遇，限制女职工晋职、晋级、评聘专业技术职称和职务，辞退女职工，单方解除劳动(聘用)合同或者服务协议。

女职工在怀孕以及依法享受产假期间，劳动(聘用)合同或者服务协议期满的，劳动(聘用)合同或者服务协议期限自动延续至产假结束。但是，用人单位依法解除、终止劳动(聘用)合同、服务协议，或者女职工依法要求解除、终止劳动(聘用)合同、服务协议的除外。

用人单位在执行国家退休制度时，不得以性别为由歧视妇女。

第四十九条　人力资源和社会保障部门应当将招聘、录取、晋职、晋级、评聘专业技术职称和职务、培训、辞退等过程中的性别歧视行为纳入劳动保障监察范围。

第五十条　国家发展社会保障事业，保障妇女享有社会保险、社会救助和社会福利等权益。

国家提倡和鼓励为帮助妇女而开展的社会公益活动。

第五十一条　国家实行生育保险制度，建立健全婴幼儿托育服务等与生育相关的其他保障制度。

国家建立健全职工生育休假制度，保障孕产期女职工依法享有休息休假权益。

地方各级人民政府和有关部门应当按照国家有关规定，为符合条件的困难妇女提供必要的生育救助。

第五十二条　各级人民政府和有关部门应当采取必要措施，加强贫困妇女、老龄妇女、残疾妇女等困难妇女的权益保障，按照有关规定为其提供生活帮扶、就业创业支持等关爱服务。

第六章　财产权益

第五十三条　国家保障妇女享有与男子平等的财产权利。

第五十四条　在夫妻共同财产、家庭共有财产关系中，不得侵害妇女依法享有的权益。

第五十五条　妇女在农村集体经济组织成员身份确认、土地承包经营、集体经济组织收益分配、土地征收补偿安置或者征用补偿以及宅基地使用等方面，享有与男子平等的权利。

申请农村土地承包经营权、宅基地使用权等不动产登记，应当在不动产登记簿和权属证书上将享有权利的妇女等家庭成员全部列明。征收补偿安置或者征用补偿协议应当将享有相关权益的妇女列入，并记载权益内容。

第五十六条　村民自治章程、村规民约，村民会议、村民代表会议的决定以及其他涉及村民利益事项的决定，不得以妇女未婚、结婚、离婚、丧偶、户无男性等为由，侵害妇女在农村集体经济组织中的各项权益。

因结婚男方到女方住所落户的，男方和子女享有与所在地农村集体经济组织成员平等的权益。

第五十七条 国家保护妇女在城镇集体所有财产关系中的权益。妇女依照法律、法规的规定享有相关权益。

第五十八条 妇女享有与男子平等的继承权。妇女依法行使继承权,不受歧视。丧偶妇女有权依法处分继承的财产,任何组织和个人不得干涉。

第五十九条 丧偶儿媳对公婆尽了主要赡养义务的,作为第一顺序继承人,其继承权不受子女代位继承的影响。

第七章 婚姻家庭权益

第六十条 国家保障妇女享有与男子平等的婚姻家庭权利。

第六十一条 国家保护妇女的婚姻自主权。禁止干涉妇女的结婚、离婚自由。

第六十二条 国家鼓励男女双方在结婚登记前,共同进行医学检查或者相关健康体检。

第六十三条 婚姻登记机关应当提供婚姻家庭辅导服务,引导当事人建立平等、和睦、文明的婚姻家庭关系。

第六十四条 女方在怀孕期间、分娩后一年内或者终止妊娠后六个月内,男方不得提出离婚;但是,女方提出离婚或者人民法院认为确有必要受理男方离婚请求的除外。

第六十五条 禁止对妇女实施家庭暴力。

县级以上人民政府有关部门、司法机关、社会团体、企业事业单位、基层群众性自治组织以及其他组织,应当在各自的职责范围内预防和制止家庭暴力,依法为受害妇女提供救助。

第六十六条 妇女对夫妻共同财产享有与其配偶平等的占有、使用、收益和处分的权利,不受双方收入状况等情形的影响。

对夫妻共同所有的不动产以及可以联名登记的动产,女方有权要求在权属证书上记载其姓名;认为记载的权利人、标的物、权利比例等事项有错误的,有权依法申请更正登记或者异议登记,有关机构应当按照其申请依法办理相应登记手续。

第六十七条 离婚诉讼期间,夫妻一方申请查询登记在对方名下财产状况且确因客观原因不能自行收集的,人民法院应当进行调查取证,有关部门和单位应当予以协助。

离婚诉讼期间,夫妻双方均有向人民法院申报全部夫妻共同财产的义务。一方隐藏、转移、变卖、损毁、挥霍夫妻共同财产,或者伪造夫妻共同债务企图侵占另一方财产的,在离婚分割夫妻共同财产时,对该方可以少分或者不分财产。

第六十八条 夫妻双方应当共同负担家庭义务,共同照顾家庭生活。

女方因抚育子女、照料老人、协助男方工作等负担较多义务的,有权在离婚时要求男方予以补偿。补偿办法由双方协议确定;协议不成的,可以向人民法院提起诉讼。

第六十九条 离婚时,分割夫妻共有的房屋或者处理夫妻共同租住的房屋,由双方协议解决;协议不成的,可以向人民法院提起诉讼。

第七十条 父母双方对未成年子女享有平等的监护权。

父亲死亡、无监护能力或者有其他情形不能担任未成年子女的监护人的,母亲的监护权任何组织和个人不得干涉。

第七十一条　女方丧失生育能力的，在离婚处理子女抚养问题时，应当在最有利于未成年子女的条件下，优先考虑女方的抚养要求。

第八章　救济措施

第七十二条　对侵害妇女合法权益的行为，任何组织和个人都有权予以劝阻、制止或者向有关部门提出控告或者检举。有关部门接到控告或者检举后，应当依法及时处理，并为控告人、检举人保密。

妇女的合法权益受到侵害的，有权要求有关部门依法处理，或者依法申请调解、仲裁，或者向人民法院起诉。

对符合条件的妇女，当地法律援助机构或者司法机关应当给予帮助，依法为其提供法律援助或者司法救助。

第七十三条　妇女的合法权益受到侵害的，可以向妇女联合会等妇女组织求助。妇女联合会等妇女组织应当维护被侵害妇女的合法权益，有权要求并协助有关部门或者单位查处。有关部门或者单位应当依法查处，并予以答复；不予处理或者处理不当的，县级以上人民政府负责妇女儿童工作的机构、妇女联合会可以向其提出督促处理意见，必要时可以提请同级人民政府开展督查。

受害妇女进行诉讼需要帮助的，妇女联合会应当给予支持和帮助。

第七十四条　用人单位侵害妇女劳动和社会保障权益的，人力资源和社会保障部门可以联合工会、妇女联合会约谈用人单位，依法进行监督并要求其限期纠正。

第七十五条　妇女在农村集体经济组织成员身份确认等方面权益受到侵害的，可以申请乡镇人民政府等进行协调，或者向人民法院起诉。

乡镇人民政府应当对村民自治章程、村规民约，村民会议、村民代表会议的决定以及其他涉及村民利益事项的决定进行指导，对其中违反法律、法规和国家政策规定，侵害妇女合法权益的内容责令改正；受侵害妇女向农村土地承包仲裁机构申请仲裁或者向人民法院起诉的，农村土地承包仲裁机构或者人民法院应当依法受理。

第七十六条　县级以上人民政府应当开通全国统一的妇女权益保护服务热线，及时受理、移送有关侵害妇女合法权益的投诉、举报；有关部门或者单位接到投诉、举报后，应当及时予以处置。

鼓励和支持群团组织、企业事业单位、社会组织和个人参与建设妇女权益保护服务热线，提供妇女权益保护方面的咨询、帮助。

第七十七条　侵害妇女合法权益，导致社会公共利益受损的，检察机关可以发出检察建议；有下列情形之一的，检察机关可以依法提起公益诉讼：

（一）确认农村妇女集体经济组织成员身份时侵害妇女权益或者侵害妇女享有的农村土地承包和集体收益、土地征收征用补偿分配权益和宅基地使用权益；

（二）侵害妇女平等就业权益；

（三）相关单位未采取合理措施预防和制止性骚扰；

（四）通过大众传播媒介或者其他方式贬低损害妇女人格；

（五）其他严重侵害妇女权益的情形。

第七十八条　国家机关、社会团体、企业事业单位对侵害妇女权益的行为，可以支持受侵害的妇女向人民法院起诉。

第九章 法律责任

第七十九条 违反本法第二十二条第二款规定，未履行报告义务的，依法对直接负责的主管人员和其他直接责任人员给予处分。

第八十条 违反本法规定，对妇女实施性骚扰的，由公安机关给予批评教育或者出具告诫书，并由所在单位依法给予处分。

学校、用人单位违反本法规定，未采取必要措施预防和制止性骚扰，造成妇女权益受到侵害或者社会影响恶劣的，由上级机关或者主管部门责令改正；拒不改正或者情节严重的，依法对直接负责的主管人员和其他直接责任人员给予处分。

第八十一条 违反本法第二十六条规定，未履行报告等义务的，依法给予警告、责令停业整顿或者吊销营业执照、吊销相关许可证，并处一万元以上五万元以下罚款。

第八十二条 违反本法规定，通过大众传播媒介或者其他方式贬低损害妇女人格的，由公安、网信、文化旅游、广播电视、新闻出版或者其他有关部门依据各自的职权责令改正，并依法给予行政处罚。

第八十三条 用人单位违反本法第四十三条和第四十八条规定的，由人力资源和社会保障部门责令改正；拒不改正或者情节严重的，处一万元以上五万元以下罚款。

第八十四条 违反本法规定，对侵害妇女权益的申诉、控告、检举，推诿、拖延、压制不予查处，或者对提出申诉、控告、检举的人进行打击报复的，依法责令改正，并对直接负责的主管人员和其他直接责任人员给予处分。

国家机关及其工作人员未依法履行职责，对侵害妇女权益的行为未及时制止或者未给予受害妇女必要帮助，造成严重后果的，依法对直接负责的主管人员和其他直接责任人员给予处分。

违反本法规定，侵害妇女人身和人格权益、文化教育权益、劳动和社会保障权益、财产权益以及婚姻家庭权益的，依法责令改正，直接负责的主管人员和其他直接责任人员属于国家工作人员的，依法给予处分。

第八十五条 违反本法规定，侵害妇女的合法权益，其他法律、法规规定行政处罚的，从其规定；造成财产损失或者人身损害的，依法承担民事责任；构成犯罪的，依法追究刑事责任。

第十章 附 则

第八十六条 本法自 2023 年 1 月 1 日起施行。

3. 女职工劳动保护特别规定

（中华人民共和国国务院令第 619 号 2012 年 4 月 28 日）

第一条 为了减少和解决女职工在劳动中因生理特点造成的特殊困难，保护女职工健康,制定本规定。

第二条　中华人民共和国境内的国家机关、企业、事业单位、社会团体、个体经济组织以及其他社会组织等用人单位及其女职工,适用本规定。

第三条　用人单位应当加强女职工劳动保护,采取措施改善女职工劳动安全卫生条件,对女职工进行劳动安全卫生知识培训。

第四条　用人单位应当遵守女职工禁忌从事的劳动范围的规定。用人单位应当将本单位属于女职工禁忌从事的劳动范围的岗位书面告知女职工。

女职工禁忌从事的劳动范围由本规定附录列示。国务院安全生产监督管理部门会同国务院人力资源社会保障行政部门、国务院卫生行政部门根据经济社会发展情况,对女职工禁忌从事的劳动范围进行调整。

第五条　用人单位不得因女职工怀孕、生育、哺乳降低其工资、予以辞退、与其解除劳动或者聘用合同。

第六条　女职工在孕期不能适应原劳动的,用人单位应当根据医疗机构的证明,予以减轻劳动量或者安排其他能够适应的劳动。

对怀孕7个月以上的女职工,用人单位不得延长劳动时间或者安排夜班劳动,并应当在劳动时间内安排一定的休息时间。

怀孕女职工在劳动时间内进行产前检查,所需时间计入劳动时间。

第七条　女职工生育享受98天产假,其中产前可以休假15天;难产的,增加产假15天;生育多胞胎的,每多生育1个婴儿,增加产假15天。

女职工怀孕未满4个月流产的,享受15天产假;怀孕满4个月流产的,享受42天产假。

第八条　女职工产假期间的生育津贴,对已经参加生育保险的,按照用人单位上年度职工月平均工资的标准由生育保险基金支付;对未参加生育保险的,按照女职工产假前工资的标准由用人单位支付。

女职工生育或者流产的医疗费用,按照生育保险规定的项目和标准,对已经参加生育保险的,由生育保险基金支付;对未参加生育保险的,由用人单位支付。

第九条　对哺乳未满1周岁婴儿的女职工,用人单位不得延长劳动时间或者安排夜班劳动。

用人单位应当在每天的劳动时间内为哺乳期女职工安排1小时哺乳时间;女职工生育多胞胎的,每多哺乳1个婴儿每天增加1小时哺乳时间。

第十条　女职工比较多的用人单位应当根据女职工的需要,建立女职工卫生室、孕妇休息室、哺乳室等设施,妥善解决女职工在生理卫生、哺乳方面的困难。

第十一条　在劳动场所,用人单位应当预防和制止对女职工的性骚扰。

第十二条　县级以上人民政府人力资源社会保障行政部门、安全生产监督管理部门按照各自职责负责对用人单位遵守本规定的情况进行监督检查。

工会、妇女组织依法对用人单位遵守本规定的情况进行监督。

第十三条　用人单位违反本规定第六条第二款、第七条、第九条第一款规定的,由县级以上人民政府人力资源社会保障行政部门责令限期改正,按照受侵害女职工每人1000元以上5000元以下的标准计算,处以罚款。

用人单位违反本规定附录第一条、第二条规定的,由县级以上人民政府安全生产监督管理部门责令限期改正，按照受侵害女职工每人1000元以上5000元以下的标准计算，处以罚款。用人单位违反本规定附录第三条、第四条规定的，由县级以上人民政府安全生产监督管理部门责令限期治理，处5万元以上30万元以下的罚款；情节严重的，责令停止有关作业，或者提请有关人民政府按照国务院规定的权限责令关闭。

第十四条 用人单位违反本规定，侵害女职工合法权益的，女职工可以依法投诉、举报、申诉，依法向劳动人事争议调解仲裁机构申请调解仲裁，对仲裁裁决不服的，依法向人民法院提起诉讼。

第十五条 用人单位违反本规定，侵害女职工合法权益，造成女职工损害的，依法给予赔偿；用人单位及其直接负责的主管人员和其他直接责任人员构成犯罪的，依法追究刑事责任。

第十六条 本规定自公布之日起施行。1988年7月21日国务院发布的《女职工劳动保护规定》同时废止。

附录：女职工禁忌从事的劳动范围

一、女职工禁忌从事的劳动范围：

（一）矿山井下作业；

（二）体力劳动强度分级标准中规定的第四级体力劳动强度的作业；

（三）每小时负重6次以上、每次负重超过20公斤的作业，或者间断负重、每次负重超过25公斤的作业。

二、女职工在经期禁忌从事的劳动范围：

（一）冷水作业分级标准中规定的第二级、第三级、第四级冷水作业；

（二）低温作业分级标准中规定的第二级、第三级、第四级低温作业；

（三）体力劳动强度分级标准中规定的第三级、第四级体力劳动强度的作业；

（四）高处作业分级标准中规定的第三级、第四级高处作业。

三、女职工在孕期禁忌从事的劳动范围：

（一）作业场所空气中铅及其化合物、汞及其化合物、苯、镉、铍、砷、氰化物、氮氧化物、一氧化碳、二硫化碳、氯、己内酰胺、氯丁二烯、氯乙烯、环氧乙烷、苯胺、甲醛等有毒物质浓度超过国家职业卫生标准的作业；

（二）从事抗癌药物、己烯雌酚生产，接触麻醉剂气体等的作业；

（三）非密封源放射性物质的操作，核事故与放射事故的应急处置；

（四）高处作业分级标准中规定的高处作业；

（五）冷水作业分级标准中规定的冷水作业；

（六）低温作业分级标准中规定的低温作业；

（七）高温作业分级标准中规定的第三级、第四级的作业；

（八）噪声作业分级标准中规定的第三级、第四级的作业；

（九）体力劳动强度分级标准中规定的第三级、第四级体力劳动强度的作业；

（十）在密闭空间、高压室作业或者潜水作业，伴有强烈振动的作业，或者需要频繁弯腰、攀高、下蹲的作业。

四、女职工在哺乳期禁忌从事的劳动范围：

（一）孕期禁忌从事的劳动范围的第一项、第三项、第九项；

（二）作业场所空气中锰、氟、溴、甲醇、有机磷化合物、有机氯化合物等有毒物质浓度超过国家职业卫生标准的作业。

4. 工会女职工委员会工作条例

（2024年4月26日　中华全国总工会第八届女职工委员会第一次会议审议通过）

第一章　总　则

第一条　为加强工会女职工委员会组织建设和工会女职工工作，根据《中华人民共和国工会法》和《中国工会章程》的有关规定，制定本条例。

第二条　工会女职工委员会是在同级工会委员会领导下和上一级工会女职工委员会指导下的女职工组织，根据女职工的特点和意愿开展工作。

第三条　工会女职工委员会以马克思列宁主义、毛泽东思想、邓小平理论、“三个代表”重要思想、科学发展观、习近平新时代中国特色社会主义思想为指导，坚持自觉接受党的领导，深刻领悟“两个确立”的决定性意义，增强“四个意识”、坚定“四个自信”、做到“两个维护”，保持和增强政治性、先进性、群众性，坚定不移走中国特色社会主义工会发展道路。推动男女平等基本国策的贯彻落实，履行维权服务基本职责，大力推进服务化、体系化、品牌化、创新化、数智化建设，不断提高工会女职工组织引领力、组织力、服务力，团结动员广大女职工为以中国式现代化全面推进强国建设、民族复兴伟业而奋斗。

第二章　基本任务

第四条　加强思想政治引领。坚持不懈用习近平新时代中国特色社会主义思想凝心铸魂，开展理想信念教育，团结引导广大女职工听党话、跟党走。教育女职工践行社会主义核心价值观，树立自尊、自信、自立、自强精神，不断提高思想道德素质、科学文化素质和技术技能素质，做伟大事业的建设者、文明风尚的倡导者、敢于追梦的奋斗者。

第五条　推动女职工提升素质建功立业。按照“五位一体”总体布局和“四个全面”战略布局要求，贯彻新发展理念，把握中国工人运动和工会工作的主题和方向，弘扬劳模精神、劳动精神、工匠精神，积极参与产业工人队伍建设改革，动员和组织广大女职工在推动实现经济社会高质量发展中建功立业。

第六条　维护女职工合法权益，保障女职工特殊权益。依法维护女职工在政治、经济、文化、社会和家庭等方面的合法权益和特殊权益，同一切歧视、虐待、摧残、迫害女职工的行为作斗争。参与有关保护女职工权益的法律、法规、规章、政策的制定和完善，监督、协助有关部门贯彻实施。代表和组织女职工依法依规参加本单位的民主选举、民主协商、民主决策、民主管理和民主监督。指导和帮助女职工与用人单位签订并履行劳动合同。参与平等协商、签订集体合同和女职工权益保护等专项集体合同工作，并参与监督执行。参与涉及女职工特殊权益的劳动关系协调和劳动争议调解，及时反映侵害女职工权益问题,督促和参与侵权案件的调查处理。

第七条 做好女职工关爱服务。开展困难女职工帮扶救助、职工婚恋服务和职工子女关爱等工作。落实国家生育政策,协同做好职工子女托育托管服务。加强女职工心理关怀。

第八条 开展家庭家教家风建设。充分发挥女职工在家庭生活中的独特作用,倡导和支持男女共同履行家庭责任,弘扬社会主义家庭文明新风尚。

第九条 推动营造有利于女职工全面发展的社会环境。积极争取党政支持,会同社会有关方面共同做好女职工工作。在研究决定涉及女职工权益问题时,积极提出意见建议。发现、培养、宣传和推荐先进女职工集体和个人。

第十条 与国际组织开展交流活动。讲好中国工会故事、中国女职工故事和中国巾帼劳模工匠故事,为促进妇女事业发展作出贡献。

第三章　组织制度

第十一条 各级工会建立女职工委员会。女职工委员会与工会委员会同时建立。企业、事业单位、机关、社会组织等基层工会委员会有女会员十人以上的建立女职工委员会,不足十人的设女职工委员。

第十二条 省、自治区、直辖市,设区的市和自治州,县(旗)、自治县、不设区的市总工会女职工委员会,实行垂直领导的产业工会女职工委员会,按照机构编制管理权限,经机构编制部门同意,设立办公室(女职工部)或明确女职工工作责任部门,负责女职工委员会的日常工作。乡镇(街道),村(社区),企业、事业单位、机关、社会组织,以及区域性、行业性工会联合会,开发区、工业园区工会等,应当建立女职工委员会,根据工作需要设立办公室或明确专兼职工作人员。

第十三条 女职工委员会委员由同级工会委员会提名,在充分协商的基础上产生,也可召开女职工大会或女职工代表大会选举产生。县和县以上工会女职工委员会根据工作需要可聘请顾问若干人。注重提高女劳动模范、一线女职工和基层工会女职工工作者在工会女职工委员会委员中的比例,委员中应有新就业形态女性劳动者代表。

第十四条 女职工委员会委员任期与同级工会委员会委员任期相同。在任期内,由于委员的工作变动等原因需要调整时,由工会女职工委员会提出相应的替补、增补人选,经同级工会委员会审议通过予以替补、增补,并报上级工会女职工委员会。

第十五条 县和县以上工会女职工委员会常务委员会由主任一人、副主任若干人、常务委员若干人组成。

第十六条 在工会代表大会、职工代表大会中,女职工代表的比例应与女职工占职工总数的比例相适应。

第十七条 工会女职工委员会是县和县以上妇联的团体会员,通过县和县以上地方工会接受妇联的业务指导。

第四章　干　部

第十八条 女职工委员会主任由同级工会女主席或女副主席担任,也可经民主协商,按照相应条件配备,享受同级工会副主席待遇。女职工委员会主任应提名为同级工会委员会或常务委员会委员候选人。

第十九条　女职工 200 人以上的企业、事业单位工会女职工委员会，应配备专职女职工工作干部。

第二十条　各级工会组织要按照革命化、年轻化、知识化、专业化的要求，落实新时代好干部标准，加强工会女职工工作干部队伍建设。

第二十一条　各级工会女职工委员会要加强对女职工工作干部的教育培养和关心关爱，提高女职工工作干部队伍的整体素质。工会女职工工作干部要坚持党的基本路线，熟悉工会业务，热爱女职工工作。

第五章　工作制度

第二十二条　女职工委员会实行民主集中制。凡属重大问题，要广泛听取女职工意见，由委员会或常务委员会进行充分的民主讨论后作出决定。

第二十三条　女职工委员会根据工作需要制定有关制度。每年召开一至二次常务委员会和委员会会议，也可临时召开会议。

第二十四条　工会女职工委员会要定期向同级工会委员会和上级工会女职工委员会报告工作。

第二十五条　工会女职工委员会要建立完善委员工作机制，发挥委员在建言献策、专题调研、参加活动、联系基层等方面的作用。

第二十六条　县和县以上各级工会女职工委员会要加强对基层的联系、指导和服务，把工作重心放在基层，注重向基层倾斜力量和资源，增强基层女职工组织的活力，为广大女职工服务。

第六章　经　费

第二十七条　各级工会组织要为工会女职工委员会开展工作与活动提供必要的经费，所需经费应列入同级工会组织的经费预算。

第七章　附　则

第二十八条　本条例由中华全国总工会女职工委员会负责解释。

第二十九条　本条例自印发之日起施行。

5. 关于加强新时代工会女职工工作的意见

（总工发〔2022〕5 号）

工会女职工工作是工会工作、妇女工作的重要组成部分。为更好地传承发扬党的工运事业和妇女事业光荣传统，主动适应新形势新任务，积极回应女职工新需求新期盼，推动新时代工会女职工工作高质量发展，现提出如下意见。

一、把握总体要求

(一)指导思想。坚持以习近平新时代中国特色社会主义思想为指导,全面贯彻党的十九大和十九届历次全会精神,深入学习贯彻习近平总书记关于工人阶级和工会工作、关于妇女工作的重要论述,坚持以人民为中心的发展思想,坚定不移走中国特色社会主义工会发展道路,贯彻落实男女平等基本国策,牢牢把握为实现中华民族伟大复兴的中国梦而奋斗的工人运动时代主题,推动实施《中国妇女发展纲要(2021—2030年)》,切实履行维权服务基本职责,团结引领广大女职工奋进新征程、建功新时代,为全面建设社会主义现代化国家、实现第二个百年奋斗目标贡献智慧和力量。

(二)基本原则。

——坚持党的领导。切实把党的意志和主张贯彻到工会女职工工作的全过程、各方面,牢牢把握工会女职工工作正确政治方向。

——坚持服务大局。把握新发展阶段,贯彻新发展理念,构建新发展格局,在全面建设社会主义现代化国家新征程中充分发挥"半边天"作用。

——坚持需求导向。坚持以职工为本,适应职工队伍深刻变化和劳动关系深刻调整,聚焦广大女职工急难愁盼问题,增强维权服务工作的针对性和实效性。

——坚持大抓基层。树立落实到基层、落实靠基层理念,加强基层工会女职工组织建设,强化上级工会与基层工会女职工组织的联系和工作指导,使基层工会女职工组织建起来、转起来、活起来。

——坚持改革创新。紧紧围绕保持和增强政治性、先进性、群众性,着力健全推动工会女职工工作创新发展的制度机制,激发工会女职工组织的内生动力。

——坚持系统观念。加强统筹谋划,广泛汇聚资源,强化保障落实,努力构建全会重视、上下联动、各方支持、合力推进的工会女职工工作格局。

二、聚焦基本职责,实现工会女职工工作水平新提升

(三)加强思想政治引领。坚持用习近平新时代中国特色社会主义思想武装女职工,不断增进广大女职工对新时代党的创新理论的政治认同、思想认同、情感认同。强化理想信念教育,深化中国特色社会主义和中国梦宣传教育,引导女职工坚定不移听党话、矢志不渝跟党走。大力弘扬劳模精神、劳动精神、工匠精神,组织开展巾帼劳模工匠论坛、宣讲等活动,进一步发挥先进典型示范引领作用。加强新时代家庭家教家风建设,倡导开展"培育好家风——女职工在行动"主题实践活动,推动社会主义核心价值观在家庭落地生根。

(四)深化提升素质建功立业工程。贯彻落实产业工人队伍建设改革各项部署,充分发挥技能强国——全国产业工人学习社区、工匠学院等阵地作用,落实科技创新巾帼行动,加强女职工数字技能培训,培育女职工创新工作室,助力女职工成长成才。引导女职工积极参与"建功'十四五'、奋进新征程"主题劳动和技能竞赛,广泛深入持久开展具有女职工特色的区域性、行业性劳动和技能竞赛,推动竞赛向新产业新业态新组织拓展。开展女职工先进集体和个人表彰或表扬,规范完善"五一巾帼奖"评选管理工作;在全国五一劳动奖章等评选表彰中重视并保障女职工比例。

(五)维护女职工合法权益和特殊利益。参与国家和地方有关女职工权益保护法律法规政策的研究和制定修订,推动地方出台《女职工劳动保护特别规定》实施办法。充分发挥女职工权益保护专项集体合同作用,突出民主管理、生育保护、女职工卫生费、帮

助职工平衡工作和家庭责任等重点,提升协商质量和履约实效。定期开展普法宣传活动,常态化做好维权典型案例评选、联合专项执法检查、工会劳动法律监督,及时推动侵犯女职工权益案件调查处理,促进劳动关系和谐稳定,维护劳动领域政治安全。依法维护新就业形态女性劳动者劳动报酬、休息休假、劳动保护、社会保险等权益。

(六)提升女职工生活品质。落实国家生育政策及配套支持措施,支持有条件的用人单位为职工提供托育服务,推动将托育服务纳入职工之家建设和企业提升职工生活品质试点工作,推进工会爱心托管服务,加强女职工休息哺乳室建设,做好职工子女关爱服务,创建家庭友好型工作场所。高度关注女职工劳动保护和身心健康,加大女职工劳动安全卫生知识教育培训力度,推动特定行业、企业等开展女职工职业病检查;扩大宫颈癌、乳腺癌筛查受益人群和覆盖范围,加强女职工人文关怀和心理疏导工作。深化工会婚恋交友服务,教育引导职工树立正确婚恋观,开展更加符合职工需求及特点的婚恋交友活动。

三、夯实组织基础,激发工会女职工组织新活力

(七)扩大工会女职工组织覆盖。坚持以工会组织建设带动工会女职工组织建设,女职工组织与工会组织同时筹备、同时产生(或换届)、同时报批,努力实现在已建工会组织单位中女职工组织的全覆盖。着力加强产业工会、区域(行业)工会联合会以及乡镇(街道)、村(社区)、工业园区工会女职工委员会建设,建立健全工会女职工组织体系。将工会女职工组织建设工作纳入模范职工之家、劳动关系和谐企业创建以及会员评议职工之家活动等各项评比内容。

(八)加强工会女职工组织机构建设。省、自治区、直辖市,设区的市和自治州总工会,实行垂直领导的产业工会,机关、事业单位工会,根据工作需要,按照机构编制管理权限,经机构编制部门同意,设立女职工委员会办公室(女职工部)或明确女职工工作责任部门,安排专人负责女职工委员会的日常工作。县(旗)、自治县、不设区的市,乡镇(街道),村(社区),企业和其他社会组织等工会,根据工作需要安排专人负责女职工工作。企业工会女职工委员会是县或者县以上妇联的团体会员,通过县以上地方工会接受妇联的业务指导。

(九)推动工会女职工组织运行制度化规范化。落实女职工委员会向同级工会委员会和上级工会女职工委员会报告工作制度,完善工会女职工委员会委员发挥作用制度。发挥女职工工作联系点、女职工工作信息员、社会化工会工作者、工会积极分子、工会工作志愿者以及社会组织作用。完善女职工工作培训制度,将女职工工作作为工会干部教育培训的重要内容,引导工会领导干部增强重视和支持女职工工作的意识;通过定期举办工会女职工工作干部培训班,逐步实现教育培训对专兼挂工会女职工工作干部的全覆盖。注重培育不同层面工会女职工组织先进典型,以点带面推进工会女职工工作。

四、创新工作方式,拓宽工会女职工工作新路径

(十)构建统筹协调机制。做好对内统筹,各级工会相关部门、产业工会和直属单位结合工作职能,将女职工工作纳入工作规划、年度安排、重点工作中研究部署、统筹考虑,汇聚资源力量,合力推动女职工工作。做好对外协调,积极争取人社、卫健等政府部门的支持,发挥专家智库作用,整合社会资源,延长工会女职工工作手臂;在现有体制机制不变的前提下,密切与妇联等群团组织的联系合作,凝聚强大合力,共同做好党的群众工作。

（十一）加强调查研究工作。深化对党领导下的工运事业和妇女事业重大成就及历史经验的学习研究，把握工会女职工工作规律性认识，推进理论创新和实践创新。聚焦党中央决策部署和工会重点工作，立足新时代职工队伍和劳动关系发展变化，定期开展女职工队伍状况调查和专题调研。加强调研设计，提高调研质量，及时通报、交流调研成果，加大优秀调研成果宣传力度，推动形成工作性意见、转化为政策制度。

（十二）注重品牌塑造创新。强化品牌意识，推动工会女职工工作传统特色品牌的巩固拓展和发展提升，持之以恒做优做强女职工普法宣传、女职工权益保护专项集体合同、玫瑰书香、会聚良缘、爱心托管、托育服务、女职工休息哺乳室等特色品牌，不断赋予品牌新内涵、新亮点，发挥品牌示范引领效应。结合实际及时发现培育、总结提炼基层典型经验，努力创建更多体现时代特色和地域特点的工作品牌，增强工会女职工工作的社会影响力。

（十三）用好网上工作平台。顺应数字化、信息化、智能化时代发展趋势，依托各级网上工会、智慧工会平台，探索设置符合女职工特点和需求的女职工工作专区，打造快捷高效的女职工工作网上矩阵，提高活动参与度和服务覆盖面，使广大女职工网上网下都能找到娘家人。发挥工会网上舆论阵地和主流网络媒体作用，加强女职工网上引领和女职工工作网上宣传，营造尊重关心女职工、关注支持工会女职工工作的社会氛围。

五、强化组织实施

（十四）加强组织领导。各级工会要高度重视女职工工作，加强对女职工工作的领导，将女职工工作列入重要议事日程，纳入工会工作整体部署。每年至少召开 1 次党组（党委）会议专题听取女职工工作情况汇报，及时研究解决女职工工作发展中的重大问题。

（十五）加大支持保障。各级工会要赋予女职工工作更多资源手段。选优配强工会女职工工作干部。加大对工会女职工工作的经费支持和保障力度，落实《基层工会经费收支管理办法》，基层工会开展职工子女托管、托育以及“六一”儿童节慰问活动等职工子女关爱服务所需经费，可从工会经费中列支。加强正向激励，将女职工工作情况作为评优评先的重要参考。

（十六）狠抓责任落实。各级工会要强化责任担当，明确思路举措和具体分工，做到层层有责任、事事有人抓，落细落实目标任务。加强指导协调和跟踪问效，坚持一级抓一级、逐级抓落实，及时跟进工作、解决问题，推动工会女职工工作各项部署要求落地见效。

6. 关于加强工会女职工组织规范化建设的意见

（总工办发〔2011〕13 号　2011 年 3 月 29 日）

为进一步加强工会女职工组织规范化建设，充分发挥工会女职工组织作用，依据《工会法》《中国工会章程》《企业工会工作条例》《工会女职工委员会工作条例》的规定，提出以下意见。

一、重要意义

加强工会女职工组织规范化建设，是贯彻“组织起来、切实维权”工会工作方针，扩大女职工组织覆盖面、增强女职工组织凝聚力的必然要求，是强化组织基础和工作基础、切实发挥女职工组织作用的重要举措，有利于改变基层组织建设相对薄弱的现状，对于进一步加强工会女职工工作，增强女职工组织活力，充分发挥女职工组织优势和作用，提高工会女职工工作整体水平具有重要意义。各级工会要从全局和战略的高度，统一思想，提高认识，把加强女职工组织规范化建设作为当前的一项重要任务，积极采取措施，切实抓好落实，不断提高规范化建设水平，推动工会女职工工作的创新发展。

二、基本原则

坚持哪里建工会、哪里有女职工，哪里就要建立工会女职工组织；坚持以工建带动女职工组织建设，女职工组织与工会组织同时筹备、同时产生（或换届）、同时报批；坚持突出重点、突破难点，着力推进非公企业特别是中小企业和新建企业女职工组织建设；坚持"边组建、边规范、边发挥作用"，以抓基层、打基础、强机制、增活力为着力点，注重实效、扎实推进，努力建设组织健全、机制完善、维权到位、作用明显的工会女职工组织。

三、主要内容

（一）规范建立组织

1.组织机构

各级工会建立女职工委员会。企业、事业单位、机关和其他社会组织等工会中有女会员 10 人以上的建立女职工委员会，不足 10 人的设女职工委员。省、自治区、直辖市、地级市总工会女职工委员会，实行垂直领导的产业工会女职工委员会，大型企业、事业单位、机关和其他社会组织等工会女职工委员会应设立办公室（女职工部）。县级工会和中、小企事业单位、机关等工会女职工委员会根据工作需要可以设立办公室（女职工部）。

企业不建妇联组织，工会女职工委员会是县和县以上妇联的团体会员，通过县以上地方工会接受妇联的业务指导。

2.干部配备

地级市以上工会女职工委员会配备专职工作人员，县和县以下配备专职或兼职工作人员。

女职工 200 人以上的企业、事业单位的工会女职工委员会，应配备专职或兼职女职工工作人员。

女职工委员会主任由同级工会女主席或女副主席担任，也可按照相应条件配备专职女职工委员会主任，享受同级工会副主席待遇。女职工委员会主任应提名为同级工会委员会或常务委员会委员候选人。

女职工委员会委员与同级工会委员会委员任期相同。在任期内，由于委员工作变动等因素需要调整时，应按程序及时予以替补、增补。

3.产生程序

工会女职工委员会委员在充分协商的基础上产生或召开女职工大会（女职工代表大会）选举产生。

基层工会女职工委员会主任、副主任与工会委员会同时报上级工会审批。

（二）规范建设标准

1.领导重视，全会支持。同级工会重视支持女职工工作，将女职工工作纳入工会整体工作同部署、同检查、同考核；定期听取女职工工作汇报，协调解决女职工工作中遇到的困难和问题，对开展工作和活动的经费予以保障；工会相关部门支持配合女职工工作，研究制定涉及女职工工作相关文件、政策、规定时听取女职工组织的意见。

2.组织健全,制度规范。工会女职工组织机构健全,按要求配齐配强专兼职工作人员,女职工委员会工作制度规范。建立向同级工会委员会和上级工会女职工委员会报告工作制度;建立本级工会女职工委员会、常务委员会例会制度;建立工作目标管理制度,工作有计划、有总结、有考核;建立工作档案动态管理制度,及时了解、掌握女职工工作相关情况;建立教育培训制度,对女职工工作干部定期开展培训。

3.履行职责,发挥作用。切实履行组织、引导、维护、服务女职工的基本职责。组织实施女职工提升素质建功立业工程措施有力,基层单位和女职工参与程度高、覆盖面广;源头参与有力,推动相关法律法规政策落实成效显著,女职工权益保护专项集体合同覆盖率、履约率高;有效实施女职工"关爱行动",推进困难女职工帮扶工作制度化、项目化和实事化,女职工对工会女职工组织满意度高。

4.服务基层,指导有力。上级工会女职工组织对下级工作指导有力,积极协调、帮助解决基层和女职工工作干部的困难和问题,积极代行基层工会女职工组织难以承担的维权职能,为女职工工作干部开展工作积极创造条件,提供支持。

四、工作要求

(一)加强组织领导。要重视和加强对工会女职工组织规范化建设工作的组织领导,将工会女职工组织规范化建设作为工会组织规范化建设的重要内容,努力构建"领导重视、全会支持、上下联动、整体推进"的女职工工作格局。

(二)明确目标任务。要结合本地区、本单位女职工组织建设实际,确定工作目标,制定实施方案,落实工作职责,建立健全女职工工作目标管理体系。

(三)扎实有效推进。要以非公企业特别是中小企业和新建企业为重点,针对不同层面、不同类型企业女职工组织实际,加强分类指导,突破重点难点,注重工作实效,加强督导检查和考核。

(四)总结推广经验。开展工会女职工组织规范化建设示范单位创建活动,注重总结经验,培育典型,发挥典型引领示范作用,推动女职工组织规范化建设深入开展。

7. 关于推进工会女职工组织和女职工权益保护专项集体合同全覆盖工作的意见

(总工办发〔2011〕14号　2011年3月29日)

为进一步夯实工会女职工组织基础,更好地发挥女职工组织作用,切实维护女职工的合法权益和特殊利益,实现在已建工会企业中女职工组织和女职工权益保护专项集体合同的全覆盖(以下简称"两个覆盖"),依据《工会法》《劳动合同法》《中国工会章程》《工会女职工委员会工作条例》等有关规定,特制定推进"两个覆盖"工作意见。

一、重要意义

随着改革开放的深化和社会主义市场经济的发展,我国的经济关系和劳动关系日趋复杂,工会女职工工作面临着许多新情况和新挑战。切实加强新形势下女职工工作,实施“两个覆盖”，是贯彻落实“组织起来、切实维权”工会工作方针的要求，是落实依法推动企业普遍建立工会组织、普遍开展工资集体协商、加强女职工权益保护的举措。实施“两个覆盖”，对于进一步加强工会女职工组织建设和维权机制建设，构建和谐稳定的劳动关系，维护职工队伍稳定和社会稳定具有重要意义。各级工会女职工组织要从战略和全局的高度，充分认识实现“两个覆盖”的重要性和紧迫性，认清形势、把握机遇、明确责任，找准女职工工作与工会全局工作的切入点和着力点。要以依法推进企业的“两个普遍”带动女职工组织的“两个覆盖”，以实现女职工组织的“两个覆盖”服务企业的“两个普遍”。

二、目标任务

自2011年起，用3年时间，基本实现在已建工会企业中女职工组织和女职工权益保护专项集体合同（以下简称“女职工专项合同”）的全覆盖。女职工组织组建工作目标是：在已建工会企业中女职工组织组建率2011年达到85%，2012年达到95%，2013年底基本实现全覆盖；推进女职工专项合同工作目标是：在已建工会女职工组织并签订集体合同的企业中，女职工专项合同覆盖率2011年达到90%，2012年达到95%，2013年底基本实现全覆盖。

三、基本原则

推进“两个覆盖”，要坚持哪里建工会、哪里有女职工，哪里就要建立工会女职工组织的原则；坚持促进企业发展、维护职工权益的原则，贯彻落实保障女职工合法权益和特殊利益的各项法律法规，构建和谐稳定的劳动关系，更好地实现和保障女职工的合法权益；坚持突出重点、分类推进的原则，积极探索不同规模、不同经营状况企业的特点和规律，采取灵活多样的形式和方法，着力推进“两个覆盖”；坚持循序渐进、注重实效的原则，从实际出发，从重点行业、企业入手，抓紧抓实、抓出成效。

四、主要措施

（一）将“两个覆盖”纳入全会重点工作同步推进。进一步贯彻全总《关于加强企业工会女职工工作的意见》和《关于推进女职工权益保护专项集体合同工作的意见》，抓住机遇，借势借力，将“两个覆盖”工作目标纳入工会组建和发展会员预期目标、组建目标考核体系、“模范职工之家”“创建劳动关系和谐企业”活动、“广普查、深组建、全覆盖”集中行动，做到工会女职工组织与工会组建筹备、产生、报批的“三同时”，女职工专项合同与集体合同协商、签订、履约的“三同步”。

（二）加大重点企业、重点领域推进工作力度。根据企业的特点，因地、因企制宜开展工作。以非公企业特别是中小企业和新建企业为重点，加快在区域性、行业性工会联合会特别是小企业工会联合会推进“两个覆盖”的工作步伐。探索创新女职工组织组建形式，提高组建质量，通过属地联合，促进分层覆盖；通过条块联合，促进区域覆盖；通过垂直联合，促进行业覆盖。加强对签订女职工专项合同工作的指导服务，进一步确立协商主体，完善协商内容，规范协商程序和运作方式等，全面推进区域性、行业性女职工专项合同的签订和履约，切实维护好中小企业女职工的权益。

（三）加强推进“两个覆盖”的制度建设。按照工会女职工组织体系网络化、基础工作标准化、工作格局社会化的总体要求，明确组建工作目标、内容和程序，健全组织制度、工作制度、干部培训制度和督导检查制度，建立顺畅有效的工作运行机制。健全女职工专项合同履约责任制度，把加强平等协商签订女职工专项合同制度与健全企业管理体制有机结合,纳入企业管理制度。健全激励、考核制度,开展争创达标活动,提高推进"两个覆盖"的工作水平。

(四)加强对推进"两个覆盖"的督导检查。定期和不定期督导检查相结合、全面检查与专项检查相结合,集中力量,切实解决工作中存在的突出问题。充分发挥劳动关系三方协调机制作用,形成工作合力。在工会组建检查考核、企业集体合同和劳动法律监督检查、创建劳动关系和谐企业、实行厂务公开和职代会报告制度等工作中,对推进"两个覆盖"统筹安排,一并进行,组织建设和发挥作用并重,扩大覆盖面与提高质量并举。

五、工作要求

(一)要进一步统一思想,提高对推进"两个覆盖"工作重要性认识,将推进"两个覆盖"作为当前和今后一个时期工会女职工工作的重要内容,采取切实措施,积极稳步推进。各级工会要加强组织领导,争取同级党政的重视与支持,进一步整合资源,加强与工会内外相关部门的沟通协调,优化工作环境,形成协同推进"两个覆盖"的工作格局。

(二)要按照全总推进"两个覆盖"的总体部署和要求,认真分析本地区面临的新情况新问题,结合实际制定实施方案,明确总体目标和阶段目标,逐年逐级分解任务,落实工作责任。要不断创新工作思路,强化工作措施,开展专项培训,提高女职工工作干部的专业能力和水平,确保"两个覆盖"工作规范有序开展。

(三)要加强对基层工作的分类指导,对不同地区、行业、企业的工作情况要做到底数清、情况明,积极为基层工会开展工作提供有效的服务和帮助。要坚持重心下移,深入基层加强调查研究和督导检查,帮助解决基层工作中的突出困难和问题。要及时总结、推广基层的好经验好做法,充分发挥其示范导向作用,提高推进"两个覆盖"工作的整体水平。

(四)要积极作好舆论宣传工作,把宣传引导贯穿于"两个覆盖"工作的始终,借助全会依法推进"两个普遍"的有利契机,充分利用新闻、广播、报刊、网络等主流媒体和工会宣传阵地,大力宣传实施"两个覆盖"的重要意义和作用,宣传各地的典型经验及做法,不断扩大"两个覆盖"的社会影响,推进"两个覆盖"工作的良好发展和目标的如期实现。

8. 工作场所女职工特殊劳动保护制度(参考文本)

(2023年3月8日)

目　录

第一章　总　则

第一条　为加强女职工工作场所特殊劳动保护，维护女职工合法权益，保障女职工身心健康，构建和谐稳定的劳动关系，根据《中华人民共和国劳动法》《中华人民共和国劳动合同法》《中华人民共和国妇女权益保障法》《女职工劳动保护特别规定》《女职工保健工作规定》等法律法规规定，结合本单位实际情况，制定本制度。

第二条　本制度经第____届职工代表大会第____次会议审议通过。

第三条　本制度适用于本单位全体女职工，并向本单位全体职工公示告知。

第二章　劳动就业保护

第四条　本单位在录（聘）用女职工时，依法与女职工签订劳动（聘用）合同，劳动（聘用）合同中应具备女职工特殊保护条款，明确不得限制女职工结婚、生育等内容。

第五条　本单位遵守女职工禁忌从事的劳动范围的规定，并将本单位属于女职工禁忌从事的劳动范围的岗位书面告知女职工。

第六条　女职工在孕期、产期、哺乳期（指自婴儿出生之日起至满一周岁止）内，除有法律、法规规定的情形外，用人单位不得解除劳动（聘用）合同。劳动（聘用）合同期满而孕期、产期、哺乳期未满的，除女职工本人提出解除、终止劳动（聘用）合同外，劳动（聘用）合同的期限自动延续至孕期、产假、哺乳期期满。

第三章　工资福利保护

第七条　本单位工资分配遵循按劳分配原则，实行男女同工同酬。女职工在享受福利待遇方面享有与男职工平等的权利。

第八条　本单位不因女职工结婚、怀孕、生育、哺乳，降低其工资和福利待遇。

第九条　在晋职、晋级、评定专业技术职称和职务、培训等方面，坚持男女平等的原则，不歧视女职工。不因女职工怀孕、生育、哺乳等原因限制女职工参与上述活动。

第十条　妇女节（3 月 8 日），女职工放假半天。

第十一条　本单位在发展的同时，采取积极有效措施，持续改善女职工工资福利待遇，不断提高女职工权益保障水平，促进女职工共享发展成果。

第四章　生育保护

第十二条　本单位严格执行国家有关女职工特殊劳动保护的法律法规，对在经期、孕期、产期、哺乳期的女职工给予特殊保护。

第十三条　女职工月经期保护

（一）女职工在月经期间，不安排其从事国家规定禁忌从事的劳动。

（二）患重度痛经及月经过多的女职工，经医疗机构确诊后，月经期间适当给予 1 至 2 天的休假。

第十四条　女职工孕期保护

（一）女职工在怀孕期间，不安排其从事国家规定的孕期禁忌从事的劳动。

（二）对怀孕满7个月以上（含7个月）的女职工，本单位不延长劳动时间或者安排夜班劳动，并在劳动时间内安排一定的休息时间或适当减轻工作；在从事立位作业女职工的工作场所设置休息座位。

（三）女职工在孕期不能适应原劳动的，本单位根据医疗机构的证明，与职工本人协商一致，予以减轻劳动量或安排其他能够适应的劳动。

（四）怀孕女职工在劳动时间内进行产前检查，所需时间计入劳动时间，依法支付劳动报酬。

第十五条 女职工产期保护

（一）按照国家有关规定，女职工生育享受98天产假，其中产前可以休假15天；根据医疗机构证明，难产的，增加产假15天；生育多胞胎的，每多生育1个婴儿，增加产假15天。生育奖励假、配偶陪产假和育儿假，按照本地规定执行。

（二）根据医疗机构证明，女职工怀孕未满4个月流产的，享受15天产假；怀孕满4个月流产的，享受42天产假。

（三）女职工产假期间的生育津贴，按照本单位上年度职工月平均工资的标准由生育保险基金支付。

（四）对有过两次以上自然流产史，现又无子女的女职工，本单位根据实际情况，在其怀孕期间予以减轻工作量；经女职工申请，暂时调离有可能直接或间接导致流产的工作岗位。

（五）女职工休产假，提前填写《请假申请单》，由上级领导批准签报人力资源部门进行核对并备案。

（六）职工根据所在地规定申请休生育奖励假、配偶陪产假、育儿假等假期可参考上述流程办理。

第十六条 女职工哺乳期保护

（一）女职工在哺乳期内，不安排其从事哺乳期禁忌从事的劳动。

（二）对哺乳未满1周岁婴儿的女职工，不延长劳动时间或者安排夜班劳动。在每天的劳动时间内为哺乳期女职工安排1小时哺乳时间；女职工生育多胞胎的，每多哺乳1个婴儿每天增加1小时哺乳时间。

（三）婴儿满周岁后，经医疗机构确诊为体弱儿的，可适当延长授乳时间，但不得超过6个月。

第五章　职业安全健康保护

第十七条 本单位加强女职工的特殊劳动保护，对女职工进行劳动安全卫生知识培训。在生产发展的同时，投入专项资金，通过建立孕妇休息室、哺乳室等设施，改善女职工劳动安全卫生条件。

第十八条 定期组织女职工进行妇科疾病、乳腺疾病检查以及女职工特殊需要的其他健康检查。

第十九条 关爱更年期女职工，经医疗机构诊断为严重更年期综合征的，经治疗效果仍不明显，且不适应原工作的，应暂时安排适宜的工作。

第二十条　本单位公开承诺,对工作场所性骚扰行为持零容忍态度,明确禁止性骚扰的具体行为,健全预防和制止性骚扰的制度,完善必要的安全保卫措施,加强对消除性骚扰的宣传、教育和培训,通过开通热线电话、意见箱、电子邮箱等多种形式畅通投诉举报渠道,依据专门制定的消除工作场所性骚扰制度对反映问题妥善处理,并对女职工提供心理疏导和依法维权的支持,积极创建安全健康舒心的工作环境。

第六章　管理监督

第二十一条　本单位明确由________部门负责本制度的的组织实施。

第二十二条　本单位建立由工会负责人担任组长的监督检查小组,女职工在小组成员中保持一定比例。监督检查小组定期对本制度执行情况开展检查,并向全体职工公布检查结果。

第二十三条　女职工合法权益受到侵害时,可向________部门或监督检查小组举报投诉。经调查核实后,督促相关部门整改。

受理部门:______________;投诉电话:______________;

信　　箱:______________;电子邮箱:______________。

第七章　附　则

第二十四条　本制度未尽事宜,按有关法律法规执行。法律法规未有规定的,双方协商解决。本制度生效后,在履行过程中,劳动(聘用)合同履行地的相关规定优于本制度规定的,按最优标准执行。

第二十五条　女职工特殊劳动保护的内容可以纳入集体合同、劳动安全卫生专项集体合同或女职工权益保护专项集体合同中。

第二十六条　本制度自____年____月____日生效。

9. 消除工作场所性骚扰制度(参考文本)

(2023 年 3 月 8 日)

目　录

第七章　附则

第一章　总　则

第一条　为消除工作场所性骚扰,依法保障女职工权益,营造安全健康舒心的工作环境,根据《中华人民共和国民法典》《中华人民共和国妇女权益保障法》《女职工劳动保护特别规定》等法律法规,制定本制度。

第二条　本制度所称的性骚扰是指,违反他人意愿,以语言、表情、动作、文字、图像、视频、语音、链接或其他任何方式使他人产生与性有关联想的不适感的行为,无论行为实施者是否具有骚扰或其他任何不当目的或意图。

第三条　本制度经第____届职工代表大会第____次会议审议通过。

第四条　本制度适用于本单位全体职工,并向全体职工公示告知。

第二章　公开承诺

第五条　本单位公开承诺对性骚扰行为零容忍。

第六条　本单位明确由________部门负责本制度的组织实施,并负责受理工作场所性骚扰举报投诉事件的调查处置。各级管理层都有职责和专人负责做好预防和制止工作场所性骚扰的工作。

本单位建立由工会负责人担任组长的监督检查小组,女职工在小组成员中保持一定比例。监督检查小组定期对本制度执行情况开展检查,并向全体职工公布检查结果。

第七条　本单位工作场所内禁止包括但不限于以下行为:(1)以不受欢迎的语言挑逗、讲黄色笑话、向他人讲述个人性经历、不受欢迎的称呼等;(2)故意触摸、碰撞、亲吻他人敏感部位,不适宜地展示身体隐私部位或在他人周围对自己做涉性的接触或抚摸;(3)以信息方式给对方发送或直接展示色情、挑逗文字、图片、语音、视频等,如微信、短信、邮件等;(4)在工作场所周围布置淫秽图片、广告等,使对方感到难堪;(5)以跟踪、骚扰信息、寄送物品等方式持续对他人表达、传递含性暗示的内容;(6)其他性骚扰行为。

第三章　宣传培训

第八条　持续开展预防和制止工作场所性骚扰行为的宣传教育活动。在单位公告栏、办公室公告板等明显的地方张贴规章制度、“禁止性骚扰”标识和宣传画、举报投诉热线电话。

第九条　组织预防和制止工作场所性骚扰的专题培训,也可将专题培训纳入包括入职培训在内的各种培训之中。

第四章　职工举报投诉

第十条　职工在工作场所遇到本制度第七条规定的行为的,都应向实施者表明“你这种行为是不受欢迎的”等明确态度。

第十一条　职工在工作场所遇到本制度第七条规定的行为的,有权向其上级主管或

________部门举报投诉，其上级主管或________部门对举报投诉事项进行受理登记，并由________部门启动调查程序，及时向当事人提供法律援助服务。在对举报投诉者予以保密的前提下，可以适当方式予以鼓励。

受理部门：______________；投诉电话：______________；

信　　箱：______________；电子邮箱：______________。

第十二条　举报投诉者尽可能详细地记录每个细节并保全所有证据。

第五章　调查处置

第十三条　接到举报投诉后，相关部门应及时进行走访调查，收集和固定相关证据。包括但不限于：(1)受害人陈述；(2)电子证据，如微信聊天记录、电子邮件记录、短信记录、通话记录；(3)视听证据，如图片、录音、录像、监控等；(4)证人证言，及时搜集本单位相关同事的证人证言；(5)物证，及时保存涉及的相关材料；(6)第三方证据，比如报警记录、调查笔录、酒店录像等；(7)其他相关证据。

第十四条　对性骚扰实施者的处置措施包括：警告、调整工作岗位、依法解除劳动合同等。涉嫌触犯有关法律法规的，移送司法机关处理。

同时，采取措施避免对性骚扰受害者的二次伤害，可将性骚扰实施者调整至难以与受害者接触的工作岗位。

第十五条　相关部门在举报投诉与调查处置的全过程中，应注意个人隐私权的保护，做好相关材料的保密工作。有关调查处理结果应及时向举报投诉人进行反馈。

第六章　工会参与监督

第十六条　本单位工会将预防和制止工作场所性骚扰纳入集体协商议题，提高女职工的参与度和代表性；将预防和制止性骚扰等内容纳入集体合同和女职工权益保护专项集体合同、劳动安全卫生专项集体合同的协商中，在集体合同尤其是专项集体合同中增加预防和制止性骚扰条款。

第十七条　本单位工会要广泛听取和反映职工的意见建议，为职工提供法律咨询服务，支持、协助受害者用法律手段维权，并为受害者提供专业心理疏导服务。

第十八条　本单位工会通过工会劳动法律监督提示函、工会劳动法律监督意见书等，提示相关部门建立健全预防和制止工作场所性骚扰的制度机制，完善工作场所相关措施，营造安全健康舒心的工作环境。

第七章　附　则

第十九条　本制度未尽事宜，按有关法律法规执行。

第二十条　本制度自____年____月____日生效。

10. 贯彻国务院《中国妇女发展纲要(2021—2030年)》和《中国儿童发展纲要(2021—2030年)》实施方案

(总工办发〔2022〕9号　2022年6月14日)

为贯彻落实国务院《中国妇女发展纲要(2021—2030年)》和《中国儿童发展纲要(2021—2030年)》,更好地履行工会组织的基本职责,依法保障女职工合法权益和特殊利益,促进儿童事业发展,制定本实施方案。

一、指导思想和基本原则

(一)指导思想。

高举中国特色社会主义伟大旗帜,坚持以马克思列宁主义、毛泽东思想、邓小平理论、"三个代表"重要思想、科学发展观、习近平新时代中国特色社会主义思想为指导,深入贯彻落实习近平总书记关于工人阶级和工会工作的重要论述,完整、准确、全面贯彻新发展理念,坚持以人民为中心的发展思想,坚定不移走中国特色社会主义工会发展道路,贯彻落实男女平等基本国策,不断完善促进男女平等发展和促进妇女儿童全面发展的制度机制,保障女职工平等参与经济社会发展、平等享有改革发展成果,推动实现女职工体面劳动、全面发展,保障儿童生存、发展、受保护和参与权利。

(二)基本原则。

1.坚持党的全面领导。坚持工会工作发展的正确政治方向,贯彻落实党中央关于工运事业发展、关于妇女和儿童事业发展的决策部署,切实把党的领导贯穿到工运事业、妇女事业和儿童事业发展的全过程和各方面。

2.坚持男女平等、儿童优先。贯彻落实男女平等基本国策,坚持对儿童发展的优先保障,在源头参与、出台文件、制定政策、部署工作时充分考虑男女两性现实差异和女职工特殊利益,推动缩小两性发展差距。关注儿童利益和发展需求,营造更加平等、包容、可持续的发展环境,保障儿童身心健康。

3.坚持促进全面发展。树立以人为本的理念,统筹兼顾女职工在政治、经济、文化、社会和家庭各方面的发展利益,更加注重不同区域、行业、群体之间女职工均衡发展,着力解决制约女职工发展的重点难点问题,协调推进女职工在各领域的全面发展。遵循儿童身心发展特点和规律,促进儿童全面发展。

4.坚持同步协调推进。将促进妇女儿童发展目标任务纳入工运事业总体规划同部署、同落实,推动形成各级工会组织和工会系统各部门齐抓共管、推进新一周期妇女发展纲要和儿童发展纲要贯彻落实的工作格局。尊重女职工和儿童的主体地位,推动创造有利于女职工和儿童参与的社会环境。

5.坚持共建共享。在推动经济社会发展中充分发挥女职工的重要作用,团结动员广大女职工奋进新征程、建功新时代,为实现高质量发展贡献智慧和力量。更好地满足女职工和儿童对美好生活的向往,推动改革发展成果更多更公平惠及广大女职工和儿童。

二、主要目标和策略措施

（一）贯彻落实《中国妇女发展纲要（2021—2030年）》主要目标和策略措施。

1.女职工与健康。

主要目标：维护女职工的健康权利，普及身心健康知识，提高女职工健康素养水平；提高女职工宫颈癌和乳腺癌防治意识，推动扩大适龄女职工宫颈癌和乳腺癌筛查覆盖范围；引导女职工积极参加健身活动。

策略措施：

（1）开展女职工健康知识和常见妇科病防治知识的宣传普及。整合社会资源，利用线上线下平台组织开展女职工健康知识讲座等各类宣传教育活动，普及健康保健相关知识；针对重点人群加强艾滋病防治知识和相关政策宣传教育，提高女职工的防范意识和能力。

（2）推进女职工宫颈癌和乳腺癌筛查工作。督促用人单位落实《女职工保健工作规定》，定期对女职工进行宫颈癌和乳腺癌筛查；开展公益性宫颈癌和乳腺癌筛查服务，扩大女职工宫颈癌和乳腺癌筛查覆盖面。

（3）加强女职工心理健康服务。通过建立心灵驿站、开展心理健康讲座、搭建心理健康服务网上平台等，深入开展心理健康宣传、心理咨询、心理辅导等关爱服务；将心理健康服务纳入女职工培训内容，采取"专业+志愿"的方式，不断壮大心理健康服务人才队伍。

（4）广泛开展女职工健身活动。倡导机关、企事业单位工会开展工间操等活动，鼓励支持用人单位工会组织开展女职工健身活动，不断提高女职工的体育活动意识，培养运动习惯。

2.女职工与教育。

主要目标：加强思想政治引领，团结带领广大女职工坚定不移听党话、跟党走；加大女职工职业教育、技能培训力度，助力女职工提升技术技能素质。

策略措施：

（1）加强女职工思想政治引领。将习近平新时代中国特色社会主义思想等党的创新理论纳入宣传和教育培训重点，引导各级工会女职工工作干部和广大女职工自觉加强政策理论学习，在思想上政治上行动上同以习近平同志为核心的党中央保持高度一致。

（2）弘扬劳模精神、劳动精神、工匠精神。定期开展全国先进女职工集体和个人表彰工作，开展女劳模女工匠宣讲活动，大力宣传先进典型，发挥示范引领作用，不断激发女职工的劳动热情和创造活力，引导动员女职工始终走在时代前列。

（3）加大女职工职业教育和技能培训力度。继续发挥工会"大学校"作用，实施职工素质教育工程，组织女职工参加线上线下技能培训和文化普及，保障女职工平等接受教育培训的权利。广泛开展主题阅读活动，全面提升女职工素养素质。

3.女职工与经济。

主要目标：保障女职工平等参与经济发展，组织动员女职工在推动经济高质量发展中建功立业；加强女性专业技术和技能人才队伍建设；加强女职工就业服务，帮助女职工实现更加充分更高质量就业；保障女职工平等享有劳动权利，推动消除就业性别歧视；保障女职工获得公平的劳动报酬，提升女职工劳动安全和健康意识，降低女职工职业病发病率。

策略措施：

(1)深化女职工提升素质建功立业工程。加强女职工技能培训，深化具有女职工特色的职业技能竞赛，推动落实科技创新巾帼行动，积极培育女职工创新工作室，促进高素质女职工技能人才队伍建设。

(2)加强女职工就业服务。深化工会就业创业服务系列活动、全国工会线上就业服务活动、困难职工家庭高校毕业生阳光就业暖心行动、区域间工会劳务协作等工会就业服务品牌工作，通过线上线下多渠道为女职工提供就业岗位信息，促进女职工在第二、第三产业实现就业。开展“最美家政人”推树等活动，提升就业促进和技能培训专业化水平，促进家政服务业等新兴产业提质扩容。

(3)保障女职工平等享有劳动权利。加大源头参与力度，推动女职工权益保护法律法规政策的健全完善；围绕女职工就业机会、职业发展、薪酬待遇、生育保护等权益，开展专题调查研究，针对发现的问题提出意见建议；推广应用《促进工作场所性别平等指导手册》，推动用人单位建立健全工作场所性别平等制度机制，消除就业中的性别歧视；保障新就业形态女性劳动者劳动权益。

(4)加强女职工劳动保护。进一步提高执行《女职工劳动保护特别规定》和禁止安排女职工从事禁忌劳动范围相关规定的企业比重。开展《女职工劳动保护特别规定》实施评估研究，推动女职工劳动保护法律法规制定修改。

(5)加大女职工劳动保护监督力度。推动将女职工特殊劳动保护作为劳动保障监察的重要内容，推动和参与专项执法检查，督促用人单位严格执行《就业促进法》、《劳动合同法》、《职业病防治法》等法律法规。推动特定行业、企业等开展女职工职业病检查，督促用人单位禁止安排女职工从事禁忌劳动范围的劳动，降低女职工职业病发病率。

(6)提高女职工依法维权能力。开展女职工权益保护普法宣传活动，对女职工加强法律法规、劳动安全卫生知识的宣传教育及培训，提高女职工自我保护意识和能力。

4.女职工参与决策和管理。

主要目标：在中国工会全国代表大会代表和全总执委会委员候选人人选名额分配中，注重保持一定比例的女性；畅通女职工参与民主决策和管理的渠道，增强女职工参与民主决策和管理的意识与能力。

策略措施：

(1)贯彻落实女职工参与决策和管理的相关法律法规政策。完善以职工代表大会为基本形式的民主管理制度，推行厂务公开，丰富职工民主参与形式，畅通包括女职工在内的所有职工民主参与渠道。促进企事业单位职工代表大会中女职工代表比例与女职工比例相适应。

(2)提升女职工民主管理意识和能力。将参与民主决策和管理相关内容纳入各级工会的培训课程和培训计划，为女职工参与决策和管理创造良好环境，引导女职工增强参与决策和管理的意识、提高参与决策和管理的能力。

5.女职工与社会保障。

主要目标：保障女职工平等享有社会保障权益，不断提高保障水平；推动提高生育保险参保率；推动提高女职工失业保险和工伤保险参保人数，落实相关保障待遇；开展关爱服务工作，解决女职工急难愁盼问题。

策略措施：

（1）推动社会保障体系建设。积极开展调查研究，了解女职工社会保险权益实现情况和存在的问题，及时向政府相关部门提出工会意见和主张，源头参与推动失业保险、工伤保险、生育保险法规政策制定修改。

（2）加强工会劳动法律监督。依托工会劳动法律监督制度，督促企事业单位贯彻落实相关法律法规规定，保障女职工依法参加生育保险、医疗保险、养老保险、失业保险和工伤保险，依法公平享受社会保险待遇。

（3）加大女职工关爱帮扶力度。积极回应职工需求，开展托管托育、婚恋服务、儿童关爱等工作，聚焦新就业形态女性劳动者、困难女职工等群体，做好关爱服务。

6.女职工与家庭建设。

主要目标：充分发挥女职工在家庭文明建设中的独特作用，推动社会主义核心价值观在家庭落地生根；倡导男女共担家务，推动缩小两性家务劳动时间差距。

策略措施：

（1）弘扬中华民族优秀传统文化和家庭美德。以培育和践行社会主义核心价值观为引领，广泛开展“培育好家风——女职工在行动”主题实践活动、“玫瑰书香”主题阅读活动，引导广大女职工带动家庭成员争做好家庭、涵养好家教、培育好家风，推动形成爱国爱家、相亲相爱、向上向善、共建共享的社会主义家庭文明新风尚。

（2）倡导男女共担家庭责任的理念。宣传推广《创建家庭友好型工作场所指导手册》，积极倡导并引导职工践行男女共担家庭责任的理念，推动用人单位建立健全家庭友好的制度机制，为职工平衡工作和家庭责任提供支持。

（3）开展“幸福奶爸行动”。以加强婴幼儿照护为主题，突出亲情和责任共担主线，鼓励支持用人单位开展培训、竞赛等活动，提高男职工在家庭育儿中的参与度，营造性别平等、责任共担、温馨和谐的家庭和社会氛围。

7.女职工与环境。

主要目标：提高女职工思想政治意识，引导女职工积极践行社会主义核心价值观；提升性别平等意识，推动男女平等基本国策宣传教育进企业；促进女职工数字技能提升，推动消除性别数字鸿沟。

策略措施：

（1）加强女职工理想信念教育。深化中国特色社会主义和中国梦宣传教育，激发女职工的历史责任感和主人翁精神，引导女职工进一步坚定理想信念，坚决拥护“两个确立”，增强“四个意识”、坚定“四个自信”、做到“两个维护”，自觉做社会主义核心价值观的坚定信仰者、积极传播者、模范践行者。

（2）大力宣传男女平等基本国策。开展多渠道、多形式的男女平等基本国策进企业宣传教育活动，引导企业和职工群众牢固树立性别平等理念，推动基本国策在企业落地落实，不断提高基本国策的社会影响。

（3）实施女职工数字赋能工程。开展女职工数字技能提升专题调研，了解不同群体女职工培训需求，组织开展女职工数字技能培训，提升女职工科技创新和数字化技术应用能力。

8.女职工与法律。

主要目标：积极参与女职工权益保护法律法规制定修改，推动女职工权益保护法律法规政策不断完善;提高女职工法治素养和依法维权能力,充分发挥女职工在法治中国建设中的作用;加强监督检查,严厉打击侵害女职工权益的行为。

策略措施:

(1)加大源头参与力度。继续参与《妇女权益保障法》修改工作。开展劳动法典编纂研究,推动女职工劳动权益保护相关法律法规制定完善。关注基本劳动标准立法进程,配合做好相关工作。通过全国两会等途径推动《集体协商法》、《企业民主管理法》、《劳动保障监察法》、《劳动法》、《劳动争议调解仲裁法》、《社会保险法》等法律制定修改,促进劳动法律体系不断完善,更好保障包括女职工在内的广大劳动者的合法权益。围绕女职工队伍状况、劳动就业、生育保护等权益实现问题,开展专题调研,加大源头参与力度,推动工会系统法规政策性别平等评估机制建设,健全完善女职工权益保护法律法规。

(2)深入开展普法宣传活动。以国际劳动妇女节、国际劳动节、"12·4"国家宪法日等为时间节点,广泛开展法治宣传教育,大力弘扬宪法精神,推动性别平等,消除就业性别歧视,提升预防和制止性骚扰的法治意识,有效遏制针对妇女的职场性骚扰。整合维权宣传资源平台,联合全国妇联推动《妇女权益保障法》、《反家庭暴力法》等法律法规的宣传普及,不断提高女职工尊法学法守法用法的意识和能力。推动用人单位开展反拐安全教育和法治教育,提高职工反拐安全意识和维权能力。

(3)推动女职工权益保护法律法规贯彻落实。常态化做好女职工维权典型案例评选、联合专项执法检查、工会劳动法律监督,及时推动侵犯女职工权益案件调查处理,严厉打击侵犯女职工合法权益和特殊利益的违法行为。持续深入开展"尊法守法 携手筑梦"服务农民工公益法律服务行动,以需求为导向为包括女职工在内的广大职工提供更加精准化、专业化的法律服务。

(4)预防和制止工作场所性骚扰。推广应用《消除工作场所性骚扰指导手册》,推动用人单位建立健全消除工作场所性骚扰制度机制,创建安全健康平等的工作环境。

(二)贯彻落实《中国儿童发展纲要(2021—2030年)》主要目标和策略措施。

1.儿童与福利。

主要目标:落实国家生育政策及配套支持措施,支持有条件的用人单位为职工提供托育服务;充分发挥工会组织作用,加强对儿童特别是留守儿童等群体的关爱保护。

策略举措:

(1)开展用人单位为职工提供托育服务试点工作。推动将用人单位为职工提供托育服务纳入职工之家建设和企业提升职工生活品质试点,引导带动各级工会加大托育服务工作力度。

(2)持续做好儿童关爱保护。开展"六一"儿童节关爱慰问和关爱农民工子女主题活动,加强对农村留守儿童和困境儿童、新就业形态劳动者子女的关爱帮扶力度,组织开展走访慰问、劳动教育、家风家教宣传等多种形式的关爱活动。

2.儿童与家庭。

主要目标:推动完善支持家庭生育养育教育法律法规政策体系,配套实施积极生育支持措施。

策略措施:

(1)推动完善相关法律法规政策体系。深入贯彻落实《家庭教育促进法》,倡导用人单位工会面向女职工开展家庭教育指导服务。配合相关部门推动完善支持家庭生育养育教育法律法规政策体系及配套措施。

(2)切实保障职工的劳动权益。积极参与解决欠薪、超时加班等侵害职工合法权益问题,推动涉及职工工资、工时和社会保险等法律法规政策落地,促进双职工家庭更好地平衡工作与养育子女之间的关系。

(3)推动消除就业性别歧视。关注妇女生育后重返职场劳动权益保障相关问题,推动完善和落实三孩生育政策配套措施,助力劳动关系和谐发展。

3.儿童与环境。

主要目标:树立儿童优先理念,推动建设儿童友好城市,加大儿童关爱力度。

策略措施:

积极落实国家生育政策及配套支持措施,在推动建设儿童友好城市过程中,支持有条件的用人单位为职工提供托育服务。

4.儿童与法律保护。

主要目标:强化对用人单位规范用工的法治宣传,督促用人单位纠正违法行为,保护儿童合法权益。

策略措施:

(1)加大普法宣传力度。充分利用工会法治宣传阵地资源,强化劳动法律法规的普法宣传,以案说法,增强用人单位尊法守法意识。

(2)强化工会劳动法律监督。宣传贯彻《工会劳动法律监督办法》,充分发挥工会劳动法律监督在督促用人单位规范用工、贯彻落实劳动法律法规等方面的作用,指导支持地方工会及时发现用人单位违法行为并督促整改。

三、组织实施

(一)加强组织领导。全总及各省级工会女职工委员会负责组织协调和具体实施工作。各全国产业工会、全总各部门根据本实施方案要求,结合各自职责组织实施。各省、自治区、直辖市总工会结合实际制定本地区的实施方案,统筹安排、抓好落实,形成工会系统实施新一周期妇女发展纲要和儿童发展纲要的规划体系。

(二)积极推进落实。做好实施方案与工会工作总体规划的衔接,统一部署,同步实施。各级工会要确保落实实施方案所需经费,根据工作实际安排专项工作经费预算。要将实施方案纳入各级工会干部培训内容,不断增强贯彻实施方案的责任感和使命感。

(三)完善工作机制。建立各级工会女职工委员会办公室负责、相关部门密切合作、女职工广泛参与的工作机制,共同做好实施方案落实。健全工作报告制度,全总各有关部门、各省级工会每年向全总女职工委员会提供实施方案进展情况。健全联系沟通制度,及时交流情况,总结典型经验。

(四)加强监测评估。定期对实施方案落实情况进行监测和评估,明确监测评估责任,创新监测评估方法,就工会系统重点监测指标开展深入调研,加强工会女职工工作数据分析,在工会年度统计中继续做好分性别统计工作,为做好全面监测评估工作提供依据和支撑。

抄送:新疆生产建设兵团总工会。

第九部分　工会财务与经审工作

1. 中国工会审计条例

（2023年3月10日印发）

第一章　总　则

第一条　为加强党对工会审计工作的领导，规范工会审计行为，提高工会经费使用效益，维护工会资产安全，根据《中华人民共和国工会法》、《中华人民共和国审计法》和《中国工会章程》，制定本条例。

第二条　工会坚持经费独立原则，依法建立对工会经费收支、资产管理等全部经济活动的审计监督制度。

第三条　工会审计是指各级工会经费审查委员会（以下简称经审会）在同级工会党组织领导下，依照法律法规和《中国工会章程》规定的职责、权限和程序，对工会财务收支、资产管理、内部控制、风险管理等全部经济活动实施独立、客观的监督、评价和建议的活动。同级工会未建立党组织的，其经审会接受所在单位隶属的党组织领导，向所在单位隶属的党组织报告审计工作。

第四条　工会审计实行统一领导、分级管理、分级负责、下审一级的工作体制。工会审计的制度和办法由中华全国总工会统一制定。

第五条　工会审计遵循依法审计、服务大局、突出重点、注重实效的工作方针。

第六条　经审会依照法律法规和《中国工会章程》独立履行审计监督职责，被审计单位及其有关人员不得拒绝和阻碍工会审计人员履行职责，不得打击报复工会审计人员。

第七条　工会审计人员在办理审计事项中，应当恪守国家审计准则规定的严格依法、正直坦诚、客观公正、勤勉尽责、保守秘密等基本审计职业道德和审计纪律。

第八条　经审会的审计结果作为同级工会、上级工会及其有关部门评选先进和工作考核的重要依据。

第九条　工会审计应当接受国家审计机关的业务指导和监督。

第二章　工会审计机构和人员

第十条　经审会应当与同级工会委员会同时考察、同时报批、同时选举产生。

第十一条　经审会向同级工会会员大会或者会员代表大会负责并报告工作；大会闭会期间，向同级工会委员会负责并报告工作。上级经审会对下级经审会进行业务指导和监督考核。经审会定期向同级工会党组织报告审计工作。

第十二条　经审会委员由政治素质高、业务能力强、具有相关专业知识的工会干部和会员担任并经民主选举产生。县级以上工会经审会委员人数不少于同级工会委员会委员人数的20%，最低不少于5人；基层工会经审会委员人数一般3至11人。经审会委员中具有审计、财会专业知识的人员不少于三分之二。

第十三条　工会主席、分管财务和资产的副主席、工会财务人员和资产管理人员，不得担任同级工会经审会委员。

第十四条 全国总工会和省、自治区、直辖市总工会以及独立管理经费的全国产业工会经审会，应当设置常务委员会。

第十五条 全国总工会经审会委员实行替补制。各级地方总工会、独立管理经费的产业工会和机关工会联合会经审会委员也可以实行替补制。

第十六条 全国总工会、各级地方总工会、独立管理经费的产业工会和机关工会联合会的经费审查委员会办公室（以下简称经审办），作为经审会的日常工作机构，承担工会经费审查审计监督工作。

第十七条 工会应当建设信念坚定、为民服务、业务精通、作风务实、敢于担当、清正廉洁的高素质专业化审计队伍。经审会应当加强对审计人员遵守法律法规和履行职责情况的监督，督促审计人员依法履职尽责。

第十八条 工会审计人员应当具备与其从事审计业务相适应的专业知识和职业能力。

第十九条 经审会根据工作需要，可以委托具有相应资质的社会中介机构对有关事项进行审计；可以聘请具有审计、财会等专业资格和职业能力的人员参与审计工作。经审会应当加强对外聘社会中介机构和人员的指导检查、监督评价和质量控制，对审计方案、审计工作底稿、审计报告等进行审核，根据审计工作完成情况，建立考评和退出机制。

第二十条 工会审计人员不得从事可能影响独立、客观履行审计职责的工作，不得参与、干预、插手被审计单位及其相关单位的经济管理活动；在办理审计事项中，与被审计单位或者审计事项有利害关系的应当回避；对在履行职责中知悉的国家秘密、工作秘密、商业秘密、个人隐私和个人信息，应当予以保密，不得泄露或者向他人非法提供。

第三章 工会审计职责

第二十一条 经审会对本级工会及其所属企事业单位和下一级工会的下列事项进行审计：（一）贯彻落实党和国家相关重大经济社会政策措施以及全国总工会决策部署情况；（二）与经济活动有关的发展规划、战略决策、重大措施以及年度业务计划执行情况；（三）经费预算编制和调整、预算执行、决算草案以及其他财务收支情况；（四）经费计提和拨缴情况；（五）专项资金物资的筹措、拨付、管理和使用情况；（六）资产的管理、使用和处置情况；（七）本级工会及其所属企事业单位建设项目情况；（八）本级工会及其所属企事业单位对外投资情况；（九）内部控制及风险管理情况；（十）经费使用效益和资产经营效益情况；（十一）撤并时的财务清算情况；（十二）工会管理和委托其他单位管理的社会捐赠资金、各类基金的收支情况；（十三）其他需要审计的有关事项。以上事项，必要时可以进行延伸审计。

第二十二条 经审会对本级工会预算执行情况要每年审计，对下一级工会预算执行情况的审计至少在本届任期内覆盖。经审会对涉及本地区本产业本系统全局的重大项目，有权统一组织开展跨层级、跨区域审计或者专项审计。

第二十三条 经审会接受本级工会干部管理部门的书面委托，对本级工会内部管理的领导人员履行经济责任情况进行审计。经审会实施经济责任审计时，参照执行国家有关经济责任审计的规定。

第二十四条　经审会可以对被审计单位依法依规应当接受审计的事项进行全面审计,也可以对其中的特定事项进行专项审计或者专项审计调查。

第二十五条　上级经审会对其审计职责范围内的审计事项,可以授权下级经审会进行审计。下级经审会应当配合协助上级经审会开展各项审计工作。

第四章　工会审计权限

第二十六条　经审会有权要求被审计单位提供财务、会计资料以及与财务收支有关的业务、管理等资料,包括电子数据和有关文档。被审计单位不得拒绝、拖延、谎报。被审计单位负责人应当对本单位提供资料的及时性、真实性和完整性负责,并作出书面承诺。经审会对取得的资料进行综合分析,需要向被审计单位核实有关情况的,被审计单位应当予以配合。

第二十七条　经审会进行审计时,有权检查被审计单位的财务、会计资料以及与财务收支有关的业务、管理等资料和资产,有权检查被审计单位信息系统的安全性、可靠性、经济性,被审计单位不得拒绝。

第二十八条　经审会进行审计时,有权就审计事项的有关问题向有关单位、部门和个人进行调查和询问,并取得有关证明材料。有关单位、部门和个人应当配合、协助经审会工作,如实向经审会反映情况,提供有关证明材料。

第二十九条　经审会进行审计时,经经审会主要负责人批准,有权对可能被转移、隐匿、篡改、毁弃的财务、会计资料以及与财务收支有关的业务、管理等资料,采取暂时封存的措施。

第三十条　经审会进行审计时,有权对正在进行的严重违法违规、严重损失浪费行为及时向单位主要负责人报告,经同意作出临时制止决定。经审会有权提出纠正、处理违法违规行为的意见和改进管理、提高绩效的建议。

第三十一条　经审会有权对审计结果以适当方式进行通报。经审会有权对违法违规和造成损失浪费的被审计单位和人员,给予通报批评或者提出追究责任的建议。经审会对严格遵守财经法规、经济效益显著、贡献突出的被审计单位和个人,可以向单位党组织、主要负责人提出表彰建议。

第三十二条　经审会对审计中发现的严重违法违规、严重损失浪费等问题,以及被审计单位经济运行中存在的重大风险隐患,有权向同级工会党组织、工会委员会和上一级经审会报告。

第五章　工会审计程序

第三十三条　经审会根据同级工会委员会的工作部署和上级经审会的要求,制订年度审计工作计划。

第三十四条　经审会根据年度审计工作计划,确定审计项目,成立审计组,制订审计实施方案。审计组审计人员不得少于 2 人,实行审计组组长负责制。

第三十五条　经审会应当在实施审计 3 日前,向被审计单位送达审计通知书。遇有特殊情况,报经审会主要负责人批准后,可以直接持审计通知书实施审计。

第三十六条　审计人员通过审查财务、会计资料,查阅与审计事项有关的文件、资料,检查现金、实物、有价证券和信息系统,向有关单位和个人调查等方式进行审计,取得审计证据,做好审计记录,编制审计工作底稿。向有关单位和个人进行调查时,审计人员应当不少于2人。

第三十七条 审计组对审计事项实施审计后,依据相关法律法规和内部控制制度作出审计评价,对需要整改的事项提出审计意见和建议,形成审计组的审计报告,并征求被审计单位的意见。

第三十八条 被审计单位自接到审计组的审计报告之日起10日内,应当向审计组回复书面意见,逾期不回复的,视同无异议。

第三十九条 经审会审核审计组的审计报告、研究被审计单位的书面意见后,出具经审会的审计报告,对违反财经法律法规的行为在职权范围内作出审计决定,并将经审会的审计报告或者审计决定送达被审计单位。审计决定自送达之日起生效。

第四十条 被审计单位自收到经审会的审计报告或者审计决定之日起30日内,将整改落实情况书面报告给出具审计报告或者审计决定的经审会。

第四十一条 被审计单位或者相关责任人员对经审会作出的审计决定不服的,自收到审计决定之日起60日内,可以向出具审计决定的上一级经审会书面申请复审。上一级经审会自收到书面复审申请之日起60日内,应当作出复审决定。复审期间执行原审计决定。

第四十二条 经审会发现下一级经审会作出的审计决定违反国家有关规定或者有重大错误的,应当责成下一级经审会予以变更或者撤销,必要时可以直接作出变更或者撤销决定。

第四十三条 经审会应当建立健全审计整改监督检查机制,对被审计单位进行审计回访,督促其落实整改意见,执行审计决定。审计组在审计实施过程中,应当及时督促被审计单位整改审计发现的问题。经审会在出具审计报告、作出审计决定后,应当在规定的时间内检查或者了解被审计单位和其他有关单位的整改情况。对于定期审计项目,经审会可以结合下一次审计,检查或者了解被审计单位的整改情况。

第四十四条 经审会应当每年向同级工会党组织和工会委员会报告审计结果和整改落实情况。

第四十五条 经审会对办理的审计项目、专项审计调查、审计复审、审计整改监督检查等,按照工会审计业务公文处理规定和审计档案管理规定建立档案。

第六章 工作保障

第四十六条 各级工会领导班子应当自觉接受审计监督,支持经审会和工会审计人员依法独立履行职责。

第四十七条 各级工会党组织应当建立健全党领导工会经审工作机制,各级工会党组织、领导班子应当定期听取经审会的审计工作汇报,加强对经审工作规划、年度审计计划、审计质量控制、问题整改和队伍建设等重要事项的管理。

第四十八条 被审计单位主要负责人是整改第一责任人。各级工会应当建立健全审计发现问题整改机制,对审计发现的问题和提出的建议,被审计单位应当及时整改,并将整改结果书面报告经审会。

第四十九条　各级工会对经审会审计发现的典型性、普遍性、倾向性问题，应当及时分析研究，制定和完善相关管理制度，建立健全内部控制措施。

第五十条　经审会应当建立审计事项移交制度，依法依规移交应当由其他有关部门(单位)处理、纠正或者追究有关单位、人员责任的事项，有关部门(单位)应当依法依规及时作出决定，并将结果书面反馈经审会。经审会应当加强与内部纪检监察、巡视巡察、组织人事等其他内部监督力量的协作配合。各级工会应当将审计结果及整改情况作为考核、任免、奖惩工会干部和相关决策的重要依据。

第五十一条　各级工会对经审会审计发现的重大违纪违法问题线索，应当按照管辖权限依法依规及时移送纪检监察机关、司法机关。

第五十二条　经审会主任应当参加工会党组会议、主席办公会议、常委会议和研究工会重大经济活动的会议；经审办主任应当参加涉及工会经费、资产和相关经济活动的会议。

第五十三条　各级工会应当为经审会开展审计工作，提供必要的人力、物力、财力保障和工作条件，履行审计职责所需经费，应当纳入本级工会年度经费预算。

第五十四条　各级工会应当加强工会审计人员队伍建设，落实经审会主任任期培训制度和工会审计人员培训规划，做好工会审计人员的配备、使用、考核和管理工作。

第五十五条　各级工会应当支持经审会加强审计工作规范化建设，健全审计工作运行机制，完善审计质量评价体系。各级工会应当根据工会审计工作特点，完善工会审计人员考核评价制度，保障工会审计人员享有相应的晋升、交流、任职、薪酬及相关待遇。

第五十六条　上级经审会应当加强对下级经审会的业务指导和工作支持，对在工会审计工作中做出突出成绩的单位和个人给予表彰和奖励。对连续多年在工会审计工作中作出突出成绩的单位和个人，上级经审会可以向下级工会党组织、领导班子提出嘉奖、记功的建议。

第七章　相关责任

第五十七条　被审计单位有下列情形之一的，由单位党组织、领导班子责令改正，并对直接负责的主管人员和其他直接责任人员进行处理：(一)拒绝接受或者不配合工会审计工作的；(二)拒绝、拖延提供与审计事项有关的资料，或者提供资料不真实、不完整的；(三)拒不纠正审计发现问题的；(四)整改不力、屡审屡犯的；(五)违反国家规定或者工会内部规定的其他情形。

第五十八条　经审会和审计人员有下列情形之一的，由同级工会党组织、领导班子对直接负责的主管人员和其他直接责任人员进行处理；涉嫌犯罪的，移送有关机关依法追究刑事责任：(一)徇私舞弊、玩忽职守，给国家和工会造成重大损失的；(二)隐瞒审计查出的问题或者提供虚假审计报告的；(三)泄露国家秘密或者商业秘密的；(四)利用职权谋取私利的；(五)违反国家规定或者工会内部规定的其他情形。

第五十九条　工会审计人员因履行职责受到打击、报复、陷害的，工会党组织、领导班子应当及时采取保护措施，并对相关责任人员进行处理；涉嫌犯罪的，移送有关机关依法追究刑事责任。

第八章　附　则

第六十条　各级工会可以根据本条例制定具体实施办法。

第六十一条　上级经审会应当指导和督促下级经审会执行本条例,对下级经审会执行本条例的情况进行检查。

第六十二条　本条例由中华全国总工会负责解释。

第六十三条　本条例自发布之日起施行。中华全国总工会于 2011 年 4 月 8 日发布的《中国工会审计条例》(总工发〔2011〕27 号)同时废止。

2. 社会保险费征缴暂行条例

(1999 年 1 月 22 日中华人民共和国国务院令第 259 号发布　根据 2019 年 3 月 24 日《国务院关于修改部分行政法规的决定》修订)

第一章　总　则

第一条　为了加强和规范社会保险费征缴工作,保障社会保险金的发放,制定本条例。

第二条　基本养老保险费、基本医疗保险费、失业保险费(以下统称社会保险费)的征收、缴纳,适用本条例。

本条例所称缴费单位、缴费个人,是指依照有关法律、行政法规和国务院的规定,应当缴纳社会保险费的单位和个人。

第三条　基本养老保险费的征缴范围:国有企业、城镇集体企业、外商投资企业、城镇私营企业和其他城镇企业及其职工,实行企业化管理的事业单位及其职工。

基本医疗保险费的征缴范围:国有企业、城镇集体企业、外商投资企业、城镇私营企业和其他城镇企业及其职工,国家机关及其工作人员,事业单位及其职工,民办非企业单位及其职工,社会团体及其专职人员。

失业保险费的征缴范围:国有企业、城镇集体企业、外商投资企业、城镇私营企业和其他城镇企业及其职工,事业单位及其职工。

省、自治区、直辖市人民政府根据当地实际情况,可以规定将城镇个体工商户纳入基本养老保险、基本医疗保险的范围,并可以规定将社会团体及其专职人员、民办非企业单位及其职工以及有雇工的城镇个体工商户及其雇工纳入失业保险的范围。

社会保险费的费基、费率依照有关法律、行政法规和国务院的规定执行。

第四条　缴费单位、缴费个人应当按时足额缴纳社会保险费。征缴的社会保险费纳入社会保险基金,专款专用,任何单位和个人不得挪用。

第五条　国务院劳动保障行政部门负责全国的社会保险费征缴管理和监督检查工作。县级以上地方各级人民政府劳动保障行政部门负责本行政区域内的社会保险费征缴管理和监督检查工作。

第六条 社会保险费实行三项社会保险费集中、统一征收。社会保险费的征收机构由省、自治区、直辖市人民政府规定,可以由税务机关征收,也可以由劳动保障行政部门按照国务院规定设立的社会保险经办机构(以下简称社会保险经办机构)征收。

第二章 征缴管理

第七条 缴费单位必须向当地社会保险经办机构办理社会保险登记,参加社会保险。

登记事项包括:单位名称、住所、经营地点、单位类型、法定代表人或者负责人、开户银行账号以及国务院劳动保障行政部门规定的其他事项。

第八条 企业在办理登记注册时,同步办理社会保险登记。

前款规定以外的缴费单位应当自成立之日起 30 日内,向当地社会保险经办机构申请办理社会保险登记。

社会保险登记证件不得伪造、变造。

社会保险登记证件的样式由国务院劳动保障行政部门制定。

第九条 缴费单位的社会保险登记事项发生变更或者缴费单位依法终止的,应当自变更或者终止之日起 30 日内,到社会保险经办机构办理变更或者注销社会保险登记手续。

第十条 缴费单位必须按月向社会保险经办机构申报应缴纳的社会保险费数额,经社会保险经办机构核定后,在规定的期限内缴纳社会保险费。

缴费单位不按规定申报应缴纳的社会保险费数额的,由社会保险经办机构暂按该单位上月缴费数额的百分之一百一十确定应缴数额;没有上月缴费数额的,由社会保险经办机构暂按该单位的经营状况、职工人数等有关情况确定应缴数额。缴费单位补办申报手续并按核定数额缴纳社会保险费后,由社会保险经办机构按照规定结算。

第十一条 省、自治区、直辖市人民政府规定由税务机关征收社会保险费的,社会保险经办机构应当及时向税务机关提供缴费单位社会保险登记、变更登记、注销登记以及缴费申报的情况。

第十二条 缴费单位和缴费个人应当以货币形式全额缴纳社会保险费。

缴费个人应当缴纳的社会保险费,由所在单位从其本人工资中代扣代缴。

社会保险费不得减免。

第十三条 缴费单位未按规定缴纳和代扣代缴社会保险费的,由劳动保障行政部门或者税务机关责令限期缴纳;逾期仍不缴纳的,除补缴欠缴数额外,从欠缴之日起,按日加收千分之二的滞纳金。滞纳金并入社会保险基金。

第十四条 征收的社会保险费存入财政部门在国有商业银行开设的社会保障基金财政专户。

社会保险基金按照不同险种的统筹范围,分别建立基本养老保险基金、基本医疗保险基金、失业保险基金。各项社会保险基金分别单独核算。

社会保险基金不计征税、费。

第十五条 省、自治区、直辖市人民政府规定由税务机关征收社会保险费的,税务机关应当及时向社会保险经办机构提供缴费单位和缴费个人的缴费情况;社会保险经办机构应当将有关情况汇总,报劳动保障行政部门。

第十六条 社会保险经办机构应当建立缴费记录,其中基本养老保险、基本医疗保险并应当按照规定记录个人账户。社会保险经办机构负责保存缴费记录,并保证其完整、安全。社会保险经办机构应当至少每年向缴费个人发送一次基本养老保险、基本医疗保险个人账户通知单。

缴费单位、缴费个人有权按照规定查询缴费记录。

第三章 监督检查

第十七条 缴费单位应当每年向本单位职工公布本单位全年社会保险费缴纳情况,接受职工监督。

社会保险经办机构应当定期向社会公告社会保险费征收情况,接受社会监督。

第十八条 按照省、自治区、直辖市人民政府关于社会保险费征缴机构的规定,劳动保障行政部门或者税务机关依法对单位缴费情况进行检查时,被检查的单位应当提供与缴纳社会保险费有关的用人情况、工资表、财务报表等资料,如实反映情况,不得拒绝检查,不得谎报、瞒报。劳动保障行政部门或者税务机关可以记录、录音、录像、照相和复制有关资料;但是,应当为缴费单位保密。

劳动保障行政部门、税务机关的工作人员在行使前款所列职权时,应当出示执行公务证件。

第十九条 劳动保障行政部门或者税务机关调查社会保险费征缴违法案件时,有关部门、单位应当给予支持、协助。

第二十条 社会保险经办机构受劳动保障行政部门的委托,可以进行与社会保险费征缴有关的检查、调查工作。

第二十一条 任何组织和个人对有关社会保险费征缴的违法行为,有权举报。劳动保障行政部门或者税务机关对举报应当及时调查,按照规定处理,并为举报人保密。

第二十二条 社会保险基金实行收支两条线管理,由财政部门依法进行监督。

审计部门依法对社会保险基金的收支情况进行监督。

第四章 罚 则

第二十三条 缴费单位未按照规定办理社会保险登记、变更登记或者注销登记,或者未按照规定申报应缴纳的社会保险费数额的,由劳动保障行政部门责令限期改正;情节严重的,对直接负责的主管人员和其他直接责任人员可以处1000元以上5000元以下的罚款;情节特别严重的,对直接负责的主管人员和其他直接责任人员可以处5000元以上10000元以下的罚款。

第二十四条 缴费单位违反有关财务、会计、统计的法律、行政法规和国家有关规定,伪造、变造、故意毁灭有关账册、材料,或者不设账册,致使社会保险费缴费基数无法确定的,除依照有关法律、行政法规的规定给予行政处罚、纪律处分、刑事处罚外,依照本条例第十条的规定征缴;迟延缴纳的,由劳动保障行政部门或者税务机关依照第十三条的规定决定加收滞纳金,并对直接负责的主管人员和其他直接责任人员处5000元以上20000元以下的罚款。

第二十五条　缴费单位和缴费个人对劳动保障行政部门或者税务机关的处罚决定不服的，可以依法申请复议；对复议决定不服的，可以依法提起诉讼。

第二十六条　缴费单位逾期拒不缴纳社会保险费、滞纳金的，由劳动保障行政部门或者税务机关申请人民法院依法强制征缴。

第二十七条　劳动保障行政部门、社会保险经办机构或者税务机关的工作人员滥用职权、徇私舞弊、玩忽职守，致使社会保险费流失的，由劳动保障行政部门或者税务机关追回流失的社会保险费；构成犯罪的，依法追究刑事责任；尚不构成犯罪的，依法给予行政处分。

第二十八条　任何单位、个人挪用社会保险基金的，追回被挪用的社会保险基金；有违法所得的，没收违法所得，并入社会保险基金；构成犯罪的，依法追究刑事责任；尚不构成犯罪的，对直接负责的主管人员和其他直接责任人员依法给予行政处分。

第五章　附　则

第二十九条　省、自治区、直辖市人民政府根据本地实际情况，可以决定本条例适用于本行政区域内工伤保险费和生育保险费的征收、缴纳。

第三十条　税务机关、社会保险经办机构征收社会保险费，不得从社会保险基金中提取任何费用，所需经费列入预算，由财政拨付。

第三十一条　本条例自发布之日起施行。

3. 基层工会经费审查委员会工作条例

（1990年11月15日）

第一章　总　则

第一条　为加强对基层工会及所属企业、事业财务收支和财产管理的审查，监督财经法纪的贯彻执行和工会经费的合理使用，发扬财务民主，密切工会组织同会员群众的联系，为全面履行工会的社会职能，促进工会事业的发展服务，根据《中国工会章程》和《工会各级经费审查委员会组织通则》及有关规定，制订本条例。

第二条　基层工会经费审查委员会是代表会员群众对基层工会及所属企业、事业单位经费收支和财产管理的真实、完整、合法及效益进行审查监督的组织，由同级工会会员大会或会员代表大会选举产生。

基层工会内部审计职权由基层工会经费审查委员会行使。

第三条　基层工会经费审查委员会向同级工会会员大会或会员代表大会负责并报告工作；在大会闭会期间，向同级工会委员会负责并报告工作。

基层工会经费审查委员会接受上级工会经费审查委员会的业务指导和督促检查。

第四条　基层工会经费审查委员会依照国家法规、政策和工运方针、任务、工会财务制度、纪律，独立行使审查监督权。

基层工会委员会应尊重和保证基层工会经费审查委员会依法行使审查监督的职权。

对工会经费审查委员会提出的正确意见，应予支持和采纳。

第二章　组织和成员

第五条　凡建立一级工会财务管理的工会基层组织，必须在选举工会基层委员会的同时，选举产生经费审查委员会。

工会基层委员会下辖的管钱管物、举办企业、事业的车间工会，可经车间工会会员大会或会员代表大会选举产生经费审查小组或经费审查委员。

第六条　基层工会经费审查委员会一般由三至十一名委员组成。大型企业可根据需要适当增加委员名额。经费审查委员会成员，应选举坚持四项基本原则，密切联系群众，热心工会经审工作，懂得财经政策，能坚持原则、求实公正、廉洁奉公的会员担任。

为有利于代表会员群众进行有效的审查监督，委员中一般应包括工会干部、财会或审计人员和其他的会员群众代表，本级工会委员会主持财务工作的负责人及其管钱、管物人员不得兼任本级工会经费审查委员会的成员。

第七条　基层工会经费审查委员会设主任一人，负责召集经费审查委员会会议，主持经费审查委员会的日常工作。工作需要时，设副主任一至二人，协助主任工作。主任、副主任由经费审查委员会全体会议选举产生。选举结果，报上一级工会委员会批准。

第八条　基层工会经费审查委员会的任期与基层工会委员会相同。在任期内，如有成员出缺，由同级会员大会或会员代表大会补选。其主要负责人的任免，要征得上一级工会委员会的同意，履行民主程序。

第九条　基层工会经费审查委员会，根据工作需要，可聘请工会积极分子参加审查工作。

第三章　工作任务

第十条　基层工会经费审查委员会对基层工会及所属企业、事业经费收支和财产管理的下列事项进行审查监督：

一、工会经费收入、上解和支出预算的制定、执行和决算；

二、与工会经费收支有关的经济、技术活动及其效益；

三、工会经费专项基金的提取、使用；

四、工会财产的安全、完整；

五、工会内部控制制度的建立、健全、有效；

六、国家财经法规、条例和工会财务制度、纪律的执行情况；

七、国家和上级工会规定的其他审查事项。

第十一条　基层工会经费审查委员会有责任检查工会会员大会或会员代表大会关于工会财务工作决议的执行情况，督促和审查工会委员会定期向会员群众公布帐目和向会员大会或会员代表大会报告财务收支情况；检查对经费审查委员会全体会议决议的执行情况。

第十二条　深入实际，深入群众，调查研究，总结经验，对收好、管好、用好各项经费和加强工会财产管理，提高所属企业、事业的效益，提出意见和建议。

第十三条　宣传党和国家的财经方针政策，支持工会财务人员依法履行职责，对模范执行财务制度、纪律,在财务工作方面取得显著成绩的单位、人员,建议会员大会或会员代表大会给予表彰和奖励;同铺张浪费、私设小金库和私分钱物、贪污盗窃、侵占国家和工会财物等现象进行斗争。

第十四条 在基层工会组织机构变动和财务、财产管理负责人调动工作时,负责监督做好交接工作。

第四章 主要职权

第十五条 基层工会经费审查委员会委员列席同级工会委员会全体会议。在设工会基层委员会常务委员会的基层工会,不是常务委员会成员的该工会基层经费审查委员会的主任、副主任有权列席常务委员会会议。主任、副主任或经指定人员参加该基层工会有关财务工作的会议。

第十六条 基层工会经费审查委员会有下列审查权:

一、要求基层工会及所属企业、事业单位按时报送有关的计划、预算、决算、会计报表和文件资料,听取他们的汇报;

二、检查凭证、帐表、决算、资金和财产,查阅有关的文件和资料;

三、对审查中发现的问题,向被审查单位和有关人员调查并取得证明材料;

四、对正在进行的严重违反财经法纪、严重损失浪费行为,提请同级工会委员会或上级工会及时制止,并对已造成的损失作出处理决定;

五、遇有阻挠、破坏审查工作时,有权采取封存帐册、印鉴和资财等临时措施,并提出追究有关人员的责任的意见。

第十七条 基层工会经费审查委员会对基层工会及其所属企业、事业单位违反财经法纪的有关责任人员,有权建议同级工会委员会或上级工会给予纪律处分或经济制裁,触犯刑律者,提请司法机关依法追究刑事责任。

第十八条 基层工会委员会向上级工会报送预算、决算,向会员和上级工会报告经费收支情况时,预算、决算、报告必须经同级工会经费审查委员会审查、签署、盖章。

第十九条 基层工会经费审查委员会对审查工作中的重大事项,有权向上级工会委员会、经费审查委员会反映。

第五章 审查方式和程序

第二十条 基层工会经费审查委员会主要采取下列方式进行审查工作:

一、定期召开经费审查委员会全体会议审查基层工会委员会提出的预算和决算方案,听取预算执行情况的报告,审议预算的调整和追加事项;

二、对基层工会经费的收入、上解、管理、重大开支事项或会员群众反映的重要问题,进行专题审查;

三、对基层工会所属企业、事业单位的经费收支、社会效益和经济效益状况,对工会财产的管理状况,进行定期的报送审查或就地审查;

四、参加同级工会组织的财务大检查工作,参与检查监督。

第二十一条 基层工会经费审查委员会进行审查工作的主要程序是:

一、根据国家和上级工会的规定、要求以及本单位的实际情况,制定对基层工会及所属企业、事业进行审查的工作计划；

二、审查前，应当通知基层工会或被审查的所属企业、事业单位；

三、审查终结，应将审查结果、处理意见和改进工作的建议报告基层工会委员会。报送前，应征求被审查单位的意见；

四、基层工会委员会应及时研究处理，并将处理意见和执行情况向基层工会经费审查委员会通报；

五、被审查单位对处理决定如有异议，可以提请复议。如复议后原决定仍维持不变，被审查单位必须执行；

六、基层工会经费审查委员会与基层工会委员会在重大问题上意见不一致时，应同时报请上级工会委员会和经费审查委员会处理。

第六章　工作制度和工作方法

第二十二条　基层工会经费审查委员会实行集体领导制、民主集中制。讨论问题时，应充分发扬民主。决定问题时，由全体委员的过半数通过。日常工作，委员会各有分工，并根据实际情况建立学习、会议、审查、调研、计划、总结等制度。

第二十三条　基层工会经费审查委员会要认真贯彻执行群众路线，广泛听取和定期征求会员群众的意见、要求，宣传党和国家的财经方针政策，依靠广大会员群众和积极分子做好工作。

第二十四条　基层工会经费审查委员会应加强与基层工会委员会及其财务工作委员会的经常联系，加强同本单位行政财务、劳资、内审等部门的联系，沟通情况，取得支持和帮助，密切协作，做好工作。

第二十五条　基层工会经费审查人员含积极分子要认真学习和贯彻执行党、政府和上级工会的有关方针、政策、制度、规定，坚持原则，忠于职守，秉公办事，尽职尽责，自觉接受会员群众监督。工作表现突出的优秀经费审查人员应受到同级工会或上级工会委员会、经费审查委员会的表彰、奖励。

经费审查人员行使职权受国家法律和工会章程的保护，任何单位及人员不得给予不公正对待甚至打击报复。当发生这种错误做法时，基层工会和上级工会应当进行干预，加以纠正，并对打击报复者严肃处理。

上级工会有关财经法规、政策、制度、纪律及对预算、决算的批复等文件，应同时发给基层工会经费审查委员会；基层工会经费审查委员会开展工作必需的工作时间、办公用品、活动经费等应得到保证。

基层工会经费审查委员会公章的规格，与同级工会委员会相同。

第七章　附　则

第二十六条　基层工会经费审查委员会可以根据本条例的规定，结合本单位的实际，制订执行本条例的工作细则。

第二十七条　本条例由中华全国总工会经费审查委员会负责解释。

第二十八条　本条例自公布之日起施行。1980 年 2 月颁发的《中华全国总工会基层工会经费审查委员会暂行工作条例》同时废止。

4. 关于工会购买社会组织服务的意见

（2019 年 7 月 26 日）

以习近平同志为核心的党中央高度重视加强和改进党的群团工作，就深化工会改革创新、切实做好工会联系引导社会组织工作提出明确要求。《中共中央关于加强和改进党的群团工作的意见》要求，群团组织在党组织领导下发挥作用，加强对有关社会组织的政治引领、示范带动、联系服务，通过购买服务等方式吸引社会组织等力量参与服务群众工作。中共中央办公厅、国务院办公厅印发的《关于改革社会组织管理制度促进社会组织健康有序发展的意见》提出，支持群团组织充分发挥作用，逐步扩大政府向社会组织购买服务的范围和规模，促进社会组织健康有序发展。为进一步规范工会购买社会组织服务工作，拓展服务职工途径，丰富服务职工手段，更好满足职工群众多样化需求，现提出如下意见。

一、总体工作要求

（一）指导思想。坚持以习近平新时代中国特色社会主义思想为指导，深入学习贯彻党的十九大精神，贯彻落实中国工会十七大精神，以引导社会组织服务职工群众为价值取向，以购买服务为重要方式，为职工群众提供专业化、多样化、精准化的服务，更好造福职工群众。

（二）基本内涵。工会购买社会组织服务，是指通过社会化、市场化机制，把工会向职工群众提供的部分服务事项，按照规定的方式和程序，交由具备专业水准和资质条件的社会组织承接，并由购买主体根据合同约定向其支付费用的行为。

（三）目标任务。未来五年，全国工会购买社会组织服务制度机制进一步完善，工会购买社会组织服务品牌基本形成，工会联系引导社会组织工作格局基本健全，推动实现工会服务职工工作质量效益显著提升。

（四）基本原则。

一是坚持党的领导，把握正确方向。坚持和加强党的全面领导，贯彻落实党中央、国务院关于加快转变政府职能、创新社会治理体制的决策部署，贯彻落实党中央关于群团改革的一系列重要指示精神，把工会购买社会组织服务纳入党委领导下的工会服务职工工作体系，确保工会购买社会组织服务健康有序发展。

二是坚持职工为本，强化需求导向。贯彻以人民为中心的发展思想，全心全意服务职工群众，把职工群众对美好生活向往的需求，梳理和转化为工会工作项目，通过购买服务的方式，发挥社会组织优势，改善服务供给，为职工群众提供优质高效的公共服务，切实造福职工群众。

三是坚持工会主导，促进共同发展。突出工会主导地位，将联系引导寓于购买服务全过程，通过购买服务的具体任务、活动项目来引导社会组织发挥正能量，促进社会组织健康发展，提高工会服务职工工作专业化水平。《中华人民共和国工会法》和《中国工会章程》规定的工会政治责任、基本职责等涉及工会组织本质属性的工会工作核心业务应当由工会直接实施或主导实施。

四是坚持依法依规，积极稳妥实施。贯彻实施《中华人民共和国预算法》《中华人民共和国政府采购法》《中华人民共和国招标投标法》《中华人民共和国合同法》及其实施条例等法律法规，认真落实《国务院办公厅关于政府向社会力量购买服务的指导意见》《政府购买服务管理办法（暂行）》等政府购买服务的一系列政策规定，严格规范参与购买服务主体资格、购买内容和条件、购买方式和程序等，严格预算管理，规范资金使用。对于需求集中、比较效益突出、较为适宜由社会组织承接的服务职工项目，要鼓励和支持通过购买服务的方式来提供。

五是坚持公开择优，注重购买绩效。按照公开、公平、公正原则，通过公平竞争择优的方式，依法确定工会购买社会组织服务的承接主体。树立绩效观念，注重绩效管理，切实提高工会购买服务资金使用效率和效益。

六是坚持因地制宜，推动改革创新。坚持实事求是与解放思想相结合，根据当地经济社会发展条件、社会组织发展状况和职工群众现实需求，把工会购买社会组织服务纳入工会深化改革创新的重要部署，鼓励基层探索，总结实践经验，摸索特点规律，务实把握推进的力度和节奏，确保取得良好效果。

二、依法规范实施

（五）确定购买主体。工会购买社会组织服务的主体是各级总工会、各级产业工会、具有独立法人资格的基层工会组织以及具有行政管理职能的工会所属事业单位。鼓励工会与其他群团组织、社会组织合作开展购买社会组织服务。

（六）确定承接主体。承接工会购买社会组织服务的主体是具备服务职工能力、依法在各级民政部门登记注册的社会组织。承接主体应当具有独立承担民事责任的能力，具备提供服务所必需的设施、人员和专业技术的能力，近三年内无重大违法和失信惩戒记录，并符合法律法规规定和登记管理机关依法认定的其他条件。承接主体一般应成立满三年，对成立未满三年，遵守相关法律法规、保障从业人员劳动经济权益、在服务职工方面具有优势的社会组织，可以承接工会购买服务。在同等条件下，优先购买已建工会组织或实现工会工作覆盖的社会组织的服务。

（七）确定购买内容。购买内容为符合群团改革方向、适应职工群众需求、适合市场化方式提供、专业性较强、社会组织能够承接的服务。坚持职工需求导向，鼓励支持购买职工群众最急需、最迫切、最现实的服务。工会购买社会组织服务要积极与政府财政部门认可的工会购买服务指导性目录相衔接。工会购买社会组织管理岗位纳入工会购买社会组织服务项目内容。

（八）规范方式程序。健全完善工会购买社会组织服务的方式和程序，确保购买过程合法合规、科学高效。

使用财政资金购买社会组织服务的，遵照政府采购法律和政府财政部门规定组织实施。使用工会经费或其他非财政资金购买社会组织服务的，应当符合政府采购法律和政府财政部门规定要求，采购限额标准以上的原则上参照招标方式进行，采购限额标准以下或因技术、服务性质、承接对象等因素无法通过招标方式进行的，也可根据政府采购法律政策和工会经费管理使用规定采取其他适当方式进行。

鼓励购买主体通过依法依规设定资格条件或竞争择优方式确定不少于三家社会组织作为承接主体，并向符合条件的服务对象发放购买凭单，由服务对象自主选择社会组织为其提供服务并以凭单支付。提倡建立服务项目库，鼓励引导社会组织积极参与服务职工活动。

建立购买服务项目立项评审机制，由购买主体或委托第三方服务机构，通过听取情况、实地考察等方式对承接主体资格、项目性质等内容进行评审，并出具评审意见。建立购买服务项目决策机制，决定购买项目立项，确定项目实施方案，根据评审意见确定购买项目。建立项目公示制度，主动接受承接主体和社会监督。重大购买服务项目按照有关规定列入"三重一大"决策机制，提交本级工会党组织集体研究决定。

使用工会经费或其他非财政资金购买社会组织服务的，可以通过政府开办或授权的网络平台进行。探索建立工会购买社会组织服务信息平台。

（九）严格合同制度。工会购买社会组织服务应当依法签订购买合同。通过政府采购方式和程序购买社会组织服务的，要签订政府采购合同标准文本。通过其他方式和程序购买社会组织服务的，由省（自治区、直辖市）总工会制定适用本行政区域的统一合同文本或使用当地政府财政部门编制的政府购买服务合同文本。

工会购买社会组织服务合同期限一般为一年。对购买内容相对固定、连续性强、经费来源稳定、价格变化较小的服务项目，合同期限可适当延长，但不超过三年。

购买主体应自觉严格履行购买合同，并加强对购买服务履约全过程的跟踪监管和对服务成果的检查验收，要督促承接主体严格履行合同义务，按时完成服务项目任务，保证服务数量、质量和效果，不得将购买项目分包或层层转包。购买服务项目实施全过程要体现工会形象标识，鼓励培育工会服务品牌。

（十）规范预算管理。购买社会组织服务所需资金，应当在年度预算中统筹安排，未列入预算的不得购买和实施。购买主体可通过行业组织和专业咨询评估机构等方式，综合考虑当地物价、工资、税费等因素，按一般市场价格，合理测算安排购买社会组织服务所需支出。

工会购买社会组织服务经费来源，包括工会经费、财政资金、行政补助、社会捐赠等。按照有关规定严格资金管理和使用，确保工会购买服务资金使用依法合规。

省（自治区、直辖市）总工会可参照政府财政部门、工会关于经费管理相关规定，制定本行政区域内工会购买社会组织服务项目的支出费用标准。

三、严格监督管理

（十一）建立健全绩效评价机制。加强工会购买社会组织服务的预算绩效管理，科学务实设置工会购买社会组织服务项目绩效评价指标。围绕购买服务项目全面开展绩效评价和履约验收，建立健全由工会、受益职工代表及第三方组成的综合性评价机制，对购买服务项目数量、质量和资金使用绩效等进行评价。积极推进第三方评估，对承接服务的社会组织进行项目管理、服务成效、经费使用等内容的综合考评。重视运用绩效评价结果，建立守信激励和失信惩戒机制，将考评结果与后续工会购买社会组织服务承接主体资格审核挂钩，同时结合政府财政、民政部门定期向社会公布的社会组织名录和信用记录情况，将考评结果及时通报有关登记管理机关。

（十二）建立健全信息公开机制。建立健全工会购买社会组织服务信息公开机制，及时、充分向社会公布购买的服务项目、内容以及对承接主体的要求和绩效评价标准等信息。探索建立社会组织承接工会购买服务信用信息记录、使用和管理制度，定期向社会公布工会购买的社会组织服务项目绩效评价结果，促进工会分级分类联系引导社会组织。

（十三）建立健全监督管理机制。建立健全内部监督管理制度，认真履行工会购买主体监管责任。工会购买社会组织服务工作要严格遵守政府财政和工会财务部门监管规定，自觉接受审计和经审监督，自觉接受巡视和巡察监督，自觉接受职工群众和社会监督。

四、加强组织领导

（十四）健全领导机制。要把工会购买社会组织服务工作作为新时代工会工作创新发展的一项重要内容统筹谋划，列入重要议事日程，主要领导同志要亲自过问，加强顶层设计和分类指导，建立健全工作体系，推动将其纳入各地加强社会建设、政府购买服务规划。积极参与同级党政有关购买社会服务工作的协调机制，加强与财政、民政等部门的沟通协作，争取工作指导。建立领导小组或协调小组，推动工会社会组织工作部门与工会财务、资产、权益保障、经审等相关部门协作联动，形成协调推进工会购买社会组织服务工作格局。

（十五）强化保障措施。根据本地经济社会发展条件、职工群众需求和工会工作实际，采取切实措施加大工会向社会组织购买服务的力度，逐步增加购买社会组织服务经费投入。建立工会购买社会组织服务工作激励机制。加强对工会干部和相关社会组织负责人的理论与实务培训，开展交流研讨，加强能力建设，促进社会组织健康有序发展，为职工群众提供更多更好的专业化服务，不断提升工会购买社会组织服务工作水平。

（十六）做好宣传引导。发挥各类新闻媒体作用，宣传政府购买社会服务的法律政策精神，宣传工会购买社会组织服务工作的目的意义、政策措施和有关要求，做好政策解读和宣介，营造良好环境。加强分类指导，通过典型引路、现场观摩、经验交流，总结推广好的实践做法。评选推出工会购买社会组织服务优秀项目，积极打造工会联系引导社会组织服务职工群众的活动品牌。

各级工会购买审计服务、法律服务、课题研究、调查统计等服务项目按有关规定办理。

各省（自治区、直辖市）总工会应参照本意见精神，结合本地实际制定实施意见或管理办法。

（此件发至各省、自治区、直辖市总工会）
抄送新疆生产建设兵团总工会

5. 关于加强工会经费审查监督工作的意见

（2002年10月16日）

工会经费审查监督工作（以下简称工会经审工作）是工会工作的重要组成部分。为适应社会主义市场经济条件下工会工作发展的需要，进一步加强工会经审工作，健全工会经费审查监督制约机制，特提出如下意见。

一、加强工会经审工作是各级工会组织一项重要而紧迫的任务

1.工会经费审查委员会（以下简称经审会）是代表会员群众对工会经费收支和财产管理情况进行审查监督的组织。工会经审工作的基本职责是对工会经费收支和财产管理情况进行审查监督。为此,要通过建立健全以审计为基础的经费审查监督机制,维护国家财经法纪,促进收好、管好、用好工会经费,促进工会财产管理,促进工会经济活动规范运作,促进工会系统党风廉政建设。

2.加强工会经审工作,是工会依法治会,贯彻工会经费独立原则的客观要求,是对工会经费收支和财产管理实行民主监督和审计监督的有效途径,是健全工会监督制约机制的重要措施。

3.与工会经费和财产相关的经济活动应接受经审会的审查监督。各级工会要按照“三个代表”的要求,落实工会经费收缴、管理、使用和财产管理的责任,从组织建设、制度建设和保障措施上为经审工作的开展创造良好的条件,更好地发挥经审工作在工会全局工作中的积极作用。

二、健全工会经审工作的审查监督体制

4.依据《工会法》和《中国工会章程》的规定,建立工会预算、决算和经费审查监督制度,实行统一领导、分级管理、分级负责的体制。

5.工会经费审查监督的制度和办法,由全国总工会经审会统一制定。上级经审会对下级经审工作进行督促检查。

6.经审会对同级会员(代表)大会负责,依法独立履行职责,有权直接处理职责范围内的事务。

三、加强以审计为基础的工会经费审查监督

7.健全工会经费预算、预算执行情况(决算)审查监督制度。工会年度经费收支预算方案须经同级经审会全委会审查通过,追加专项预算须经同级经审会全委会或常委会审查同意。上年度本级经费预算执行情况(决算),应接受同级经审会办公室审计,审计情况应向同级经审会全委会报告,由其审查并形成决议。

8.上级工会经审会有权对下一级工会经费的收缴、管理、使用情况进行审计。必要时,对下一级工会有投资、拨款补助的直属企事业单位的财务收支、财产管理情况进行审计;对经费计拨以及撤并工会组织的财务清算等进行审计。

9.经审会负责对本级工会基本建设和维修改造工程、专项资金、直属企事业单位财务收支以及财产管理情况等进行审计。必要时可以委托审计,委托审计应由经审会或经审会办公室负责实施。

10.经审会按照同级工会党组的要求,会同有关部门对工会领导干部和直属企事业单位领导人员实施经济责任审计,为考核、任用和奖惩干部提供依据。

11.经审会应坚持依法审计,健全审计程序,防范、控制审计风险,提高审计质量。各级工会应利用审计成果,不断提高工会经费和财产管理水平。

四、加强经审会及其工作机构的组织建设

12.建立健全各级经审组织。凡为一级财务管理的工会组织,在组建工会或换届选举时,经审会与同级工会委员会应同时考察、同时报批、同时选举产生。

经审会的组成人员应有代表性。经审会委员应由政治素质高、办事能力强、有专业知识的工会干部经民主选举产生。县级以上经审会委员人数应不少于同级工会委员会委员人数的20%,县级经审会委员人数应不少于5人。

省、自治区、直辖市和独立管理经费的全国产业工会经审会应设常委会。经济发达、职工人数较多的省辖市总工会经审会视工作需要可设常委会。

13.经审会主任应按同级工会副职级配备，纳入同级工会领导干部序列。提出经审会主任候选人选或报批经审会主任人事变动，事先应征求上级经审会的意见。

14.本着精干、高效、与所承担的工作任务相适应的原则，设立经审会办公室。经审会办公室是经审会的工作机构，应列入同级工会机关部门编制。经审会办公室主任、副主任应列入同级工会机关部门正、副职级领导职位，其职务任免应事先征求同级经审会主任的意见。

省、自治区、直辖市和省辖市总工会经审会办公室应根据工作需要配齐专职经审干部，县(市、区)总工会经审会应配驻会主任和专职或兼职经审干部；独立管理经费的全国产业工会应设立经审会办公室或配备专职经审干部。各级工会领导机关都应加强经审会办公室力量，充实审计专业人员。

15.加强经审干部队伍建设，培养和造就一支政治坚定、业务精通、作风优良的经审干部队伍。加强培训，提高经审干部业务素质和工作能力。经审干部应忠于职守，坚持原则，扎实工作，勤政廉洁，依法规范自身行为。经审干部玩忽职守、徇私舞弊，造成严重后果的，应予以严肃处理。

五、为工会经审工作的开展创造必要的条件

16.为保证经审监督的客观公正，经审干部不得从事经审监督范围内的经济管理工作。

17.工会经审会依法独立实施审查、审计，有关单位和个人必须予以配合，不得拒绝和阻碍。对审查、审计中发现的问题和提出的意见、建议，同级工会领导班子应认真研究处理。对拒绝、阻碍审查、审计的应批评教育，对情节恶劣、造成严重后果的应进行严肃处理。经审干部因依法履行职责而受到不公正待遇或打击报复时，上级工会应维护其合法权益。

18.各级工会应建立健全经审会负责人参加同级工会常委会会议、主席办公会议，经审会办公室负责人参加有关会议的制度；研究制定工会经费、财产管理制度和所属企事业的资产管理办法，应征求同级经审会或经审会办公室的意见。

19.经审会所需经费应纳入本级工会年度预算，经审会办公室经费应列入本级工会机关预算，保证经审专用经费的使用。应对经审工作先进集体和先进工作者进行表彰奖励。

20.各级工会要深入研究工会经审工作遇到的新情况、新问题，探索解决问题的途径和方法。工会院校应将工会经审工作列入工会干部培训的教学内容。工会报刊应加强对工会经审工作的宣传。

6. 工会会计制度

目　录

第一章　总　则

第一条　为了规范工会会计行为,保证会计信息质量,根据《中华人民共和国会计法》(以下简称会计法)、《中华人民共和国工会法》(以下简称工会法)等法律法规,制定本制度。

第二条　本制度适用于各级工会,包括基层工会及县级以上(含县级,下同)工会。工会所属事业单位、工会所属企业及挂靠工会管理的社会团体,不适用本制度。

第三条　工会会计是核算、反映、监督工会预算执行和经济活动的专业会计。工会依法建立独立的会计核算管理体系,与工会预算管理体制相适应。

第四条　工会应当对其自身发生的经济业务或者事项进行会计处理和报告。

第五条　工会会计处理应当以工会的持续运行为前提。

第六条　工会会计处理应当划分会计期间,分期结算账目和编制会计报表。

会计期间至少分为年度和月度。会计年度、月度等会计期间的起讫日期采用公历日期。

第七条　工会会计处理应当以货币计量,以人民币作为记账本位币。

第八条　工会会计处理一般采用收付实现制,部分经济业务或者事项应当按照本制度的规定采用权责发生制。

第九条　工会会计要素包括:资产、负债、净资产、收入和支出。其平衡公式为:资产=负债+净资产。

第十条　工会会计处理应当采用借贷记账法记账。

第十一条　工会会计记录的文字应当使用中文。在民族自治地方,会计记录可以同时使用当地通用的一种民族文字。

第十二条　县级以上工会应当设置会计机构,配备专职会计人员。基层工会应当根据会计业务的需要设置会计机构或者在有关机构中设置会计人员并指定会计主管人员;不具备设置条件的,应当委托经批准设立从事代理记账业务的中介机构代理记账。

第十三条　各级工会的法定代表人应当对本级工会的会计工作以及会计资料的真实性、完整性负责。

第十四条　各级工会应当建立健全内部控制制度,并确保内部控制有效施行。县级以上工会应当组织指导和检查下级工会会计工作,负责制定有关实施细则;组织工会会计人员培训,不断提高政策、业务水平。

第十五条 工会应当重视并不断推进会计信息化的应用。工会开展会计信息化工作,应当符合财政部制定的相关会计信息化工作规范和标准,确保利用现代信息技术手段进行会计处理及生成的会计信息符合会计法和本制度的规定。

第二章 一般原则

第十六条 工会提供的会计信息应当符合工会管理工作的要求,满足会计信息使用者的需要,满足本级工会加强财务管理的需要。

第十七条 工会应当以实际发生的经济业务或者事项为依据进行会计处理,如实反映工会财务状况和收支情况等信息,保证会计信息真实可靠、内容完整。

第十八条 工会提供的会计信息应当清晰明了,便于理解和使用。

第十九条 工会会计处理应当采用规定的会计政策,前后各期一致,不得随意变更,以确保会计信息口径一致,相互可比。

第二十条 工会会计处理应当遵循重要性原则。对于重要的经济业务或者事项,应当单独反映。

第二十一条 工会应当对已经发生的经济业务或者事项及时进行会计处理和报告,不得提前或者延后。

第二十二条 工会应当对指定用途的资金按规定的用途专款专用,并单独反映。

第二十三条 工会在发生会计政策变更、会计估计变更和会计差错更正时,除本制度另有规定外,一般采用未来适用法进行会计处理。

会计政策,是指工会在会计核算时所遵循的特定原则、基础以及所采用的具体会计处理方法。会计估计,是指工会对结果不确定的经济业务或者事项以最近可利用的信息为基础所作的判断,如固定资产、无形资产的预计使用年限等。会计差错,是指工会在会计核算时,在确认、计量、记录、报告等方面出现的错误,通常包括计算或记录错误、应用会计政策错误、疏忽或曲解事实产生的错误、财务舞弊等。未来适用法,是指将变更后的会计政策应用于变更当期及以后各期发生的经济业务或者事项,或者在会计估计变更当期和未来期间确认会计估计变更的影响的方法。

第三章 资 产

第二十四条 资产是工会过去的经济业务或者事项形成的,由工会控制的,预期能够产生服务潜力或者带来经济利益流入的经济资源。

服务潜力是指工会利用资产提供公共产品和服务以履行工会职能的潜在能力。

经济利益流入表现为现金及现金等价物的流入,或者现金及现金等价物流出的减少。

工会的资产包括流动资产、在建工程、固定资产、无形资产、投资和长期待摊费用等。

第二十五条 工会对符合本制度第二十四条规定的资产定义的经济资源,在同时满足以下条件时,应当确认为资产:

(一)与该经济资源相关的服务潜力很可能实现或者经济利益很可能流入工会;

(二)该经济资源的成本或者价值能够可靠地计量。

符合资产定义并确认的资产项目,应当列入资产负债表。

第二十六条　工会的资产按照国家有关规定依法确认为国有资产的，应当作为国有资产登记入账；依法确认为工会资产的，应当作为工会资产登记入账。

第二十七条　工会的资产在取得时应当按照实际成本计量。除国家另有规定外，工会不得自行调整其账面价值。

对于工会接受捐赠的现金资产，应当按照实际收到的金额入账。对于工会接受捐赠、无偿调入的非现金资产，其成本按照有关凭据注明的金额加上相关税费、运输费等确定；没有相关凭据、但按照规定经过资产评估的，其成本按照评估价值加上相关税费、运输费等确定；没有相关凭据、也未经过评估的，其成本比照同类或类似资产的价格加上相关税费、运输费等确定。如无法采用上述方法确定资产成本的，按照名义金额（人民币 1 元）入账，相关税费、运输费等计入当期支出。

工会盘盈的资产，其成本比照本条第二款确定。

第一节　流动资产

第二十八条　流动资产是指预计在一年内（含一年）变现或者耗用的资产。主要包括货币资金、应收款项和库存物品等。

第二十九条　货币资金包括库存现金、银行存款等。

货币资金应当按照实际发生额入账。工会应当设置库存现金和银行存款日记账，按照业务发生顺序逐日逐笔登记。库存现金应当做到日清月结，其账面余额应当与库存数相符；银行存款的账面余额应当与银行对账单定期核对，如有不符，应当编制银行存款余额调节表调节相符。

工会发生外币业务的，应当按照业务发生当日的即期汇率，将外币金额折算为人民币金额记账，并登记外币金额和汇率。期末，各种外币账户的期末余额，应当按照期末的即期汇率折算为人民币，作为外币账户期末人民币余额。调整后的各种外币账户人民币余额与原账面余额的差额，作为汇兑损益计入当期支出。

第三十条　应收款项包括应收上级经费、应收下级经费和其他应收款等。

应收上级经费是本级工会应收未收的上级工会应拨付（或转拨）的工会拨缴经费和补助。

应收下级经费是县级以上工会应收未收的下级工会应上缴的工会拨缴经费。

其他应收款是工会除应收上下级经费以外的其他应收及暂付款项。

应收款项应当按照实际发生额入账。年末，工会应当分析各项应收款项的可收回性，对于确实不能收回的应收款项应报经批准认定后及时予以核销。

第三十一条　库存物品指工会取得的将在日常活动中耗用的材料、物品及达不到固定资产标准的工具、器具等。

库存物品在取得时应当按照其实际成本入账。工会购入、有偿调入的库存物品以实际支付的价款记账。工会接受捐赠、无偿调入的库存物品按照本制度第二十七条规定所确定的成本入账。

库存物品在发出（领用或出售等）时，工会应当根据实际情况在先进先出法、加权平均法、个别计价法中选择一种方法确定发出库存物品的实际成本。库存物品发出方法一经选定，不得随意变更。

工会应当定期对库存物品进行清查盘点，每年至少全面盘点一次。对于盘盈、盘亏或报废、毁损的库存物品，应当及时查明原因，报经批准认定后及时进行会计处理。

工会盘盈的库存物品应当按照确定的成本入账，报经批准后相应增加资产基金；盘亏的库存物品，应当冲减其账面余额，报经批准后相应减少资产基金。对于报废、毁损的库存物品，工会应当冲减其账面余额，报经批准后相应减少资产基金，清理中取得的变价收入扣除清理费用后的净收入（或损失）计入当期收入（或支出），按规定应当上缴财政的计入其他应付款。

第二节　固定资产

第三十二条　固定资产是指工会使用年限超过1年（不含1年），单位价值在规定标准以上，并在使用过程中基本保持原有物质形态的资产，一般包括：房屋及构筑物；专用设备；通用设备；文物和陈列品；图书、档案；家具、用具、装具及动植物。

通用设备单位价值在1000元以上，专用设备单位价值在1500元以上的，应当确认为固定资产。单位价值虽未达到规定标准，但是使用时间超过1年（不含1年）的大批同类物资，应当按照固定资产进行核算和管理。

第三十三条　固定资产在取得时应当按照其实际成本入账。

工会购入、有偿调入的固定资产，其成本包括实际支付的买价、运输费、保险费、安装费、装卸费及相关税费等。

工会自行建造的固定资产，其成本包括该项资产至交付使用前所发生的全部必要支出。

工会接受捐赠、无偿调入的固定资产，按照本制度第二十七条规定所确定的成本入账。

工会在原有固定资产基础上进行改建、扩建、大型修缮后的固定资产，其成本按照原固定资产账面价值加上改建、扩建、大型修缮发生的支出，再扣除固定资产被替换部分的账面价值后的金额确定。

已交付使用但尚未办理竣工决算手续的固定资产，工会应当按照估计价值入账，待办理竣工决算后再按照实际成本调整原来的暂估价值。

第三十四条　在建工程是工会已经发生必要支出，但尚未交付使用的建设项目工程。工会作为建设单位的基本建设项目应当按照本制度规定统一进行会计核算。

工会对在建工程应当按照实际发生的支出确定其工程成本，并单独核算。在建工程的工程成本应当根据以下具体情况分别确定：

（一）对于自营工程，按照直接材料、直接人工、直接机械施工费等确定其成本；

（二）对于出包工程，按照应支付的工程价款等确定其成本；

（三）对于设备安装工程，按照所安装设备的价值、工程安装费用、工程试运转等所发生的支出等确定其成本。

建设项目完工交付使用时，工会应当将在建工程成本转入固定资产等进行核算。

第三十五条　工会应当对固定资产计提折旧，但文物和陈列品，动植物，图书、档案，单独计价入账的土地和以名义金额计量的固定资产除外。

工会应当根据相关规定以及固定资产的性质和使用情况，合理确定固定资产的使用年限。固定资产的使用年限一经确定，不得随意变更。

工会一般应当采用年限平均法或者工作量法计提固定资产折旧，计提折旧时不考虑预计净残值。在确定固定资产折旧方法时，应当考虑与固定资产相关的服务潜力或经济利益的预期实现方式。固定资产的折旧方法一经确定，不得随意变更。

工会应当按月对固定资产计提折旧。当月增加的固定资产，当月计提折旧；当月减少的固定资产，当月不再计提折旧。固定资产提足折旧后，无论是否继续使用，均不再计提折旧；提前报废的固定资产，也不再补提折旧。

固定资产因改建、扩建或大型修缮等原因而延长其使用年限的，工会应当按照重新确定的固定资产成本以及重新确定的折旧年限计算折旧额。

工会应当对暂估入账的固定资产计提折旧，实际成本确定后不需调整原已计提的折旧额。

第三十六条　工会处置（出售）固定资产时，应当冲减其账面价值并相应减少资产基金，处置中取得的变价收入扣除处置费用后的净收入（或损失）计入当期收入（或支出），按规定应当上缴财政的计入其他应付款。

第三十七条　工会应当定期对固定资产进行清查盘点，每年至少全面盘点一次。对于盘盈、盘亏或报废、毁损的固定资产，工会应当及时查明原因，报经批准认定后及时进行会计处理。

工会盘盈的固定资产，应当按照确定的成本入账，报经批准后相应增加资产基金；盘亏的固定资产，应当冲减其账面余额，报经批准后相应减少资产基金。对于报废、毁损的固定资产，工会应当冲减其账面余额，报经批准后相应减少资产基金，清理中取得的变价收入扣除清理费用后的净收入（或损失）计入当期收入（或支出），按规定应当上缴财政的计入其他应付款。

第三节　无形资产

第三十八条　无形资产是指工会控制的没有实物形态的可辨认非货币性资产，包括专利权、商标权、著作权、土地使用权、非专利技术等。工会购入的不构成相关硬件不可缺少组成部分的应用软件，应当确认为无形资产。

第三十九条　无形资产在取得时应当按照其实际成本入账。

工会外购的无形资产，其成本包括购买价款、相关税费以及可归属于该项资产达到预定用途前所发生的其他支出。工会委托软件公司开发的软件，视同外购无形资产确定其成本。

工会接受捐赠、无偿调入的无形资产，按照本制度第二十七条规定所确定的成本入账。

对于非大批量购入、单价小于1000元的无形资产，工会可以于购买的当期将其成本直接计入支出。

第四十条　工会应当按月对无形资产进行摊销，使用年限不确定的、以名义金额计量的无形资产除外。

工会应当按照以下原则确定无形资产的摊销年限：法律规定了有效年限的，按照法律规定的有效年限作为摊销年限；法律没有规定有效年限的，按照相关合同中的受益年限作为摊销年限；上述两种方法无法确定有效年限的，应当根据无形资产为工会带来服务潜力或者经济利益的实际情况，预计其使用年限。

工会应当采用年限平均法或工作量法对无形资产进行摊销，应摊销金额为其成本，不考虑预计净残值。

工会应当按月进行摊销。当月增加的无形资产，当月进行摊销；当月减少的无形资产，当月不再进行摊销。无形资产提足摊销后，无论是否继续使用，均不再进行摊销；核销的无形资产,也不再补提摊销。

因发生后续支出而增加无形资产成本的,对于使用年限有限的无形资产,工会应当按照重新确定的无形资产成本以及重新确定的摊销年限计算摊销额。

第四十一条 工会处置(出售)无形资产时,应当冲减其账面价值并相应减少资产基金,处置中取得的变价收入扣除处置费用后的净收入(或损失)计入当期收入(或支出),按规定应当上缴财政的计入其他应付款。

第四十二条 工会应当定期对无形资产进行清查盘点,每年至少全面盘点一次。工会在资产清查盘点过程中发现的无形资产盘盈、盘亏等,参照本制度固定资产相关规定进行处理。

第四节 其他资产

第四十三条 投资是指工会按照国家有关法律、行政法规和工会的相关规定,以货币资金、实物资产等方式向其他单位的投资。投资按其流动性分为短期投资和长期投资;按其性质分为股权投资和债权投资。

投资在取得时应当按照其实际成本入账。工会以货币资金方式对外投资的,以实际支付的款项(包括购买价款以及税金、手续费等相关税费)作为投资成本记账。工会以实物资产和无形资产方式对外投资的,以评估确认或合同、协议确定的价值记账。

对于投资期内取得的利息、利润、红利等各项投资收益,工会应当计入当期投资收益。

工会处置(出售)投资时,实际取得价款与投资账面余额的差额,应当计入当期投资收益。

对于因被投资单位破产、被撤销、注销、吊销营业执照或者被政府责令关闭等情况造成难以收回的未处置不良投资,工会应当在报经批准后及时核销。

第四十四条 长期待摊费用是工会已经支出,但应由本期和以后各期负担的分摊期限在1年以上(不含1年)的各项支出,如对以经营租赁方式租入的固定资产发生的改良支出等。

长期待摊费用应当在对应资产的受益年限内平均摊销。如果某项长期待摊费用已经不能使工会受益,应当将其摊余金额一次性转销。

第四章 负 债

第四十五条 负债是指工会过去的经济业务或者事项形成的,预期会导致经济资源流出的现时义务。

现时义务是指工会在现行条件下已承担的义务。未来发生的经济业务或者事项形成的义务不属于现时义务,不应当确认为负债。

工会的负债包括应付职工薪酬、应付款项等。

第四十六条 工会对于符合本制度第四十五条规定的现时义务,在同时满足以下条件时,应当确认为负债:

(一)履行该义务很可能导致含有服务潜力或者经济利益的经济资源流出工会;

(二)该义务的金额能够可靠计量。

符合负债定义并确认的负债项目,应当列入资产负债表。

第四十七条 应付职工薪酬是工会按照国家有关规定应付给本单位职工及为职工支付的各种薪酬,包括基本工资、国家统一规定的津贴补贴、规范津贴补贴(绩效工资)、改革性补贴、社会保险费(如职工基本养老保险费、职业年金、基本医疗保险费等)和住房公积金等。

第四十八条 应付款项包括应付上级经费、应付下级经费和其他应付款。

应付上级经费指本级工会按规定应上缴上级工会的工会拨缴经费。

应付下级经费指本级工会应付下级工会的各项补助以及应转拨下级工会的工会拨缴经费。

其他应付款指除应付上下级经费之外的其他应付及暂存款项,包括工会按规定收取的下级工会筹建单位交来的建会筹备金等。

第四十九条 工会的各项负债应当按照实际发生额入账。

第五章 净资产

第五十条 净资产是指工会的资产减去负债后的余额,包括资产基金、专用基金、工会资金结转、工会资金结余、财政拨款结转、财政拨款结余和预算稳定调节基金。

第五十一条 资产基金指工会库存物品、固定资产、在建工程、无形资产、投资和长期待摊费用等非货币性资产在净资产中占用的金额。

资产基金应当在取得库存物品、固定资产、在建工程、无形资产、投资及发生长期待摊费用时确认。资产基金应当按照实际发生额入账。

第五十二条 专用基金指县级以上工会按规定依法提取和使用的有专门用途的基金。

工会提取专用基金时,应当按照实际提取金额计入当期支出;使用专用基金时,应当按照实际支出金额冲减专用基金余额;专用基金未使用的余额,可以滚存下一年度使用。

第五十三条 工会资金结转是指工会预算安排项目的支出年终尚未执行完毕或者因故未执行,且下年需要按原用途继续使用的工会资金。

工会资金结余是指工会年度预算执行终了,预算收入实际完成数扣除预算支出和工会结转资金后剩余的工会资金。

第五十四条 财政拨款结转是指县级以上工会预算安排项目的支出年终尚未执行完毕或者因故未执行,且下年需要按原用途继续使用的财政拨款资金。

财政拨款结余是指县级以上工会年度预算执行终了,预算收入实际完成数扣除预算支出和财政拨款结转资金后剩余的财政拨款资金。

第五十五条 预算稳定调节基金是县级以上工会为平衡年度预算按规定设置的储备性资金。

第六章 收 入

第五十六条 收入是指工会根据工会法以及有关政策规定开展业务活动所取得的非偿还性资金。收入按照来源分为会费收入、拨缴经费收入、上级补助收入、政府补助收入、行政补助收入、附属单位上缴收入、投资收益和其他收入。

会费收入指工会会员依照规定向基层工会缴纳的会费。

拨缴经费收入指基层单位行政拨缴、下级工会按规定上缴及上级工会按规定转拨的工会拨缴经费中归属于本级工会的经费。

上级补助收入指本级工会收到的上级工会补助的款项,包括一般性转移支付补助和专项转移支付补助。

政府补助收入指各级人民政府按照工会法和国家有关规定给予县级以上工会的补助款项。

行政补助收入指基层工会取得的所在单位行政方面按照工会法和国家有关规定给予工会的补助款项。

附属单位上缴收入指工会所属的企事业单位按规定上缴的收入。

投资收益指工会对外投资发生的损益。

其他收入指工会除会费收入、拨缴经费收入、上级补助收入、政府补助收入、行政补助收入、附属单位上缴收入和投资收益之外的各项收入。

第五十七条 工会各项收入应当按照实际发生额入账。

第七章 支 出

第五十八条 支出是指工会为开展各项工作和活动所发生的各项资金耗费和损失。

支出按照功能分为职工活动支出、职工活动组织支出、职工服务支出、维权支出、业务支出、行政支出、资本性支出、补助下级支出、对附属单位的支出和其他支出。

职工活动支出指基层工会开展职工教育活动、文体活动、宣传活动、劳模疗休养活动、会员活动等发生的支出。

职工活动组织支出指县级以上工会组织开展职工教育活动、文体活动、宣传活动和劳模疗休养活动等发生的支出。

职工服务支出指工会开展职工劳动和技能竞赛活动、职工创新活动、建家活动、职工书屋、职工互助保障、心理咨询等工作发生的支出。

维权支出指工会用于维护职工权益的支出,包括劳动关系协调、劳动保护、法律援助、困难职工帮扶、送温暖和其他维权支出。

业务支出指工会培训工会干部、加强自身建设及开展业务工作发生的各项支出。

行政支出指县级以上工会为行政管理、后勤保障等发生的各项日常支出。

资本性支出指工会从事建设工程、设备工具购置、大型修缮和信息网络购建等而发生的实际支出。

补助下级支出指县级以上工会为解决下级工会经费不足或根据有关规定给予下级工会的各类补助款项。

对附属单位的支出指工会按规定对所属企事业单位的补助。

其他支出指工会除职工活动支出、职工活动组织支出、职工服务支出、维权支出、业务支出、行政支出、资本性支出、补助下级支出和对附属单位的支出以外的各项支出。

第五十九条 工会各项支出应当按照实际发生额入账。

第八章 财务报表

第六十条 工会财务报表是反映各级工会财务状况、业务活动和预算执行结果的书面文件。工会财务报表是各级工会领导、上级工会及其他财务报表使用者了解情况、掌握政策、指导工作的重要资料。

第六十一条　工会财务报表包括会计报表和附注。会计报表分为主表和附表，主表包括资产负债表和收入支出表，附表包括财政拨款收入支出表、国有资产情况表和成本费用表。

资产负债表，是反映工会某一会计期末全部资产、负债和净资产情况的报表。

收入支出表，是反映工会某一会计期间全部收入、支出及结转结余情况的报表。

财政拨款收入支出表，是反映县级以上工会某一会计期间从同级政府财政部门取得的财政拨款收入、支出及结转结余情况的报表。

国有资产情况表，是反映县级以上工会某一会计期间持有的国有资产情况的报表。

成本费用表，是反映县级以上工会某一会计期间成本费用情况的报表。

附注是对在资产负债表、收入支出表等报表中列示项目所作的进一步说明，以及未能在这些报表中列示项目的说明。

第六十二条　工会财务报表分为年度财务报表和中期财务报表。以短于一个完整的会计年度的期间（如半年度、季度和月度）编制的财务报表称为中期财务报表。年度财务报表是以整个会计年度为基础编制的财务报表。

第六十三条　工会要负责对所属单位财务报表和下级工会报送的年度财务报表进行审核、核批和汇总工作，定期向本级工会领导和上级工会报告本级工会预算执行情况。

第六十四条　工会财务报表要根据登记完整、核对无误的账簿记录和其他有关资料编制，做到数字准确、内容完整、报送及时。工会财务报表应当由各级工会的法定代表人和主管会计工作的负责人、会计机构负责人（会计主管人员）签名并盖章。

第九章　附　则

第六十五条　工会填制会计凭证、登记会计账簿、管理会计档案等，应当按照《会计基础工作规范》《会计档案管理办法》等规定执行。

第六十六条　本制度从 2022 年 1 月 1 日起实施。2009 年 5 月 31 日财政部印发的《工会会计制度》（财会〔2009〕7 号）同时废止。

附录 1　工会会计科目和财务报表（节选）

目　录

第一部分　总说明

一、本制度统一规定工会会计科目的名称和编号，以便于编制会计凭证，登记会计账簿，查阅账目，实行会计信息化管理。本制度已规定的一级科目，不得减并、自行增设；本制度已规定的明细科目,不得减并,不得擅自更改科目名称,不需要的科目可以不用。各省级工会可以根据需要自行增设未规定的明细科目,或将相应权限授权给所属下级工会。

二、对于本制度中规定的各支出类会计科目,除“安排预算稳定调节基金”科目外,工会应当分别按照“基本支出”和“项目支出”进行明细核算,在“项目支出”下按照具体项目进行明细核算;同时,按照《政府收支分类科目》中“部门预算支出经济分类科目”的款级科目进行明细核算。

从同级政府财政部门取得财政拨款的县级以上工会,除“安排预算稳定调节基金”科目外,还应当在其他各支出类科目下根据资金来源按照“财政拨款”“工会资金”进行明细核算;同时,在“财政拨款”明细科目下按照《政府收支分类科目》中“支出功能分类科目”的项级科目进行明细核算。

三、县级以上工会的部分资产依法确认为国有资产的,应当根据实际情况在资产类科目、“资产基金”科目下设置“国有资产”“工会资产”明细科目,分别核算工会持有的国有资产和工会资产。对于同时使用财政拨款和工会资金购建的资产,县级以上工会应当设置备查簿登记资金来源及其金额和比例。

四、工会在填制会计凭证、登记会计账簿时,应当填列会计科目的名称,或者同时填列会计科目的名称和编号,不得只填列科目编号、不填列科目名称。

五、工会应当根据本制度有关财务报表的编制基础、编制依据、编制原则和方法的要求,提供真实、完整的财务报表。工会不得违反规定,随意改变财务报表的编制基础、编制依据、编制原则和方法,不得随意改变本制度规定的财务报表有关数据的会计口径。

第二部分　会计科目名称和编号

基层工会主要会计科目名称和编号

序号	科目编号	名　称
一、资产类		
1	101	库存现金
2	102	银行存款
3	131	应收上级经费
4	135	其他应收款
5	141	库存物品
6	162	固定资产
7	163	累计折旧
8	182	待处理财产损溢
二、负债类		
9	211	应付上级经费

续表

序号	科目编号	名　称
10	215	其他应付款
三、净资产类		
11	301	资产基金
12	321	工会资金结转
13	322	工会资金结余
四、收入类		
14	401	会费收入
15	402	拨缴经费收入
16	403	上级补助收入
17	405	行政补助收入
18	408	其他收入
五、支出类		
19	501	职工活动支出
20	503	职工服务支出
21	504	维权支出
22	505	业务支出
23	507	资本性支出
24	510	其他支出

注:对于本表未列出的会计科目,基层工会可以根据实际需要按照县级以上工会的会计科目进行账务处理。

县级以上工会会计科目名称和编号

序号	科目编号	名　称
一、资产类		
1	101	库存现金
2	102	银行存款
3	111	零余额账户用款额度
4	121	财政应返还额度

续表

序号	科目编号	名　称
5	131	应收上级经费
6	132	应收下级经费
7	135	其他应收款
8	141	库存物品
9	151	投资
10	161	在建工程
11	162	固定资产
12	163	累计折旧
13	171	无形资产
14	172	累计摊销
15	181	长期待摊费用
16	182	待处理财产损溢
二、负债类		
17	201	应付职工薪酬
18	211	应付上级经费
19	212	应付下级经费
20	215	其他应付款
21	221	代管经费
三、净资产类		
22	301	资产基金
	30101	库存物品
	30102	投资
	30103	在建工程
	30104	固定资产
	30105	无形资产
	30106	长期待摊费用

续表

序号	科目编号	名　称
23	311	专用基金
24	321	工会资金结转
25	322	工会资金结余
26	331	财政拨款结转
27	332	财政拨款结余
28	341	预算稳定调节基金
四、收入类		
29	402	拨缴经费收入
30	403	上级补助收入
31	404	政府补助收入
32	406	附属单位上缴收入
33	407	投资收益
34	408	其他收入
35	411	动用预算稳定调节基金
五、支出类		
36	502	职工活动组织支出
37	503	职工服务支出
38	504	维权支出
39	505	业务支出
40	506	行政支出
41	507	资本性支出
42	508	补助下级支出
43	509	对附属单位的支出
44	510	其他支出
45	521	安排预算稳定调节基金

附录2:工会固定资产折旧年限表

工会固定资产折旧年限表

固定资产类别	内容		折旧年限(年)
房屋及构筑物	业务及管理用房	钢结构	不低于50
		钢筋混凝土结构	不低于50
		砖混结构	不低于30
		砖木结构	不低于30
		简易房	不低于8
		房屋附属设施	不低于8
		构筑物	不低于8
通用设备	计算机设备		不低于6
	办公设备		不低于6
	车辆		不低于8
	图书档案设备		不低于5
	机械设备		不低于10
	电气设备		不低于5
	雷达、无线电和卫星导航设备		不低于10
	通信设备		不低于5
	广播、电视、电影设备		不低于5
	仪器仪表		不低于5
	电子和通信测量设备		不低于5
	计量标准器具及量具、衡器		不低于5
专用设备	食品加工专用设备		10-15
	纺织设备		10-15
	缝纫、服饰、制革和毛皮加工设备		10-15
	医疗设备		5-10
	安全生产设备		10-20

续表

固定资产类别	内容	折旧年限(年)
专用设备	环境污染防治设备	10-20
	文艺设备	5-15
	体育设备	5-15
	娱乐设备	5-15
家具、用具及装具	家具	不低于 15
	用具、装具	不低于 5

7. 工会预算管理办法

(2019 年 12 月 31 日)

第一章　总　则

第一条　为了规范各级工会收支行为,强化预算约束,加强对预算的管理和监督,建立全面规范透明、标准科学、约束有力的预算制度,保障工运事业的健康发展和工会职能的有效发挥,根据《中华人民共和国工会法》《中华人民共和国预算法》等法律法规,制定本办法。

第二条　工会预算是各级工会组织及所属事业单位按照一定程序核定的年度收支计划。

第三条　预算、决算的编制、审查、批准、监督,以及预算的执行和调整,依照本办法规定执行。

第四条　工会系统实行一级工会一级预算,预算管理实行下管一级的原则。

工会预算一般分为五级,即:全国总工会、省级工会、市级工会、县级工会和基层工会。省级工会可根据乡镇(街道)工会、开发区(工业园区)工会发展的实际,确定省级以下工会的预算管理级次,并报全国总工会备案。

经全国总工会批准,中华全国铁路总工会、中国民航工会全国委员会、中国金融工会全国委员会依法独立管理经费,根据各自管理体制,确定所属下级工会的预算管理级次,并报全国总工会备案。

第五条　全国工会预算由全国总工会总预算和省级工会总预算组成。

全国总工会总预算由全国总工会本级预算和与全国总工会建立经费拨缴关系的企业工会汇总预算组成。

省级工会总预算由省(自治区、直辖市)总工会、中央和国家机关工会联合会、中华全国铁路总工会、中国民航工会全国委员会、中国金融工会全国委员会本级预算和汇总的下一级工会总预算组成。下一级工会只有本级预算的,下一级工会总预算即指下一级工会的本级预算。

本级预算是指各级工会本级次范围内所有收支预算，包括本级所属单位的单位预算和本级工会的转移支付预算。

单位预算是指本级工会机关、所属事业单位的预算。

转移支付预算是指本级工会对下级工会的补助预算。

第六条 拨缴的工会经费实行分成制。

第七条 工会预算应当遵循统筹兼顾、勤俭节约、量力而行、讲求绩效和收支平衡的原则。

第八条 各级工会的预算收入和预算支出实行收付实现制，特定事项按照相关规定实行权责发生制。

第九条 预算年度自公历 1 月 1 日起，至 12 月 31 日止。

第十条 预算收入和预算支出以人民币元为计算单位。

第二章 预算管理职权

第十一条 各级工会、各预算单位财务管理部门是预算归口管理的职能部门。

第十二条 全国总工会财务管理部门的职权：

（一）具体负责汇总编制全国工会预算；

（二）具体负责编制全国总工会本级预（决）算草案，报全总领导同志签批后，经中华全国总工会经费审查委员会审查，提交全总党组会议审议；

（三）具体负责编制全国总工会本级预算调整方案，经中华全国总工会经费审查委员会履行审查程序后，提交全总党组会议审议；

（四）批复全国总工会本级预算单位预（决）算，对省级工会的预（决）算和预算调整方案实行备案管理；

（五）提出全国总工会本级预算预备费动用方案，提交全总党组会议审议；

（六）具体负责汇总编制全国工会决算；

（七）定期向中华全国总工会经费审查委员会或其常委会报告全国总工会本级预算执行情况。

第十三条 省级工会的职权：

（一）汇总编制省级工会总预算，报全国总工会备案；

（二）编制省级工会本级预（决）算草案，经必要程序审查、审议通过后报全国总工会备案；

（三）编制省级工会本级预算调整方案，经必要程序审查、审议通过后报全国总工会备案；

（四）批复省级工会本级预算单位的预（决）算，对下一级工会的本级预（决）算和预算调整方案实行审批或备案管理；

（五）决定本级预备费的动用；

（六）汇总本级及以下各级工会决算，报全国总工会。

第十四条 市级工会的职权：

（一）汇总编制市级工会总预算，报省级工会备案；

（二）编制市级工会本级预（决）算草案，经必要程序审查、审议通过后报省级工会审批或备案；

（三）编制市级工会本级预算调整方案，经必要程序审查、审议通过后报省级工会审批或备案；

（四）审批市级工会本级预算单位的预（决）算，对县级工会的本级预（决）算和预算调整方案实行审批或备案管理；

（五）决定本级预备费的动用；

（六）汇总本级及以下各级工会决算，报省级工会。

第十五条　县级工会的职权：（一）汇总编制县级工会总预算，报市级工会备案；（二）编制县级工会本级预（决）算草案，经必要程序审查、审议通过后报市级工会审批或备案；（三）编制县级工会本级预算调整方案，经必要程序审查、审议通过后报市级工会审批或备案；（四）审批县级工会本级预算单位的预（决）算，对下一级工会的本级预（决）算和预算调整方案实行审批或备案管理；（五）决定本级预备费的动用；（六）汇总本级及以下各级工会决算，报市级工会。

第十六条　乡镇（街道）工会、开发区（工业园区）工会预算管理职权由省级工会确定。

第十七条　基层工会的职责：

（一）负责编制本级工会预（决）算草案和预算调整方案，经本级经费审查委员会审查后，由本级工会委员会审批，报上级工会备案；

（二）组织本级预算的执行；

（三）定期向本级工会经费审查委员会报告本级工会预算执行情况；

（四）批复本级所属预算单位的预（决）算；

（五）编制本级工会决算，报上级工会。

第三章　预算收支范围

第十八条　预算由预算收入和预算支出组成。工会及所属预算单位的全部收入和支出都应当纳入预算。

第十九条　县级以上工会预算收入包括：拨缴经费收入、上级补助收入、政府补助收入、附属单位上缴收入、投资收益、其他收入。

基层工会预算收入包括：会费收入、拨缴经费收入、上级补助收入、行政补助收入、附属单位上缴收入、投资收益、其他收入。

第二十条　工会所属事业单位预算收入包括：财政拨款收入、事业收入、上级补助收入、附属单位上缴收入、经营收入、债务收入、非同级财政拨款收入、投资收益、其他收入。

第二十一条　县级以上工会预算支出包括：职工活动组织支出、职工服务支出、维权支出、业务支出、行政支出、资本性支出、补助下级支出、对附属单位的支出、其他支出。

基层工会预算支出包括：职工活动支出、职工服务支出、维权支出、业务支出、资本性支出、对附属单位的支出、其他支出。

第二十二条　工会所属事业单位的预算支出包括：行政支出、事业支出、经营支出、上缴上级支出、对附属单位补助支出、投资支出、债务还本支出、其他支出。

第四章　预算编制与审批

第二十三条　根据国家财政预算管理要求和工会预算管理实际，全国总工会及时印发下一年度预算草案编制的通知。省、市、县级工会应根据全国总工会预算编制的有关要求，结合实际情况进行部署，编制本级预算，汇总下一级工会总预算，按规定时限报上一级工会。

第二十四条　各级工会、各预算单位应当围绕党和国家工作大局，紧扣工会中心工作，参照国务院财政部门制定的政府收支分类科目、预算支出标准和预算绩效管理的规定，根据跨年度预算平衡的原则，参考上一年预算执行情况、存量资产情况和有关支出绩效评价结果，编制预算草案。

前款所称政府收支分类科目，收入分为类、款、项、目；支出按其功能分类分为类、款、项，按其经济性质分类为类、款。

第二十五条　各级工会、各预算单位应当按照本办法规定的收支范围，依法、真实、完整、合理地编制年度收支预算。

第二十六条　根据《中华人民共和国工会法》等法律法规的规定，各级工会办公场所和工会活动设施等物质条件应由各级人民政府和单位行政提供。各级工会应积极争取同级政府或行政支持，将政府或行政补助纳入预算管理。在政府或行政补助不足的情况下，可以动用经费弥补不足，上级工会也可根据情况给予适当补助。

第二十七条　县级以上工会可根据所属事业单位分类情况，结合同级财政保障程度，对所属事业单位实行定额补助或定项补助。

第二十八条　各级工会支出预算的编制，应当贯彻勤俭节约的原则，优化经费支出结构，保障日常运行经费，从严控制“三公”经费和一般行政性支出，重点支持维护职工权益、为职工服务和工会活动等工会中心工作。

第二十九条　支出预算的编制按基本支出、项目支出进行分类。基本支出是预算单位为保障其正常运转、完成日常工作任务而编制的年度基本支出计划，按其性质分为人员经费和日常公用经费。基本支出之外为完成特定任务和事业发展目标所发生的支出为项目支出。

第三十条　县级以上工会的基本支出预算，应参照同级政府有关部门的有关规定、制度、费用标准以及核定的人员编制编列，当年未执行完毕的基本支出预算可在下年继续使用。

基层工会在单位行政不能足额保障的情况下，可根据需要从严编制基本支出预算。

第三十一条　各级工会上一年度未全部执行或未执行、下年需按原用途继续使用的项目资金，作为项目结转资金，纳入下一年度预算管理，用于结转项目的支出。

第三十二条　各级工会当年预算收入不足以安排当年预算支出的，可以动用以前年度结余资金弥补不足。各级工会一般不得对外举债，县级以上工会由于特殊原因确需向金融机构申请借款的，必须经过党组会议集体研究决定。

结转结余资金使用管理办法由全国总工会另行制定。

第三十三条　上级工会对下级工会的转移支付分为一般性转移支付和专项转移支付。

一般性转移支付是上级工会给下级工会未指定用途的补助，应当根据全国总工会的有关规定，结合下级工会的财力状况和工作需要编制。

专项转移支付是上级工会给下级工会用于专项工作的补助，应当根据工作需要，分项目编制。

县级以上工会应当将对下级工会的转移支付预计数提前下达下级工会。各级工会应当将上级工会提前下达的转移支付预计数编入本级预算。

第三十四条　县级以上工会应根据实际情况建立本级预算项目库。

第三十五条　县级以上工会应根据基本建设类项目立项批复确定的资金渠道编制年度支出预算。

第三十六条　各级工会、各预算单位编制预算时，应根据政府采购和工会资金采购的相关规定，编制年度采购预算。

第三十七条　县级以上工会可以按照本级预算支出额的百分之一至百分之三设置预备费，用于当年预算执行中因处理突发事件、政策性增支及其他难以预见的开支。

第三十八条　县级以上工会可以设置预算稳定调节基金，用于弥补以后年度预算资金的不足。

第三十九条　省级（含）以下总工会预算必须由党组集体审议决定，同级经费审查委员会履行相应审查职责，其他审查、审议的必要程序由各级工会确定。

第四十条　上一级工会认为下一级工会预算与法律法规、上级工会预算编制要求不符的，有权提出修订意见，下级工会应予调整。

第四十一条　各级工会本级预算经批准后，应当在二十日内批复所属预算单位。

第五章　预算执行与调整

第四十二条　各级工会预算由本级工会组织执行，具体工作由财务管理部门负责。

各级工会所属预算单位是本单位预算执行的主体，对本单位预算执行结果负责。

第四十三条　各级工会应按照年度预算积极组织收入。按照规定的比例及时、足额拨缴工会经费，不得截留、挪用。

第四十四条　预算批准前，上一年结转的项目支出和必要的基本支出可以提前使用。送温暖支出、突发事件支出和本级工会已确定年度重点工作支出等需提前使用的，必须经集体研究决定。预算批准后，按照批准的预算执行。

第四十五条　各级工会应根据年度支出预算和用款计划拨款。未经批准，不得办理超预算、超计划的拨款。

第四十六条　县级以上工会必须根据国家法律法规和全国总工会的相关规定，及时、足额拨付预算资金，加强对预算支出的管理和监督。各预算单位的支出必须按照预算执行，不得擅自扩大支出范围，提高开支标准，不得擅自改变预算资金用途，不得虚假列支。

第四十七条　当年预算执行中，县级以上工会因处理突发事件、政策性增支及其他难以预见的开支，需要增加预算支出的，可以由本级工会财务管理部门提出预备费的动用方案，报本级工会集体研究决定。

第四十八条　各级工会预算一经批准，原则上不作调整。

下列事项应当进行预算调整：

（一）需要增加或减少预算总支出的；

（二）动用预备费仍不足以安排支出的；

（三）需要调减预算安排的重点支出数额的；

（四）动用预算稳定调节基金的。

预算调整的程序按照预算编制的审批程序执行。

在预算执行中，各级工会因上级工会和同级财政增加不需要本级工会提供配套资金的补助而引起的预算收支变化，不属于预算调整。

第四十九条 各级工会、各预算单位的预算支出应当按照预算科目执行，严格控制不同预算科目、预算级次或项目间的预算资金调剂。确需调剂使用的，按照有关规定办理。

第五十条 县级以上工会在预算执行中有超收收入的，只能用于补充预算稳定调节基金。县级以上工会在预算年度中出现短收，应通过减少支出、调入预算稳定调节基金来解决。以上变化情况应在决算说明中进行反映。

第五十一条 县级以上工会和具备条件的基层工会应全面实施预算绩效管理。

第六章 决 算

第五十二条 各级工会应在每一预算年度终了后，按照全国总工会的有关规定编制本级工会收支决算草案和汇总下一级工会收支决算。

第五十三条 编制决算草案，必须符合法律法规和相关制度规定，做到收支真实、数据准确、内容完整、报送及时。

第五十四条 全国总工会和省、市、县级工会决算编制的职权按照本办法有关规定执行。

基层工会决算草案经本级经费审查委员会审查后，由本级工会委员会审批，并报上级工会备案。

第五十五条 各级工会所属预算单位的决算草案，应在规定的期限内报本级财务管理部门审核汇总。本级财务管理部门审核决算草案发现有不符合法律法规和工会规定的，有权责令其纠正。

第五十六条 各级工会应当将经批准的本级决算及下一级工会的决算汇总，在规定时间内报上一级工会备案。

第五十七条 上一级工会认为下一级工会决算与法律法规、上级工会决算编制要求不符的，有权提出修订意见，下级工会应予调整。

第五十八条 各级工会本级决算批准后，应当在十五个工作日内批复所属预算单位。

第七章 监督及法律责任

第五十九条 各级工会财务管理部门按照相关规定，对本级所属单位及下一级工会预（决）算进行财务监督。

第六十条 各级工会的预（决）算接受同级工会经费审查委员会的审查审计监督。

预算执行情况同时接受上一级工会经费审查委员会的审计监督。

第六十一条　各级工会预算执行情况、决算依法接受政府审计部门的审计监督。

第六十二条　各级工会、各预算单位有下列行为之一的，责令改正，对负有直接责任的主管人员和其他直接责任人员追究行政责任。

（一）未按本办法规定编报本级预（决）算草案、预算调整方案和批复预（决）算的；

（二）虚列收入和支出的；

（三）截留、挪用、拖欠拨缴经费收入的；

（四）未经批准改变预算支出用途的。

第六十三条　各级工会、各预算单位及其工作人员存在下列行为之一的，责令改正，追回骗取、使用的资金，有违法所得的没收违法所得，对单位给予警告或者通报批评；对负有直接责任的主管人员和其他直接责任人员依法给予处分：

（一）虚报、冒领预算资金的；

（二）违反规定扩大开支范围、提高开支标准的。

第六十四条　县级以上工会预（决）算应在工会内部公开，经单位批准可向社会公开。

基层工会预（决）算应向全体工会会员公开。

涉密事项的预（决）算不得公开。

第八章　附　则

第六十五条　本办法由全国总工会财务部负责解释。

第六十六条　省级工会应根据本办法，结合本地区本产业的实际，制定具体实施细则，并报全国总工会财务部备案。

第六十七条　本办法自2020年6月1日施行。2009年8月14日颁发的《工会预算管理办法》同时废止。

中华全国总工会办公厅

2020年1月21日印发

8. 基层工会经费收支管理办法

（2017年12月15日）

第一章　总　则

第一条　为加强基层工会收支管理，规范基层工会经费使用，根据《中华人民共和国工会法》和《中国工会章程》《工会会计制度》《工会预算管理办法》的有关规定，结合中华全国总工会（以下简称“全国总工会”）贯彻落实中央有关规定的相关要求，制定本办法。

第二条　本办法适用于企业、事业单位、机关和其他经济社会组织单独或联合建立的基层工会委员会。

第三条　基层工会经费收支管理应遵循以下原则：

（一）遵纪守法原则。基层工会应依据《中华人民共和国工会法》的有关规定，依法组织各项收入，严格遵守国家法律法规，严格执行全国总工会有关制度规定，严肃财经纪律，严格工会经费使用，加强工会经费收支管理。

（二）经费独立原则。基层工会应依据全国总工会关于工会法人登记管理的有关规定取得工会法人资格，依法享有民事权利、承担民事义务，并根据财政部、中国人民银行的有关规定，设立工会经费银行账户，实行工会经费独立核算。

（三）预算管理原则。基层工会应按照《工会预算管理办法》的要求，将单位各项收支全部纳入预算管理。基层工会经费年度收支预算（含调整预算）需经同级工会委员会和工会经费审查委员会审查同意，并报上级主管工会批准。

（四）服务职工原则。基层工会应坚持工会经费正确的使用方向，优化工会经费支出结构，严格控制一般性支出，将更多的工会经费用于为职工服务和开展工会活动，维护职工的合法权益，增强工会组织服务职工的能力。

（五）勤俭节约原则。基层工会应按照党中央、国务院关于厉行勤俭节约反对奢侈浪费的有关规定，严格控制工会经费开支范围和开支标准，经费使用要精打细算，少花钱多办事，节约开支，提高工会经费使用效益。

（六）民主管理原则。基层工会应依靠会员管好用好工会经费。年度工会经费收支情况应定期向会员大会或会员代表大会报告，建立经费收支信息公开制度，主动接受会员监督。同时，接受上级工会监督，依法接受国家审计监督。

第二章　工会经费收入

第四条　基层工会经费收入范围包括：

（一）会费收入。会费收入是指工会会员依照全国总工会规定按本人工资收入的5‰向所在基层工会缴纳的会费。

（二）拨缴经费收入。拨缴经费收入是指建立工会组织的单位按全部职工工资总额2%依法向工会拨缴的经费中的留成部分。

（三）上级工会补助收入。上级工会补助收入是指基层工会收到的上级工会拨付的各类补助款项。

（四）行政补助收入。行政补助收入是指基层工会所在单位依法对工会组织给予的各项经费补助。

（五）事业收入。事业收入是指基层工会独立核算的所属事业单位上缴的收入和非独立核算的附属事业单位的各项事业收入。

（六）投资收益。投资收益是指基层工会依据相关规定对外投资取得的收益。

（七）其他收入。其他收入是指基层工会取得的资产盘盈、固定资产处置净收入、接受捐赠收入和利息收入等。

第五条　基层工会应加强对各项经费收入的管理。要按照会员工资收入和规定的比例，按时收取全部会员应交的会费。要严格按照国家统计局公布的职工工资总额口径和所在省级工会规定的分成比例，及时足额拨缴工会经费；实行财政划拨或委托税务代收部分工会经费的基层工会，应加强与本单位党政部门的沟通，依法足额落实基层工会按照省级工会确定的留成比例应当留成的经费。要统筹安排行政补助收入，按照预算确定的用途开支，不得将与工会无关的经费以行政补助名义纳入账户管理。

第三章　工会经费支出

第六条　基层工会经费主要用于为职工服务和开展工会活动。

第七条　基层工会经费支出范围包括：职工活动支出、维权支出、业务支出、资本性支出、事业支出和其他支出。

第八条　职工活动支出是指基层工会组织开展职工教育、文体、宣传等活动所发生的支出和工会组织的职工集体福利支出。包括：

（一）职工教育支出。用于基层工会举办政治、法律、科技、业务等专题培训和职工技能培训所需的教材资料、教学用品、场地租金等方面的支出，用于支付职工教育活动聘请授课人员的酬金，用于基层工会组织的职工素质提升补助和职工教育培训优秀学员的奖励。对优秀学员的奖励应以精神鼓励为主、物质激励为辅。授课人员酬金标准参照国家有关规定执行。

（二）文体活动支出。用于基层工会开展或参加上级工会组织的职工业余文体活动所需器材、服装、用品等购置、租赁与维修方面的支出以及活动场地、交通工具的租金支出等，用于文体活动优胜者的奖励支出，用于文体活动中必要的伙食补助费。

文体活动奖励应以精神鼓励为主、物质激励为辅。奖励范围不得超过参与人数的三分之二；不设置奖项的，可为参加人员发放少量纪念品。

文体活动中开支的伙食补助费，不得超过当地差旅费中的伙食补助标准。

基层工会可以用会员会费组织会员观看电影、文艺演出和体育比赛等，开展春游秋游，为会员购买当地公园年票。会费不足部分可以用工会经费弥补，弥补部分不超过基层工会当年会费收入的三倍。

基层工会组织会员春游秋游应当日往返，不得到有关部门明令禁止的风景名胜区开展春游秋游活动。

（三）宣传活动支出。用于基层工会开展重点工作、重大主题和重大节日宣传活动所需的材料消耗、场地租金、购买服务等方面的支出，用于培育和践行社会主义核心价值观，弘扬劳模精神和工匠精神等经常性宣传活动方面的支出，用于基层工会开展或参加上级工会举办的知识竞赛、宣讲、演讲比赛、展览等宣传活动支出。

（四）职工集体福利支出。用于基层工会逢年过节和会员生日、婚丧嫁娶、退休离岗的慰问支出等。

基层工会逢年过节可以向全体会员发放节日慰问品。逢年过节的年节是指国家规定的法定节日（即：新年、春节、清明节、劳动节、端午节、中秋节和国庆节）和经自治区以上人民政府批准设立的少数民族节日。节日慰问品原则上为符合中国传统节日习惯的用品和职工群众必需的生活用品等，基层工会可结合实际采取便捷灵活的发放方式。

工会会员生日慰问可以发放生日蛋糕等实物慰问品，也可以发放指定蛋糕店的蛋糕券。

工会会员结婚生育时，可以给予一定金额的慰问品。工会会员生病住院、工会会员或其直系亲属去世时，可以给予一定金额的慰问金。

工会会员退休离岗，可以发放一定金额的纪念品。

（五）其他活动支出。用于工会组织开展的劳动模范和先进职工疗休养补贴等其他活动支出。

第九条 维权支出是指基层工会用于维护职工权益的支出。包括：劳动关系协调费、劳动保护费、法律援助费、困难职工帮扶费、送温暖费和其他维权支出。

（一）劳动关系协调费。用于推进创建劳动关系和谐企业活动、加强劳动争议调解和队伍建设、开展劳动合同咨询活动、集体合同示范文本印制与推广等方面的支出。

（二）劳动保护费。用于基层工会开展群众性安全生产和职业病防治活动、加强群监员队伍建设、开展职工心理健康维护等促进安全健康生产、保护职工生命安全为宗旨开展职工劳动保护发生的支出等。

（三）法律援助费。用于基层工会向职工群众开展法治宣传、提供法律咨询、法律服务等发生的支出。

（四）困难职工帮扶费。用于基层工会对困难职工提供资金和物质帮助等发生的支出。

工会会员本人及家庭因大病、意外事故、子女就学等原因致困时，基层工会可给予一定金额的慰问。

（五）送温暖费。用于基层工会开展春送岗位、夏送清凉、金秋助学和冬送温暖等活动发生的支出。

（六）其他维权支出。用于基层工会补助职工和会员参加互助互济保障活动等其他方面的维权支出。

第十条 业务支出是指基层工会培训工会干部、加强自身建设以及开展业务工作发生的各项支出。包括：

（一）培训费。用于基层工会开展工会干部和积极分子培训发生的支出。开支范围和标准以有关部门制定的培训费管理办法为准。

（二）会议费。用于基层工会会员大会或会员代表大会、委员会、常委会、经费审查委员会以及其他专业工作会议的各项支出。开支范围和标准以有关部门制定的会议费管理办法为准。

（三）专项业务费。用于基层工会开展基层工会组织建设、建家活动、劳模和工匠人才创新工作室、职工创新工作室等创建活动发生的支出，用于基层工会开办的图书馆、阅览室和职工书屋等职工文体活动阵地所发生的支出，用于基层工会开展专题调研所发生的支出，用于基层工会开展女职工工作性支出，用于基层工会开展外事活动方面的支出，用于基层工会组织开展合理化建议、技术革新、发明创造、岗位练兵、技术比武、技术培训等劳动和技能竞赛活动支出及其奖励支出。

（四）其他业务支出。用于基层工会发放兼职工会干部和专职社会化工会工作者补贴，用于经上级批准评选表彰的优秀工会干部和积极分子的奖励支出，用于基层工会必要的办公费、差旅费，用于基层工会支付代理记账、中介机构审计等购买服务方面的支出。

基层工会兼职工会干部和专职社会化工会工作者发放补贴的管理办法由省级工会制定。

第十一条 资本性支出是指基层工会从事工会建设工程、设备工具购置、大型修缮和信息网络构建而发生的支出。

第十二条　事业支出是指基层工会对独立核算的附属事业单位的补助和非独立核算的附属事业单位的各项支出。

第十三条　其他支出是指基层工会除上述支出以外的其他各项支出。包括:资产盘亏、固定资产处置净损失、捐赠、赞助等。

第十四条　根据《中华人民共和国工会法》的有关规定,基层工会专职工作人员的工资、奖励、补贴由所在单位承担,基层工会办公和开展活动必要的设施和活动场所等物质条件由所在单位提供。所在单位保障不足且基层工会经费预算足以保证的前提下,可以用工会经费适当弥补。

第四章　财务管理

第十五条　基层工会主席对基层工会会计工作和会计资料的真实性、完整性负责。

第十六条　基层工会应根据国家和全国总工会的有关政策规定以及上级工会的要求,制定年度工会工作计划,依法、真实、完整、合理地编制工会经费年度预算,依法履行必要程序后报上级工会批准。严禁无预算、超预算使用工会经费。年度预算原则上一年调整一次,调整预算的编制审批程序与预算编制审批程序一致。

第十七条　基层工会应根据批准的年度预算,积极组织各项收入,合理安排各项支出,并严格按照《工会会计制度》的要求,科学设立和登记会计账簿,准确办理经费收支核算,定期向工会委员会和经费审查委员会报告预算执行情况。基层工会经费年度财务决算需报上级工会审批。

第十八条　基层工会应加强财务管理制度建设,健全完善财务报销、资产管理、资金使用等内部管理制度。基层工会应依法组织工会经费收入,严格控制工会经费支出,各项收支实行工会委员会集体领导下的主席负责制,重大收支须集体研究决定。

第十九条　基层工会应根据自身实际科学设置会计机构、合理配备会计人员,真实、完整、准确、及时反映工会经费收支情况和财务管理状况。具备条件的基层工会,应当设置会计机构或在有关机构中设置专职会计人员;不具备条件的,由设立工会财务结算中心的乡镇(街道)、开发区(工业园区)工会实行集中核算,分户管理,或者委托本单位财务部门或经批准设立从事会计代理记账业务的中介机构或聘请兼职会计人员代理记账。

第五章　监督检查

第二十条　全国总工会负责对全国工会系统工会经费的收入、支出和使用管理情况进行监督检查。按照“统一领导、分级管理”的管理体制,省以下各级工会应加强对本级和下一级工会经费收支与使用管理情况的监督检查,下一级工会应定期向本级工会委员会和上一级工会报告财务监督检查情况。

第二十一条　基层工会应加强对本单位工会经费使用情况的内部会计监督和工会预算执行情况的审查审计监督,依法接受并主动配合国家审计监督。内部会计监督主要对原始凭证的真实性合法性、会计账簿与财务报告的准确性及时性、财产物资的安全性完整性进行监督,以维护财经纪律的严肃性。审查审计监督主要对单位财务收支情况和预算执行情况进行审查监督。

第二十二条　基层工会应严格执行以下规定:

（一）不准使用工会经费请客送礼。

（二）不准违反工会经费使用规定，滥发奖金、津贴、补贴。

（三）不准使用工会经费从事高消费性娱乐和健身活动。

（四）不准单位行政利用工会账户，违规设立“小金库”。

（五）不准将工会账户并入单位行政账户，使工会经费开支失去控制。

（六）不准截留、挪用工会经费。

（七）不准用工会经费参与非法集资活动，或为非法集资活动提供经济担保。

（八）不准用工会经费报销与工会活动无关的费用。

第二十三条 各级工会对监督检查中发现违反基层工会经费收支管理办法的问题，要及时纠正。违规问题情节较轻的，要限期整改；涉及违纪的，由纪检监察部门依照有关规定，追究直接责任人和相关领导责任；构成犯罪的，依法移交司法机关处理。

第六章 附 则

第二十四条 各省级工会应根据本办法的规定，结合本地区、本产业和本系统工作实际，制定具体实施细则，细化支出范围，明确开支标准，确定审批权限，规范活动开展。各省级工会制定的实施细则须报全国总工会备案。基层工会制定的相关办法须报上级工会备案。

第二十五条 本办法自印发之日起执行。《中华全国总工会办公厅关于加强基层工会经费收支管理的通知》（总工办发〔2014〕23号）和《全总财务部关于〈关于加强基层工会经费收支管理的通知〉的补充通知》（工财发〔2014〕69号）同时废止。

第二十六条 基层工会预算编制审批管理办法由全国总工会另行制定。

第二十七条 本办法由全国总工会负责解释。

9. 关于进一步规范全民健身等相关工会经费使用管理的通知

（总工办发〔2022〕12号 2022年6月29日）

各省、自治区、直辖市总工会，中华全国铁路总工会、中国民航工会、中国金融工会，中央和国家机关工会联合会：

为贯彻落实党中央、国务院有关决策部署，充分彰显各级工会组织在服务经济社会发展大局中的担当作为，切实规范职责履行中工会经费的使用管理，现就进一步规范相关工会经费使用管理的有关事项通知如下。

一、广泛参与，充分发挥各级工会在全民健身运动中的积极作用

1.开展职工文体活动是工会组织丰富职工文化生活、直接服务职工群众的重要手段，职工健身活动是职工文体活动的一项重要内容。各级工会要提高政治站位，把增强职工开展全民健身运动的参与度作为贯彻落实中共中央、国务院《关于构建更高水平的全民健身公共服务体系的意见》的重要任务来抓，不断提高职工群众身体素质和健康

水平。

2.县级以上工会应主动向地方党委汇报，争取地方政府支持，加强工人文化宫等职工服务阵地建设，并根据地方全民健身公共服务体系建设发展规划，充分利用工人体育场（馆）、工人文化宫等职工服务阵地，组织开展区域性、行业性职工健身等职工文体活动。

自身没有服务阵地的县级以上工会，可以通过购买服务的方式，组织开展包括健身活动在内的区域性、行业性职工文体活动。要将职工文体活动纳入本级购买服务目录，所需经费纳入本级经费年度收支预算，规范购买服务程序，加强经费使用管理。

3.基层工会要加强与所在单位行政部门沟通协调，积极争取专项资金为职工配备健身设施、健身器材，组织职工参与职工健身活动。

基层工会自身健身设施设备不能满足职工会员需求的，每年可以按照一定标准为职工会员购买健身服务，所需经费纳入基层工会年度收支预算。基层工会年度文体活动支出预算不能全部用于购买健身服务支出。购买健身服务的项目、标准由基层工会制定具体办法予以明确，经基层工会委员会或工会代表大会批准后执行。

二、齐心协力，推动巩固拓展脱贫攻坚成果同乡村振兴战略有效衔接

4.各级工会要根据当地党委、政府的部署安排，立足工会自身实际，按照国家发展改革委等 30 个部门《关于继续大力实施消费帮扶巩固拓展脱贫攻坚成果的指导意见》（发改振兴〔2021〕640 号）的任务分工，落实具体措施。

5.各级工会要加强职工思想政治引领，大力宣传国家脱贫攻坚取得的伟大成就和实施乡村振兴战略的重大意义，引导干部职工培养健康、绿色的消费习惯，自发消费脱贫地区产品和旅游服务，持续实施消费帮扶，巩固拓展脱贫攻坚成果。

6.各级工会要把消费帮扶作为定点帮扶的重要内容。县级以上工会机关的内部食堂，以及各级工会组织的内部商超及所属宾馆、酒店等企事业单位根据实际需要，在同等条件下可优先采购脱贫地区产品，有条件的可签订直供直销和长期供货合同。各级工会可按照同级财政部门或单位行政的有关规定，预留一定比例的食堂食材采购份额，用以采购脱贫地区农副产品。

7.县级以上工会采取"积分换购"等方式组织线上学习、培训时，换购产品可适当扩大脱贫地区产品和服务消费份额。符合《全国总工会关于进一步加强和规范劳模疗休养工作的意见》（总工办发〔2019〕21 号）中要求的休息、疗养、康复治疗等相关标准的脱贫地区接待单位，可作为职工（劳模）疗休养接待场所。

8.基层工会按照规定组织节日慰问、生日慰问或其他相关工会活动时，同等条件下可优先采购脱贫地区产品作为慰问品。

三、积极配合，为服务业领域困难行业恢复发展贡献工会力量

9.各级工会要积极配合政府有关部门贯彻落实《关于促进服务业领域困难行业恢复发展的若干政策》（发改财金〔2022〕271 号），加大小微企业工会经费支持政策的执行力度，确保包括服务业领域小微企业在内的小微企业工会经费全额返还，促进服务业领域困难企业健康发展。

10.县级以上工会开展职工疗休养等工会活动涉及方案制定、组织协调等确需购买外部服务的，可根据采购管理的有关规定，履行必要的采购程序，选取旅行社承接，明确服务内容、服务标准，合理确定预付款比例，并按合同约定及时向旅行社支付费用。

由旅行社承接劳模疗休养活动的，应严格按照《全国总工会关于进一步加强和规范劳模疗休养工作的意见》（总工办发〔2019〕21号）的有关规定执行。

11.基层工会按照规定组织的职工春秋游，确需购买外部服务的，可根据采购管理的有关规定，履行必要的采购程序，选择旅行社承接。

12.各级工会组织的会展活动，确需购买外部服务的，可根据采购管理的有关规定，履行必要的采购程序，选择会展服务类企事业单位承接。

四、强化监管，确保相关工会活动经费安全、规范、有效使用

13.各级工会组织要始终坚持党政所需、职工所盼、工会所能的工作原则，立足自身实际，统筹资源手段，为构建更高水平的全民健身公共服务体系、促进服务业领域困难行业恢复发展、推动实现巩固拓展脱贫攻坚成果同乡村振兴有效衔接，作出工会组织应有的贡献。

14.各级工会要切实加强相关工作具体实施中的经费管理使用，完善管理制度，规范操作流程，严肃财经纪律，强化监督检查，严禁将购买旅行社服务异化为公款旅游，严禁将购买健身服务、消费帮扶变相为滥发津贴、补贴，严禁以商业预付卡方式提供相关服务。各级工会经审部门要加强审查审计监督，确保相关经费安全有效使用。

15.各省级工会可根据实际工作需要，补充完善本地区、本行业、本系统《县级以上工会经费支出管理暂行办法》和《基层工会经费收支管理办法》的实施办法或实施细则，进一步增强制度执行的针对性、实效性。

中华全国总工会办公厅

2022年6月29日

10. 关于做好《工会会计制度》贯彻实施准备工作的通知

（财办会〔2021〕29号　2021年9月15日）

各省、自治区、直辖市、计划单列市财政厅（局），新疆生产建设兵团财政局，各省、自治区、直辖市总工会，中华全国铁路总工会、中国民航工会、中国金融工会、中央和国家机关工会联合会：

2021年4月14日，财政部修订发布了《工会会计制度》（财会〔2021〕7号），自2022年1月1日起在全国各级工会组织范围内施行。为了做好新制度贯彻实施的准备工作，现就有关事项通知如下：

一、统一思想，提高认识

修订后的新《工会会计制度》与原制度相比，在制定理念和具体内容等方面都作了调整完善。新制度借鉴政府会计改革的经验，适应了新时期工会业务发展的需要，全面体现了近年来工会财务管理的改革成果，有效满足了财政部门和不同层级工会会计主体的会计信息需求。新《工会会计制度》的发布实施，进一步完善了我国会计核算制度体系，必将有效促进各级工会组织统一核算标准，规范会计行为，强化会计监督，提升管理水平，对保障工运事业的健康发展和工会职能的有效发挥具有重要意义。

作为国家统一的会计制度的重要组成部分，《工会会计制度》具有其特殊适用性。各级财政部门和工会组织要充分认识《工会会计制度》修订实施的重要意义，统一思想、提高认识，深刻理解新《工会会计制度》的新内容新变化，准确把握新《工会会计制度》的新任务新要求，确保新《工会会计制度》平稳有效实施。

二、加强领导，明确责任

各级工会组织应当依据《中华人民共和国民法典》的有关规定，及时取得社会团体法人资格，依法承担独立使用管理工会经费的权利义务。工会主席作为各级工会组织的法定代表人，要认真落实《中华人民共和国会计法》关于“单位负责人对本单位的会计工作和会计资料的真实性、完整性负责”的规定，把新《工会会计制度》的贯彻实施作为一件大事来抓，加强对工会会计工作的组织领导，组织制定详细的实施方案，指导督促新《工会会计制度》有效实施。同时，健全会计机构，充实会计人员，加强基础管理，健全完善内部控制制度，加强会计制度实施与预决算管理的衔接，为新《工会会计制度》有效实施提供有力保障。上一级工会要加强对下级工会的会计业务指导，切实保证新《工会会计制度》的贯彻实施。

各级财政部门应当按照新《工会会计制度》的规定和要求，加强与各级工会组织合作，采取有效措施，认真做好制度实施的指导工作，依法对工会会计工作进行监督。

三、加强培训，全面覆盖

各级财政部门和工会组织应当加强配合，因地制宜开展培训。财政部、全国总工会负责省级工会财会干部的师资培训。在财政部、全国总工会的统一领导下，各级财政部门和工会组织要制定本地区、本系统的培训计划，认真组织新《工会会计制度》培训工作。要以新《工会会计制度》为依据，结合工会财务制度，逐级培训，扩大覆盖面，直至基层工会，使各级工会财会干部尽快熟悉和掌握新制度的各项规定和具体要求，高水平、高质量做好工会会计工作。

四、夯实基础，有效衔接

做好新旧会计制度衔接是贯彻实施新《工会会计制度》的关键环节。在 2022 年 1 月 1 日之前，各级工会组织要对现有资产和负债进行全面清查和盘点，明晰产权，完善记录，做好各项会计基础工作和新旧制度衔接的准备工作。

一是要清理核实和分类统计固定资产、无形资产、库存物品等资产数据，为准确计提折旧、摊销提供基础信息。

二是要根据国有资产和工会资产使用管理的相关规定，依法依规对毁损报废等资产进行处置，确保 2021 年 12 月 31 日前资产账实相符。

三是要及时清理往来款项，按照《中华全国总工会办公厅关于规范建会筹备金收缴管理的通知》（厅字〔2021〕20 号）要求，对以前年度收取的长期挂账的建会筹备金进行全面清理；对上下级工会组织之间因经费缴拨关系形成的应收应付款项，要认真核对，及时办理缴拨款；对其他往来款项，要根据《工会经费呆账处理办法》（总工发〔2002〕20 号）等有关规定，及时作出相应处理。

四是要严格基本建设会计账务管理，及时将已交付使用的建设项目转为固定资产等，按规定及时办理基本建设项目竣工财务决算手续，为基建账相关数据并入工会“大账”做好准备。

五是要梳理和分析结余资金的构成和性质，按新制度规定确定应转入新账的各类预算结转结余科目的金额。

六是要进一步核实代管经费的来源和性质，对于不符合新制度规定的代管经费，应当摸清底数，明确其核算要求，为转账工作做好准备。

在上述工作基础上，各级工会组织应当严格按照财政部发布的《工会新旧会计制度有关衔接问题的处理规定》(财会〔2021〕16号)，做好新旧转账及调整工作，必要时可聘请会计师事务所等中介机构参与其中，确保新旧制度有序衔接、平稳过渡。

五、补齐短板，提升水平

原《工会会计制度》实施十多年来，通过各级财政部门和工会组织的共同努力，工会会计基础工作不断规范，工会系统财务管理水平明显提高。各级工会组织要以贯彻实施新《工会会计制度》为契机，勇于直面问题，补齐短板，做强弱项，进一步推进工会财会工作高质量发展。

(一)强化绩效管理意识。县级以上工会要切实增强绩效管理意识，加强对成本费用表的分析和应用。各级工会组织要牢固树立过紧日子思想，坚持勤俭办一切事业的工作方针，切实增强全成本观念，降低机构运行费用，最大限度地将工会经费直接服务职工群众。

(二)加强资产管理。新《工会会计制度》要求县级以上工会应当根据实际情况在资产类科目下设置“国有资产”、“工会资产”明细科目，分别核算工会依法确认的国有资产和工会资产。各级工会组织要以增强公益性、服务性为目标，加强国有资产和工会资产的使用管理监督，理顺产权关系，严格执行国有资产与工会资产管理的相关规定，充分发挥工会服务阵地作用，确保国有资产和工会资产安全完整与有效使用。

(三)加强工会账户管理。各级工会组织要严格按照银行账户管理的有关规定，单独开立工会经费银行账户，确保工会经费独立核算、专款专用。各级财政部门、工会组织要加强对基层工会单独开立经费账户的指导，切实维护基层工会依法独立管理工会经费的职责。

(四)加强财会人员队伍建设。上级工会组织要加强对下级工会组织的领导，督促具备条件的基层工会设置会计机构，或者在内设机构中设置会计人员并指定会计主管人员；确不具备设置条件的，可以通过购买服务等方式委托经财政部门批准设立的代理记账机构代为办理会计事务，妥善解决基层工会财会力量相对薄弱的问题。

(五)大力加强工会财务信息化建设。全国总工会正在按照财务管理一体化建设的总体思路，积极推进工会系统财务信息化建设，工会财务管理核心业务将纳入全国工会财务管理一体化平台，相关业务规范和技术标准将陆续公布。各级工会特别是省级工会可根据本地区、本系统、本行业财务信息化建设的实际，加大投入力度，加快工作进度，加强财务信息化建设，进一步推进工会财会工作高质量发展。

财政部办公厅　全国总工会办公厅

2021年9月15日

第十部分　工会资产监督管理工作

1. 中华人民共和国企业国有资产法

(2008年10月28日第十一届全国人民代表大会常务委员会第五次会议通过　2008年10月28日中华人民共和国主席令第5号公布　自2009年5月1日起施行)

目　录

第一章　总　则

第一条　为了维护国家基本经济制度,巩固和发展国有经济,加强对国有资产的保护,发挥国有经济在国民经济中的主导作用,促进社会主义市场经济发展,制定本法。

第二条　本法所称企业国有资产(以下称国有资产),是指国家对企业各种形式的出资所形成的权益。

第三条　国有资产属于国家所有即全民所有。国务院代表国家行使国有资产所有权。

第四条　国务院和地方人民政府依照法律、行政法规的规定,分别代表国家对国家出资企业履行出资人职责,享有出资人权益。

国务院确定的关系国民经济命脉和国家安全的大型国家出资企业,重要基础设施和重要自然资源等领域的国家出资企业,由国务院代表国家履行出资人职责。其他的国家出资企业,由地方人民政府代表国家履行出资人职责。

第五条　本法所称国家出资企业,是指国家出资的国有独资企业、国有独资公司,以及国有资本控股公司、国有资本参股公司。

第六条　国务院和地方人民政府应当按照政企分开、社会公共管理职能与国有资产出资人职能分开、不干预企业依法自主经营的原则,依法履行出资人职责。

第七条　国家采取措施，推动国有资本向关系国民经济命脉和国家安全的重要行业和关键领域集中，优化国有经济布局和结构，推进国有企业的改革和发展，提高国有经济的整体素质，增强国有经济的控制力、影响力。

第八条　国家建立健全与社会主义市场经济发展要求相适应的国有资产管理与监督体制，建立健全国有资产保值增值考核和责任追究制度，落实国有资产保值增值责任。

第九条　国家建立健全国有资产基础管理制度。具体办法按照国务院的规定制定。

第十条　国有资产受法律保护，任何单位和个人不得侵害。

第二章　履行出资人职责的机构

第十一条　国务院国有资产监督管理机构和地方人民政府按照国务院的规定设立的国有资产监督管理机构，根据本级人民政府的授权，代表本级人民政府对国家出资企业履行出资人职责。

国务院和地方人民政府根据需要，可以授权其他部门、机构代表本级人民政府对国家出资企业履行出资人职责。

代表本级人民政府履行出资人职责的机构、部门，以下统称履行出资人职责的机构。

第十二条　履行出资人职责的机构代表本级人民政府对国家出资企业依法享有资产收益、参与重大决策和选择管理者等出资人权利。

履行出资人职责的机构依照法律、行政法规的规定，制定或者参与制定国家出资企业的章程。

履行出资人职责的机构对法律、行政法规和本级人民政府规定须经本级人民政府批准的履行出资人职责的重大事项，应当报请本级人民政府批准。

第十三条　履行出资人职责的机构委派的股东代表参加国有资本控股公司、国有资本参股公司召开的股东会会议、股东大会会议，应当按照委派机构的指示提出提案、发表意见、行使表决权，并将其履行职责的情况和结果及时报告委派机构。

第十四条　履行出资人职责的机构应当依照法律、行政法规以及企业章程履行出资人职责，保障出资人权益，防止国有资产损失。

履行出资人职责的机构应当维护企业作为市场主体依法享有的权利，除依法履行出资人职责外，不得干预企业经营活动。

第十五条　履行出资人职责的机构对本级人民政府负责，向本级人民政府报告履行出资人职责的情况，接受本级人民政府的监督和考核，对国有资产的保值增值负责。

履行出资人职责的机构应当按照国家有关规定，定期向本级人民政府报告有关国有资产总量、结构、变动、收益等汇总分析的情况。

第三章　国家出资企业

第十六条　国家出资企业对其动产、不动产和其他财产依照法律、行政法规以及企业章程享有占有、使用、收益和处分的权利。

国家出资企业依法享有的经营自主权和其他合法权益受法律保护。

第十七条　国家出资企业从事经营活动，应当遵守法律、行政法规，加强经营管理，提高经济效益，接受人民政府及其有关部门、机构依法实施的管理和监督，接受社会公众的监督，承担社会责任，对出资人负责。

国家出资企业应当依法建立和完善法人治理结构，建立健全内部监督管理和风险控制制度。

第十八条 国家出资企业应当依照法律、行政法规和国务院财政部门的规定，建立健全财务、会计制度，设置会计账簿，进行会计核算，依照法律、行政法规以及企业章程的规定向出资人提供真实、完整的财务、会计信息。

国家出资企业应当依照法律、行政法规以及企业章程的规定，向出资人分配利润。

第十九条 国有独资公司、国有资本控股公司和国有资本参股公司依照《中华人民共和国公司法》的规定设立监事会。国有独资企业由履行出资人职责的机构按照国务院的规定委派监事组成监事会。

国家出资企业的监事会依照法律、行政法规以及企业章程的规定，对董事、高级管理人员执行职务的行为进行监督，对企业财务进行监督检查。

第二十条 国家出资企业依照法律规定，通过职工代表大会或者其他形式，实行民主管理。

第二十一条 国家出资企业对其所出资企业依法享有资产收益、参与重大决策和选择管理者等出资人权利。

国家出资企业对其所出资企业，应当依照法律、行政法规的规定，通过制定或者参与制定所出资企业的章程，建立权责明确、有效制衡的企业内部监督管理和风险控制制度，维护其出资人权益。

第四章　国家出资企业管理者的选择与考核

第二十二条 履行出资人职责的机构依照法律、行政法规以及企业章程的规定，任免或者建议任免国家出资企业的下列人员：

（一）任免国有独资企业的经理、副经理、财务负责人和其他高级管理人员；

（二）任免国有独资公司的董事长、副董事长、董事、监事会主席和监事；

（三）向国有资本控股公司、国有资本参股公司的股东会、股东大会提出董事、监事人选。

国家出资企业中应当由职工代表出任的董事、监事，依照有关法律、行政法规的规定由职工民主选举产生。

第二十三条 履行出资人职责的机构任命或者建议任命的董事、监事、高级管理人员，应当具备下列条件：

（一）有良好的品行；

（二）有符合职位要求的专业知识和工作能力；

（三）有能够正常履行职责的身体条件；

（四）法律、行政法规规定的其他条件。

董事、监事、高级管理人员在任职期间出现不符合前款规定情形或者出现《中华人民共和国公司法》规定的不得担任公司董事、监事、高级管理人员情形的，履行出资人职责的机构应当依法予以免职或者提出免职建议。

第二十四条 履行出资人职责的机构对拟任命或者建议任命的董事、监事、高级管理人员的人选，应当按照规定的条件和程序进行考察。考察合格的，按照规定的权限和程序任命或者建议任命。

第二十五条　未经履行出资人职责的机构同意，国有独资企业、国有独资公司的董事、高级管理人员不得在其他企业兼职。未经股东会、股东大会同意，国有资本控股公司、国有资本参股公司的董事、高级管理人员不得在经营同类业务的其他企业兼职。

未经履行出资人职责的机构同意，国有独资公司的董事长不得兼任经理。未经股东会、股东大会同意，国有资本控股公司的董事长不得兼任经理。

董事、高级管理人员不得兼任监事。

第二十六条　国家出资企业的董事、监事、高级管理人员，应当遵守法律、行政法规以及企业章程，对企业负有忠实义务和勤勉义务，不得利用职权收受贿赂或者取得其他非法收入和不当利益，不得侵占、挪用企业资产，不得超越职权或者违反程序决定企业重大事项，不得有其他侵害国有资产出资人权益的行为。

第二十七条　国家建立国家出资企业管理者经营业绩考核制度。履行出资人职责的机构应当对其任命的企业管理者进行年度和任期考核，并依据考核结果决定对企业管理者的奖惩。

履行出资人职责的机构应当按照国家有关规定，确定其任命的国家出资企业管理者的薪酬标准。

第二十八条　国有独资企业、国有独资公司和国有资本控股公司的主要负责人，应当接受依法进行的任期经济责任审计。

第二十九条　本法第二十二条第一款第一项、第二项规定的企业管理者，国务院和地方人民政府规定由本级人民政府任免的，依照其规定。履行出资人职责的机构依照本章规定对上述企业管理者进行考核、奖惩并确定其薪酬标准。

第五章　关系国有资产出资人权益的重大事项

第一节　一般规定

第三十条　国家出资企业合并、分立、改制、上市，增加或者减少注册资本，发行债券，进行重大投资，为他人提供大额担保，转让重大财产，进行大额捐赠，分配利润，以及解散、申请破产等重大事项，应当遵守法律、行政法规以及企业章程的规定，不得损害出资人和债权人的权益。

第三十一条　国有独资企业、国有独资公司合并、分立，增加或者减少注册资本，发行债券，分配利润，以及解散、申请破产，由履行出资人职责的机构决定。

第三十二条　国有独资企业、国有独资公司有本法第三十条所列事项的，除依照本法第三十一条和有关法律、行政法规以及企业章程的规定，由履行出资人职责的机构决定的以外，国有独资企业由企业负责人集体讨论决定，国有独资公司由董事会决定。

第三十三条　国有资本控股公司、国有资本参股公司有本法第三十条所列事项的，依照法律、行政法规以及公司章程的规定，由公司股东会、股东大会或者董事会决定。由股东会、股东大会决定的，履行出资人职责的机构委派的股东代表应当依照本法第十三条的规定行使权利。

第三十四条　重要的国有独资企业、国有独资公司、国有资本控股公司的合并、分立、解散、申请破产以及法律、行政法规和本级人民政府规定应当由履行出资人职责的机构报经本级人民政府批准的重大事项,履行出资人职责的机构在作出决定或者向其委派参加国有资本控股公司股东会会议、股东大会会议的股东代表作出指示前,应当报请本级人民政府批准。

本法所称的重要的国有独资企业、国有独资公司和国有资本控股公司,按照国务院的规定确定。

第三十五条 国家出资企业发行债券、投资等事项,有关法律、行政法规规定应当报经人民政府或者人民政府有关部门、机构批准、核准或者备案的,依照其规定。

第三十六条 国家出资企业投资应当符合国家产业政策,并按照国家规定进行可行性研究;与他人交易应当公平、有偿,取得合理对价。

第三十七条 国家出资企业的合并、分立、改制、解散、申请破产等重大事项,应当听取企业工会的意见,并通过职工代表大会或者其他形式听取职工的意见和建议。

第三十八条 国有独资企业、国有独资公司、国有资本控股公司对其所出资企业的重大事项参照本章规定履行出资人职责。具体办法由国务院规定。

第二节 企业改制

第三十九条 本法所称企业改制是指:

(一)国有独资企业改为国有独资公司;

(二)国有独资企业、国有独资公司改为国有资本控股公司或者非国有资本控股公司;

(三)国有资本控股公司改为非国有资本控股公司。

第四十条 企业改制应当依照法定程序,由履行出资人职责的机构决定或者由公司股东会、股东大会决定。

重要的国有独资企业、国有独资公司、国有资本控股公司的改制,履行出资人职责的机构在作出决定或者向其委派参加国有资本控股公司股东会会议、股东大会会议的股东代表作出指示前,应当将改制方案报请本级人民政府批准。

第四十一条 企业改制应当制定改制方案,载明改制后的企业组织形式、企业资产和债权债务处理方案、股权变动方案、改制的操作程序、资产评估和财务审计等中介机构的选聘等事项。

企业改制涉及重新安置企业职工的,还应当制定职工安置方案,并经职工代表大会或者职工大会审议通过。

第四十二条 企业改制应当按照规定进行清产核资、财务审计、资产评估,准确界定和核实资产,客观、公正地确定资产的价值。

企业改制涉及以企业的实物、知识产权、土地使用权等非货币财产折算为国有资本出资或者股份的,应当按照规定对折价财产进行评估,以评估确认价格作为确定国有资本出资额或者股份数额的依据。不得将财产低价折股或者有其他损害出资人权益的行为。

第三节 与关联方的交易

第四十三条 国家出资企业的关联方不得利用与国家出资企业之间的交易,谋取不当利益,损害国家出资企业利益。

本法所称关联方,是指本企业的董事、监事、高级管理人员及其近亲属,以及这些人员所有或者实际控制的企业。

第四十四条　国有独资企业、国有独资公司、国有资本控股公司不得无偿向关联方提供资金、商品、服务或者其他资产，不得以不公平的价格与关联方进行交易。

第四十五条　未经履行出资人职责的机构同意，国有独资企业、国有独资公司不得有下列行为：

（一）与关联方订立财产转让、借款的协议；

（二）为关联方提供担保；

（三）与关联方共同出资设立企业，或者向董事、监事、高级管理人员或者其近亲属所有或者实际控制的企业投资。

第四十六条　国有资本控股公司、国有资本参股公司与关联方的交易，依照《中华人民共和国公司法》和有关行政法规以及公司章程的规定，由公司股东会、股东大会或者董事会决定。由公司股东会、股东大会决定的，履行出资人职责的机构委派的股东代表，应当依照本法第十三条的规定行使权利。

公司董事会对公司与关联方的交易作出决议时，该交易涉及的董事不得行使表决权，也不得代理其他董事行使表决权。

第四节　资产评估

第四十七条　国有独资企业、国有独资公司和国有资本控股公司合并、分立、改制，转让重大财产，以非货币财产对外投资，清算或者有法律、行政法规以及企业章程规定应当进行资产评估的其他情形的，应当按照规定对有关资产进行评估。

第四十八条　国有独资企业、国有独资公司和国有资本控股公司应当委托依法设立的符合条件的资产评估机构进行资产评估；涉及应当报经履行出资人职责的机构决定的事项的，应当将委托资产评估机构的情况向履行出资人职责的机构报告。

第四十九条　国有独资企业、国有独资公司、国有资本控股公司及其董事、监事、高级管理人员应当向资产评估机构如实提供有关情况和资料，不得与资产评估机构串通评估作价。

第五十条　资产评估机构及其工作人员受托评估有关资产，应当遵守法律、行政法规以及评估执业准则，独立、客观、公正地对受托评估的资产进行评估。资产评估机构应当对其出具的评估报告负责。

第五节　国有资产转让

第五十一条　本法所称国有资产转让，是指依法将国家对企业的出资所形成的权益转移给其他单位或者个人的行为；按照国家规定无偿划转国有资产的除外。

第五十二条　国有资产转让应当有利于国有经济布局和结构的战略性调整，防止国有资产损失，不得损害交易各方的合法权益。

第五十三条　国有资产转让由履行出资人职责的机构决定。履行出资人职责的机构决定转让全部国有资产的，或者转让部分国有资产致使国家对该企业不再具有控股地位的，应当报请本级人民政府批准。

第五十四条　国有资产转让应当遵循等价有偿和公开、公平、公正的原则。

除按照国家规定可以直接协议转让的以外，国有资产转让应当在依法设立的产权交易场所公开进行。转让方应当如实披露有关信息，征集受让方；征集产生的受让方为两个以上的，转让应当采用公开竞价的交易方式。

转让上市交易的股份依照《中华人民共和国证券法》的规定进行。

第五十五条 国有资产转让应当以依法评估的、经履行出资人职责的机构认可或者由履行出资人职责的机构报经本级人民政府核准的价格为依据，合理确定最低转让价格。

第五十六条 法律、行政法规或者国务院国有资产监督管理机构规定可以向本企业的董事、监事、高级管理人员或者其近亲属，或者这些人员所有或者实际控制的企业转让的国有资产，在转让时，上述人员或者企业参与受让的，应当与其他受让参与者平等竞买；转让方应当按照国家有关规定，如实披露有关信息；相关的董事、监事和高级管理人员不得参与转让方案的制定和组织实施的各项工作。

第五十七条 国有资产向境外投资者转让的，应当遵守国家有关规定，不得危害国家安全和社会公共利益。

第六章 国有资本经营预算

第五十八条 国家建立健全国有资本经营预算制度，对取得的国有资本收入及其支出实行预算管理。

第五十九条 国家取得的下列国有资本收入，以及下列收入的支出，应当编制国有资本经营预算：

（一）从国家出资企业分得的利润；

（二）国有资产转让收入；

（三）从国家出资企业取得的清算收入；

（四）其他国有资本收入。

第六十条 国有资本经营预算按年度单独编制，纳入本级人民政府预算，报本级人民代表大会批准。

国有资本经营预算支出按照当年预算收入规模安排，不列赤字。

第六十一条 国务院和有关地方人民政府财政部门负责国有资本经营预算草案的编制工作，履行出资人职责的机构向财政部门提出由其履行出资人职责的国有资本经营预算建议草案。

第六十二条 国有资本经营预算管理的具体办法和实施步骤，由国务院规定，报全国人民代表大会常务委员会备案。

第七章 国有资产监督

第六十三条 各级人民代表大会常务委员会通过听取和审议本级人民政府履行出资人职责的情况和国有资产监督管理情况的专项工作报告，组织对本法实施情况的执法检查等，依法行使监督职权。

第六十四条 国务院和地方人民政府应当对其授权履行出资人职责的机构履行职责的情况进行监督。

第六十五条 国务院和地方人民政府审计机关依照《中华人民共和国审计法》的规定，对国有资本经营预算的执行情况和属于审计监督对象的国家出资企业进行审计监督。

第六十六条　国务院和地方人民政府应当依法向社会公布国有资产状况和国有资产监督管理工作情况，接受社会公众的监督。

任何单位和个人有权对造成国有资产损失的行为进行检举和控告。

第六十七条　履行出资人职责的机构根据需要，可以委托会计师事务所对国有独资企业、国有独资公司的年度财务会计报告进行审计，或者通过国有资本控股公司的股东会、股东大会决议，由国有资本控股公司聘请会计师事务所对公司的年度财务会计报告进行审计，维护出资人权益。

第八章　法律责任

第六十八条　履行出资人职责的机构有下列行为之一的，对其直接负责的主管人员和其他直接责任人员依法给予处分：

（一）不按照法定的任职条件，任命或者建议任命国家出资企业管理者的；

（二）侵占、截留、挪用国家出资企业的资金或者应当上缴的国有资本收入的；

（三）违反法定的权限、程序，决定国家出资企业重大事项，造成国有资产损失的；

（四）有其他不依法履行出资人职责的行为，造成国有资产损失的。

第六十九条　履行出资人职责的机构的工作人员玩忽职守、滥用职权、徇私舞弊，尚不构成犯罪的，依法给予处分。

第七十条　履行出资人职责的机构委派的股东代表未按照委派机构的指示履行职责，造成国有资产损失的，依法承担赔偿责任；属于国家工作人员的，并依法给予处分。

第七十一条　国家出资企业的董事、监事、高级管理人员有下列行为之一，造成国有资产损失的，依法承担赔偿责任；属于国家工作人员的，并依法给予处分：

（一）利用职权收受贿赂或者取得其他非法收入和不当利益的；

（二）侵占、挪用企业资产的；

（三）在企业改制、财产转让等过程中，违反法律、行政法规和公平交易规则，将企业财产低价转让、低价折股的；

（四）违反本法规定与本企业进行交易的；

（五）不如实向资产评估机构、会计师事务所提供有关情况和资料，或者与资产评估机构、会计师事务所串通出具虚假资产评估报告、审计报告的；

（六）违反法律、行政法规和企业章程规定的决策程序，决定企业重大事项的；

（七）有其他违反法律、行政法规和企业章程执行职务行为的。

国家出资企业的董事、监事、高级管理人员因前款所列行为取得的收入，依法予以追缴或者归国家出资企业所有。

履行出资人职责的机构任命或者建议任命的董事、监事、高级管理人员有本条第一款所列行为之一，造成国有资产重大损失的，由履行出资人职责的机构依法予以免职或者提出免职建议。

第七十二条　在涉及关联方交易、国有资产转让等交易活动中，当事人恶意串通，损害国有资产权益的，该交易行为无效。

第七十三条　国有独资企业、国有独资公司、国有资本控股公司的董事、监事、高级管理人员违反本法规定，造成国有资产重大损失，被免职的，自免职之日起五年内不得担任国有独资企业、国有独资公司、国有资本控股公司的董事、监事、高级管理人员;造成国有资产特别重大损失,或者因贪污、贿赂、侵占财产、挪用财产或者破坏社会主义市场经济秩序被判处刑罚的,终身不得担任国有独资企业、国有独资公司、国有资本控股公司的董事、监事、高级管理人员。

第七十四条 接受委托对国家出资企业进行资产评估、财务审计的资产评估机构、会计师事务所违反法律、行政法规的规定和执业准则,出具虚假的资产评估报告或者审计报告的,依照有关法律、行政法规的规定追究法律责任。

第七十五条 违反本法规定,构成犯罪的,依法追究刑事责任。

第九章 附 则

第七十六条 金融企业国有资产的管理与监督,法律、行政法规另有规定的,依照其规定。

第七十七条 本法自 2009 年 5 月 1 日起施行。

2. 企业国有资产监督管理暂行条例

(2003 年 5 月 27 日中华人民共和国国务院令第 378 号公布 根据 2011 年 1 月 8 日《国务院关于废止和修改部分行政法规的决定》第一次修订 根据 2019 年 3 月 2 日《国务院关于修改部分行政法规的决定》第二次修订)

第一章 总 则

第一条 为建立适应社会主义市场经济需要的国有资产监督管理体制,进一步搞好国有企业,推动国有经济布局和结构的战略性调整,发展和壮大国有经济,实现国有资产保值增值,制定本条例。

第二条 国有及国有控股企业、国有参股企业中的国有资产的监督管理,适用本条例。

金融机构中的国有资产的监督管理,不适用本条例。

第三条 本条例所称企业国有资产,是指国家对企业各种形式的投资和投资所形成的权益,以及依法认定为国家所有的其他权益。

第四条 企业国有资产属于国家所有。国家实行由国务院和地方人民政府分别代表国家履行出资人职责,享有所有者权益,权利、义务和责任相统一,管资产和管人、管事相结合的国有资产管理体制。

第五条 国务院代表国家对关系国民经济命脉和国家安全的大型国有及国有控股、国有参股企业,重要基础设施和重要自然资源等领域的国有及国有控股、国有参股企业,履行出资人职责。国务院履行出资人职责的企业,由国务院确定、公布。

省、自治区、直辖市人民政府和设区的市、自治州级人民政府分别代表国家对由国务院履行出资人职责以外的国有及国有控股、国有参股企业,履行出资人职责。其中,省、自治区、直辖市人民政府履行出资人职责的国有及国有控股、国有参股企业,由省、自治区、直辖市人民政府确定、公布,并报国务院国有资产监督管理机构备案;其他由设区的市、自治州级人民政府履行出资人职责的国有及国有控股、国有参股企业,由设区的市、自治州级人民政府确定、公布,并报省、自治区、直辖市人民政府国有资产监督管理机构备案。

国务院,省、自治区、直辖市人民政府,设区的市、自治州级人民政府履行出资人职责的企业,以下统称所出资企业。

第六条　国务院,省、自治区、直辖市人民政府,设区的市、自治州级人民政府,分别设立国有资产监督管理机构。国有资产监督管理机构根据授权,依法履行出资人职责,依法对企业国有资产进行监督管理。

企业国有资产较少的设区的市、自治州,经省、自治区、直辖市人民政府批准,可以不单独设立国有资产监督管理机构。

第七条　各级人民政府应当严格执行国有资产管理法律、法规,坚持政府的社会公共管理职能与国有资产出资人职能分开,坚持政企分开,实行所有权与经营权分离。

国有资产监督管理机构不行使政府的社会公共管理职能,政府其他机构、部门不履行企业国有资产出资人职责。

第八条　国有资产监督管理机构应当依照本条例和其他有关法律、行政法规的规定,建立健全内部监督制度,严格执行法律、行政法规。

第九条　发生战争、严重自然灾害或者其他重大、紧急情况时,国家可以依法统一调用、处置企业国有资产。

第十条　所出资企业及其投资设立的企业,享有有关法律、行政法规规定的企业经营自主权。

国有资产监督管理机构应当支持企业依法自主经营,除履行出资人职责以外,不得干预企业的生产经营活动。

第十一条　所出资企业应当努力提高经济效益,对其经营管理的企业国有资产承担保值增值责任。

所出资企业应当接受国有资产监督管理机构依法实施的监督管理,不得损害企业国有资产所有者和其他出资人的合法权益。

第二章　国有资产监督管理机构

第十二条　国务院国有资产监督管理机构是代表国务院履行出资人职责、负责监督管理企业国有资产的直属特设机构。

省、自治区、直辖市人民政府国有资产监督管理机构,设区的市、自治州级人民政府国有资产监督管理机构是代表本级政府履行出资人职责、负责监督管理企业国有资产的直属特设机构。

上级政府国有资产监督管理机构依法对下级政府的国有资产监督管理工作进行指导和监督。

第十三条　国有资产监督管理机构的主要职责是:

(一)依照《中华人民共和国公司法》等法律、法规,对所出资企业履行出资人职责,维护所有者权益;

（二）指导推进国有及国有控股企业的改革和重组；

（三）依照规定向所出资企业委派监事；

（四）依照法定程序对所出资企业的企业负责人进行任免、考核，并根据考核结果对其进行奖惩；

（五）通过统计、稽核等方式对企业国有资产的保值增值情况进行监管；

（六）履行出资人的其他职责和承办本级政府交办的其他事项。

国务院国有资产监督管理机构除前款规定职责外，可以制定企业国有资产监督管理的规章、制度。

第十四条　国有资产监督管理机构的主要义务是：

（一）推进国有资产合理流动和优化配置，推动国有经济布局和结构的调整；

（二）保持和提高关系国民经济命脉和国家安全领域国有经济的控制力和竞争力，提高国有经济的整体素质；

（三）探索有效的企业国有资产经营体制和方式，加强企业国有资产监督管理工作，促进企业国有资产保值增值，防止企业国有资产流失；

（四）指导和促进国有及国有控股企业建立现代企业制度，完善法人治理结构，推进管理现代化；

（五）尊重、维护国有及国有控股企业经营自主权，依法维护企业合法权益，促进企业依法经营管理，增强企业竞争力；

（六）指导和协调解决国有及国有控股企业改革与发展中的困难和问题。

第十五条　国有资产监督管理机构应当向本级政府报告企业国有资产监督管理工作、国有资产保值增值状况和其他重大事项。

第三章　企业负责人管理

第十六条　国有资产监督管理机构应当建立健全适应现代企业制度要求的企业负责人的选用机制和激励约束机制。

第十七条　国有资产监督管理机构依照有关规定，任免或者建议任免所出资企业的企业负责人：

（一）任免国有独资企业的总经理、副总经理、总会计师及其他企业负责人；

（二）任免国有独资公司的董事长、副董事长、董事，并向其提出总经理、副总经理、总会计师等的任免建议；

（三）依照公司章程，提出向国有控股的公司派出的董事、监事人选，推荐国有控股的公司的董事长、副董事长和监事会主席人选，并向其提出总经理、副总经理、总会计师人选的建议；

（四）依照公司章程，提出向国有参股的公司派出的董事、监事人选。

国务院，省、自治区、直辖市人民政府，设区的市、自治州级人民政府，对所出资企业的企业负责人的任免另有规定的，按照有关规定执行。

第十八条　国有资产监督管理机构应当建立企业负责人经营业绩考核制度，与其任命的企业负责人签订业绩合同，根据业绩合同对企业负责人进行年度考核和任期考核。

第十九条　国有资产监督管理机构应当依照有关规定，确定所出资企业中的国有独资企业、国有独资公司的企业负责人的薪酬；依据考核结果，决定其向所出资企业派出的企业负责人的奖惩。

第四章　企业重大事项管理

第二十条　国有资产监督管理机构负责指导国有及国有控股企业建立现代企业制度，审核批准其所出资企业中的国有独资企业、国有独资公司的重组、股份制改造方案和所出资企业中的国有独资公司的章程。

第二十一条　国有资产监督管理机构依照法定程序决定其所出资企业中的国有独资企业、国有独资公司的分立、合并、破产、解散、增减资本、发行公司债券等重大事项。其中，重要的国有独资企业、国有独资公司分立、合并、破产、解散的，应当由国有资产监督管理机构审核后，报本级人民政府批准。

国有资产监督管理机构依照法定程序审核、决定国防科技工业领域其所出资企业中的国有独资企业、国有独资公司的有关重大事项时，按照国家有关法律、规定执行。

第二十二条　国有资产监督管理机构依照公司法的规定，派出股东代表、董事，参加国有控股的公司、国有参股的公司的股东会、董事会。

国有控股的公司、国有参股的公司的股东会、董事会决定公司的分立、合并、破产、解散、增减资本、发行公司债券、任免企业负责人等重大事项时，国有资产监督管理机构派出的股东代表、董事，应当按照国有资产监督管理机构的指示发表意见、行使表决权。

国有资产监督管理机构派出的股东代表、董事，应当将其履行职责的有关情况及时向国有资产监督管理机构报告。

第二十三条　国有资产监督管理机构决定其所出资企业的国有股权转让。其中，转让全部国有股权或者转让部分国有股权致使国家不再拥有控股地位的，报本级人民政府批准。

第二十四条　所出资企业投资设立的重要子企业的重大事项，需由所出资企业报国有资产监督管理机构批准的，管理办法由国务院国有资产监督管理机构另行制定，报国务院批准。

第二十五条　国有资产监督管理机构依照国家有关规定组织协调所出资企业中的国有独资企业、国有独资公司的兼并破产工作，并配合有关部门做好企业下岗职工安置等工作。

第二十六条　国有资产监督管理机构依照国家有关规定拟订所出资企业收入分配制度改革的指导意见，调控所出资企业工资分配的总体水平。

第二十七条　国有资产监督管理机构可以对所出资企业中具备条件的国有独资企业、国有独资公司进行国有资产授权经营。

被授权的国有独资企业、国有独资公司对其全资、控股、参股企业中国家投资形成的国有资产依法进行经营、管理和监督。

第二十八条　被授权的国有独资企业、国有独资公司应当建立和完善规范的现代企业制度，并承担企业国有资产的保值增值责任。

第五章　企业国有资产管理

第二十九条　国有资产监督管理机构依照国家有关规定，负责企业国有资产的产权界定、产权登记、资产评估监管、清产核资、资产统计、综合评价等基础管理工作。

国有资产监督管理机构协调其所出资企业之间的企业国有资产产权纠纷。

第三十条 国有资产监督管理机构应当建立企业国有资产产权交易监督管理制度，加强企业国有资产产权交易的监督管理，促进企业国有资产的合理流动，防止企业国有资产流失。

第三十一条 国有资产监督管理机构对其所出资企业的企业国有资产收益依法履行出资人职责；对其所出资企业的重大投融资规划、发展战略和规划，依照国家发展规划和产业政策履行出资人职责。

第三十二条 所出资企业中的国有独资企业、国有独资公司的重大资产处置，需由国有资产监督管理机构批准的，依照有关规定执行。

第六章 企业国有资产监督

第三十三条 国有资产监督管理机构依法对所出资企业财务进行监督，建立和完善国有资产保值增值指标体系，维护国有资产出资人的权益。

第三十四条 国有及国有控股企业应当加强内部监督和风险控制，依照国家有关规定建立健全财务、审计、企业法律顾问和职工民主监督等制度。

第三十五条 所出资企业中的国有独资企业、国有独资公司应当按照规定定期向国有资产监督管理机构报告财务状况、生产经营状况和国有资产保值增值状况。

第七章 法律责任

第三十六条 国有资产监督管理机构不按规定任免或者建议任免所出资企业的企业负责人，或者违法干预所出资企业的生产经营活动，侵犯其合法权益，造成企业国有资产损失或者其他严重后果的，对直接负责的主管人员和其他直接责任人员依法给予行政处分；构成犯罪的，依法追究刑事责任。

第三十七条 所出资企业中的国有独资企业、国有独资公司未按照规定向国有资产监督管理机构报告财务状况、生产经营状况和国有资产保值增值状况的，予以警告；情节严重的，对直接负责的主管人员和其他直接责任人员依法给予纪律处分。

第三十八条 国有及国有控股企业的企业负责人滥用职权、玩忽职守，造成企业国有资产损失的，应负赔偿责任，并对其依法给予纪律处分；构成犯罪的，依法追究刑事责任。

第三十九条 对企业国有资产损失负有责任受到撤职以上纪律处分的国有及国有控股企业的企业负责人，5年内不得担任任何国有及国有控股企业的企业负责人；造成企业国有资产重大损失或者被判处刑罚的，终身不得担任任何国有及国有控股企业的企业负责人。

第八章 附 则

第四十条 国有及国有控股企业、国有参股企业的组织形式、组织机构、权利和义务等，依照《中华人民共和国公司法》等法律、行政法规和本条例的规定执行。

第四十一条 国有及国有控股企业、国有参股企业中中国共产党基层组织建设、社会主义精神文明建设和党风廉政建设,依照《中国共产党章程》和有关规定执行。

国有及国有控股企业、国有参股企业中工会组织依照《中华人民共和国工会法》和《中国工会章程》的有关规定执行。

第四十二条　国务院国有资产监督管理机构,省、自治区、直辖市人民政府可以依据本条例制定实施办法。

第四十三条　本条例施行前制定的有关企业国有资产监督管理的行政法规与本条例不一致的,依照本条例的规定执行。

第四十四条　政企尚未分开的单位,应当按照国务院的规定,加快改革,实现政企分开。政企分开后的企业,由国有资产监督管理机构依法履行出资人职责,依法对企业国有资产进行监督管理。

第四十五条　本条例自公布之日起施行。

3. 关于改革和完善国有资产管理体制的若干意见

(国发〔2015〕63号　2015年10月25日)

各省、自治区、直辖市人民政府,国务院各部委、各直属机构:

改革开放以来,我国国有资产管理体制改革稳步推进,国有资产出资人代表制度基本建立,保值增值责任初步得到落实,国有资产规模、利润水平、竞争能力得到较大提升。但必须看到,现行国有资产管理体制中政企不分、政资不分问题依然存在,国有资产监管还存在越位、缺位、错位现象;国有资产监督机制不健全,国有资产流失、违纪违法问题在一些领域和企业比较突出;国有经济布局结构有待进一步优化,国有资本配置效率不高等问题亟待解决。按照《中共中央关于全面深化改革若干重大问题的决定》和国务院有关部署,现就改革和完善国有资产管理体制提出以下意见。

一、总体要求

(一)指导思想。深入贯彻落实党的十八大和十八届二中、三中、四中全会精神,按照党中央、国务院决策部署,坚持和完善社会主义基本经济制度,坚持社会主义市场经济改革方向,尊重市场经济规律和企业发展规律,正确处理好政府与市场的关系,以管资本为主加强国有资产监管,改革国有资本授权经营体制,真正确立国有企业的市场主体地位,推进国有资产监管机构职能转变,适应市场化、现代化、国际化新形势和经济发展新常态,不断增强国有经济活力、控制力、影响力和抗风险能力。

(二)基本原则。

坚持权责明晰。实现政企分开、政资分开、所有权与经营权分离,依法理顺政府与国有企业的出资关系。切实转变政府职能,依法确立国有企业的市场主体地位,建立健全现代企业制度。坚持政府公共管理职能与国有资产出资人职能分开,确保国有企业依法自主经营,激发企业活力、创新力和内生动力。

坚持突出重点。按照市场经济规则和现代企业制度要求,以管资本为主,以资本为纽带,以产权为基础,重点管好国有资本布局、规范资本运作、提高资本回报、维护资本安全。注重通过公司法人治理结构依法行使国有股东权利。

坚持放管结合。按照权责明确、监管高效、规范透明的要求,推进国有资产监管机构职能和监管方式转变。该放的依法放开,切实增强企业活力,提高国有资本运营效率;该管的科学管好,严格防止国有资产流失,确保国有资产保值增值。

坚持稳妥有序。处理好改革、发展、稳定的关系,突出改革和完善国有资产管理体制的系统性、协调性,以重点领域为突破口,先行试点,分步实施,统筹谋划,协同推进相关配套改革。

二、推进国有资产监管机构职能转变

(三)准确把握国有资产监管机构的职责定位。国有资产监管机构作为政府直属特设机构,根据授权代表本级人民政府对监管企业依法履行出资人职责,科学界定国有资产出资人监管的边界,专司国有资产监管,不行使政府公共管理职能,不干预企业自主经营权。以管资本为主,重点管好国有资本布局、规范资本运作、提高资本回报、维护资本安全,更好服务于国家战略目标,实现保值增值。发挥国有资产监管机构专业化监管优势,逐步推进国有资产出资人监管全覆盖。

(四)进一步明确国有资产监管重点。加强战略规划引领,改进对监管企业主业界定和投资并购的管理方式,遵循市场机制,规范调整存量,科学配置增量,加快优化国有资本布局结构。加强对国有资本运营质量及监管企业财务状况的监测,强化国有产权流转环节监管,加大国有产权进场交易力度。按照国有企业的功能界定和类别实行分类监管。改进考核体系和办法,综合考核资本运营质量、效率和收益,以经济增加值为主,并将转型升级、创新驱动、合规经营、履行社会责任等纳入考核指标体系。着力完善激励约束机制,将国有企业领导人员考核结果与职务任免、薪酬待遇有机结合,严格规范国有企业领导人员薪酬分配。建立健全与劳动力市场基本适应,与企业经济效益、劳动生产率挂钩的工资决定和正常增长机制。推动监管企业不断优化公司法人治理结构,把加强党的领导和完善公司治理统一起来,建立国有企业领导人员分类分层管理制度。强化国有资产监督,加强和改进外派监事会制度,建立健全国有企业违法违规经营责任追究体系、国有企业重大决策失误和失职渎职责任追究倒查机制。

(五)推进国有资产监管机构职能转变。围绕增强监管企业活力和提高效率,聚焦监管内容,该管的要科学管理、决不缺位,不该管的要依法放权、决不越位。将国有资产监管机构行使的投资计划、部分产权管理和重大事项决策等出资人权利,授权国有资本投资、运营公司和其他直接监管的企业行使;将依法应由企业自主经营决策的事项归位于企业;加强对企业集团的整体监管,将延伸到子企业的管理事项原则上归位于一级企业,由一级企业依法依规决策;将国有资产监管机构配合承担的公共管理职能,归位于相关政府部门和单位。

(六)改进国有资产监管方式和手段。大力推进依法监管,着力创新监管方式和手段。按照事前规范制度、事中加强监控、事后强化问责的思路,更多运用法治化、市场化的监管方式,切实减少出资人审批核准事项,改变行政化管理方式。通过“一企一策”制定公司章程、规范董事会运作、严格选派和管理股东代表和董事监事,将国有出资人意志有效体现在公司治理结构中。针对企业不同功能定位,在战略规划制定、资本运作模式、人员选用机制、经营业绩考核等方面，实施更加精准有效的分类监管。调整国有资产监管机构内部组织设置和职能配置，建立监管权力清单和责任清单，优化监管流程，提高监管效率。建立出资人监管信息化工作平台，推进监管工作协同，实现信息共享和动态监管。完善国有资产和国有企业信息公开制度，设立统一的信息公开网络平台，在不涉及国家秘密和企业商业秘密的前提下，依法依规及时准确地披露国有资本整体运营情况、企业国有资产保值增值及经营业绩考核总体情况、国有资产监管制度和监督检查情况，以及国有企业公司治理和管理架构、财务状况、关联交易、企业负责人薪酬等信息，建设阳光国企。

三、改革国有资本授权经营体制

（七）改组组建国有资本投资、运营公司。主要通过划拨现有商业类国有企业的国有股权，以及国有资本经营预算注资组建，以提升国有资本运营效率、提高国有资本回报为主要目标，通过股权运作、价值管理、有序进退等方式，促进国有资本合理流动，实现保值增值；或选择具备一定条件的国有独资企业集团改组设立，以服务国家战略、提升产业竞争力为主要目标，在关系国家安全、国民经济命脉的重要行业和关键领域，通过开展投资融资、产业培育和资本整合等，推动产业集聚和转型升级，优化国有资本布局结构。

（八）明确国有资产监管机构与国有资本投资、运营公司关系。政府授权国有资产监管机构依法对国有资本投资、运营公司履行出资人职责。国有资产监管机构按照“一企一策”原则，明确对国有资本投资、运营公司授权的内容、范围和方式，依法落实国有资本投资、运营公司董事会职权。国有资本投资、运营公司对授权范围内的国有资本履行出资人职责，作为国有资本市场化运作的专业平台，依法自主开展国有资本运作，对所出资企业行使股东职责，维护股东合法权益，按照责权对应原则切实承担起国有资产保值增值责任。

（九）界定国有资本投资、运营公司与所出资企业关系。国有资本投资、运营公司依据公司法等相关法律法规，对所出资企业依法行使股东权利，以出资额为限承担有限责任。以财务性持股为主，建立财务管控模式，重点关注国有资本流动和增值状况；或以对战略性核心业务控股为主，建立以战略目标和财务效益为主的管控模式，重点关注所出资企业执行公司战略和资本回报状况。

（十）开展政府直接授权国有资本投资、运营公司履行出资人职责的试点工作。中央层面开展由国务院直接授权国有资本投资、运营公司试点等工作。地方政府可以根据实际情况，选择开展直接授权国有资本投资、运营公司试点工作。

四、提高国有资本配置和运营效率

（十一）建立国有资本布局和结构调整机制。政府有关部门制定完善经济社会发展规划、产业政策和国有资本收益管理规则。国有资产监管机构根据政府宏观政策和有关管理要求，建立健全国有资本进退机制，制定国有资本投资负面清单，推动国有资本更多投向关系国家安全、国民经济命脉和国计民生的重要行业和关键领域。

（十二）推进国有资本优化重组。坚持以市场为导向、以企业为主体，有进有退、有所为有所不为，优化国有资本布局结构，提高国有资本流动性，增强国有经济整体功能和提升效率。按照国有资本布局结构调整要求，加快推动国有资本向重要行业、关键领域、重点基础设施集中，向前瞻性战略性产业集中，向产业链关键环节和价值链高端领域集中,向具有核心竞争力的优势企业集中。清理退出一批、重组整合一批、创新发展一批国有企业,建立健全优胜劣汰市场化退出机制,加快淘汰落后产能和化解过剩产能,处置低效无效资产。推动国有企业加快技术创新、管理创新和商业模式创新。推进国有资本控股经营的自然垄断行业改革,根据不同行业特点放开竞争性业务,实现国有资本和社会资本更好融合。

(十三)建立健全国有资本收益管理制度。财政部门会同国有资产监管机构等部门建立覆盖全部国有企业、分级管理的国有资本经营预算管理制度,根据国家宏观调控和国有资本布局结构调整要求,提出国有资本收益上交比例建议,报国务院批准后执行。在改组组建国有资本投资、运营公司以及实施国有企业重组过程中,国家根据需要将部分国有股权划转社会保障基金管理机构持有,分红和转让收益用于弥补养老等社会保障资金缺口。

五、协同推进相关配套改革

(十四)完善有关法律法规。健全国有资产监管法律法规体系,做好相关法律法规的立改废释工作。按照立法程序,抓紧推动开展企业国有资产法修订工作,出台相关配套法规,为完善国有资产管理体制夯实法律基础。根据国有企业公司制改革进展情况,推动适时废止全民所有制工业企业法。研究起草企业国有资产基础管理条例,统一管理规则。

(十五)推进政府职能转变。进一步减少行政审批事项,大幅度削减政府通过国有企业行政性配置资源事项,区分政府公共管理职能与国有资产出资人管理职能,为国有资产管理体制改革完善提供环境条件。推进自然垄断行业改革,实行网运分开、特许经营。加快推进价格机制改革,严格规范政府定价行为,完善市场发现、形成价格的机制。推进行政性垄断行业成本公开、经营透明,发挥社会监督作用。

(十六)落实相关配套政策。落实和完善国有企业重组整合涉及的资产评估增值、土地变更登记和国有资产无偿划转等方面税收优惠政策,切实明确国有企业改制重组过程中涉及的债权债务承接主体和责任,完善国有企业退出的相关政策,依法妥善处理劳动关系调整和社会保险关系接续等相关问题。

(十七)妥善解决历史遗留问题。加快剥离企业办社会职能,针对"三供一业"(供水、供电、供热和物业管理)、离退休人员社会化管理、厂办大集体改革等问题,制定统筹规范、分类施策的措施,建立政府和国有企业合理分担成本的机制。国有资本经营预算支出优先用于解决国有企业历史遗留问题。

(十八)稳步推进经营性国有资产集中统一监管。按照依法依规、分类推进、规范程序、市场运作的原则,以管资本为主,稳步将党政机关、事业单位所属企业的国有资本纳入经营性国有资产集中统一监管体系,具备条件的进入国有资本投资、运营公司。

金融、文化等国有企业的改革,中央另有规定的依其规定执行。

各地区要结合本地实际,制定具体改革实施方案,确保国有资产管理体制改革顺利进行,全面完成各项改革任务。

国务院
2015 年 10 月 25 日

4. 关于深化国有企业改革的指导意见

（2015 年 8 月 24 日）

国有企业属于全民所有，是推进国家现代化、保障人民共同利益的重要力量，是我们党和国家事业发展的重要物质基础和政治基础。改革开放以来，国有企业改革发展不断取得重大进展，总体上已经同市场经济相融合，运行质量和效益明显提升，在国际国内市场竞争中涌现出一批具有核心竞争力的骨干企业，为推动经济社会发展、保障和改善民生、开拓国际市场、增强我国综合实力作出了重大贡献，国有企业经营管理者队伍总体上是好的，广大职工付出了不懈努力，成就是突出的。但也要看到，国有企业仍然存在一些亟待解决的突出矛盾和问题，一些企业市场主体地位尚未真正确立，现代企业制度还不健全，国有资产监管体制有待完善，国有资本运行效率需进一步提高；一些企业管理混乱，内部人控制、利益输送、国有资产流失等问题突出，企业办社会职能和历史遗留问题还未完全解决；一些企业党组织管党治党责任不落实、作用被弱化。面向未来，国有企业面临日益激烈的国际竞争和转型升级的巨大挑战。在推动我国经济保持中高速增长和迈向中高端水平、完善和发展中国特色社会主义制度、实现中华民族伟大复兴中国梦的进程中，国有企业肩负着重大历史使命和责任。要认真贯彻落实党中央、国务院战略决策，按照“四个全面”战略布局的要求，以经济建设为中心，坚持问题导向，继续推进国有企业改革，切实破除体制机制障碍，坚定不移做强做优做大国有企业。为此，提出以下意见。

一、总体要求

（一）指导思想

高举中国特色社会主义伟大旗帜，认真贯彻落实党的十八大和十八届三中、四中全会精神，深入学习贯彻习近平总书记系列重要讲话精神，坚持和完善基本经济制度，坚持社会主义市场经济改革方向，适应市场化、现代化、国际化新形势，以解放和发展社会生产力为标准，以提高国有资本效率、增强国有企业活力为中心，完善产权清晰、权责明确、政企分开、管理科学的现代企业制度，完善国有资产监管体制，防止国有资产流失，全面推进依法治企，加强和改进党对国有企业的领导，做强做优做大国有企业，不断增强国有经济活力、控制力、影响力、抗风险能力，主动适应和引领经济发展新常态，为促进经济社会持续健康发展、实现中华民族伟大复兴中国梦作出积极贡献。

（二）基本原则

——坚持和完善基本经济制度。这是深化国有企业改革必须把握的根本要求。必须毫不动摇巩固和发展公有制经济，毫不动摇鼓励、支持、引导非公有制经济发展。坚持公有制主体地位，发挥国有经济主导作用，积极促进国有资本、集体资本、非公有资本等交叉持股、相互融合，推动各种所有制资本取长补短、相互促进、共同发展。

——坚持社会主义市场经济改革方向。这是深化国有企业改革必须遵循的基本规律。国有企业改革要遵循市场经济规律和企业发展规律，坚持政企分开、政资分开、所有权与经营权分离，坚持权利、义务、责任相统一，坚持激励机制和约束机制相结合，促使国有企业真正成为依法自主经营、自负盈亏、自担风险、自我约束、自我发展的独立市场主体。社会主义市场经济条件下的国有企业,要成为自觉履行社会责任的表率。

——坚持增强活力和强化监管相结合。这是深化国有企业改革必须把握的重要关系。增强活力是搞好国有企业的本质要求,加强监管是搞好国有企业的重要保障,要切实做到两者的有机统一。继续推进简政放权,依法落实企业法人财产权和经营自主权,进一步激发企业活力、创造力和市场竞争力。进一步完善国有企业监管制度,切实防止国有资产流失,确保国有资产保值增值。

——坚持党对国有企业的领导。这是深化国有企业改革必须坚守的政治方向、政治原则。要贯彻全面从严治党方针,充分发挥企业党组织政治核心作用,加强企业领导班子建设,创新基层党建工作,深入开展党风廉政建设,坚持全心全意依靠工人阶级,维护职工合法权益,为国有企业改革发展提供坚强有力的政治保证、组织保证和人才支撑。

——坚持积极稳妥统筹推进。这是深化国有企业改革必须采用的科学方法。要正确处理推进改革和坚持法治的关系,正确处理改革发展稳定关系,正确处理搞好顶层设计和尊重基层首创精神的关系,突出问题导向,坚持分类推进,把握好改革的次序、节奏、力度,确保改革扎实推进、务求实效。

(三)主要目标

到2020年,在国有企业改革重要领域和关键环节取得决定性成果,形成更加符合我国基本经济制度和社会主义市场经济发展要求的国有资产管理体制、现代企业制度、市场化经营机制,国有资本布局结构更趋合理,造就一大批德才兼备、善于经营、充满活力的优秀企业家,培育一大批具有创新能力和国际竞争力的国有骨干企业,国有经济活力、控制力、影响力、抗风险能力明显增强。

——国有企业公司制改革基本完成,发展混合所有制经济取得积极进展,法人治理结构更加健全,优胜劣汰、经营自主灵活、内部管理人员能上能下、员工能进能出、收入能增能减的市场化机制更加完善。

——国有资产监管制度更加成熟,相关法律法规更加健全,监管手段和方式不断优化,监管的科学性、针对性、有效性进一步提高,经营性国有资产实现集中统一监管,国有资产保值增值责任全面落实。

——国有资本配置效率显著提高,国有经济布局结构不断优化、主导作用有效发挥,国有企业在提升自主创新能力、保护资源环境、加快转型升级、履行社会责任中的引领和表率作用充分发挥。

——企业党的建设全面加强,反腐倡廉制度体系、工作体系更加完善,国有企业党组织在公司治理中的法定地位更加巩固,政治核心作用充分发挥。

二、分类推进国有企业改革

(四)划分国有企业不同类别。根据国有资本的战略定位和发展目标,结合不同国有企业在经济社会发展中的作用、现状和发展需要,将国有企业分为商业类和公益类。通过界定功能、划分类别,实行分类改革、分类发展、分类监管、分类定责、分类考核,提高改革的针对性、监管的有效性、考核评价的科学性,推动国有企业同市场经济深入融合,促进国有企业经济效益和社会效益有机统一。按照谁出资谁分类的原则,由履行出资人职责的机构负责制定所出资企业的功能界定和分类方案,报本级政府批准。各地区可结合实际,划分并动态调整本地区国有企业功能类别。

(五)推进商业类国有企业改革。商业类国有企业按照市场化要求实行商业化运作,以增强国有经济活力、放大国有资本功能、实现国有资产保值增值为主要目标,依法独立自主开展生产经营活动,实现优胜劣汰、有序进退。

主业处于充分竞争行业和领域的商业类国有企业,原则上都要实行公司制股份制改革,积极引入其他国有资本或各类非国有资本实现股权多元化,国有资本可以绝对控股、相对控股,也可以参股,并着力推进整体上市。对这些国有企业,重点考核经营业绩指标、国有资产保值增值和市场竞争能力。

主业处于关系国家安全、国民经济命脉的重要行业和关键领域、主要承担重大专项任务的商业类国有企业,要保持国有资本控股地位,支持非国有资本参股。对自然垄断行业,实行以政企分开、政资分开、特许经营、政府监管为主要内容的改革,根据不同行业特点实行网运分开、放开竞争性业务,促进公共资源配置市场化;对需要实行国有全资的企业,也要积极引入其他国有资本实行股权多元化;对特殊业务和竞争性业务实行业务板块有效分离,独立运作、独立核算。对这些国有企业,在考核经营业绩指标和国有资产保值增值情况的同时,加强对服务国家战略、保障国家安全和国民经济运行、发展前瞻性战略性产业以及完成特殊任务的考核。

(六)推进公益类国有企业改革。公益类国有企业以保障民生、服务社会、提供公共产品和服务为主要目标,引入市场机制,提高公共服务效率和能力。这类企业可以采取国有独资形式,具备条件的也可以推行投资主体多元化,还可以通过购买服务、特许经营、委托代理等方式,鼓励非国有企业参与经营。对公益类国有企业,重点考核成本控制、产品服务质量、营运效率和保障能力,根据企业不同特点有区别地考核经营业绩指标和国有资产保值增值情况,考核中要引入社会评价。

三、完善现代企业制度

(七)推进公司制股份制改革。加大集团层面公司制改革力度,积极引入各类投资者实现股权多元化,大力推动国有企业改制上市,创造条件实现集团公司整体上市。根据不同企业的功能定位,逐步调整国有股权比例,形成股权结构多元、股东行为规范、内部约束有效、运行高效灵活的经营机制。允许将部分国有资本转化为优先股,在少数特定领域探索建立国家特殊管理股制度。

(八)健全公司法人治理结构。重点是推进董事会建设,建立健全权责对等、运转协调、有效制衡的决策执行监督机制,规范董事长、总经理行权行为,充分发挥董事会的决策作用、监事会的监督作用、经理层的经营管理作用、党组织的政治核心作用,切实解决一些企业董事会形同虚设、“一把手”说了算的问题,实现规范的公司治理。要切实落实和维护董事会依法行使重大决策、选人用人、薪酬分配等权利,保障经理层经营自主权,法无授权任何政府部门和机构不得干预。加强董事会内部的制衡约束,国有独资、全资公司的董事会和监事会均应有职工代表,董事会外部董事应占多数,落实一人一票表决制度,董事对董事会决议承担责任。改进董事会和董事评价办法,强化对董事的考核评价和管理,对重大决策失误负有直接责任的要及时调整或解聘,并依法追究责任。进一步加强外部董事队伍建设,拓宽来源渠道。

(九)建立国有企业领导人员分类分层管理制度。坚持党管干部原则与董事会依法产生、董事会依法选择经营管理者、经营管理者依法行使用人权相结合,不断创新有效实现形式。上级党组织和国有资产监管机构按照管理权限加强对国有企业领导人员的管理,广开推荐渠道,依规考察提名,严格履行选用程序。根据不同企业类别和层级,实行选任制、委任制、聘任制等不同选人用人方式。推行职业经理人制度,实行内部培养和外部引进相结合,畅通现有经营管理者与职业经理人身份转换通道,董事会按市场化方式选聘和管理职业经理人,合理增加市场化选聘比例,加快建立退出机制。推行企业经理层成员任期制和契约化管理,明确责任、权利、义务,严格任期管理和目标考核。

(十)实行与社会主义市场经济相适应的企业薪酬分配制度。企业内部的薪酬分配权是企业的法定权利,由企业依法依规自主决定,完善既有激励又有约束、既讲效率又讲公平、既符合企业一般规律又体现国有企业特点的分配机制。建立健全与劳动力市场基本适应、与企业经济效益和劳动生产率挂钩的工资决定和正常增长机制。推进全员绩效考核,以业绩为导向,科学评价不同岗位员工的贡献,合理拉开收入分配差距,切实做到收入能增能减和奖惩分明,充分调动广大职工积极性。对国有企业领导人员实行与选任方式相匹配、与企业功能性质相适应、与经营业绩相挂钩的差异化薪酬分配办法。对党中央、国务院和地方党委、政府及其部门任命的国有企业领导人员,合理确定基本年薪、绩效年薪和任期激励收入。对市场化选聘的职业经理人实行市场化薪酬分配机制,可以采取多种方式探索完善中长期激励机制。健全与激励机制相对称的经济责任审计、信息披露、延期支付、追索扣回等约束机制。严格规范履职待遇、业务支出,严禁将公款用于个人支出。

(十一)深化企业内部用人制度改革。建立健全企业各类管理人员公开招聘、竞争上岗等制度,对特殊管理人员可以通过委托人才中介机构推荐等方式,拓宽选人用人视野和渠道。建立分级分类的企业员工市场化公开招聘制度,切实做到信息公开、过程公开、结果公开。构建和谐劳动关系,依法规范企业各类用工管理,建立健全以合同管理为核心、以岗位管理为基础的市场化用工制度,真正形成企业各类管理人员能上能下、员工能进能出的合理流动机制。

四、完善国有资产管理体制

(十二)以管资本为主推进国有资产监管机构职能转变。国有资产监管机构要准确把握依法履行出资人职责的定位,科学界定国有资产出资人监管的边界,建立监管权力清单和责任清单,实现以管企业为主向以管资本为主的转变。该管的要科学管理、决不缺位,重点管好国有资本布局、规范资本运作、提高资本回报、维护资本安全;不该管的要依法放权、决不越位,将依法应由企业自主经营决策的事项归位于企业,将延伸到子企业的管理事项原则上归位于一级企业,将配合承担的公共管理职能归位于相关政府部门和单位。大力推进依法监管,着力创新监管方式和手段,改变行政化管理方式,改进考核体系和办法,提高监管的科学性、有效性。

(十三)以管资本为主改革国有资本授权经营体制。改组组建国有资本投资、运营公司,探索有效的运营模式,通过开展投资融资、产业培育、资本整合,推动产业集聚和转型升级,优化国有资本布局结构;通过股权运作、价值管理、有序进退,促进国有资本合理流动,实现保值增值。科学界定国有资本所有权和经营权的边界,国有资产监管机构依法对国有资本投资、运营公司和其他直接监管的企业履行出资人职责,并授权国有资本投资、运营公司对授权范围内的国有资本履行出资人职责。国有资本投资、运营公司作为国有资本市场化运作的专业平台,依法自主开展国有资本运作,对所出资企业行使股东职责,按照责权对应原则切实承担起国有资产保值增值责任。开展政府直接授权国有资本投资、运营公司履行出资人职责的试点。

（十四）以管资本为主推动国有资本合理流动优化配置。坚持以市场为导向、以企业为主体，有进有退、有所为有所不为，优化国有资本布局结构，增强国有经济整体功能和效率。紧紧围绕服务国家战略，落实国家产业政策和重点产业布局调整总体要求，优化国有资本重点投资方向和领域，推动国有资本向关系国家安全、国民经济命脉和国计民生的重要行业和关键领域、重点基础设施集中，向前瞻性战略性产业集中，向具有核心竞争力的优势企业集中。发挥国有资本投资、运营公司的作用，清理退出一批、重组整合一批、创新发展一批国有企业。建立健全优胜劣汰市场化退出机制，充分发挥失业救济和再就业培训等的作用，解决好职工安置问题，切实保障退出企业依法实现关闭或破产，加快处置低效无效资产，淘汰落后产能。支持企业依法合规通过证券交易、产权交易等资本市场，以市场公允价格处置企业资产，实现国有资本形态转换，变现的国有资本用于更需要的领域和行业。推动国有企业加快管理创新、商业模式创新，合理限定法人层级，有效压缩管理层级。发挥国有企业在实施创新驱动发展战略和制造强国战略中的骨干和表率作用，强化企业在技术创新中的主体地位，重视培养科研人才和高技能人才。支持国有企业开展国际化经营，鼓励国有企业之间以及与其他所有制企业以资本为纽带，强强联合、优势互补，加快培育一批具有世界一流水平的跨国公司。

（十五）以管资本为主推进经营性国有资产集中统一监管。稳步将党政机关、事业单位所属企业的国有资本纳入经营性国有资产集中统一监管体系，具备条件的进入国有资本投资、运营公司。加强国有资产基础管理，按照统一制度规范、统一工作体系的原则，抓紧制定企业国有资产基础管理条例。建立覆盖全部国有企业、分级管理的国有资本经营预算管理制度，提高国有资本收益上缴公共财政比例，2020 年提高到 30%，更多用于保障和改善民生。划转部分国有资本充实社会保障基金。

五、发展混合所有制经济

（十六）推进国有企业混合所有制改革。以促进国有企业转换经营机制，放大国有资本功能，提高国有资本配置和运行效率，实现各种所有制资本取长补短、相互促进、共同发展为目标，稳妥推动国有企业发展混合所有制经济。对通过实行股份制、上市等途径已经实行混合所有制的国有企业，要着力在完善现代企业制度、提高资本运行效率上下功夫；对于适宜继续推进混合所有制改革的国有企业，要充分发挥市场机制作用，坚持因地施策、因业施策、因企施策，宜独则独、宜控则控、宜参则参，不搞拉郎配，不搞全覆盖，不设时间表，成熟一个推进一个。改革要依法依规、严格程序、公开公正，切实保护混合所有制企业各类出资人的产权权益，杜绝国有资产流失。

（十七）引入非国有资本参与国有企业改革。鼓励非国有资本投资主体通过出资入股、收购股权、认购可转债、股权置换等多种方式，参与国有企业改制重组或国有控股上市公司增资扩股以及企业经营管理。实行同股同权，切实维护各类股东合法权益。在石油、天然气、电力、铁路、电信、资源开发、公用事业等领域，向非国有资本推出符合产业政策、有利于转型升级的项目。依照外商投资产业指导目录和相关安全审查规定，完善外资安全审查工作机制。开展多类型政府和社会资本合作试点，逐步推广政府和社会资本合作模式。

（十八）鼓励国有资本以多种方式入股非国有企业。充分发挥国有资本投资、运营公司的资本运作平台作用，通过市场化方式，以公共服务、高新技术、生态环保、战略性产业为重点领域，对发展潜力大、成长性强的非国有企业进行股权投资。鼓励国有企业通过投资入股、联合投资、重组等多种方式，与非国有企业进行股权融合、战略合作、资源整合。

（十九）探索实行混合所有制企业员工持股。坚持试点先行，在取得经验基础上稳妥有序推进，通过实行员工持股建立激励约束长效机制。优先支持人才资本和技术要素贡献占比较高的转制科研院所、高新技术企业、科技服务型企业开展员工持股试点，支持对企业经营业绩和持续发展有直接或较大影响的科研人员、经营管理人员和业务骨干等持股。员工持股主要采取增资扩股、出资新设等方式。完善相关政策，健全审核程序，规范操作流程，严格资产评估，建立健全股权流转和退出机制，确保员工持股公开透明，严禁暗箱操作，防止利益输送。

六、强化监督防止国有资产流失

（二十）强化企业内部监督。完善企业内部监督体系，明确监事会、审计、纪检监察、巡视以及法律、财务等部门的监督职责，完善监督制度，增强制度执行力。强化对权力集中、资金密集、资源富集、资产聚集的部门和岗位的监督，实行分事行权、分岗设权、分级授权，定期轮岗，强化内部流程控制，防止权力滥用。建立审计部门向董事会负责的工作机制。落实企业内部监事会对董事、经理和其他高级管理人员的监督。进一步发挥企业总法律顾问在经营管理中的法律审核把关作用，推进企业依法经营、合规管理。集团公司要依法依规、尽职尽责加强对子企业的管理和监督。大力推进厂务公开，健全以职工代表大会为基本形式的企业民主管理制度，加强企业职工民主监督。

（二十一）建立健全高效协同的外部监督机制。强化出资人监督，加快国有企业行为规范法律法规制度建设，加强对企业关键业务、改革重点领域、国有资本运营重要环节以及境外国有资产的监督，规范操作流程，强化专业检查，开展总会计师由履行出资人职责机构委派的试点。加强和改进外派监事会制度，明确职责定位，强化与有关专业监督机构的协作，加强当期和事中监督，强化监督成果运用，建立健全核查、移交和整改机制。健全国有资本审计监督体系和制度，实行企业国有资产审计监督全覆盖，建立对企业国有资本的经常性审计制度。加强纪检监察监督和巡视工作，强化对企业领导人员廉洁从业、行使权力等的监督，加大大案要案查处力度，狠抓对存在问题的整改落实。整合出资人监管、外派监事会监督和审计、纪检监察、巡视等监督力量，建立监督工作会商机制，加强统筹，创新方式，共享资源，减少重复检查，提高监督效能。建立健全监督意见反馈整改机制，形成监督工作的闭环。

（二十二）实施信息公开加强社会监督。完善国有资产和国有企业信息公开制度，设立统一的信息公开网络平台，依法依规、及时准确披露国有资本整体运营和监管、国有企业公司治理以及管理架构、经营情况、财务状况、关联交易、企业负责人薪酬等信息，建设阳光国企。认真处理人民群众关于国有资产流失等问题的来信、来访和检举，及时回应社会关切。充分发挥媒体舆论监督作用，有效保障社会公众对企业国有资产运营的知情权和监督权。

（二十三）严格责任追究。建立健全国有企业重大决策失误和失职、渎职责任追究倒查机制，建立和完善重大决策评估、决策事项履职记录、决策过错认定标准等配套制度，严厉查处侵吞、贪污、输送、挥霍国有资产和逃废金融债务的行为。建立健全企业国有资产的监督问责机制，对企业重大违法违纪问题敷衍不追、隐匿不报、查处不力的，严格追究有关人员失职渎职责任，视不同情形给予纪律处分或行政处分，构成犯罪的，由司法机关依法追究刑事责任。

七、加强和改进党对国有企业的领导

（二十四）充分发挥国有企业党组织政治核心作用。把加强党的领导和完善公司治理统一起来，将党建工作总体要求纳入国有企业章程，明确国有企业党组织在公司法人治理结构中的法定地位，创新国有企业党组织发挥政治核心作用的途径和方式。在国有企业改革中坚持党的建设同步谋划、党的组织及工作机构同步设置、党组织负责人及党务工作人员同步配备、党的工作同步开展，保证党组织工作机构健全、党务工作者队伍稳定、党组织和党员作用得到有效发挥。坚持和完善双向进入、交叉任职的领导体制，符合条件的党组织领导班子成员可以通过法定程序进入董事会、监事会、经理层，董事会、监事会、经理层成员中符合条件的党员可以依照有关规定和程序进入党组织领导班子；经理层成员与党组织领导班子成员适度交叉任职；董事长、总经理原则上分设，党组织书记、董事长一般由一人担任。

国有企业党组织要切实承担好、落实好从严管党治党责任。坚持从严治党、思想建党、制度治党，增强管党治党意识，建立健全党建工作责任制，聚精会神抓好党建工作，做到守土有责、守土负责、守土尽责。党组织书记要切实履行党建工作第一责任人职责，党组织班子其他成员要切实履行"一岗双责"，结合业务分工抓好党建工作。中央企业党组织书记同时担任企业其他主要领导职务的，应当设立1名专职抓企业党建工作的副书记。加强国有企业基层党组织建设和党员队伍建设，强化国有企业基层党建工作的基础保障，充分发挥基层党组织战斗堡垒作用、共产党员先锋模范作用。加强企业党组织对群众工作的领导，发挥好工会、共青团等群团组织的作用，深入细致做好职工群众的思想政治工作。把建立党的组织、开展党的工作，作为国有企业推进混合所有制改革的必要前提，根据不同类型混合所有制企业特点，科学确定党组织的设置方式、职责定位、管理模式。

（二十五）进一步加强国有企业领导班子建设和人才队伍建设。根据企业改革发展需要，明确选人用人标准和程序，创新选人用人方式。强化党组织在企业领导人员选拔任用、培养教育、管理监督中的责任，支持董事会依法选择经营管理者、经营管理者依法行使用人权，坚决防止和整治选人用人中的不正之风。加强对国有企业领导人员尤其是主要领导人员的日常监督管理和综合考核评价，及时调整不胜任、不称职的领导人员，切实解决企业领导人员能上不能下的问题。以强化忠诚意识、拓展世界眼光、提高战略思维、增强创新精神、锻造优秀品行为重点，加强企业家队伍建设，充分发挥企业家作用。大力实施人才强企战略，加快建立健全国有企业集聚人才的体制机制。

（二十六）切实落实国有企业反腐倡廉"两个责任"。国有企业党组织要切实履行好主体责任，纪检机构要履行好监督责任。加强党性教育、法治教育、警示教育，引导国有企业领导人员坚定理想信念，自觉践行"三严三实"要求，正确履职行权。建立切实可行的责任追究制度，与企业考核等挂钩，实行"一案双查"。推动国有企业纪律检查工作双重领导体制具体化、程序化、制度化，强化上级纪委对下级纪委的领导。加强和改进国有企业巡视工作，强化对权力运行的监督和制约。坚持运用法治思维和法治方式反腐败，完善反腐倡廉制度体系，严格落实反"四风"规定，努力构筑企业领导人员不敢腐、不能腐、不想腐的有效机制。

八、为国有企业改革创造良好环境条件

(二十七)完善相关法律法规和配套政策。加强国有企业相关法律法规立改废释工作,确保重大改革于法有据。切实转变政府职能,减少审批、优化制度、简化手续、提高效率。完善公共服务体系,推进政府购买服务,加快建立稳定可靠、补偿合理、公开透明的企业公共服务支出补偿机制。完善和落实国有企业重组整合涉及的资产评估增值、土地变更登记和国有资产无偿划转等方面税收优惠政策。完善国有企业退出的相关政策,依法妥善处理劳动关系调整、社会保险关系接续等问题。

(二十八)加快剥离企业办社会职能和解决历史遗留问题。完善相关政策,建立政府和国有企业合理分担成本的机制,多渠道筹措资金,采取分离移交、重组改制、关闭撤销等方式,剥离国有企业职工家属区"三供一业"和所办医院、学校、社区等公共服务机构,继续推进厂办大集体改革,对国有企业退休人员实施社会化管理,妥善解决国有企业历史遗留问题,为国有企业公平参与市场竞争创造条件。

(二十九)形成鼓励改革创新的氛围。坚持解放思想、实事求是,鼓励探索、实践、创新。全面准确评价国有企业,大力宣传中央关于全面深化国有企业改革的方针政策,宣传改革的典型案例和经验,营造有利于国有企业改革的良好舆论环境。

(三十)加强对国有企业改革的组织领导。各级党委和政府要统一思想,以高度的政治责任感和历史使命感,切实履行对深化国有企业改革的领导责任。要根据本指导意见,结合实际制定实施意见,加强统筹协调、明确责任分工、细化目标任务、强化督促落实,确保深化国有企业改革顺利推进,取得实效。

金融、文化等国有企业的改革,中央另有规定的依其规定执行。

5. 地方国有资产监管工作指导监督办法

(国务院国有资产监督管理委员会令第25号　自2011年5月1日起施行)

第一章　总　则

第一条　为加强对地方国有资产监管工作的指导和监督,保障地方国有资产监管工作规范有序进行,根据《中华人民共和国企业国有资产法》、《企业国有资产监督管理暂行条例》等法律、行政法规,制定本办法。

第二条　国务院国有资产监督管理机构指导监督地方国有资产监管工作,省(自治区、直辖市)和市(地)级政府国有资产监督管理机构指导监督本地区国有资产监管工作,适用本办法。

第三条　本办法所称指导监督,是指上级国有资产监督管理机构依照法律法规规定,对下级政府国有资产监管工作实施的依法规范、引导推进、沟通交流、督促检查等相关活动。

第四条　指导监督工作应当遵循下列原则:

(一)坚持国有资产属于国家所有原则,落实国有资产监管责任,保障国有资产监管政策法规的贯彻实施。

（二）坚持中央和地方政府分别代表国家履行出资人职责原则，各级国有资产监督管理机构作为本级政府的直属特设机构，应当根据授权，按照法定职责和程序开展指导监督工作。上级国有资产监督管理机构应当尊重和维护下级国有资产监督管理机构的出资人权利，不得代替或者干预下级国有资产监督管理机构履行出资人职责，不得干预企业经营自主权。

（三）坚持政企分开、政府的社会公共管理职能与国有资产出资人职能分开的原则，完善经营性国有资产管理和国有企业监管体制机制，鼓励地方积极探索国有资产监管和运营的有效途径和方式。

（四）坚持依法合规原则，加强分类指导，突出监督重点，增强地方国有资产监管工作的规范性和有效性。

第五条　国务院国有资产监督管理机构依照法律和行政法规规定，起草国有资产监督管理的法律法规草案，制定有关规章、制度，指导规范各级地方国有资产监管工作。

各级地方国有资产监督管理机构可以根据本地区实际，依照国有资产监管法律法规、规章和规范性文件规定，制定实施办法，指导规范本地区国有资产监管工作。

第六条　国有资产监管工作中的具体事项实行逐级指导监督。国务院国有资产监督管理机构应当加强对省级政府国有资产监督管理机构的具体业务指导监督；省级政府国有资产监督管理机构应当加强对市（地）级政府国有资产监督管理机构的具体业务指导监督；市（地）级政府国有资产监督管理机构应当加强对县级政府国有资产监管工作的具体业务指导监督。

市（地）级、县级政府尚未单独设立国有资产监督管理机构的，上一级国有资产监督管理机构应当建立与下级政府承担国有资产监管职责的部门、机构的指导监督工作联系制度。

第七条　上级国有资产监督管理机构制定国有资产监管规章、制度，开展指导监督工作，应当充分征求下级国有资产监督管理机构的意见和建议，加强与下级国有资产监督管理机构的沟通交流。

第二章　指导监督工作机制

第八条　各级国有资产监督管理机构应当根据指导监督职责，明确指导监督的分工领导和工作机制，加强指导监督工作的统筹协调，及时研究和汇总本地区指导监督工作中的重大事项和综合情况。

第九条　各级国有资产监督管理机构之间应当加强纵向沟通协调，健全完善上下联动、规范有序、全面覆盖的指导监督工作体系，加强指导监督工作制度建设，建立健全日常信息沟通交流平台。

第三章　指导监督工作事项

第十条　上级国有资产监督管理机构依法对下列地方国有资产监管工作进行指导和规范：

（一）国有资产管理体制和制度改革完善；

（二）国有资产监督管理机构履行出资人职责；

（三）国有企业改革发展；

（四）国有经济布局和结构调整；

（五）国有资产基础管理；

（六）其他需要指导规范的事项。

第十一条 上级国有资产监督管理机构应当加强与下级政府的沟通协调，依照《企业国有资产监督管理暂行条例》有关规定，对下级国有资产监督管理机构的机构设置、职责定位、监管范围以及制度建设等情况进行调研指导。

第十二条 上级国有资产监督管理机构应当指导下级国有资产监督管理机构依法规范履行出资人职责，建立健全业绩考核、财务预决算管理和财务审计、资本收益和预算管理、经济责任审计、监事会监督、参与重大决策、企业领导人员管理、薪酬分配、重要子企业监管等工作制度，加强国有资产监管。

第十三条 上级国有资产监督管理机构应当指导下级国有资产监督管理机构深化国有企业改革，加快公司制股份制改革和改制上市步伐，完善公司法人治理结构，建立规范的董事会；指导下级国有资产监督管理机构推动企业建立健全财务、审计、企业法律顾问和职工民主监督制度；指导下级国有资产监督管理机构规范国有资产经营公司运作；指导下级国有资产监督管理机构推动国有企业加快转变经济发展方式，加强自主创新和资源整合。

第十四条 上级国有资产监督管理机构应当指导下级国有资产监督管理机构积极探索地方国有经济发挥主导作用的领域和方式，推进国有资本向重要行业和关键领域集中；推动不同地区、不同层级国有资产监督管理机构监管企业按照市场化原则进行合并与重组。

第十五条 上级国有资产监督管理机构应当指导下级国有资产监督管理机构依法开展产权登记、资产评估、产权转让管理、国有股权管理、清产核资、资产统计、绩效评价、经济运行动态监测等基础管理工作。

第十六条 上级国有资产监督管理机构应当指导下级国有资产监督管理机构在地方党委领导下加强国有企业党建、群工、宣传以及反腐倡廉建设、信访维稳等工作。

第十七条 上级国有资产监督管理机构依法对地方国有资产监管工作中的下列事项实施监督检查或者督促调查处理：

（一）在企业国有产权转让、国有企业改制、上市公司国有股份转让等活动中有违法违规行为，造成重大国有资产损失或者重大社会影响的；

（二）违反企业国有资产评估、产权登记有关规定，造成重大国有资产损失或者重大社会影响的；

（三）违反企业国有资产统计有关规定，玩忽职守，提供或者指使他人提供虚假数据或信息，造成严重后果的；

（四）法律法规规定，党中央、国务院指示和上级政府要求监督的其他事项。

第四章 指导监督工作方式

第十八条 各级国有资产监督管理机构应当高度重视国有资产监管制度建设，建立健全法规体系，及时明确和规范地方国有资产监管工作遇到的问题。上级国有资产监督管理机构制定的国有资产监管规范性文件，应当及时印发或者抄送下级国有资产监督管理机构。

第十九条　各级国有资产监督管理机构应当加强对地方国有资产监管工作的调研指导，定期组织下级国有资产监督管理机构召开工作会议，加强业务交流和培训，互相学习、促进，及时总结推广国有资产监管和国有企业改革发展的典型经验。

第二十条　各级国有资产监督管理机构应当围绕中心工作，针对地方国有资产监管工作中的突出问题，确定年度指导监督工作重点，制定印发相关工作计划。下级国有资产监督管理机构制定的指导监督工作计划应当抄报上级国有资产监督管理机构。

第二十一条　国务院国有资产监督管理机构和省级政府国有资产监督管理机构建立国有资产监管立法备案制度，保障全国国有资产监管制度的统一。

下级国有资产监督管理机构制定的规范性文件，应当自发布之日起30日内抄送上级国有资产监督管理机构备案。其存在与国有资产监管法律、行政法规、规章和规范性文件相抵触情形的，上级国有资产监督管理机构应当及时提出意见，督促下级国有资产监督管理机构按程序予以修正。

第二十二条　国务院国有资产监督管理机构和省级政府国有资产监督管理机构建立国有资产监管法规、政策实施督查制度，对地方贯彻实施国有资产监管法规、政策情况，开展调研指导和监督检查。

上级国有资产监督管理机构发现下级政府国有资产监管工作中存在与国有资产监管法律、行政法规和中央方针政策不符情形的，应当依法提出纠正意见和建议。

第二十三条　各级国有资产监督管理机构建立国有资产监管重大事项报告制度。下级国有资产监督管理机构应当就下列重大事项及时向上级国有资产监督管理机构报告：

（一）地方国有资产监督管理机构的机构设置、职责定位、监管范围发生重大变动的；

（二）本地区国有资产总量、结构、变动等情况以及所出资企业汇总月度及年度财务情况；

（三）地方国有资产监管工作和国有企业改革发展中的其他重大事项。

第二十四条　各级国有资产监督管理机构开展监督检查，应当严格依照法定职责和法定程序进行。对本办法第十七条规定的监督事项，上级国有资产监督管理机构可以采取约谈、书面督办、专项检查、派出督察组等方式，督促纠正违法违规行为。下级国有资产监督管理机构应当及时向上级国有资产监督管理机构报告有关事项处理情况。

对存在违法违规行为的责任单位、个人，上级国有资产监督管理机构可以视情节轻重，在系统内予以通报批评或者向下级政府提出处理建议；对超出国有资产监督管理机构职责范围的违法违规事项，应当依法移送有关机构处理。

第五章　附　则

第二十五条　地方国有资产监督管理机构可以依照本办法，制定本地区指导监督地方国资工作实施办法。

第二十六条　本办法自2011年5月1日起施行。原《地方国有资产监管工作指导监督暂行办法》（国务院国资委令第15号）同时废止。

6. 中央企业资产评估项目核准工作指引

（2010年5月25日）

第一条 为确保中央企业（以下简称企业）改制重组工作顺利进行，进一步规范企业国有资产评估项目核准工作，依据《企业国有资产评估管理暂行办法》（国资委令第12号）（以下简称12号令）等规定，制定本指引。

第二条 按照12号令规定应当进行核准的资产评估项目，企业在确定评估基准日前，应当向国务院国有资产监督管理委员会（以下简称国资委）书面报告下列有关事项：

（一）国家有关部门对相关经济行为的批复情况；

（二）评估基准日的选择情况及理由；

（三）资产评估范围的确定情况，包括拟纳入评估范围的资产占企业全部资产比例关系、拟纳入评估范围的资产是否与经济行为一致及拟剥离资产处置方案等；

（四）资产评估机构选聘情况，包括选聘评估机构的条件、范围、程序及拟选定机构的资质、专业特长情况等；

（五）资产评估的时间进度安排情况，包括资产评估的现场工作时间、评估报告的出具时间及报国资委申请核准时间。

第三条 在评估项目开展过程中，企业应当及时向国资委报告资产评估项目的工作进展情况，包括评估、审计、土地、矿产资源等相关工作的进展情况，工作中发现问题应当及时沟通。必要时，国资委可对评估项目进行跟踪指导和现场检查。

第四条 企业将评估报告报国资委申请核准前，应当完成以下事项：

（一）取得国家有关部门对相关经济行为的正式批准文件；

（二）确认所聘请中介机构及相关人员具有相应资质；

（三）纳入评估范围的房产、土地及矿产资源等资产权属要件齐全，并依法办理相关企业产权变动事宜；

（四）纳入评估范围的资产与经济行为批复、重组改制方案内容一致；

（五）对评估报告进行审核并督促评估机构修改完善。

第五条 企业应当自评估基准日起8个月内向国资委提出核准申请，并报送下列文件材料：

（一）资产评估项目核准申请文件，主要包括经济行为批准情况、资产评估工作情况和资产评估账面值、评估值等。

（二）资产评估项目核准申请表（一式三份）。

（三）与评估目的相对应的经济行为批准文件或有效材料，包括国务院批复文件、相关部门批复文件以及企业董事会或总经理办公会议决议等。

（四）所涉及的资产重组方案或者改制方案、发起人协议等材料。

（五）资产评估机构提交的资产评估报告及其主要引用报告（包括评估报告书、评估说明、评估明细表及其电子文档）。

（六）所涉及的企业或资产的产权变动完成法律程序的证明文件。

(七)与经济行为相对应的无保留意见审计报告。如有强调事项段,需提供企业对有关事项的书面说明及意见。

(八)拟上市项目或已上市公司的重大资产置换与收购项目,评估基准日在6月30日(含)之前的,需提供最近三个完整会计年度和本年度截至评估基准日的审计报告;评估基准日在6月30日之后的,需提供最近两个完整会计年度和本年度截至评估基准日的审计报告。其他经济行为需提供最近一个完整会计年度和本年度截至评估基准日的审计报告。

(九)资产评估各当事方的相关承诺函。评估委托方、评估机构均应当按照评估准则的相关规定出具承诺函。

(十)企业对评估报告审核情况的说明。

(十一)其他有关材料。

第六条　国资委收到核准申请后,经审核符合本指引第五条规定要求的,应当在5个工作日内组织召开核准会议。参加核准会议人员包括国资委聘请的专家、被审核企业人员和中介机构人员等。

第七条　核准会议上,企业应当组织中介机构汇报核准项目的以下相关工作情况:

(一)企业基本情况及相关工作

1.企业基本情况概述;

2.近三年主要经营及财务状况;

3.涉及项目经济行为基本情况;

4.被评估企业改制重组前后的股权架构及产权变动情况;

5.各中介机构工作进展总体情况;

6.后续工作及时间安排。

(二)资产评估工作情况

1.资产评估的组织,包括项目组织结构、基本工作程序、人员安排、时间进度等;

2.资产清查工作中发现的资产权属瑕疵,重要资产的运行或使用情况及盘点盈亏情况;

3.评估要素介绍,包括评估基准日、评估范围和对象,重大、特殊资产评估方法,主要评估参数的选取;

4.评估基准日后评估范围内重大资产变动和重组情况;

5.土地使用权评估结果的引用情况;

6.矿业权评估结果的引用情况;

7.境外估值机构与资产评估机构就同类评估对象估值差异分析;

8.其他中介机构工作成果的引用情况;

9.评估机构对评估报告的内部质量控制情况;

10.评估结论及增减值原因分析;

11.评估报告体例。

(三)土地估价工作情况

1.估价工作总协调情况和合作评估机构的介绍;

2.评估项目涉及的执业土地估价师名单;

3.评估项目涉及的土地权属状况;

4.土地估价技术方案和评估基本过程描述；

5.评估项目涉及的土地、房屋的房地匹配说明及附表；

6.完善土地权属的预计费用支出情况；

7.土地资产处置审批与土地估价报告备案情况。

（四）涉及矿产资源的，应当汇报矿业权评估情况

1.评估项目涉及的矿业权评估师名单；

2.矿业权人、矿业权评估对象的主要情况；

3.矿业权价款处置及本次评估的处理情况；

4.评估项目涉及的矿产资源储量核实和评审备案情况；

5.评估技术方案和评估基本过程描述；

6.评估项目涉及的固定资产和土地使用权投资参数与资产评估、土地使用权评估的对接情况；

7.完善矿业权权属的预计费用支出情况。

（五）审计工作情况

1.审计工作的组织，包括项目组织结构、基本工作程序、人员安排、时间进度等；

2.所审计财务报表的编制基础，对于特殊的编制基础或有模拟的企业架构，应当重点予以介绍；

3.对所审计财务报表有重大影响的事项，包括重要重组行为及其会计处理等，说明事项及其影响金额；

4.合并报表的合并范围说明；

5.对于拟境外上市的公司或境外上市公司实施收购的核准项目，需说明所审计报表与境外报表之间净利润与净资产的主要差异项目及金额；

6.审计结论。

（六）律师工作情况

1.相关经济行为的合法性情况；

2.房产、土地、矿产资源等资产权属文件办理情况及其合规性，存在瑕疵的处理方法及其合规性承诺；

3.尽职调查情况。

（七）聘请财务顾问的，应当汇报的情况

1.企业经济行为总体方案及要点；

2.企业经济行为的重要性和必要性；

3.总体时间安排及进度；

4.各中介机构工作协调情况及存在问题；

5.对资本市场趋势变化分析；

6.定价底线是否高于评估值。

（八）其他需汇报的情况

第八条 国资委聘请的专家应当遵守国家有关法律、法规及国资委工作要求，并签署保密承诺函。专家应当独立开展审核工作，重点对下列事项进行审核：

（一）评估基准日的选择是否适当，评估结果的使用有效期是否明示。重点审查评估基准日的选择是否符合有关评估准则的规定要求等。

（二）资产评估范围与经济行为批准文件确定的资产范围是否一致。

（三）评估方法运用是否合理。重点审核评估方法是否符合相关评估准则的规定要求，评估方法及技术参数选取是否合理等。

（四）评估依据是否适当。重点审核评估工作过程中所引用的法律法规和技术参数资料等是否适当。

（五）企业是否就所提供的资产权属证明文件、财务会计资料及生产经营管理资料的真实性、合法性和完整性作出承诺。

（六）评估过程是否符合相关评估准则的规定。重点审核评估机构在评估过程中是否履行了必要评估程序，评估过程是否完整，是否存在未履行评估准则规定的必要评估步骤的行为等。

（七）评估报告是否符合《企业国有资产评估报告指南》规定要求。

第九条　评估报告需经两名以上专家审核并独立提出意见。国资委组织专家与被审核企业及相关中介机构交换意见，被审核企业及相关中介机构应当就专家提出的审核意见作出解释和说明。企业的解释和说明达不到核准要求的，国资委将向企业提出审核意见。

第十条　国资委向企业提出审核意见后，企业应当及时组织相关中介机构对评估、审计、土地、矿业权等报告进行补充完善，并将完善后的评估报告及审核意见的书面答复报送国资委。

第十一条　国资委收到企业报送的答复意见及经修改的评估报告后，应当在5个工作日内组织专家召开复审会。

第十二条　经审核符合本指引第八条规定的核准要求的，国资委应当在10个工作日内完成对评估报告的核准批复。

第十三条　本指引自印发之日起施行。

拼音索引[①]

A

B

D

F

G

① 为方便读者查阅，在拼音索引中省去了法律文件中“中华人民共和国”字样。

J

K

L